经时济世
继往开来
贺教育部
重大攻关项目
成果出版

季羡林
时年九十有八

教育部哲学社會科学研究重大課題攻関項目

新疆民族文化、民族心理与社会长治久安

ETHNIC CULTURES, ETHNIC PSYCHOLOGY AND SOCIAL STABILITY OF XINJIANG

高静文 等著

经济科学出版社
Economic Science Press

图书在版编目（CIP）数据

新疆民族文化、民族心理与社会长治久安/高静文等著.
—北京：经济科学出版社，2014.8
（教育部哲学社会科学研究重大课题攻关项目）
ISBN 978-7-5141-4779-7

Ⅰ.①新… Ⅱ.①高… Ⅲ.①民族文化-研究-新疆
②民族心理-研究-新疆③民族工作-研究-新疆
Ⅳ.①K280.45②C955.2③D633

中国版本图书馆 CIP 数据核字（2014）第 141750 号

责任编辑：张庆杰
责任校对：郑淑艳
责任印制：邱 天

新疆民族文化、民族心理与社会长治久安
高静文 等著
经济科学出版社出版、发行 新华书店经销
社址：北京市海淀区阜成路甲 28 号 邮编：100142
总编部电话：010-88191217 发行部电话：010-88191522
网址：www.esp.com.cn
电子邮箱：esp@esp.com.cn
天猫网店：经济科学出版社旗舰店
网址：http://jjkxcbs.tmall.com
北京季蜂印刷有限公司印装
787×1092 16 开 32.25 印张 620000 字
2014 年 8 月第 1 版 2014 年 8 月第 1 次印刷
ISBN 978-7-5141-4779-7 定价：81.00 元
（图书出现印装问题，本社负责调换。电话：010-88191502）

课题组主要成员

（按姓氏笔画排序）

吴　琼　张春霞　周亚成　祖力亚提·司马义
郭玉云　姚春军　黄达远　管金玲　　魏　莉

编审委员会成员

总　序

哲学社会科学是人们认识世界、改造世界的重要工具，是推动历史发展和社会进步的重要力量。哲学社会科学的研究能力和成果，是综合国力的重要组成部分，哲学社会科学的发展水平，体现着一个国家和民族的思维能力、精神状态和文明素质。一个民族要屹立于世界民族之林，不能没有哲学社会科学的熏陶和滋养；一个国家要在国际综合国力竞争中赢得优势，不能没有包括哲学社会科学在内的“软实力”的强大和支撑。

近年来，党和国家高度重视哲学社会科学的繁荣发展。江泽民同志多次强调哲学社会科学在建设中国特色社会主义事业中的重要作用，提出哲学社会科学与自然科学“四个同样重要”、“五个高度重视”、“两个不可替代”等重要思想论断。党的十六大以来，以胡锦涛同志为总书记的党中央始终坚持把哲学社会科学放在十分重要的战略位置，就繁荣发展哲学社会科学作出了一系列重大部署，采取了一系列重大举措。2004 年，中共中央下发《关于进一步繁荣发展哲学社会科学的意见》，明确了新世纪繁荣发展哲学社会科学的指导方针、总体目标和主要任务。党的十七大报告明确指出：“繁荣发展哲学社会科学，推进学科体系、学术观点、科研方法创新，鼓励哲学社会科学界为党和人民事业发挥思想库作用，推动我国哲学社会科学优秀成果和优秀人才走向世界。”这是党中央在新的历史时期、新的历史阶段为全面建设小康社会，加快推进社会主义现代化建设，实现中华民族伟大复兴提出的重大战略目标和任务，为进一步繁荣发展哲学社会科学指明了方向，提供了根本保证和强大动力。

高校是我国哲学社会科学事业的主力军。改革开放以来，在党中央的坚强领导下，高校哲学社会科学抓住前所未有的发展机遇，紧紧围绕党和国家工作大局，坚持正确的政治方向，贯彻“双百”方针，以发展为主题，以改革为动力，以理论创新为主导，以方法创新为突破口，发扬理论联系实际学风，弘扬求真务实精神，立足创新、提高质量，高校哲学社会科学事业实现了跨越式发展，呈现空前繁荣的发展局面。广大高校哲学社会科学工作者以饱满的热情积极参与马克思主义理论研究和建设工程，大力推进具有中国特色、中国风格、中国气派的哲学社会科学学科体系和教材体系建设，为推进马克思主义中国化，推动理论创新，服务党和国家的政策决策，为弘扬优秀传统文化，培育民族精神，为培养社会主义合格建设者和可靠接班人，作出了不可磨灭的重要贡献。

自2003年始，教育部正式启动了哲学社会科学研究重大课题攻关项目计划。这是教育部促进高校哲学社会科学繁荣发展的一项重大举措，也是教育部实施“高校哲学社会科学繁荣计划”的一项重要内容。重大攻关项目采取招投标的组织方式，按照“公平竞争，择优立项，严格管理，铸造精品”的要求进行，每年评审立项约40个项目，每个项目资助30万~80万元。项目研究实行首席专家负责制，鼓励跨学科、跨学校、跨地区的联合研究，鼓励吸收国内外专家共同参加课题组研究工作。几年来，重大攻关项目以解决国家经济建设和社会发展过程中具有前瞻性、战略性、全局性的重大理论和实际问题为主攻方向，以提升为党和政府咨询决策服务能力和推动哲学社会科学发展为战略目标，集合高校优秀研究团队和顶尖人才，团结协作，联合攻关，产出了一批标志性研究成果，壮大了科研人才队伍，有效提升了高校哲学社会科学整体实力。国务委员刘延东同志为此作出重要批示，指出重大攻关项目有效调动了各方面的积极性，产生了一批重要成果，影响广泛，成效显著；要总结经验，再接再厉，紧密服务国家需求，更好地优化资源，突出重点，多出精品，多出人才，为经济社会发展作出新的贡献。这个重要批示，既充分肯定了重大攻关项目取得的优异成绩，又对重大攻关项目提出了明确的指导意见和殷切希望。

作为教育部社科研究项目的重中之重，我们始终秉持以管理创新服务学术创新的理念，坚持科学管理、民主管理、依法管理，切实增强服务意识，不断创新管理模式，健全管理制度，加强对重大攻关项目的选题遴选、评审立项、组织开题、中期检查到最终成果鉴定的全过程管理，逐渐探索并形成一套成熟的、符合学术研究规律的管理办法，努力将重大攻关项目打造成学术精品工程。我们将项目最终成果汇编成“教育部哲学社会科学研究重大课题攻关项目成果文库”统一组织出版。经济科学出版社倾全社之力，精心组织编辑力量，努力铸造出版精品。国学大师季羡林先生欣然题词：“经时济世　继往开来——贺教育部重大攻关项目成果出版”；欧阳中石先生题写了“教育部哲学社会科学研究重大课题攻关项目”的书名，充分体现了他们对繁荣发展高校哲学社会科学的深切勉励和由衷期望。

创新是哲学社会科学研究的灵魂，是推动高校哲学社会科学研究不断深化的不竭动力。我们正处在一个伟大的时代，建设有中国特色的哲学社会科学是历史的呼唤，时代的强音，是推进中国特色社会主义事业的迫切要求。我们要不断增强使命感和责任感，立足新实践，适应新要求，始终坚持以马克思主义为指导，深入贯彻落实科学发展观，以构建具有中国特色社会主义哲学社会科学为己任，振奋精神，开拓进取，以改革创新精神，大力推进高校哲学社会科学繁荣发展，为全面建设小康社会，构建社会主义和谐社会，促进社会主义文化大发展大繁荣贡献更大的力量。

教育部社会科学司

前　言

中华文化立足于中华民族的坚实沃土，是中华民族历史上各种思想文化、观念形态的精华，是我国56个民族文化在中国这片土地上共同生长、发展、融合、变迁、创造的文化。它既是多民族的文化，又是中华民族一体的文化。党的十七届六中全会通过的《中共中央关于深化文化体制改革　推动社会主义文化大发展大繁荣若干重大问题的决定》指出："文化是民族的血脉，是人民的精神家园。在我国五千多年文明发展历程中，各族人民紧密团结、自强不息，共同创造出源远流长、博大精深的中华文化。"

新疆有13个世居民族，55个民族成分，自古以来就是多民族、多宗教、多文化并存，与周边国家的民族、宗教、习俗和文化交流源远流长。季羡林先生曾这样说："世界历史悠久、地域广阔、自成体系。影响深远的文化体系只有四个：中国、印度、希腊、伊斯兰，再没有第五个，诚然这种文化的交汇地只有一个，就是中国的敦煌和新疆地区，再没有第二个。"[①] 由此看来，新疆是亚欧大陆的心脏，是四大文化体系的汇流地，丝绸之路上多种文化传播和交流的大动脉。特殊的地理位置使生活在丝绸之路上的新疆各民族在继承和发扬本民族文化的基础上，从各种文化中汲取营养，形成了独具特色的地域文化。

20世纪90年代，在西部大开发的浪潮中，新疆迎来大发展时期。在国家的政策扶持、基础设施建设项目及资金投入的实际推动下，通过全国人民的共同努力，新疆的社会经济发展取得长足的进步，取得

① 季羡林：《敦煌学、吐鲁番学在中国文化史上的地位和作用》，载《红旗》，1986年第3期。

前所未有的增长速度。但是，如果做一个横向比较的话，西部开发并没有从根本上缩小新疆与内地的差距。值得我们反思的是：我们是否真正找到了启动新疆社会发展的内在动力？为什么在消除新疆历史上遗留下的落后过程中，步履如此艰难？是什么因素制约着新疆人的思想解放和社会发展？更使人忧虑的是，随着西部大开发的持续深入，经济全球化和信息时代的冲击会越来越激烈，新疆原有的文化是否能承受、适应和驾驭这瞬息万变的世界呢？因此，伴随西部开发的深入，我们不得不思考新疆民族文化心理对社会发展的影响和作用。

特别是进入21世纪，新疆民族文化心理遇到多方面的挑战和机遇：一是全球化对新疆民族文化心理的冲击，使民族传统文化日渐弱势；二是现代化背景下随着西部大开发的逐步推进和新一轮援疆热潮的展开，古老、封闭的民族传统文化全方位开放，工业文化对新疆农牧业文化的影响日益加大，民族文化转型成为不可阻挡的历史潮流；三是文化旅游开发热潮中的"文化商品化"趋势，加速了少数民族文化的商业化，促使民族文化产业化。正如党的十七届六中全会指出的那样："当今世界正处在大发展大变革大调整时期，世界多极化、经济全球化深入发展，科学技术日新月异，各种思想文化交流交融交锋更加频繁，文化在综合国力竞争中的地位和作用更加凸显，维护国家文化安全任务更加艰巨，增强国家文化软实力、中华文化国际影响力要求更加紧迫。当代中国进入了全面建设小康社会的关键时期和深化改革开放、加快转变经济发展方式的攻坚时期，文化越来越成为民族凝聚力和创造力的重要源泉、越来越成为综合国力竞争的重要因素、越来越成为经济社会发展的重要支撑，丰富精神文化生活越来越成为我国人民的热切愿望。"

因此，在新一轮的国家对口支援开发中，新疆各民族如何抓住机遇，迎接挑战，在保持其民族文化特色的基础上，主动吸收国内外文化精华，整合自身文化，促进民族文化的成功转型与发展；如何在现代化进程中，保留本民族传统优秀品格和良好的心理素质，培育适应现代化要求的民族心理；如何以现代文化为引领，推进社会长治久安，这一系列问题成为新疆面临的重大课题。

新疆大学的一些学者长期致力于新疆民族文化心理和社会稳定研

究，2008年获批承担了教育部哲学社会科学研究重大课题攻关项目《边疆民族心理、文化特征与社会稳定研究——新疆地区分课题》。课题组以全球化、现代化为背景，立足新疆的特殊区情，在对新疆主要的四个民族：维吾尔族、汉族、哈萨克族、回族的历史发展、生活方式、文化特点和心理特征进行深入的社会调查的基础上，研究新疆民族文化的历史发展、主要特征及其在现代化进程中的境遇，研究在现代化进程中民族心理的特点和嬗变，着重分析影响民族关系和社会稳定的文化因素和心理因素。在此基础上，课题组进一步从理论和实践的结合上提升调研的成果，撰写了《新疆民族文化、民族心理与社会长治久安》（项目批准号：08－JZ00023－1）一书，作为课题研究的最终成果。

一、研究的时代背景

（一）全球化时代新疆民族文化心理面临的挑战和机遇

20世纪80年代以来，世界进入全球化时代是一个不争的事实。为此全球化成为当今各民族文化发展的一个重要背景和参照系统。马克思早在160多年前就从“世界历史”的角度预言全球化时代的到来，他在《共产党宣言》中指出：“资产阶级，由于一切生产工具的迅速改进，由于交通的极其便利，把一切民族甚至是最野蛮的民族都卷到文明中来了。”[①] “过去那种地方的和民族的自给自足和闭关自守的状态，被各民族的各方面的互相来往和各方面的互相依赖所代替了。物质的生产是如此，精神的生产也是如此。各民族的精神产品成了公共的财产。民族的片面性和局限性日益成为不可能，于是由许多种民族的和地方的文学形成了一种世界的文学。”[②] 马克思在这里所说的文学，不仅是狭义上的文学作品，而且是包括科学、艺术、哲学、政治在内的一切精神文化产品。也就是说，全球化不仅带来经济全球化，还会带来文化全球化。

①② 《马克思恩格斯选集》第1卷，人民出版社1995年版，第276页。

"詹姆斯·罗斯诺在《世界的混乱：变化与基础的理论》中首次使用'全球文化'（Global Culture）的概念，认为全球的互相依赖发展扩大了世界政治的文化基础，加强了国家关系中主权和非主权主体之间的合作。互相依赖的加深导致了规范的共享，导致全球共同体对地域共同体的吸收。"[①] 戴维·赫尔德在《全球大变革》中把文化全球化看做是"文化关系和文化实践的延伸与深化，即人和物的运动有助于在广泛的范围内建立一种共享的文化信息模式，从而有助于在不同地方之间建立一个地方的文化思想影响另一个地方的思想"。[②] 吉登斯指出："文化全球化是全球化更深层次和更重要的一个方面。"[③] 世界货币基金组织认为："全球化既包括资金、劳动力和资本的全球流动，也包括文化、意识形态领域中国际交流与合作的发展。"[④]

因此，全球化实质上是文化的全球化模式，即人类文化在全球范围的交流、互动与传播，包括物质文化、制度文化和精神文化的各个维度。在这个过程中，全球范围的文化流动导致"全球文化"的出现，但是它并不会导致文化趋同与一元，相反各种文化在全球化境遇下相遇，促使各个文化都有一个不断用全球文化去反思、批判和重构自身文化的机会。其本质是文化交流基础上更加彰显出的多元、多彩和个性化。

全球化形成了与以往社会不同的文化景观。它是以资本逻辑推动的全球化过程，不仅带来科学、技术、信息、资金、人才的全球流动，也带来了政治思想、法律体系、道德理念、宗教信仰、价值取向的碰撞。新的传媒通信设施的建立，大众文化和商业文化的全球流行，大众旅游促使文化交流的深入与扩展，全球性音乐、影视、旅游、审美等文化市场的形成，成为文化全球化的突出标志。世界各国、各民族的文化在经济全球化的带动下，或主动或被动地与他文化之间进行不断的交流、碰撞、融合、互渗与互补，不断地突破单一民族、单一文

---

① 邓永芳：《哲学视域中的文化现代性》，江西人民出版社2009年版，第135页。

② ［美］戴维·赫尔德著，杨雪东等译：《全球大变革》，社会科学文献出版社2001年版，第460页。

③ 张旭鹏：《混杂性与全球化时代的文化》，载于沛主编：《全球化和全球史》，社会科学文献出版社2007年版，第309页。

④ 于沛：《全球化和全球史》，社会科学文献出版社2007年版，第201页。

化的局限而走向世界，日益形成共创、共有、共享的世界性文化资源。它体现为两个层面：一方面，某一国家或民族的文化随着资本、市场，借助现代传媒而实现全球流动。民族的、地域的、本土的文化被动或主动地扬弃自身封闭的、守旧的、固化的文化成分而走向世界开放的文化，跨越民族、地域的文化对话和交流，促使各个民族、各个国家、各个地区、各国文化体系之间的生活方式以及价值观念的日益趋同，也促使维护人类社会共同利益的基本文化价值的形成，从而给本国、本地区、本土特殊文化价值、信仰以及观念带来巨大冲击。“不同的语言、神话、传说、宗教、历史、艺术、科学、习俗和体制在全球化时代的大潮中互相浸漫、潮涌、激荡和碰撞，涤荡着不同的人乃至不同的种族以及不同民族的精神和灵魂，潮涨潮落，云开云起，大浪淘沙，沉淀的是金子，无根的是浮萍。在全球化的浪潮中，文化身份的命运，民族文化的走向以及多元文化的和谐共处问题值得公共探讨。”[①] 另一方面，以往相对封闭、偏远的民族传统文化受到来自全球文化的影响与浸润，在全球化的传媒工具与技术手段的影响下也越来越失去固定的传承时空而被纳入世界文化的版图。“民族文化在全球经济一体化的强力冲击下，正以惊人的速度与现代文化融合或逐渐走向弱化，失去它固有的特色和个性。”[②]

在全球化浪潮中，新疆民族文化是被外界文化影响、改变，失去自我文化根基？还是立足本土文化传统，积极融入、吸纳全球化文化的精华，整合自身文化，实现文化的转型与可持续发展？这已经成为新疆民族文化发展必须做出的回应与选择。全球化既是新疆民族文化发展面临的挑战，又是其文化转型与发展的历史机遇。全球化“一方面对传统与土著文化的挑战意味着原有的文化模式的破裂，但同时另一方面也意味着在多重文化中新的开始与全球性竞争”[③]。

当然，引起人们最广泛关注与警觉的是发达资本主义国家利用全球化进行新的文化殖民与文化霸权。全球化时代是文化的作用日益凸

① 李江涛等：《当代文化发展的新趋势研究》，中央编译出版社2009年版，第207页。

② 彭岚嘉：《西部文化生态保护与文化资源开发的关系》，载《社会科学研究》，2001年第5期。

③ Inoue Nobutaka, Globalization's Challenge to Indigenous Culture, *Globalization and Indigenous*, Kokugakuin University Press, Japen.

显的时代，文化已经成为一国、一个地区软实力的象征。“软实力”也称软权力，此概念最早由哈佛大学肯尼迪政治学院院长、美国前国家情报委员会主席、前助理国防部长约瑟夫·奈于1990年提出，他把军事力量与征服等强制力之外的吸引力（Attraction）称为第二种权力，即软实力。“第二种权力（当一个国家使得其他国家以其预期目标为目标时，这种权力就出现了）可称为同化权力（co-optive power）或软权力，它与命令他者按照其意志行动的硬权力或指令权力形成了对照。”①

全球化发展不仅表现为文化产品、文化作品、学术话语、思想观念的世界性扩展与全球走向，而且还以文化产业形态不断规模化、产业化推进。由于文化的作用就是“化人”，即通过价值观念的内化，不断塑造文化人的过程。西方发达资本主义国家凭借其经济优势，把包括宗教信仰、价值观念、道德规范等在内的意识形态，通过现代传媒的渗透力和感染力，借助文化产业为载体，深入他国民众，感染、感动、感化别国民众并内化为价值取向和行为规范，从而轻易地达到有利于本国的目的。加拿大学者马修·弗雷泽曾详尽分析了美国通过自己强大的经济优势，利用电影、电视、流行音乐、快餐等文化“软实力”，无形之中把美国的生活方式、价值观念传输到世界的任何一个角落，改变了世界上很多国家的人的生活方式、思维方式和价值取向，从而证明美国的“软实力军火库”中的确拥有令人生畏的媚惑大众的武器。② 这正是文化“软实力”的特殊魅力所在。

在新疆，一些西方国家通过文化“软实力”干预新疆意识形态，宣传甚至强行推销自己的文化和价值观念，消解社会主义的价值观念和理想信仰，淡化对国家文化的认同，从而离散其国家的凝聚力。因此，维护国家文化安全已成为新疆重要的历史使命。尤其是当前我国经济、社会、文化区域发展不平衡，在全球化浪潮中，在与世界不同的文化和民族的交流和接触中，新疆不管是主动还是被动，其文化发展都处在一个传统、现代和后现代交织的时间场中，本土化与全球化

① [美] 约瑟夫·S·奈著，门洪华译：《硬权力与软权力》，北京大学出版社2005年版，第106页。

② [加拿大] 马修·弗雷泽著：《软实力：美国电影、流行乐、电视和快餐的全球统治》，新华出版社2006年版。

共筑的空间场域之中。因此，在文化全球化的时代背景下，如何捍卫国家文化主权，抵御“文化帝国主义”的文化渗透与文化颠覆，是当前新疆文化发展所要面对的严峻挑战。新疆又是多民族地区，有着悠久的民族文化传统和别具特色的民族心理。但是在全球化浪潮和市场经济的双重冲击下，民族文化日益走向势微，民族心理的矛盾和困惑日益加深。如何迎接全球化的挑战，利用市场经济机制，不断摒弃传统文化糟粕，继承和创新自身的优秀文化，实现民族文化的繁荣？如何调整民族心理，促进民族心理的平衡与和谐，实现各民族共同发展？这些都是全球化时代新疆民族文化心理面临的艰巨任务。

（二）现代化背景下新疆民族文化面临着文化转型的契机

现代化是一个源于西方的概念，是指由传统农业社会向工业社会过渡的产物。确切而言，它是文艺复兴运动、宗教改革运动以及启蒙运动以来，以工业化为主要特征，涉及政治、经济、文化等层面的一种不断持续开放、发展的综合系统与过程。作为现代化建设的一个重要层面，文化现代化反映工业社会的要求，其核心是宣扬理性，崇尚科学知识，高扬人的理性和主体性地位，相信社会在现代科学理性的指导下就能走向自由、民主和解放的理性价值信念。因此，从文艺复兴以来，现代化就逐渐成为人类追求的理想目标。它不仅成为西方工业文明的主导价值思想，而且在经历了西方文化，尤其是伴随工业文明以来的经济全球化的全球游走而在全球范围内产生了深远的范式意义。伴随科学技术以及信息社会的发展，世界各民族文化之间不断激荡、碰撞、交流与融合，形成了以现代经济、政治为基础，立足于传统，但又汲取了现代工业文明时代的文化精髓，反映现代社会经济、政治状况，同时又能促进社会经济、政治发展的现代文化系统。西方文化学者柯鲁克（1992）认为文化现代化是现代化的重要层面，是指传统文化向现代文化的转型过程，包括文化分化（文化从社会整体中分化出来和文化内部的不断分化）、文化理性化（宗教文化不断祛魅）和文化商品化（文化产业的兴起）三个层面。他提出的现代文化的这三个层面应该说具有一定的代表性，基本上是能够反映出现代化过程中的文化发展趋势及特征的。

我国也有学者就世界现代化过程中的不均衡性提出自己的见解，从而提出两次现代化理论（何传启，2003）。该理论认为："现代化是指18世纪工业革命以来人类文明所发生的深刻变化，它发生在不同国家和不同领域。18～21世纪的世界现代化进程，可以分为第一次现代化和第二次现代化两个阶段。第一次现代化指从农业时代向工业时代、农业经济向工业经济、农业社会向工业社会、农业文明向工业文明的转变过程和深刻变化；第二次现代化指从工业时代向知识时代、工业经济向知识经济、工业社会向知识社会、工业文明向知识文明和生态文明转变过程和深刻变化。"[①] 这种基于世界发展不均衡和中国现实社会发展的梯度性提出的二次现代化理论，比较清晰地勾勒出当前世界乃至我国现代化发展的现状。我国东、中、西部地区由于历史发展、生态环境、自然资源等不同，导致当前社会现代化水平的不平衡。东部地区及京津沪等城市早已完成现代化进程，进入后现代化进程，中部地区也正在向第二次现代化过渡，西北边疆地区则正在进行第一次现代化进程，而有些特别贫困落后的地区还基本处于前现代化的社会状况。因此，应该说当前新疆民族地区文化转型正处在特殊的历史方位，面临着前现代、现代、后现代并存的时代背景，使得原本应依次更替的农业文明、工业文明和后工业文明的社会形态，在新疆成为共时性的存在。也就是说，当前新疆正处在一个前现代、现代和后现代三个历史向度的交汇处，尤其是对于广大的农牧地区而言，落后的农牧业文化仍根深蒂固地影响着人们的行为方式、思维方式和民族心理，现代文化的转型正在缓慢推进，后现代的思潮也伴随着全球化、西部大开发、新一轮的文化开放汹涌而至，新疆各民族的文化心理处在极其复杂的矛盾中。

2009年，新一轮全国性援疆计划轰轰烈烈地展开。新疆各民族文化都面临着新的发展机遇与契机。在新疆经济社会发展过程中文化的作用与价值也日益凸显。2010年在中共新疆维吾尔自治区七届四次全会上，张春贤书记提出要"以现代文化为引领，推进新疆的跨越式发展和长治久安"，这无疑是新时期新疆经济社会及文化发展的新思路。

① 中国现代化战略研究课题组：《中国现代化报告2009——文化现代化研究》，北京大学出版社2009年版，第110页。

但是新疆经济社会发展长期滞后，其文化发展不仅存在不均衡性与梯度性，而且在传统农牧业基础上的新疆文化发展程度与水平还普遍比较低。因此，在新一轮新疆大开发、大建设中，如何建设新疆现代文化？如何以现代文化引领，推进新疆经济社会的跨越式发展和长治久安？这些都是新疆面临的新课题。2010 年 11 月 5 日，新疆学术界召开了“以现代文化引领各民族文化转型”的理论研讨会，学者们认为新疆要不失时机地加强现代文化建设。指出现代文化是以现代化建设和社会发展为己任的文化，是建设型、进步型、文明型，与国际接轨的文化，不是封闭、落后、保守的文化，是包容、开拓、创新的文化，新疆的现代文化建设一方面要保护新疆各民族的优秀传统文化，去传承、去创新，另一方面要使新疆农牧业文化向工业文化转型、农村文化向城镇文化转型、农业文明向工业文明转型。这次研讨会拉开了新疆民族文化现代转型发展研究的序幕。

二、研究的目的和意义

（一）新疆民族文化心理研究是我国文化发展战略的重要组成部分

党的十七届六中全会指出：“社会主义先进文化是马克思主义政党思想精神上的旗帜，文化建设是中国特色社会主义事业总体布局的重要组成部分。没有文化的积极引领，没有人民精神世界的极大丰富，没有全民族精神力量的充分发挥，一个国家、一个民族不可能屹立于世界民族之林。物质贫乏不是社会主义，精神空虚也不是社会主义。没有社会主义文化繁荣发展，就没有社会主义现代化。在新的历史起点上深化文化体制改革、推动社会主义文化大发展大繁荣，关系实现全面建设小康社会奋斗目标，关系坚持和发展中国特色社会主义，关系实现中华民族伟大复兴。我们要准确把握我国经济社会发展新要求，准确把握当今时代发展新趋势。”这充分说明我国文化发展的重要性和紧迫性。

2009 年《中国现代化报告》认为，我国的文化现代化水平目前大致属于世界初等发达国家水平，与我国现代化的目前水平大致相当。

《中国现代化报告》指出了我国文化现代化的一个突出特点是文化多样性和文化不平衡性。这是因为，“世界各民族在社会形态上的演变直接反映了它们在族体性质上的现代性转变。其中，主体民族，或在人口、经济、政治和文化上占据优势地位的民族首先完成了这种转变。他们代表社会的主流，对一个国家内的民族过程起着主导作用，但是在一国之内完结这一过程的则是少数民族，或在经济、政治和文化上处于弱势地位的民族的转变。”[①] 也就是说，少数民族文化转型和发展直接影响中国文化发展的全局。

新疆各民族都具有悠久的历史和灿烂的文化。汇集中国最古老的历史文化遗产，显著的民族性是新疆文化最重要的特征。尤为突出的是，由于新疆特殊的地理位置和人文环境，使它的文化艺术的原生态状况得到较好的保存，成为文化艺术原生态的大宝库，至今保留着世界瞩目的柏孜克里克千佛洞、楼兰古城、交河古城等历史文化遗迹。可以说，新疆文化堪称中国文化的一枝奇葩。近代以来，新疆地区自然条件较差，经济落后，交通不便，与外界较少有物质交流和文化信息交流，较少受到现代文化的辐射和浸润，使民族文化结构严重缺乏现代科学文化和现代理性因素，与东部相比，传统依然在这里保持着相对的完整性，社会生活仍旧保持着传统习俗的巨大惯性。这就使得这种文化缺乏自我认识、自我更新、自我发展的机制，只能靠不断复制传统而得以运转和存在。人们的思维方式表现出经验性、简单性和狭隘性，形成一种因循守旧的固定心理，缺少进取精神，这种具有深厚历史渊源的农耕、游牧文化以及由此派生的心理定式，在改革开放的今天，与竞争进取的时代精神相悖。因此，推进新疆文化的现代化势在必行。

（二）民族文化心理研究是实现新疆长治久安的迫切需要

全球化时代是意识形态文化化的时代，文化作为意识形态斗争的主要领域与载体，越来越成为各国不容忽视的力量。正如有些学者指出的那样：“文化成为了一个舞台，各种政治的、意识形态的力量都

① 王希恩：《全球化中的民族过程》，社会科学文献出版社2009年版，第51页。

在这个舞台上较量。文化不但不是一个文雅平静的领地，它甚至可以成为一个战场，各种力量在上面亮相，互相角逐。”[①] 新疆一直是西方对我国进行分化的突破口和既定的战略目标，而中亚则是对我国实施西化、分化的桥头堡。新疆作为古丝绸之路的要道和现代丝绸之路的重心，历来就是各种文化思潮和民族主义思潮交融、碰撞的敏感地区，是境外文化渗透的前沿地带。新疆已成为西方敌对势力不断通过技术、媒介优势对我国进行文化颠覆与渗透，煽动民族分裂与民族纷争的重点区域。

由于自然的、历史的和现实的原因，新疆又是我国经济社会发展相对滞后的地区。虽然国家进行西部大开发已经十多年，新疆经济社会发展有了长足的进步，但是，“随着社会化进程的加快、族际交流的扩大和教育水平的提高，每个民族的自我认同都或迟或早发生，民族自觉成为一个普遍的过程。自觉的深入导致民族对自身政治权利的要求，而这种要求又得到现代政治民主化理念的有力支持……”[②] 因此，民族自我意识增强，民族个性日益张扬，平等意识、发展意识、自治意识增强，自然就对统一的主流意识形态构建提出挑战。“在绝大多数情况下，identity（特性——引者注）[③] 都是构建起来的。人们是在程度不等的压力、诱因或自由选择的情况下，决定自己的 identity 的。”[④] 也就是说，民族文化认同不仅取决于共同的历史、价值观念和宗教信仰等因素，而且现实利益也是人们选择认同的重要因素。族群认同与国家认同并不都是重合的，如果两者出现此长彼消的现象，国家认同建构的凝聚力就会受损。少数民族日益觉醒的自我意识，尤其是现实社会发展中利益分配不均衡等经济问题和社会问题，如果在国内外一些反动势力的歪曲、煽动、蛊惑下，就容易演变成政治问题，从而引发极端民族主义思想，成为影响边疆乃至整个中国社会稳定发展的重要因素。

---

① ［美］爱德华·W·萨义德著，李琨译：《文化与帝国主义》，生活·读书·新知三联书店 2003 年版，前言第 4 页。

② 王希恩：《全球化中的民族过程》，社会科学文献出版社 2009 年版，第 161 页。

③ identity：身份；特性；同一性；认同。——编者注

④ 李友梅、肖瑛、黄晓春著：《社会认同：一种结构视野的分析——以美德日三国为例》，上海人民出版社、格致出版社 2007 年版，第 4～5 页。

（三）民族文化心理研究是新疆民族文化转型发展的需要

新疆是少数民族地区，历史上作为中西方文化交流的重要通道，在丝绸之路繁荣之时，积极吸纳融合了世界四大文明的精华，结合自己本土的文化，从而创造出一种具有独特地域风情和异质特色的灿烂文化。但是，随着丝绸之路的衰落，由于新疆的各民族深处沙漠腹地，地理条件封闭，经济发展落后而导致文化发展水平滞后，停留在传统的自然经济的农牧业文化无力实现自我发展与创新。因此，渴望文化转型、发展和繁荣已成为新疆各族群众的急切需要。

20世纪80年代以来，随着中国改革开放的逐步深化，文化转型问题日益凸显，成为理论界的一个热点问题，不同的学者对此有不同的认识。有学者认为文化转型就是文化变迁的突变形式（汤一介，1991）。还有学者从广义“文化”看，认为文化转型是指人的整体生产方式、生活方式从传统向现代的根本转变，当代中国文化转型的实质确切地说就是由传统社会文化形态向现代文化形态的转型（陈一放，1998）。当然，更多的学者从狭义文化的角度理解文化转型，认为文化转型是经济转型的必然产物，其终极原因是要从生产力和生产关系的变革中去寻找（苏前辉，2008）。值得关注的是，学者们从文化哲学的角度对文化转型进行了深刻的阐释，他们认为文化转型“是指特定时代特定民族或群体所习以为常地赖以生存的主导性文化模式为另一种新的主导性文化模式所取代。人类迄今所经历的最深刻的文化转型就是现代化进程中的文化转型，即传统农业文明条件下自在自发的经验型的文化模式被工业文明条件下的自由自觉的理性文化模式所取代。这即是人们通常所说的文化的现代化或人自身的现代化”。[①] 由此看来，文化转型是与现代化联系在一起的，文化转型实质上是文化的现代化。

文化变迁的根源在于社会经济形态的变革。文化转型就是由社会内部经济转型和外部经济条件的变化引起的文化内容整体结构的变化。因此，文化转型既有内因，也有外因。当代新疆文化转型就是在两个

---

① 衣俊卿：《文化哲学——理论理性和实践理性交汇处的文化批判》，云南人民出版社2005年版，第133页。

因素相互作用下产生的。新疆文化转型的内因：一是由计划经济向市场经济转型，造成原有的文化体制的变革；二是工业化促进城镇化进程，使农村传统文化断裂，城镇文化兴起。文化转型的外因是经济全球化：一方面，经济全球化把先进科学技术和文化艺术带到新疆，新疆文化在汲取国外优秀文化时，使原有文化结构失衡；另一方面，伴随着经济全球化，西方实行"文化渗透"和"文化侵略"策略，冲击着中国的意识形态，使人们的思想道德和价值观念陷入困惑。正是这些内生因素与外源因素的结合使文化转型成为新疆社会发展的必然选择。

一般而言，文化转型发展的动力分为内生性动力与外源性动力。内生性动力是来自文化自身内部的动力，即随着社会的发展，文化本身所具有的超越性与文化自在性之间的内在张力和矛盾，对现有文化的弊端以及文化模式的不足的批判通过文化内部的科学、哲学、艺术等体现出来，并在对自身文化进行自省、质疑与反思的同时，通过自身科学、哲学的发展推动文化的创新与进步。但是这一般需要漫长的历史文化演进过程。外源性动力则是文化交流带来的外在文化对本土文化造成的冲击促使文化的转型与发展，在与异质文化的交流互动中实现文化元素的逐步更新与变迁，从而实现文化转型。应该说，近代以来包括中国在内的很多发展中国家和地区文化转型的动力都是外源性的文化动力，是在全球化浪潮冲击下，在强势文化的压力下所进行的被动的文化反思、批判与重建。新疆地区整体处于前现代化时代，新疆的少数民族地区正处在农耕社会。历史悠久的传统农业文化具有超稳定性和极大的惰性，只有在现代文化的冲击下，新疆少数民族群众的文化自觉意识才能被唤起，才能实现文化的现代转型与发展。因此，必须借助国家西部大开发、文化援疆的历史机遇，在现代文化引领下，保持本民族文化特色的基础上，实现本民族文化的现代转型与发展。如果没有现代文化引领，就没有新疆的现代化。

三、研究的思路和主要观点

从民族学与文化学的角度分析，民族文化、民族心理、社会稳定是既相区别又相联系的概念。民族文化是各民族在千百年的生产生活实践中经过不断沉淀、积累起来的生活方式、风俗习惯、宗教信仰、语言文字、文学艺术等方面的总和，它是人们在特定生态环境和人文背景下的产物，构成了民族生存的文化背景和生存模式。一个民族丧失自己的民族文化，便丧失自己民族历史的根基。因此，任何一个民族的文化都应该被尊重、被保护、被传承。但是任何民族文化又都是动态存在的文化实体，是随着历史变迁不断再造的文本，只有不断地发展、转型，才能具有生命力。因此，研究民族文化，不仅要了解其历史传统，更要把握其现实状况和未来发展前景。

"民族文化是一个民族精神感情的载体，是民族凝聚力和亲和力之所在，是民族特征和个性最鲜明的表现"。[①] 因此，民族文化与民族心理是不可分割的，它们是以不同的形式反映着共同的民族本质，即反映同一民族的社会历史和社会生活。两者是处于异层次上的社会意识，前者是后者的具体形态，后者是前者的潜在形式。

民族心理学的创始人冯特认为民族心理学是"研究以人的团体一般的发展和普遍价值的、共通的精神产物发生为基础的心理过程"[②]。所谓"普遍"是把心理学的特殊形式除掉，所谓"共通"就是把个人的精神产物除掉。因此，民族心理学是研究民族这一特殊群体共同的心理过程及其发展规律的学说。民族心理是民族社会生活的反映，属于较低层次的社会意识。相对于系统化、抽象化的社会意识形态，它是尚未开化的、处于混沌状态的不够深刻的社会意识。它的外延是民族意识、民族认知、民族情感和民族心理状态等精神要素的总合。

社会稳定是指社会生活的安定、协调、和谐和有序，是通过政府、社会或人们的自觉干预和调节而达到的社会生活的动态平衡。社会稳定包含极其丰富的内涵。其中地缘政治局势是整个社会稳定的核心，经济发展是社会稳定的基础，社会治安管理是社会稳定的保障。但是它们都是边疆社会稳定的外显因素，民族文化心理则是社会稳定的隐性因素，它是人的自觉自愿自动的精神力量，是来自人们内在的心理控制机制。这种精神力量和控制机制对于社会稳定的作用犹如火山下

① 冯骥才：《紧急呼救》，文汇出版社 2003 年版，第 259 页。
② 刘恩九：《社会心理学简史》，江苏教育出版社 1988 年版，第 33 页。

的岩浆，一旦喷发，力量巨大。

由此看来，民族文化、民族心理与社会稳定相互影响、相互制约、相互作用，它们一荣俱荣，一损俱损。新疆社会要长治久安，必须从深层研究新疆民族文化、民族心理、社会稳定及其它们的内在联系，尤其要研究在现代化进程中新疆民族文化与民族心理的变迁对新疆社会稳定的影响。为此本书由三篇构成。

上篇：新疆文化特征及其现代化进程。

民族文化多元性是新疆文化的基本特征，尊重文化的多元性是21世纪的主导理念。江泽民指出："我们这个地球上有上千个民族，二百多个国家和地区，所处的自然环境不同，社会发展经历各异，形成了多种多样的生活方式、价值观念、宗教信仰和文化传统……。世界多样性是客观存在，应该正视它，适应它。"[①] 尤其在文化全球化的浪潮中，凸显民族文化特色，是民族生存和发展的必要条件。

从新疆文化历史演进轨迹看，新疆文化经历了古代文化、近代文化与现代文化。两汉到魏晋时期是新疆古代文化的定型和发展期。在这个时期，新疆形成绿洲农耕文化、草原游牧文化和屯垦戍边文化三大文化类型。绿洲农耕文化是指绿洲城郭国的文化，包括于阗文化、龟兹文化、高昌文化、楼兰—鄯善文化、疏勒文化、焉耆文化等。天山以北地区是草原游牧部落——塞种、大月氏、乌孙、高车、悦般、柔然等的摇篮，草原游牧文化是这些游牧部落、部族的文化。西汉王朝统一西域，次年设立西域都护府，标志着以汉文化为主的屯垦戍边文化登上西域历史舞台，中原先进的生产技术、工具、丝绸和文化典籍、制度文化以及信仰习俗的传入，提升了当时的西域文化。

清代是新疆近代文化的形成和发展期。清朝统一西域后，清代文化的特征表现在汉、满、回、锡伯等民族的文化也融入到新疆多元文化之中。汉族的民间文化、锡伯族的萨满教文化、满汉文的文化典籍开始在新疆产生影响。新疆建省后，清廷开始在政府各部门推行汉维双语政策。在各部门配备维吾尔族官员，各种公文告示一律使用汉、维吾尔两种文字。这不仅有利于政府政令的畅通，也有利于汉文化在

① 江泽民：《把一个和平繁荣的世界带到二十一世纪》，《江泽民文选》第一卷，人民出版社2000年版，第331页。

新疆广泛传播，对民[1]汉文化的交流和发展起到了重大作用。

新疆历史上就是中华各民族休养生息的地方，每一个民族在生存与发展过程中，形成了适应各自自然环境的特有的文化区，如以绿洲农业、庭院经济为主的维吾尔文化区，以畜牧业为主的哈萨克、柯尔克孜族文化区，以高山游牧为主的塔吉克文化区，以饮食、经商为主的回族文化区。

公元9世纪末，伊斯兰教传入新疆。伊斯兰文化经历了以天山为中心的地域环境与社会人文环境（绿洲文化、草原文化以及丝路文化）相适应的变迁，因而形成了具有地方民族特色的伊斯兰教，成为新疆文化的最主要特征。新疆伊斯兰教从民族文化特点上看，大致可分为三个不同的文化分支，一是塔里木盆地边缘绿洲伊斯兰文化，主要是以维吾尔族为中心；二是草原游牧伊斯兰文化，主要是哈萨克族和柯尔克孜族为中心；三是与西北地区联系密切的以教坊制为中心的新疆回族伊斯兰文化。

新中国成立以后，新疆文化仍然保留了绿洲农耕文化、草原游牧文化和屯垦戍边文化，形成三种文化并存的格局。维吾尔族文化、汉族文化、哈萨克族文化、蒙古族文化、回族文化等各民族文化各具特色，又相互汲取。改革开放以来，各民族文化之间呈现出越来越多的文化交融和文化互补现象，在保留其传统文化的同时，正在发生适应现代化需要的变化。通常情况下，各民族文化在内在推动力的作用下，发生缓慢变化，而当受到外来文化冲击时，就会发生剧烈的变迁。新疆千百年积淀的文化资源是新疆各民族的灵魂，也是新疆开发的宝贵财富，但是在现代化的冲击下，其固有的文化缺陷难以适应社会发展的需要。新疆文化体系中的传统观念、民族意识、价值体系等与现代化的需要产生冲突。特别是经济全球化的趋势使异质文化空前传播，必然与新疆传统文化发生碰撞，甚至对立，正是这些矛盾和冲突，导致新疆文化必须由传统向现代转型。新疆文化的"变"是大趋势，是历史的必然。研究新疆文化的转型和发展，是新疆文化研究热点、难点和创新点。

中篇：现代化进程中的新疆民族心理。

许多学者对民族心理因素进行了深入的探讨。如戴桂斌认为"民

① 新疆对少数民族的简称——编者注。

族心理是由民族心理素质（包括民族气质、性格和能力）和民族心态（包括民族信念、价值观念和民族情趣）两部分组成”[①]。秦殿才认为“民族心理分为民族心理素质、价值体系、思维方式三个要素”[②]。李尚凯认为“民族心理由民族心理素质、民族心理状态和民族自我意识三部分组成”[③]。李静认为“民族心理由民族意识、民族认知结构、民族人格特征构成”[④]。学者们是从不同角度和层次研究民族心理因素，因而观点有所不同。为了全面反映新疆民族心理特征，我们综合了学者的观点，从民族需要动机、民族意识、民族认知、民族人格特征、民族交往心理、民族社会心态和宗教心理等多方面研究新疆民族心理。

民族需要动机是指一个民族对自身生存和发展的条件的要求，它是民族个体对自己缺失东西的渴望，反映民族对内外环境的需求。它是民族心理活动的原初动因和最终归宿，是研究新疆民族心理的前提。

民族意识是指某一民族在自身形成与发展中，在争取生存的实践中凝聚的具有共同性的观念，它是对本民族生存、发展、荣辱、得失、安危利害关系的认识、关怀和维护，是民族心理中的核心部分，是一个民族的显著特征。新疆各民族有着不同的民族意识。每个民族都通过民族认同感、归属感、自尊心、自豪感、凝聚力等集中表现本民族的民族意识。

民族认知是民族的全部心理活动的开端和基础，借助认知人们接受外界信息，加工信息，并对外界事物做出相应的反应。它包括对事物的辨别、理解、思考等复杂心理活动，新疆特殊的地理环境和人文历史形成各民族不同的认知方式。

民族群体人格“是一个民族成员具有的人格特征，名为群体人格，实有个体所组成与体现。因此，群体人格离不开个性”[⑤]。研究民族群体人格必须调查民族个体的人格。民族群体人格形成有先天因素的作用，但它不起决定性作用。由于新疆各民族的自然环境、生活方式、文化背景、宗教信仰和受教育程度不同，形成了不同的人格特征。

---

① 戴桂斌：《略论民族心理》，载《青海社会科学》，1988 年第 1 期。

② 秦殿才：《改革开放与民族心理结构的调整》，载《内蒙古社会科学》，1985 年第 1 期。

③ 李尚凯：《论民族心理之研究》，载《新疆师范大学学报》，1991 年第 1 期。

④ 李静：《民族心理学研究》，民族出版社 2005 年版，第 13 ~ 15 页。

⑤ 李静：《民族心理学研究》，民族出版社 2005 年版，第 236 页。

民族社会心态是在认知的基础上产生的心理活动状态。它是各民族对社会面貌、社会发展、人际交往的反映，突出表现在当下对社会及其国家各项政策的态度、情绪和情感。在新疆，突出表现在各民族对政府各项方针政策的理解和态度上。它对社会稳定具有直接的作用。

“民族交往心理是发生在族际交往过程中，民族交往的主、客体的心理体验和交往行为。”① 从心理学的角度分析，突出表现在民族交往的过程中对本民族和对其他民族的态度、情绪和情感。民族交往心理包括：民族交往动机、民族交往认知、民族交往情感等。它对民族团结具有重要的作用。

宗教心理：宗教作为一种建立在某种信仰基础上的文化体系，其最大特性在于对“神圣者”的信仰而形成的相对稳定和深刻的心理属性。这种心理属性一旦形成便充当起宗教灵魂的角色，在信教者的心理和行为中占据支配地位并发挥主导作用。新疆少数民族大多数信仰伊斯兰教，伊斯兰教对信教群众的心理影响很大。

民族心理是各民族在漫长的历史过程中逐渐形成的，同这个民族所处的自然环境、社会生活、历史发展以及文化传统等因素密切联系。新疆各民族都有自己的特殊的生活方式和历史文化，因而各民族的民族心理是不相同的。而且民族心理是随着社会的变迁不断变化的，当代新疆随着西部大开发、新一轮的文化开放汹涌而至，新疆各民族心理在现代化进程中发生新的嬗变。在社会急剧转型期间，社会心理的变化和波动要比平稳时期急剧得多，这种急剧波动和嬗变的心理对社会的稳定必然产生复杂的作用和造成压力，也会给国家战略和政策的实施带来复杂的影响，这是在任何一个急剧变化的社会中必然出现的现象。民族心理的嬗变在多民族地区和文化多元地区尤为明显，影响也更加深远。正是从这一视角出发，我们研究了在现代化进程中，新疆的维、汉、哈、回四个民族的民族需要动机、民族意识、民族认知、民族人格特征、民族交往心理、民族社会心态和宗教心理的特点和变化。

下篇：以现代文化引领新疆社会长治久安。

20 世纪 80 年代以来，民族问题、宗教问题、经济问题与政治问

① 李静：《民族交往心理结构要素的跨文化分析》，载《中国民族学集刊》2008 年第一辑，第 153 页。

题往往交织在一起，综合性地影响着新疆地区的社会稳定和发展。然而，所有这些问题都要通过新疆民族文化心理反映出来，并通过民族文化心理直接影响和作用于新疆社会的稳定和发展。新疆民族文化心理与社会稳定有着深层的内在联系。正如普列汉诺夫所说，“必须知道如何从经济进而研究社会心理，对于社会心理若没有精细的研究和了解，思想体系的历史的唯物主义解释根本就不可能”[①]。

2010年在中共新疆维吾尔自治区七届四中全会上，张春贤书记提出要“以现代文化为引领、推进新疆的跨越式发展和长治久安”，这无疑为新疆经济社会发展提出了新的思路。但是新疆经济社会发展长期滞后，文化发展不仅存在不均衡性与梯度性，而且前现代经济基础上的新疆文化发展程度与水平普遍还比较低，如何在新疆特殊的区情下建设现代文化？如何以现代文化为引领，推进新疆长治久安？就成为新疆面临的新课题。

本篇在分析影响新疆长治久安的文化因素、心理因素和人的素质因素基础上，提出以现代文化引领，推进新疆长治久安的基本思路。

首先，要以现代文化引领新疆文化转型。文化转型不是文化要素的简单迁移，而是文化结构的改革和重组，中心是要打破传统文化格局，建立现代化的新疆文化。其次，要以现代文化培育和谐民族心理。“得民心者，得天下，失民心者，失天下。”这就是说，是否赢得民心是社会稳定的关键。只有心理和谐，社会才能和谐。最后，以现代文化提升人的现代化。人的现代化是文化现代化的核心，只有实现各民族人的现代化，才可能实现新疆的现代化，也才能使新疆长治久安。

四、研究的主要方法

新疆维吾尔自治区现有18个地、州、市，包括5个自治州、7个地区、2个地级市、4个自治区辖市。[②] 目前居住着55个民族，2008年全疆总人口2 095.19万人，少数民族人口共1 271.27万人，占全区

① ［俄］普列汉诺夫：《普列汉诺夫哲学著作选集》第2卷，生活·读书·新知三联书店1961年版，第273页。

② 新疆维吾尔自治区统计局编：《新疆统计年鉴2008》，中国统计出版社2008年版，第68～73页。

总人口的60.7%。其中维吾尔族965.06万人，占少数民族总人口的76.0%，占全区总人口的46.10%；汉族823.92万人，占全区总人口的39.32%；哈萨克族148.39万人，占全区总人口的7.08%；回族94.30万人，占全区总人口的4.50%。其他各民族占全区总人口均不到1%。[①] 课题研究选取了维吾尔族、汉族、哈萨克族、回族作为主要调查研究对象，其主要原因是这四个民族人口比较多，又是新疆历史悠久的民族。可以说，这四个民族的文化心理左右着新疆其他民族的心理和文化走向，影响着新疆社会的稳定和发展。

研究的主要方法有：社会调查法；文献研究法；心理测验法。

（一）社会调查法

1. 问卷调查

问卷调查是根据人口结构以及居住格局，通过抽样，选择具有一定程度的代表性的不同类型的典型区域作为调查地点，如单一民族文化为主导的区域（维吾尔族聚居区、哈萨克族聚居区等）；多种文化并存的区域（如乌鲁木齐市等）。尽量使样本具有全疆代表性。问卷调查抽样方法是根据地区统计局、公安局（派出所）、街道居民委员会等掌握的人口分布、人口结构及各类职业人员的大致比例，将总体分成几部分，然后按照各部分所占的比例进行抽样。四个民族所用的问卷调查表是在一个共同的调查表基础上，根据各民族的特殊情况再加以调整而形成的，既考虑到同一指标的可比性，也考虑到每一个民族的特殊性。

抽样方案如下：

第一，总体要求：从最宽泛的意义上说，研究总体应当是新疆所有民族。但是根据新疆各民族人口比例，我们选定了维吾尔族、汉族、哈萨克族、回族。抽样调查的总体要求是：在调查民族人口占到相当比例的民族聚居区和与其他民族杂居的地区抽样调查。

第二，样本量的确定：抽样分三阶。抽样的第一阶是对地、州、市的选定。将调查分三层：第一层为调查少数民族占50%以上的地、

① 新疆维吾尔自治区统计局编：《新疆统计年鉴2008》，中国统计出版社2008年版，第93~95页。

州、市。如喀什地区维吾尔族占91%，是维吾尔族调查的主要地区。第二层是调查各民族杂居地区。如乌鲁木齐作为新疆的省会城市，经济发展较快，人口规模较大，民族成分比较多，作为多民族调查区域。第三层是调查少数民族比例在50%以下，受其他民族影响较大的地、州、市。如哈密地区位于东疆，维吾尔族人口没有占绝对优势，相对散居，在文化上受到中原文化的更多影响，因此作为非维吾尔族调查的地区。这样，在地州市的选择上就兼顾到了各地州市的民族构成和人口分布（见表1）。

表1　　　　新疆13个地州市各族人口及比例

区域	合计（人）	维吾尔族		汉族		哈萨克族		回族		其他民族	
		数量（人）	比例（%）	数量（人）	比例（%）	数量（人）	比例（%）	数量（人）	比例（%）	数量（人）	比例（%）
总计	20 951 900	9 650 629	46.1	8 239 245	39.3	1 483 883	7.1	942 956	4.5	635 187	3
和田地区	1 883 894	1 814 785	96.3	65 178	3.5	82	0	1 471	0.1	2 378	0.1
喀什地区	3 694 349	3 367 013	91.1	271 212	7.3	230	0	5 805	0.2	50 089	1.4
阿克苏地区	2 203 077	1 718 270	78.0	454 976	20.6	190	0	14 826	0.7	14 815	0.7
吐鲁番地区	600 610	423 212	70.5	137 745	22.9	270	0	37 778	6.3	1 605	0.3
克孜勒苏柯尔克孜自治州	500 007	317 540	63.5	36 857	7.4	126	0	594	0.1	144 890	29
图木舒克市	147 804	93 053	63.0	53 525	36.2		0	586	0.4	640	0.4
巴音郭楞蒙古自治州	1 224 080	400 528	32.7	703 250	57.5	1 197	0.1	61 892	5.0	57 213	4.7
伊犁州直属县（市）	2 702 333	652 110	24.1	1 056 589	39.1	561 549	20.8	273 347	10.1	158 738	5.9
哈密地区	546 169	110 220	20.2	364 112	66.6	49 663	9.1	16 226	3.0	5 948	1.1
伊犁哈萨克自治州	4 342 166	702 219	16.2	1 903 751	43.8	1 139 293	26.2	368 474	8.5	22 849	5.3
克拉玛依市	267 174	40 512	15.1	201 688	75.5	10 684	4.0	6 352	2.4	7 938	3.0
博尔塔拉蒙古自治州	472 918	60 149	12.7	318 262	67.3	44 664	9.4	17 814	3.8	32 029	6.8
乌鲁木齐市	2 312 964	284 058	12.3	1 687 792	73.0	63 275	2.7	237 730	10.3	40 109	1.7

资料来源：《新疆统计年鉴2008》。

抽样的第二阶：在调查的地、州、市选定之后，在每一个地区至少选定2个以上区、县、市。如维吾尔族调查选定乌鲁木齐市之后，在乌鲁木齐7个区中，选定天山区和沙依巴克区。因为这两个区维吾尔族人口比例较高，又处于市中心，对城市的发展和稳定具有举足轻重的作用（见表2）。

表2　　乌鲁木齐市各族人口及比例

区域	合计（人）	维吾尔族		汉族		哈萨克族		回族		其他民族	
		数量（人）	比例（%）	数量（人）	比例（%）	数量（人）	比例（%）	数量（人）	比例（%）	数量（人）	比例（%）
总计	2 360 527	299 129	12.7	1 723 448	73.0	64 693	2.7	231 961	9.8	41 296	1.8
天山区	539 986	114 769	21.3	358 176	66.3	14 055	2.6	40 772	7.5	12 214	2.3
沙依巴克区	514 627	77 904	15.1	387 191	75.2	7 245	1.4	32 121	6.3	10 166	2.0
新市区	513 708	45 951	8.9	422 756	82.3	5 861	1.1	29 529	5.8	9 611	1.9
水磨沟区	244 333	26 317	10.8	202 876	83.0	2 796	1.2	9 103	3.7	3 241	1.3
头屯河区	131 992	16 237	12.3	96 881	73.4	1 374	1.0	15 322	11.6	2 178	1.7
达坂城区	44 392	2 440	5.5	22 292	50.2	6 268	14.1	13 157	29.7	235	0.5
东山区	98 922	5 638	5.7	83 029	83.9	402	0.4	8 617	8.7	1 236	1.3
乌鲁木齐县	91 109	4 344	4.8	22 752	25	26	0.0	18	0.0	63 969	1.2
米泉市	181 458	5 493	3.0	108 740	59.9	3 940	2.2	61 428	33.9	1 857	1.0

资料来源：《新疆统计年鉴2008》。

抽样的第三阶：在上述各区、县、市分别选定乡和社区，每一区、县、市抽取2个以上的乡和社区，然后再抽取50名16岁以上的人进行调查。

第三，实际调查样本的情况：本次调查共计发放问卷2 820份，有效问卷2 688份。其中维吾尔族发放问卷900份，收回有效问卷887份，有效率为98.56%；汉族发放问卷1 100份，收回问卷1 038份，有效问卷率为94%；哈萨克族发放问卷420多份，收回问卷403份，有效问卷率为96%；回族共发放问卷400份，回收问卷360份，有效问卷率90%。

2. 访谈法与座谈会

问卷法作为一种结构式访问，所获得的资料是有局限性的。结构性访问“很难触及社会生活的深层及其变化过程，难于综合性地多层次地把握问题，使研究流于表面化。对于某些统计结果，由于不知道有关的社会背景情况，而无法进行恰当深入的解释”[①]。而无结构式的访谈法的最大特点则是弹性大，可弥补问卷调查的不足。因此，我们是访谈与问卷调查穿插进行。

为了调查的深入，对4个民族的调查都采用了访谈的方式，访谈大纲由课题组根据调查需要自行拟定。对于主观性的调查题目或开放性的调查题目大多是用访谈的方式。访谈主要采用随机的方式进行，各民族的样本量大体相同。访谈对象主要有工人、农民、知识分子、国家干部、兵团职工、企业管理者、宗教职业者、学生、商人、手工业者、离退休人员、无业者、家庭妇女等。本次访谈共计240人。维吾尔族访谈50人，汉族访谈80人，哈萨克族访谈50人，回族访谈60人。

座谈会也是社会调查中常用的一种方法，座谈会的优势是就某几个具体的问题，让座谈会的参与者自由发表意见，并进行讨论。因此，相对于问卷法和访谈法，座谈会能在较短的时间内，获得较多且比较有深度的信息。但是，座谈会也有其缺陷，座谈会中一些参与座谈的人由于其他人在场，或者不敢发言，或者说的不是自己的真实想法，从而影响资料的信度。本次田野调查共召开了7场座谈会：(1) 哈密市东河区街道办事处居民座谈会；(2) 哈密市会城乡乡政府乡民座谈会；(3) 黄田农场团场干部座谈会；(4) 喀什疏勒县托克扎克镇居民座谈会；(5) 乌鲁木齐沙依巴克区雅玛里克山古丽斯坦社区居民座谈会；(6) 乌鲁木齐米东维稳下派干部座谈会；(7) 哈密大泉湾乡黄芦岗村村民座谈会。

（二）文献研究法

课题组研究了马克思主义的文化理论、民族理论等著作，查阅了国内外大量关于民族文化、民族心理的研究成果。在田野调查中，我们收集了大量地方文献资料，主要是历史文献、地方档案等，历史文

① 袁方、王汉生：《社会学方法教程》，北京大学出版社1997年版，第271页。

献包括新疆发展史，新疆民族发展史，新疆地区发展史，兵团发展史，宗教、文化、语言和政策制度相关历史文献材料。地方档案主要是国家宏观方面关于新疆地区少数民族的法规、条例、规定、会议报告等文件，以及年鉴和地方志。还收集了民族在日常生活中做宗教仪式、进行婚葬嫁娶等活动时所依据的习惯法、习俗类地方书籍。

（三）心理测验法

根据课题调查计划安排，对某些通过问卷、访谈和观察等手段无法测查到的群体的某些内隐的人格特征采用专业的心理测验进行调查。

1. 测量工具

卡特尔16种人格因素测验（简称16PF）在国际上颇有影响，16种人格因素是各自独立的，每一种因素的测量都能对个体某一方面的人格特征有清晰而独特的认识，从而全面地评价个体的人格特征。

本测验工具是对《卡特尔16PF》进行了修订后的量表，从卡特尔16PF所测查的16个因素中选择了与本课题研究有关的5个因素进行了量表的修订。运用修订后的量表对新疆维、汉、哈、回4个民族进行人格特征的测试。

2. 样本的选取

本研究的样本共200份，其中维、汉、哈、回4个民族各50份，样本是在4个分课题组调研的过程中，随机抽取不同性别、不同年龄、不同地区的人群组成。比如哈萨克族的50个样本，由23名女性和27名男性，5个地区的农民、牧民和市民构成，年龄从19～68岁。总体上看，样本是有代表性的。

3. 测量的方式

由于测量是在田野调查的过程中进行的，并且是汉语问卷，没有进行翻译，所以测量采用的是一对一的形式进行。当面做答，做完即回收。因此，问卷基本没有废卷，发放200份，回收200份，有效率为100%。

4. 量表测试的5个因素

（1）因素A——乐群性。此维度主要评估个体在工作和生活中，是愿意一个人做事，还是比较喜欢与别人合作。

（2）因素 C——稳定性。此维度主要测试个体情绪的稳定性。

（3）因素 E——恃强性。此维度主要测试在团队、组织或社会中，个体是倾向于领导、影响别人，还是倾向于服从。

（4）因素 H——敢为性。此维度主要测试是否擅长与别人交际，以及是否有喜欢冒险的倾向。

（5）因素 Q2——独立性。此维度主要测试个体是否具有独立性。

摘　要

新疆是亚欧大陆的心脏，是四大文化体系的汇流地，是多民族、多宗教、多文化的集聚地，特殊的地理环境和民族生活方式培育了新疆独具特色的地域文化。

自20世纪90年代以来，在现代化背景下，随着西部大开发的逐步推进和新一轮援疆热潮的展开，古老、封闭的民族传统文化心理受到前所未有的冲击，民族文化转型成为不可阻挡的历史潮流，民族心理的嬗变直接影响着社会的稳定与和谐。当前，如何抓住机遇，迎接挑战，在保持其民族文化特色基础上，实现民族文化的现代转型？如何在现代化进程中，培育适应现代化要求的民族心理？如何以现代文化引领、推进社会长治久安？这一系列问题成为新疆面临的重大课题。

本书以全球化、现代化为背景，立足新疆的特殊区情，在对新疆四个主要民族：维吾尔族、汉族、哈萨克族、回族的历史发展、生活方式、文化特点和心理特征进行深入的社会调查基础上，研究了新疆民族文化发展历史、主要特征及其现代化进程中的境遇，研究了现代化进程中新疆民族心理的特点和嬗变，着重分析影响民族关系和社会稳定的文化因素和心理因素，提出以现代文化为引领，推进新疆社会长治久安的方略。全书分上篇、中篇、下篇。

上篇：新疆文化特征及其现代化进程。

文化多元化是新疆文化的基本特征。早在3 000多年前，新疆就形成了以天山为界的南北疆不同的文化，南疆是以农业经济为基础的农耕文化，北疆则是以游牧经济为基础的草原文化。这种南农北牧构成了新疆历史上不同民族独具特色的民族文化，各民族文化之间相对封闭。公元2世纪，屯垦戍边文化的出现，打破了这种格局，使新疆文化形成了绿洲农耕文化、草原游牧文化、屯垦戍边文化三种基本类型并存的多元文化格局。公元9世纪，伊斯兰文化渗透到新疆许多少数民族文化中，成为新疆民族文化最突出的特点。

新疆数千年积淀的文化资源是新疆各民族的灵魂，也是新疆开发的宝贵财富。但是在现代化的冲击下，民族传统文化与现代化的需要产生冲突。特别是在全球化背景下，异质文化空前传播，导致新疆文化必须向现代转型。新疆文化的转型是大趋势，是历史的必然。

本篇主要研究新疆绿洲农耕民族文化、草原游牧民族文化、屯垦戍边民族文化和伊斯兰文化的产生和历史演变，重点介绍了维吾尔族、汉族、哈萨克族、蒙古族、柯尔克孜族、回族的文化特征，分析在现代化进程中，各民族传统文化的境遇，探讨了新疆各民族文化转型的必要性。

中篇：现代化进程中的新疆民族心理。

新疆民族心理是对新疆各民族社会生活的反映，是各民族对自身现实生活的自发的朴素的认识。它是新疆各民族的需要动机、民族意识、民族认知、民族情感、交往心理和社会心态等精神要素的总和。当代新疆新一轮的援疆热潮汹涌而至，传统的农业社会正在向现代工业文明社会转型，急剧的社会转型使新疆民族心理发生新的嬗变。这种嬗变的心理对社会稳定产生复杂的作用并造成一定压力，也会给国家战略和政策的实施带来复杂的影响。正是从这一视角出发，课题研究现代化进程中新疆民族心理反映，重点分析新疆的维吾尔族、汉族、哈萨克族、回族四个民族的需要动机、民族意识、民族认知、人格特征、交往心理、宗教心理和社会心态的特点和变化。

下篇：以现代文化引领新疆社会长治久安。

新疆民族文化心理是新疆社会发展状况的反映。而新疆民族文化心理又反作用于新疆社会的稳定和发展。中国现代文化是以现代工业文化为基础，以先进文化为核心，传承中华民族优秀传统文化精华的综合文化系统。只有以现代文化为引领，才能实现新疆社会的长治久安。

本篇在分析影响新疆长治久安的文化因素、心理因素和人的素质因素基础上，提出以现代文化为引领，推进新疆长治久安的策略。

首先，要以现代文化引领新疆文化转型。第一，必须以现代生产方式引领新疆传统的生产方式转型，建立新型工业化、新型城镇化、农业现代化的生产方式，这是新疆文化转型的物质基础。第二，以社会主义核心价值体系为内核，加强公共文化体系建设，占领新疆意识形态主阵地。第三，要大力发展文化产业，改革文化体制，推进新疆民族文化的大发展和大繁荣。第四，要保护和传承新疆少数民族优秀文化遗产。第五，要实现民族文化认同与中华文化认同的统一。

其次，要以现代文化培育和谐民族心理。心理和谐是社会稳定的关键。要构建和谐心理：第一，必须改善民生，满足各民族需要心理。第二，要以公民意识引领民族意识，树立正确的民族意识。第三，要尊重少数民族宗教心理，促进宗教心理和谐。第四，要构建民族心理调控机制，稳定民心。

最后，以现代文化提升人的现代化。人的现代化是文化现代化的出发点和归宿，也是社会长治久安的根本保证。要使各民族现代化：第一，要优先发展教育，提高各民族的科学文化素质。第二，要以社会核心价值体系为引领，转变传统价值观。第三，要提升民族的文化自觉，增强民族自我发展能力。弘扬新疆精神，使各民族文化共同发展、共同繁荣，促进社会和谐稳定。

Abstract

Xinjiang is the heart of the Eurasian continent, the converged place of four major cultural systems, a multi-ethnic, multi-religious, multi-cultural gathering place, and the special geographical environment and national lifestyles cultivated unique local culture in Xinjiang.

Since 1990s, under the context of modernization, with the gradual advance of China Western Development program and the development of a new round of support boom for Xinjiang, ancient and closed ethnic traditional cultural psychology has been influenced unprecedentedly, and ethnic cultural transformation has become an irresistible history tide, and ethnic psychology transmutation directly affects social stability and harmony. Currently, how to seize opportunities, meet challenges and realize ethnic culture modern transformation on a basis of maintaining its ethnic cultural features? How to foster ethnic psychology in the course of modernization which adapts to the modern requirements? How to guide modern culture to promote stability in our society? This series of questions becomes a major facing issue of Xinjiang.

Set in today's modern and globalized world, on the basis of facing special conditions of Xinjiang and exploring the histories, lifestyles, cultural characteristics and psychological features of four main ethnic groups in Xinjiang, namely, Uygur, Han, Kazak and Hui, the book discusses the development history, main characteristics of those ethnic cultures and the conditions in the course of their modernization. After studying psychological characteristics and changes of those ethnic groups during their modernization, the book mainly analyzes cultural factors and psychological factors which affect ethnic relations and social stability and then puts forward several strategies and ways to promote lasting social stability by establishing the modern cultures in Xinjiang. The book includes three parts.

Part Ⅰ Cultural Characteristics of Xinjiang and Their Modernization.

The basic feature of culture of Xinjiang is its cultural diversity. As early as 3 000 years ago, Xinjiang formed two different cultures divided by Tianshan Mountain, south of which was farming culture based on the agricultural economy while north of which was grassland culture based on the nomadic economy. This pattern named South Agriculture and North Nomadic constituted ethnic cultures historically with different ethnic characteristics, and these ethnic cultures were relatively closed. In the 2nd century, the emergence of cultivating and guarding culture broke this pattern, so that Xinjiang's cultures constituted a multicultural pattern of three basic types which were oasis farming culture, grassland nomadic culture and cultivating and guarding culture. In the 9th century, Islamic culture seeped into many ethnic minorities' cultures, which became the most outstanding feature of ethnic cultures in Xinjiang.

Cultural resources accumulated for thousands of years are the souls of ethnic groups in Xinjiang and also the precious treasures for Xinjiang's further development. But under the impact of modernization, ethnic traditional cultures and the needs of the modernization happened conflicts. Furthermore, the spread of foreign or alien cultures under the context of globalization led that Xinjiang's ethnic cultures must experience their cultural transitions from traditional model to modern model. The trend of cultural changes is historically inevitable.

This chapter mainly studies the origins and histories of oasis farming culture, grassland nomadic culture, cultivating and guarding culture and Islamic culture, focusing on the cultural features of Uygur, Han, Kazak, Mongol, Kirgiz, Hui to analyze the experiences of these ethnic cultures during the course of modernization and discuss the necessity of cultural transitions of ethnic cultures in Xinjiang.

Part Ⅱ Ethnic Psychology of Xinjiang People in the Course of Modernization.

Ethnic psychology reflects a certain group of people's response to their social life and also shows their spontaneous and simple understanding of their own real lives. Spiritual factors like motivation to satisfy the needs, ethnic awareness, ethnic identification, ethnic sentiments, ethnic communications and social mentalities are integrated together into ethnic psychology of Xinjiang's people. With the rapid development of western regions and in the transition from the tranditional agricultural society to the modern industrial civilized society, the great psychological changes of all ethnic groups in Xinjiang have taken place. Those psychological changes will definitely have complex effects on and bring about some pressures on social stability. Furthermore, they will have complex effects on the implementation of national strategies and policies. From this perspective, the second part studies psychological changes of all ethnic groups in Xinjiang during the course of modernization and mainly analyzes the features and changes of motivation to satisfy the needs, ethnic awareness, ethnic identification, personality characteristics, communication psychology, religious spirit and social mentalities of Uygur, Han, Kazak and Hui.

Part Ⅲ Modern Culture to Lead Lasting Social Stability of Xinjiang.

Ethnic cultural psychology of Xinjiang is a reflection of social development in Xinjiang. And it also reacts on social stability and development in Xinjiang. Chinese modern culture is an integrated cultural system based on modern industrial culture, regarding advanced culture as the core and passing on the essence of excellent traditional Chinese culture. Only with modern culture as the guide, can we realize the long period of social stability of Xinjiang.

This part is on the basis of analyzing cultural factors, psychological factors and man's quality factors which have some impacts on social stability of Xinjiang, and puts forward the strategies of establishing modern culture to promote lasting social stability of Xinjiang.

First of all, Xinjiang cultural transformation should be achieved by establishing modern culture. Firstly, we must change the mode of production from a traditional type to a modern type which is industrialized, urbanized and agriculture-modernized, which will form the material base of cultural transformation in Xinjiang. Secondly, we should take hold of the major ground of ideology by centering on the core values of socialism and strengthening the establishment of public culture system. Thirdly, we should gain a big cultural development and prosperity by developing the cultural industry and reforming the cultural system. Fourthly, we should protect and pass on the excellent cultural heritage of ethnic minorities in Xinjiang. Fifthly, we should achieve the unity between ethnic cultural identity and Chinese cultural identity.

Second, we should cultivate harmonious ethnic psychology through modern culture. Psychological harmony is the key to social stability. In order to achieve this aim, firstly we should improve people's living conditions to satisfy their needs. Secondly we should develop correct ethnic awareness by leading the sense of citizenship into ethnic awareness. Thirdly we should respect minority's religious psychology to promote religious psychological harmony. Fourthly we should build the psychology-adjusted mechanism to maintain social stability.

Finally, modern people should be cultivated by modern culture. The cultivation of modern people is the starting point and the final purpose of cultural modernization and also the assurance of lasting social stability. In order to succeed in modernization of all ethnic groups, firstly we should give priority to the development of education to improve scientific and cultural qualities of all ethnic groups. Secondly we should change some traditional values centering on the core values of socialism. Thirdly we should achieve common development, common prosperity of all ethnic cultures to promote social harmony and stability by arousing ethnic cultural consciousness, strengthening the ability of self-development of all ethnic groups in Xinjiang and carrying forward the spirit of Xinjiang.

目录

Contents

CONTENTS

上　篇

新疆文化特征及其现代化进程

第一章

新疆绿洲农耕文化

新疆绿洲主要是指分布在天山以南，散落在塔里木河、孔雀河、喀什噶尔河、叶尔羌河、和田河、车尔臣河流域、环塔克拉玛干沙漠边缘的沙漠绿洲。最为古老的几大绿洲有喀什噶尔绿洲、和田绿洲、叶尔羌绿洲、阿图什绿洲和阿克陶等绿洲，环塔里木盆地地处亚洲腹地，面积 40 多万平方公里，不仅是我国最大的盆地，也是世界上最大的内陆盆地，盆地中央是面积达 33 万平方公里的塔克拉玛干沙漠，也是世界上仅次于撒哈拉的大沙漠。由于受高山阻隔，来自印度洋和北冰洋的湿冷空气不能到达盆地，烈日炎炎，上无飞鸟，下无走兽；而大漠南北又有天山、昆仑山、阿尔泰山等雪山横亘，“山路艰危，壁立千仞”①。英国著名探险家、考古学家斯坦因（1862 ~ 1943）曾三次深入新疆塔克拉玛干沙漠腹地，他对这一地段的环境有一段典型的描述：从地图上看，这一大片地方很像是“自然有意在地球上发生大文明的几处地段之间，造了这样一座障壁，隔断了他们在文化方面彼此的交流。因为在这片地方以内，自东到西径长一千五百哩，自南到北也在五百哩以上，而生物可以居住的只严格地限于几线沙漠田，这些沙漠田除去些许地方以外，比较又都是很小的地方。此外就是一些无垠的沙漠了。这些沙漠无论是散布在高峻的山脉以上，或是位于山麓携带冰川，穷荒不毛，以及流沙推动的平原山，几乎是任到何处，滴水全无”②。由于这些地方自

① 《法显传校注》，上海古籍出版社 1985 年版，第 185 页。转引自冯天瑜、何晓明、周积明：《中华文化史》，上海人民出版社 2005 年版，第 56 页。

② 向达译：《斯坦因西域考古记》，上海书店出版社、中华书局 1987 年版，转引自冯天瑜、何晓明、周积明：《中华文化史》，上海人民出版社 2005 年版，第 56 页。

然环境非常恶劣，周围被崇山峻岭、戈壁沙漠盘踞，温带内陆性气候和热带沙漠性气候干旱少雨、风沙弥漫。因此，高海拔昆仑山、天山上常年积雪融水就变成了这片荒漠上的最主要的水源。积雪融水形成的塔里木盆地的边缘地带上 80 ~ 100 多公里不等的山前冲积平原和山麓之间形成部分零星或大或小的草地就成了新疆诸少数民族生存繁衍的生命绿洲。

沙漠绿洲孕育了绿洲文化，历史学家张广达这样描述绿洲文化："靠高山融雪形成河流来滋润灌溉的绿洲，是广阔的沙漠之中的绿色生命岛屿，这些岛屿的存在打破了流沙世界的'生物真空'。较大面积的或土地肥沃的绿洲上发展起来农业或半农半牧经济，居民聚居点形成权力中心或城邦国家，创造了富有特色的文化。"① 由此大多数学者认为，新疆绿洲文化主要是指天山以南地区，以农业生产方式和定居生活方式为主的农耕文化。因为农耕民定居从事农业生产，所以具有强烈的恋土情结，其思维方式、思想观念、生产生活技艺以及生产生活方式和文学艺术无一不是农业文明的产物。

然而，绿洲农耕文化并非单一地依附自然环境产生的，而是当地民族传统文化在丝绸之路的兴衰发展历程中，与中西方文化的交汇中吸纳各民族文化发展而来的一种多元文化形态，尤其是从 10 世纪以后，伊斯兰文化在南疆绿洲社会影响深远。由此，笔者给新疆绿洲农耕文化下了一个简单的定义：新疆绿洲农耕文化是指在天山以南荒漠、半荒漠的自然条件下，在丝绸之路的兴衰发展历程中，与中西方文化交汇，形成的以农耕生产方式为基础，以伊斯兰文化为核心，以维吾尔族为主体，积累并传承至今，深刻影响着新疆绿洲各族群众的特色文化。

第一节　绿洲农耕文化的形成

一、绿洲农耕文化的成因

历史上，在新疆绿洲农耕文化形成的过程中，由于其文化生成特定的文化生态环境、自身民族构成、文化成分的多元性，以及其处在东西方文化交汇的历史孔道中，因此，绿洲文化的形成受到多种因素的影响。

---

① 张广达：《古代欧亚的陆路交通》，载《第十六届国际历史科学大会中国学者论文集》，中华书局 1985 年版，第 261 页。

首先，新疆绿洲文化形成受中原文化与阿拉伯文化双重影响。新疆绿洲文化的独特性就在于其在中西方文化交流交汇的过程中，不仅保有自己的本土民族特色，而且还在于在中西方强势文化的冲击下，积极汲取中西方文化的精髓，使之本土化，并把它融入自己的文化体系中，不断丰富自己的文化特质。从汉朝开始，中原的先进文化成就，从器物层面到制度层面以及构成中华民族深层的文化心理的儒家文化都对新疆的绿洲少数民族文化产生了深刻的影响，并已经渗透在新疆绿洲文化的各个层面和组成部分中。例如，从中原王朝传入的耕种技术，铁犁、钻井技术等传入西域绿洲，促使西域绿洲物质生产的发展；中原历代政权对西域绿洲的政治统治中把中原王朝的政治制度和相应的以儒家文化为内核的精神文化传入西域，对西域的文化产生了深远的影响。所以，在长达几千年的文化共享过程中，增强了西域绿洲各族人民的文化认同感和归属感。中原王朝一贯采取“因俗而治”的基本原则，其结果是“因俗施化，周人受政”。绿洲诸国也不例外，在政治制度层面，绿洲诸国接受中原的政治统治模式和统治思想，尤其是唐朝和清朝在新疆绿洲推行的中原王朝的郡县制度，深深地影响了各少数民族政权的统治方式。这从高昌王朝等绿洲国家都可以看出。但是，由于中原王朝只追求政治上的臣属和臣服，并不改变其宗教信仰、风俗礼仪等社会生活方面，所以，在绿洲少数民族文化形成的过程中，阿拉伯文化尤其是伊斯兰文化构成绿洲诸国诸民族的深层文化心理。

伊斯兰教公元7世纪初由麦加古莱什部落人穆罕默德创立于阿拉伯半岛。7世纪后期，随着阿拉伯人对中亚的征服，伊斯兰教成为中亚的主要宗教，并在9世纪末10世纪初传入西域。经过几个世纪的宗教战争以后，伊斯兰教逐步成为南疆绿洲的主要宗教。伊斯兰教不仅仅是一种宗教信仰体系，也是一种社会文化、一种社会思想体系，它具体地论述了穆斯林社会的政治体制、法律体系和穆斯林的经济生活方式，影响了诸民族的社会生活和个人生活的方方面面，使人们的生活方式、行为方式、社会组织、生活习惯、语言习惯、思维方式、价值取向、道德规范等方面完全伊斯兰化。由此，经过长达千年的强化和巩固，逐步形成新疆绿洲诸民族的深层文化心理。就像苏联学者米特罗欣所说：“在民族文化中，宗教不单纯是外壳，不是通过启蒙和教育很容易去掉的表层思想。作为一种特殊的‘生活科学’，宗教已渗入到人们的日常生活里，贯穿在人们的处世态度中。”[①] 如在维吾尔族著作《福乐智慧》中，不仅体现了儒家的家国天下的思想，而且体现了阿拉伯世界的伊斯兰文化。“只要稍微仔细地阅读《福乐智慧》，就可以明显地感觉到，书中会通融合了祖国中原文化、回鹘传统文化与主要是伊斯

① 李静：《民族心理学教程》，民族出版社2006年版，第323页。

兰文化的其他文化因素。但不是机械拼凑，而是消化吸收，自成一言。”[①] 中原文化构成了全诗的深层思想观念基础，回鹘人悠久的文化也有体现，同时由于其处于东西方文化交汇、交流的要冲，极具精英意识的学者必然会主动吸收各国学术之精华。因此，体现在诗中，就是古希腊文化、印度文化、波斯文化，以及占官方主导意识形态地位的伊斯兰文化均有体现。但是其目的则是服务于现实社会，本民族的政权统治。

其次，新疆绿洲农耕文化的盛衰与丝绸之路的兴衰密切相关。“新疆各族人民和内地各族人民生活在同一国度，也因为有着共同的政治命运，中央强盛，新疆繁荣；中央衰弱，新疆遭难。”[②] 新疆绿洲农耕作为丝绸之路的要道和中西方文化交汇的汇集点，在维持古代中西经济、文化联系的同时，也促进了自身文化的发展。从某种程度上说，新疆绿洲农耕文化的盛衰史就是丝绸之路的兴衰史。而丝绸之路的兴衰则和中原王朝的盛衰密切相关。当中原王朝强大，力量足以辐射新疆，把新疆统一于自己的版图之中时，新疆绿洲便能保证稳定、和谐的社会政治局面，不仅不会受中亚游牧民族的掳掠与征战，而且也会有能力抵御中国北方草原和天山以北草原的游牧民族的掳掠，没有征战和动乱，没有流血与冲突，新疆绿洲的农耕文化会进一步发展；同时，中原王朝实力雄厚之时，便是丝绸之路畅通之时，因为势力雄厚的中原王朝国库充盈，有足够的经济实力平定北方游牧民族的侵扰，有财力和实力对丝绸之路进行维护，在政治、经济、文化方面对新疆绿洲各国进行扶持；此外，丝绸之路的畅通也保证了中西方文化交流的畅通，作为中西方文化交流的中枢，新疆的绿洲文化便迎来了自己的大繁荣、大发展时期。不仅可以实现各民族之间的交流与融合，而且可以吸收来自中原和中亚先进文明的先进文化，促进自身文化的创新与发展。例如，中国历史上的两汉时期、盛唐时期、蒙元时期和清朝初期都是丝绸之路畅通之时，更是新疆绿洲农耕文化迎来自己丰盈璀璨时期。

再其次，新疆绿洲文化受游牧文化影响。游牧文化由于其自身经济形态的单一性，使其产生了与农耕文化交流的渴望与需要。同时又因为其经济社会生产极易受自然条件影响，使其生产生活方式具有很大的脆弱性。因此，便与绿洲文化形成相生相克的依赖关系。在势均力敌、风调雨顺时期，绿洲和游牧出现互市、交流、沟通的需要。但是，当一方的力量尤其是游牧力量强大之时，马背上民族的征服欲望便出现了对农耕民族的征服需要；而当天灾人祸，草原干旱，游牧民族生存出现困难时，也会出现南下掠夺的需要，依然是需要通过战争解决。因

① 蔡灿津：《〈福乐智慧〉哲学思想初探》，东方出版社 1991 年版，第 12 页。

② 尹筑光、茆永福主编：《新疆民族关系研究》，新疆人民出版社 1996 年版，第 17 页。

此，出于多种因素，新疆绿洲便成为中国北方和新疆北疆游牧民族觊觎的对象。此时，战争便成为促进游牧和农耕民族文化交流的手段和方式。当然，战争本身也是一种文化交流的手段与方式。但是战争对农耕文化的破坏也是显而易见的。在彼此既对立又同一的历史演进过程中，尤其是在出现对立斗争之时，游牧民族的机动优势便显现出来，马背民族的优势使其作战极具优势。然而，历史的趋势却是不变的，“征服者被被征服者的文化所征服”的情景总在上演。新疆绿洲文化发展史上的突厥化、回鹘化和伊斯兰化都是这样的过程。正如恩格斯在谈到民族征服时候所说：“每一次由比较野蛮的民族所进行的征服，不言而喻都阻碍了经济的发展，摧毁了大批的生产力。但是在长期的征服中，比较野蛮的征服者，在绝大多数情况下，都不得不适应征服后存在的比较高的‘经济状况’；他们为被征服者所同化，而且大部分甚至还不得不采用被征服者的语言。”[①] 大量的突厥人、回鹘人定居加入农耕行列，向农耕文化学习，改变自己的生存生产方式。但是游牧文化的入侵，给古老的农耕文化注入了新的活力因子，促使其克服农耕文化的惰性和保守性，变得开拓进取。从各方面促进了绿洲文化与游牧文化的进一步整合和发展。

最后，新疆绿洲文化形成过程中始终表现为族际、族内文化大同与小异并存。新疆地域辽阔，“三山夹两盆”的特殊地理结构造就了各地区差异较大的地理人文环境。以天山山脉为界，形成了北疆、南疆和东疆各自相对独特的经济结构和地缘文化特征。地域文化是指特定地理环境下，不同民族不同的生产生活方式以及由此决定的不同的思维及行为方式特征。我们说绿洲文化时是把新疆的绿洲文化当成一个文化整体来看待的，是忽略了新疆绿洲之间、绿洲内部族际、族内文化的差异性而谈同一性的。事实上，从新疆绿洲文化的整体看，不同的绿洲、不同的民族，甚至于同一民族的内部，其文化特征和特点都存在异质性。新疆的绿洲文化，不管是从共时态还是历时态的视角看，始终都是大同、小异并存着的。同一性，源于绿洲生产生活的共性，以及在长期的文化交流、交融和交汇过程中形成的趋同性。尤其是在中西方文化交流过程中，受中原文化和中亚文化的影响，使其文化表征呈现出同质性。例如，受伊斯兰文化影响，新疆绿洲的各民族文化生活、风俗习惯、思维方式、伦理观念等都表现出了这种同质性。过一样的节日，遵循一样的礼仪规范和道德价值取向，自然从生活习惯和文化心理方面表现出趋同的方面。但是，信仰伊斯兰教的维吾尔族、回族之间还是具有巨大的差异性，这种差异性不仅表现在虔诚度上，还表现在伊斯兰文化对民族文化心理的影响上。

① 《马克思恩格斯选集》第 3 卷，人民出版社 1972 年版，第 222 页。

伴随绿洲文化形成、发展始终最主要的还是其异质性，即小异的方面。这种异质性首先源于古代新疆各绿洲之间自然地理环境的差异性和相对封闭性。由于古老绿洲之间的相对不同的生态环境，使得绿洲诸民族之间的生产生活方式乃至民族心理方面表现出相对的差异性。例如，由于生活在茫茫的沙漠、隔壁、荒滩中，相似的生态环境使南疆的维吾尔族特别钟爱绿色，因为绿色象征着沙漠中的绿洲，象征着生命，从而“与生命有关的事物与色彩就成为他们认知的主要内容，同时也影响到认知的取向”①。但是，同时也由于绿洲之间的相对差异性以及相应的历史原因，使得绿洲民族之间也存在着巨大的差异。同样是维吾尔族，但是吐鲁番绿洲的维吾尔族、和田绿洲和喀什噶尔绿洲的维吾尔族还是表现出巨大的差异性，这从日常生活中就可以反映出来，南疆绿洲的维吾尔族相对比较传统，而吐鲁番绿洲的维吾尔族由于历史上受中原文化影响较深，且改革开放以后旅游经济发展较早，整体上现代化程度相对较高。当然，这种异质性主要还是深层文化心理上的异质性。人类学家崔延虎在田野调查时发现：同样是维吾尔族，但是他们之间的认同不是首先表现为民族认同，更多地表现为地域认同。和田的维吾尔族会认为自己首先是和田人而不是维吾尔族人。在艾提尕尔清真寺的大毛拉去世后，自治区政府选派了一名来自和田的大毛拉，但是却引起了喀什穆斯林的反对，并引起骚乱。这不仅是由于历史上绿洲之间的独立性和差异性，而且还源于历史上喀喇汉王朝（伊斯兰教）和于阗国（佛教）之间长达一个多世纪的宗教战争引起的民族内部不同的地域认同感。

二、绿洲农耕文化形成的启示

第一，保持丝绸之路畅通，建设新时期新的丝绸之路。马克思、恩格斯曾经指出：“某一个地方创造出来的生产力，特别是发明，在往后的发展中是否会失传，取决于交往扩展的情况。”② 新疆绿洲文化的盛衰史同时也是丝绸之路的兴衰史。历史上丝绸之路的“三绝三通”对新疆的绿洲文化发展产生了巨大的影响。而海上丝绸之路的渐盛也使得古老的陆路丝绸之路逐步走向衰落，尤其是近代海运的发展和现代通信手段的快速更新，历史上繁荣一时的、古老的丝绸之路迅速陨落，成为历史上的辉煌。而由于身处亚洲腹地，远离海洋，交通不便等地理上的劣势，在近现代的改革开放中，新疆的绿洲越来越被边缘化，在东南沿海等省市的快速发展的号角中持续沉寂，其与内地省市的发展差距也越来越大。但

① 李静：《民族心理学教程》，民族出版社 2006 年版，第 317 页。
② 《马克思恩格斯选集》第 1 卷，人民出版社 1995 年版，第 107 页。

也正是经济社会的相对发展滞后性，使新疆的绿洲文化由于没有受到迅猛的西方现代文化的冲击而相对较好地保持了其文化的土著性和特色。同时也给新疆绿洲文化以反思文化全球化浪潮中如何保持和发展民族特色文化的缓冲机会。

只有各民族整体、全面、协调发展，才是和谐社会的目标。为了发展新疆，国家利用古丝绸之路的文化内蕴和新疆特殊的地缘政治，提出新疆“向西走”发展路径，以新疆为桥头堡，打造一条真正横贯东西的国际新丝绸之路。以古老的喀什噶尔绿洲中心，积极发展与中亚五国的经济、文化交流，开设哈萨克斯坦、吉尔吉斯斯坦、塔吉克斯坦等中亚五国的文化旅游专线，增强经济辐射能力，加强文化合作和交流，在新一轮的经济、文化交流过程中繁荣丝绸之路，在经济、社会发展的基础上促进新疆绿洲文化的转型和发展。新疆要充分利用好这个契机，迎来新一轮的绿洲文化新繁荣。

第二，新疆的绿洲文化历史上深受中原、中亚及游牧民族的影响，但却依然保有明显的文化特色，对我们今天文化全球化视野下的民族文化转型以借鉴意义。新疆绿洲文化之所以能很好地保持其独特的民族文化特色是因为其不是照搬照抄其他民族的文化，而是立足自身文化的基础上积极主动地汲取其他文明文化的优秀成果，并把它融入到自己的文化体系中，不仅丰富了本土文化，而且实现了本土文化的转型，成为本土文化发展的不竭动力。这不仅对于整个中华民族的文化转型具有重要的意义，而且对于新时期新疆绿洲文化的转型和发展具有重要的借鉴意义。美国人类学家克拉克·威斯勒在其著作《人与文化》中提到弗朗西斯·培根：“为理想的文化制定了一个计划，这种文化要受到研究者或科学家协会的指导，他们的唯一作用应当是推进文化，因而全体人民的福利也会得到促进。换句话说，他盼望着一个时代，那时他的人民应该意识到自己具有一种文化，因而可以沿着理性的路线去发展它。”[①] 事实上人们在400年前就认识到文化的建设是一个能动的选择过程。历史的经验和今天文化全球化的现实告诉我们依然要在保有民族文化特色的基础上主动汲取异族、异质文化的精髓，从而促进少数民族文化在创新中发展。这更应该是今天文化工作者和专家学者的任务和使命。

第三，中原和新疆合则共荣，分则俱损的历史告诉我们要加强统一和谐的中华文化建设。和谐社会建设，和谐文化建设要先行。在文化与社会的双向互动过程中，文化作为一种思维无疑对人们的行为具有重要的指导和导向、规范作用。历史上中原王朝和西域分则俱损，合则共荣的事实告诉我们，在新的历史条件下，我们一定要加强社会主义和谐文化的建设，用社会主义核心价值体系统领社

① ［美］克拉克·威斯勒著，钱岗南、傅志强译：《人与文化》，商务印书馆2000年版，第189页。

会主义文化建设。由于历史与现实中新疆绿洲文化与中亚文化有着千丝万缕的联系，在新的历史条件下，我们要加强对跨国民族文化的研究，提升中华文化的凝聚力和向心力，用和谐的中华文化和核心价值体系引领边疆经济社会建设。

第四，中原政权的政治制度层面的影响与中亚阿拉伯文化的深层文化心理影响并存的历史与现状，提醒我们要注重研究新疆绿洲群众的深层文化心理，从而为解决新时期的民族问题和矛盾提供对策和思路。虽然在中国汉文化与新疆少数民族文化的相互影响、相互促进，交融共生构成了多元一体的中华文化，并形成了共同的民族意识和民族认同。但是，我们依然不能忽略历史上阿拉伯文化对绿洲民族深层文化心理的影响。民族、宗教文化影响下的深层文化的心理，已经深入民族的血液和骨髓，并随着社会生活的延续而在代际之间传递，依然构成现代少数民族的心理表征。在新疆特殊的地缘政治及两种意识形态斗争以及恐怖主义威胁的阴云下，尤其是随着“三股势力”实施所谓的“民心工程”，开始对新疆进行民族心理和民族文化的渗透和侵蚀之时，我们更不能忽略少数民族群众深层文化心理的研究。一方面，关注不同民族的心理状态以及民族文化特征有助于不同民族增进相互理解、学习，有利于我们的共同心理和共有文化的发展，从而有助于在根本上推进各民族对中华民族的认同，化解矛盾、增进融合、促进稳定。另一方面，对边疆各民族心理和文化特征的研究，有助于我们揭露民族分裂分子利用民族心理，煽动民族情绪，歪曲民族文化，达到民族分裂的目的，从而构建社会稳定的心理机制和文化安全机制，构筑社会稳定的思想防线。

第五，新疆绿洲文化形成过程中始终表现出族际、族内文化大同与小异并存的现象，它提醒我们要注重少数民族之间的异质性研究，为民族政策深入细化提供理论支持。由于忽略了新疆绿洲少数民族之间和民族内部的矛盾，长期以来我们一直比较关注民汉之间的文化异质性研究，而对少数民族之间和少数民族内部的文化异质性没有予以足够的重视。而正是这种民族间和民族内部的文化异质性是导致现实中民族矛盾的根本原因。“汉族离不开少数民族，少数民族离不开汉族，少数民族之间相互离不开”的“三个离不开”，是我们对新疆少数民族关系的阐述，是对新疆绿洲文化关系的阐释。在新的历史发展阶段上，尤其是随着新疆经济社会改革的不断深入，民族之间、民族内部利益的多元化和多层次化，我们必须加强少数民族之间文化的异质性研究，从而通过文化研究去了解民族心理产生的原因，制定更为合理细致的民族文化政策，建设和谐新疆。

回顾历史是为了更好地指引现实。从历史上看，新疆绿洲文化的生成演进机制为多元一体文化格局的微缩典型，其文化发展演进的过程为文化全球化条件下的少数民族文化转型提供了借鉴。现实中的新疆经济社会发展中的很多问题可以从民族的文化特征及文化演变的规律中找到相应的文化根源，从而为民族地区特色文化现代转型和构建和谐文化、和谐社会提供相关的理论与现实依据。

第二节 绿洲农耕文化的基本特征

新疆绿洲文化是生活在绿洲上的各族人民群众生存样态的反映，是在沙漠绿洲中人与自然灾害长期斗争中形成的解决自身存在、处理人与自然关系过程中长期沉淀下来的各少数民族特殊的生存模式和生活状态。但是，新疆绿洲文化并不是单一地依附自然环境产生的，而是当地民族传统文化在丝绸之路的兴衰发展历程，与中西方文化的交汇中吸纳各民族文化发展而来的一种多元文化形态，新疆绿洲文化既具有传统农耕文化的显著特征，同时还具有沙漠绿洲特殊自然生态与地理特征所赋予的基本特征。

一、地域的封闭性

新疆绿洲文化的生成，从其所处的自然生态地理环境上看，封闭性是它最显著的特征。封闭性是所有农耕文化的共性。马克思曾经指出："小农人数众多，他们的生活条件相同，但是彼此间没有发生多种多样的联系。他们的生产方式不是使他们相互交往，而是使他们互相隔离。"① 传统农耕文化是以自给自足的自然经济、半自然经济为基础的。自然经济条件下的农业生产是分散的小农经济和重复性的农业生产活动。这种生产实践是依照自然规律自然调节的，安于现状、没有挑战的、周而复始的春耕夏种秋收冬藏。人作为自然的一部分完全融入自然之中，春夏秋冬，生老病死，一年一年，世世代代。同时，基于血缘关系、宗法关系和天然的情感而形成日常交往，人们生活在一个淳朴、简单、自足而安逸的自然秩序之中。在自然经济条件下，土地是农耕民族的重要的生产资料和生活资料的来源。因而，逐渐形成农耕民族安土重迁、知足自得、安于现状、保守、封闭的特性。新疆绿洲生态环境则使得南疆绿洲各民族文化的封闭性更加突出和典型。就新疆绿洲民族文化所形成的文化生态环境看，一个个绿洲被沙漠、戈壁分割成一个个互不相连的小块，或像广袤沙海中的片片绿岛，或像一个个绿色的条带点缀在沙漠、盆地边缘，这种相对孤立的文化生态环境为南疆绿洲诸民族文化的发展提供了相对独立的地理前提。尤其其生产耕作方式和历史上形成的农耕、

① 《马克思恩格斯选集》第1卷，人民出版社1995年版，第677页。

畜牧相结合的自给自足的生产方式，使得每一个绿洲都形成一个或以“农”为主或以“牧”为主的“独立王国”。

二、多元文化的包容性

首先，新疆绿洲文化的包容性源于新疆自古民族种族的多样性。在恶劣的自然生态环境中，各族人民在与自然抗争、做斗争的时候就形成了尊重彼此，互相学习、借鉴的包容的人文环境。多种族、多民族的人文环境中，各民族本身的价值观和信仰体系也是多元的。因此，更要求各民族都能够相互接受，相互包容对方的信仰、价值、风俗习惯等等。这不仅丰富了绿洲社会的文化，保持了各民族的文化特色，并且促使各民族文化在共同地域、共同的经济社会生活中相互吸收、相互借鉴，形成某种程度共享的族际文化。

其次，新疆绿洲文化的包容性是绿洲文化延续几千年的重要支撑。由于新疆所处的地理位置，决定了历史上和现实中要不断地接受异域、异质文化的激荡与冲击。但是，新疆的绿洲在一次次的民族文化融合交汇中，不管是来自强势农耕文化的激烈冲击，还是来自机动游牧文化的潜移默化影响，不仅兼收并蓄，丰富了自身的文化，使自身的文化更绚丽多姿。因为包容，所以能不断吸收外来异质文化精粹丰富自身；在其与各民族文化的交流中不断发展，保持着自身的旺盛文化生命力；显示出新疆绿洲文化的深厚历史积淀，实现了各民族民族文化的繁荣与发展；创造出稳定与和谐的文化氛围与环境。

新疆绿洲文化不拒斥外来文化，不管是东来的中原先进技术、制度、文学艺术，还是西来的器物、宗教及思想，它都一一予以接纳、吸收，并使多种文化因子和谐地出现在以自己的文化为主体的新生文化系统中。“《北史》记载：（高昌）五经诸史取于北魏，典章制度模仿北魏，文字与华夏相同，然而学官及弟子习读，却使用胡语。多么奇特的文化现象！”[①] 察合台汗国时期，回纥文被察合台文取代，并根据阿拉伯文字为基础形成了新的“察合台语”。“关于察合台语的基本特征，我们不妨打个比喻，这座语言大厦的骨架——语音、语法——是维吾尔语的。垒墙的砖瓦——词汇——则来自各个方面，有维吾尔语的、有塔塔尔语的、有阿拉伯语的、有波斯语的，还有蒙古语的。”[②] 各色种类的文化形态和表征，相互兼容，并存于南疆绿洲文化的母体之中，创造出和谐的绿洲特色文化。

---

① 尹筑光、茆永福主编：《新疆民族关系研究》，新疆人民出版社 1996 年版，第 18 页。

② 刘志霄：《维吾尔族历史》（上编），民族出版社 1985 年版，第 303 ~ 305 页。

三、以维吾尔族为主体的民族性

文化的民族性或土著性的基础源于本民族文化丰富的文化内涵和深厚的文化底蕴，同时也是与本土文化所拥有的巨大惯性相关。美国人类学家威斯勒在分析部落文化特质时指出，文化是有区域的，文化的区域性源于“同一的环境”，“因为同一的环境，其中每个部落的根本问题也是基本相同的，每个部落都为解决这些问题提出了见解，位置最优越的那个部落从中汲取并完善了那些将要形成基本特质综合体的观念。”[①] 每一种文化特质都肯定以创造性的生产为基础，都是处理特殊环境下人与自然关系的特定模式，新疆绿洲各族人民的生存样态是在沙漠绿洲中人与沙漠长期斗争中形成的解决自身存在、处理人与自然关系的最佳状态，这种状态是特殊的生存生活状态。“一旦各个民族在衣食住行这些需求方面表现出了明显的差异，那么，在信仰和观念也同样会存在差异，其差异之大，其形式之独特，使人们只能将这些民族的全部生活综合体看作是富有特色的文化。”[②] 在这里，一个民族衣食住行的方式，实际上是该民族认识世界、改造世界，处理人与自然之间关系的方式，这种方式就形成了该民族的独特的阐释世界的方式，即生存的样式。文化是一个不断积累的过程。在长期的文化积淀过程中，尽管有不间断的文化交流与碰撞，但是基于特殊环境的根本生存样式是不会变的。然而，在一个民族却可以在文化交流中不断汲取其他民族文化的精华融入自己的文化特质之中，从而促使文化的进一步发展。以喀什地区、和田地区和克孜勒苏柯尔克孜自治州三地区为代表的新疆天山以南、环塔克拉玛干大沙漠周围的绿洲农耕经济带自古便是少数民族聚居的地区，这里生活着维吾尔族、塔吉克族、柯尔克孜族等民族，其中维吾尔族人口占全疆维吾尔族总人口的88.15%。其中，仅喀什地区维吾尔族人口就占到全疆维吾尔族总人口的36.01%，占本地区总人口的89.37%；和田地区的维吾尔族人口占全疆维吾尔族总人口的比例也在18%以上，占本地区总人口的比例是96.91%。维吾尔族主要生活在天山以南环塔里木盆地周围的绿洲带和盆地，包括南疆绿洲和东疆哈密、吐鲁番盆地绿洲上以农耕或耕牧为主要生存方式，由于特殊的自然环境、地理方位，维吾尔族在长期的生产生活中形成了自己独特的文化存在样式，使得它的文化生成与发展有着自己独特的历史轨迹和特点；同时，由于地处中西方文化交汇要道、丝绸之路必经之途，在漫长的丝绸古道上，西域绿洲诸国不仅成为中西方文化交流的见

① ［美］克拉克·威斯勒著，钱岗南、傅志强译：《人与文化》，商务印书馆2000年版，第173页。
② ［美］克拉克·威斯勒著，钱岗南、傅志强译：《人与文化》，商务印书馆2000年版，第7页。

证，而且在中西方文化交流交汇的过程中，不断吸收、容纳异质、异族文化的基础上形成并强化着自己别具一格的维吾尔族文化特色。

四、以伊斯兰文化为核心的宗教性

新疆绿洲文化“以伊斯兰教为核心，聚合了除汉、满、蒙古、锡伯等民族之外的其他民族，淡化了草原游牧民族和绿洲农耕民族的差异性，强化了穆斯林与非穆斯林的文化异质性。使西域的民族关系复杂化”①。而且从更为宽泛的意义上看，汉族和其他的少数民族也越来越多地共享某些文化特征，越来越形成了独有的文化氛围和特色。“在不同的文化方面与不同民族的交叉，在不同时期与不同民族的交叉，造成更广泛、更复杂、更深入的交叉网络。尤其重要的是，由于汉族文化在各民族文化联系中的主线作用，各民族文化的交织、融合，使族际共享成为你中有我、我中有你的总体共享。”②

总之，新疆绿洲文化在多元一体中华文化中是一支绚丽多姿的奇葩，就其自身而言，不管是从历史上还是从现实中看，其特殊的自然环境、地理方位和民族构成使得它的文化生成与发展有着自己独特的历史轨迹和特点。

五、以绿色为特征的生态文化

绿色对于维吾尔族而言，是生命的象征。塔里木盆地边缘大大小小的绿洲是维吾尔人生存的自然环境，是帮助他们抵御沙漠风沙的天然屏障，在沙漠戈壁中，象征着生命的绿色成为维吾尔族最喜爱的颜色之一。绿色生态文化也就成为绿洲文化的显著特征，尤为突出表现为胡杨文化、坎儿井文化。

（一）胡杨文化

新疆的维吾尔居民主要分布在南疆塔里木盆地周围各绿洲。新疆塔里木地区同时并存着世界第二大沙漠——塔克拉玛干沙漠与世界第一大面积胡杨林的塔里木胡杨林。胡杨有着“活着一千年不死，死了一千年不倒，倒了一千年不朽”的说法。由于绿洲、胡杨对自己的生存有密不可分的关系，世代生活在塔里木盆地的维吾尔族创造了以绿色生态文化为内容的“胡杨文化”。不难发现胡杨文化的印记无时无刻不彰显于当地居民的居住习俗、语言及日常生活和民间文化活

① 尹筑光、茆永福主编：《新疆民族关系研究》，新疆人民出版社 1996 年版，第 7 页。
② 马戎、周星：《中华民族凝聚力形成与发展》，北京大学出版社 1999 年版，第 246 页。

动中。

早期维吾尔人崇拜大自然所赋予的绿色，这点在维吾尔族居住习俗中表现得尤为典型：维吾尔人在选择居住地时首先要的就是水源必须充足，因为水乃生命之源，有了水才能有绿洲。绿意味着生命，是生命的象征。因此，维吾尔人尚绿渗透于则居行为中也是情理之中的事。在维吾尔语中绿色为“yax”，而年轻人为“yaxlar”，这两个词同属一个词根，意思是绿色即年轻人，因为年轻人带给我们的是希望，是蓬勃发展。在日常生活中绿色也为维吾尔居民所频繁使用，如一般建筑的外观所镶嵌的玻璃砖都使用了绿色，室内装潢色调也一般选用绿色居多。在民间文化活动中绿色生态文化表现得非常明显。“迎青苗”麦西来甫（亦称阔克麦西来甫，“阔克”意为绿色、青苗；“麦西来甫”意为集体歌舞）是维吾尔人对绿色崇拜的最高表现形式。在一年一度的庆典活动“诺鲁孜”（意为新年）中，要举行拜水、拜树、敬土地、敬自然等一系列活动。总之，以绿色生态文化为内容的胡杨文化在维吾尔人眼中是一种可以永远跨越时空，持久存在的象征，这种生态保护意识使绿洲文明不断得以延续和永久地发展下去。

（二）坎儿井文化

坎儿井在中国只存在于新疆，新疆的坎儿井主要分布在东部天山南坡干旱缺水的地区，南部和田、库车也有发现。坎儿井是沙漠地区特有的文化景观，是古代劳动人民改造自然、利用自然的杰出典范，其作用主要是平衡地下水。

新疆塔里木地区除塔里木河及其支流水资源较丰富，其他地区都不同程度地受到水资源匮乏的制约。因此，维吾尔人十分重视水利设施的建设来解决水资源匮乏的问题，坎儿井就是典型代表。坎儿井实际是一种保水灌溉的方法，井水是山上雪水经过渗透流过砾石层的潜水，利用自然优势从高到低人工开凿而成，用暗渠和直井把地下水引出地面。坎儿井本身就是一个独立的生态系统，一般由四部分组成：暗道即地下输水道，由于深藏地下，保证了水质的纯净；竖井，是暗道的出入口与通风口，其周围堆积的土丘，成了穴居动物天然的栖息地，一些鸟类还利用坎儿井的内壁筑巢繁殖、抵御严寒；涝坝（小型蓄水池）和明渠的两侧则成为鱼类、两栖动物、植物的生存地。每个坎儿井的周围都可以发现居民定居点，可以说没有坎儿井，就没有茫茫沙漠中的片片绿洲。

坎儿井的出现不仅创造出众多的新绿洲，而且围绕着坎儿井灌溉系统逐渐形成了一种文化即坎儿井文化，是绿洲文化的重要组成部分。因为凡是有坎儿井文化存在的地区，居民的村落布局和建筑功能使得村民能够在被沙漠包围的小块绿洲上获得一种较好的生存环境，这种布局与建筑是几千年来绿洲居民努力适应当地生态环境的结果，所表现的是一种人与自然相互协调、共生共存的和谐状态，它既是自然环境在社会环境中的一种延伸，又是维吾尔人社会风俗的一种化身。生活于新疆绿洲上的居民大部分信仰伊斯兰教，小部分信仰萨满教。伊斯兰教义主张仁爱万物，对待动物和植物一样要有仁爱之心，因为它们同人类一样有感觉、有意识，而且具有某种程度的灵性，必须对其施以仁德，加以珍惜。伊斯兰教这种敬畏生命，强调人与自然和谐相处、共存共荣、合理利用和保护自然资源的文化理念对绿洲农耕民族提高环保意识，自觉维护生态平衡起到了促进作用。总之，绿洲文化所蕴含的可持续发展观念对现代生态文明建设也有着深刻的启示和重大的现实意义。

第三节　现代化进程中的绿洲农耕文化

现代化是当今社会发展的必然趋势，新疆现代化是实现新型工业化、农业现代化和新型城镇化的过程。南疆绿洲文化在现代化进程中，传统与现代、工业与农业、农村与城镇、计划与市场之间的矛盾日渐突出，而这恰是传统绿洲农耕文化与现代化文化的冲突。从文化发展的境遇看，绿洲农耕文化不仅面临现代文化的挑战，也面临着文化现代化的机遇。

一、现代化对绿洲农耕传统民俗文化的影响

在现代化进程中，传统文化作为历史的积淀顽强地保留着、负载着一个民族发展的价值取向，影响着一个民族的生产方式和生活方式、风俗习惯、道德约束等。当今新疆绿洲农耕民族聚居区在现代化浪潮的冲击下，随着广播、电视、电影、电信、互联网的迅速发展，不论是生态环境、生产方式、经济形态，还是社会环境，都发生了根本性的变革。人们在充分感受到现代传媒便捷、先进的同时，开始追求时尚的现代生活，使得那些体现民族特色的传统文化正在不断大量流失，民族服饰、饮食等传统文化面临着严峻的挑战。

在服饰方面，绿洲农耕民族的服饰与以前发生了较大变化，男式袷袢、长筒皮鞋、小花帽已逐渐退出日常生活，仅在舞台上和偏僻的农村可以见到这类服饰。主要原因在于：第一，全球化意识的广泛传播使得人们对服饰文化及审美心理发生巨大变革，尤其是商品经济的迅猛发展为这类较偏远的新疆绿洲农耕民族聚居区注入了活力，加之新潮时尚信息的广泛传播使人们的视域更加宽广，更容易接受新鲜事物。第二，由于新疆绿洲农耕传统服饰的材料和装饰的

制作过程通常比较复杂，耗时耗力，不便于大规模机器生产，生产者无法大量获取商品盈利当然不会大规模生产。第三，新疆绿洲农耕传统服饰穿戴不便而且难以清洗，因此许多新疆绿洲农耕地区的年轻人会将目光转移到当前流行时尚的穿衣风格样式上。因此在上述情况下，新疆绿洲农耕传统服饰文化面临着巨大的挑战。

在饮食方面，绿洲农耕民族是较早从游牧转而农耕的古老民族，其饮食风俗不仅体现了绿洲农耕文化的特点，而且保留着许多游牧民族的特色。但在他们的饮食文化中，至今仍保留着许多游牧民族特有的风俗。

伴随着全球化进程的加快，社会生活的变迁，如维吾尔族的饮食习惯发生了一些变化。第一，肉类虽然仍是维吾尔族的主要副食，但蔬菜也在维吾尔族的食谱中占有了重要的一席之地，维吾尔族群众向汉族群众学习了很多炒菜的技术，现在维吾尔族餐桌上经常可以见到各色炒菜，这使维吾尔族群众的饮食更为丰富。第二，在商品经济浪潮的冲击下，具有浓郁维吾尔族风韵的餐厅如雨后春笋般多了起来，在维吾尔族的宴会厅内你可以看到石膏浮雕的四壁，木质围栏都刻着精美的雕花，在吃饭的高峰期时会有几个艺人穿着传统的艳丽服装弹唱木卡姆。在这些独具特色的餐厅里，维吾尔族饮食会让客人们深深地体会到民族美食深厚的文化底蕴。第三，民族饮食的融合。新疆绿洲农耕区自古就是东西方文化的交汇地，这其中当然也包含饮食文化。维吾尔族饮食文化既保持了古老的民族个性，又接受了东来西来两方面的影响。所谓东来影响指的是汉族饮食文化的影响，它使维吾尔族饮食从单一走向丰富；西来影响指的是波斯、阿拉伯和欧洲的影响，这种影响早在丝绸之路时代就已经开始，使新疆绿洲农耕区饮食文化有了更多的异域特色。

在全球性竞争浪潮中，能否把握住自己，能否占据一席之地，是当前新疆绿洲农耕传统文化面临的重要课题。历史留给了新疆绿洲农耕一份独一无二的特殊厚礼即文化，开创新的文化局面，使传统的新疆绿洲农耕文化在现代化浪潮的冲击下选择一条通向光辉顶点的未来之路，要在现代化与传统文化之间寻找平衡，协调、处理好现代化与民族传统文化的关系。一个民族只有保持丰厚的原生态文化，才能创造出新文化。同时，只有保持自己民族的传统文化，也才能在现代化进程中不至于迷失自我。

二、现代化进程对民族语言文化影响

社会在现代化和全球化激烈竞争中，中国各民族间必然要不断加强政治、经济、文化整合继承。中国是一个多民族国家，汉语为中国各族在交流学习中需要掌握的"国家通用语言文字"。在中国的社会生活和社会交往中，就全国而不是一个小地域来看，应用性最强、最普遍的语言是汉语，而且是各族学习现代知识技能和实现就业必不可少的交流工具。在中国，不但历史上和近现代大量文化典籍和科技成果是用汉文出版，国外的大量文学、科技著作是译成汉语出版，连国内许多少数民族知识分子的研究成果也用汉文发表或出版，也只有汉文出版的研究成果才能得到中国境内绝大多数人的认可。"在中国如果能熟练地掌握汉语，就意味着可以接触和使用国内信息总量的99%，这是数量巨大和无法替代的资源，掌握这些资源无论对每个个人的发展和个人所从事工作部门和专项事业的发展都极为重要。"① 因此，各少数民族聚居区和传统的民语教育系统加强汉语教学和推行双语教育已成为发展方向，双语教育也是政府为落实民族政策和促进民族地区教育发展的一项重要的制度安排。

在包括大中专毕业生在内的劳动力就业已完全市场化这一宏观社会环境下，新疆民语教育系统各级毕业生就业面临极大困难并由此导致各种社会矛盾。少数民族学生要想获得学业成功，只是简单地掌握主流语言进行对话的能力，并不足以应对有相当认知要求的学术和就业环境，而有限的民语教辅材料也影响了少数民族学生获得高的学业成就。因此，政府实行双语教育新模式，其社会目标是使少数民族学生更好地掌握主流语言，提高其教育质量，增强少数民族毕业生的就业竞争力从而获得更多的就业机会和社会财富，并同主体民族一起应对全球化对民族生存和发展形成的挑战。

随着国语——汉语交流功能和教育功能的加强，新疆一些少数民族民众，尤其是知识分子表现出对本民族语言、文字和传统文化是否能继续保存和发展的忧虑，这应该引起相关部门的重视，在强调国语学习重要性的同时，也应该宣传新疆保持语言多样性、文化多元化的重要性，以及保护和发展民族语言文化的决心和努力，让少数民族在肯定本民族语言文化价值的同时，积极主动地学习国语。

三、现代化进程中非物质文化境遇

非物质文化遗产是各族人民世代相承、与群众生活密切相关的各种传统文化的表现形式和文化空间。非物质文化遗产是反映了民众集体生活，并长期得以流传的人类文化活动及其成果，因而具有不容忽视的历史文化价值。尤其重要的

① 马戎：《试论语言社会学在社会变迁和族群关系研究中的应用》，载《北京大学学报》（哲学社会科学版），2003年第2期。

是，非物质文化遗产以其民间的、口传的、野史的、活态的历史文化价值，可以弥补官方历史之正史典籍的不足、遗漏或讳饰，有助于人们更真实、更全面、更接近本原地去认识已逝的历史及文化。新疆绿洲农耕区是一个历史悠久的文明区域，不仅有大量的物质文化遗产，而且有丰富的非物质文化遗产。

当今世界在全球化的冲击下正面临着丧失民族文化多样性的严重威胁，尤其是许多少数民族的非物质文化遗产在互联网和现代通讯工具的冲击下正处于快速消亡中。非物质文化遗产中深深蕴藏着所属民族的文化基因、精神特质，这些在长期的生产劳动、生活实践中积淀而成的民族精神，是世代相传沉积下来的民族的思想精髓、文化理念，是包括了民族的价值观念、心理结构、气质情感等在内的群体意识、群体精神，是民族的灵魂、民族文化的本质和核心。因此在当今全球一体化的潜在威胁下，确保民族特性、民族精神的代代相传，就是每一个民族无法回避的重要任务，而非物质文化遗产作为人类文化传递和保存的生动有效的手段、工具和载体，能够很好地将民族精神等文化信息传递到每一个人、每一代人这些活生生的载体上，从而造就一个有独特文化个性和崇高民族精神的伟大民族。

新疆各民族的传统音乐文化源远流长、博大精深。既是中国传统音乐文化的重要组成部分，也是人类精神文明的硕果，曾经对当时的社会产生了极其深远的影响。但是随着现代化社会的发展和国家的对外开放，外来文化的渗透和冲击，对新疆民族原生态的音乐文化环境的破坏使很多新疆民族传统的文化生态环境日趋恶化，使很多古老的传统音乐随着民族民间老艺人的去世而日趋消亡。长期以来，民族传统音乐都是以师徒相传、口传心授的自然传承的模式进行的。在岁月风尘的荡涤下，极易耗散。就拿新疆的“十二木卡姆”① 来说，到新疆和平解放前夕，木卡姆已经濒临灭绝。当时整个新疆只有英吉沙县乌恰乡 70 多岁的艺人吐尔地阿洪能完整地唱完十二木卡姆。

《在新疆部分高校维吾尔民族学生中对木卡姆音乐知识的调查报告》结果显示：“被调查学生中的 94% 都知道木卡姆在世界享有的盛誉，但是只有几个人能够说出为什么；有 64% 的学生会唱木卡姆中的片段但却不知道他所唱的曲目是哪种木卡姆以及该木卡姆的特点；有 53% 的学生会演奏木卡姆伴奏乐器，但是在近三百名会演奏的学生中只有 5 人较好地掌握了乐器的演奏技巧，有 10 人能够简单地为一些歌曲伴奏，其他的学生则仅仅只会演奏几个不完整的片断。对于

① 维吾尔十二木卡姆是运用音乐、文学、舞蹈、戏剧等各种语言和艺术形式表现维吾尔族人民的生活和情操，反映人们的理想和追求以及在当时的历史条件下所产生的喜怒哀乐。它集传统音乐、演奏音乐、文学艺术、戏剧、舞蹈于一身，具有抒情性和叙事性相结合的特点。这种音乐形式在世界各民族的艺术史上独树一帜，堪称一绝。

木卡姆的种类和名称了解的人数比例就更少了。”[①] 虽然新疆维吾尔自治区完整地抢救和保留了吐尔地阿洪演唱的十二木卡姆，但是传承状况仍不乐观。截至目前，全疆没有一个人能够唱全十二木卡姆。能够唱七八套的人甚是少见，而且这些人都是七八十岁的老人，“死了一个人，亡了一门艺”的现象随时会出现。

随着商品经济的发展，通俗流行音乐和乐器电声化对新疆传统的古典音乐的演奏形式和内容产生了一定的消极影响。很多少数民族年轻一代日益趋向于对通俗的民族音乐的喜爱，丧失了对传统音乐的兴趣，喜欢用电声乐队来演奏民族音乐，而且通俗音乐的市场化导致民族文化失去了它本来的精髓和传统的特点，使民族器乐的传承和发展陷入举步维艰的地步。

文化部门的“输血式的抢救保护工作”力量薄弱，不能改善新疆民族原生态的生存环境。在新疆维吾尔自治区文化厅和新疆维吾尔古典文学和木卡姆学会主办的“2007 年中国新疆维吾尔木卡姆学术研讨会”上，中国音乐学院教授、民族音乐学博士赵塔里木先生指出：“新疆传统民族民间音乐的自然传承模式在现代文化生活模式的冲击下日趋脆弱，要做到可持续地发展和传承，就必须尽快建立起各级学校的教育传承。”周吉先生认为：“民族音乐的多样性是新疆传统音乐的首要特点，表现在内容多样、手段多样、表现多样、音乐形态多样。”他发现在和田、皮山县、阿克苏、库车等地还存在有与新疆目前的木卡姆（吐尔地阿洪版）不同的木卡姆音乐，但是由于音乐环境的缺失而濒临失传。为此，很多专家学者提出并由相关的文化部门实施了一系列的抢救、保护措施，为民族传统音乐的保存和发展做了大量的搜集、整理工作，这是功不可没的壮举。“民歌集成”、“器乐集成”、“音乐博物馆”等项目至今仍在继续。博物馆可以留住记忆，但是不能留住该民族文化鲜活的文化形式。虽然在新疆各个地区都由文化部门设立了各种形式的“民俗文化传承中心”，但由于我国九年义务制教育的推行，使很多传承不可能从在校就读的中小学生抓起，失去了传承的意义和价值。而且，音乐艺术的本质决定了这些举措的局限性，即单从音响、图像、乐谱等形式上去保存，是不能等同于音乐艺术上的“继承”的，离“发展”更有相当的距离。如何能在新的社会环境下使新疆民族传统音乐得到更好的继承和更快的发展便成为当前最需要解决的问题。

四、现代化进程中城市民族居住格局变化

20 世纪 90 年代初期至 21 世纪初，随着我国政治经济体制改革的进一步深

① 崔斌：《在新疆部分高校维吾尔族学生中对木卡姆音乐知识的调查报告》，载《中国音乐》，2001 年第 3 期。

化，户籍制度松动，来自区内外的流动人口大量增加，单位制解体和弱化，市场经济成为不可遏制的洪流，商品购房制度逐步推广，市场经济的力量和城镇化的快速发展成为城市空间建构的主要推力。市场经济对乌鲁木齐城市社会空间的影响大体形成两种方式。

其一是随着乌鲁木齐市天山区边疆宾馆边贸发展而形成的流动人口散居型的模式。随着天山区二道桥“国际大巴扎”旅游贸易和边疆宾馆边贸的崛起，加上乌鲁木齐市优质的教育资源主要集中在天山区，天山区一度是乌鲁木齐房价“最火”的地方，土地价格一路走高，房价不断攀升。从笔者的调查来看，天山区围绕着二道桥国际大巴扎和边疆宾馆已经形成了一个巨大的产业链，作为国家二级口岸，边疆宾馆承担着中国对中亚贸易的中转销售市场的功能，其产业链内部主要有仓储、销售、运输、金融、餐饮、旅店、翻译、通讯、俄语语言培训等行业。这一产业链外围还包括服装、电器、日用百货、干果、民族手工艺品、装修建材等生产厂家。据估计，乌鲁木齐市直接或间接围绕这个产业链的服务从业人口规模不低于 3 万人。在边疆宾馆周围形成了一个巨大的商圈，吸引了大量来此从业的外来流动人口，其中还有一些是来自中亚的客商。这一商业产业链的形成是市场自发的，上下游之间的联系不是哪一个民族可以垄断的。因此，形成了多民族共同参与的特征，其中有汉族、维吾尔族、哈萨克族、柯尔克孜族（吉尔吉斯）、俄罗斯族等，交流语言主要是汉语、俄语、维语等。据笔者调查，从事边贸生意的流动从业人员，其中大部分人员的收入比较丰厚，而且这些从业人员大多具有一定的文化素质，这对相互之间的了解和交往具有重要的作用，他们选择居住地也主要考虑的不是民族成分，而是生活环境便利。尽管流动人口多，但是他们大多不聚居，而是散居在城市各处。

其二是乌鲁木齐市天山区赛马场社区形成的流动人口聚居型模式。“赛马场”位于乌鲁木齐市市区南郊中环路，是乌鲁木齐市的最大的二手机动车交易市场所在地，隶属乌鲁木齐市延安路街道办事处管辖。随着市场的兴起，带动了附近的肉类批发市场、皮毛市场、活畜交易市场，加上周围的旧车交易市场和干果市场，被市民通称为“六大市场”。这里因为是批发市场，又是城市郊区，房租便宜。外来的维吾尔族流动人口出于生计成本较低的原因，纷纷到此居住，这一社区开始发展起来，这里属于城郊接合部，管理松懈，于是流动人员盖起来成批的自建楼房，自发形成了一个社区。2004 年，自治区党委、人民政府决定将屠宰场再次搬迁到乌鲁木齐西山。但是，由于这里已经形成了牛羊肉交易的“传统”，依然私下保留了活畜交易市场。同时，另外一个比牛羊肉交易市场更大的新兴的二手车交易市场发展起来，再次拉动了赛马场社区的人口聚集效应。

据笔者 2010 年初的调查，乌鲁木齐赛马场东社区共有 3 599 人，其中常住人口仅有813人，仅占总人口的两成。流动人口的量较大，部分流动人口几乎一个月搬一次家，这些流动人口70%是维吾尔族。这些流动人口的流出地主要是和田、喀什。对流动人口的调查表明，他们收入低、受教育程度低，但是对融入城市的希望高。流动人口属于弱势群体，其身份得不到认可，户籍无法解决，直接影响了子女入学、就业、治病等，生活圈子沉闷与精神上的压抑，形成了一个民族成分相对单一、高度聚居的社区。维吾尔族流动人口社区的形成对乌鲁木齐城市格局来讲，又带来了一种城市社会空间相对隔离的格局。①

从我们初步的研究看，乌鲁木齐城市社会空间发生着巨大的变化，城市社会空间构成从族群隔离一直向着族群混居的方向变迁，并最终形成了民族混居的居住格局。根据近年来西方学者摩西·谢苗诺夫、阿尼亚·格里克曼（Moshe Semyonov，Anya Glikman）对欧洲社会族群居住隔离、族群之间的社会交往、对少数族群态度这几种现象之间复杂的内在关系的研究，验证了若干假设。第一，族群居住隔离（即全欧洲的每一个地方的同类聚居）限制了建立和发展族群间社会交往的机会；第二，积极的族群间的交往可能会减少反少数族群态度产生的机会（即对威胁和社会隔离的看法）；第三，社会交往调节少数族群与邻里的关系及反少数族群的态度。② 可以说，这一结论也适用于我们对乌鲁木齐城市空间和族群居住格局的研究。我们应当实事求是地肯定新中国成立以来，党和政府在民族居住格局和民族交往的改善中所作的巨大努力和取得的成就。不过，需要指出的是，进入市场经济时代，乌鲁木齐市个别城区形成了若干个类似赛马场这样的维吾尔族流动人口相对集中居住的社区，这不利于城市社会空间的整合和民族之间的交往，不仅和历史发展趋势相悖，而且也和新中国党和政府采取的民族混居的努力是相抵触的，这是我们需要警惕并努力从政策上加以解决的。

---

① 黄达远：《乌鲁木齐城市社会空间演化及其当代启示》，载《民族社会学研究通讯》，2011年第80期。

② Moshe Semyonov，Anya Glikman. Ethnic Residential Segregation，Social Contacts，and Anti-Minority Attitudes in European Societies，转引自马戎等：《2009年国外社会学的族群研究回顾》，载《民族社会学研究通讯》，2011年第79期。

第二章

新疆草原游牧文化

所谓草原游牧文化，就是从事游牧生产、逐水草而居的人们共同创造的文化，表现为游牧人的观念、信仰、风俗、习惯以及他们的社会结构、政治制度、价值体系等等，包括游牧生活方式以及与游牧生活相适应的文学、艺术、宗教、哲学、风俗、习惯等。新疆游牧民族主要有哈萨克族、蒙古族、柯尔克孜族和塔吉克族。这些民族在长期的游牧生活和生产中，创造了具有本民族特征的游牧文化。

第一节　草原游牧文化的产生

游牧文化的产生与游牧民族所处的自然地理环境、古代游牧氏族部落生活密切相关，尤其是游牧生产方式对游牧文化的产生起决定性作用。

一、多类型的草原是游牧文化产生的物质基础

新疆自古就是中国重要的草原牧区之一。新疆天然草原面积辽阔，资源丰富，草原总面积8.6亿亩，可利用面积7.2亿亩，占新疆总面积的34.4%，居全国第二，是我国的五大牧场之一。由于独特的地理位置和复杂的地貌结构，新疆草地类型丰富多彩，在全国的18个草地大类中新疆就有11个大类，涵盖了温带地区的全部草地类型。新疆草原优良牧草种质资源丰富，有各类牧草植物108科

687属3 070种（包括亚种和变种）。世界著名的栽培优良牧草，在新疆均有大面积野生分布。既有以水平地带分布的平原荒漠草地及隐域性的低地草甸草地，又有垂直地带分布的各种山地草地类型。草原类型主要有：山区草原：分布在帕米尔东侧，天山山脉、阿尔泰山系、昆仑山区的盆地、谷地、台地和山坡一带。湖区草原：主要在乌伦古湖、艾比湖、赛里木湖、博斯腾湖等湖泊的湖滨地带。平原草原：位于额尔齐斯河、乌伦古河、伊犁河、塔里木河等河流域的冲积扇周围。在这些草原中，以天山中部的巴音布鲁克草原、伊犁谷地草场和阿勒泰地区的卡拉麦里山草原、喀纳斯草原最为著名。巴音布鲁克草原是我国第二大草原。从利用角度看，新疆草原既有放牧草地，又有割草地和刈牧兼用草地，为草地畜牧业的发展提供了优越的生态环境条件和物质条件，天然草原资源是新疆发展畜牧业最基本和最主要的生产资料。

新疆草原牧场季带显著，季节轮牧体系完整。新疆有南北两大盆地，牧场由平原与山地组成，由于山地垂直带气候差异影响，牧草生长和放牧利用具有强烈的季节性。不同地区季节牧场的组合形式有：四季三处放牧利用，即由夏牧场、春秋场和冬牧场三个季带组成；四季两处放牧利用，即由夏牧场和冬春场两个季带组成；四季一处放牧利用，即平原地区的全年牧场。由于有季带牧场的多种组合，便形成了适应季节放牧的畜牧业方向：夏季牧场多、季带完整的草原牧区，多发展毛皮产品为主的畜牧业、如细毛羊、马和肉牛；平原荒漠草地比重大，夏季牧场少的地区，多饲养适应荒漠气候的肉用畜和役用畜，如哈萨克羊、库车羊、毛驴和骆驼；春秋场面积广，水草丰盛的地区多饲养乳用家畜，如奶牛、产奶马和奶山羊。由于草场的季带性，为了充分利用草场、维持畜牧业的连续性，游牧方式成为新疆畜牧业的主要方式。

二、古代游牧民族部落成就了游牧文化的基本框架

新疆游牧文化是古代西域地区游牧民族创造的文化，是西域文化重要的组成部分。古代新疆草原曾先后生活着大小几十个游牧民族部落：塞种、大月氏、乌孙、呼揭、姑师、匈奴、高车、丁零、鲜卑、柔然、突厥、西辽、铁勒、回纥、吐蕃等。这些古代游牧民族部落在漫长的历史岁月中，其生产活动、生产方式与本身的生活习惯等互相交织，形成了草原游牧文化的基本框架。其中比较典型的草原游牧文化有：塞种文化、乌孙文化、匈奴文化和突厥文化。

（一）塞种文化

塞种，波斯文献中称“萨迦”，主要生活在公元前1000年至战国时期。塞

种的生活范围应该是以天山西部的伊犁河流域为核心，东延至乌鲁木齐一带，南至帕米尔高原，北达阿尔泰山脉之广阔的范围之内。从阿拉沟墓葬出土的文物看，出土大量的金、银、铜、铁、陶、木、牛骨、羊骨等文物，说明墓主十分富有，而金、银、铜器皿均有不同动物的造型图案以及大量的羊、牛陪葬，从一个侧面反映出塞种的经济生活方式是以畜牧业为主。这与《汉书》记载的塞种“因畜随水草……”的游牧经济生活相同，且塞种人已会制作和使用游牧所需的毡。

（二）乌孙文化

乌孙于公元前160年，从河西走廊迁往伊犁河流域。不久，成为西域诸国中最大的一个邦国，也是当时活动于北疆草原上的主体民族。乌孙与汉朝庭保持着密切的联系，乌孙文化深受汉文化的影响。《汉书·西域传》记载乌孙国的情况为：“不田作种树，随畜逐水草。”汉细君公主远嫁给乌孙王为妻，她在《黄鹄歌》中描写乌孙的日常生活为“穹庐为室兮旃为墙，以肉为食兮酪为浆”，说明乌孙的社会经济活动是以游牧的畜牧业为主。同时，乌孙还出现了金属冶炼、陶器制造、毛纺织、骨角物加工等手工业生产。

（三）匈奴文化

匈奴是汉代活跃于北方漠北草原上的游牧民族，骁勇善战，常举兵南下，掠略中原农耕民众。同时，匈奴右部活动于西域，西域诸国皆俯首称臣。其生产方式以畜牧业为主。《盐铁论》中描绘匈奴游牧生活的特点：“因水草为仓廪，随水草甘水而驱牧。”《汉书·匈奴传》言：“其俗，宽则随畜田猎禽兽为生业，急则习攻战以侵伐，其本性也。”公元前71年，乌孙与汉配合，一举攻破匈奴，俘获匈奴马、牛、羊、骆驼、驴等70余万，从一个侧面说明匈奴在西域畜牧业的旺盛。

（四）突厥文化

突厥族主要活动在天山以北的地区，虽活动时间短，但对新疆草原文化的内涵产生了深远的影响。首先，突厥语成为后来许多游牧民族语言的源泉。11世纪成书的《突厥语大词典》和《福乐智慧》两部书，反映了其语言特点。现在全世界操突厥语系的国家和民族有土耳其、哈萨克斯坦、吉尔吉斯斯坦、乌兹别克斯坦、土库曼斯坦、阿塞拜疆、伊朗、阿富汗的一部分和我国的维吾尔、哈萨克、柯尔克孜、乌孜别克、塔塔尔、裕固等民族。其次，突厥人的墓葬形式——

石堆墓是草原上游牧民族具有代表性的墓葬之一，成为后来游牧民族流行的墓葬形式之一。

三、游牧生产方式是游牧文化产生的决定性因素

游牧文化是从狩猎和畜牧、畜牧和农耕或半农半牧等混合经济转化而来的。游牧文化的产生和形成有着多种因素，而游牧生产方式则是游牧文化产生的决定性因素。人类生活在一定的自然界中，为了生存和发展，就得依赖自然、利用自然，草原这一自然生态的存在，为游牧民提供了生活和生产的基础。草原生态的自然特征决定了草原四季的变换和载畜量的有限，为了追寻水草丰美的草场，游牧者创造了人与牲畜均作定期迁移、随季节变换牧场的逐水草而迁徙的游牧生产方式，在游牧中满足牲畜对草、对水的需求，牧人对牲畜的需求。新疆游牧民族长期以来与草原共生存，其游牧生产方式具有一定的稳定性，直至 20 世纪中期以前仍然保持着传统的游牧生产方式，使游牧文化具有发展性和连续性。

游牧生产的主要生产要素由牧民、草场、牲畜等组成。

由于地理环境、气候、降雨量等的差异，新疆草原类型的不同，新疆游牧民族一般来说在半荒漠草原以放牧山羊、骆驼为主，以马、绵羊、牛为辅；草场广阔、植物茂盛、土壤肥沃的草原则以牛、马、绵羊为主，山羊、骆驼等为辅。

根据牧场自然环境不同，新疆游牧民族将草场分为四季牧场、三季牧场或两季牧场。四季牧场一般将放牧场划分为春牧场、夏牧场、秋牧场和冬牧场，随季节更替顺序轮换放牧。春牧场一般利用时间较长，这时正值牲畜体弱且接春羔时期，因此春牧场放牧地选在向阳开阔、植物萌发早且饮水方便的地方；夏牧场多在地势高、牧草好、有利于抓膘的草场；秋牧场往往选在开阔的川地或滩地；冬牧场利用时间较长，一般选在向阳背风、牧草保存良好的草场。

新疆游牧民族的游牧活动是在百里或数百里的圈内完成的，这个圈内既有满足放牧需要的水草条件，又具有稳定的使用权。牧民通常定时转场，转场的原因取决于畜牧业经济因素，这种放牧行为可以及时给牲畜提供优质牧草，保证牲畜的成长和数量的增加；可以使畜牧生产专业化；可以使各种牲畜自然淘汰，有利于品种优化。游牧虽然具有随意性的特点，但游牧路线一般不轻易改变，每年基本都一样，形成这种现象的原因与水源、草场优劣有关。如新疆哈萨克族地区各季草场相距各异，牧民每次转场路程短则几十公里，长则几百公里，甚至上千公里。每年 3 月底 4 月初，春牧场积雪融化，牧民从冬牧场转入春牧场。这一时期

除放牧外，还要接羔育羔。6月中旬转入夏牧场，夏牧场一般为高山地区，面积大，牧草丰茂，草质好，牧民一般放牧时间长，给牲畜抓膘。从9月中旬开始有些高海拔的地方天气变冷，牧民逐渐转入秋牧场。11月初牧民又转入冬季牧场。冬牧场多在避风、温暖的地方，在冬牧场停留至翌年3月。

转场放牧也是新疆蒙古族生产和生活的大事，一年两至三次，4月要转到广阔的夏牧场，11月要转向避风朝阳、草高地暖的冬牧场。例如，巴音布鲁克草原蒙古族搬迁转场时，人们都要欢歌笑语，和和睦睦，互相帮助，以防天神生气有不测风云伤害人，把家什放在幌车上，异常美丽的饰物相盖，以保持天空草原和幌车一样美丽。到了迁居地，早迁来的人都要来欢迎，并要帮助搭蒙古包，卸东西，送肉送饭，送酒送茶，表示对乔迁之喜的关心，接受礼物的人家下次转场也要帮助别人，迁移中拾到前边人家丢失的牛羊物资，要捡拾奉还失主。转场时，中青年男子看管吆赶牛羊和物资，中青年妇女照顾老人和小孩，天不亮就做好了准备，太阳出来之时启程，表示和太阳同行，这叫帮衬太阳的福气。一般下午3时到达，晚上就寝前要力争搭好蒙古包，有的转场较远的，需用两三天，甚至四五天时间，路上要准备搭简易的小蒙古包，让老人和孩子住进去休息，以免中邪受风寒，有的来不及搭简易的小蒙古包，也要给老人和孩子在挽车上支上木棍搭车棚，让老小安睡。

柯尔克孜族从事畜牧业的历史非常悠久，饲养和放牧的牲畜主要有羊、马、牛、骆驼、牦牛等，牧民按季节放牧，每年的5、6月间接羔后移至夏牧场。在夏牧场，主要是放牧牲畜和加工畜产品。每年的10月份移至地势较低的秋牧场，牧民主要的生产活动是剪羊毛、储备冬草等。到12月份的时候，就迁入地势更低、靠山脚的“冬窝子”，一般选向阳能挡风地带，人畜饮用雪水，这时牧民的主要工作是照料好牲畜过冬，做好春季接羔准备。第二年3、4月间的接羔期，需要移至长着嫩草的春牧场。

塔吉克族为适应帕米尔高原有山、有谷、有水的地理特点，在高山牧场上放牧牲畜，在低谷农田中种植庄稼，以畜牧业为主，兼营农业。既在高山草坡上牧养绵羊、山羊、牦牛、黄牛、马、驴、骆驼，又在谷地种植青稞、小麦、玉米、豌豆等。与半牧半农相适应，塔吉克族的生活特点是半游牧半定居。他们在山谷中。农田旁，依山傍水建筑土木结构的平顶房作为固定住宅，每年秋收开始到春耕结束在此居住。上山后，则住易于拆装、便于搬迁的毡房。春耕播种结束后，牧民们立即赶着畜群上山去，让牲畜上高山牧场吃草，利于牲畜成长育壮，同时可避免山谷中的庄稼被牲畜践踏。

“‘游牧’，从最基本的层面来说，是人类利用农业资源匮乏之边缘环境的一种经济生产方式。利用草食动物之食性与它们卓越的移动力，将广大地区人类无法直接消化、利用的植物资源，转换为人们的肉类、乳类等食物以及其他生活所需。"① 逐水草而居是牧人对草原生态环境的适应方式，游牧生产是人们根据自然条件而选择的生产方式，为了维持生存、保持畜牧业的持续性，保持生态环境与生产方式的和谐发展，在一定的生产力发展水平和生态环境条件下，人们以"四季轮牧"的游牧方式来适应自然环境，取得畜牧业经济的最高效益。在一定生产力条件下，游牧或游动是解决草场与畜群矛盾、人类社会与自然环境矛盾的最佳方式。因牧民逐水草而迁徙，故他们的生活是游动的或动态的，这必然要求游牧民生活和生产方式有利于游动，正是在游动中游牧民族创造了相应的游牧文化。

第二节　草原游牧文化的历史变迁

文化变迁由多种因素促成，就像戴维波谱诺所说的："引起社会变迁的主要原因有：物质环境、人口、技术、非物质文化、文化进程、经济发展和促进变迁的有目的的努力。"② 由于这些促进文化变迁因素的存在，导致各种文化都在不同程度地发生着嬗变。新疆天山北麓气候相对湿润，分布着呈片状的适于牧放牛羊的茂密草场，亘古至今都是草原游牧民族游弋活动的地域。从秦汉时期的塞种、乌孙、大月氏、匈奴，到魏晋南北朝时期的嚈哒、悦般、高车、柔然，从隋唐时期的突厥、回鹘和葛逻绿，到元明时期的契丹、蒙古、卫拉特蒙古，一直至清朝的准噶尔、哈萨克、柯尔克孜、塔吉克等民族，他们主要的生产生活方式以游牧经济为主，以此为基础，产生了浓郁的草原游牧文化。在各个不同的时期，游牧文化受到诸因素的影响也在发生变化和变迁。

一、西域古老的游牧文化

当人类社会进入驯养家畜时期，人类与草原发生了密切的生产和生活关系。在居民点周围小范围的牧业经营，已远远不能适应生产力和人口的发展，而需要人们联合起来，从事大范围的游动放牧。于是，中国的广大草原也就成了各个游牧部落的自然故乡。

---

① 易华：《游牧的尽头》，载《生命世界》，2005 年第 6 期。

② ［美］戴维波谱诺著：《社会学》第十版，中国人民大学出版社 2005 年版，第 621 页。

卡扎诺夫认为，游牧民族在形成过程中经历了四个阶段。第一阶段：定居的动物饲养；第二阶段：半定居的畜牧业；第三阶段：专业牧人饲养或远处草场放牧；第四阶段：半游牧化与完全游牧化。① 新疆游牧民族的形成也经历了这样的过程，至两汉时期古代西域已经形成游牧化的"行国"。新疆古老的游牧方式主要依靠天然牧场自由放牧，按季节逐水草而迁徙，从而也就围绕着这种生产方式产生了与此相适应的文化特质。

根据司马迁《史记》和班固《汉书》等史料记载以及考古资料分析，大致在相当于我国历史上的春秋战国时期，一直至秦汉之际，已有很多部落、民族在西域各地游牧聚居，繁衍生息，例如塞人、羌人、月氏人、乌孙人、匈奴人。因为他们的生活方式以畜牧业为主，故称之为"行国"，其特征是人们"随畜逐水草"，过游牧生活。畜牧业在这些游牧民族社会经济中占有主要地位，畜群既是他们的生产资料，又是他们的生活资料。

塞人。古波斯人把锡尔河以北的游牧人泛称为萨迦（Sakā）人，他们就是汉文史书中的塞种，也就是塞人。从战国时期直到汉朝初年，游牧的塞人活动在伊犁河流域。他们头戴尖顶毡帽，身着长袍，脚穿高靴。塞人尚武，喜用黄金饰品。1977 年，在吐鲁番阿拉沟塞人贵族墓葬中，考古人员发现有不少随葬的金牌、金饰件，光彩夺目。同时还发现了祭祀台。在公元前 177 年前后，月氏人被匈奴人击败后，向西迁至伊犁河流域，又迫使那里的塞人向南迁徙，所以此后塞人分散于帕米尔高原，没有迁走的塞人融入后来的月氏人和乌孙人中。

羌人。我国最早西迁的民族。远古时代羌人居住在今陕西、甘肃和青海境内，其东面的邻居先是秦国，继而是汉朝，北方是强大的匈奴，为躲避战争和民族压迫，羌人被迫不停地西迁。张骞通使西域前，羌人就已经散处于塔里木盆地南缘各地和帕米尔高原。汉朝西域的羌人从事畜牧业生产，逐水草而居。

月氏是游牧民族，《史记大宛列传》称大月氏"行国也，随畜移徙，与匈奴同俗。控弦者可一二十万"。《汉书西域传》则记载："大月氏本行国也，随畜移徙，与匈奴同俗。控弦十余万。"月氏人最初活动于甘肃西部和新疆的东部地区，匈奴崛起前，月氏人是西北地区最强盛的民族，著名的匈奴冒顿单于曾被作为人质扣留在月氏。公元前 176 年前后，受匈奴的攻击，月氏被迫大部分离开故地，西迁至伊犁河流域，迫使原居该处的塞人南迁。史称西迁的月氏人为大月氏，留在原地的月氏人为小月氏。约在公元前 161 年，伊犁河流域的月氏人受到乌孙人的打击，被迫再次西迁，征服阿姆河流域的大夏国后定居了下来。从原居地西迁的月氏人，沿途也有停留下来的，其中留居伊犁河流域的月氏人后来融入

① 卡扎诺夫：《游牧民族与外部世界》（俄文版），阿拉木图出版社 2000 年版，第 19～25 页。

到了乌孙人中。

乌孙。古代游牧民族，原本活动在祁连山与天山之间。约在公元前3世纪初，乌孙受到月氏人的攻击，乌孙王被杀，部众逃至匈奴。这时乌孙王子猎骄靡刚刚出生，匈奴单于收养了他。猎骄靡长大后统领乌孙部众，为匈奴守西域，在匈奴的帮助下，乌孙袭击月氏人，月氏溃败，被迫迁徙，乌孙占据伊犁河流域。后来，渐渐强盛起来的乌孙不愿意充当匈奴的属国，在猎骄靡的统率下，乌孙成为汉朝天山以北最大的游牧政权。公元4世纪中叶，柔然崛起，西侵乌孙，乌孙放弃伊犁河流域迁入帕米尔山区。《史记大宛列传》称：乌孙“行国，随畜，与匈奴同俗”。又称：“乌孙多马，其富人至有四五千匹马。”《汉书西域传》所载同，只是说得更明确：“不田作种树，随畜逐水草，与匈奴同俗。”

匈奴。我国北方蒙古草原上的一个重要古代民族，兴起于战国，强盛于秦末汉初。在公元前176年前后，匈奴击败月氏人，进入并控制西域。西域初为匈奴右贤王的属地，后归日逐王统辖。后来，匈奴在汉朝的打击下，王庭不断西迁，遂在西域与汉朝展开激烈争夺，并最终被打败。公元2世纪中叶，北匈奴西迁时，一部分老弱人口留在了今裕勒都斯草原一带，后称“悦般”，在南北朝时期还建立了政权。匈奴人在西域的活动长达五六百年之久。

古代西域游牧方式是经济的重要内容，其文化影响也较大。“西域各国中以畜牧业经济为主的国家是非常多的。”① 除了大月氏、乌孙外，康居国“户十二万，口六十万，胜兵十二万人”②。其经济形式“与大月氏同俗”以“随畜移徙”为主。在康居西北的奄蔡国“控弦者十余万人。与康居同俗”③ 亦是以游牧畜牧业为主的国家。大宛国“户六万，口三十万，胜兵六万人”，“土地风气物类民俗与大月氏、安息同”，“宛别邑七十余城，多善马。马汗血，言其先天马子也”④。从文献的记载看，游牧行国的特点之一是以牲畜的数字，特别是马的数字象征强弱，“乌孙多马，其富人至有四五千匹马”。不但养马，还出了著名的马。乌孙出好马，汉武帝初得乌孙马，称之为“天马”。后来得大宛汗血马，更为健壮，就改称乌孙马为“西极”马。西汉时著名的大宛“天马”和乌孙“西极马”以外，蒲类国也出好马。从游牧的经历和经验看，广袤、茂盛的草原及强势的畜牧业才能够蓄养大批的马群和驯养名马。大量养马以及对草原的占有和控制欲，马匹成为“控弦者”的战争工具。“使行国‘敢战’，壮者皆兵，故传文介绍各行国时，必首言‘控弦者’即士兵有几万人或十几万人，一二十万人，以此表示其大小，而有‘城邑’的其他‘外国’则‘兵弱易攻’，这几乎

① 刘永强：《汉通西域时西域各国经济构成研究》，载《甘肃社会科学》，2007年第5期。

②③ 《汉书·西域传》，中华书局1962年版，第3890页。

④ 《汉书·西域传》，中华书局1962年版，第3892页。

成了所有汉朝对外使节都知道的事实。”[①] 因此，古代西域游牧部族的战争频繁。生产性的迁移和战争的扩张，使古代游牧部落、族群融合、更替不断，文化扩散一直贯穿于各游牧群落之间，“同俗”现象反复出现于记载。

古代西域游牧文化是草原环境造就的，与城郭、绿洲农业文化形成明显的差别。畜产品成为生活的支柱，在《汉书·乌孙传》里，载有汉朝出嫁乌孙的公主细君的《黄鹄歌》，“吾家嫁我兮天一方，远托异国兮乌孙王。穹庐为室兮旃为墙，以肉为食兮酪为浆。居常土思兮心内伤，愿为黄鹄兮归故乡。”同时，畜产品也为“城郭”提供了生活品来源。《大唐西域记》是较早记录反映西北地区畜牧业状况的游记文献之一。据玄奘记载当时西域诸国的毛皮的利用、毛纺织品极为丰富，如阿耆尼国（今焉耆）“服饰毡褐……”、屈支国（今新疆库车）“服饰锦褐……”、跋禄迦国（今新疆阿克苏）“细毡、细毡邻国所重”、朅盘陀国（今塔什库尔干）“衣服毡褐”、乌铩（今莎车）“衣服毡褐”、佉沙（今喀什）“出细毡褐……”、瞿萨旦那（于阗即今新疆和田）“人服毛褐毡裘，多衣绝细白叠……”。“毡褐”即为毡、毛布之类。

汉代西域的游牧国，有的已知开采铁矿石和生产铁器。如婼羌国从当地的山中采铁，加以冶炼锻铸，自己制造弓、矛、服刀、剑和盔甲。1976～1978年，考古工作者在乌鲁木齐南山矿区的阿拉沟东口，发掘了一批塞人的墓葬，发现了小铁刀、三棱形铁镞等，还有随葬的羊、牛、马骨。说明在春秋战国时，塞人已经使用铁器，仍过着以游牧为主的生活。在伊犁尼勒克县奴拉赛山，考古工作者发现了一处距今2 400多年的铜矿采掘、冶炼遗址。矿洞、坑道，都用松木支架，深达数十米。在离矿坑不远的山沟内，发现有供冶炼用的木炭、铜锭。说明塞人在找矿、采掘、冶炼各个环节上，都达到相当高的工艺水平。

二、农耕文化对游牧文化的影响

西域进入有史时期以来，就是一个多种部落、部族共存，多种生产方式同在的区域。游牧业和农业、手工业、商业，一方面有矛盾，另一方面又互相依赖、互相补充、相互影响，形成农耕文化与游牧文化的碰撞与交织。农耕文化的稳定性、安全性、后发性，甚至引起人们对游牧文化持续性的质疑，从西域历史看，农耕文化确实对游牧文化产生了重大影响，一些游牧的族群定居从事农业，一些农牧间作的“国家”变为以农业为主，原本强势的游牧文化被安稳的农耕文化替代。

① 贾敬彦：《释“行国”》，载《历史教学》，1980年第1期。

新疆特别是北疆一带，本是辽阔的欧亚大陆干草原的一部分，自古就是许多游牧部族先后活动的场所。根据许多学者的看法，在公元前三千纪后期和二千纪早期干燥和干热气候达到顶峰以前，亚洲中部的许多地方要比现在温暖和湿润，沙漠和草原地区不仅保持着繁荣游牧文化的巨大潜力，使之自青铜时代到早期的游牧时代以至中世纪，一直是充满活力和好战的草原社会蓬勃发展的基本中心，而且因为极其适宜植物的生长，使农业生产成为可能。[①] 随着人口的不断增多，首先对粮食的需要不断加大，因此需要开辟新的农田。一些游牧部落在迁徙的过程中，寻找适宜的地方扎根，特别是在绿洲和河谷地带，逐渐接受了农耕文明，定居下来，这导致了“沙漠草原地带和绿洲草原地带在公元前一千纪形成两种类型的经济，即草原上的游牧畜牧业和绿洲与河谷中的定居农业”[②]。由于生产力的发展和社会劳动的进一步分工，大大地提高了农业的作用，一些游牧部族为适应绿洲农耕环境，转而变成了农耕定居民；同时，在绿洲农耕区，农耕定居民除从事稼穑劳作外，也在易于放牧的地方进行畜牧业生产。

“西域各国畜牧业与农业经济并重的国家在当时也比较多”[③]，如乌戈“地暑热莽平，其草木、畜产、五谷、果菜、食饮、宫室、市列、钱货、兵器、金珠之属皆与罽宾同，而有桃拔、师子（狮子——引者注）、犀子。俗重妄杀。其钱独文为人头，幕为骑马。以金银饰杖”[④]。也就是说乌戈既种五谷，进行农业生产，同时也进行畜牧业生产，有固定的城郭。其他也进行商品交换，有货币。小宛、精绝、戎卢、扜弥、渠勒、于阗、皮山也是畜牧业与农业经济并重的，“自且末以往皆种五谷，土地草木，畜产作兵，略与汉同，有异乃记云。”[⑤] 这些国家种五谷，进行农业生产，同时“畜产作兵”进行畜牧业生产并建立自己的军队。而这些国家以后都发展为以农为主。

游牧群落及其文化从来都不是孤立存在的，游牧生产的单纯性，使其必然与农业生产发生联系。特别是农业文化的日渐蓬盛，草原游牧居民与农业居民在商业贸易和文化上的联系增多。例如，随着汉公主及其大批侍从、汉使臣和众多屯田将士进入乌孙，乌孙使者、贵族及众多随从人员前往长安，双方迅速开展了频繁的经济、文化交流。从而，促进了乌孙农业和手工业的初步发展。考古资料表明，在公元前1世纪及以后的乌孙墓葬中，发现了碾谷子的石碾、磨盘和青铜镰

---

① A. H. 丹尼、V. M. 马松主编，芮传明译：《中亚文明史》第一卷，中国对外翻译出版公司2002年版，第9～19页。

② A. H. 丹尼、V. M. 马松主编，芮传明译：《中亚文明史》第一卷，中国对外翻译出版公司2002年版，第126～127页。

③ 刘永强：《汉通西域时西域各国经济构成研究》，载《甘肃社会科学》，2007年第5期。

④ 《汉书·西域传》，中华书局1962年版，第3890页。

⑤ 《汉书·西域传》，中华书局1962年版，第3838页。

刀等农具，以及谷物等。[1] 从公元前1世纪以后的墓葬中发现许多反映定居生活特征的平底陶罐，以及更多的金属陪葬品和铁锅等铁器。在新疆昭苏县的一座乌孙墓的封土中，出土了一件3公斤重的铁铧。

农耕文化的影响以及游牧部族间的战争，使西域游牧之国在三国时有所减少。昆仑山北麓，除分布有“月氏余种葱花羌、白马、黄牛羌”外，婼羌国依旧存在，西夜、依耐、满（蒲）犁等皆属疏勒。葱岭北的捐毒、休脩（循）亦属于疏勒。天山西南麓的尉头属于龟兹。东部天山一带的东且弥、西且弥、毕（卑）陆、蒲陆（类）、乌贪（乌贪訾离）等国，附属于车师后部。库鲁克塔格山脉中的山王国（山国）属于焉耆。南北朝时，见于记载的游牧国更少。《魏书·西域传》中提到的只有且弥国（王治于西汉时西且弥的天山东于大谷）、尉头国（仍附属龟兹）和乌孙国（已西徙葱岭）。另外出现了一个匈奴人建立的国家悦般。它位于龟兹以北，一般认为在乌孙故地。当匈奴西迁时，在其地留下了一部分老弱人等。逐渐生息繁衍，发展成为国家。南北朝时已经是一个“地方数千里，众可二十余万”的大国。其后，西域上述游牧诸国或部落，越来越少，他们逐渐融合到邻近的兄弟民族中去，而不再见于史。从南北朝以后，开垦出来的土地逐渐增加，流落到那里的内地种田人越来越多，草原上的游牧人也越来越对种植业有了认识。就这样，原始的大草原一直在那里发生着变化，农耕由点发展到块再到大块，相应的游牧区逐渐在缩减。

农耕文化的影响使西域史上游牧文化和农业定居文化对峙与共存、互渗与互融，构成了西域文化的重要特色。草原和耕地之间你进我退、我进你退，拉锯般地争夺生存空间，耕地使草原逐步缩小，种植业得以快速普及，原来的游牧民大多变成了农民，游牧群落淡出历史舞台。

三、游牧文化的传承

由于其得天独厚的自然条件优势，西域游牧业生产虽然受到农业文化的影响，但牧业生产一直延续着。

魏晋南北朝时期，为中国古代北方民族的大融合时期，各民族迁徙往来频繁。当时，活跃在新疆的古代民族除原住民族外，又有许多古代民族不断进入新疆，特别是北方游牧群落进入西域，不仅促进了畜牧业的复兴和发展，还带来了种植业和手工业技术。如鲜卑、柔然、嚈哒、高车、悦般和吐谷浑等。

---

① 《1954年伊犁考古考察团工作报告》，载苏联《历史、考古和民族史研究著作集》第1卷，阿拉木图出版社1956年版，第29页。

公元4世纪末至6世纪中叶，继匈奴、鲜卑之后，活动于我国大漠南北和西北广大地区的古代民族，主要是柔然和敕勒。柔然与匈奴、鲜卑均以游牧业为主，狩猎为辅，后期略知耕作，主要作物是粟。汉文史籍中多次提及，柔然“随水草畜牧”，“所居为穹庐毡帐……马畜丁肥，种众殷盛”[①]，“无城郭，逐水草畜牧，以毡帐为居，随所迁徙”[②]。柔然的牲畜以马、牛、羊为大宗，牲畜数量大。养马业尤为发达，马匹不仅是游牧狩猎的主要工具，而且也是柔然进行军事征战和防御敌人的重要军需装备，同时作为贡献礼品和贸易物品，如407年，“献马八千匹于姚兴”，以结好后秦。后阿那瓌长女嫁与西魏文帝时，携“马万匹”，骆驼千头。[③] 柔然在后期，也利用掳掠来的汉人驱使耕作，主要作物是粟，但农业在柔然经济中，并不占有主要地位。

隋唐时期是各民族向新疆迁徙的新的高潮时期。大批汉人、突厥人、吐蕃人和回鹘人迁移到了新疆，对新疆的历史进程产生了重要影响。首先是突厥人，突厥是公元6世纪到8世纪活跃于中国西北和北方草原的古代游牧民族。公元552年，突厥首领土门打败柔然，以漠北为中心建立突厥汗国政权。公元528年分裂为东、西突厥之后，突厥人逐渐向西进入新疆北部。公元8世纪中叶东、西突厥相继灭亡，其后裔逐渐融入其他民族之中。突厥人的经济生活，据《隋书》卷八四《突厥传》，是“随水草迁徙”，是过着游牧生活。以毡帐为居室，食肉饮酪，身衣裘褐，披发左衽，善骑射。骑兵常用的武器有角弓、鸣镝、铠甲、长矛、大刀、剑等。举凡衣、食、住、行，生活所需，无不取给于此，其中以羊、马为主。祭祀鬼神、婚丧庆吊、往来酬答，均以羊、马作为牺牲和礼品。588年，突厥部落首领一次贡马达万匹，羊2万只，驼、牛各500头，可见其畜牧业的发达。

公元663年，吐蕃占领今青海地区及塔里木盆地东南部，开始与唐朝争夺西域。公元755年，中原地区爆发“安史之乱”，唐朝自新疆调遣大批军队前往内地平叛，吐蕃乘机占领南疆及北疆部分地区，并在此驻军和建立各级政权，吐蕃人随之进入新疆。

公元840年，大批回鹘人进入新疆。回鹘，原称回纥，是铁勒诸部之一，最初活动于色楞格河和鄂尔浑河流域。回纥的前身敕勒是最早在西元前三世纪为分布于贝加尔湖以南的部落联合体。回鹘在漠北时从事游牧，西迁以后畜牧业仍很发达。牧场大都在天山以北的草原上，主要养马。高昌王、王后和太子等各有马群，在平原放牧，前后相继长达100多里，以毛色分群，不知其数。好马每匹值

① 《魏书·崔浩传》卷三五，第816页。

② 林宝：《元和姓纂》九鱼閭氏条，《北齐书》卷四，《文宣纪》，第60页。

③ 《魏书·蠕蠕传》卷一〇，第2290页。

绢一正。差的马供肉食用，每匹仅值绢一丈。贵族食马肉，平民食羊及野鸭、雁等。[①] 回鹘迁徙到高昌一带农业地区以后，许多平民特别是贫苦牧民，转向务农。在此后几百年中，当地的居民逐渐和回鹘人、突厥人、契丹人、蒙古人、吐蕃人、羌人和汉人等相互同化、融合，为后来维吾尔族的形成奠定了基础。

宋辽金元时期，又有一些新的民族迁入新疆。1124 年，辽朝耶律大石率数万契丹和汉人西迁，征服新疆地区，建立西辽政权，一批契丹人由此进入新疆。13 世纪初，成吉思汗西征时，导致了新一轮的民族迁徙活动。蒙古西征军中有大量女真人、契丹人、汉人、畏兀儿人和西夏人。蒙元还把大量汉人征发到新疆地区从事生产。蒙古的西进及其对新疆的统治，进一步打破了各民族之间的壁垒，各民族之间的同化、融合更趋加强，为一系列新的民族，如回族、哈萨克族和乌孜别克族的形成提供了基础和条件。元朝灭亡后，察合台后裔建立的东察合台汗国和叶尔羌汗国依然统治着新疆大部分地区。这一时期，是新疆各民族进一步融合和发展的时期，不仅有很多汉人和其他民族融入维吾尔族中，而且察合台蒙古人基本上完全融入了维吾尔族中，哈萨克族、柯尔克孜族、乌孜别克族和塔吉克族则逐渐形成。同一时期，蒙古分为鞑靼和瓦剌二部，后来又进一步分化为漠南、漠北和漠西三部分。16 世纪前半叶，漠西蒙古（即蒙古之斡亦剌特部，明代称为瓦剌，清代称为厄鲁特，又称卫拉特）的活动范围主要在蒙古草原西部，西界抵额尔齐斯河。16 世纪末 17 世纪初，受喀尔喀蒙古西扩的威胁，卫拉特被迫西迁，占据了额尔齐斯河、鄂毕河中上游、叶尼塞河上游一带以及天山以北的广大地区。经过长期的战争、迁徙，同时融合、吸收周围突厥语系和东蒙古诸族，卫拉特蒙古最终形成准噶尔、杜尔伯特、土尔扈特和和硕特四大部。四部虽各不相属，但为抵御外敌和协调各部关系，四部很早就形成联盟。17 世纪前期以前，盟主一直由和硕特部首领担任。后来，卫拉特蒙古爆发内讧，和硕特部力量遭到削弱，准噶尔部控制了天山以北的其他卫拉特部落，成为实际的盟主。四部中的土尔扈特部和和硕特部随后离开卫拉特蒙古故地，分别迁至伏尔加河下游一带和青海地区。准噶尔部后来又征服了天山以南的叶尔羌汗国。

18 世纪中期，清朝最终平定了北疆的准噶尔部和南疆的大小和卓的叛乱，统一天山南北，在此建立起了有效统治。为了加强新疆边防和开发建设新疆，清朝一方面从内地和东北陆续组织大批满、蒙、锡伯、索伦（达斡尔）、汉、回官兵移驻新疆，另一方面，鼓励南疆维吾尔人到北疆的伊犁，内地汉、回民众到新疆发展生产。这样，满、锡伯、索伦等民族成为新疆民族大家庭中的新成员。在

---

① 《宋史》卷四九〇，第 14111 页。

19世纪后期至20世纪前期，又有许多俄罗斯人、乌兹别克人①和塔塔尔人进入新疆并留居下来。至1949年中华人民共和国成立时，新疆共有维吾尔、汉、蒙古、满、回、哈萨克、锡伯、柯尔克孜、达斡尔、俄罗斯、塔塔尔、塔吉克、乌孜别克等13个民族，呈现出各民族"大杂居、小聚居、混杂居住"的民族分布格局。

在民族迁徙、融合的过程中，游牧生产方式和文化一直在传承着。元代《马可·波罗游记》载："游牧部民既众，西北诸地的畜牧业也显得相当繁荣。"游牧方式较前代更为讲究；无论是在放养、繁育、管理上，还是畜产品加工上都有了明显的进步。明朝陈诚在《使西域记》中如实记载的游牧生活为："不建城郭宫室，居无定向，唯顺天时。逐水草，牧牛马，以度岁月，故所居随处设帐房，铺毡罽，不避寒暑，坐卧于地。"至清代西北的游牧业，诸多游记都有反映，如张寅《西征纪略》"（凉州）此处麦未获独青青陇间，菜花香气弥野，一路皆设乳茶，人以羊为正食，粟麦佐之。多养西牛，腹下毛长数寸，取以为缨，其乳以为茶"，表明清代新疆许多地区牧业在人们生活中仍然占有重要的地位。且清朝在新疆畜牧经营超过历代各朝，天山北路，自古水草丰美，以畜牧著称，相关文献还表明清代于乾隆二十五年（1760）在伊犁创办牧厂，设马、驼、牛、羊四厂，各厂又分专门繁殖新畜的滋生厂和储存牲畜以供给官用的备差厂，可见当时新疆地区牧业的突出地位。

四、游牧文化的价值

游牧文化的生成是多种因子的集合，基本要素包含牧者、牲畜、草原及其关系，同时游牧文化的构成、分层也是复杂的，有独特的物质创造、游牧色彩浓厚的信仰、艺术、礼仪活动、自成一体的道德、制度体系等。按照文化相对主义的观点，文化的存在都有独创性和充分的价值，新疆游牧文化的长期存在与延续，就在于游牧文化的生成与构成建立了人与自然的和谐关系，满足了游牧群体的物质需求，涵养着人们的精神生活，构建起有序的游牧秩序。由于文化的多元性，其价值评判也具有多种方式，比较普遍的是根据文化的构成，从物质文化、制度文化、精神文化方面分析其价值。② 这对新疆游牧文化微观价值认识是一种重要的方法，而从价值衡量的另一角度，类、量、质的价值存在分析新疆游牧文化价值，不仅具有微观意义，也具有宏观意义，更利于对游牧文化转型方

① 国外的民族称谓为：乌兹别克；国内的民族称谓为：乌孜别克。——编者注

② 黄永健：《文化艺术论》，文化艺术出版社2008年版，第177页。

向的把握。

（一）游牧文化类的价值

文化类别的出现既是人类适应自然的结果，也是人类文化多样性的体现。即是同一文化类型中，区域的不同、自然环境的差别以及社会组织、宗教信仰、文化传播的影响，往往造成文化亚类型、次亚类型的产生，构成了文化的系统性和整体性。新疆游牧民族主要有 4 个，他们以草原游牧畜牧业为主要生产方式，其文化特征与“游、移、行、动”紧密相连，文化类型属于典型的游牧文化。由于这四个民族游牧区域生态环境的差异以及社会文化传统的影响，其游牧文化也存在显著的差异性，形成游牧文化亚类型。例如，哈萨克族、蒙古族、柯尔克孜族按四季迁移游牧，夏季主要在高山夏牧场放牧，春秋则在半山牧场，冬季在山谷或山前游牧，由此形成的游牧文化带有山地游牧文化特征。而塔吉克族主要生活在帕米尔高原，他们在海拔 3 000 米左右的山谷里安家落户，春天播种一些耐寒作物，初夏赶着畜群到高山草原放牧，秋后回村收获过冬，从事畜牧业，兼营农业，过着半游牧半定居的生活，其游牧文化属于高原游牧文化类型。新疆又是多宗教地区，宗教文化对各民族文化产生着较大的影响。如游牧民族中哈萨克族、柯尔克孜族、塔吉克族信仰伊斯兰教，蒙古族信仰藏传佛教，形成游牧文化与宗教文化叠加的游牧文化次亚类型。从价值链角度看，多类型是价值存在的基本环节，是多重价值生发的基础。新疆游牧文化的多类型，使游牧民族文化既有共同特点和价值共性，同时各民族文化也表现出各自特征和价值特性，即游牧文化具有类的多重价值。

（二）游牧文化量的价值

在价值体系中，“量的范畴发挥非常重要的作用，没有它，质永远是纯主观评价的对象。”[①] 价值评估体系中，量或者是存量都是重要的指标。新疆游牧文化量的价值反映在时间量、数量与存量上。在时间上，游牧文化在新疆从未中断过，如春秋战国至秦汉之际游牧在西域各地的塞人、羌人、月氏人、乌孙人、匈奴人；魏晋南北朝时期，活跃在新疆的古代游牧族群除原住民族外，北方许多游牧群落进入西域，如鲜卑、柔然、高车、悦般和吐谷浑等；隋唐时期有突厥人、吐蕃人和回鹘人游牧于新疆草原；元明清时形成现代的游牧民族。虽时间几经更替游牧文化却表现出很强的生命力，长期活跃于新疆。在数量方面，新疆游牧氏

① ［匈］H. 维坦依著，徐志宏译：《文化学与价值学导论》，中国人民大学出版社 1992 年版，第 151 页。

族、部落或民族从来都不是单一的，且分布、活动地域广泛。至今仍有四个民族被称为游牧民族，分布于新疆天山南北的草原，使游牧文化产生了较大的影响。文化存量指一个社会或民族继承下来的传统文化，“广义地说，文化存量只是一个民族所积累的继承的知识存量的一部分，但可能是非常重要的一部分。”[①] 新疆游牧文化的存量相对完整，在各游牧民族中传统文化仍占主导地位，特别是居住在高原的塔吉克族，传统文化渗透在生活的各个方面，并塑造着民族性格。

（三）游牧文化质的价值

文化质是指“文化质点的内在价值属性，是文化质点区别于它质点的内在规定，是构成文化体系或文化模式的基本要素”。[②] 各种文化的差异往往是以文化质表现出来的，文化质包含的最主要的内容是文化的特征、特质。在游牧文化的研究中质价值有过很多精辟的论述，如“游牧文明的显著特征在于充分利用自然永续资源和环境来延续游牧人的生存技能。不断迁徙和流动的游牧方式对于易遭破坏的草原是唯一的一种生产适应方式。游牧文明的独特价值并不在于给予我们技术工具和现代文明，而在于它给了我们天人合一的思维方式和价值观。”[③] 也有将草原游牧文化的精华概括为可持续发展模式为特征的自然生态理念、以多样的贸易需求为特征的经济贸易理念、诚实守信的思想道德理念以及不拘一格、兼容并蓄的开放生态理念。[④] 新疆游牧文化的质价值除了表现在以上论述中，还表现在流动性与开放性、自然性与经验性、互助性与权威性的结合，形成了游牧文化的显著特征。如游牧民族热情好客、乐于与人交往、交流的民族性格特征；行为与情感充满了对草原以及自然物的敬仰和热爱；对群体中困难者的济助、收养孤儿、共同搭建毡房、蒙古包、婚丧礼仪互帮互助，建立起群体间的信任和彼此的相依；权威者、英雄或有威望者的事迹、行为及其话语对人们的道德价值观、行为规范，有着很大的影响。可以看到游牧文化的质价值与现代文明有较多的吻合之处。

新疆游牧文化的价值是游牧文化存在和持续的根本，是游牧民族长期经验积累建立起来的价值平衡体系，一旦其价值或价值链被改变或消损，游牧文化的行径即会发生变化。现代社会游牧民族及其文化的变化极为迅速，传统的价值体系正在被更改，游牧文化的转型成为必然，转型的方向是如何构建新的价值体系，建立新的价值平衡。

---

① 冯天瑜：《中华文化词典》，武汉大学出版社 2010 年版，第 9 页。

② 覃光广、冯利、陈朴主编：《文化学辞典》，中央民族学院出版社 1988 年版，第 137 页。

③ 易华：《游牧的尽头》，载《生命世界》，2005 年第 6 期。

④ 王利俊：《草原文化传统价值的当代启示》，载《实践》，2005 年第 2 期。

第三节 现代化进程中的草原游牧文化

游牧文化与农耕文化在长期的历史发展过程中相互冲突与交融、对话与沟通、互渗与并存，共同推动和促进了人类历史的发展。20 世纪 60 年代以来，特别是 80 年代以后，随着全球经济一体化和多元文化共生互动时代的到来，各种文明的力量和因素相互交错和交融，游牧文化逐渐被纳入现代文明的发展结构和模式之中，面临着巨大的挑战和抉择，现代化以科学技术为标志全面改变着传统游牧文化的物质基础和精神理念。新疆游牧社会与现代经济出现了越来越多的冲突，游牧者越来越倾向于被定居化、农业化或者畜牧饲养化。游牧文明作为文明类型是否走到了尽头，一个游牧时代是否已经终结，游牧文明没有存在的土壤和环境等质问和疑虑也充满了各种论坛。应当看到的是，在现代化进程中游牧文化发展面临一系列的问题。

一、游牧文化发展面临的困境

（一）草原生态价值的弱化与人口增长的压力

草原是游牧文化赖以生存的最重要的自然基础，草原生态环境的变化，必然影响游牧文化的传承和发展。新疆草原资源丰厚，但草原的退化同样严重，草原生态价值弱化。“全疆草地中度以上退化和沙化面积已达到 3.2 亿亩，占草地面积的 37.2%。80% 以上的天然草地出现不同程度的退化、沙化、盐渍化，草地质量不断下降。每年以 435 万亩的速度退化。”① 草原退化的原因有多种，如自然灾害频仍，降低了草原的使用价值。在新疆草原小灾年年有，大灾三五年一次。雪灾、风灾、旱灾不时光顾，鼠灾、虫害、疫病时常发生。除了自然因素，牲畜超载、过度放牧是导致草原退化的最直接原因。长久以来，新疆牧民要生存、提高生活水平主要依靠增加牲畜的数量，致使牲畜数量剧增，造成草原承受能力减弱。20 世纪 50 年代后，新疆牧区人口自然增长率明显增高，新中国刚成立时，新疆牧区人口只有 60 万，现在牧区人口已近 450 万人。随着牧区人口的

① 郑江平、钱新岚：《促进新疆草原畜牧业可持续发展的对策》，载《新疆农业科学》，2003 年第 40 期（增刊），第 90 ~ 101 页。

增加，牧畜数量也相应增加，以满足新增人口的生存需要，这加剧了草畜矛盾和人畜矛盾。一方面是草场量的减少，另一方面是人口量的增加，其构成的价值关系必然缺乏和谐性，直接导致价值关系的冲突，从而引发游牧文化的转型。

（二）产业价值增速缓慢与生活质量提高的失衡

目前在新疆草原牧区，游牧业作为第一产业仍占主要位置，而其产业结构相对单一，增值速度慢，牧民经济收入受到限制。如哈萨克族、蒙古族、柯尔克孜族都以放养羊为主，塔吉克族除了养羊，牦牛也占一定的数量。过去牧民养牛、养马较为普遍，但由于大畜需要的草多，而草量的减少，使他们以养小畜为主，经济价值较大畜低。新疆游牧民族经受自然灾害的频率和强度也超出了常人的想象，在传统游牧社会，面对灾害，牧民总的来说是逆来顺受，遭受严酷的自然选择，大灾大减产，小灾小减产成为常态。游牧民族在从事畜牧业的同时，虽都有经营农业的经历，如哈萨克族、蒙古族在冬牧场或河谷地带有少量的土地，种植农作物；柯尔克孜族除了在高山游牧的牧民外，平原、山谷地带的牧民普遍有种植业，塔吉克族一直都是半农半牧。但他们的农业生产粗放，不以获取收入为目的，而是补充自食粮食和牲畜草料。游牧民族普遍轻视商业，缺乏经商的经验和意识，他们收入的主要来源活畜、皮毛、乳制品往往要依靠其他民族倒手买卖。在新疆有一种说法：“哈萨克族放羊，维吾尔族买羊，汉族吃羊”，即是对游牧民族不善于商业的写照。虽然现在牧业产品价格提高，但牧民的实际收入受限。产业价值与收入的局限性，对牧民生活质量的提高形成阻碍，牧民的生活与农区相比，特别是与城市相比存在较大的差距，牧民在医疗、教育、享用现代成果、资源方面严重滞后。这必然波及或导致人们对游牧文化的质疑，致使游牧文化也成为滞后的代名词，游牧文化的价值有被削弱的趋势，游牧文化的转型成为必然。

（三）游牧文化二重接点与价值重构的取向要求

新疆游牧文化同其他类型文化一样，始终都处在变化之中，尤其在现代社会不仅游牧文化内部不断有新的价值因素产生，同时也受到现代社会文化的多重影响。例如，哈萨克族的阿肯弹唱过去在草原上举行，现在可以在室内举行；蒙古族的那达慕大会本是赛马、射箭、摔跤等以娱乐为主的节日，现在增加了商品贸易活动；游牧民族过去以肉食为主，很少吃蔬菜，现在蔬菜成为常见的饮食；过去马是牧民主要的交通工具，现在摩托车越来越普及，有的牧民甚至骑摩托车去放牧等。从游牧文化已经发生的变化中可以看到，游牧文化的第一重接点是农耕文化，这与游牧民族从事的粗放农业以及定居后的种植业发展相关。第二重接点是现代文化，交通、广播、电视、技术、教育等的发展，将牧民从较为封闭的状态引领出来，现代生活、现代观念、现代价值观正在影响牧民的生活，他们开始接纳现代文化并重新加工，将其变成生活的一部分或新的价值观念体系的一部分。塔吉克族牧民的变化即是一个典型的例子，塔吉克族生活在帕米尔高原的塔什库尔干县，冬季大雪封山，牧民长达半年多的时间不能出山，平时与外界的接触也十分不易，是新疆最贫困的县。在政府的支持下，塔吉克族牧民实施了生态迁移，搬迁至地势平坦、交通方便的地带。开始时，牧民不能接受搬迁，但几年过去了，牧民提高了农业种植水平，家里有了电视、电话、自来水等，牧民的生活质量大为改变，也愿意在迁移地生活了。文化的主体是人，新疆游牧民族对农耕生活、现代生活的接受，建立起来的文化接点，客观上改变了他们的生活质量。现在牧民对改变生产、生活质量有更为迫切的要求，游牧文化的转型也随着这种诉求的不断提升而发生。

二、游牧文化转型发展的方向

游牧文化的价值决定了游牧文化的走向是传统与现代的结合、创新自我的转型，当然这也不是简单、单一的过程，至少存在双重的发展方向。

（一）游牧生产方式的递进转型

“在当今的全球化发展趋势下，我国的现代化不仅要实现工业化，也要实现信息化、网络化、知识化，这是不同于传统现代化的新型现代化。”① 新型现代化具有“目标牵引”的性质，是不同产业共同的转型发展方向。尽管游牧生产方式有其特殊性，但转型目标与新型现代化是一致的。游牧生产方式转型方向可表述为游牧业＋农业→游牧业＋工业→游牧业＋信息业的递进转型。

新疆草原广大，游牧畜牧业有持续发展的空间和条件，如牧民一般有自己固定的冬春夏秋草场，正如农民的土地，牧民是不会轻易放弃珍贵的草场资源和自己熟悉的产业的。新疆又有多个信仰伊斯兰教的民族，人口占新疆总人口的一半以上，对牛羊肉的需求量大，放养的牛羊又受到特别的青睐。游牧生产方式的价值是显而易见的，但持续性发展的关键是与其他产业的结合，达到其他产业对游牧生产的反哺。首先是与农业的结合，这主要是通过定居使农业生产专业化、精细化。游牧民族已有粗放的农业生产的基础，而游牧民族的定居也不是现在社会发生的事，一直以来游牧民族在冬牧场即是定居的，不过现在的定居，生活环境

① 王雅林：《中国社会转型研究的理论维度》，载《社会科学研究》，2003 年第 1 期。

更为改善。可以看到游牧民族在传统社会中的农业生产和定居并没有改变游牧的性质，反而对游牧生产有辅助的作用。由于游牧文化亚类型的存在，游牧生产与专业化农业生产结合的转型，在游牧民族中也应不同，如帕米尔高原不适合种植粮食，种植业的发展应以草料为主，山区牧民则可种植果林，平原地带种植粮食和经济作物。这样既可以减轻草原的压力，恢复草原生态，牧民的收入来源也会多样化。

游牧业与工业的结合，是游牧生产进一步转型的方向。畜牧业生产创造了丰富的畜产品衍生物，如肉类、皮毛、乳制品等，畜产品的加工制造业在牧区具有得天独厚的条件。"工业与城市的生产周期短，利润率高且资本总体存量远比农业、农村高。"[①] 农牧业生产周期长、产值低、风险大，使牧民在经济中屡屡受挫，主要是大多数的牧民靠一群羊、几头牛或者几亩土地根本不可能致富，而工业能弥补农牧业生产中的缺损。牧区工业的发展，应依赖于当地的畜牧业，如塔吉克族地区的牦牛制品、草料加工业；哈萨克族、蒙古族、柯尔克孜族地区的皮毛、乳制品制造业等，畜牧工业的发展又会带动游牧生产的良性循环。

农牧业、工业最终都将受限于信息技术业的发展，因此游牧生产必须与信息技术产业结合，提高游牧生产的高科技含量，如建围栏草场、冬羔生产、草原、牲畜疫病预防等。

游牧生产方式与其他产业结合的转型，达到其他产业对游牧生产的反哺，不仅对控制牲畜数量、减少游牧人口、恢复、保护草原生态环境及保持游牧文化类的多样性价值有积极作用，更为重要的是，在与其他产业的结合中，牧民能感受、学习与游牧文化不同的价值观念和技能，汲取多样的文化成分，使游牧文化不断更新，增添新的文化因子，达到量、价、质的增值。

（二）游牧文化主体状态的复合转型

新疆游牧文化不是独立存在的，而是镶嵌在国家社会文化体系之中，游牧文化主体状态的转型就与社会大环境有着千丝万缕的联系。在社会转向知识化、文化转向多元化的当今社会，游牧文化主体状态理应改变，其转型包括经验性→知识性、感性认知→理性认知、价值结果判断→价值认识判断的复合转型。

传统游牧文化的质价主要是建立在游牧为首、顺应自然、经验为上的基础上的文化积累与创新，如牧业生产知识的获得依赖于老人的实践和经验，民间文化艺术的传承是口耳相传，道德制度体系的延续得益于约定俗成等，形成普遍的对能人的敬仰与遵从，而缺乏精英力量的主导。在经验为主的情形中，游牧文化的

① 周静：《失衡与弥合：中国新农村建设的社会价值》，载《法制与社会》，2009 年第 6 期。

质价值，特别是创造性的质价值生成时间长，传播速度慢，与现代社会有较大的反差，也与人们的心理期待不一致，价值度降低。保持游牧文化质价值的平衡，游牧民族即要实现经验依赖到知识依靠的转型，增加游牧文化的知识含量，依靠知识认识自然与自我。

在传统游牧文化中，感性认知也具有重要的地位，例如，过去游牧民族从感性认知出发，不许拔草原上的青草；崇拜独棵树木；居住地的火源要小心保护，以防止草原火灾的发生；牲畜的蓄养以自然生长为主等。感性认知使游牧民族对自然的依赖性强，也受控于自然的威力，因为这其中缺乏人工创造和技术使用。而理性认知在于人们在认识自然、顺应自然的过程中形成了以技术认知世界的理性能力，游牧民族从感性认知到理性认知的转变，实现游牧生活完全依赖自然的状态转向自然与人力的结合，比如有意识地保护、建设草原，如种植牧草、树木，防鼠防虫；在畜牧业生产中积极采用现代技术等，使游牧文化被赋予建设性的创造，利于游牧文化在现代社会环境下的生存。

传统游牧文化中形成很多规定性的内容，例如，衣食住行的规矩、各种禁忌、信仰以及行为规范等。一般情况下，尊崇、选择规定性是牧民状态的主流，即以价值结果判断为主，抑制了游牧文化主体的创新精神。价值认识判断包含着对规定性内容和新增性内容的认识选择，对游牧文化主体来说，价值认识判断的建立，利于游牧民族继承游牧文化中的优秀成分，改造吸收现代文化的成果。

新疆游牧文化的转型，是游牧文化延续的保障，也是与现代社会、文化共生的方式。实现游牧文化的转型，其类、量、质价质都会在转型中重组、优化和增值，达到新的价值平衡，使游牧文化更符合文化规律的检验，内在发展符合游牧民族生存方式的要求。

任何民族要发展都不应拒绝现代化，因此，正确对待游牧文化，最重要的是对游牧生产方式采取尊重、保护、理解、关心和辩证的态度，不能对其采取一笔抹杀的态度，也不能只固守游牧生产方式而拒绝接受现代化。片面地夸大游牧传统生产方式的消极面，会降低游牧民族的自信心；而片面夸大游牧生产方式中的积极面则会鼓动盲目排外，不利于民族的现代化。因此，现代化对游牧生产方式的选择应该是在肯定、尊重游牧生产方式的大前提下实现的。这种选择既要弘扬和发展游牧生产方式，又不能让游牧生产方式中的消极方面拖住了后腿。游牧生产生活方式的延续及其内部结构的调整，是游牧文化继承及转型的关键。

三、游牧文化的保护和提升

当前对待高一级的社会、文明或文化转型，形成较为普遍的看法是：必须全面调整人与自然、人与社会以及人的自我认知关系。在人与自然的关系上，必须从“天人对立”转向“天人合一”，从不计代价地单纯追求经济高速发展，转向经济、社会、生态和谐发展。在人与人、人与社会的关系上，促进自然人与社会人的统一，即人们在一定程度上要跳出自我中心主义，承认、尊重、包容他人和其他社会形态及文化的价值，从中观照和反省自身社会存在的问题。在人的自我认识问题上，从物化人向人性人复归。要消除既有工业文明的弊端，转变人的自我认识，促进人性回归，注重人的精神、思想、情感、德行，做到以人为本，实现人的全面发展。可以看到游牧文化中崇尚自然、开放包容、讲求德行的精神是与人们对更高层次的社会文化转型追求和理想有很大的吻合性，但恰恰游牧文化又被边缘化，究其原因是现有的游牧生产生活方式缺乏与现代社会相适应的物质生产、生活条件及人的全面发展。因此，游牧文化的转型，首先应该是对游牧生产生活方式的保护和内部结构的改造。

（一）建立牧区游牧生产生活方式保护区

在对民间文化和民族文化的保护过程中，国家、政府部门已经采取了许多有力措施，可是却没有足够重视到一个区域内所要消逝的传统生产方式。生产方式是一种文化的根源，正是由于一种生产方式的产生，才形成了围绕这种生产方式的文化特质，牧区游牧生产方式就是这种类型，因此也应当成为民族文化遗产保护的对象。游牧生产方式不能等同于农耕生产方式，现在对游牧生产方式现代化的改变，即把游牧文化的表现形式彻底消除，而农耕生产方式现代化的改变，并未将其农耕的表现形式抹去。因而不能把游牧生产方式向现代化转变看成是游牧文化的一种延续表现，游牧生产方式发展到现代时期，已经处在没落时期，必须加以保护。

在区域划分上，牧区游牧生产方式保护区是保护游牧文化为主要目的区域，与现代化畜牧业区域有较大的区别。游牧生产方式保护区主要选择适宜游牧的区域，其生产方式完全以游牧为主，畜种畜群、生活方式、民俗礼仪、宗教信仰、接人待物均围绕游牧生产方式活动来确定。区域内语言以游牧民族语言为主，生产发展速度不作硬性规定，生产组织由区域内牧户自己确定。游牧区内草场归国家所有，具体经营管理由牧民自己说了算，主要以安居乐业，与生态环境和平共处为自然发展目标。

在法律上，建立与游牧生产方式保护区相应的法律条文。由相关部门制定有关牧区游牧生产方式保护区法律和法规，确保牧区游牧生产方式保护区的法律保护。法规要有明确规定，不许向保护区办理流动人员手续，不许在保护区内开矿、办企业，不许硬性给保护区内下达指令性经济指标，不许在保护区内建设旅游点（自然风光除外），不许在保护区内开荒种地，不许在保护区内人为的破坏草原等。

在经济上，确保游牧生产方式保护区财政给付。牧区游牧生产方式保护区经济发展以自主经营为主，国家每年按草场面积给予适当的补贴，牧民的社会保障制度仍按所属区域内的居民同等待遇。在商品经济的环境下，游牧生产方式的经济效益是极低的，不能完全满足牧民的生活需要，所以国家还应当在生活方面给予一定的补助。

（二）游牧生产生活方式内部结构、要素的改变与提升

建立游牧生产生活方式保护区，是传承游牧文化最迫不得已的办法，但是能够显示国家、政府部门对游牧文化的关注和重视，能够提振游牧民的自豪感和信心。在新疆广大的草原上，在游牧方式还未消失殆尽的时期，游牧生产生活内部要素的改变，特别是生产力的提升，是留住游牧民、促进游牧文化的保护和转型的重要途径。游牧生产方式的生产力构成中自然生产力、劳动生产力、技术生产力占有重要地位。

自然生产力的改变。自然生产力是指各种自然条件下形成的自然力与劳动力相结合所产生的一种创造财富的能力。游牧自然生产力包括草原、气候、畜养动植物资源等自然条件与劳动力结合在一起而产生的各种各样的创造财富的能力。新疆草原地区的自然条件与生态环境为游牧经济的能量转换提供了得天独厚的便利条件。同时，新疆游牧生产的兴衰在很大程度上还依赖于自然环境的无情调解，不仅生产资料属于自然生产力的性质，而且经常受到各种自然灾害的打击。草原生态环境恶化是游牧生产无法实现可持续发展的根本问题，也是威胁生态环境的重要原因。解决这一问题的途径是减少草原上的放牧牲畜，实现退牧还草，以草定畜。要根据牧区实际，在以草定畜的基础上确定草原对人口的承载能力，进而实现以畜定人。要采取各种措施，坚决杜绝开垦草原的做法，特别是要严格执行《草原法》，依法保护草原。把重要放牧场、割草场、人工草地、改良草地及草原自然保护区等具有特殊生态作用的草地，划定为基本草地，实行严格保护。变革传统畜牧业生产方式，进一步配套完善牧民定居建设，大力发展人工草料地，实现农牧结合，种养结合，推行牲畜冷季舍饲圈养，暖季放牧，有效减轻天然草场放牧压力，缩小人畜活动范围，积极发展家庭牧场建设。

劳动生产力的培养。对于劳动生产力而言，劳动者、劳动工具、劳动对象、劳动分工、劳动时间、劳动价值等都是不可忽视的构成因素。除此以外，劳动者的自身素质、知识结构、管理水平等因素在生产实践中也发挥着不可替代的作用。对于游牧者来说，前者只是起到了推动作用，而后者的作用却是决定性的。

游牧劳动生产力的基本任务是驯养动物和管理家畜，为畜群提供必要的保护，使它们免于饥饿，不受疾病、野兽和人的迫害，畜群才有生存下去的可能性。游牧民在长期的生产生活中积累了比较丰富的实践知识和管理能力，现在应当加强对牧民的现代化管理能力的培养，注重管理方式和管理理念的科学化，使牧民确实能从游牧生产中获得收益和效益，提高生活质量和水平。

技术生产力的提升。技术生产力是体能生产力的对称，由生产工具和生产工艺实施物化劳动所释放的物质作用力。技术生产力，是社会生产力中最强大，最有发展潜力、最具发展前景的一种独立的物质作用力。创造、配置和驾驭物化劳动，发掘、发展和利用技术生产力，才是人类劳动的真正内涵与根本任务，也是人类历史发展进步的根本动力。新疆游牧民族在以往的生产生活中，不仅积累了丰富的科普知识，而且还根据自身的需要开展了卓有成效的科技探索和发明创造活动。如游牧生产生活工具、用具的创造，数学、天文历法、医学等知识的探索。游牧民族非常重视家庭教育，家庭是人生启蒙教育的摇篮，通常也是传统技术传播的主渠道。在现代社会科学技术日新月异，社会公共教育越来越被重视，对游牧民族来说，更需要重视各类教育的整合作用，促进技术生产力的提高。

第三章

新疆屯垦戍边文化

“屯垦戍边”是中华民族始自汉代的一首古韵长歌。两千多年来，为了维护祖国统一和丝绸之路的畅通，历代的戍边将士都把戍边和屯垦联系在一起。在遥远漫长的西部边疆“屯垦是为了戍边，戍边必须要屯垦”。在伟大的屯垦戍边的实践中孕育出新疆独特的屯垦戍边文化。

屯垦戍边文化是农耕文化、军旅文化、民族文化的融合体。它是上层官方文化和下层民间文化共存、汉文化与少数民族文化渗透、城镇文化与乡村文化同在、宗教文化与世俗文化互显的多元文化形态。是一种以内地汉文化为母体，以开发边疆、保卫边疆的屯垦实践为基础，以一批又一批的屯垦军民为主体，把汉文化与新疆各民族文化融合在一起，形成别具特色的文化体系。

新疆屯垦戍边文化是中华民族在全面推进新疆政治、经济、军事、宗教变革过程中积累下来的精神财富，在新疆文化发展的过程中，屯垦文化不仅是新疆多民族文化并存格局中的一个重要组成部分，是一种跨民族存在的文化，而且屯垦文化对推进新疆经济发展，促进新疆社会稳定起到重大作用，特别是在增进新疆各民族文化的互补性认同上，产生了极为重要的影响。因此，屯垦戍边文化是与新疆绿洲农耕文化、草原游牧文化并存的第三种类型的文化。

第一节　新疆屯垦戍边文化的产生

新疆屯垦戍边文化是伴随新疆屯垦戍边实践而产生的一种独特文化现象。由于新疆独特的地理条件和战略地位，历代政府都把屯垦戍边作为治理新疆的重要国策。在两千多年的历史中，屯垦在新疆兴了断，断了兴，时断时续，但总的发展趋势是规模愈来愈大，持续时间愈来愈长。这充分显示屯垦戍边事业顽强的生命力。屯垦戍边的实践不仅维护了边疆稳定、促进了经济发展，而且培育了丰富多彩的屯垦戍边文化和孕育了伟大的屯垦戍边精神。

历史上，历代中央政府为了治理新疆，都采取了屯垦戍边这一重要举措。自汉朝统一新疆后，为巩固和稳定新疆，为避免长期从内地往新疆运兵运粮运物，造成过多地损耗而劳民伤财局面的出现，以军屯和民屯为主要组织形式，伴以犯屯和商屯，在全疆各地开展屯垦活动，就地解决军队和文武官员的粮饷供给。它通过屯垦军民亦兵亦农、劳武结合、以农养军、以军护农、民不加赋、官少费财、有事参战、无事生产的形式，以减轻国家和新疆各族人民的负担，并促进新疆经济的发展。由于这种屯垦戍边是以政府出面的方式建立起来的，是为有效管辖新疆而采取的中央政府行为，不仅其分布范围相当广泛，各军事要地、交通要道，甚至边防哨所、烽燧、驿站、驿馆的周围都有屯垦，而且屯垦活动受中央政权的直接影响较大，各屯垦点的组织模式和开发模式也基本相似。在两千年的屯垦戍边的实践基础上，屯垦军民创造的物质、精神、制度的文化，使新疆屯垦文化具有独特的内容。在轮台县柯尤克沁古城、若羌县米兰遗址、沙雅县“汉人渠”、鄯善县鲁克沁古城遗址、吉木萨尔县护堡子北庭都护府古城遗址、焉耆县陆式铺古城和锡克沁的“唐王城”、库车县皮朗古城、霍城县惠远乡的伊犁将军府等遗址，存留着屯垦戍边文化的丰富历史痕迹。从东汉班超“大丈夫无它志，犹当校傅介子、张骞立功异域，以取封侯，安能久事笔砚间乎?”[①] 毅然投笔从戎；到盛唐王昌龄的“黄沙百战穿金甲，不破楼兰终不还”；再到20世纪50年代张仲瀚的“十万雄师进天山，且守边疆且屯田。塞上江南一样好，何须争入玉门关”。[②] 生动地反映在屯垦戍边中，将士们建功边疆的豪言壮语，体现了以祖国的安危为己任和大丈夫志在四方的保家卫国的壮志豪情。在长期的屯垦戍边实践活动中，还涌现出岑参、洪亮吉等一批优秀的文学家、艺术家，创作了一批脍炙人口、久传不衰、奇妙绝伦的艺术作品。

早在先秦时期，中原和西域各族人民就有密切联系。汉朝时，西域大兴屯田，汉人随之大量涌入西域。当初，屯田点绝大多数分布在“丝绸之路”的战略要地，将士无事时屯垦种植，有警时武装出征，保护商旅交通，由于西域的统一、屯田的发展、来往使者和商贾僧侣的食宿以及安全有了保障，于是出现了丝

① 范晔：《后汉书·班超传》第47卷。
② 农五师史志办：《农五师志》，新疆人民出版社2003年版，第28页。

绸之路的黄金时期。内地许多汉人为避中原战乱而涌入西域屯垦种植。开始的民屯与后来官方的屯田戍边共同将中原先进文化带进了西域，置身于新疆多民族文化之中。在屯垦戍边的过程中，汉文化占据了优势主导地位，内地汉人把内地先进的生产技术、生产工具和生产方式引进了西域。带来了深厚的儒家文化、道教文化、佛教文化，尤其是汉族的民俗文化、语言文化对新疆文化影响极大。同时，汉文化又兼收并蓄新疆兄弟民族文化因素，形成了具有新疆特色的汉文化。随着屯垦历史的发展，内地各地区的移民越来越多，他们来自甘肃、陕西、河南、山西、四川、山东、湖南等地，又带来了形形色色地域文化。如河南的中原文化、山东的齐鲁文化、湖南的湘楚文化、四川的蜀文化等多种文化形态。当地域文化融合在屯垦戍边文化之中时，使屯垦戍边文化更加丰富多彩，形成了以汉文化为主体，多民族、多宗教、多地域相互融合的新型文化体系。为屯垦军民提供了丰富多彩的精神食粮，构筑了屯垦戍边军民的精神家园。为保卫边疆、建设边疆筑起了文化长城。因此，历代中央王朝在漫长的历史长河中，之所以能有效维持广大西域的经营管理，不是单纯依赖政治、军事、外交力量，同时凭借华夏文明实体自身的优势。正是汉文化优势所蓄积的综合国力带来了西域文明的繁荣昌盛，保证边疆的稳定和谐。

古代西域游牧民族缘于生存环境的逼迫，不断跃马南下，肆意掠杀，严重威胁边境安全，中原各王朝一度采用和亲忍让办法，又无以真正奏效，中原欲打破西域的战乱格局，为丝绸之路开辟安全、顺畅的通道。历代君主、政治家、军事家，积极倡导与组织屯田，他们的远见卓识同样归属于中华民族意志，中华文化意蕴的内部动因，也就是政治、经济、军事、宗教背后隐藏的历史文化内驱力。如果没有周秦汉唐时代孕育的英雄气概，我们难以想象当初不计其数的仁人志士会选择屯垦戍边这条艰难险恶的道路。这或许是时势使然，但也不能不说是中华民族自强不息精神，是潜意识中那四海一家沉重使命感，是中华民族文化中的凝聚力推动的结果。如果没有张骞出使西域、班超定远边陲、左宗棠出兵伊犁、王震挥师西进诸多英雄壮举，确切地说就是汉族意气风发的进取精神和保家卫国的民族精神，屯垦戍边又怎么促使“绿洲丝绸之路”成为一条全世界最能经受考验的西风古道？又如何演化为今日的新疆生产建设兵团？因此中华民族精神是屯垦戍边文化的灵魂，正是这种精神使屯垦戍边事业经久不衰。

从西域古代的屯垦戍边到当今的新疆生产建设兵团，是世界文明史上的伟大壮举，而在这一壮举的背后，隐藏着中华文化深厚的底蕴，体现着中华民族的爱国主义情怀和自强不息的精神。

第二节 新疆屯垦戍边文化的历史发展

屯垦，其意为“屯垦边境，就地开垦”，戍边即保卫边疆。屯垦戍边发轫于西汉，兴于大唐，盛于康乾，衰于清末，振兴于新中国。绵延两千余年，历朝相袭，时兴时衰。兴则王朝强，丝路通；衰则王朝弱，丝路断。屯垦戍边成为古丝绸之路通畅的重要保证。在我国历史上，有很多著名的政治家、军事家和思想家，为了保卫祖国的边防，维护祖国统一，解决驻军的粮饷，发展边疆的经济，加强中华民族的团结，传播中华民族文化，深刻论述了屯垦戍边思想。屯垦戍边思想是历代王朝的气血之表，是中华民族文化之宝贵财富。在历代屯垦戍边思想的指引下，内地汉族来到新疆，把内地汉族文化与新疆少数民族文化融合在一起，形成了新疆特有的屯垦戍边文化，并随社会的发展不断丰富。

一、两汉军户到高昌郡、高昌国时期（公元前2世纪至公元7世纪）

西汉时期，匈奴强大，经常攻掠北部边境，为了保卫边疆，西汉著名政治家晁错最早提出屯垦戍边的思想。他指出：“臣闻汉兴以来，胡掳数人入边地，小入则小利，大入则大利。”① 因此“守边备寨，劝农力本，当事急务二事”。② 他主张从内地选募军民和罪犯到边疆，一面耕种，一面守防，他认为屯垦戍边不仅是利国利民，保卫边防的主要措施，而且是“利施后世，民称圣明”的百年大计。③ 汉武帝采纳了晁错的建议，组织内地军民到边疆开创屯垦戍边事业。在屯田制度下，驻扎西域各地的汉军不仅是战斗部队，而且也是生产队，他们在执行军事任务的同时，开荒种地，自筹军粮，当时主要屯田于楼兰、高昌、尼雅、渠犁、轮台、赤谷诸地。

东汉末年，著名军事学家曹操特别重视发展屯垦，他说：“夫定国之术，在于强兵足食。秦人以急农兼天下，孝武以屯田定西域，此先代之良式也。”④ 公元213年，他命令20万军队屯垦戍边，使民屯、军屯获得大发展，东汉时期汉

① 班固：《汉书·晁错传》，第2278页。
② 《汉书·晁错传》，第2283页。
③ 《汉书·晁错传》，第2286页。
④ 庾信：《三国志·魏书·武帝纪》第一卷。

人更进一步扩展至伊吾、龟兹等地。

魏、晋时期，屯田军户一切活动都在军事管制下，实行军事化生产管理、身份世袭，粮食计口定量，家无财产，军户要求解放为自由民户。公元335年高昌郡创立，使军户转变为民户。促进了高昌汉族军民的聚居，汉族文化在这里逐渐显现出来。

南北朝时期高昌郡进一步发展为高昌国，成为西域历史上最早的本土化汉人地方政权。高昌国境内的主体居民原籍也大都是河西（今甘肃）。在吐鲁番盆地定居的军民，保存内地汉人风俗的同时，地方特色日益突出，呈现出本土化的历史趋势。吐鲁番的阿斯塔那墓地出土的大量古代汉文文献、陪葬衣物、泥俑，足以全面复原当地的古代民俗，成为研究西域屯垦文化的民俗活化石，被誉为新疆汉人民俗的地下博物馆。高昌国中佛法尤为隆盛，高昌故城寺塔林立。① 考古发现的高昌国佛寺就有130多所，有的佛寺建筑面积竟达近万平方米。佛教塔寺中，不仅有官办的大寺，还有众多的家办的小寺，如张寺、峰寺、弘室寺、善和寺、万寿寺、崇室寺、观音寺等不计其数。“公元640年，高昌国被改置为唐西周时，全境人口8 000户，37 700人，其中僧侣就占千数，现存最大的，保存最好的一座佛寺为宁戊寺，即今吐鲁番柏孜克里千佛洞。”② 据最新统计，当时交河城共有大小佛寺50余座。

从两汉开始，内地军民加入到西域各族人民大家庭的行列。他们把内地的生产技术传到了西域，尤其是水利建设技术和铁器农具的使用，促进了西域的农业发展。公元65年，龟兹王绛宾偕夫人入朝“乐汉衣服制度，归其国，治宫室，出入传呼，撞钟鼓，台汉家仪”，莎车王延“尝为寺子，幕乐中国，亦复参其典法”，他们都依照汉朝的礼仪制度制定了典章。当时汉文已传到西域，从政府文告和民间书信多用汉字书写。内地的音乐、舞蹈、饮食、服饰、居住、婚姻等也陆续传到新疆，为新疆屯垦成边文化奠定了基础。据史书记载，高昌不仅官用文书采用汉文，而且民间的契约、账簿、疏、券、墓志、碑铭等，也多用汉文，“国人语言与中国略同，有五经、历代史、诸子集”③。但与此同时新疆少数民族的语言也通用，因此《北史·西域传》又说，高昌“有《诗》、《论语》、《孝经》，置官弟子，以相传授，虽习读之，而皆为胡语”，这“皆为胡语”显然是屯垦军民说少数民族的语言。在服饰上高昌则呈“丈夫从胡法，妇女略同华夏”④ 的特殊人文景观。现代考古也证明，在当时高昌地区生活的屯垦军民中，

①② 新疆维吾尔自治区对外文化交流协会主编：《汉族民俗文化》，新疆美术摄影出版社2007年版，第103页。

③ 《魏书·西域传》卷102。

④ 《周书·高昌传》卷50。

各民族文化的风俗是同时存在的，如阿斯塔那墓出土的汉装女泥俑，头上的妆饰却是吐蕃梳的发髻高耸、面涂赭红，高昌男子则流行穿北方游牧民族习俗的服饰。新疆屯垦文化的产生和发展，不仅以其独特的内涵丰富了新疆多民族文化，而且在与新疆各民族的交往中，增进了新疆各民族文化的互补性认同，对新疆各民族文化的发展产生了重要的影响，是中华民族文化发展史上的奇葩。

二、唐朝时期三州民户与四镇驻军（7世纪至9世纪）

唐朝是西域汉人数量空前增长的时期。唐朝重新统一西域后，先后设立了北庭都护府与安西都护府。北庭下辖伊州（今哈密地区）、西州（今吐鲁番地区）、庭州（今昌吉回族自治州）等三州，是汉人民户最集中地区。唐朝后期，吐蕃攻占河西走廊，经常攻掠唐朝西部边境，为了保卫西部边防，李泌等人主张招募内地军民前往新疆屯垦戍边。李泌当宰相时，为了鼓励内地军民留守边疆，提出了一系列措施。他提出愿留边疆屯垦的军民，所开屯田永归屯兵所有，不必和内地兵轮换。屯兵家属愿意到边疆的，政府发放通行证，并供给食物，直到边疆屯兵戍所。结果有一半以上的人愿意留在新疆，这些屯垦戍卒逐渐变成当地的土著。李泌的政策推行后，西域汉人数量空前增长。唐天宝元年（742年）伊州（今哈密地区）汉人有2 467户，11 570人，下领伊吾、纳职、柔远3县，共有15乡。西州即高昌国改置，开元年间有9 016户，49 476人，下领高昌、交河、天山、柳中、蒲台5县24乡。庭州治所在今吉木萨尔北庭故城，唐开元二十九年（741年）有2 236户，9 964人，下领金满、蒲类、轮台、西海4县10乡。此外，还有四镇军户指挥中心在今库车的安西大都护府，下辖龟兹、于阗、焉耆、疏勒4个镇。守军的戍边将士及其随军家属，均为汉人，数量也很可观。[①]

唐朝的西州本质上是高昌国的继续，儒学作为唐朝的主导文化，在西州有了进一步的发展。唐朝非常重视教育，规定全国州、县都设学校，招收14岁以上，19岁以下的学生，使儒家文化得到普及。新疆屯垦民户非常重视儒家文化的历史传统，富户一般都在门前贴有“忠厚传家久，诗书继世长”的对联，寓有对文化的重视之意。

三、清朝时期的走西口（18世纪中叶至20世纪中叶）

清朝时期，我国北部边疆与沙皇俄国接壤，为了保卫祖国的边疆，抵御沙俄

① 新疆维吾尔自治区对外文化交流协会编：《汉族民俗文化》，新疆美术摄影出版社2007年版，第5页。

的侵略，康熙、雍正年间大力推行屯垦戍边战略。1761 年乾隆命令乌鲁木齐大办民屯和犯屯，认为移民屯垦可以减轻内地人多地少的压力，改变全国人口和土地布局不合理的现状。此后，几乎每年清政府组织甘肃贫民到乌鲁木齐屯田，大批的内地汉人移民到乌鲁木齐，使乌鲁木齐由草原牧场逐渐变成清朝最大的屯垦基地。不仅推动了当地的农业、手工业的发展，而且使乌鲁木齐成为新疆经济、政治、文化的中心。

1762 年清政府创置伊犁将军。1773 年乌鲁木齐参赞大臣改名乌鲁木齐都统。随着地方行政建置的逐步完善，招徕了大批的内地移民。内地汉人西出嘉峪关，定居天山南北，称为“走口外”，又称“走西口”。至此，东至巴里坤，西至今玛纳斯都出现了民屯部落、城堡，随后开始全面郡县化。1768 年在巴里坤创立了镇西府，下辖宜禾、奇台二县。1773 年又创置了迪化州，下领阜康、绥来(今玛纳斯)、昌吉三县。唐庭州、伊州故境，本来就是民屯集中地，入清后再次成为民屯的主要聚居区。作为这一地区商业中心的迪化城尤为繁荣。1884 年 11 月新疆建省之后，迪化成为新疆省的省会，取代了伊犁的边疆政治中心的地位。全省分为四道，其中镇迪道就是由清初的镇西府与迪化州合并而成，据《新疆图志》所作的粗略统计，新疆四道汉人总数为 144 123 人，镇迪道汉人就有 104 323 人，成为新疆汉人的主要聚居地。[①]

当地汉人经历了多代繁衍，形成了独特的汉语方言和民俗文化，这标志着汉人强烈的本土意识的形成。当地汉人军民在抗击沙俄、阿古柏入侵，协助清军收复新疆的战争中显示出举足轻重的力量，取得了当地维吾尔族、哈萨克族、蒙古族等兄弟民族的广泛认同。清朝为传承儒学思想，祭祀我国古代伟大的思想家、教育家孔子，在新疆修建文庙 23 处。从此文庙成为宣传儒家思想，祭祀孔子的殿堂，儒家文化对新疆的影响越来越大。

从西汉开始到清朝结束，历代王朝在西域的屯垦戍边，经历了两千多年的积淀，形成了源远流长的屯垦戍边文化。历史上的屯垦戍边文化主要作用：(1) 中央王朝在西域驻军屯垦戍边，实行了多种屯田形式，传播内地先进的生产技术和科学方法，尤其是水利工程建设，大大促进了新疆农耕经济的发展；(2) 驻军在守卫边疆中，传播了内地汉族文化，如儒家思想，推进了内地的典章制度、民俗礼仪，促进了新疆文化的发展；(3) 屯垦戍边促进了汉族与新疆少数民族的交流，使汉文化与少数民族文化相互融合，使新疆形成了以中华文化为主体的多元文化格局，维护多民族国家的完整统一，这是屯垦戍

---

① 新疆维吾尔自治区对外文化交流协会编：《汉族民俗文化》，新疆美术摄影出版社 2007 年版，第 7 页。

边文化最主要的作用。

四、新疆和平解放后的新疆汉族（1949 年至今）

1949 年新疆和平解放，1954 年 10 月 7 日，新疆生产建设兵团成立，1955 年 10 月 1 日新疆维吾尔自治区成立。出于支援边疆建设的实际需要，内地大批技术人员、大中专毕业生、复员军人落户新疆，汉族人数量逐年增长。人口增长率为 7.74%。1953 年汉人总数为 332 136 人，1964 年为 2 323 216 人，1990 年为 5 695 626 人，1998 年为 6 741 116 人，2002 年居新疆总人口第二位，2008 年为 8 239 245 人，占新疆人口的 39.3%，居第二位。[①]

现代新疆汉族人的构成主要有下述三大部分。

（一）来自祖国各地的支边汉民

新疆和平解放以后，山东、河南、江苏、北京、上海等地，大批的支边者响应党的号召，为支援边疆建设千里迢迢来到新疆。他们中有大中专毕业生、技术工人、商人、机关干部、教师、高中级管理人员。现在虽也衍生至二三代，但省籍来源庞杂，各自保持原住地不同的文化习俗。

（二）新疆生产建设兵团

新疆生产建设兵团主要由中国人民解放军一兵团第二军、第六军、国民党起义部队、三区民族军一部共同转业组成，后又广泛招纳内地移民，现已发展为 12 个农业师、2 个工业师，254.2 万人。兵团以屯田戍边为己任，以师、团、连军事编制组织生产和生活，自为独立建制，分布于全疆各地。兵团人乡籍大不相同，但在兵团特殊的环境中培育了别具特色的兵团文化。

（三）世居汉人

世居汉人主要指历代屯垦戍边定居在新疆的汉族人，祖辈可考察已多达四五代，甚至十余代，在新疆自然繁衍。其职业多为农民、城乡手工业者、小商人以及当地干部。他们共操特殊的新疆汉语方言，延续了汉族的传统民俗文化，新疆情结最为浓厚，具有浓郁的新疆地方特色，俗称“老新疆”的汉族人。

---

① 新疆维吾尔自治区对外文化交流协会编：《汉族民俗文化》，新疆美术摄影出版社 2007 年版，第 8 页。

第三节　兵团文化特征及其社会作用

新中国成立之后，共和国把屯垦戍边的历史使命赋予了新疆生产建设兵团。“屯垦戍边”的宗旨是要把新疆各民族意识与中华民族意识和祖国的国土观念紧紧地联系在一起，使兵团人的行为拥有了一种深远而博大的含义。这种含义就是兵团人愿为祖国的统一，民族的团结，艰苦奋斗，无私奉献，舍生忘死。60 年来，兵团人在屯垦戍边的伟大实践中，不仅创造了巨大的物质财富，还营造了一种可贵的兵团精神。这种精神就是：爱国主义、集体主义、社会主义和为人民服务的精神。就是自力更生，艰苦奋斗，开拓奋进的精神。这不是非理性的感情冲动，也不是无序的行为失衡。而是一种科学的政治理念和进步的世界观。它把 250 多万人凝聚在一起，上演着一幕幕壮丽的史剧，这就是兵团文化坚实深厚的思想根基。

250 多万兵团人来自五湖四海。它的成员中有创业初期的军垦战士；有来自全国各大军区的复转军人；有来自各地的支边青壮年；有来自北京、上海等各大城市的知识青年；有分配的大中专毕业生；有自动支边人员及以上这些成员的后代等。他们来自全国所有的省市自治区的中华故土，每一个人身上都携带着不同地域、不同民族、不同层次的文化因子，每一个人都是一种文化的载体。他们为兵团文化打下了坚实深厚的文化根基，生发出了兵团文化绚丽多彩的艺术景观。60 年来，为传播中华文化，丰富新疆文化，兵团文化做出了巨大贡献。

一、兵团文化的内容和形式

兵团文化是半个多世纪以来，以毛泽东的屯垦思想为指导下，兵团人在屯垦戍边的伟大实践中，在创造巨大的物质财富的同时，创造出的独特的精神财富。兵团文化植根于中华文明的肥沃土壤，是多民族、多地域文化融合的结晶，内容丰富多彩。其中包括文学艺术作品、美术作品、表演艺术、现代影视作品、群众性文化活动等。60 年来，兵团文化已结出累累硕果。

（一）有影响的文学作品

1961 年，生活在农一师的作家周非，在上海文艺出版社出版了新疆第一部反映维吾尔族斗争生活的长篇小说《多浪河边》。1963年由中国青年出版社和新疆青年出版社同时出版的邓普的长篇小说《军队的女儿》，在全国产生影响。1977年，人民文学出版社出版了生活在农七师的作家沈凯创作的第一部反映军垦生活的长篇小说《古玛河春晓》。1982年，解放军出版社出版了生活在农四师伊犁牧场的作家许特生创作的新疆第一部反映哈萨克族斗争生活的长篇小说《帕里黛与哈黑曼》。60年来由兵团作家出版的著作还有邓普的《情满天山》，陆天明的《桑那高地的太阳》等长篇小说14部，短篇小说集20多部。由作家出版社出版了《天山战歌》、人民文学出版社出版了《艰难与辉煌》等报告文学集30多部。其中，《多浪河边》、《军队的女儿》多次再版，在文坛形成了一定的影响。在诗歌创作上，20世纪50年代以来，陆续出版的诗集有洋雨的《塞外两支歌》，李幼容的《天山进行曲》，章德益的《大汗歌》、《生命》、《大漠和我》，杨牧的《绿色的星》、《复活的海》、《边魂》，杨树的《无愧的歌》，东虹的《奔驰的灵魂》等近百部诗集。《我是青年》获1979～1980年全国中青年诗人优秀作品奖，《复活的海》获1984年全国第二届优秀诗集奖。杨牧、章德益、洋雨、杨树、石河等兵团的诗人们，曾营造了“中国西部新边塞诗”的一度辉煌。诗人艾青曾在兵团石河子垦区生活了16年。赞美兵团的诗歌在中国西部营造了一道少见的文化风景线。

（二）光彩夺目的美术成果

1956年底落成的乌鲁木齐市人民剧场门前的两尊大型塑像《维吾尔族姑娘》、《弹热瓦甫的人》和室内浮雕《抱羊羔的哈萨克姑娘》，就是兵团美术家李宁翔、宋兴华的杰作。他们曾在自治区和全国美展中屡屡获奖。20世纪80年代后，兵团的美术家们在石河子新城先后树起了《王震将军》、《军垦第一犁》、《民族兄弟》、《诗人艾青》等各种塑像，通过这些雕塑树立了兵团人的文化形象。版画是兵团美术界的一个强项。1957年全国青年美展，兵团画家黄戈捷的《今日火焰山》、潘隆磺的《早晨下地》获文化部颁发的美术三等奖。1963年上海美术出版社编选出版了兵团版画集。1954年以来，兵团版画家戈捷、毛德慧、宋宗礼、关维晓、王惠仪、方向等人的作品曾先后多次入选去朝鲜、日本及西欧北美等世界各地展出。1996年，由中国美术家协会提名颁发的50年代至70年代鲁迅版画奖，新疆的四名获奖者中，有三人是兵团画家，他们是：黄戈捷、关维晓、谢固琪。兵团的国画也有显著的成就。曾经生活在兵团工一师的国画家舒春光，已经形成了自己独特的风格。他作的“边塞山水画”曾多次在国内外举行过个人画展。

（三）辉煌的表演艺术

20世纪50年代初，随二、六军进疆的部队文工团、队和相继成立的兵团文工团，曾在边城和各驻地演出了《白毛女》、《赤叶河》、《穷人恨》等革命现代歌剧，使边城人民耳目一新，开创了新疆表演艺术的新局面。20世纪50年代末60年代初，兵团事业大发展，人口剧增。为丰富兵团职工和新疆各族人民的文化生活，兵团曾向内地兄弟省区引进了越剧、楚剧、予剧、吕剧等地方剧种，成立了兵团艺术剧院，加上兵团原有的京剧、秦剧、杂技和文工团的话剧、歌剧、歌舞，号称10种。使新疆的戏剧舞台，出现了百花争艳的繁荣景象。大大地丰富了新疆的表演艺术。特别是在一个省区，能集中这么多的剧种，在全国也少有。“文化大革命”以后，几经整合，兵团现有专业表演团体9个，歌舞剧团创作演出的四幕话剧《千秋功罪》是反映新疆和平解放的重大题材，通过新华社《中国新闻》、《人民日报》（海外版）报道到国外。豫剧、秦剧创作演出的《西域情》、《天山情》、《军垦情》等现代戏曾在自治区获奖。《西域情》进京演出获文化部颁发的特别奖。兵团杂技团曾多次在西北和全国会演中获奖。

（四）新兴的电影电视事业

20世纪50~60年代，由王玉胡和邓普编剧的反映兵团人生活的电影故事片《沙漠里的战斗》和《生命的火花》相继问世，打开了新疆电影故事片之先河。进入80年代后，兵团又拍了《雪冠》、《三眼泉星火》、《重归哈拉苏》、《眼泪是甜的》等6部10集电视剧。拍摄了《最后的荒原》等电视片100多部集。由兵团文联主创并摄制的六集电视片《最后的荒原》获中宣部颁发的1995年“五个一工程奖”，这是新疆电视界获得的第一个殊荣。2008年以来，兵团先后与中国电视剧制作中心、中央电影学院等机构合作，拍摄了《热血兵团》、《烈日炎炎》、《西上天山的女人》，特别是《戈壁母亲》在全国热播，引起社会强烈反响。

（五）蓬勃发展的群众文化活动

改革开放以来，兵团各垦区集艺术表演、美术摄影、书法展览、体育比赛与商贸旅游为一体，定期或不定期活动的有47个团场的军垦城镇。深处塔里木盆地的农一师十团，从1988年开始，已举办了11届《塔里木之夏》艺术节，其盛况不仅可以使历代进入沙漠的探险家们惊诧，也足以使今天的旅行家们叹为观止。这个团曾荣获国家精神文明建设先进集体奖。1996年兵团成功地举行了第四届职工业余文艺调演，16 个代表队历时 10 天演出的 197 个节目，充分体现了兵团业余文艺活动发展的规模和水平。兵团现有基础各类群众业余艺术团体 600 多个，经常开展各种演出和文艺活动。

二、兵团文化的特征

兵团文化是在继承中国历史上源远流长的爱国主义文化传统，发扬人民军队的优秀文化，在边疆屯垦戍边的伟大实践中，创造出来的全新的文化。它的核心理念是“热爱祖国、无私奉献、艰苦奋斗、开拓创新”的兵团精神，“热爱祖国”是兵团文化的核心，是兵团人的精神支柱；“无私奉献”是兵团文化的价值取向，是兵团人的高尚品质；“艰苦奋斗”是兵团文化的实践特质，是兵团人的优良传统；“开拓创新”是兵团文化的时代精神，是兵团人与时俱进的科学态度。兵团精神是兵团文化的灵魂，它铸造了兵团文化，培育了兵团人的品格，使兵团文化具有兵团风格、兵团气派、兵团特色。

（一）兵团文化具有鲜明的军垦文化特征

1954 年 10 月 7 日，中共中央命令人民解放军二、六军大部、五军一部和 22 兵团，共计 10.5 万官兵在新疆就地转业。从此，新疆生产建设兵团继承中国历史上屯垦文化的爱国主义传统，发扬南泥湾精神，以保卫边疆、建设边疆为宗旨，开始了向万古荒原的大进军。在艰苦卓绝的屯垦戍边的实践中，兵团人以屯垦戍边为主要内容，以歌谣、诗歌、小说、报告文学、戏剧等多种文艺作品为形式，创造了别具特色的军垦文化。

兵团歌谣是最具有军垦文化特色的部分。它主要讴歌军垦战士可歌可泣的创业岁月、亦军亦农的生活情境以及乐观豁达的军人品格。兵团歌谣以“军垦新歌”为主，反映垦荒部队开荒造田、修渠盖房、种粮植棉、造林防沙等征服自然的劳动情景，同时反映出丰富多彩、以苦为荣、乐观向上的军垦文化生活。如《垦荒歌》[①] 表达了开荒种地搞生产、万古荒原建家园的雄心壮志，以“杀敌不怕流血，生产不怕流汗”结尾，表现了战士们把荒原当战场、克敌制胜、亦军亦农的生活。《春播歌》“千军万马奔战场，太阳下山有月亮。机声震破荒原梦，

① 农八师、石河子市编委会：《中国歌谣集成新疆卷·农八师石河子市分卷》，新疆人民出版社 1993 年版，第 5 页。

抢时抢墒种棉粮。"[①] 是战天斗地、如火如荼、夜以继日、屯垦戍边沸腾生活的缩影。《战斗生产学习歌》"春季里来暖洋洋，人民战士出营房。三大武器不离身，枪、镢、钢笔都带上……"[②] 这是浓郁的亦军亦农亦文的屯垦戍边责任感的自然表露。《生产四季歌》[③] 容纳了从春播到秋收、冬储的主要劳动内容，最后以"自种自食自己用，军队百姓喜洋洋"结尾，既抒发了军垦战士对劳动生活的感受、经验，又赞美了兵地团结及丰衣足食的喜悦之情。

兵团小说、报告文学、影视作品和戏剧表演大多数是以屯垦戍边为内容，反映兵团人艰苦奋斗，无私奉献的现实生活与理想追求。长篇小说《军队的女儿》塑造了兵团创业初期，军垦女战士刘海英不怕苦，战天斗地的英雄形象。《军垦战歌》纪录片以饱满的政治热情和精湛的艺术形式，展现了兵团成立10年的巨大成就，吸引了十多万城市青年支边新疆。特别是近几年拍摄的《戈壁母亲》、《月上昆仑》、《西上天山的女人》等影视，反映了一大批普通军垦战士奉献边疆的感人经历，是真实的再现军垦战士的英雄史诗。

坐落在石河子市的军垦博物馆，是一座以兵团屯垦戍边史为主要内容的博物馆，展厅里陈列了百余件军垦战士垦荒时用过的农具、穿过的衣物和日常生活用品，展示军垦战士的垦荒史、创业史，倾诉着兵团人开发和建设新疆的历史进程，这座博物馆是兵团军垦文化的生动体现和真实写照。

（二）兵团文化具有博大的包容性特征

新疆历史是多民族共同开发和创造的，因此新疆文化是多民族文化的交汇和融合，在这种环境中产生的兵团文化具有多民族文化特征。尤其是兵团文化创造主体的多样性，使兵团文化成为博采众长的兼容文化。兵团初期是以进疆的人民解放军为主体，文化的特征是军旅文化，20世纪50～60年代，大批北京、天津、江苏、湖南、上海、山东等地的支边青年来到兵团，丰富了兵团文化的内涵。这时的兵团文化不再是单纯的军队系统的军旅文化，而是注入了内地各省的文化因子，带来了五湖四海的风情和多姿多彩的文化。

当代兵团文化包含了新疆的少数民族文化、河南的中原文化、山东的齐鲁文化、湖南的湘楚文化、四川的蜀文化等多种文化形态。据了解，兵团文化剧种有

---

① 农八师、石河子市编委会：《中国歌谣集成新疆卷·农八师石河子市分卷》，新疆人民出版社1993年版，第20页。

② 农八师、石河子市编委会：《中国歌谣集成新疆卷·农八师石河子市分卷》，新疆人民出版社1993年版，第6页。

③ 农八师、石河子市地方志编纂委员会：《农八师垦区石河子市志》，新疆人民出版社1994年版，第730页。

京戏、评剧、秦腔、越剧、楚剧、豫剧、吕剧、曲剧、话剧、歌舞、杂技等十几个剧种。在兵团流传的一首《不怕辣》的歌谣反映了兵团文化的多元性。“江西人不怕辣，四川人辣不怕，湖南人怕不辣”；① 一首“六根棍，小土房，坎土曼，马牛羊；莫合烟，茶布糖，烤包子，甜瓜馕”② 的歌谣，给我们勾勒出一幅当年农牧团场多民族生活的场景，从中可以领略到兵地、民汉多元文化传承、交融的情景。“兵团的天大，连队容纳五湖四海；团场的地大，条田里有黄河长江。”③ 充分反映兵团人的博大胸怀和海纳百川的豪情。兵团是一个多民族大家庭，兵团人传唱着许多民族团结的歌曲。如“天山青松根连根，各族兄弟心连心”；“十三个民族十三朵花，各族人民是一家”；“安定团结要搞好，兵地团结最重要”；“汉族离不开少数民族，少数民族离不开汉族”。这些歌词热情地歌颂了新疆的民族团结，字里行间洋溢着兵团人对新疆各民族人民的深情厚谊。

（三）兵团文化具有广泛的群众性特征

兵团发扬人民解放军文化传统，特别重视基层文化建设。在兵团初期，文化生活主要以连队的自娱自乐为主。在20世纪50～60年代，连队开展五兵活动（兵写兵、兵演兵、兵唱兵、兵舞兵、兵画兵），提出四项要求：月月有晚会、处处有歌声、经常做宣传、节日有活动。兵团司令部、各师、团都有自己的文艺演出队伍，这些文艺队常年下基层演出，活跃了兵团人的文化生活。改革开放以来，兵团把建设“文化三项工程”（建设文化先进场团、建设万里边疆文化长廊和蒲公英农场儿童文化园）作为龙头，带动了兵团文化的全面发展。目前，职工业余演出队、少年艺术团、老年艺术团遍布兵团各地。2/3的师、团常年定期举行文化节，各具特色的广场文化随处可见。90年代以来，兵团建设25个文化站，20个文化中心，60%以上的场团新建和改建文化中心，80%的农业连队有文化室，业余演出队244个，文艺骨干5 000余人，各类文学作品140余种。④ 各连队的文化活动开展得红红火火。兵团还开展了丰富多彩的群众文艺活动。开展的活动有：春节社火、元宵灯会、花卉展、美术、书法、摄影展、黑板报展、梧桐金秋文化艺术节、绿宝石群众文化节等。

---

① 农八师、石河子市编委会：《中国歌谣集成新疆卷·农八师石河子市分卷》，新疆人民出版社1993年版，第382页。

② 农八师、石河子市地方志编纂委员会：《农八师垦区石河子市志》，新疆人民出版社1994年版，第847页。

③ 农八师、石河子市编委会：《中国歌谣集成新疆卷·农八师石河子市分卷》，新疆人民出版社1993年版，第106页。

④ 新疆生产建设兵团百科全书编纂委员会：《新疆生产建设兵团百科全书》，中国大百科全书出版社2004年版，第291页。

（四）兵团文化具有显著的政治性特征

兵团文化发端于军队文化。人民军队是中国共产党领导的、全心全意为人民服务的武装力量，是党的路线、方针和政策的执行者和捍卫者，是维护祖国统一，反对民族分裂的重要力量。兵团文化是军队政治使命的反映，自产生之日起，一直保留着军队文化的政治本色。它始终坚持党在意识形态的绝对领导，把宣传党的路线、方针、政策作为根本任务，用先进文化教育人、鼓舞人，抵御一切腐朽文化的侵蚀，它用“兵团精神”铸造兵团文化，培育了几代兵团人热爱祖国，顾全大局，顽强拼搏，坚韧不拔的优秀品质，塑造了兵团人无私奉献、勇于献身的大无畏精神，它使250多万兵团人像铜墙铁壁、像界碑，坚实地扎根在边疆，用心、用血、用生命呵护、保卫着神圣的祖国领土。大型史诗《兵团组歌》以饱满的政治热情，宣传我们党的屯垦戍边的伟大思想，讴歌了兵团开发新疆、建设新疆、保卫新疆的宏伟业绩，展现了兵团人战天斗地，无私奉献的大无畏的精神，唱响了兵团精神的主旋律。《兵团组歌》中有一句朗诵词：“传承兵团精神的兵团文化建设了兵团人心灵的家园，塑造了兵团人特有的品质，才使兵团人用自己创业的艰辛换来13亿祖国人民的幸福和安宁。”这充分展示了兵团文化的政治本色。

（五）兵团文化具有崇高与悲壮的审美特征

兵团文化是兵团人在履行屯垦戍边历史使命中创造的精神文化。兵团人远离故土、终老边疆，艰辛创业，为国尽忠，无怨无悔，这一切无不体现兵团人的崇高与伟大。“少小离家老大回，乡音未改鬓毛衰”，又令人感受到浓烈的悲壮。这种崇高与悲壮的融合是兵团文化的审美特征，也是兵团文化震撼世人的缘由。

在垦荒初期兵团人流传着这样一些歌谣，“天上无飞鸟，地上不长草，风吹石头跑，六月穿皮袄”①，反映在特殊的地理环境和恶劣的自然条件下，军垦战士具有的生存意识和开拓精神，靠双手创造，一切就地取材，从无到有。那时的穴居式的地窝子就是这样制造出来的，兵团人形容“地窝子，真奇妙，冬天暖来夏天凉，见了老婆喊大娘”②（指采光不好，刚进去认不清人），它形象地描述了地窝子的优缺点。一首《黄棉袄》反映了在恶劣气候和艰苦生活中，战士着

① 农八师、石河子市编委会：《中国歌谣集成新疆卷·农八师石河子市分卷》，新疆人民出版社1993年版，第373页。

② 农八师、石河子市编委会：《中国歌谣集成新疆卷·农八师石河子市分卷》，新疆人民出版社1993年版，第374页。

装、一袄多用的特殊功能，“黄棉袄，我的宝，五冬六夏离不了，双手一揽挡风寒，就地一铺隔湿潮。……”[①] 一首《兵团几大怪》概括了兵团创业时的社会生活面貌：“兵团流行几大怪，黄军装穿在外，苞谷糊糊加咸菜，大姑娘嫁人不对外，左邻右舍不分开，河南口音人人带。”[②] 短短几句，涵括了当年兵团人衣着、饮食、婚姻、民居、语言等军垦民间生活习俗，并蕴涵着军垦人发扬部队舍己为国为民的高尚情怀。一首“我为边疆献青春，献了青春献终身，献了终身献子孙”具有史诗般意义的诗句，表达了老军垦对自己及其后代所从事的屯垦戍边千秋大业的奉献精神，集中展示了军垦人的崇高思想境界，同时也显现出浓烈的悲壮意味。《戈壁母亲》、《月上昆仑》、《西上天山的女人》再现了这一悲壮的历史，催人泪下。这种崇高与悲壮的情感荡涤着兵团人的灵魂，使兵团人产生了强烈的自我肯定、自我认同的价值判断。同时，也使兵团文化得到全国各族人民的广泛赞誉。崇高与悲壮使兵团文化刻骨铭心，更使兵团文化魅力无穷。

三、兵团文化的社会作用

兵团文化是几代兵团人的伟大创举，是百万军垦战士用血汗凝成的宝贵的精神财富。它以“热爱祖国、无私奉献、艰苦奋斗、开拓创新”的兵团精神引领着250多万兵团人屯垦戍边；它以博大的包容性，把来自全国各地和各族人民团结在一起，形成无比强大的中华民族凝聚力；它以先进的社会意识抵御“西化”、“分化”的文化侵略；它以崇高与悲壮的情怀激励和鼓舞着人们在开发边疆、建设边疆、稳定边疆的事业中做出更大的贡献。它是中国当代屯垦文化的精华，是中华文化的宝贵财富，是支撑兵团精神家园的文化基石。当今，虽然时过境迁，但兵团文化以它特有的魅力，体现着它的当代的社会价值。

（一）兵团文化以强大的感召力鼓舞兵团人开发边疆、建设边疆

1954年，一首恢宏的“大生产”响彻了天山南北，新疆生产建设兵团的战士们在这首歌的鼓舞下，开展了轰轰烈烈的大生产运动。于是有了30多个遍布新疆南北的军垦农场。1954～1956年在“有为青年志在四方”的青年文化的鼓舞下，8 000名湘女、800名女兵、50 000名河南青年来到了兵团，投身到屯垦

① 农八师、石河子市编委会：《中国歌谣集成新疆卷·农八师石河子市分卷》，新疆人民出版社1993年版，第115页。

② 农八师、石河子市编委会：《中国歌谣集成新疆卷·农八师石河子市分卷》，新疆人民出版社1993年版，第368页。

成边的战斗中。1965 年一曲《边疆处处赛江南》吸引上海、北京、天津等大城市的 10 万知识青年支边新疆，参加艰苦的兵团开发建设。著名小说《军队的女人》、大型纪录片《军垦战歌》更是激励兵团人扎根边疆、奉献青春、奉献终生。兵团文化为何有如此的感召力和鼓舞力呢？是因为这种文化有一种精神，有一种情怀，这就是对祖国的无比热爱，是对党和人民的无限忠诚，对戍边卫国的高度责任感和使命感，这是一种舍己为人的无私奉献精神和牺牲精神，是人定胜天的浪漫情怀和英雄气概。正是这种精神和情怀激励和鼓舞着兵团人创造了人间一个又一个奇迹，在天山南北、旷古荒原、浩瀚沙漠上建立了 13 个师，100 多个团场，使新疆发生了翻天覆地的变化。今天，它仍然吸引着无数有志者投身于建设边疆，保卫边疆的伟大事业。

（二）兵团文化传播中华文化，推动新疆文化发展

兵团人来自祖国的四面八方，汇聚了祖国各地的文化因子，使其文化包含丰富多彩的中华传统文化。兵团文化把新疆少数民族文化与汉族文化有机地结合起来，涌现出一大批优秀文艺作品。如大型歌舞《天山绿洲情》、舞蹈《大漠胡杨》分别获全国少数民族文艺会演金奖、一等奖。《我的青年》、《复活的海》获全国新诗优秀作品奖，专题片《最后的荒原》、歌曲《情满伊犁河》、话剧《千秋功罪》等多项作品获"五个一工程"奖。兵团歌舞团、杂技团曾多次代表国家出国演出，受到各国人民的欢迎，这些优秀的文艺作品不仅体现了中华文化的先进性，更推动了新疆文化的发展。如周非的《多浪河边》、许特生的《帕里黛与帕里夏》、沈非的《古玛河春晓》等作品既继承了中华文化的精华，又适应新时期屯垦戍边事业要求的先进文化的要求，不仅为兵团文化增添了新的光彩，也为新疆文化事业发展做出了新的贡献。

兵团文化以传播中华民族大一统祖国观为己任，以追求中华民族的根本利益和国家的最高利益为目标，以中华民族和国家核心价值观为支撑，屯垦戍边到哪里，就把中华民族的文化传播到哪里。兵团文化始终彰显着强烈的文化传播功能，对促进边疆地区中华文化传播和认同发挥着不可或缺的主渠道作用。

（三）兵团文化融合各民族文化，架起民族团结的桥梁

兵团是多民族的大家庭，多民族的相互学习、相互汲取，形成了多元文化格局。兵团文化充分体现民族文化的多样性，架起民族团结的桥梁。1993 年元宵节，驻地在喀什地区的农三师举办了一次节日文化活动。所属团场的十多支文艺队把东北秧歌、高跷、丰收锣鼓、陕北腰鼓、舞狮、舞龙等民间歌舞送进了喀什古城。兵地同乐，共度佳节，营造了一种团结祥和的节日气氛，受到了以维吾尔

族为主体的喀什人民的热烈欢迎。吸收和弘扬兄弟民族的优秀文化，反映兄弟民族的斗争生活。新疆第一部反映维吾尔生活和第一部反映哈萨克生活的长篇小说，都是兵团作家创作出版发行到全国的。哈萨克作家用哈文著作的第一部长篇小说《理想之路》是由兵团作家姚承勋翻译出版介绍到全国的。兵团越剧团带着用维吾尔族神话故事改编剧目《王子与公主》在乌鲁木齐、上海、宁波、杭州、武汉等城市演出。猛进剧团曾改编上演了反映哈萨克生活的剧目《奥依古丽》。60多年来，兵团文工团曾三次进京，一次出国，多次赴内地演出，把绚丽多彩的新疆民族歌舞带进了中南海、传播到大江南北和异国的土地。这种桥梁作用，还表现在由于多民族文化相互交流、吐纳，促进了艺术的繁荣和发展上。在南疆的阿拉尔军垦新城，坐落在塔里木河大桥南端的农一师九团部门前，有一座两米多高的“植棉姑娘”的塑像。扁圆的脸庞，剪短的发式，贴身的裙装，手托一朵绽开的棉桃，笑迎着远方的来客。完全是一副汉族姑娘的造型。但值得注意的是，雕塑家却赋予了她维吾尔姑娘特有的高高的鼻梁和深陷的大眼睛，增添了西部轮廓的力度和人物的神韵。这种在发现美和创造美的过程中的审美的融合，增强了塑像的艺术表现力和生命力。2010年，兵团举行的文艺调演，16个文艺代表队演出的节目中，都明显包含民族间相互汲取和融合的成果。各代表队演出的维吾尔、哈萨克、蒙古、回、塔吉克、乌孜别克、达斡尔等许多兄弟民族的歌舞节目，并不是简单模拟和照搬，而是给以抒情擅长的民族歌舞，赋予了表现时代精神和兵团现实生活的内涵。甚至在这次演出的许多表现兵团现实生活的节目中，明显地融进了维吾尔、哈萨克、蒙古等民族舞蹈的语汇。音乐创作中明显地吸收了民族音乐明快的节奏和高亢的旋律。从而使许多创作节目更具有艺术表现力和生命力。兵团女歌唱家、国家一级演员莎迪克·肉孜汗，在擅长演唱本民族曲目的同时，还能把朱明瑛演唱的《回娘家》、常香玉演唱的《谁说女子不如男》、刘长喻演唱的《红灯记》等曲目，惟妙惟肖地用汉语演唱给观众，在多次赴内地演出中，备受大江南北观众的热情欢迎。毕业于广东音乐学院的兵团歌舞团维吾尔族作曲家努尔马木提，最早创作出版了四盘当代维吾尔通俗歌曲的盒带，填补了维吾尔族当代音乐创作的空白。新疆是丝绸古道的中段，是中西文化和各种民族文化的荟萃之地。正是这种中西文化和多民族文化之间的相互交流、吐纳和融合，才营造了举世闻名的丝路文化。

（四）兵团文化增强中华民族的凝聚力，是抵御新疆“三股”势力的精神武器

进入21世纪，在国外势力操纵下，新疆“三股”势力试图从新疆意识形态领域打开缺口，达到分裂祖国的图谋，某些西方国家也企图通过“西化”、“分

化”的手段，传播西方的意识形态和价值观念，与我们争夺阵地，争夺人心。兵团文化作为社会主义文化的重要组成部分，提出“文化戍边”的思想；建立了以《军垦博物馆》、《艾青诗歌馆》为代表的爱国主义教育基地；开展了对“双泛”（泛伊斯兰、泛突厥主义）的批判；出版和发表了许多揭露“三股”势力的著作和论文，其中有《东突恐怖主义的历史根源》、《论宗教对新疆信教群众政治行为的影响》等优秀论文，有力地揭露和批判“三股”势力，使兵团人认清了“三股”势力的危害。兵团文化在兵团人头脑中铸造了一道维护祖国统一，反对民族分裂的精神长城，并辐射感染着新疆各族人民，使新疆各族人民团结起来，在意识形态领域抵御“三股”势力的侵蚀和渗透。

第四节　现代化进程中的兵团文化

兵团文化有着光荣的历史传统，它给新疆文化留下了浓墨重彩的一笔，对新疆文化的发展做出了不可磨灭的贡献。但是进入新世纪，全球化浪潮的冲击，社会主义市场经济的改革，现代化、工业化、城镇化的全面推进，使计划经济条件下诞生的兵团文化面临前所未有的挑战。

一、现代化对兵团文化的挑战

（一）全球化对兵团文化的挑战

当全球化浪潮汹涌而至的时候，任何文化都不能故步自封，都必须以开放的姿态迎接挑战。长期以来，国家赋予兵团开发边疆、建设边疆的任务，并强调兵团是工作队、生产队、战斗队，兵团在党中央屯垦戍边的思想指导下，创建了履行建设边疆使命所需要的文化，这一文化的基本要求是以马克思主义、毛泽东思想和中国特色社会主义理论为指导，服从和服务党的屯垦事业，继承和发扬中华文化的优良传统，弘扬中华民族精神，凝聚各族人民的意志和力量。全体军垦战士在思想观念上是命令—服从—执行，其价值层面与国家政治性制度要求一致，这样的文化决定了人们家庭、私有观念比较淡薄，人们的思想单纯、积极向上，社会结构层次比较简单、明晰，人与人的关系平等、友善。然而全球化加快了个人与世界的联系，独立的个人可以摆脱任何中间群体直接进入全球资本主义的文化圈中。由此，带来了全球文化对兵团传统文化的冲击。

一是在全球化进程中，兵团在吸收外国先进文化的同时，资产阶级的反动、腐朽文化也乘虚而入。特别是电影、影像制品、出版物、艺术品、演唱、旅游市场的开放，国外的各种文化思潮，各类文化产品大量涌入，使兵团的一部分人，尤其是兵团的第三代、第四代受到拜金主义、唯利是图、享乐主义的影响，他们屯垦戍边的意识越来越淡薄，兵团老一辈人的开拓创新、艰苦奋斗的精神也越来越减弱。兵团优秀文化传统的传承和发扬也就越来越成问题。

二是兵团人传统信奉的公平正义观受到冲击。兵团长期实行的是“大锅饭式”的平均分配，人们生活水平大致相同，彼此之间都以“同志”相称，人与人平等相处。但在全球化的浪潮中，一些人在全球化的“前端”冲刺，在全球化资本分配中得到利益，而另一部分人被抛弃在全球化之外，成为弱势群体。兵团大多数人长期生活在公有制的体制中，缺乏竞争意识，因此当全球化打破兵团原有的社会公平时，兵团出现了贫富分化、下岗问题、腐败现象。兵团传统的社群关系断裂了，人与人的利益矛盾，价值冲突日益凸显。兵团原有的屯垦戍边，大公无私、无私奉献的文化精神受到冲击。

三是进入20世纪90年代，冷战结束。西方敌对势力对华策略发生了改变，他们不再采用武力的方式，而是通过文化和意识形态的侵略实行和平演变。他们抛出了《新疆工程》，打着学术研究的幌子，通过文化、民族、宗教的方式，加剧对新疆的民族分裂和破坏活动。民族分裂分子利用宣传、教育、文艺、宗教等阵地，通过书籍出版、文艺演出、讲经布道、互联网、影像制品大肆制造分裂主义舆论，他们歪曲历史，宣传圣战，挑拨民族关系，制造民族纠纷。在这种情况下，兵团作为保卫边疆，建设边疆的重要力量，必须在意识形态领域与民族分裂势力展开坚决的斗争，为此兵团不仅要屯垦戍边，更要文化戍边，而且文化戍边的任务更重要、更艰巨。新疆意识形态反分裂斗争是长期的、复杂的、曲折的，兵团文化戍边正面临着巨大的挑战。

（二）市场经济对兵团文化的挑战

兵团文化体制是在计划经济时代形成的，其特点是“大锅饭”的分配和投资体制，大包大揽的文化管理方式使文化部门缺乏内动力。事业型的运作模式使文化部门缺乏竞争力。特别是兵团文化政策、投资方式和职工素质与市场经济很不适应。

在决策上，市场经济要求通过科学的理性思维最大限度发挥主体的创造性，而兵团人在一定程度上仍然带有经验性、主观性、命令性的传统决策痕迹；在思想观念上是命令—服从—执行，其价值层面与国家政治制度要求一致。因此，兵团文化在市场经济条件下，是适应市场经济的利益原则，还是适应国家给予的任务需要，二者如何达到相互协调，这是一个两难的问题。

在投资方式上，兵团文化发展长期以来主要是靠兵团事业性拨款，但兵团本身没有税源，事业拨款非常有限。因此，兵团文化发展一直受到经费的困扰。到目前为止，兵团除石河子有一个博物馆和图书馆外，其他师、团均没有，部分场团无文化中心，连队无文化活动室，现有的文化场所，普遍处于无经费、无人员、无设施。市场经济要求打破行政事业管理模式，通过市场筹集资金，通过文化产业化实现文化的现代化，但是兵团文化产业化的步伐十分缓慢。从目前看来，兵团文艺活动大多是事业性演出，产业开发意识较为淡薄，其水平处于一种较为原始状态，给人的总体感觉缺乏现代意识，更缺乏精品。兵团虽然有着丰富的文化资源，但缺乏既懂文化又懂市场运作和管理的人才。不能运用市场机制推动兵团文化发展，这是兵团文化发展最主要的制约因素之一。

兵团职工的素质是兵团文化发展的关键性因素。在市场经济的大潮中，兵团人口大量外迁。人口外迁是文化变迁的一种极端形式，即说明某地域文化变迁的中断或部分中断。目前，兵团职工队伍的变化十分令人担忧。其一是受经济利益的驱动，一些干部、技术人员和一些能工巧匠相继流入内地，造成兵团人才的奇缺。其二是一大批有较高思想政治素质的兵团老职工，特别是基层一线的职工退出兵团职工队伍，老职工的子女有的通过考大学走出兵团，有的出外打工，离开兵团，使兵团文化传人缺失。其三是大量内地偏远贫困地区的低素质的民工流入兵团，并安家落户，成为兵团职工队伍的主体。据调查，许多基层连队的职工队伍70%是近年来落户的新职工，他们中绝大多数只有小学文化程度，还有不少文盲，使兵团人的文化素质明显下降。

（三）工业城镇化对兵团文化的冲击

兵团文化既有军队文化的特点又有农垦文化的特性，因此称其为军垦文化。这种文化是借鉴了我国历代治理边疆的文化形态并对其进行了发展。军垦文化是最初凝聚兵团人的主要文化。它的外在制度形式就是军队制度。如按照师、团、连、排、班的军队建制，群体中每个个体的行为均要符合军队制度的要求。这是既不同于乡村的乡规民约又不同于城市社区对个人的衡量要求的那种平民性的制度。

20世纪90年代初，我国确立了社会主义市场经济的改革模式。兵团的生产制度由以连队为主体改变为以家庭为主体。家庭土地承包后，大量的民工承包土地，生产方式变化引起了生活方式的快速变化，从而为家族文化和乡土文化兴起提供了舞台。人们居住的房屋开始回归院落式样，节庆时各家有各自老家的风俗，乡土文化的活力显现出来。婚丧嫁娶恢复了民族的传统仪式。人们更强调家庭个体而淡化集体，生产、生活更加自由，削弱了兵团文化中的军队因素。乡土文化的回归对兵团文化提出了挑战。

进入21世纪，党的十七大提出，要建立以工促农、以城带乡的长效机制，形成城乡经济社会发展一体化新格局。2007年8月，温家宝总理在考察新疆和兵团时的重要讲话中指出："要加强戍边维稳力量建设，对战略地位重要、团场集中连片垦区，抓紧开发设市的前期研究。"国务院专门对新疆和兵团的经济社会发展做出了部署，发出《国务院关于进一步加快新疆经济社会发展的通知》，为兵团城镇化制定了一系列的政策。文件明确指出，要按既融入新疆社会，又保持兵团高度集中统一的集团化组织的要求，加强城市、团场城镇和连队居民点建设，并提出要"按照石河子模式，在战略地位重要、团场集中连片的垦区新建几个自治区直辖的县级市"，从而明确了兵团城镇化发展思路和模式。

兵团党委抓住机遇，提出在"十二五"期间实现城镇化率60%。兵团的城镇化建设可以分四类：第一类是做优做强石河子、五家渠、阿拉尔现有城市，培育发展北屯等新城市。要聚集人口，聚集产业，要把兵团的实力向这几个城市聚集。第二类是快速发展师部的城市化建设。兵团很多师的师部在各地州政府所在地的城市中心，在现有地州所在城市里，凸显兵团文化优势。第三类是大量的中心团场城镇化。兵团现有175个团场，中心团场有130多个。要把这些团场建成特色鲜明、功能实用，对周边人口、资源、产业有吸引力的城镇。第四类是分布在边境和特殊地区的团场和连队。在这些地方建设小城镇，要以改善人居环境为主，关键是要让职工安心在那里生活。城镇化是兵团发展的历史性的转型，城镇化不可避免地冲击兵团原有的文化模式：

首先，城镇化冲击了兵团团场文化圈。兵团是以农业为主的经济实体，生产的组织形式是按师、团、连建制。由此形成了以农业为内容，以部队为形式的团场模式。各团场都分布在沙漠边缘和边境地带，团场与外界的交往很少，团场之间也各自为政，条块分割，缺乏统一协调和规划。各自建设自身的一套服务系统，形成了相对封闭式的团场文化圈。团场文化基本上是兵团屯垦戍边文化的继承和发展，本质上还是农业文化。而城镇化是现代工业化的产物，它是工业生产的集中性和规模化的客观要求。城镇化的根本特点是集中（包括人口集中、生产集中、消费集中、财产集中、政治集中五个方面），城镇化必然要打破原有的兵团团场文化圈，建构城镇文化圈。按照团场小城镇规划的要求，团部周围的连队居民点向团部城镇集中，偏远连队向中心连队居民点集中，连队居民点建设要依托城镇，实现基础设施和服务设施的共建共享。连队职工住宅设计既要户型多样，又要功能齐全，连队的文化还要与社区文化接轨，打破封闭的团场文化圈。

其次，城镇文化冲击兵团乡土文化。兵团实行家庭联产承包制以后，家庭庭院经济迅速发展，代之而起的是乡土文化回归。乡土文化是以家族文化为基础，延续几千年的故乡传统文化，虽然它有利于兵团文化的多元化，但它毕竟是乡村文化。城镇化反映了人类社会的生产、生活方式由乡村型向城市型的转化过程，具体表现为乡村人口向城市人口的转移以及城市不断发展和完善的过程，是包括城市、镇、农村在内的不同“地域单元”之间在时间和空间两个维度上进行人口、产业、地域、文化等集聚与扩散的动态演变过程。为此城镇化要求乡土文化的改造和提升使之适应城镇化。这是兵团文化面临的新课题。

再其次，城镇化冲破了兵团原有的小城镇模式。兵团在屯垦戍边的伟大实践中，建设了一些小城镇。这些小城镇都是人工绿洲小城镇，除规模大小不同外，城镇建筑设计千篇一律。小城镇规划滞后，缺乏战略性和前瞻性。虽然小城镇数量众多，却基本雷同，缺乏特色。兵团的城镇化把兵团屯垦戍边实践推向新阶段。兵团城镇化必须要有城镇特色。城镇特色最突出的表现是文化特色。城镇文化特色是对城镇历史文化的继承发扬，并在城镇建设和社会实践中创新而形成。因此，城镇文化特色既有历史继承性，又有现实的创新性，是城镇物质环境和社会精神面貌的具体表现。没有文化特色的城镇不可能形成城镇特色，没有特色的城镇，迟早会停滞发展，甚至衰落。兵团城镇缺少文化内涵，如何培育兵团城镇文化特色，又是兵团人面临的重大课题。

最后，城镇化对兵团公共文化设施建设提出高标准。兵团文化公共设施建设滞后，一直是制约兵团文化发展的瓶颈。据统计，大多数的师、团没有公园，没有一定规模的公共活动场所，图书馆、文化馆、体育馆、科技馆等设施建设也严重滞后于城镇发展，远不能满足城镇现代文化发展的需要，远不能突出地方文化特色。现代城镇文化设施需要大量的资金、人力、物力投入，兵团资金短缺、人才匮乏、物力不足，如何建设兵团公共文化设施，是兵团城镇发展的一大难题。

二、兵团文化的转型

当代全球现代化向兵团的挑战，意味着兵团发展进入一个新的发展阶段，兵团经济社会发展必须由计划经济向市场经济转轨，农业经济向工业经济转轨，农场经济向城镇经济转轨。文化是一定社会经济形态的反映，兵团社会经济形态的变革，必然带来文化的变迁和转型。

（一）由“文化为辅”向“文化戍边”转型

50 多年来，兵团屯垦戍边是以屯田为基础，以政治任务为主，以文化为辅。

屯田的目的是保证军垦战士的粮饷，起主导作用的是政治军事力量，是通过军事政治斗争来抵御外敌侵略，平息内部分裂活动，维护新疆社会稳定和民族团结。因此，屯垦戍边是以政治军事为主，文化只是起辅助作用。在全球化进程中，随着西方把武装侵略转化为文化侵略，边疆思想文化领域的斗争就显得非常重要。作为担负维护国家统一，保卫祖国边疆重任的生产建设兵团，它的任务就不仅仅是屯田，更重要的是保卫国家文化安全。正是在这一历史背景下，兵团提出"文化戍边"的任务。文化戍边是指："通过先进文化，凝聚和激励兵团广大职工群众高举爱国主义的伟大旗帜，强化对屯垦戍边的认同感、归属感、责任感、自豪感，始终以祖国的利益为最高利益，以中华民族的利益为根本利益，继往开来，与时俱进，充分发挥在生产建设、安定团结、民族团结、维护祖国统一和巩固边防中的模范带头作用，不断增强屯垦戍边事业发展的蓬勃生机。"① 通过文化筑起兵团职工心中无形的但却是坚不可摧的戍边的钢铁长城。这一文化的核心是兵团精神。胡锦涛主席说："兵团广大干部、职工发扬'热爱祖国、无私奉献、艰苦奋斗、开拓进取'的革命精神，忠实地肩负起屯垦戍边的历史使命，发挥了不可替代的重要作用。"② 这是对兵团精神的高度肯定和赞扬。文化戍边就是兵团精神的具体体现。它要继承中华民族源远流长的爱国主义传统，发扬我军的一不怕苦、二不怕死的革命英雄主义气概，保持艰苦奋斗的优良品质，创造与时俱进的先进文化，用先进的文化启迪人、感染人、鼓舞人。文化戍边的主要职能是：对外要反对外来文化侵略、文化渗透，汲取国外文化中的积极因素，为我所用。对内要反对文化分裂，通过文化的力量影响人、改变人、塑造人，使新疆各族人民团结起来，构筑中华民族文化的万里长城。

（二）由事业型的文化体制向文化产业化转型

几十年来，兵团的文化部门是行政事业单位，采用的是行政事业管理体制。因而投资渠道少，经费紧张，人才流失，文化设施简陋，文化场所不能满足职工的需要。尤其是兵团文化规模偏小，社会化、产业化程度低，发展的速度、规模、效益都需要有较大幅度的提高。要摆脱兵团文化面临的困境，就必须适应市场经济的要求，向文化产业化转型。

首先，要以市场为导向，树立全新的文化产业意识，进行兵团文化体制改革。要建立一套行之有效的运行、管理、协调、保障机制。要按照产业规律支持文化事业的发展，把产业当作事业发展的基础，建立面向市场的现代文化体制，

① 李新明等：《文化戍边与国家利益》，新疆人民出版社 2009 年版，第 55 页。

② 王崇久：《兵团精神》，人民出版社 2008 年版，第 2 页。

完全按照市场规律去运作。要有科学、规范的运作。一是进行市场分析，即对消费需求的把握；二是基本创意，寻求文化开发的突破口；三是进行资源整合，把资源优势转化为产业优势；四是进行产品研发，形成市场需求的供应链；五是营销组合，寻求最大限度的市场覆盖；六是后续开发，推介文化产业的附加值。须注意的一点是，要进行成本控制，以最合理的投入获得最佳的经济和社会效益。这是发展兵团文化产业、提高竞争力的前提。

其次，兵团文化要实现产业化，应该走"政府牵头、文联运作、协会实施、齐抓共管"的路子。屯垦戍边文化必须遵照党中央的指示，坚守主流文化阵地，宣传党的方针政策，维护边疆稳定和民族团结。在一定程度上，它是官方文化。因此它必须要有政府的大力支持、优惠政策的保障、各单位部门及全社会的配合与协作，方能真正落到实处。发展兵团文化产业，必须有一个准确的战略定位，即文化戍边。文化戍边必须争取国家的支持，要完善兵团文化事业单列的体制，向国家申请将兵团文化事业列入全国"31 +1"序列特殊对待和支持。同时要正确界定公益性文化事业和经营性文化产业的区别。在文化产业和文化事业上，走出二元对立的思维误区，使其协调发展，实现双赢，这是兵团文化发展的必由之路。

再其次，要发挥兵团文化优势资源的作用。兵团发展文化产业虽然起步晚，但兵团文化有自身的优势。例如，兵团屯垦戍边史，就是世界上独一无二的文化财富，我们应该选择"军垦红色旅游"作为突破口，整合各地、各类资源，走出一条具有兵团文化特色的路子。兵团还可以开发边境游、民族风情游、沙漠探险游、冰雪游等项目。另外，在演艺娱乐、音像传媒、网络服务、文化培训及出版业、会展业等方面，兵团都大有文章可做。要把兵团文化资源和旅游资源紧密结合，使资源优势转化为产业优势。

最后，要培养一支有文化、善经营、会管理、懂科技的人才队伍；要研究制定高层次的文化人才引进政策，对急需人才、拔尖人才从职称、生活待遇等方面给以优惠。同时要加大对现有文化人才的培养，关心他们的工作和生活，用好人才，稳住人才。要积极扶持业余文化团体、文艺经营户。引导各类文艺团体大力培植文化品牌；加快文化产业调整；广泛吸纳社会资金的进入，为兵团文化产业的发展注入新的活力。

（三）由团场文化向城镇文化转型

城镇建设是兵团屯垦戍边的新内涵，是兵团跨越式发展的新举措，是新疆长治久安的新思路，是现代文明的标志。为加快城镇化的发展，兵团党委提出了高起点规划、高标准建设、高速度推进的"三高"原则。要建设一个功能齐备、设施完善、生活便利的新型城镇。城镇化的过程就是城镇文化化的过程。经济越发达、城市越是现代化，对文化的依赖就越强烈。因此要实现兵团城镇化，首要的是团场文化向城镇文化的转型。

首先，打破团场文化圈，构建兵团城镇文化体系。团场文化是以团场为单位的相对封闭的文化圈。它仍然是传统农垦文化的继承和发展。而城镇文化是包括建筑文化、自然文化、历史文化、民族文化、地域文化、精神文化等基本要素为一体的综合文化体系。城镇文化是城镇建设的灵魂。城镇形象需要通过一些外在形式来展现，但不是几条街道、几个广场、几栋建筑就能树立起来，而是由城镇综合素质体现出城镇形象，包括优秀的传统文化、良好生态环境、物质条件、经济水平、精神文明程度、市民的素质、领导者素质、政策制度及法制状况、城镇风貌等各个方面综合展现的。这些都是以一个城镇的文化素质为基础的。因此，团场文化向城镇文化转型是一次文化的巨大变迁。

其次，要突出兵团城镇文化特色。城镇文化与团场文化区别在于：团场文化没有特色，千篇一律，而城镇文化要求特色鲜明。城镇没有特色文化，就没有城镇的生命力。塑造城镇特色，不是简单地搞标志性建筑，也不只是搞园林绿化、雕塑之类。最根本的是发掘和培育城镇文化特色，将文化特色灌注于城镇的各要素中，才能集中形成城镇特色。兵团在城镇规划和建设中，要加大文化挖潜、包装和宣传力度，提高城镇文化品位。兵团城镇作为沙漠边缘人工绿洲城镇，特殊的自然景观和人文历史给城镇留下了独具魅力的文化遗产，可挖掘的文化潜力巨大。河流、沙漠、原始胡杨林、绿洲水库等这些资源各具原生性、典型性、多样性和独特性，开发前景相当广阔。兵团“屯垦文化”、“军垦文化”充分体现了兵团人不畏艰险、艰苦创业的大无畏精神。这种兵团精神是兵团城镇的灵魂所在，挖掘潜力巨大，应有计划、有步骤、有重点地进行合理开发、包装和宣传，重点要围绕军垦文化、屯耕文化、人本文化、红色文化和民族文化打造兵团城镇的文化品牌，并以此来提高城镇的文化品位。

最后，克服制约团场文化发展的“瓶颈”，把城镇公共文化设施纳入文化建设的重要内容，切实做到公共文化设施与其他建筑的协调统一。要重视城镇的建筑、街道、交叉口、广场、绿地、雕塑等人文景观和空间景观荟萃的城镇景观文化建设，重视这些具有丰富历史文化价值的地段及城镇设计的焦点。兵团是多民族、多地域文化的汇聚地，民族风情浓郁，民族节日众多，在城镇规划建设中，要充分考虑民族文化的继承发展和群众文化艺术活动的需要，重视表演场所等必备的硬件设施，重视主题公园、生态博物馆、图书馆、各种娱乐场所等项目的建设。

第四章

新疆伊斯兰文化

伊斯兰文化的产生得益于伊斯兰教的产生，可以这样说：没有伊斯兰教，就没有伊斯兰文化。伊斯兰教在我国古代有多种翻译法，称为“大食教”、“天方教”、“清真教”、“回回教”。从清朝至新中国成立初期通用“回教”这一名称。直到1956年6月2日《国务院关于伊斯兰教名称的通知》下达后，开始通行正确译名“伊斯兰教”。通知称“伊斯兰教也是国际通用的名称”，“今后对伊斯兰教一律不要使用‘回教’这个名称，应该称伊斯兰教”。伊斯兰教这一名称作为官方认可的名称流传开来。伊斯兰（Islam）的名字来自闪族字根S－L－M，意为“顺从（真主）”；穆斯林（Muslim）的名字也来自这个字根，意为“顺从者”。新疆（西域）作为古代东西方经济文化交流的主要通道和枢纽，自古以来就是一个多种宗教并存的地区。伊斯兰教是新疆维吾尔族、哈萨克族、柯尔克孜族、塔吉克族、回族等信仰的主要宗教。

第一节 新疆伊斯兰文化的形成与变迁

一、新疆伊斯兰文化概况

早在伊斯兰教传入前，祆教、佛教、道教、摩尼教、景教等多种宗教，就相继沿着丝绸之路传播到新疆，与当地土生土长的原始宗教一起在各地流传。伊斯兰教传入后，新疆不仅继续维持了多种宗教并存的局面，而且又有基督教、天主教等宗教传入。9世纪末10世纪初，伊斯兰教经中亚传入新疆南部地区。10世纪中叶，信仰伊斯兰教的喀喇汗王朝发动了对于阗佛教王国历时四十余年的宗教战争，于11世纪初灭亡于阗，把伊斯兰教推行到于阗地区。14世纪中叶起，在察合台汗国（蒙古成吉思汗二子察合台在西域建立的藩属国）的强制推行下，伊斯兰教逐渐成为察合台汗国的蒙古人、维吾尔人、哈萨克人、柯尔克孜人、塔吉克人等信仰的主要宗教。16世纪初，伊斯兰教最终取代佛教成为新疆的主要宗教。

伊斯兰教成为维吾尔等民族信仰的主要宗教后，原来主要由这些民族信仰的祆教、摩尼教、景教在新疆随之逐渐消失，但佛教、道教仍然存在。从明朝起，藏传佛教还有了重大发展，成为与伊斯兰教并列的新疆两大主要宗教。17世纪后期，伊斯兰教白山派首领阿帕克和卓借助藏传佛教的力量，消灭了自己的政敌黑山派和卓势力，并灭亡了叶尔羌汗国（蒙古察合台汗后代于1514~1680年以今莎车为中心建立的地方政权），足见当时藏传佛教势力之大。大约从18世纪起，基督教、天主教相继传入新疆，佛教、道教和萨满教也有了较大发展。这些宗教的寺院、教堂遍布天山南北，有些穆斯林甚至改信了基督教等其他宗教。历史上，新疆的宗教虽然一直在不断演变，但自从外来宗教传入以来所形成的多种宗教并存的格局却一直保持下来。现在新疆主要有伊斯兰教、佛教（包括藏传佛教）、基督教、天主教、道教等。萨满教在一些民族中仍然有较大影响。

自伊斯兰教传入新疆以来，新疆伊斯兰文化经历了以天山为中心的地域环境与社会人文环境（绿洲文化、草原文化以及丝路文化）相适应的变迁，因而形成了具有地方民族特色的伊斯兰教。新疆伊斯兰教教派主要有逊尼派、什叶派和苏非派。除塔吉克族外，逊尼派在信仰伊斯兰教的各民族中都是主要教派，人数约占新疆穆斯林总数的90%以上。什叶派在新疆有两个支派，塔吉克族信奉其中的伊斯玛依派（又称“七伊玛目派”），一部分维吾尔人信奉十二伊玛目派。苏非派是伊斯兰教的神秘主义派别，维吾尔人称为“依禅派”或“依禅教”。传入回族中以后，形成了门宦。该教派在明清之际曾一度成为新疆伊斯兰教的主流教派，后随着和卓势力退出历史舞台而逐渐衰落下来。现在主要分布于喀什、和田、阿克苏、克州、巴州、吐鲁番、哈密等地区。此外，伊斯兰教传入天山北麓，与草原游牧文化相结合，对哈萨克、柯尔克孜族等产生了重要影响。新疆回族伊斯兰教只有逊尼派和苏非派，其中逊尼派又分为格的目、伊赫瓦尼和三抬派三个支派。苏非派有四大门宦：虎夫耶、哲合仁耶、库布林耶和格底林耶。回族伊斯兰教实行教坊制，格的目和虎夫耶为大坊，哲合仁耶为小坊。按照教派在回族中出现的时间顺序，格的目又称“老教”，哲合仁耶称为“新教”，伊赫瓦尼称为“新新教”或“新兴教”。

新疆伊斯兰教从民族文化特点上看，大致可分为三个不同的文化分支，一是塔里木盆地边缘绿洲伊斯兰文化，主要是以维吾尔族为中心；二是草原游牧伊斯兰文化，主要是以哈萨克族和柯尔克孜族为中心；三是与西北地区联系密切的以教坊制为中心的新疆回族伊斯兰文化。伊斯兰教从西亚的阿拉伯半岛发源，跨越千山万水，在欧亚腹地的民族间传播，自然形成了与当地传统民族文化的结合，形成宗教文化复合体。这些宗教有机会与任何民族的地方性文化交融，发生涵化。而处于不同地理环境、具有不同社会经济发展条件的民族，按经济文化类型分析，应该具有各自特殊的地方文化体系。这样一来，同一种宗教在与不同民族特殊的文化体系融合后，会产生具有不同特征的宗教文化复合体。

二、“天山”作为地理分界线的意义与新疆伊斯兰多元民族文化的形成

新疆地处北半球中纬度，位于欧亚大陆之腹地，深居内陆，远离海洋。特别是被大山夹裹的地理特征，西南方向的喜马拉雅山脉、西北方向的阿尔泰山脉抬升和阻挡了来自大洋的湿润的气流，形成十分干燥的气候，新疆成为连片的干旱区域。据统计，新疆有超过五分之一的面积为寸草不生的沙漠。一方面，高山阻挡了水汽，造成气候干旱；另一方面，却给自己留下了巨大的冰川，一到夏季，冰雪融化，涓涓融水从高山汇到山麓地带，形成一条条季节性的河流，水源充足时，它们还冲出河道，形成一块块河扇冲击平原。日本西域史学家松田寿男[①]指出，汇集了无数峡谷溪水倾泻下来的无数河流，大多是流到山路在靠近山脚下的沙漠时便立即被干燥的沙粒所吸收而失去了河道。这就是所谓的“没有尾巴的河流”，它在沙漠中消失的地方就形成了绿洲。这些绿洲就形成了早期人类赖以生活的基础，没有绿洲，就不可能有人类的活动。沙漠绿洲、草原绿洲成为西域历史的大舞台。

---

① 松田寿男（1903～1982），中国古代中西交流史及历史地理研究家。日本东京人。1928年东京帝国大学东洋史学科毕业。1928～1930年入东京帝大学院学习。历任东京文理科大学讲师、东京帝大讲师、回教圈考究所研究部部长、国学院大学教授、京城帝大副教授及教授、早稻田大学教授等职。1953年以《魏晋史书中所记载的天山各国的论证》获文学博士学位。1953～1956年得到文部省特别科学研究费，从事有关天山的历史地理学研究，并以该项研究获每日学术奖金。后参加《大人名事典》、《世界大百科事典》、《亚洲历史事典》、《内陆亚洲史》、《万有百科大事典》和《世界历史·考古学》的编写。曾任语言文化协会理事长、日本伊斯兰协会理事长、内陆亚细亚史学会会长、东方学会会员。著有《干燥亚洲文化史论》、《东西亚洲的楔子》、《中央亚细亚史》、《亚细亚史论》、《中国》、《东西文化的交流》、《古代天山的历史地理学的研究》、《沙漠的文化》、《丹生的研究》、《楼兰——被流沙掩埋的王都》、《亚洲历史地图》、《亚洲的历史》和《丝绸之路纪行》等。

天山是新疆最为突出的地理标志。18世纪中叶，乾隆时期纂修的官方文献《西域图志》记载“天山以北，准部居之”，“天山以南，回部居之”，体现了天山作为西域新疆的地理分界线的意义。[①] 19世纪的思想家魏源进一步指出：“盖新疆内地以天山为纲，南回北准；而外地则以葱岭为纲，东新疆西属国。属国中又有二：由天山路而西北为左右哈萨克；由天山南路而西南为左右布鲁特（即柯尔克孜）……逾葱岭而再西北为安集延（乌兹别克）；西南为巴达克山，为爱乌罕（阿富汗）……新疆南北二路，外夷环峙，然其毗邻错壤作我屏卫者，惟哈萨克、布鲁特两部落而已。”[②] 魏源提出新疆与内地以“天山为纲”，观点非常精辟。新疆有两个重要的地缘分界线，第一个是天山，是内地和新疆的分界线；第二个是葱岭（帕米尔高原），“东新疆而西属国”。帕米尔高原是天山余脉和喀喇昆仑山、喜马拉雅山余脉的交界而形成的一个高原板块，依然和天山的关系密切。20世纪初叶，曾经考察过中国边疆省份的美国著名的地缘政治学家欧文·拉铁摩尔[③]指出，天山对于理解和解释中国历史，具有特殊的意义。“在新疆，地理的重心是天山。”[④] 他将新疆、满洲、蒙古、西藏一起称为中国的“内陆亚洲”。

天山作为地理分界线的意义，主要体现在绿洲上。与拉铁摩尔同时代的日本学者松田寿男则进一步提出，天山是欧亚大陆的核心。他认为新疆可以比喻为从中国或蒙古通向印度和伊朗的“绿洲桥”——东西交流十分活跃的地区。承担这个东西方交通的“桥梁”的就是天山，它的历史意义在于，“不仅如此，这里还是研究北方游牧民族与绿洲农耕民族之间的差异及其重要关系的最佳研究室。而内陆亚洲具有这种双重世界历史使命的地方就是天山山脉”[⑤]。松田寿男还一再强调必须超越东西交通关系以及游牧民族与农耕民族的交往这两点。“而天山山脉并不只是

---

① ［清］傅恒等修：《皇舆西域图志》之《西域全图说》。

② ［清］魏源：《圣武记》卷四。

③ 欧文·拉铁摩尔（Owen Lattimore，1900－1989），是美国中国边疆问题研究的著名学者，曾任蒋介石的政治顾问。1922年获美国社会科学研究会奖金，后周游新疆、长城沿线和东北各地，著有《中国的亚洲内陆边疆》、《亚洲问题的解决》、《美国与亚洲》等诸多著作。20世纪30年代初为北平哈佛燕京社研究员。还曾访问过延安，1938年起执教于霍普金斯大学。1941年由罗斯福推荐任蒋介石的私人政治顾问，因不遂蒋介石之意，次年被迫回国。后任职于战时情报局，负责太平洋战区工作。1944年曾建议美方施加压力使蒋介石政府调整与中共的关系。50年代曾受麦卡锡主义的迫害。由于其对中国边疆问题的研究，是出于地缘战略思考，笔者称其为地缘政治学家。

④ ［美］欧文·拉铁摩尔著，唐晓峰译：《中国的亚洲内陆边疆》，江苏人民出版社2005年版，第100页。

⑤ ［日］松田寿男：《古代天山历史地理学研究》，中央民族学院出版社1987年版，第3页。

松田寿男在1940年前后发表一系列以天山为背景的历史地理研究论文，几乎与拉铁摩尔发表《中国的亚洲内陆边疆》在同一时期（1939年）。不同的是拉铁摩尔强调的是包括新疆、蒙古、满洲、西藏在内的整体的中国亚洲内陆边疆，是以“长城”为视角来关注中国的边疆，而松田氏是以“天山”为视角来观察亚洲的历史变迁，中国历史只是其中的一部分。但这些研究都是发表在中国抗战时期，其中意味值得探究。

单纯地把这两种关系合并起来表现而已。它实际上不正是东西交往以及南北交往两线相交的‘十字点’吗?”[①] 松田氏对天山历史价值的认识与拉铁摩尔异曲同工。

纵贯天山的东西南北绿洲之间形成了交通网络，一些道路要穿越崇山峻岭的无人区，十分艰难，不过，通过天山还是形成了可以到达亚洲的任何一个地方的道路:“天山路”。这些东西或南北走向的道路是采取“以线穿珠”的方式联系起来，一个个绿洲就像是一个个港口。“长长地浮现在沙海上的所谓‘天山半岛’，在其南北两岸把很多的绿洲像珠子或肉串似地串联起来。这些绿洲实在可以看作是设在‘天山半岛’岸边的停泊场，看一看历史，可以说确实如此。”[②] 天山作为亚洲大陆的地理中枢，成为真正意义的“十字路口”。它在某种意义上来说，成为研究中亚历史的核心，有助于我们从新的视角进一步理解新疆伊斯兰文化是如何形成的。

首先，在这个“十字路口”上，正如学者指出的，有两对方向的交流。一是东西方向的交流。东西交流系天山东西两端的文化交流和商业联系。如丝绸之路上的商队带来的物质和精神文明，都要通过天山沿线的一个个的“绿洲岛”进行传播，这种传播方式被学者形容为“接力”式的转运贸易。[③] 东西文明的交流除了丝绸、大黄、茶叶、瓷器等商品贸易活动外，更重要的是精神文化的交流。发源于波斯的琐罗亚斯德教和摩尼教，发源于印度的佛教，发源于阿拉伯半岛的伊斯兰教主要是通过中亚由西向东传播。同时，也有来自中原汉文化自东向西的交流和传播。伊斯兰教的传播正是沿着绿洲进行的，而新疆绿洲沿着天山分布的特征，呈现跳跃式的分布，使得伊斯兰教必须越过一个个相距数百公里的绿洲进行传播，形成了分段传播的特点，使它传播的速度大大延缓。9 世纪末 10 世纪初，萨曼王朝内讧逃亡喀喇汗王朝的纳斯尔王子“牛皮巧计”建立的阿图什大清真寺和喀喇汗王朝的重要成员萨图克·布格拉汗成为穆斯林，标志着伊斯兰教传入新疆。15 世纪以后的焉耆、吐鲁番、哈密等地，居民大都改信伊斯兰教。传播时间长达 600 年，即使如此，在“十字路口”的新疆其他的宗教文明也始终存在着，如萨满教、袄教等还存在于南北疆的绿洲当中，只是在伊斯兰的文化“外衣”下，难以被察觉。

以伊斯兰教为核心的新疆伊斯兰文化，是历史积淀的宗教文化综合体，其本身就是融贯东西文化的文化综合体，其生命力就在于不断地在与异文化的碰撞和交流中，不断汲取、吸纳、融合异质文化的精髓。在新疆伊斯兰文化的推进、形成、不断本土化的过程中也体现了这样一个过程。换言之，塔里木盆地绿洲的各

---

① ［日］松田寿男:《古代天山历史地理学研究》，中央民族学院出版社 1987 年版，第 26 页。

② ［日］松田寿男:《古代天山历史地理学研究》，中央民族学院出版社 1987 年版，第 22 页。

③ 杨建新:《论丝绸之路的产生、发展和运行机制》，载《西北史地》，1995 年第 2 期。

少数民族的伊斯兰化的过程，也正是生活在塔里木盆地绿洲上的各少数民族在立足本土传统民族文化的基础上，不断推进伊斯兰文化的本土化，形成民族和地区特色的伊斯兰文化的过程。因此，塔里木盆地边缘绿洲的伊斯兰文化是有别于阿拉伯——伊斯兰文化。中亚问题研究学者潘志平指出，这种区别在于帕米尔之东西虽都可说是大量穆斯林聚居之地，但其中的差别非常重要。伊斯兰教原发于阿拉伯半岛，它从一个部族宗教发展成有广泛影响的世界宗教，经过一个漫长时期：首先，中东和波斯地区是它的第一延伸区；其次，北非、中亚之“两河”和南亚西北部是它的第二延伸区；再次才是新疆与世界其他穆斯林聚居区。须注意的是，上述的伊斯兰教第一、第二延伸区，都是同阿拉伯帝国相联系的，帕米尔以东的新疆与帕米尔以西的“两河”流域最大的不同在于，新疆从未被阿拉伯所征服。[①] 即使在新疆的伊斯兰化时期，横亘中亚地区的天山山脉下的绿洲古老文明的因子仍然活跃在伊斯兰教当中，并未消亡，如至今广泛流传在南疆绿洲中的麻扎崇拜，在民间还保留着巫师（巴克西）治病的传统。伊斯兰教在南疆绿洲流传、发展的 1 000 多年，经过与南疆绿洲的穆斯林民族传统文化相互依存、相互影响，深深渗透在各民族文化之中，成为这些民族文化的重要组成部分。南疆绿洲的伊斯兰文化不仅与新疆绿洲各民族的历史文化相联系，而且与整个中华文明的历史文化相联系。

天山这个“十字路口”除东西方向的交流外，还有南北方向的交流。即天山北部的游牧社会和天山南部的农耕社会的关系。这两个社会的分界线大体沿着中国的长城、天山，穿咸海、里海至遥远的欧洲。这是一条自然地理界线，农耕民族为保护自己的文化区域不受到所谓“蛮族”游牧民族侵扰，耗费巨资和人力沿着它修筑了防御线，这条防御线在中国就是长城，在中亚则是壕堑和墙垣。可以认为，在南北关系中，主要体现的是历史上的游牧民族和绿洲民族之间的关系。如历史上众多的游牧民族越过天山南下，在公元前 2000 年就有雅利安人南下。以后，乌孙、月氏、大夏、突厥、吐蕃、契丹、葛逻禄、样磨、处月、回鹘、黠戛斯、蒙古、汉、月即别人的南下，一浪又一浪。一个个游牧部族南下中亚，在自然地理环境和当地文化氛围作用下，无一例外地转入定居农耕，接受了当地的文化，同时也给当地文化注入活力。[②] 同时，一些当时并不信仰伊斯兰教的政权如西辽、蒙古在西域建立统治，也使得伊斯兰文化的传播受到几次阻碍，虽然后来这些政权都改信了伊斯兰教，但是也给伊斯兰文化渗入了大量的民族化的特点。“由于中亚各地地理环境的不同，各地居民的生产生活方式不同，在此

① 潘志平：《归属于中华文化圈的新疆》，载《新疆大学学报》（哲学社会科学版），2009 年第 1 期。
② 潘志平、王智娟：《鸟瞰中亚宗教、民族之历史与现状》，载《西北民族研究》，1994 年第 2 期。

基础上形成的宗教、文化既相联系又有差异，因此，伊斯兰教在中亚的传播过程中不断发生变异。而不同地区、不同民族的经济文化的差异在漫长的历史发展过程中不仅没有消失，相反，随着社会经济的发展与变革，有些地区和民族之间的差异反而越来越大。"[①] 这一点在新疆也十分明显。

从文化交流上看，来自天山南部的塔里木盆地和两河流域的伊斯兰教传入天山北部的草原地带的时间要更晚一些，大约在 15 ~ 16 世纪才在草原上传播。草原游牧民族保留下来的传统民族因素就更多了，如萨满教的遗存影响更大。哈萨克族民间，当妇女分娩时，将雪鸡毛烧成灰，让产妇吸进鼻孔里，还要把它吹入婴儿的鼻孔里，可以求得他们的平安。哈萨克族为产妇产子举行"喜利达汉娜"的庆祝仪式，要宰羊庆贺。把羊脖子悬挂在门上挂满 40 天，祈求孩子的脖子像羊脖子一样硬起来。[②]

哈萨克族民间萨满也常担任医生的角色，念咒语来治病，下面是治疗虫牙的一段咒语：

细小、细小、细小的虫，
落在芨芨草上的小小的虫，
像乌鸦一样的黑小虫，
落在皇帝头上的小小虫。
你的草原被人占了，
你的冬窝子着了火。
黑头小虫出来吧，
快快出来吧！[③]

除了萨满之外，哈萨克族民间还有"杜瓦纳"，其主要职责是为病人求神祈祷和预言未来的事情。其装扮也很有特点：头戴白鹅皮帽，身披白鹅皮拼接的外衣，骑白马，还有一柄长约一米的短矛。哈萨克牧民从冬季转场转移到夏牧场时，生两堆篝火，把牲畜从中赶过去。牲畜发生病灾后，则在畜圈四周燃起篝火，企图借助火的威力"驱赶病魔"。哈萨克族的萨满教的遗留，很大程度上与民间问医治病的日常需要分不开。哈萨克族对于墓地非常敬重，行人骑马路过墓地时不能疾驰而去，妇女则必须下马徒步过去。每逢发生旱灾，人们要到墓地去进行祭祀活动。当羊群发生疫病时，则把羊群赶到墓地去过夜。有时甚至把墓地

① 万雪玉：《中亚地区的伊斯兰化进程及其特点》，载《贵州师范大学学报》，2005 年第 3 期。
② 贾合甫·米尔扎汗：《哈萨克民俗中的喜庆活动》，载《新疆社会经济》，1997 年第 2 期。
③ 秋浦主编：《萨满教研究》，上海人民出版社 1985 年版，第 72 页。

上的土视若圣药。孕妇难产时，要取来墓地上的土搅拌在水中给产妇喝，以为这样便可以顺利分娩。患胃肠病者，也有将墓地上的土搅拌在水中，当作药物喝掉的。[①] 在游牧生活当中，伊斯兰教对哈萨克族、柯尔克孜族的影响不如对定居在绿洲上的维吾尔族影响深远。第一，宗教首领在游牧民族的社会地位比较低，司法权掌握在部落首领手中；实施的法律也是符合当时部落生活习俗的习惯法，其中吸纳了少部分关于家庭、婚姻法等方面的宗教条文。第二，在草原游牧民中，伊斯兰教没有像农耕地区那样形成较大的派别和势力。第三，在牧区的夏牧场上几乎没有清真寺，冬牧场虽然有清真寺，但是数量和规模都无法和农区相比；游牧民受生产方式的限制，不可能像农区居民一样严格按照《古兰经》规定的次数和时间礼拜。第四，游牧民的清真寺没有瓦克甫土地、牧场及牲畜等财产；牧区的毛拉平时和所在部落的牧民一起放牧，各部落的牧民们一旦举行有关的宗教仪式，就请毛拉参加。第五，游牧民的遗产制度较多地保留了宗法社会的习俗，与农耕地区信仰伊斯兰教民族的遗产制度不同。[②] 实际上，正是天山南北迥然不同的地理生态环境使哈萨克、柯尔克孜的伊斯兰文化别具一格。不过，也有研究者认为，即使是在草原游牧文化背景下，伊斯兰教依然对游牧民族的影响深远。“至于生活在新疆和中亚广大牧区的柯尔克孜族牧民全部改信伊斯兰教，这是18世纪的事了。由于柯尔克孜族改信伊斯兰教的时间较晚，又加上过去主要是从事畜牧业生产，过着游牧生活，所以从表面上看，在他们活动的地区没有什么大的清真寺，也没有比较正规的经文学校，民间的宗教职业者依麻木为数不多。但若仔细观察，我们会发现伊斯兰教及伊斯兰文化对柯尔克孜族各方面的影响还是很多、很深的。”[③]

其次，作为十字路口的天山，不仅意味着是一条东西和南北的地理“分界线”，而且天山同时还是东西、南北文明的“交汇线”。“天山山脉不仅是区分南北两种环境的一条边界线，而且山地本身就兼有两种地理情况，成为两种地理情况交汇的地带。也就是说，这座广大的山脉，混合有北部草原和南部绿洲的双重色彩，应当把它看作是呈现出所谓中间色彩的界线。”[④] 日本学者羽田亨用一个非常形象的比喻说，“文明传播，当然依据交通。这西域犹如自来水的水管，介在水源和龙头之间。水源的水经过水管时，看水管的性质如何，总不能不受某种影响。”[⑤] 正是天山在贯通南北交通、东西交通中，染上了各种文明的“颜色”，成为“世界文明的宝库”，多元文化的色彩十分鲜明，成为新疆伊斯兰民族文化的一个主要特征。

---

① 秋浦主编：《萨满教研究》，上海人民出版社1985年版，第50页。
② 万雪玉：《中亚地区的伊斯兰化进程及其特点》，载《贵州师范大学学报》，2005年第3期。
③ 胡振华：《伊斯兰教与柯尔克孜文化》，载《西北民族研究》，2002年第4期。
④ ［日］松田寿男：《古代天山历史地理学研究》，中央民族学院出版社1987年版，第15页。
⑤ ［日］羽田亨著，耿世民译：《西域文明史概论》（外一种），中华书局2005年版，第6页。

在新疆的多元民族文化中，由于新疆地区东部主要受华夏文明的强烈熏陶；其西则更多受到南亚、西亚和西方文化的影响。“在这里，地缘因素是明显的。……天山由东向西南倾斜，昆仑山由东向西北延伸，两山交汇帕米尔高原。这好比一个巨型口袋，袋底在帕米尔，而袋的开口朝东，通过河西走廊与中原内地相接，交通相对方便得多，这就是新疆自古以来在政治、经济、文化上与中原内地连成一体的重要原因之一。”[①] 多元文化在新疆东部更为突出。如哈密九世回王拱拜底部正方形，边长各 15.5 米，内部以土坯垒砌伊斯兰式的穹隆顶墓室，外部于垣墙内及四周用亭柱支撑汉族亭楼木结构的八角攒尖顶，建筑将墓室罩在其中，飞檐起脊，雕梁画栋。这两座木质拱拜，在建筑形式上，以伊斯兰式的穹隆为基础，同时吸收了内地八角攒尖顶及蒙古式盝顶的木质结构建筑形式，将多种风格融为一体，在新疆的伊斯兰陵墓建筑，极具特色，是中原文化、蒙古文化和伊斯兰文化相融合的产物。[②] 此外，历史时期，新疆多元文化的一个特点是维语中保留了大量的汉语、阿拉伯语、波斯语、俄语借词。

新疆回族伊斯兰文化是新疆伊斯兰民族文化的又一重要分支。“回族及其他内地穆斯林群体的情况则与维吾尔族不同。虽然他们的宗教信仰相同，但由于传统文化的历史形成、社会经济发展条件不同，伊斯兰教与本土文化融合的形态和特征不同，从而形成的文化复合体也不同。”[③] 新疆回族人口接近 100 万，是新疆第三大少数民族。但对于新疆回族伊斯兰文化研究较少，兹另立一节专述。总之，正如一位学者所指出，新疆“各地区人们原有的族属传统、宗教信仰、经济方式及信仰伊斯兰教的先后、方式不同，导致了伊斯兰化的程度、形式有所不同”[④]。可以说，新疆伊斯兰文化正是一种宗教文化复合体，不能用单一的宗教视角来观察，而是必须采取与地方性文化相结合的综合视角来进行考察。

第二节　新疆伊斯兰文化的特点及其功能

一、新疆伊斯兰文化特点

以伊斯兰教为核心的伊斯兰文化，是历史积淀的宗教文化综合体，其本身就

① 潘志平：《归属于中华文化圈的新疆》，载《新疆大学学报》，2009 年第 1 期。
② 黄达远：《九世哈密王陵新考》，载《新疆大学学报》，1999 年第 4 期。
③ 王建新：《宗教文化类型——中国民族学·人类学理论新探》，载《青海民族研究》，2007 年第 4 期。
④ 周泓：《伊斯兰教在近代新疆的世俗化与地方化》，载《西北师范大学学报》，2003 年第 4 期。

是融贯东西文化的文化综合体，其生命力就在于不断地在与异文化的碰撞和交流中，不断汲取、吸纳、融合异质文化的精髓。在新疆伊斯兰文化的推进、形成、不断本土化的过程中也体现了这样一个过程。换言之，新疆绿洲的各少数民族的伊斯兰化的过程，也正是生活在新疆绿洲上的各少数民族在立足本土传统民族文化的基础上，不断推进伊斯兰文化的本土化，形成民族和地区特色的伊斯兰文化的过程。因此，新疆的伊斯兰文化是有别于阿拉伯伊斯兰文化，具有浓厚地方和民族特色。

从语言文字方面看，伊斯兰教的传入使新疆诸突厥语民族吸收了大量中古时期阿拉伯和波斯的语言。在阿拉伯字母基础上发展出来的拼音文字——察合台文后来成为维吾尔族等新疆乃至中亚一带突厥语民族的通用文字，维吾尔、哈萨克、柯尔克孜等民族都是用以阿拉伯字母为基础的拼音字母，其在语音、词汇、语法方面都受到阿拉伯语和波斯语的强烈影响。现代的维吾尔文，就是以阿拉伯字母为系统的老察合台文发展而来，它也有 32 个字母，分为单写、后连、前后连等形式。现在，塔吉克族使用维吾尔文字，乌孜别克族和塔塔尔族原来使用以阿拉伯字母为基础的本民族语言，现在多使用维吾尔文，部分使用哈萨克文字。由于察合台文的普及，阿拉伯文、波斯文的文学、哲学、医药、天文、地理、历史等著作大量被介绍到突厥语诸民族中，丰富了他们的语言文化及其文化内容。同时也出现了一批大量采用阿拉伯——伊斯兰文学风格的文学作品。如维吾尔族的《福乐智慧》、《真理的入门》等。同时，各族人民信仰一样的宗教，遵循一样的教规和制度，具有相同或相似的行为方式、思维方式和道德规范。因此，无形中，伊斯兰教在流传和发展的过程中，增加了新疆绿洲各少数民族文化的同质性，促使新疆特色的绿洲伊斯兰少数民族文化区域的形成。

从宗教信仰的制度及生活方式上看，新疆少数民族伊斯兰化过程中形成了具有浓厚地域文化色彩的伊斯兰文化。新疆在历史上曾经奉行过各种宗教，原始的萨满教、袄教、佛教、景教等等。虽然，最终伊斯兰教成为主导宗教，但是伊斯兰文化在本土化过程中，不断整合之前流行的宗教文化的元素，形成独具特色的新疆伊斯兰文化。比如新疆特色的麻扎和麻扎崇拜。以喀什、和田为代表的新疆南疆绿洲沿塔里木盆地南缘至帕米尔高原东部塔什干一线，各种麻扎星罗棋布，每年的 5 月、6 月或者 9 月、10 月前来朝拜的各族穆斯林络绎不绝，从而构成了新疆伊斯兰教信仰制度及仪式上的一大特色。应该说，这也是伊斯兰文化本土化过程中与本土少数民族传统文化协调、调试的结果。由于新疆历史上古代民族都曾信仰过萨满教，对古代动植物的崇拜、祖先的崇拜已久，多神崇拜的影响根深蒂固。拥有堂皇的陵墓和豪华拱北的宫廷式建筑群的是对伊斯兰教传播过程中做出杰出贡献的先人的崇拜。如阿图什的苏里堂麻扎、喀什的阿帕克霍加墓等；普通的新疆麻扎一般都有各种各样的装饰品：挂有各种各样、各色的布条、马尾、牛角、牛尾、羊角等的长杆以及树枝、树干等。还有集体跳的萨满舞等，这些都是萨满教的遗存，已经成为当前新疆少数民族文化不可分割的组成部分。此外，祆教的重要节日诺鲁孜节现在仍然是曾信仰过祆教的维吾尔、哈萨克、塔吉克等民族的重要传统节日，这些民族当前依然保存着对火的崇拜与敬仰。而如今，这些均已成为新疆特色伊斯兰宗教文化的特色和组成部分。

从民族文学艺术方面看，伊斯兰教的《古兰经》不仅仅是一部宗教经典，穆斯林“信仰和法律的源泉”，也是一部富有韵律、哲理的文学著作。它不仅影响着穆斯林社会的衣、食、住、行、婚、丧、嫁、娶等行为方式，也影响着穆斯林社会的思维方式、道德规范、价值观念、心理状态，还影响着穆斯林群众的文学创作。因此，伊斯兰教在本质上是一种涵盖面非常广泛的宗教文化，在伊斯兰文化实现新疆本土化的过程中，其基本的教义和教规与新疆绿洲各少数民族的文化相互结合、整合，在新疆绿洲各少数民族的信仰和社会生活实践中，融汇、吸收了古代中国西北边疆突厥文化成分，形成独具风格的新疆伊斯兰文化形态。

二、新疆伊斯兰文化的功能

文化的功能是指文化各因素相互联结，从整体上对个人、群体和社会所起到的作用和所发挥的效能。新疆伊斯兰文化的形成，不仅对个人、对各少数民族群体，乃至对整个新疆社会都起到重要的整合、规范作用。伊斯兰教可以说是弥散在整个穆斯林世界的整个文化中的。

首先，伊斯兰文化对价值观具有整合功能。伊斯兰文化的形成与推进过程，事实上就是伊斯兰文化对各少数民族价值观念趋于一致的过程。新疆的伊斯兰教通过宗教制度、共同的信仰仪式和伊斯兰教徒共同的行为方式，尤其是通过新疆伊斯兰的经文学堂的教育，不仅在各少数民族青少年中普及了伊斯兰教方面的知识，而且从小培养了他们的宗教信仰和宗教感情，使之成为一种根深蒂固的深层心理意识，这种深层心理意识构成伊斯兰文化的心理基础。“‘信仰是理性和感情的统摄力量’，是文化价值观念的总体现。人类的社会活动，正是通过信仰才取得了社会意义和指向，它能够产生整合作用而给人们带来凝聚力。”① 共同的信仰、共同的宗教仪式、共同的语系以及共同的行为规范，极大地促进了历史上孤立的各少数民族之间的价值认同和文化认同，这种价值认同和文化认同成为联结各少数民族的情感纽带，也是新疆社会民族团结和社会秩序稳定的基础。

---

① 马启成、丁宏：《中国伊斯兰文化类型与民族特色》，中央民族大学出版社 1998 年版，第 132 页。

其次，伊斯兰文化对行为具有规范功能。规范因价值观的目标而产生，整合功能使规范内化为个人的准则，进而将社会成员的行为纳入既定的轨道和模式，从而使人们之间的行为功能协调和相互配合，以维持社会秩序及稳定。伊斯兰教义通过对穆斯林生活各方面——婚丧嫁娶、衣食住行、节日庆典、道德价值等方面严格而明确的规定，规范了新疆穆斯林民族的行为方式。这些行为方式在长期的宗教、生产、生活实践中不断强化，内化成为潜在的思维方式和价值观念，从而演化成为穆斯林民族的文化习俗。这是今天穆斯林民族民俗文化的重要成因。

最后，伊斯兰文化对人生具有教化功能。教育被涂上浓厚的宗教色彩，构成新疆文化的重要特征和内涵。尽管从新中国成立以后，新疆的宗教教育功能和正规学校教育是分离的，但是，伊斯兰教及其教化是融入在少数民族生、老、病、死，婚、丧、嫁、娶之中，是渗透在少数民族个体的文化血脉之中的。从幼儿开始的浓厚的宗教说教，从出生礼、满月礼、摇床礼、命名礼到割礼，一个个体成长的每一个步骤中都渗透着宗教的仪式和礼仪，伊斯兰教文化和理念已经成为其深层文化心理的重要组成部分，并内隐于个体的行为、思维方式之中。尤其是渗透于生活方方面面的宗教仪式，不断强化着人们的宗教情感，正如“人类学家认为，个人在从一种角色移入另一种角色的过程中，其经验必须由所有参加仪式活动的人在理智上铭记、从情感上感受之后方能得以型塑。……更恰当地说，仪式促使个人归属于深深地渗入他们心海的文化象征，并对焦虑的心理状态起作用”①。深厚、持久、浓烈的宗教情感使伊斯兰教中所倡导的道德行为规范、美育规范以及社会价值评判标准都使其在新疆社会的稳定、和谐及各民族的社会交往、心灵滋养等方面起到重要的作用。

我们不能否认伊斯兰文化在整合民族心理、意识以及民族情感方面的正面积极的作用，但是我们也不能不看到其产生的负面功能，如狭隘的民族认同，不利于中华民族文化认同的构塑，在社会主义和谐社会建构的过程中产生不和谐的声音，也容易被境内外的宗教极端势力和民族分裂势力利用；过于强烈的宗教意识和情感，不利于绿洲少数民族接受新鲜的外来资讯，形成与社会发展不符的保守与落后心理等等，这些都值得我们关注。

“但凡为人所知的社会，宗教必曾与其中扮演过一定的角色，且往往起着决定性和独创性的作用。”② 马克思主义经典著作曾经指出宗教在人类历史上的消极作用，“宗教一旦形成，总要包含某些传统的材料，因为在一切意识形态领域

① 陈文殿：《全球化与文化个性》，人民出版社2009年版，第85页。

② 约翰·布克主编：《剑桥插图宗教史》，山东画报出版社2005年版，第14页。

内传统都是一种巨大的保守力量。但是，这些材料所发生的变化是由造成这种变化的人们的阶级关系即经济关系引起的。在这里只说这一点就够了”①。伊斯兰教是世界三大天启宗教（犹太教、基督教、伊斯兰教）中最年轻的一个，但至19世纪中叶，也已有1 200多年的历史了。伊斯兰教既是一种宗教，又是一种生活方式、行为方式，是一种恢宏而博大的文化体系。其教义是受当时的社会历史发展水平、科学技术水平及人们认知水平的局限。但是其具有很强的渗透力，已经完全融入新疆各少数民族的生产生活之中，成为生活习惯、价值观念、道德坐标、行为准则以及审美标准。各少数民族根据伊斯兰教义的行为准则，设计了本民族的文明模式，并以此安排经济生活轨迹，在漫长的历史过程中影响和控制着人们的精神世界。

贝尔格认为，宗教往往在社会生活中扮演着“神圣帷幕”的角色，“作为权威性的意识形态，帷幕有时会阻碍人们的独立思考。”② “尤其是宗教信仰强调信仰虔诚，强调神谕的不可变更性，因而容易把人们对世界的认识引入歧途，妨碍人们对时代及社会的适应。在神圣力量的感召下，一般的教徒都循规蹈矩……”③ 宗教的强大惯性易使教徒固守保守的世界观、价值观，固守某些落后于时代的行为规范，从而影响信教群众对国家主体意识形态的理解与接受，阻碍社会变革和社会进步，从而牵制和阻碍现代化建设进程。尤其是其主要教义向教徒灌输的“来世思想”，强调死后或来世的存在而轻视今生，这些思想削弱了人们努力奋斗和创新改革的决心。由于伊斯兰教作为一整套的生活方式，在漫长的历史过程中已经熔铸在人们的精神血脉之中，影响和控制着人们的精神世界。他要求人们绝对地服从“神”的旨意、召唤和训示，人的命运是由神安排的，这就容易使人们在思想观念上因循守旧、故步自封、墨守成规、不思进取。这种消极心理由于南疆绿洲长期封闭的地理环境和滞后的经济发展而在偏远地区的低收入群体、中老年妇女等社会弱势群体中更为常见；尤其是宗教与科学的对立还窒息科学思想的产生，阻碍科学的发展与进步。

此外，由于宗教的排异性、族际排斥性，新疆社会与中亚地区国家和民族在宗教信仰、族源、文化习俗等方面的天然相近性与相似性，使得伊斯兰教具有极强的渗透性与跨国、跨民族认同性。因而，伊斯兰教也极易成为国内外敌对势力对我国进行颠覆和渗透的重要工具。

---

① 恩格斯：《路德维希·费尔巴哈和德国古典哲学的终结》，《马克思恩格斯选集》第4卷，第253页。

② Peter Berger, The Sacred Canopy, P. 107，转引自《当代世界宗教学》，范丽珠 Jams D. Whitehead and Evelyn Eaton Whitehead 著，时事出版社 2006 年版，第795页。

③ 戴康生、彭耀：《宗教社会学》，社会科学文献出版社 2000 年版，第184页。

三、新疆伊斯兰教派与社会稳定

新疆的伊斯兰教派差异很大，一定程度上影响了社会的稳定。课题组以伊犁哈萨克自治州霍城县的回族内部教派活动为案例，进行了田野调查。①

（一）伊犁哈萨克自治州霍城县回族教派基本情况

据《2007年伊犁州公安年报》，2007年霍城县回族人口达5 000人以上的乡镇有芦草沟乡（12 989人）、萨尔不拉克乡（13 134人）、三宫回族乡（9 043人）、水定镇（7 953人）、清水河镇（7 018人）。回族人口1 000人以上、5 000人以下的乡镇有三道河子乡（3 309人）、惠远乡（4 322）、伊车嘎善锡伯族自治乡（1 521人）、大西沟乡（4 254人）、兰干乡（1 500人）、莫乎尔牧场（1 625人）、果子沟牧场（1 912人）和可克达拉牧场（2 642人）。回族人口不足1 000人的牧场有格干沟牧场（934人）。霍城县共有清真寺334座，哈萨克族清真寺19座，回族清真寺188座，东乡族清真寺48座。回族和东乡族的清真寺共有236座，占清真寺总数的2/3。按教派划分，可分为格底木派（老教）181座；依合瓦尼101座；哲合忍耶12座；虎非耶清真寺共有30座，其中花寺8座、北庄9座、胡门5座、洪门5座、海门3座；另有混合寺10座。

据霍城县民宗部门介绍，霍城县的维吾尔族和哈萨克族的清真寺都属于老教（即格底木）清真寺。另外只有在回族、东乡族、撒拉族等民族中，才有门宦。因此可以确定回族、东乡族拥有格底木清真寺共83座，分布在三宫回族乡（9座）、清水河镇（6座）、惠远乡（12座）、三道河乡（6座）、兰干乡（1座）、良繁中心（2座）、莫乎尔（4座）、果子沟（2座）、大西沟乡（4座）、伊车乡（2座）、水定镇（11座）、萨尔布拉克镇（20座）、芦草沟镇（4座）。伊合瓦尼是霍城县拥有清真寺最多，坊民也最多的教派。主要分布在芦草沟镇（24座），萨尔不拉克镇（22座），惠远乡（12座）和清水河镇（11座）。除兰干乡没有伊合瓦尼清真寺外，伊合瓦尼清真寺在其余各乡镇的分布相对均匀，平均为3～4座。

所有门宦清真寺的总和相对于伊合瓦尼和格底木来说数量不多，共有52座。其中哲合忍耶清真寺12座，芦草沟镇、萨尔布拉克镇、水定镇、伊车乡各两座，惠远镇、清水河镇、三道河乡、三宫乡各1座。虎非耶门宦中，花寺门宦的清真寺主要集中在芦草沟镇，共有5座，其余3座分布在果子沟、伊车乡和萨尔布拉克镇；北庄门宦的清真寺分布在芦草沟镇（2座），萨尔布拉克镇（2座），果子

① 新疆大学政治与公共管理学院硕士生马丽娜承担了霍城县回族教门的课题调查。

沟（2 座），三宫乡（1 座），莫乎尔（1 座），大西沟乡（1 座）；胡门门宦的信众主要集中在萨尔布拉克镇，有 4 座胡门清真寺，另外在清水河镇有胡门清真寺 1 座；洪门门宦在芦草沟镇有 5 座清真寺；海门门宦信众数量较少，仅在芦草沟镇有清真寺 2 座，三宫乡有清真寺 1 座。另有混合清真寺 10 座。霍城县回族、东乡族伊斯兰教教派门宦众多，也十分复杂。以上仅仅是人数较多，有独立清真寺的门宦教派。

除此之外，在霍城县还有许多信仰人数较少，没有独立清真寺的门宦。如撒拉教（文泉堂）、库不忍耶、嘎底林耶、嘎底林耶中的韭菜坪等。这些信众多与其他门宦教派的信众共用清真寺。应该说在霍城县除伊合瓦尼清真寺的坊民较为单一外，其他所有清真寺都或多或少地有其门宦的信众参加宗教活动。

（二）霍城县回族教派形成的原因分析

本地回族与新中国成立后迁居的回族也有着较大差距。本地回族是在特殊的历史条件下迁居伊犁地区。尤其是哲合忍耶门宦的群众，为防止清政府的继续追杀，许多人隐姓埋名，居住极为分散。这部分人由于经过了至少百年以上的历史，几代人的传承，和内地的联系也完全消失。除阿訇等宗教人士外，许多年轻人包括一些老年人对自己的门宦已无概念，仅仅知道自己是属于哲合忍耶，对于这一名称的意义和来历毫无所知，更不用说对“老人家”的崇拜了。哲合忍耶派自创教以来就认为朝拜“老人家”的拱北可以代替朝觐，因此有游坟的习俗。然而，由于长期受维吾尔族和回族格底木的影响，本地哲派回族绝大多数只知有朝觐，认为是五桩“天命”之一，只要有条件，就去朝觐。在绥定镇，“三姑太太”拱北旁边就是哲派群众的坟地。多数老本地哲派群众去拱北仅仅只为给自己的亲人上坟，并不进拱北，也不参加拱北上的各种活动。目前，每年朝拱北的人中，很大一部分来自甘肃、宁夏、青海、云南等地；疆内朝拱北者多来自乌鲁木齐、吐鲁番、哈密等地；在伊犁地区，朝拱北者多是受邀请的宗教人士和少量新中国成立后迁居的哲派群众。

新疆回族信仰伊斯兰教，但是由于以下原因，回族内部教派众多，影响了回族社会的整合，也使回族社会存在一定的不稳定性。

第一，人们对“宗教信仰合理性”普遍追求。在中国的回族群众中，出于对人生终极目标的关切，人们对“宗教信仰合理性”的追求从没有停止过。先知穆哈默德曾经说过：“我的宗教将来要分成七十三派，他们都是迷途者，其中只有一派是走正道的。”作为远离伊斯兰教发源地阿拉伯半岛的中国回族穆斯林，更加迫切地期望自己是属于走“正道”的那一派。作为宗教上层的精英阶层这种期望更加迫切。他们不远万里到阿拉伯半岛去寻求答案，但在那里也同样教派林立，处处分歧。许多人在那里也只得到了一家之言，便认为这就是真理，回国后，就对中国的伊斯兰教进行“革新”。中国回族的各教派就是这样在不断的“革新”和自我否定中相继形成的。在生活中，人们对“宗教信仰合理性”的追求表现得很具体也很琐碎，如礼拜的拜数究竟是十拜、十六拜还是十八拜，该抬几次手？《古兰经》该怎么念才最贵重？何时封斋，何时开斋？应不应该给亡人戴孝、举行纪念活动？等等。由于根本就不存在“最正确的伊斯兰教”这一评判尺度，人们就以自己所接受的主张和所持有的经典为尺度，各执一词，并陷入无休止的宗教纷争之中。

第二，宗教资源的供给与需求之间的矛盾。宗教资源主要包括穆斯林的人口规模、空间分布、生活水平等方面。20 世纪 80 年代以来，霍城县回族人口空间分布格局已经形成。虽然经济发展迅速，人民生活条件有了很大改善，但是在农村的农民也仅仅是过上了温饱的生活。稍有较大开支，如生病、就医等，就会成为沉重的经济负担。而宗教活动则有赖于经济条件的支持，如建寺、维持清真寺的正常运转，如“尔买里”等。首先教派越多，各教派之间为争夺这些有限的宗教资源就会发生矛盾。尤其当一种新的教派产生并发展，他就要向那些已形成的旧教派抢夺信众，在信众的经济支持下才能够生存发展，这必然会引起旧教派强烈的反对。其次，宗教教职人员的数量过剩，也是矛盾产生的一个重要原因。目前，在霍城县有回族、东乡族清真寺共 236 座，除在职的阿訇外，在民间还有很多已学成毕业但却没有岗位供他们开学的“阿訇”。一些父母将子女送到内地去学经，学成回来后得不到当地政府部门的承认，无法成为宗教职业者。

第三，经济利益之争也是教派内部矛盾的重要原因之一。在霍城县最典型的例子就是哲派。哲派在霍城县水定镇“三姑太太”的拱北，20 世纪 90 年代以前是由当地哲派甘新寺管理，拱北收入归甘新寺，而 90 年代以后，哲派宗教上层便着手要拱北的管理权，目的也是拱北丰厚的收入。而在 90 年代，沙沟派和板桥派斗争的焦点也是拱北。另外，哲派信徒一直要求要为马明心之妻张氏太太建立拱北。因原埋葬地已毁于洪水，目前的两个朝拜活动点有不同说法的信徒各自为政。据民宗部门调查，双方各抒已见，否定对方，认为自己的上坟点是真正的遗骨埋葬点。如果政府确实批准重建拱北，必须要先统一双方的意见，难度之大，可想而知。毋庸置疑，无论哪一派建拱北都是为了拱北带来的丰厚利益。

第三节　现代化进程中的新疆伊斯兰文化

以宗教为核心的文化、价值取向、伦理规范、思想观念和生活方式是根深蒂固的，作为深层的文化心理和行为、思维方式，是最难改变的，这对信仰伊斯兰教的国家和民族现代化产生巨大的影响。事实上，宗教与现代化之间的关系问题早已经成为学术界的热点和焦点问题。而伊斯兰教的现代化问题也成为很多伊斯兰国家现代化过程中必须正视、面对以及考虑的问题。伊斯兰教作为新疆少数民族“传统文化”的重要组成部分，对新疆现代转型与发展也打上了深深的宗教烙印，以中国特色伊斯兰文化为主要特征的新疆文化，如何回应现代化的挑战，在中国现代文化转型的宏大历史背景中寻找到自己的现代转型之路是南疆绿洲社会必然要面对的重大问题。当前，在现代化进程中，城市化、市场经济和宗教俗世化对新疆伊斯兰文化产生了重大影响。如何面对挑战，使伊斯兰教文化适应现代化的要求，成为新疆文化发展面临的新课题。

一、城市化对伊斯兰教文化的影响

城市化是现代化的载体，现代社会实际上就是城市占统治地位的社会，“都市（城市）具有凝聚、贮存、传递并进一步发展人类物质文明和精神文明的社会功能。在都市有限的地域内，大量异质性居民的聚居，为社会协作和人们的交往、交流提供了良好的基础，在时间和空间上扩大了人类联系的范围，促进了社会和经济、文化的发展。”① 城市化进程已成为我国目前社会发展的主导趋势。2005 年我国的城市化率达到 43%，社会经济基础比较落后的西北民族地区城市化水平达到 37%；2020 年我国的城市化率将达到 50%，跨入城市化国家行列。城市化进程的加快必然为新疆民族社区消除贫困和建设小康社会奠定坚实的物质基础，同时也会给新疆民族社区普遍存在的宗教行为以一定的冲击和影响。

（一）宗教与城市的关系

首先，城市的起源与宗教密切相关。美国著名的人文主义城市学家刘易斯·芒福德指出，“人类最早的礼仪性汇聚地点，即各方人口朝觐的目标，就是城市发展最初的胚胎。这类地点除具备各种优良的自然条件外，还具有一些‘精神的’或超自然的威力，一种比普通生活过程更高超、更恒久、更有普遍意义的威力，因此，它们能把许多家庭或氏族团体的人群在不同季节里吸引回来。”② 早期的城市总是距离圣地不远。作为宗教圣地发挥着“向心引力”的人口聚集

---

① 都市：本词条参见《中国大百科全书》电子版，社会学卷“都市”词条。

② ［美］刘易斯·芒福德著，宋俊岭、倪文彦等译：《城市发展史：起源、演变和前景》，中国建筑工业出版社 1990 年版，第 54 页。

作用，使得早期城市胚胎得以形成。

其次，宗教赋予古代城市以“灵魂”。“古代城市中，人类的生命和活力被转变为艺术形式，而且规模宏伟，前所未有。现在每一代都会留下一大批理想的形式和形象：圣祠、宗庙、宫殿、雕像、绘画……这些东西都是准备满足人类追求长生不老的最早愿望的”，“若没有这些神圣的力量，古代城市将沦为一堆风干的泥土或石料……因为离开这种宇宙的放大制品（城市），普通人在乡村环境中同样可以生存好，甚至更好。”① 在人文主义者的视野里，城市就是一个精神象征。

最后，宗教不仅刺激着城市的发展，而且在城市的结构布局中占有突出的地位，“在中世纪的欧洲，许多新城市的发展都与罗马天主教寺院有很密切的联系，而其他一些城市之所以能迅速地居于相当重要地地位，也是因为教会在那里设置了主教区。在这个时期几乎所有的重要城市中，最醒目的建筑物都是大教堂或修道院，它们常常位于城市中心。”② 与现代工业城市的中心多是商业区不同，“前工业城市的中心广场主要是具有宗教职能”③。

但是，我们也需要指出的是，宗教与城市的发展还有另一面，即宗教也在城市的发展中，一步步增强着世俗化倾向。城市不仅集市场、圣祠、居民点、学校、行政机构、图书馆、公共娱乐设施于一体，更是融会思想于一体，创造出不同于乡村的城市文明。城市集中了高度的物质文明和精神文明，社会发展水平远较乡村发达，这无疑为宗教世俗化创造了条件。根据马克斯·韦伯的观点，“理性算度”本身就是现代市场经济的产物，而现代城市又是市场经济的载体，城市文化的理性特征十分明显。现代都市理性不断增强，极大改变着宗教信众或者教职人员的生活生产方式、价值观念、消费观念和信仰意识，使其更注重人的理性上升、个人地位上升，自我意识也随之加强。

（二）现代都市对伊斯兰教的影响

正如有学者指出，在传统时代的城乡公共空间中，教堂、清真寺的尖顶成为城市公共生活的中心，占据了突出显著的位置。而工业文明带来的城市景观是以人工景观为主，“在城市里，科技进步使高楼林立，自然被人造的东西挤压得仿佛是不存在的，这使人们更相信他们拥有改造环境的能力，而对自然的敬畏大大

---

① ［美］刘易斯·芒福德著，宋俊岭、倪文彦等译：《城市发展史：起源、演变和前景》，中国建筑工业出版社1990年版，第54页。

② 康少邦、张宁等编译：《城市社会学》，浙江人民出版社1986年版，第59页。

③ 康少邦、张宁等编译：《城市社会学》，浙江人民出版社1986年版，第63页。

减少”[1]。都市对宗教的影响是多方面的：

首先，现代都市的共生与竞争结构有助于提高伊斯兰教的包容性。按照芝加哥学派社会学家帕克的观点，城市社会与生物界有相同的共生现象。共生指群体关系中个体相互独立又相互依存的状况。共生的基础是差异，城市越大，劳动分工越细，每个机构提供的服务越趋单一，个体之间的相互依赖程度则越高。在城市结构上的表现就是功能互补的机构往往分布在相互邻近的地域内。如同生物界一样，人类出于本能的驱动，必然寻找一席生存繁衍之地，于是在有限土地的使用上产生了激烈的竞争。帕克认为这是决定城市结构、决定城市人口和机构地域分布的最重要因素。在都市社区中，原有的职业结构被打破，人口流动频繁，宗教社区的同质性瓦解。在乌鲁木齐山西巷社区进入的有新华书店、工商银行、中国银行、新疆人民出版社、学校、机关、自治区妇幼保健医院、电影院和其他一些大小不一的企事业单位。在这里工作的人员主要以汉族干部职工为主，也有不少维吾尔族干部，在这里还建起了许多单位的家属院，搬进各族职工家属。在这个社区中，医院、学校、银行、机关的迁入便利了社区的居民办事、入学、看病、看电影和从事商业经营，进入的干部职工大多数都是具有一定文化素质的，尊重当地的宗教信仰，而且还给当地社区带来了一些商业机会。于是，这个社区内的异质性增强了，也没有引起大变动和冲突，形成了共生的局面。竞争结构构成了城市宗教的另一面。在这一过程中，近年来城市房价的不断飙升，乌鲁木齐南门一带的房屋价格已经从 2006 年的 4 000 元/平方米跃升到 2008 年 6 月的 8 000 元/平方米，地价的上升，使靠近南门的清真寺门面出租价格也看好，这也导致了一些已经搬走的回族穆斯林又返回到这里居住。特别是一些老坊民担忧原有清真寺附近的地产被侵占，一些老坊民誓言要维护清真寺的利益，这使得商业竞争的各方加快了盘根错节的接触，互动更加频繁。坊民们处理这些事情更需要依靠世俗的法律的支持，增加了伊斯兰教的容忍度。这也是一种理性的增长。

其次，城市社会结构的调整刺激了伊斯兰教的适应性变迁。社会学家沃思指出，现代社会城市一定限度的地域内要将众多人口有机组合起来，并顺利进行生产和满足日常生活需要，就必须按照其技能将城市人口进行合理的劳动分工，并相对固定下来以向专业化发展，这是提高社会效率的客观要求。另外，众多的城市人口也为专业化提供了可能性。城市越大，城市的专业化分工也就越细。城市的社会结构也就更加多元化。城市中生存竞争和职业分化，决定了穆斯林男子出去经商、做工，使其不可能持续学习宗教知识，更不能对家庭中下一代的成长和

---

① 潘允康主编：《城市社会学新论：城市人与区位的结合与互动》，天津社会科学院出版社 2003 年版，第 194 页。

宗教文化的传承倾注太多的精力，因此这个重任义不容辞地落到了妇女的身上。原来的大家族生活逐步让位于核心家庭，家庭在宗教教育中的地位日益重要。如西宁、兰州、宁夏等一些城市的清真女学开始兴盛和发展起来，改变了回族妇女以往深受伊斯兰教女子深闺制度的影响、社会参与性不高的状况，使穆斯林妇女地位有了较大提高。在乌鲁木齐山西巷虽然没有清真女学，但是职业妇女取得的收入，有助于改变其社会地位。

再其次，都市的现代生活方式的普及改变了穆斯林的传统思想意识。现代传媒传播的科学、民主、理性、平等的理念深入人心，使都市伊斯兰教更加宽容。伊斯兰教规定妇女要“用面纱遮住胸膛，莫露出首饰”，并把妇女头发列为羞体，必须遮盖起来，所以过去新疆的穆斯林妇女一般都戴盖头，少女戴绿色的，中青年妇女戴黑色的，老年妇女则戴白色的。新中国成立以后，这一习俗有了很大改观，穆斯林妇女不仅摘掉了面纱，且在衣服选择上开始讲究款式，穿起了裙子和短袖衬衫。她们已和大多数汉族妇女一样，走出家庭的小圈子，走入社会，参与到社会分工和竞争中来。接受了现代文明的年轻穆斯林也积极学习外语、学习科技，向往城市文明。在具有较高文化水平的青年穆斯林中，他们都把守法作为第一义务，积极参与和投身到社会经济建设当中去，认为信教是个人私事的人越来越多。在家里、在清真寺里，他们是虔诚的穆斯林；在城市社会当中，他们是具有现代素质的市民，穿着打扮入时，工作中的快节奏使他们不能履行一天的“五功”，他们常常使用网络工具和现代传媒，建立网站，传播伊斯兰文化，来履行一个穆斯林的职责。城市中阿訇也都具有较高的文化素质，一般都是伊斯兰教经学院毕业，他们关心国际国内大事，也关心现代科技事业的发展，拥有电脑、手机的不在少数，使他们能够更快捷地了解伊斯兰世界的大事。他们与传统的阿訇已经有了很大的差别。

最后，现代都市给伊斯兰教带来的另一变化是促进了现代科层制度的建立。“当代宗教状况的一个特征是宗教机构的逐步官僚化。这个过程成了它们的内部和外部社会关系的特点。就内部而言，宗教机构不仅按官僚程序来管理，而且它们日复一日的运转也是由官僚制的典型问题和‘逻辑’所控制的。从外部来看，宗教机构通过典型的官僚体制相互作用的方式彼此之间打交道并与其他社会机构打交道。”① 在原来的社区中，清真寺处于社区的中心位置，阿訇的权力很大，具有在世俗生活中处理民事诉讼、调解民间纠纷、干预婚姻、教育等诸多功能。在现代的都市中，司法权力让给法院、行政权力让给社区、街道和区政府、教育

① ［美］彼得·贝格尔著，高师宁译：《宗教社会学之理论要素》，上海人民出版社 1991 年版，第 165 页。

转给学校、经济职能由政府组织的寺管会行使，清真寺的核心地位完全被基层政权的世俗机构代替，阿訇也变成了政府任免制，工资（津贴）也要靠政府和寺管会发放，科层制度基本建立起来。

二、市场经济对伊斯兰文化的影响

市场经济使人们的物质生活、精神生活有了显著提高。在市场经济的刺激下，绝大多数人都不只是追求来世和彼岸，而是更注重立足现实。因此，在他们遇到工作、生产与宗教活动不能兼顾时，宁肯暂时放弃宗教活动，以坚持工作和生产为主。即使在过去宗教教徒可以超脱地生活在宗教中，但现在面对激烈的市场竞争，他们要在社会中生存发展下去，就必须将宗教生活与世俗生活结合起来，或者更多地关注世俗生活。市场是人流、物流、信息流、资金流的中心，是社会财富的聚居地。齐美尔认为，市场始终是货币经济的中心。货币经济是一种金钱理性，是经济理性及智力活动的来源和表达。金钱一方面成为个人自由和独立的支撑，另一方面它置真诚的个性交往于度外，因为金钱仅按“多少”来表达所有事物的质的区别，金钱的交换不会留下它先前拥有者的个性痕迹，它就像一架冷酷的“校平器”（leveller），以其苍白、冷漠的性征成为一切价值的共同标准。金钱交易成了现代都市理性世界的一种最佳解释。[①] 一些文化素质较高的穆斯林，在经营企业时一般不受“禁吃利息”规定的影响。他们认为《古兰经》中禁止利息的规定主要是针对自然人的，而银行、企业不受此规定的限制，因此，他们往往以企业的名义进行银行借贷或存款业务，这样既解决了资金流通问题，也不担吃利息的罪名。其中，也有一部分穆斯林根本不受“禁吃利息”的制约，他们完全以商业利益为标准行事。在市场经济的潮流中，买股票和持有基金也成为许多城市穆斯林的储蓄手段之一。清真寺的阿訇尽管不去参与获取利息，但也不禁止社区穆斯林居民参与获取利息，有的阿訇认为这些财富中的一部分可以拿来济贫或做社会公益事业，或是有了财富就可以完成到麦加朝觐的义务，其功德更大。

市场经济使社会公共空间分化。传统上许多在公共空间举行的集体的和社会的活动如今已变成私人领域的个人活动，从而导致了对清真寺传统公共空间活动的依赖性减弱。以往，穆斯林只有在清真寺里做礼拜、过各种纪念活动，而这种活动渐渐缺失。在回族穆斯林的婚姻中，原来都是在清真寺的餐厅内举办，邀请

① 叶中强：《齐美尔、沃思的都市社会学及其在当代中国的影响》，载《江苏行政学院学报》，2002年第3期。

老坊民参加，一起庆祝。现在回族的婚宴有的已经不在清真寺操办，而是到高中档的清真餐厅去举办婚宴。有的是分成两次，一次在清真寺办理，专门请老坊民；还有一次则是到高中档的清真宴会厅举办。

我们可以看到，在现代化进程中伊斯兰教社区的标志——寺坊制受到极大的冲击，作为一种地域共同体的作用正在消解。正如日本学者池田大作和英国学者威尔逊所指出的："都市化的发展，现代人口流动的增加，经济和产量结构的不断调整等，使地方性共同体的生活不断弱化。社会制度也无法提供地方共同体生活的场所。""由于昔日的共同体消逝了，人们对乡土的忠诚以及这种力量赋予人们的力量，也都消失殆尽。"①

（一）伊斯兰教在市场经济条件下的自我调适

经济学者赵晓博士提出了"有教堂的市场经济与无教堂的市场经济"。他认为，市场经济是个有效率的经济制度，但它可以教人不偷懒，却不能教人不撒谎，也不能教人不害人。在市场普遍存在着信息不完全与不对称的情况下，合同永远是不完全的，完全靠重复博弈和法律的惩罚来求得规范的市场行为，不仅不可能，而且可能不经济——这意味着市场的运行成本无限高，让人没法使用，最后会自行崩溃。基督教徒总体而言较易遵守财富操守和准则。原因在于基督教徒追求财富并非为一己之私利，而为的是"荣耀上帝"。有信仰的地方有更多的诚信，更容易建立起共同遵守的制度、法律，更容易调节穷人与富人间的紧张关系。唯有信仰，市场经济才有灵魂。伊斯兰教历史上重视商业活动，重视诚实守信。《古兰经》中就有"你们不要借诈术而侵吞别人的财产，不要以别人的财产贿赂官吏，以便你们明知故犯地以罪行侵吞别人的一部分财产"的教义。由于穆斯林商人童叟无欺、同类异族无诈的诚实、公平的经济道德使得穆斯林的商贸经济活动有着较好的信誉，使得他们贸易远至西亚乃至世界各地，伊斯兰教在市场经济当中表现出很强的适应能力。其次，伊斯兰教认为现世积极劳作、奋斗是一种善行，对鼓励穆斯林艰苦奋斗，依靠勤劳致富，争取有所作为起了促进作用。从这个意义上讲，有"清真寺的市场经济"可以类同于"有教堂的市场经济"，这种重商业、讲诚信的伊斯兰教经济伦理正是它与城市化相适应的最可贵之处。②

（二）伊斯兰文化积极融入市场经济，回应社会的发展

在现代进程中，伊斯兰文化积极融入市场经济，回应社会的发展。伊斯兰文

---

① ［日］池田大作、［英］威尔逊著，梁鸿飞、王健等译：《社会与宗教》，四川人民出版社 1991 年版，第 135 页。

② 黄达远：《伊斯兰教在城市化进程中的若干趋势》，载《中国宗教》，2008 年第 3 期。

化的人文关怀性增强。这主要表现在三方面：一是清真寺阿訇通过“卧尔兹”的演讲对伊斯兰教义作出适应现代社会发展的新诠释，宣传爱国爱教，调整宗教实践的方式以适应教民生活的需要；二是伊斯兰教更加关怀社会，并积极参与社会活动，如在法制宣传、环境保护、道德教化等方面发挥作用。特别是伊斯兰教的阿訇利用《古兰经》的教义积极开展戒除毒瘾，防范艾滋病的宣传；三是伊斯兰教在社会公益事业和城市慈善事业上发挥的作用更加积极，笔者 2008 年夏天在乌鲁木齐山西巷河州大寺调查时，阿訇告诉我说，在汶川大地震的当天，在看到电视新闻报道以后，寺管会和阿訇就在做礼拜的穆斯林中自发开展捐款，当天就捐出 3 000 多元，寄往灾区。此后，这样的捐款还进行过两次。

三、宗教世俗化对伊斯兰文化的影响

随着都市化进程的加快，市场经济的发展、人口迁移、族群混居、文化交流日益普及，人们在走出封闭的社会空间的同时，宗教世俗化现象已成为一种无法回避的社会和文化现象。这对穆斯林社区产生了不可忽视的影响，这种变化是如何产生和出现的？未来的趋势如何？都是值得研究的问题，

历史唯物主义观点认为，社会存在决定社会意识，宗教作为一种社会意识，一种文化现象或思想体系是由社会经济基础决定的。宗教的产生、发展也都根植于社会经济生活之中，并受其影响。当社会现代化水平和科学技术不断发展时，作为意识形态的宗教为寻求与现实生活的结合点，逐步表现为宗教世俗化，这不仅是世界宗教的主要特征，同样也是我国宗教的主要趋向。由于宗教在各国的发展程度和人们认识水平的不同，对于宗教世俗化学术界至今还没有形成统一的意见，主要存在两种观点：一是按照进化论的观点，宗教世俗化就是宗教在社会生活各个方面丧失其影响的过程。涂尔干和马克斯·韦伯都相信“当社会实现现代化并更加依赖于科学和技术来控制和解释社会世界的时候，就必然会出现一个世俗化的过程”。[①] 另一种大家比较公认的观点，认为世俗化即非神圣化，它意指一个漫长的社会变化过程。“这个过程涉及两个方面：一是社会的变化，即指人类社会各个领域逐渐摆脱宗教之羁绊，社会各种制度日益理性化；二是宗教本身的变化，即宗教不断调节自身以适应社会向‘世俗’的变化。”[②] 宗教世俗化一方面意味着宗教的神秘性和神圣地位有所动摇，宗教感召力和吸引力有所弱

---

① ［英］安东尼·吉登斯著，赵旭东等译：《社会学》（第 4 版），北京大学出版社 2003 年版，第 520 页。

② 戴康生、彭耀主编：《宗教社会学》，社会科学文献出版社 2000 年版，第 199 页。

化；另一方面，又体现着宗教对现代社会的适应过程。

现代社会的一个重要特点就是越来越重视人在社会中的地位和作用，主张个性解放，要求享受现世的欢乐，讲究人性和人道主义。宗教世俗化一方面意味着宗教的神秘性和神圣地位有所动摇，宗教感召力和吸引力有所弱化；另一方面，又体现着宗教对现代社会的适应过程。而伊斯兰教在现代化进程中的变迁正是反映了这样的变化。当然，伊斯兰教世俗化的核心内容主要是体现在主体的变化上——拥有现代文明素质的市民信教群体，正如美国学者斯达克的“宗教市场论”所指出的，宗教市场（信徒与潜在的信徒）决定了宗教产品的供应者（宗教组织）要供应的产品（宗教文化）。现代化正塑造着一批批市民信教群体，因而也就成为宗教世俗化的主要推动力之一。我国学者卓新平明确指出宗教世俗化的作用：“其一，‘世俗化’即非神圣化，意指传统神圣观念的‘祛魅’。神圣象征的退隐和神圣符号的破解。其二，‘世俗化’也意味着宗教在积极进入世界、返回现实、直面人生，即强调现实意义和现实关系。”① “宗教世俗化不是要化掉宗教，而是要变革其存在方式。因为宗教是文化的基本形态之一，他一直对人类社会的发展、对人自身的发展与完善有着重要的影响，并起着不可替代的作用。”② 宗教世俗化的过程和结果是使宗教以一种新的更为宽泛的、包容的、世俗的方式，在现代社会中发挥它应有的作用。

按照社会学家卡萨诺瓦（Jose Casanova）在其著作《现代社会的公共宗教》中确认了世俗化过程的三个假设命题：第一，世俗化在社会中产生了功能性分殊化。功能性分殊化是指社会活动的不同领域——经济的、政治的、科学的、教育的、媒体的、艺术的，渐渐地与宗教的领域分离取得自主性的过程。第二，世俗化引起宗教的私人化。私人化是这样的过程，通过“宗教领域”被当作多方面的专门化活动，不断从公共生活中退隐，而更多地集中于私人的关怀——个人价值和个体的道德行为；家庭的稳定；对生活满意程度的主观感受。第三，世俗化导致宗教的消亡。当宗教的公共角色丧失和社会影响力减弱时，宗教制度将失去其信徒，宗教信仰和活动对个体的影响力将降低。③ 但是，世俗化的第三个假设尚未到来，神性的“祛魅”和理性的彰显，不仅没能改变世界存在的很多问题，而且由于人们过分追求理性导致的人类中心主义等思想反倒使人类陷入了新的困境——家庭、教育、社会生活、环境、生态等一系列西方现代信仰危机的出现导致宗教的复兴和新兴宗教的兴起。

---

① 卓新平：《全球化与当代宗教》，载《世界宗教研究》，2002 年第 3 期。

② 崔晓天：《宗教世俗化及其未来》，载《学术交流》，2002 年第 7 期。

③ Peter Berger, The Sacred Canopy, P. 107，转引自《当代世界宗教学》，范丽珠 Jams D. Whitehead and Evelyn Eaton Whitehead 著，时事出版社 2006 年版，第 78 页。

哈贝马斯曾就后现代社会理性主义导致的现代西方社会信仰危机提出了宗教融入现代公共领域的构想。所谓公共领域就是指介于国家生活和公民私人生活之间的领域。他指出通过把宗教引入公共领域，使信教公民和不信教公民之间相互学习，加强信任从而使不同信仰造成的冲突得到化解，公民之间的团结和合作加强，从而发挥宗教对社会和人生的积极作用。而促使信教与不信教公民之间的交流与沟通的前提则是把宗教的语言“翻译”成为公众可以理解的语言。他认为宗教语言是一套包括象征符号在内的非常复杂的语言，不可能被等价地“翻译”成由经验判断真伪的命题语言。如把“人知为上帝的肖像”解读为“应同样地和无条件地尊重每一个人的尊严”，就是一种有益的翻译。它使《圣经》概念里的内容超出了其宗教团体的边界，“同样地和无条件地尊重每一个人的尊严”的伦理意义被发掘，对于未曾翻译过的《圣经》而言，存在信教与不信教的差异与分歧，但是经过翻译以后则使一切公民都可能取得共识。哈贝马斯希望通过“翻译”达到对宗教与理性之间的一致。理性有其局限性，无法对宗教信仰作出肯定或否定的回答，无法对宗教教义的合理与否作出判断，但的确能够解读出宗教中那些对人生具有积极指导意义的价值观念和伦理规范。[①] 事实上，宗教世俗化及其批判告诉我们现代社会中理性的彰显，非但不能消除宗教，反而使宗教在人们精神世界中作用日益凸显。我们需要重新认识和定义宗教在现代社会存在和发展的意义。世俗化这个词在当今世界已经具有了更为宽泛的意义，变成一种关于宗教在现代社会角色的普遍理论。

新疆伊斯兰教逐步走向世俗化是现代社会发展的必然要求，“对于不同宗教文化传统的民族、国家来说，现代化都是一种外在的异己力量。因而只有在自己的文化传统与这种异己力量的冲撞中，激发出自身母体文化的源泉活力，找到传统文化向现代文化转化的中介，打通关节，现代化才能变为自身的内在要求，才能实现现代化。”[②] 新疆在现代化进程中，尽管伊斯兰民族文化具有一些差异，但是，作为一种文化现象，伊斯兰教和社会生活是密切联系的并随着社会文化的发展而不断调整的，其目的是适应穆斯林群众精神和物质生活的需要，从而维系自己的存在和发展。随着现代化的推进，宗教与市民社会日益结合，宗教将逐步进入私人领域。这一深刻的变革会随着现代化的推进逐步加速，将是一场真正的宗教革命。需要注意的是，社会转型期间，宗教问题的复杂性将不会减弱，而是增强。“但在社会变革过程中，在复杂的国际背景下，对抗性矛盾与非对抗性矛盾相交织，国内宗教矛盾与国外宗教矛盾相交织，宗教自身矛盾与政治、经济、

---

① 张庆熊：《宗教何以进入公共领域——哈贝马斯论现代社会中的理性与宗教的关系》，载《中国社会科学报》，2010 年 9 月 28 日，第 06 版。

② 杜红：《伊斯兰教与伊斯兰国家的现代化》，http：//www. islambook. net/xueshu/list. asp？id =995。

文化、民族等矛盾相交织，呈现出错综复杂的局面。"① 这一点也是我们需要重视的。新疆伊斯兰文化需要在借鉴西方现代文化经验和教训的基础上激发本土母体文化的活力，需要对千百年来受宗教"神性"和"神道"制约和束缚的文化进行现代化的"人性"、"人道"的解读和阐释。使人们的视角从注重"来世"转向注重"现世"与现实。因为，"文化是动态而不是静态的。它是一个随时间改变的过程，但又是一个谨慎试探的过程，执着于过去的痕迹和记忆——不管它显得多么暗淡和模糊。只有在一个文化群体习得了一种新的未来观（它多半产生于一种新的过去观）的时候，文化才会发生改变。只有当这种改变的根源在于某种文化自身之时，改变才是有益的。"② 只有对伊斯兰教进行现代的解读与再翻译，使之成为与社会主义相适应的价值观念体系和思维方式，才能够从文化心理的深层角度挖掘逐步改变人们的思维与行为，以适应和促进现代生活的转型与变迁需要。

① 叶小文：《我国宗教状况的新变化》，载《中央社会主义学院学报》，2008 年第 3 期。

② ［美］理查德·刘易斯著，李家真译：《文化驱动世界——21 世纪全球趋势》，外语教学与研究出版社 2008 年版，第 197 页。

第五章

新疆多民族文化特征

新疆历史上就是中华各民族休养生息的地方，每一个民族在生存与发展过程中，形成了适应各自自然环境的特有的文化区，如以绿洲农业、庭院经济为主的维吾尔文化区；以游牧生活为主的哈萨克族、蒙古族、柯尔克孜族、塔吉克族文化区；以屯垦戍边为己任的汉族文化区；以饮食、经商为主的回族文化区等。文化多元性是新疆文化最突出的特征。

第一节　新疆维吾尔族文化特征

位于天山山脉和昆仑山山脉之间的塔里木盆地以及天山东部的吐哈盆地，是维吾尔民族的主要聚居地。塔里木盆地和吐哈盆地的主体是由塔克拉玛干沙漠和库木塔格沙漠构成，属于典型的大陆性沙漠干旱气候，自然生存环境非常恶劣，维吾尔族先民凭借自己的勤劳与智慧，人为地开拓出一片片适于人类生存的绿洲，并在绿洲上从事农业生产，极大地推进了绿洲农耕经济的发展，完成了从草原社会到绿洲农耕社会的转型，促使了维吾尔先民从游牧文化向农耕文化的过渡，创造了辉煌一时的绿洲文化。

新疆绿洲农耕文化不同于中原地区的农业文明，绿洲文明由于受到自然环境的制约，表现出耕牧紧密结合的特征。虽然维吾尔族先民从草原社会转型为农耕社会的时间很长，但是从来没有放弃牧业，将畜牧业作为绿洲农业的主要补充，形成了一种完全自给自足的耕牧经济模式。因此，近来，学者们按照民族学的经济文化类型理论，将这种构筑在绿洲上的农业文明定义为以维吾尔族为代表的绿洲耕牧型的农耕经济文化类型。

绿洲文化不仅仅是一种农业经济模式，而且是维吾尔族传统文化的基石。绿洲独特的生态环境，造就了绿洲民族的性格和精神，形成了他们特殊的价值观以及心理状态。在风沙狂暴、烈日炎炎、气候干燥、冷暖多变的严峻环境下，绿洲民族要得以生存、繁衍和进步，就必须顽强地同恶劣环境抗争，而他们在艰苦环境保持乐观态度的一种生存方式，也造就了绿洲民族突出的自强精神和自我意识。

绿洲同时也造就了维吾尔民族独特的民族性格。在他们身上，既有草原民族的豪放，又有农业民族的精细。而这种豪放和精细有机统一的民族性格就犹如他们独特的绿洲耕牧并举的生产方式。草原民族特有的流动性格，以及其世代居住的古代东西方交通咽喉地带的地缘优势，使维吾尔民族的商贸意识相当浓厚，使之成为丝绸之路的主要拓荒者。而农耕民族特有的精细性格，又使维吾尔族的园林业、饮食业和手工业等也相对发达，创造了一大批闻名中外的手工艺品，并形成了独具魅力的巴扎文化。

在艰苦的环境中凝练绿洲民族精神和独有的民族性格的同时，具有悠久历史的维吾尔民族文化在自身发展的过程中，在吸收了中原文明和阿拉伯文明的基础上，民族传统文化与绿洲农耕经济贸易共同发展与繁荣。绿洲耕牧紧密结合的生产方式，在长期的发展演变中，不仅提炼出较发达的耕牧技术，如伟大的坎儿井灌溉技术，驯养出品质优良的天山良马等牲畜，栽培出不胜枚举的瓜果品种，也孕育了具有极高艺术价值的“十二木卡姆”① 等文学艺术，灿烂的园艺、建筑、服饰、饮食等传统文化，以及产生了马赫穆德·喀什噶里和玉素甫·哈斯·哈吉甫等一大批杰出的学者、诗人和思想家。

这些浮动于流沙中大大小小的绿洲，不仅是维吾尔民族赖以生存延续的家园，而且成为他们独特的生活方式、传统文化诞生和发展的基础。可以说维吾尔民族在历史上创立的所有生活方式和文化传统都不同程度地与其生存的绿洲有关。

---

① 维吾尔十二木卡姆是运用音乐、文学、舞蹈、戏剧等各种语言和艺术形式表现维吾尔族人民的生活和情操，反映人们的理想和追求以及在当时的历史条件下所产生的喜怒哀乐。它集传统音乐、演奏音乐、文学艺术、戏剧、舞蹈于一身，具有抒情性和叙及性相结合的特点。这种音乐形式在世界各民族的艺术史上独树一帜，堪称一绝。

一、物质文化

（一）以农耕为主的生产方式

在整个新疆绿洲经济中，农业是各族群众赖以生存的基本产业。但是，南疆的农业劳动生产率低，产业结构单一，农产品附加值小，技术含量不高，仍然处于传统的生产方式。正如有学者调研结果中所描绘的，新疆绿洲是“和世界联系很薄弱的自给自足的闭关自守的整体。在每一块绿洲上，农民种植着多种多样自己生活必需的作物：一小片棉花，一小片瓜菜，各种主粮如苞谷、高粱、小麦…一些为烧柴用的沙枣、杨、柳，甚至还有一些为自己榨油用的菜籽…由于交换不发达，集市上还保留着相当多的以物易物的现象。[①]”

南疆三地州农业人口占到全部人口的比重均在60%以上。截至2008年底，三地州人口总和为620.01万人，其中农业人口为489.10万人，农业人口占到三地州总人口的78.89%。和田地区农业人口更是占到全区人口的83.27%，在全部人口中维吾尔族人口的比例高达96.27%。[②] 由此可知，以和田地区为代表的南疆三地州基本上70%以上的少数民族是以第一产业中的农业为生。占南疆人口大多数的农村人口的主要收入渠道仍然是家庭经营收入。2008年和田地区农村居民家庭人均总收入为2 994.50元，其中家庭经营性收入2 412.60元，占到全部收入的80.57%，其中农业收入1 184.57元，占到家庭经营收入的49.10%；喀什地区农村居民家庭人均总收入为3 918.12元，其中家庭经营性收入为3 502.46元，占到全部总收入的89.39%，其中农业收入为2 343.65元，占到家庭经营收入的66.91%。[③] 截至2008年底，南疆三地州农林牧渔总产值达到280.31亿元，同比增长18.9%，其中农业产值179.44亿元，林业产值16.31亿元，牧业产值75.92亿元，渔业产值1.06亿元，农林牧渔服务业产值7.75亿元，分别占到农林牧渔总产值的64%、5.8%、27%、0.4%和2.8%。而从南疆三地州农业产业的结构看，种植业产值占64%，林业占15.8%，畜牧业占27%。[④] 由此可见，南疆绿洲农业产业结构相对单一。2009年，占全疆总人口44.7%的北疆地区创造了全区69.2%的增加值，占全疆总人口29.3%的南疆三

① 贾合甫·米尔扎：《新疆民族经济文化发展研究》，新疆人民出版社1997年版，第16页。

② 新疆维吾尔自治区统计局编：《新疆统计年鉴2009》，中国统计出版社2009年版，第77～82页。

③ 同上，第223页。

④ 同上，第612页。

地州实现增加值仅占全区 GDP 的 9.5%。

（二）居住文化

维吾尔族分布在我国新疆天山南北，其居住地域辽阔，因此维吾尔族民居的内部、外部形式在不同的地方存在着一定的差异，其中以南疆的维吾尔民居最具有特色，也比较能代表维吾尔族民居的特点。因此，我们特别对喀什市民居进行了观察和了解。

从喀什民居的整体空间结构来看，喀什民居有两大特点：首先，由于民居缺乏前期的规划，民居区呈自然延伸的特点，街巷的走向、建筑的朝向都因地制宜，不拘一格。由于面积有限，人们见缝插针，随意而建，所以形成了不规则的房屋，并组成了一些不规则的小院落。这些小院又延伸开去，形成了一些成片的街巷小区，其中那些古老的小巷，弯弯曲曲、纵横交错、狭窄幽深。其次，喀什民居空间结构具有多层立体建构的特色。喀什市北高南低，在城北部的高坡上，住房越来越多，层层叠叠的民房顺山势而上，高低错落，民居上下、左右、前后、高低没有一定的规则，房屋造型不同，花样繁多，逐渐形成当地一个独具特色的人文景观——高台民居。

民居内部整洁、美观，维吾尔族不多用柜子，而是喜欢在墙上开出许多壁龛，壁龛大小不一，形状不同，其中大的壁龛可以放被褥，小的可以放置日用品、工艺品、乐器及家用电器。不仅取用方便，而且有装饰的作用。民居内的墙壁常用织物如壁毯作装饰，人们休息的土坑上面铺上地毯。传统的维吾尔族家庭一般没有桌椅等家具，因此没有像汉族等其他民族那样的高坐习惯，平时休息都是盘腿坐在土坑上的地毯上，进餐时铺上一块餐布，然后将饭食置于餐布上。现在，很多家庭使用上了新式的沙发、橱柜等。

然而，传统民居也有其缺点，如土质房存在安全隐患、上下水不便利、房屋采光不良、结构不合理等，因此政府提出了修造民居的计划，很多维吾尔人也希望住进现代化的楼房。

近几年中央和地方实施了民生工程，南疆绿洲人民的居住条件有了明显的改善。生活在新疆绿洲上的各族居民的居住条件和居住环境也得到了极大的改善，相应的基础设施得到了极大的提升，人们住房面积扩大的同时，住房的质量也有了明显的提高。尤其是随着牧民定居和抗震安居工程的实施，越来越多的人从毡房、土房搬至崭新的砖房、现代楼房。

（三）饮食文化

维吾尔族在长期的历史发展进程中，利用其生存的绿洲从事农业生产，还根据草场发展畜牧业，同时也开发出具有很高水平的园林业，并在此基础上孕育了极其独特的饮食文化。

维吾尔族饭食多样，但以面食为主，大米则使用较少，主要用来制作抓饭。常见做法有馕、抓饭、烤包子、薄皮包子、曲曲等，副食以牛羊肉小吃为常餐，多为羊、牛、鸡肉，部分地区常用鸽子入食。主要名菜有烤全羊、烤肉、羊肉丸子、羊肉汤、羊杂碎汤、大盘鸡等。由于气候土壤环境的原因，新疆本地生产的食用蔬菜不多，维吾尔族巧妙地搭配各种瓜果以改善膳食结构。如春吃桑杏；夏食桃、梨、夏瓜；秋吃苹果、葡萄、核桃、无花果、秋瓜；冬用干果、果酱。这种瓜果饮食文化极大地弥补了维吾尔族蔬菜食用不足的状况，使其饮食结构趋于合理。在很大程度上，维吾尔族老人长寿的原因之一应归之于其合理多样的饮食结构。食用的素菜有洋葱、胡萝卜、白菜、土豆、青椒等。

饮料以熬煮的奶茶、红茶为主，自家制作的酸奶也是家庭常备之物，调料均用胡椒、辣椒面、孜然（野茴香）、洋葱、胡萝卜配制，辅以黄油、蜂蜜、果酱等加味增香。

维吾尔族特别讲究饮食礼仪。每人在饭前洗手，限洗三下，用干布擦干；吃抓饭前要修剪指甲；由长者坐上席，全家共席；饭前饭后由长者领作“都阿”（祈祷）；吃馕时，应对分成块食用，或放置于汤面中食用，忌大块嚼食。在维吾尔族众多的节日或宴会之时，待客、做客均更为讲究，如安席上座，流水净手，由长者领作“都阿”。

改革开放以来，新疆绿洲上各民族独具特色的饮食文化相互影响、相互吸收和相互借鉴，从而使绿洲上各民族的饮食结构变得更加丰富多彩。过去，少数民族的传统饮食结构是以蛋、奶、肉为主，吃蔬菜比较少，饮食结构相对单一。随着经济的发展，各种大棚蔬菜的种植，绿洲上的少数民族群众的饮食结构中增加了新的菜系和元素，吸收了汉民族各大菜系的炒菜技术，出现了各种菜系的清真餐厅，同时，普通居民的饮食也变得更加丰富。与此同时，新疆特色的传统风味小吃如马肠子、烤全羊、特色抓饭、烤羊肉、“那仁”等则不断被汉族吸收、认同，并且在文化旅游开发的过程中，不断走向市场，取得了良好的经济效益和文化效益。

（四）服饰文化

新疆绿洲上的各族群众拥有绚丽多彩、独具特色的服饰文化。维吾尔族妇女一年四季都穿裙子。秋冬季裙子质地厚，夏天裙子质地薄，多用丝、绸等做面料。维吾尔族妇女习惯裙子里面穿一条长裤，这种习俗，除受伊斯兰教影响外，也与当地生态环境相适应：南疆风沙大，裙子里穿裤子，很卫生，而且站、蹲、坐都很方便，适应于妇女参加农业生产的要求，裙子则具有美学功能。南疆的维吾尔族中，老年妇女还有戴面纱、盖头的习俗，因受伊斯兰教教规的约束，戴面纱、盖头成了维吾尔族妇女的一种习俗，但也是一种对环境的适应：南疆风沙大且夏季炎热干燥，太阳紫外线辐射强，戴面纱、盖头可以保护妇女的面部和防止落上尘土。

维吾尔族男子的服装比较简单，一般穿深色长裤。夏季穿白色衬衣，春、秋、冬季穿“袷袢”。袷袢即长外衣，布料较厚实，大多为黑色。袷袢与新疆的自然环境是相适应的：白天日照强烈，温度较高，夜晚气温降低，寒气袭人，一日之间温差很大，长至膝盖的袷袢穿脱方便，既可抵御风沙，又可作为夜间的铺盖，极为实用。

改革开放以来，随着新疆与国内外经济文化交流的日益频繁，消费习惯相互影响的日益扩大，新疆各族群众的服饰文化及审美心理发生了巨大的变化。传统的服饰只是在传统的少数民族节日上才盛装穿出，平时各族群众的穿着基本趋同，越来越体现出现代的风格。尤其是青年人的穿着越来越讲究，样式、款式和色彩等更加多元化、个性化。

二、文学艺术文化

新疆在以丝绸之路为中心的文化发展进程中，其语言文字和文学艺术所占的地位也是举足轻重的。用季羡林先生的话来说，“各种语言，即印欧语系的语言，塞姆（闪）系的语言，同许多别的语言，在新疆会合。在别的地方也找不到，只有这么一个地方”。[①] 文学艺术是人类艺术思维历史上最有影响、最主要的组成部分，是人类文明的核心。新疆作为丝路文化的摇篮，其文学艺术闻名于世，而绿洲之路上的主要民族——维吾尔人的文学艺术以其历史之悠久、内容之丰富、形式之多样、对兄弟民族文学的影响之深广、富于国际性等特征，如同织入丝绸的花纹而熠熠生辉。

（一）文学

维吾尔族文学具有悠久的历史和丰富的内容，在维吾尔族文化中占有重要的地位，而民间文学又是维吾尔族文学的重要组成部分，其形式多样，有民间故事、民间叙事诗、谚语、笑话、寓言、神话、传说、谜语等。著名的作品就有《艾里甫与赛乃姆》、《热比亚与赛依丁》、《阿凡提的故事》等。

---

① 麦迪娜：《伊斯兰教对维吾尔文化的影响》，载《中国民族报》，2005 年 11 月 8 日，第 7 版。

维吾尔族古典书面文学大体可以分为回鹘汗国文学、喀喇汗王朝文学、察合台文学、叶尔羌汗国文学和清代文学等几个历史时期。喀喇汗王朝时期是维吾尔族古典文学的黄金时期，出现了如《突厥语大辞典》、《福乐智慧》、《真理入门》等巨著。

《突厥语大辞典》是11世纪由学者穆罕默德·喀什噶里编纂而成，是当时以阿拉伯语注释突厥语的第一部突厥语语言学辞典。全书除长篇序言外，共有7 500个词条，引用了当时流传在喀喇汗王朝境内的民间诗歌、格言和谚语等200余首，为研究喀喇汗王朝时期的哲学、习俗礼仪等提供了第一手资料。

《福乐智慧》是维吾尔族著名的思想家和诗人尤素甫·哈斯·哈吉甫，完成于11世纪初的一部著名的古典叙事长诗，是用纯粹的维吾尔语写成的第一部大型文学作品，是维吾尔族思想史和文学史上划时代的著作。全诗共85章，13 290行，韵文体。本书对当时的思想、观念和伦理道德进行了集中的、系统的、形象的描述。按伊斯兰教的道德标准宣扬做人的道理，涉及社会、政治、经济、哲学、文学等诸方面内容，可以说是研究可汗王朝的国家形态和社会组织以及精神文化面貌的一部百科全书，对维吾尔族文学的发展产生了巨大影响，在维吾尔族文学史上占有重要的地位。

14世纪后，察合台文学盛极一时，当时的著名诗人有鲁提菲提和艾里希尔·纳瓦依等，其中艾里希尔·纳瓦依是察合台文学的开拓者，其诗作对中亚各族文学的发展产生了深远的影响。他的《五部长诗集》为五部叙事长诗的合集，用察合台文写成，其哲学思想对维吾尔族的伦理道德形成影响极大。

叶尔羌汗国时期，一些历史著作成为维吾尔族的宝贵遗产。如米尔扎·马黑麻·海答儿用波斯文写的《拉失德史》，在史学界有很高的评价。沙·马合木·楚剌斯所著的叶尔羌汗国的《编年史》，史料价值很高。

17~20世纪，是维吾尔古典文学朝现实主义发展的一个重要时期。多以爱情诗形式出现，也有部分讽刺、揭露封建统治势力与封建专制制度的作品。如赫尔克特的《爱情与苦恼》，阿不都克热木·那扎里的《热比娅与赛依丁》、《莱丽与麦吉侬》等。

进入20世纪以后，半殖民地半封建地的中国社会阶级矛盾、民族矛盾日益尖锐，十月革命和中国共产党人在新疆对马克思主义的传播，内忧外患的处境和抗日战争的烽火，促使这一时期的维吾尔族文学呈现出一个崭新的局面，这一时期的维吾尔族文学从五四新文学和俄国民主主义的优秀作品和苏联文学中汲取了丰富的滋养。祖国的命运，人民的解放，成为维吾尔文学创作关注的中心，产生了大量优秀作品，如诗人黎·穆塔里甫在抗日战争时期写出《中国》、《我青春的花朵就会开放》等歌颂祖国的诗篇。铁衣甫江·艾里耶夫写出了脍炙人口的

《祖国，我生命的土壤》、《一位老战士的嘱咐》等。

新时期以来，维吾尔族现当代文学一改单一的诗歌文学题材，长篇及中短篇小说、散文、评论、歌剧、话剧、电影文学剧本这些现代文学体裁的作品相继问世，标志着维吾尔族文学进入了一个新的阶段。

（二）木卡姆艺术

木卡姆是绿洲丝路孕育出的艺术奇葩，中华音乐文明几千年的深厚积淀，赋予新疆维吾尔木卡姆无与伦比的历史文化价值。

从地域上看，木卡姆音乐现象在中亚、南亚、西亚、北非的 19 个国家和地区都有分布，与古代“绿洲丝绸之路”的轨迹大致相符。千百年来，这条洒满商旅背影和清脆驼铃的文化走廊在贯通东西贸易的同时，也将无数个散布于戈壁和沙漠的生命之岛——绿洲联通起来，成为不同民族、地域人们相互沟通、交流的重要纽带。生长于各个绿洲的木卡姆艺术，正是凭借这条纽带获得传播和发展，同时经过历代城邦官邸、寺院与市井乡村间从俗到雅，又从雅到俗的反复提升，最终形成具有“高文化”特征的世界性艺术样式。

新疆维吾尔木卡姆在调式、音律、节拍、节奏等方面的独特表现，造就了它充满西域风情的迷人魅力和艺术价值，也使其成为完善华夏音乐本体特征的重要一环。新疆维吾尔木卡姆拥有广泛的地域分布、庞大的结构形式和热烈深沉的文学表达，是维吾尔人思想情感的代言、欢乐与忧伤的交响、生命与灵魂的歌唱。

新疆维吾尔木卡姆主要包括十二木卡姆、吐鲁番木卡姆、哈密木卡姆、刀郎木卡姆等，拥有广泛的地域分布。作为维吾尔木卡姆主体和代表的十二木卡姆，主要流传在新疆南部的喀什、和田、阿克苏地区和新疆北部的伊犁地区；吐鲁番木卡姆流传在新疆东部的吐鲁番市和鄯善、托克逊两县；哈密木卡姆流传于新疆东部的哈密市和伊吾县；刀郎木卡姆主要流传于喀什地区的莎车县、麦盖提县、巴楚县和阿克苏地区的阿瓦提县。

维吾尔木卡姆的结构十分庞大。以十二木卡姆为例，每套含乐曲 20 ~ 30 首，包括琼乃额曼、达斯坦和、麦西热甫三部分，全部演唱需 20 多个小时。木卡姆的演唱方式既有合唱又有齐唱、独唱，唱词格律与押韵方式复杂多样，内容包括民间歌谣、历代文人诗作、长篇叙事诗和警句格言等，是维吾尔人思想情感的代言和社会生活的百科全书。

古往今来，木卡姆已渗透于维吾尔人的血液之中，承载着饱尝生存艰辛的维吾尔人的激情与欢乐、痛苦与忧伤。维吾尔人能走路就会跳舞，能说话就会唱歌，他们用音乐和舞蹈诠释着生命的真谛，坚韧乐观地与恶劣的自然和多舛的命运抗争。所有这一切，成就了维吾尔木卡姆不可替代的社会文化价值。

现代都市人，似乎很难体味木卡姆中维吾尔人对生命和世界的独特感悟——是对甜蜜爱情和幸福生活的不懈追求？对生命的崇高礼赞和热烈拥抱？还是对人在旅途如白驹过隙的无限感叹和悲剧情怀？“知我者谓我心忧，不知我者谓我何求。”当人们跋涉在茫茫戈壁中，望见天边小小村落升起的袅袅炊烟，听到远处飘来悠扬而略带沙哑的萨它尔琴声和如泣如诉的浅吟低唱时，内心该有怎样的慰藉与感动！木卡姆是与维吾尔人相伴一生的伟大艺术，是生存于戈壁绿洲中的维吾尔人欢乐与忧伤的交响、生命与灵魂的歌唱！

维吾尔木卡姆是绿洲文化背景上的音乐文化现象。独特的绿洲文化生态环境和生产生活方式对木卡姆的形成、发展产生了重要影响，使之成为沙漠绿洲中的生命之歌。维吾尔木卡姆仍然是扎根于新疆绿洲文化、形成于民间的古典套曲。伊斯兰教文化的介入是木卡姆形成和发展的催化剂，也是影响新疆维吾尔木卡姆使其在某些方面呈现出伊斯兰文化特点和风格的原因所在。

新疆维吾尔木卡姆艺术是一种集歌、舞、乐于一体的大型综合艺术形式，主要分布在南疆、北疆、东疆各维吾尔族聚居区，在乌鲁木齐等大、中、小城镇也广为流传。维吾尔木卡姆艺术始于民间文化，发展于各绿洲城邦宫廷及都府官邸，经过整合发展，形成了多样性、综合性、完整性、即兴性、大众性的艺术风格，并成为维吾尔族的杰出表现形式。

三、姓名文化及其演变

维吾尔族的姓名文化体现了维吾尔文化的变迁。维吾尔族人们曾经历过多种宗教信仰，这对于维吾尔人名的发展产生了很大的影响。我们根据维吾尔人名的特色将其分为三个时代来予以说明。

（一）史上维吾尔族人名

史上维吾尔族人们有过自然崇拜、图腾崇拜、祖先崇拜以及多种原始信仰。后来，这种崇拜与信仰又集合在主张“万物有灵”的萨满教信仰之下。这种崇拜与信仰给维吾尔人名的变迁留下了很深的影响。如 Arslan（豹，狮子，至今仍可见此名出现——“阿尔斯兰”）。在 11 世纪写成的著名叙事长诗《福乐智慧》中也能看到“aytoldi”（月圆）、“kun tughdi”（日生）等人名。这种现象无疑是维吾尔人原始起名习俗的延续和继承。值得注意的是“kun”（太阳，“××昆”）、“ay”（月亮，“阿依××”）、“yultuz”（星星）等人名现在在维吾尔人当中依然存在。

（二）伊斯兰教传入后出现的维吾尔族人名

伊斯兰教作为维吾尔人信仰的最后一个宗教，自10世纪始，在维吾尔人当中传播开来。伊斯兰教成为维吾尔人的全民信仰之后，给整个维吾尔文化绘上了很浓的伊斯兰色彩。这一现象也导致了维吾尔人名的演变。许多伊斯兰色彩的人名与随着伊斯兰文化而来的阿拉伯——波斯人名代替了传统的（前伊斯兰时期的）维吾尔人名。这些人名至今仍然使用，并变成了现代维吾尔人名的主体。如阿拉伯语："adil"（公平）——维语常见名"阿迪力"；波斯语"gulistan"（花园）——维语常见名"古丽波斯坦"等等。伊斯兰教与伊斯兰文化给维吾尔人们带来了全方位的变化，依据伊斯兰文化命名成为维吾尔人名的主流。因为伊斯兰教的原因，维吾尔族传统的命名仪式也发生了相应的变化。

（三）当代维吾尔族人名

新中国成立以后，出现了许多反映时代特色维吾尔人名，维吾尔人名进入了一个新的历史时期。代表这种新趋向的维吾尔人名有："ghalip"（胜利）—"阿里普"；"azat"（解放）——阿扎提；"umid"（希望）——"玉米提"等等。

目前，维吾尔族当中使用传承统一姓氏的习惯还没有普遍开来，许多维吾尔族知识分子正提倡使用传承姓氏。

四、婚俗及其变化

在改革开放前，维吾尔族婚姻缔结的方式有两种：包办婚姻和自由婚姻。但现在在城市中，包办婚姻已不存在，维吾尔青年男女自主选择对象，即使是父母做主介绍的结婚对象，也要先让双方见面互相了解，并取得双方的同意。

维吾尔族一直以来将婚姻视为人生中的大事，不仅关系结婚的男女，也关乎双方家庭，因此结婚程序比较复杂。我们以城市维吾尔婚俗为例，简述维吾尔婚俗。结婚双方家庭在正式婚礼仪式前通常要完成四个程序：（1）提亲；（2）小定亲：指男青年的母亲带着礼品跟女亲戚和女邻居一同到女方家；（3）订婚仪式：结婚日期临近，根据双方家庭的社会地位、经济情况举行规模不等的订婚仪式；（4）领取结婚证：一般情况下，在举行正式结婚仪式的一星期前领取结婚证。维吾尔族的婚礼仪式也较为复杂，婚礼从"尼卡"仪式开始，共包括七个部分：（1）"尼卡"仪式：由伊玛木（宗教人士）主持并宣布新郎和新娘成为夫妻；（2）男女青年聚会：是"尼卡"仪式结束后，新娘、新郎和各自的朋友们一起进行欢庆活动；（3）男女两方的仪式；（4）迎亲；（5）晚宴：是婚礼仪式的最主要和高潮的部分，在晚宴上，新郎的母亲为新娘揭盖头，并戴上婚戒，正是承认儿媳；（6）请安：婚礼第二天上午，新娘跟伴娘一起去男方家，向新郎的父母请安；（7）齐拉克：婚后男女双方父母互请叫“齐拉克”，男女双方父母在同一个地点大宴彼此的亲朋好友，承认并庆祝成为姻亲。到此，完整的婚礼仪式完成。

随着社会的发展，城市维吾尔族的思想越来越开放，他们已脱离传统婚姻行为模式的束缚。各民族之间的交往日益频繁，文化渗透无处不在，因此，维吾尔族文化也吸收了汉文化的一些成分，比如，在宴会厅入口处摆放礼金桌，以方便收礼金；新郎、新娘到宾客前敬酒答谢来宾，这些在维吾尔传统婚礼上是见不到的。在全球化的背景下，城市维吾尔族也直接或间接地受到西方文化的冲击，加之媒体对现代西方文明的传播，维吾尔族婚俗发生了一些变化，比如在维吾尔传统婚礼上，新娘一般穿红色的婚服，司仪服饰比较保守，但现在城市中，新娘常常穿白色婚纱裙和到影楼去拍结婚照，婚礼上司仪们也会穿上西式的晚礼服。

五、生活风俗习惯及其演变

各民族的风俗习惯是在本民族长期的历史发展过程中逐渐形成的，它又随着时代和社会生活的不断发展而变化着。多年来，随着维吾尔族在政治、经济、文化、生活等各方面所取得的巨大进步，其风俗习惯也在发生着一些潜移默化的变化。

（一）宗教信仰对维吾尔族风俗习惯的影响居主导地位

自维吾尔族信仰伊斯兰教以来，伊斯兰教的教义束缚着维吾尔信徒的精神生活，以其教规、教律制约着信徒的世俗生活。因此，对维吾尔族风俗习惯的影响极大。从维吾尔族风俗习惯几十年的演变来看，越是和宗教信仰联系紧密的风俗习惯，其变化的程度和可能性越小，比如维吾尔人的饮食禁忌、婚葬嫁娶风俗等，而越是和宗教信仰联系较少的风俗习惯，其变化的程度就会大一些，比如，维吾尔族的服饰穿着习俗等。此外，维吾尔信众更为集中的地区，宗教信仰对维吾尔风俗习惯的影响也会更大，比如南疆的喀什、和田等地区，维吾尔女性的服饰相对要保守。由此可见，伊斯兰教在相当大程度上影响了维吾尔族风俗习惯的演变趋势及规律特点。

（二）经济、社会、文化生活的发展对维吾尔族风俗习惯的影响

维吾尔族的生活习俗受经济、社会发展变化的影响比较大，如居住、饮食等。在居住方面，传统的维吾尔族房屋样式多是平房，门多向北开，忌朝西开，四壁有绘画。但是近些年，在城市生活的大多数维吾尔族居民已经住上了楼房，但家中的装饰和摆设大多具有民族特色，如挂毯、地毯、带有民族特色花边的桌布、窗帘等。在饮食方面，原来维吾尔族肉食以牛、羊为主，粮食以麦面、黄米、小米为主，也有稻米，蔬菜种类较少。但是在现代维吾尔族家庭饮食当中，特别在对蔬菜的食用上，品种和烹饪方法都有了明显的变化。此外，维吾尔族的男孩"割礼"习俗也随社会发展产生了一些形式上的变化。传统的割礼要请一位阿訇具体操作，割礼之后，一般都要宴请宾客，但近年来，有部分维吾尔家庭将"割礼"仪式改在医院进行，手术由医生来完成，仅请阿訇在某个时间和地点完成宗教仪式。

（三）道德伦理（示范作用）对维吾尔族风俗习惯的影响

在家庭婚姻方面，传统的维吾尔族家庭是以男性为基础的封建家长制家庭，家庭中的一切事务由父亲或丈夫支配。伊斯兰教教规对妇女的服饰、言行有着很多禁忌，但是随着维吾尔社会的开放程度越来越高，维吾尔族家庭婚姻的特点也发生了比较明显的变化。妇女地位有了明显的提高，其在家庭中已经不完全处于从属地位，在城市中，少数妇女甚至还在家庭中有主要话语权。在城市中，尤其是在双职家庭中，男女的地位相对平等，但是在农村，男权主义思想依然比较重。

在维吾尔族的传统礼节中，原来有一些习俗，比如年轻人不可以在年长者面前经过，不可背对年长者就座，不能骑马或骑自行车从年长者面前经过，必须下马或下车，问候对方才能通过等。但现在也在逐渐被现代的道德伦理礼义形式所取代，虽然维吾尔族仍保留着好客懂礼、尊老爱幼的传统美德，但已不过分要求形式，礼节规定也并不像以前那样严格。

从维吾尔族穿着服饰的演变中我们还可以发现示范作用对风俗习惯的影响力，传统的维吾尔族男性不留长发，可以蓄胡子，女性都梳发辫。但是近年来，随着居民生活水平的逐步提高，农村城市化范围的不断扩大，汉族的服饰以及越来越多的外来现代服饰进入维吾尔族的居民生活当中。即使在节日聚会期间所穿着的民族服饰，也有一些可以看出有现代服装裁剪的痕迹，只有在较偏远的农村，才可见到古书中所记载的纯民族服饰。

六、伊斯兰文化

（一）维吾尔族的宗教信仰

现代维吾尔族民众普遍信仰伊斯兰教，但是在历史上却是一个具有多种信仰的民族。除了传统的萨满教、祆教和摩尼教之外，还曾信奉过景教和佛教。这些宗教对维吾尔族文化产生过重大的影响。公元 9 世纪末 10 世纪初，伊斯兰教传入中国新疆地区，大约在公元 15 世纪后期，维吾尔族才全部皈依伊斯兰教。16 世纪至 19 世纪，新疆建省之前的三百多年间，伊斯兰教在新疆获得了长足的发展，各地区的维吾尔人在宗教信仰、语言文字、风俗习惯、道德规范和心理素质等方面趋于一致，伊斯兰教的影响也反映了维吾尔族文化的方方面面。

（二）新疆维吾尔信教群众的基本情况

截至 2008 年底，在全区总人口 2 095.19 万人中，少数民族人口达到 1 271.27 万人，占总人口的 60.7%，其中维吾尔族 965.06 万人，占总人口的 46.10%，占少数民族总人口的 76.0%，信教人数达 800 多万人。维吾尔族信教群众在新疆的分布呈现为“大散居、小聚居、南疆多、北疆少”的格局，尤其以南疆的喀什、和田和阿克苏地区最为集中。①

（三）伊斯兰教文化对维吾尔文化的影响

1. 对维吾尔语言文字的影响

伊斯兰教的传入带来了《古兰经》的文字——阿拉伯语。在喀喇汗朝时期，回鹘等民族在接受伊斯兰教的同时，就开始借用阿拉伯字母拼写自己的语言，当时用阿拉伯文写作已形成一种风尚。11 世纪维吾尔族的名著《突厥语大词典》中的古代突厥语词及民歌、格言、谚语等，就是用阿拉伯文写成的。这种用阿拉伯文字母为基础的拼音文字后来随着伊斯兰教的传播而不断扩大使用范围，到 14、15 世纪已演变发展为著名的察合台文，成为后来维吾尔等新疆、中亚一带突厥语民族的通用文字。由于察合台文的普及，阿拉伯文、波斯文的文学、哲学、医药学、天文、地理、历史等著作也被大量介绍到突厥语诸民族之中，丰富

① 新疆维吾尔自治区人民政府、新疆维吾尔自治区地方志编纂委员会：《新疆年鉴》，新疆人民出版社 2008 年版，第 380 页。

了他们的文化内容，并促进了中西文化的交流。现代维吾尔文就是察合台文的延续。根据语言学方面的研究，维吾尔语词汇中，阿拉伯语和波斯语的借词量约为40%左右。[①]

2. 对葬礼习俗的影响

维吾尔族信奉伊斯兰教之前，为死者举行葬礼之时，首先为死者穿寿衣和皮革制品，放入棺材里，并在棺材里放入一些食品和日用品，人与物同时下葬。维吾尔族信奉伊斯兰教后，葬礼习俗产生了很大变化。人去世后，首先要进行洗礼，身穿白殓衣，把遗体抬至清真寺举行殡礼，到墓地之后，把遗体放入墓穴，封好墓口，做个祈祷，葬礼就算完毕。这是伊斯兰教对维吾尔族殡葬习俗的影响。

3. 对维吾尔文学创作的影响

伊斯兰教的影响突出表现在维吾尔古典文学的创作中。在这些古典文学著作中，都无一例外地采用了阿拉伯——伊斯兰文学的风格，比如玉素甫·哈斯·哈吉甫的《福乐智慧》就是维吾尔伊斯兰文学的杰作。

4. 对建筑风格的影响

维吾尔族的建筑艺术历史悠久，受社会、自然环境和生活习惯的影响，形成了独特的建筑风格。维吾尔人原先崇拜自然，刻画出了象征山峰的拱形线纹图样和象征光的圆形几何图样。维吾尔族信奉伊斯兰之后，伊斯兰教在其居住的地区占了主导地位，这里产生了有伊斯兰建筑和阿拉伯建筑特色的建筑风格，成为维吾尔建筑的主要风格，其中在新疆各地区大大小小的清真寺，更是维吾尔族伊斯兰文化最显著的表现。

5. 对装饰艺术的影响

受伊斯兰教的影响，维吾尔装饰艺术罕用人像，而以植物图案、几何图案、文字图形为主，这些图案多见于纺织品、陶器、金属制品和乐器上，如新疆和田的手工地毯，喀什地区的陶器，维吾尔传统刀具、挂盘及乐器上都有这种装饰图案，维吾尔族服饰上的图案和家庭装饰也罕有人像。

第二节　新疆汉族文化特征

屯垦戍边文化是以内地汉文化为母体，以开发边疆、保卫边疆的屯垦实践为

① 西仁·库尔班：《中国塔吉克族》，新疆大学出版社1994年版，第139页。

基础，以一批又一批的屯垦军民为主体，把汉文化与新疆各民族文化融合在一起，形成独具特色的文化体系。因此，屯垦戍边文化中有丰富的中原汉族文化，汉族文化是新疆文化中的重要组成部分。

一、物质文化

物质文化包括生产方式、饮食文化、居住文化和服饰文化等，它标志着一定时代的物质文化水平，随着新疆屯垦戍边事业的发展，新疆汉族的物质文化也不断变化。

（一）生产方式

文化发展归根结底是由生产方式的变革所引起的。只有从生产方式中才能寻找到文化发展的基因。

西汉时期，屯垦戍边使内地与新疆交流频繁，极大地带动和促进了西域社会经济的进一步发展。中原地区的丝绸和丝织品传入西域并经此西传欧洲。屯田士兵把先进的生产工具和农业经验带到新疆，如铁铧、铁锄等铁制农具及代田法，还有掘井技术和冶铁技术等，有力地促进农业经济发展。特别是唐朝统一中国后，在新疆广开屯田，屯田重心除在吐鲁番盆地外，又发展到天山以北的庭州（今吉木萨尔北），并向西推进到今江布尔。从汉到唐，新疆的农业有了长足进展，以至唐末回纥西迁新疆后，不得不接受当地的生产方式，由游牧过渡到定居农业。到了清代，新疆屯田以巴里坤为门户，分别向天山北路和南路延西推进，尤以伊犁、乌鲁木齐屯田规模最大。随着农田水利的兴修，耕地面积大幅度增加，北疆农业的巨大发展，从而改变了长期以来单一游牧经济的局面。

1949 年 9 月 25 日新疆和平解放，中国人民解放军第一兵团进驻新疆各地区，掀开了新疆屯垦事业崭新的历史篇章。

1950 年 1 月 21 日新疆军区遵照中央军委发布《关于 1950 年军队参加生产建设工作的指示》，命令“全体军人，一律参加劳动生产，不得有任何人站在劳动生产之外”；“全疆部队除担任祖国边防警卫和城市卫戍勤务外，必须发动 11 万人到开垦种地的农业生产战线上去”。要求当年“开荒种地 4 万公顷”。全军指战员遵照命令投入开荒生产，当年开荒播种 5.58 万公顷，收获粮食 3 292.2 万千克，棉花 37.85 万千克，油料 186 万千克，瓜菜 2 254.5 万千克，饲养了各类牲畜 18 万头（只）。全军粮食自给 7 个月，食油、蔬菜全部自给，不仅改善了部队生活，而且极大地减轻了新疆各族人民负担，使部队在新疆站稳了脚跟。与此同时，王震司令员号召全军将士节省部分军费投入新疆工业建设，并动员全军指战员节衣缩食每年（2 套）军衣节约 1 套，2 件衬衣节约 1 件，一年发 1 套棉衣改 2 年发 1 套，鞋、袜自备，帽子去掉帽檐，衬衣去掉翻领，军衣口袋由 4 个减为 2 个，并从粮食、菜金、马饲料、杂支、办公费用等挤出一部分资金支援工业建设。1950 ~ 1951 年底，参加集资指战员达 90% 以上，资金数额占两年工业建设总投资的 80%。1951 年先后兴建的项目有：六道湾露天煤矿、乌拉泊水电站、新疆水泥厂、七一棉纺厂、八一钢铁厂、十月拖拉机厂、新疆机械厂、八一面粉厂、木工厂等 10 多个工矿企业。同期，生产部队为解决农副产品加工和建筑工程的需要，各师、团先后建成了小型发电、碾米、磨面、榨油、轧花、修造、皮革、被服、锯木、砖瓦、陶瓷、印刷等各类作坊 76 个，初步奠定了新疆工业发展的基础。①

1955 年生产建设兵团成立后，新疆屯垦事业由原军垦农场开始逐渐转变为正规化国营农场，正式纳入国家经济计划；企业化生产代替原军队自给性生产，并从 1957 年 7 月起实行工资制，取消供给制，实现了全民所有。

“文化大革命”期间，兵团事业遭到严重破坏，生产不断下降。中央军委决定撤销新疆军区生产建设兵团及各师建制，所属企事业单位全部移交地方管理。“文革”之后，鉴于新疆屯垦戍边面临的实际状况和兵团的特殊地位和作用，1981 年 12 月 3 日，中共中央作出《关于恢复新疆生产建设兵团的决定》。兵团恢复以后，坚持以经济建设为中心，加速进行农垦经济体制改革，创办了家庭农场，推行各种形式的家庭联产承包责任制，实行财务包干、自负盈亏的管理办法，建立了收入和效益挂钩的新分配制度。1986 年，兴办各种家庭农场 4.46 万个，划给职工家庭宅基地 3.1 万公顷，户均 0.13 公顷，发展庭院经济。工业调整结构，实行厂长（经理）经营承包责任制，搬掉干部“铁椅子”，解放了生产力，推动了各项事业的发展。1990 年兵团国民经济和社会发展实行计划单列，为兵团经济发展创造了良好的外部环境。21 世纪初，兵团修建水库 105 座，修渠道 8 万多千米，形成了内陆地区独具一格的灌溉渠系配套、机械化、规模经营的现代化农业，建设起了石河子、奎屯、五家渠、阿拉尔、北屯等军垦新城。在发展农业的基础上，兵团从农副产品加工业起步，发展现代工业，形成了以轻工、纺织为主，钢铁、煤炭、建材、电力、化工、机械等门类比较齐全的工业体系。兵团的商业网点遍布天山南北，为繁荣市场，发展边疆经济做出了重要贡献。兵团现拥有耕地面积 105.71 万公顷，人口 250.12 万人，在岗职工 69.10 万人，辖有 14 个师（局），174 个农牧团场，659 个独立核算工交建商企业。② 现已形成农林牧渔综合经营、工农商学兵并举、科教文卫体全面发展的相对独立的

①② http//baike.sogou.com/v578629.htm.

垦区区域，办有各种类型的普通高校、成人高校、中专、技校及中小学校，还有众多的医疗、科研、勘测设计机构和文化艺术单位。如今，兵团已占全疆1/7的人口，生产新疆1/7的粮食、超过1/2的棉花和1/3的棉纱、棉布、食糖。

（二）饮食文化

饮食是物质文化中最具特色的文化，它是由民族的生活水平和生活习惯所决定的。屯垦军民大多数来自内地，他们的饮食习惯与内地汉人基本一致。20世纪40年代，苏北海先生曾这样描述新疆汉族的生活习俗，新疆的汉人服饰，多与内地相同，食品以面为主，米次之。而一般人更久染回、维之风习，喜食抓饭、牛奶，尤其以羊肉为家常之食品。新疆屯垦军民继承了内地汉人的饮食文化传统，饮食结构主要由米面、蔬菜、豆类及肉类组成。饮食特点是面食为主。主食主要有馍饼（米饭）、面条、粥汤三大类，而以面条和米饭为正餐。蔬菜和豆类是汉人餐桌上常见的食品。对于肉类，新疆汉人除喜食猪肉外，更多的是吃牛、羊肉。新疆汉人的口味偏重于酸、咸、辣。辣子酱是餐桌上必不可少的佐料。我们在调查时，来自甘肃、陕西的汉族说："我们保留了汉族饮食习惯，主要以面食为主，米吃得少，基本是西北口味。"

新疆汉族饮食的最大特点是融入了少数民族饮食习惯。例如，面食中有拉条子、揪片子、炮仗子、二节子等；米食中有抓饭；粥汤中有角麻小米粥、奶茶；馍饼类中有烤馕、肉食中有烤羊肉等。少数民族的饮食越来越受到兵团农工的喜欢。调研时阿克苏的上海支边青年说："许多南方来的汉族人，在新疆生活若干年后，也逐渐接受甚至同化于新疆地方的饮食口味。"

新疆汉族在垦荒的初期，物质条件极其匮乏，粮食供应不上。兵团军垦战士们常常挖野菜充饥，没有肉和菜，他们就用盐水和辣子面下饭。战士们发扬艰苦奋斗精神，终于在20世纪50年代中期，实现兵团粮食自给自足，物质生活大有改善，农场职工都在食堂吃饭，有肉、蛋和各种食品，生活比内地还好。60年代，国家遇到自然灾害，兵团粮食大量运往内地，职工生活变得较为困难，粗粮占到80%。到了"文化大革命"时期，兵团生产大滑坡，不能自给自足，职工定量不到30斤粮食，粗粮比例达到90%，每人每月200克油，职工吃糠咽菜，生活极度艰难。

改革开放以后，新疆汉族的生活水平显著提高，餐桌上食品的种类丰富起来。肉类和蔬菜的需求量不断增多，粮食的消耗量则不断减少。人们越来越重视饮食的质量，对饮食健康也提出了更高的要求，吃绿色食品成为一种时髦。各种打着无污染招牌的新鲜蔬菜开始在餐桌上崭露头角。21世纪初，西餐、韩国烧烤、日本料理等都被引入新疆，新疆汉族的饮食文化向多元化方向发展。

（三）居住文化

居住文化是物质文化水平的重要标志。“从古至今，世界各地各民族的住所各式各样，这取决于他们的社会经济发展水平，自然地理条件，以及经济文化类型和生活方式等。”①

1949年以前，新疆汉族的住房基本上是土院墙的四合院庄子，房屋四面是土墙，有的是土块垒成，有的是干打垒。用草木封顶，窗户较小，屋顶开天窗，屋内盘土炕取暖。一般是坐北朝南。同姓一家一庄，或两家一庄。

1949年以后，部队进驻垦区，刚来到垦区时住的是军用帐篷，在戈壁滩上打木楔子，把帐篷的带子牢牢地拴在木楔子上，这样就不会被风刮走。男女分开住。但由于人多帐篷少，战士们只能挖地穴居，从而创造了地窝子。地窝子多选择在地势较高的地方，尤其在比较干燥的沙土土质的地方。根据住人多少计划挖多大面积的地窝子。一般坐北朝南，便于冬季采光。挖到1.2米深时，在靠前门墙边会计划留出桌子的位置或者放碗筷的位置，这个部位留下来不挖了，其他地方接着再挖，挖到1.4米深的时候，会在靠近后墙的一面留出一片2米宽4米长或者2米长2米宽的地方不挖了，是备后来人们当床用的地方（当时人们并不叫床而是叫做地铺或者炕），等地窝子盖成后它就变成一个现成的大铺。其余的部分挖到两米，然后用战士们开荒时砍得一人高的梭梭柴为檩子架在顶部，在梭梭柴上摆上椽子，再就地取材盖上厚厚的芦苇草封上土，最后留下一个位置作为天窗供采光。在前墙安装的门是用红柳或苇子扎成的，由于门离地面还有一定的距离，还要修一个2～3米的斜坡，挖上台阶，作为进出地窝子的通道。20世纪50～60年代，农场职工大多数住在地窝子中。

20世纪70年代国家开始投资建房，居住条件逐步改善，广大职工和家属陆续搬进土木结构的平房，平房盖成军营式宿舍，每排10间左右，整齐划一，除了三世同堂可多分半间或一间外，一般家庭一户一间。住房像一排排整齐的营房，进门是小家，出门是大家，左邻右舍一览无余，互助互爱。从住所上可以反映出兵团浓厚的军事化色彩。

改革开放以后，兵团各方面都有了飞速的发展。尤其反映在住房方面。由以往的统一规划，一排排整齐的军营式平房改成了单家独户的小院。20世纪80年代以后，兵团实行住房制度改革：国家划分住宅基地，公助私建。一户宅基面积90～120平方米，住宅宽敞，前有庭后有园，可以种菜、养畜，经营庭院经济。前面的院子可以发展养殖业，后面的园子可以种菜种果。90年代以后住宅有了

① 林耀华：《民族学通论》，中央民族大学出版社1997年版，第410页。

跨越式的发展，随着家庭联产承包责任制的推广，人们变得富裕了，住宅由原来的土木结构改成了砖混结构，内壁用涂料装饰，石膏板吊顶，地面铺成地板砖。院内有水泥路、花池、菜园。各个团场也建起了漂亮的机关大楼，团部盖起了一栋栋商业楼、农贸市场。师部和各个团场学校都建起了漂亮的教学楼、实验楼。

进入21世纪，各种时尚新颖的楼房设计获得了人们的青睐，也为汉人提供了更多的选择空间。同时，他们对住房的大小、地理位置、居住环境、室内的装修要求也越来越高。在调查中，我们问道："您喜欢哪种居住方式?"回答的结果是：62.4%人喜欢住都市楼房（见表5－1）。

表5－1　　　　您喜欢哪种居住方式

选项	游牧毡房	村庄定居	都市楼房	其他	缺失	合计
人数	18	316	648	48	8	1 038
百分比	1.7	30.4	62.4	4.6	0.8	100
有效百分比	1.7	30.7	62.9	4.7		100

与内地不同的是在许多汉族的家庭装饰中融入了少数民族的文化，家中铺着具有民族特色的地毯，挂着具有浓郁的民族风情的壁毯，在装饰柜中摆设着少数民族的各种器皿、艺术品，在墙上挂着具有新疆特色的油画、水墨画和各类少数民族乐器，充分展示了汉文化与少数民族文化的融合。

（四）服饰文化

服饰是民族文化的外在表现形式，体现着一个民族审美情趣和生活水平。服饰的产生和消失反映着一个地区文化的发展和变迁。

1949年以前，新疆汉族的衣色以黄、青、蓝、白为主，使用的衣料多为棉布。夏季男子多穿对襟外套，纳帮子布鞋。女子多穿红、紫花大襟衣服，绣花鞋。下装，无论男女老幼多是大裆折腰裤。冬季男子出门多穿光板羊毛缝制的皮小袄、皮大衣、皮裤子，脚穿毡筒。少女、少妇多穿大襟棉袄、棉鞋。受维吾尔、哈萨克、蒙古等族群的影响，羊皮制作的服装为屯垦军民广泛穿用。

新疆生产建设兵团成立时，军垦战士不分男女老少，穿着都一样，都是发的黄军装、解放鞋。当时军垦战士多是单身，不会缝缝补补，所以连队成立缝纫组，大多由汉族人组成，此时做衣服的人少，都是缝补衣裤的，很多人穿的是大补丁摞小补丁，实在不能穿的衣服也不扔，留着以后用于补破衣服。当时人们并不以穿带补丁衣服为耻，反而处处以提倡艰苦朴素为荣。在这个特定的环境下，人们把所有的精力都用到生产上，此时人们的服饰只是起到御寒、护身的基本功能，人们对服饰并没有过多讲究。

20世纪60年代，上海知青来到兵团，兵团人的观念开始逐渐改变。尤其是上海女知青，她们以女性特有的对美的敏感和追求，潜移默化引领着团场人的时尚潮流。他们不论是身上的黄军装，还是其他的衣服，都是合身利索，做工细致，样式别致。同样的布做成衣服穿在他们的身上就是感觉不同。刚开始，团场职工觉得不习惯和好奇，上海知青的裤子是贴在腿上的喇叭裤，衣服也是显腰身的样式。久而久之就觉得习惯和好看，上海人带来的春秋衫、拉链衫、休闲装，也一度成为团场青年仿效的对象和追随的服装潮流。以前大家都崇尚着装的朴素美，现在美的内涵开始丰富了。上海姑娘穿的样式新颖的花裙子，带花领子衬衫，团场的人们追逐着上海的款式、上海的潮流。就是到了今天团场很多缝纫店还挂出“上海服装”的招牌，这就是兵团人对上海服装的偏爱。这也是兵团有上海知青的地方所共有普遍的现象，说明上海人时尚的情趣在兵团引起的效果，丰富了团场人的生活，开拓了眼界，传播了时尚。

进入20世纪80年代，服装市场丰富多彩，居民的衣着档次逐渐拉开，特别是青年人穿戴赶时髦，部分人进入时装消费。据1998年居民调查，衣着支出约占收入的10%。新疆汉族人在服装的布料以及服装的样式上发生了重大的变化。服装不但要求舒适得体、款式新颖、质地优良，有的还讲究名牌高档、体现个性。改革开放以来，人们的思想也发生了变化，开始喜欢追逐服装潮流，牛仔面料的出现颇受年轻人喜爱，教师、医生、护士、机关的女干部都赶时髦似地穿上了牛仔裤。

20世纪90年代以来，人们逐渐意识到棉布有利于皮肤健康，于是棉布又重返市场。这表明在追求美的前提下，新疆汉族人开始注重健康。夏天女性多穿裙子、凉鞋，并且开始佩戴戒指、手镯、项链、耳环等饰品来装饰自己。一些追求时尚的妇女通过化妆、做头发打扮得更加靓丽。男性大多穿西装、皮鞋。从人们服饰上可以看出经济发展水平从一定程度上决定着服饰的发展。

二、民俗文化

“民俗文化具有悠远的继承性。古代民俗虽已变成文化化石，但却沉淀为近、现代的传统民俗。”① 然而民俗文化并不是永恒不变的，它随着社会的发展，也发生着历史的变迁。新疆的屯垦军民大多是陆续由甘肃、陕西、河南、山西、

① 新疆维吾尔自治区对外文化交流协会编：《汉族民俗文化》，新疆美术摄影出版社2007年版，第1页。

四川、山东等地迁来的，分布在新疆的天山南北。在新疆特殊的地理环境和人文背景下，不同籍贯的汉族人把不同地方的文化、习俗带到新疆，又与本地的少数民族文化相互影响、相互渗透，形成不同于内地汉族的具有新疆地方特色的民俗文化。

（一）节日文化

汉人创立的独特历法系统是汉人一切节令的根源。这一历法通称为农历。汉族传统节日基本是按农历确定。清朝统一西域之后，将汉族的传统节日规定下来，主要有：春节、元宵节、清明节、端午节、中秋节、重阳节。其中尤以春节为最隆重的节日。新疆汉族一直沿承着民族的传统节日。在新疆演绎着汉族的节日文化。

新疆和平解放至20世纪70年代末，由于各方面的原因，新疆汉族的传统节日日益淡化，许多与有神信仰有关联的节日相继被遗忘和消失。祭灶、拜祖先等习俗相继废止。提倡“移风易俗过春节”，拜年风俗基本消失。所存风俗仅为放鞭炮、吃饺子、全家团圆、给孩子压岁钱等一些简单形式。由于祭灶习俗的废止，春节变为以“大年三十”为起点，以元宵节为春节终点，元宵节丧失了其独立大节的意义。其他传统节日保存的只有中秋节、端午节、清明节等有限的几个。其残存的民俗现象几乎都与吃有关，诸如中秋节吃月饼、端午节吃粽子、元宵节吃汤圆等。由于公历的推行，许多公历中的节日成为兵团普遍熟悉和接受的，即“五一”国际劳动节、“八一”建军节、“十一”国庆节等。在这些节日期间，兵团组织大型庆祝活动，体现这些节日的重要性。

改革开放后，随着民族文化的复兴，国家对传统节日开始重视，新疆汉族恢复了原有的节日习俗。春节又成为新疆汉族最隆重和喜庆的节日。腊月二十三是送祭灶王爷，二十四是“扫尘”，贴春联、挂中国结。除夕之夜全家团聚，祭奠死亡亲人、吃年夜饭、放鞭炮、长辈给孩子压岁钱。当夜，家家灯火通明，无人入睡，看春节晚会，打牌、聊天、游戏，好生热闹。大年初一，天未亮，鞭炮声响彻天空。清晨，全家人吃饺子，忌打碎杯碗、忌倒垃圾。初二、初三、初四走亲访友，相互拜年。春节期间，逛庙会、看社火，唱新疆曲子、唱秦腔、唱豫剧等各种民间活动使人们陶醉在传统的汉文化之中。

进入到21世纪，关于恢复传统节日的呼声逐渐高涨，国家增订了中秋、清明、端午等为国家法定节日。新疆汉族对清明节、中秋节尤为重视，因为远离家乡的汉族人十分想念亲人、想念故乡，这两个节日能表达他们对故人的怀念，对家乡亲人的思念，能寄托他们的情感和希望。所以每逢清明新疆汉族都以不同的方式祭奠故人，在中秋节家人、亲戚、同乡聚会表达对家乡的思念。

（二）礼仪文化

苏北海先生曾对20世纪40年代新疆汉族的礼仪民俗进行过描述，他说："岁时风习、宗教、丧葬，亦各依其原籍，乡土为标准，并不变其本来面目，其俗之一年四季节日，与吉凶、庆吊，概与内地相同。"① 新疆和平解放以后，新疆汉族的社会礼仪虽然延续了汉族的传统习俗，但也发生了很大的变化。

1. 婚俗礼仪

1949年以前，汉族的婚姻大多是父母包办，一些青年男女为了逃避封建婚姻，千里迢迢来到新疆。1950年，国家颁布了《婚姻法》，确定了一夫一妻制原则，废除了父母包办的买卖婚姻，提倡自由恋爱。一些从封建婚姻中逃脱出来的童养媳、逃婚者获得新生，在自由恋爱中重新组建家庭。

20世纪50年代初期，新疆汉族男性多，女性少，为解决婚姻问题，政府组织山东、湖南、河南等地的女青年入伍支边。8 000名湘女、500名女兵来到新疆生产建设兵团。在"组织牵线，领导谈话，双方谈心，本人服从"的基础上，解决了大批军垦战士的婚姻问题。当时的婚姻仪式非常简单，结婚典礼由连队指导员主持，指导员把连队职工召集在一起，宣布这对新人结婚了，然后大家在一起吃糖果、嗑瓜子，聊聊天，典礼就算结束了。那时的婚姻虽然简单，但是在那艰难岁月中结下的情感是真诚的、永恒的，老一代的兵团人在组织安排的婚姻中诞生了一个又一个的家庭。

20世纪70年代，汉族传统的结婚仪式开始盛行。仪式通常在男方的婚宴上举行，证婚人多半是单位领导，由领导宣读结婚证书，新郎新娘向长辈行礼。三拜之礼变为三鞠躬，并将拜天地变为向毛主席像鞠躬。婚礼仪式结束后，年轻人在晚上闹洞房。婚后新娘回门风俗继续保持。

20世纪80年代末以来，随着人们生活水平的提高，婚礼的要求也越来越高，婚礼仪式的发展呈双向走势。一是旧式婚礼的兴起。主婚人不再是单位领导，而是家族老人或长辈，坐轿子、坐轿车，迎亲用摄像机摄像成为时髦。在哈密调查时，一位汉族农民告诉我们："我们这的婚礼基本上还是按汉族人的传统，佩红带花。一般按女方的要求，在男方家里办。现在接亲都是小汽车，没有坐花轿的了。"二是西式婚礼已为新疆汉人所普遍接受。女性盛行穿白色婚纱，男性穿西服，迎亲时新娘被新郎抱上汽车，形成中西结合、亦土亦洋的婚礼特征。

---

① 苏北海：《新疆十四民族之流源、分布及风俗、文化概述》，转引自李晓霞：《论新疆汉族地方文化的形成及其特征》，载《民族研究》，1988年第3期。

与内地不同的是无论是在农村还是城市，婚礼宴会常有民族同志参加，因此一般在清真餐厅举行。在宴会上，不同民族之间相互祝贺，并送贺礼，在婚庆表演中，不仅有汉族歌舞，还有少数民族歌舞。

2. 葬礼、葬俗

丧俗葬礼原本是汉人一切民俗现象中最稳定、最保守的民俗，当今也发生了重大变化。一是火葬普遍取代了传统的土葬，骨灰盒取代了棺材，但一般都留有墓地。在偏远农场和落后的地方还依然保留着土葬的习俗。二是披麻戴孝，以白为凶服的传统，变为中、西两种凶服并用，即普遍戴黑纱。简化了传统葬礼的程序，白为凶服的传统仅仅保留了戴白色丧帽、白色丧带和一根哭丧棒。对死者所赠致丧礼品，由送丧联变为送花圈，但上坟烧纸的风俗仍存。家中由供奉祖先牌位变为供奉遗像。女性后裔在丧礼中取得同男性后裔同等地位。在哈密调查时，一位汉族村民反映：汉族的丧事一般是按照汉族传统习俗，停尸 7 天、5 天、3 天后，火葬或土葬。家里设灵堂，要烧纸、上香，亲戚朋友要送花圈、送挽幛、送钱等。在兵团，连队一般要组织追悼会，介绍死者生平，表示对死者进行哀悼。每年清明，家人都要上坟，上坟的礼俗与内地完全一样。

（三）语言文化

方言的形成大多是由于社会的分裂、人口的迁徙、山川的阻隔或民族的融合造成的。新疆汉族方言的形成正是历代王朝对西域的统治、丝绸之路的开通、人口的迁徙、屯垦戍边等原因形成的。从祖国中原各省来疆的屯垦军民必然带来了他们当地的方言和民俗民情。语言是文化的载体，反映在词汇方面则表现为大量的中原文化词语沉淀在新疆汉语方言词汇的底层，说明了新疆汉族的文化与中原文化是一脉相承的。

对新疆汉族有影响的方言有两种，一是混杂各种北方腔的陕西方言，二是近似甘肃西部方言的原镇西府（今哈密）、迪化州方言。前者在旧迪化市（今乌鲁木齐）一度很有优势。解放初期，解放军二、六军官兵大批转业地方，更巩固了这一方言的地位。在其长期定居生活中逐渐形成为自身独特的汉语方言。不同方言在词汇、语法方面的差异不太突出，表现出新疆汉语方言内部基础的一致性。虽然地域相隔千余公里，但所用词语却高度一致。各地词语运用的相同，不仅反映新疆汉语方言词汇的特色，也反映了新疆独特的地域民俗文化特征。

新疆是一个多民族的地区，在多民族语言交融的大环境中，新疆汉语方言不可避免地受到少数民族语言的影响。新疆汉语方言词汇中，有相当数量的少数民族借词，其中尤以维语借词居多，以增强语言的表达力和幽默感，使语言运用更加生动形象，更富有感染力。这种语言交际中蕴含的文化内涵，在内地省份是不多见的。常用的维语借词有：馕——一种烤饼，莫合烟——一种烟草，巴朗子——小孩儿（一般指男孩儿），皮牙子——洋葱，巴扎——集市等。常常在汉语中夹杂着维语，如亚克西（好）、艾买斯（全部）、开台（走开），形成一种维汉混合语言。新疆汉族形成的自己特有的方言，充分反映了新疆汉族的本土化，反映了多元文化、多元族群下语言地区特征的形成。

20 世纪 60 年代，一批上海支边青年来到兵团农一师，使农一师的方言略带南方腔，河南支边青年大多到石河子农八师、农七师，使石河子地区方言带有河南腔。改革开放以后，普通话大量普及，教育系统全部使用标准的普通话，年轻一代的汉族基本使用普通话，地方方言逐渐退出历史舞台。

三、儒家文化

儒学是汉族传统文化的主体与核心。在新疆历史上，南北朝高昌国是西域历史上最早的本土汉人地方政权，它继承了西汉高昌郡的历史文化，始终将儒学作为加强内部凝聚力的基础。国中设有学堂，教授学生传承汉文化。在高昌流行的儒家经典中，《孝经》占有独特的地位，高昌全力推行以孝治国，巩固大家庭制度。唐朝的西州本质上是高昌国的继续，儒学作为唐朝的主导文化，在西州有了进一步的发展。唐朝非常重视教育，规定全国州、县都设学校，招收 14 岁以上，19 岁以下的学生，使儒家文化得到普及。新疆世居汉人重视儒家文化的历史传统，富户一般都在门前贴有“忠厚传家久，诗书继世长”的对联，寓有对文化的重视。清朝为传承儒学思想，祭祀我国古代伟大的思想家、教育家孔子，在新疆修建文庙 23 处。从此，文庙成为宣传儒家思想，祭祀孔子的殿堂，儒家文化对新疆的影响更大了。

（一）祭孔活动

乌鲁木齐文庙是新疆祭祀孔子的庙宇。乌鲁木齐的文庙始建于 1765 ~ 1767 年清政府扩建迪化新城（今乌鲁木齐市）时，距今已有两百多年历史，是新疆历史上唯一一座由政府主修的庙宇，也是中国西北部唯一一座祭祀我国古代伟大的思想家、教育家孔子的儒学圣域。庙内供奉着儒家思想创始人孔子和武圣关羽塑像，又称“文武二庙”。1884 年（光绪十年），新疆建省后，为了纪念在收复新疆战役中阵亡的将士，将文武二庙改为万寿宫，又名昭忠祠，民国后改称忠烈祠，后来孔子牌位被移至这里。1945 年在中央政府代表张治中的主持下，新疆政府确定文庙为独尊孔子庙宇。后虽经历岁月变迁，文庙一直完整保存至今。1989 年国家投资百万余元落架维修，1994 年被确立为爱国主义教育基地。2005

年10月文庙重新开放，填补了新疆乃至中国西部孔庙的空白。修缮后的文庙不仅保持了原有的建筑风格，还增添了饱含文化意义的十景，它们是：威武双狮、上下马石、祈福香炉、阴阳石鼓、龙凤古榆、钟鼓双楼、杏坛礼乐、圣迹壁画、麒麟赐福、论语圣石。2007年9月28日，乌鲁木齐文庙举办新疆新中国成立以来首次祭孔活动，隆重纪念孔子诞辰2 558周年。文庙香火缭绕，乐鼓声声，近百名孔子后裔披着黄色绶带与社会各界嘉宾按传统祭孔的祭祀程序进行了祭奠活动。祭祀有四个篇章："天人合一"反映建设和谐社会，"万世师表"歌颂孔子的教育贡献，"同天并老"表现传承中国传统文化，"盛世华章"彰显中华和平崛起。在文庙，我们访问了负责人李主任，她说："孔子是中华民族的代表，儒家文化是中华文化的一部分，在新疆需要对中华文化的认同。汉文化在新疆有悠久的历史，在少数民族地区，应该大力宣传包括儒家文化在内地中华文化。现在，新疆的汉族需要自己的传统文化，目前，在新疆老君庙、红光庙也特别红火，这是一种文化心理的需求。2005年春节我们第一次办庙会，有2万多人，把文庙挤得水泄不通，我们没想到会有这么多的人。从此，我们每年都办，从初一到十五，人都特别多。腊月，文庙就有写春联活动，设立功德箱，人也很多。"

2010年春节，乌鲁木齐文庙举办第五届文化庙会。庙会举行了大年三十敲钟祈福活动。举办舞狮子、舞龙、扭秧歌、威风锣鼓的社火表演，从初一到十五每天都有京戏、豫剧、秦腔、新疆曲子表演，正月十五还进行了观花灯、猜灯谜等游园活动。参加庙会活动的人近3万，创历史新高。

（二）儒家文化在新疆的特点及其影响

儒家文化有三个层次的理论体系：精英儒学、政治儒学和世俗儒学。新疆汉族所继承的主要是世俗儒学，即把儒学的基本理念作为行为规范保留在日常生活和社会活动中，影响和制约着汉人的观念和行为，成为人们的生活习惯和自觉行为。在调查中，我们发现，新疆汉族不管从哪里来，也不管在新疆生活了多久，儒家思想潜移默化在他们的行为中，有时是自觉的，有时是不自觉的。从问卷调查和访谈中可以看出，世俗儒学文化在新疆的主要表现有：

1. 重亲情、重老乡

儒家文化是以家族为本位的伦理文化。黄建中先生说："中土道德以家族为本位，远西道德以个人为本位，此期而异点也。"[①] 这是由于中国社会长期以来的封建社会是以家族为社会的基本单位，家族是人们活动的最主要的社会关系和

① 黄建中：《比较伦理学》，山东人民出版社1998年版，第58页。

社会基础，人们的政治关系、经济关系、文化关系都打着家族关系的烙印。新疆汉族在远离家乡的地方，断绝了与老家族的联系。但是，他们绝不会忘记自己的家族。任何一个新疆汉族人都可以清楚地追溯自己的原籍。许多来疆的汉族人一方面节衣缩食，拼命挣钱，为的是携家带口回家探亲访友，祭奠祖先、保持与家族的联系。另一方面他们千方百计将家乡的亲戚、朋友带到新疆，组建新型的家族亲情、乡情关系。访谈中我们发现，无论城市和农村，汉族都以同乡或亲戚建立了自己新的亲情关系。

新疆屯垦汉族以亲戚、老乡为纽带建立的新型社会关系，使新疆人有了“故乡”的感觉，不再孤独、不再思乡。使新疆汉族无形中有一种乡情的聚合力。这种关系渗透到政治、经济的人际关系中，对社会有一定的影响。

2. 以仁为核心、以和为贵

儒家思想的核心是“仁”，何为仁？孔子曰：“仁者爱人”[①]，“克己复礼为仁”[②]，“己欲立而立人，己欲达而达人”，“己所不欲，勿施于人”[③]，“礼之用，和为贵”[④]。这是一种博爱的思想，是处理人际关系的一种道德境界。他主张以仁为核心，以和为贵。

新疆是个多民族聚居的地方，儒家以仁为核心、以和为贵的思想一直影响着汉族的思想观念和行为方式。尤其在处理民族关系中，大多数的汉族人表现出宽容、大度、友爱的情怀。在乌鲁木齐社区的访谈中，一位汉族居民说：“每个民族都有不同的传统文化和风俗习惯，我个人十分认同每个民族保留自己的合理的风俗习惯和宗教信仰，只要不违法就好。有的少数民族有自己的语言，这成不了民族之间交流的障碍，宗教信仰也不是民族交流的障碍，宗教信仰不是一个问题，他们可以保留自己喜欢的，可以大同小异。”另一位居民表示：“新疆是个多民族地区，是个富饶美丽的地方，我是支边青年，一腔热血来到了新疆，为新疆奉献了一辈子。从我几十年的感受看，汉族对少数民族的传统文化、宗教信仰和风俗习惯是比较认同的，尽管他们的语言文字、生活方式、交往行为和宗教信仰和我们汉族有很大的不同，但是没有影响我们的正常交往。”有一位兵团企业管理人员说：“在新疆多年来，和维吾尔族朋友比较熟，生活、工作中和维吾尔族相互帮助，相处得比较好。”这种现象在新疆十分普遍。在新疆，汉族以民族团结为重，尊重少数民族的风俗习惯和宗教信仰，与他们和睦相处，学习他们的语言、舞蹈和各种手艺。在少数民族的节日里，汉族参加各种庆祝活动，登门拜

① 《孟子·离娄下》第二十八章。
② 《论语·颜渊篇第十二》。
③ 《论语·卫灵公篇第十五》。
④ 《论语·学而》。

访，与少数民族建立了深厚的友谊，充分体现了“以仁为核心，以和为贵”的儒家思想。

3. 育人为本，德育为先

儒家文化之所以世代相传，源远流长，就在于它重视教育。以育人为本，德育为先，不仅教会人做事，更教会人做人。“万般皆下品，唯有读书高”是儒家重要的教育思想。在汉族人中根深蒂固。在新疆，汉族家长对孩子的学习高度重视。为了孩子上学，连队家长在团部或师部租房子，农村家长在城市租房子，城里家长在重点学校附近租房子，他们不惜血本供孩子上学。他们认为这是孩子的唯一出路。在兵团农六师调查时，那里领导反映，我们这里的教学质量很高，许多孩子都考上了内地大学。现在农场里的大学生很多，不稀罕了。有一位农村老干部说：“我们这里的汉族人很重视孩子教育，为了孩子上学，父母丢下农活，在城里租房子，考上大学的孩子真不少。”一位农民说：“我不想让我的孙儿们再当农民，我不识字，但我希望我的孙子都上大学。”在新疆，兵团的教学质量相对比较好，高考率也比较高，许多地方上学的孩子都想转到兵团学校上学。

第三节　新疆哈萨克族、蒙古族、柯尔克孜族文化特征

游牧是在特定环境中，人们依赖动物来获得主要生活资源的一种经济手段，游牧民族与移动放牧相适配的物质性设备，如毡帐、动物制品等，则构成了其物质文化特征；为配合这些生产活动而特定的家庭与亲属关系、部落组织构成其制度文化特征；与游牧生产密切相关的信仰、艺术、语言构成了其精神文化特征。游牧民族的民俗文化、宗教文化、语言文化都深刻反映了游牧文化的特征。

一、民俗文化

民俗反映了一定群体在相应的自然环境、社会结构中的基本生活状态，其内容包括衣食住行、节日游艺、婚丧嫁娶、家庭财产、礼仪信仰、语言习惯等。新疆游牧民族在各自的发展进程中，虽然形成了具有本民族特色的民俗文化，但其民俗文化都与游牧生产相关。

（一）以畜养动物为衣食住行资源

新疆游牧民族放养的主要牲畜如马、牛、羊、骆驼等，这些牲畜能够产出较为丰富的肉、皮、毛、乳，提供给游牧民衣食住行的基本生活资料。

1. 饮食

游牧民族在饮食上食用乳制品和肉食较多。哈萨克牧民的饮食主要是肉和乳制品，肉食有：手抓肉、熏马肉、马肠，用肉做抓饭、纳仁；乳制品很丰富，主要有酥油、奶疙瘩、奶皮子、奶酪、酸奶子等。蒙古族牧民最爱吃手抓肉，夏季当天吃不完的肉，就割成条块晾干；奶制品有酸奶和乳酪、酥油、奶皮子、奶疙瘩等；奶酒是蒙古族人最喜爱的饮料。柯尔克孜族以滋养牛、羊、马、骆驼、牦牛提供生活所需的肉和乳，几乎一日三餐都离不开肉、奶、乳制品，一年四季皆离不开奶茶。牧民们用他们灵巧的双手，把羊奶、牛奶、马奶、骆驼奶等做成奶茶、奶疙瘩、奶皮、酸奶、奶豆腐、奶酪、奶糕、奶渣、酸奶皮、奶油食品。小麦、青稞、蔬菜在他们的饮食中只是辅助食品。夏秋季，他们主要的饮食为鲜奶、酸奶酪、奶皮子、奶油、肉食和面食。冬春季，主要饮食是肉、酸奶疙瘩、酥油、面食等。塔吉克族牧民的饮食品种大都与牛、羊肉和奶制品分不开，主要有奶粥、奶面片、奶面糊、酥油奶糊、酥油青稞馕。

2. 服饰

游牧民传统服饰的特征是充分利用畜皮、畜毛加工宽大而结实的服饰，特别是男性服饰，多为方便骑乘和放牧。如哈萨克族男子在冬季穿的有一种皮大衣叫“托恩”，不带布面，白板朝外，毛朝里，有皮领，腰系宽皮带，冬季放牧时，再戴上“吐马克”（皮帽），以防御严寒和风雪。哈萨克牧民若外出办事或走亲访友，则穿带布面或条绒面的大衣，颜色一般较深，其中以黑色居多，里面挂一岁龄的黑羊长毛皮，这种大衣既轻巧，又暖和，而且衣长、袖子长，无论骑马或坐车都不会受冻。哈萨克族牧民除了用畜皮做衣裤外，还用驼绒絮里做长短大衣，这种大衣叫“库普”，衣面多用黑色条绒，衣袖较长。蒙古族的传统服装为袍子。新疆的蒙古族将单袍称为“拉布锡克”，称皮袍为“得不勒”。皮袍分有布面和无布面两种。无布面的皮袍要在衣袖和衣边上用布加缝约三指宽的边，有的用羊羔皮加边，再向里加二至三指宽的边，有布面的多以绸缎、棉布做衣面。其样式为右开襟、不开衩、袖长而窄，高领、宽下摆，适宜于牧区生活。柯尔克孜族夏装短小精悍，冬装宽大结实，冬夏皆着长筒马靴，这是与柯尔克孜人常以马、骆驼代步分不开的。男子一般上穿白色绣有花边的圆领衬衫，外穿用羊皮或蓝色、黑色棉布做成的“袷袢”。塔吉克人喜欢着皮装，夏季，为适应高山多变的气候，有时也穿皮装或絮驼毛大衣，戴白色翻毛皮帽，脚穿用羊皮制成的鞋帮、牦牛皮做底的长筒皮靴。穿上皮靴，过冰川、攀雪岭，行走自如。

3. 居住

游牧民由于经常搬迁，他们的房屋多是移动式的建筑，其住房特点是利用畜毛制作房毡，搭建轻便、保暖、容易拆搭、宜于搬迁的房屋。如哈萨克族的毡房上部为穹形，下部为圆柱形，四壁有网状的木杆搭成整个毡房的骨架，再用芨芨草制成的席子围住，外包白毡。毡房内，靠门的前半部分放物品用具，后半部分住人和待客。牧区的蒙古族人多住蒙古包，蒙古包大小不等，四周用条木结成网状圆壁，留木框门，圆顶是用椽木组成的，状如雨伞，顶部留有天窗。柯尔克孜语称毡房为“勃孜吾衣”，从其外形可分为北疆的圆锥形高顶毡房和南疆的半球形的矮顶毡房。一座毡房具有多种功能，可以用来住人待客，也可以堆放杂物和作厨房用。整座毡房安排紧凑，布局美观。塔吉克族牧民多有固定住宅，一般为土木结构平顶屋，室内四周为土台，上铺毡毯，以供坐卧。在夏秋放牧季节，牧民也使用毡房。

4. 出行

新疆游牧民族多生活在山区草原，道路崎岖，且放牧路途遥远，牧民多需要借助畜力出行，因此无论放牧牲畜，或草场搬迁，或出门办事、访亲会友，都离不开畜力，尤其是马，成为最主要的交通工具。

哈萨克牧民离不开马，无论是走亲访友，还是游动迁移、从事放牧，都需要骑马，他们有句谚语说：“马是哈萨克人的翅膀。”哈萨克牧民运输则主要靠牛车和骆驼。牛善于负重。牛车适应牧场的自然环境，车轮高大，车体轻，轴轮用桦木制成，耐磕碰，适宜于在草原、戈壁和深雪中通行。牧民转场、运输货物，常用牛拉车驮物。一些有骆驼的人家，多用骆驼转场搬迁和驮运货物。驮运一般不用带草料，而且骆驼载重量也超过其他牲畜，通常一早即行起身至午前，中午放牧，让骆驼得到休息，日落前起身行至深夜，每走一段路可以稍事休整，可以说骆驼在哈萨克人的生活中起着很大的作用。

蒙古族的传统交通运输工具主要有役畜和车辆两种。役畜以马和骆驼为主，车辆为勒勒车。草原上的蒙古人从小就在马背上长大，马在他们的生产和生活中占有着极为重要的地位，正如蒙古族谚语所说的那样：歌是翅膀，马是伴当。他们也因此与马结下了特殊的感情，在他们的心目中，马是很神圣的动物。骆驼，性情温驯，易驯服，耐饥渴，耐寒暑，善跋涉，能负重，既产乳、肉、绒毛，又可役用，是牧民们不可缺少的交通运输工具。勒勒车，是蒙古族古老的交通运输工具。这种车车身小，但双轮高大，一辆勒勒车自重 100 斤左右，可载货五六百斤至千余斤。勒勒车轻便宜驾，适宜在草原雪地、沼泽、沙滩上行走，可用来拉米、牛奶，搬运蒙古包和柴草等货物。除普通勒勒车外，蒙古族地区还有一些特制的、专用的勒勒车。如围有车棚、供人乘坐的“轿车”；安装有木柜，用以贮藏粮食、肉食的“库房车”；装有木槽、牛皮袋或铁桶等盛水工具的“水车”等。

（二）游牧特色的家庭、社会组织民俗

哈萨克族传统的家庭形式，是一夫一妻制为核心的父系家长制家庭。男性家长在家庭内享有绝对权利，妻子必须服从丈夫，子女必须遵从父亲，家庭中的重大事务一般都由丈夫决定，只有在家内事务和儿女的婚姻问题上，才尊重妇女的意见。在牧区的家庭中，男子主要从事放牧、剪羊毛，妇女主要从事挤奶、接羔、刺绣、做饭和其他家务劳动。一般男子结婚后，在父母的毡房旁另立一顶新毡房，单独居住，但经常同父母一起吃饭，一起生活。

哈萨克人还存在“还子”习俗。即男子要把结婚后所生的第一个孩子送给自己的父母。祖父母与孙儿女的关系为父母与儿子、女儿的关系。哈萨克人还有收养孤儿的职责，对养子要和对待亲生儿女一样，任何人都不得歧视。

哈萨克族虽然信仰伊斯兰教，但家庭遗产的继承并不是按伊斯兰教的教规执行，而是按照自己古老的传统习惯来执行。家庭遗产一般由幼子继承，兄长因结婚时父母已给予一定的财产，所以没有继承权。夫妻离婚，子女全归男方。如果丈夫主动提出离婚，女方可以带走自己出嫁时带来的嫁妆。如果女方主动提出离婚，只能只身离开家门，任何东西也不能带走。早期哈萨克族社会中，丈夫去世，妻子要改嫁，必须优先嫁给丈夫的兄弟或叔伯兄弟，其次是本氏族其他成员，一般不许外嫁。

哈萨克族的阿吾勒是哈萨克族最小的社会组织。“阿吾勒”一般由几户十几户有血缘关系的亲属组成。由于牧民常年流动，“阿吾勒”不完全固定，所以只要大家集居在一起的地方，就称之为“阿吾勒”。由于“阿吾勒”是亲密血缘关系的组合体，所以大家团结得十分紧密，无论谁家有了困难，大家都会主动去帮助。在搭毡房、擀毡子、打羊毛、剪羊毛、剪马鬃、抓山羊绒、小畜药浴等劳动中，男女老少齐出动，共同完成。过去每个“阿吾勒”都有一个头目，哈萨克人称之为“阿吾勒巴斯”，“巴斯”是“头儿”的意思，一般由一位德高望重、经历丰富的长辈担任。牧民的搬迁时间、地点、搬迁顺序都由“巴斯”来安排。由于有了阿吾勒这种组织形式，大家相互照应，并相互监督一些违约、违章的事情。对丧失劳动力的老人和孤儿都要照顾和收养。所以在哈萨克族中没有乞丐，如果哪个部落和氏族出现了乞丐，那是整个部落和氏族的耻辱，并受到舆论的谴责。如果出了英雄、模范和先进人物，同样会受到部落、氏族的爱戴和尊重。“阿吾勒”是氏族最基层的组织形式，再高一级的叫“阿塔”。“阿塔”是由七

代以下的几个“阿吾勒”组成的组织形式的称谓。“阿塔”是大于“阿吾勒”的血缘社会组织，一般都是同祖的氏族组成。每七代要分化出新的“阿塔”，再由“阿塔”组合成“乌露”，“乌露”又组合为“阿洛斯”。“阿洛斯”组成哈萨克族的三大部落。哈萨克族社会组织形式越高，其血缘关系越远，反则社会组织形式越低，血缘关系越近，关系也就十分密切。这种氏族血缘关系联合体的形成，是由特定的生产方式和生产环境产生的，以适应游牧生活的需要。

蒙古族的家庭基本上是以一个蒙古包为单位，家庭成员一般包括父母和未婚子女，虽然也有三代、四代同堂的大家庭，但多数是小家庭。蒙古族的传统惯例是在其父在世时，长子成人结婚分出去居住，分得一部分财产和牲畜等，女儿出嫁也有相当数量的陪嫁。如果一个家庭中有几个儿子，成年后分家，最小的儿子（蒙古语叫“斡赤斤”，意为守灶者）继承财产，管理家务。蒙古族以父系计算家世，家庭成员中男子为家长，在家庭中地位突出，是家庭的支配者。妇女处于从属地位，她们除生育抚养子女外，还承担着繁重的家务劳动，如挤奶、接羔、剪毛、熟皮子、缝制衣服等等。

蒙古族的主要游牧组织是“阿寅勒”，由一二十户或三五十户不等的、与此家庭或家族有血亲关系即同一氏族的，或少数没有血亲关系的依附着此家庭或家族，经常在一起游牧的人群。各个阿寅勒往往组成更大的聚落，这就是“古列延”。“古列延”是蒙古族早期聚落的复合形式。古列延一词的含义如下：许多帐幕在原野上围成一个圈子驻扎下来，就成为一个古列延。过去也曾将环列的一千帐幕，称作一古列延。

柯尔克孜族的家庭是父系家长制家庭。在多子女的家庭中，儿子长大成婚之后，依顺序另立门户，父母只留下幼子作为自己的继承者。分家时，要举行隆重的仪式，父母给要分家的儿子准备一套住房和家具。家庭中有明确的分工，男子主要从事放牧、耕地、收割、打柴、剪毛、接羔劳动。妇女主要从事家务劳动，如缝纫刺绣、搓绳、挤奶、加工畜产品、夜里要看守羊圈。

阿寅勒是柯尔克孜族生活和生产劳动的基本单位，每个阿寅勒都有名称。阿寅勒一般由同一氏族的血缘关系较近的5～10户牧户组成。每个阿寅勒一般都有自己固定的牧场，各户在自己的牧场上共同放牧。阿寅勒成员在生活和生产中彼此协作，互相帮助。若干阿寅勒组成氏族，氏族又构成部落。新疆柯尔克孜族人口较多的部落有沖（冲）巴噶什、克普恰克、奈曼、库秋、萨尔巴噶什、多路斯、萨雅克、凯塞克、奇里克、蒙古什、蒙古杜尔、提依特和布库部落。

塔吉克族的家庭是父系大家庭，父母在世时，兄弟一般不分家，否则会受到社会舆论的责备。因此，不少家庭都是三代同堂，有的甚至四代同堂。在大家庭中，辈分最高的男子为一家之长。家长有支配权，主持、处理家中各种事务，家庭成员必须绝对服从。家长是以传统的方式相承袭的，一般是父死母继，母死长子继。

塔吉克家庭重视对女子的教育。一般子由父教，女由母教。教子的内容为：为人忠厚老实，尊敬长辈，勤俭朴素，掌握生产技能。教女的主要内容为：掌握挤奶、照料幼畜等生产技能，学会做家务和缝纫、刺绣等。塔吉克族家庭遗产继承制度的基本原则是："儿子享有继承权，女儿通常无继承权。父亲的遗产一般由诸子均分，无子者由生活在同一大家庭中的兄弟或侄子继承。"①

塔吉克族农牧民的生产方式是半农半牧，在严酷的自然环境和艰苦的生活中，能为塔吉克人提供可靠庇护的主要是传统的血缘家族，因此大家族对塔吉克族有着特别的意义，生产、生活秩序主要由家族和大家庭来协调。"大家庭一般包含几个小的核心家庭，各个小家庭在生产中分工合作、相互依赖，生活用品都由大家庭统一供给。所以，大家庭是基本的生产生活单位，所有成员都相亲相爱，十分和睦。"② 在大家族中，不必要每个小家庭都有农具，共同出农具、出劳力的几个家庭可在秋天平分收成；牧业转场所用的十几头大畜几家共出，数家合牧成为必要。大多塔吉克族人遇事一般找家族帮忙。

（三）草原、畜养动物及其知识丰富了精神民俗文化

新疆游牧民族对草原和畜养动物的认知深刻影响着他们的精神民俗活动。游牧民在草原的常年流动，对草原产生了极为特殊的感情，而畜种与特色动物以及饲养动物的知识则帮助人们认识、建立及调整其节庆与礼俗活动、文娱体育活动、文学艺术活动，使游牧民精神民俗文化均具草原游牧特色。

哈萨克族的节日有"肉孜节"、"古尔邦节"以及带有浓厚民族风情的"纳吾鲁孜节"等。在游艺方面，他们最喜爱唱歌。青年男子喜欢摔跤、赛马、刁羊，还有青年男女共同游艺的"姑娘追"。舞蹈比较盛行，多和游牧生活有关，如挤奶舞、剪羊毛舞、绣巾舞、制毡舞、走马舞、斗熊舞等。

新疆蒙古的传统节日有春节、麦德尔节、祖鲁节（点灯节）、塔克勒根节、那达慕节、打马印节等。其中那达慕节是蒙古族独特的、重要嬉乐方式。那达慕肇始于古老的祭祀、庆典活动，风行于蒙古族各个部落。一年几度，相沿成习，成为流传后世、承传不绝的民族盛典。那达慕是"娱乐"或"游戏"的意思。在水草丰美的季节，牧人举行被称作"男儿三艺"的摔跤、射箭、赛马，故那达慕节带着浓郁的游牧民族特色。蒙古族半年、一年或三年举行一次"那达慕"

---

① 西仁·库尔班：《中国塔吉克族》，新疆大学出版社 1994 年版，第 139 页。

② 杨圣敏：《环境与家庭：塔吉克人文化特点》，载《广西民族学院学报》，2005 年第 1 期。

大会。大的以盟（地区）为单位举行，小的以旗（县）、苏木（乡）或查（村）为单位举行。时间一般为 5～10 天。而打马印节直接和牲畜相关。每年农历三月初八，人们在指定的草场燃起篝火，并选一名烙技精湛、德高望重的牧人执印，参加套马的人列队向他敬献哈达。印模烧红，高呼打印。套马手围住马群，人欢马嘶，欢声雷动。骑手每套住一匹烈马，执印者便打一马印，印记都打在马的左胯骨中心部分，马印记每个畜群的各不相同。打马印节是草原的盛会，姑娘们趁机选择情人，而小伙子在姑娘面前尽力表现自己的套烈马技术。

蒙古族的娱乐活动主要分三类：第一类属于体育运动项目，如赛马、赛牛、赛骆驼、赛牦牛、赛刁羊、赛猎鹰、赛牧羊狗、赛走马、赛摔跤、射箭跃马比武、马上角力等。第二类属于表演性质的，如唱民间歌、弹琴（托布秀尔）、跳战刀舞、鹰舞、婚礼舞、驯马手舞。第三类属于开发智力、丰富知识性质的，如讲英雄史诗《江格尔》、《格萨尔》，讲赞词，讲谚语、格言，讲儿童民间文学，谈骨比智，赛棋类等。蒙古族的娱乐活动，主要在节日的庆祝活动中举行。但也有的是在喇嘛黄教经会庙会时，小孩满月、婚礼、那达慕、白节、麦德尔节时举行。

柯尔克孜人能歌善舞，奔放豪迈，阿肯、库姆孜奇、玛纳斯奇等是民间音乐的创作者和传播者。民间乐器亦很丰富，有库姆孜（三弦弹拨乐器）、奥孜库姆孜（口奏簧乐器）、克雅可（二弦拉琴）、托木耳库姆孜（铁制三弦弹拨乐器）、却奥尔（牧笛）等，音色淳朴丰满，音调和谐铿锵。还常常进行多种群众性的娱乐、体育活动，如赛马刁羊、摔跤、马上角力、拔河、荡秋千、夜游、捉迷藏、姑娘追等。

柯尔克孜人的工艺美术别具一格，其中尤以刺绣、雕刻、织花、金银饰器等传统工艺最为著名。妇女擅长刺绣，从口袋、袖口、头巾、帽子到地毯、毡帐、枕头、被面、帷幔等布面装饰品上绣出各种精致花纹，色泽鲜艳，栩栩如生。他们编织的挂毯、地毯，花色图案精美、五彩缤纷。花毡、白毡帽、银质马鞍、木制碗、盒等，不但制作精美，而且携带方便，经久耐用。

塔吉克族的节日，除了宗教信仰有关的古尔邦节、肉孜节和巴拉提节以外，民族的传统节日有肖公巴哈尔节（春节）、铁合木祖扎提斯节（播种节）和祖吾尔节（引水节）等。每逢节日，人们都以相应的方式进行庆祝。塔吉克族像其他游牧民族一样崇尚力量，也一样在种种节庆活动中举行叼羊、赛牦牛等角力活动。最显刚健之美的是塔吉克族舞蹈，其主要动作是“鹰翅臂”、“半鹰翅臂”和“鹰翅后臂”。两臂俯仰以仿鹰起隼落，上下弹肩以示鹰之豪迈，鹰步鹰姿最显刚强有力。

二、宗教文化

在不同的文化中，宗教活动不尽相同，但都与人们各自的生活方式紧密相连。游牧与农耕是两种不同的生产方式，它们所依据的生态体系亦不同。游牧是对自然环境的一种单纯适应，而农耕则以生产力的稳定与地力的持久为其特色。游牧民族所处的环境使他们同大自然融为一体，也形成顺服自然、敬畏自然的价值观。其宗教信仰与自然环境关系紧密，与自然保护的关系由来已久，如自然崇拜、图腾崇拜等。在人为宗教中也依然体现着对自然的整体性把握、调和的原则。

古代的哈萨克人曾经信奉原始宗教，即自然崇拜和祖先崇拜等，后来又信仰过萨蛮教、佛教、景教等。至哈萨克汗国时期，哈萨克族已信奉了伊斯兰教。祖先崇拜是哈萨克人曾经信仰过的一种原始宗教，这种宗教的遗俗依然存在。如哈萨克人信奉部落祖先，认为祖先是会显神灵的。打仗或者赛马、摔跤时，各个部落都把自己祖先的名字或本部落英雄人物的名字当作口号呼喊。牲畜闹病时还赶到祖先坟墓上过夜，祈求祖先在天之灵为牲畜消灾灭病。自然崇拜也是哈萨克人曾经信仰过的原始宗教之一。哈萨克人认为自然界里的万物皆有生命，均受着神的支配。他们把神分为两大类：善神和恶神，善神给人带来好处和幸福，恶神使人遭受灾难。哈萨克人特别崇拜天、地、日、月、星、水、火，每逢发生瘟疫和旱灾时，人们都聚集在河边或山包上，宰杀黑色的山羊羔祭献神灵。然后就在野外煮食这些祭祀的肉，并祈求天地消灾降福。每逢新月初升时，哈萨克人便对着新月祈祷："愿日月怜悯，求新月赐福。"哈萨克人对火也十分崇拜，认为火是光明的象征，是驱除一切妖魔的神。他们在牲畜发病时用火熏，新娘进门时先拜火。在迁往夏牧场的途中，要点上两堆火，然后将驮载东西的驮畜和畜群从两堆火之间走过，通常还有两位老太婆站在火堆旁，口中不停地念："驱邪，驱邪，驱除一切恶邪！"此外，哈萨克人还崇拜青草。他们把春天鲜嫩的青草当作生命的象征，所以他们最忌讳拔草。哈萨克人对人最厉害的咒骂是拔一把青草面对青天不停地咒骂。哈萨克族也曾信仰萨满教，在伊斯兰教传入之后，萨满教巫师依然存在于社会之中。他们进行占卜、念咒、治病活动，既保留了萨满教的一些特点，也吸收了伊斯兰教的某些习俗。

蒙古族曾信仰萨满教，萨满教的遗迹在现在蒙古人的生活中仍然保存着。如祭腾格里（天）是各种祭祀活动中最重要的一种，在每年春秋两季进行祭祀。祭地，蒙古人有"天父地母"之说，认为大地上有名的山川和奇特的草木都有自己的主神，他们早晨把鲜奶和奶酒洒向所在地的山巅，表示致祭。蒙古人非常崇敬具有奇特形状和颜色的山崖、丘陵山及温泉，认为那里有精灵居住，因此祭祀的同时，又禁止人们在那里砍柴、杀生和动土。祭敖包是典型的萨满教崇拜，也是蒙古民间最普遍的一种祭祀活动。敖包是草原上习见的供人祭祀的山堆，顶上要插柳枝为丛，立竿为柱，被认为是神的居住处，游牧民族保护神的化身。祭祀时间一般在农历 5 ~7 月。

从 13 世纪元朝开始，蒙古上层改信红派喇嘛教，但广大牧民仍信萨满教。从 16 世纪后，许多王公贵族开始接受格鲁派喇嘛教，并积极在牧民中传播。清代，特别是乾隆以后，喇嘛教在蒙古游牧社会中流行起来，一直到现在蒙古族游牧地区喇嘛教仍为主要宗教。

柯尔克孜族先民信奉自然神和萨满教，认为天地、日月、高山、大河、水、火各有其神，并特别崇拜赖以生存的山神和水神。柯尔克孜人称上天为“腾格里”，认为人类的一切都是上天给的，星神主宰人类的命运。因此，遇事要向上天祷告，并以香火和供品奉祭苍天。他们认为白羊星是造福人类的主神，因而在白羊星升起的时候举部同庆，以祝平安。萨满教在柯尔克孜族中影响最大，信仰时间最长，就是在改信伊斯兰教后，依然保留了不少萨满教的习俗与遗迹。直到现在，广大农牧区的柯尔克孜人还坚持不吹灭灯火，让其自己熄灭，这是萨满教对火神崇拜的遗俗。柯尔克孜人过诺鲁孜节的形式，也是按萨满教之习俗过的。

早在 11 世纪初，部分柯尔克孜人皈依了伊斯兰教。到了 17 世纪初，大部分柯尔克孜人信奉伊斯兰教。由于牧区的礼拜寺极少，因而柯尔克孜族牧民的宗教意识较淡薄，宗教活动较简单，这是柯尔克孜族牧区的宗教特点。

历史上，塔吉克人曾信奉过自然宗教、祆教、佛教，现在全民信仰伊斯兰教。塔吉克先民信奉膜拜过自然现象与自然力，有对太阳、月亮、山神等的崇拜。塔吉克人将慕士塔格敬称为“冰山神父”。时至今日，塔吉克人崇拜慕士塔格的观念依然存在，有些人每日清晨面对慕士塔格祈祷：“冰山神父，愿您佑助我们!”平时送亲友上路时仍要说“愿你与慕士塔格同在”（意即愿慕士塔格保佑你)。塔吉克人还有这样的谚语：“慕士塔格的水是圣水”、“热爱祖国的人像慕士塔格那样顶天立地”。塔吉克人崇拜鹰，在一般塔吉克人的观念中，鹰是勇敢、正义、忠贞、纯洁的象征。塔吉克民间最具代表性的舞蹈是“鹰舞”，之所以称之为鹰舞，是因为其基本动作完全就是模仿鹰的各种动作。最具民族特色的乐器是鹰笛，而鹰笛正是用鹰翅骨制作而成。塔吉克人中广泛流传着鹰的各种传说故事，在这些传说故事中，鹰总是与塔吉克人生死与共，息息相关，在危难关头，鹰总是挺身而出，牺牲自己，为民众创造幸福。塔吉克人的早期多神信仰在“四要素”观念中亦有鲜明的表现，在塔吉克人看来，世界是由“阿甫”（水)、“阿太西”（火)、“哈格”（土)、“哈瓦”（天气）这四种要素所构成的。人是宇宙，是世界的一个组成部分，因此，人亦由四要素融合而生成。人的生命存在于四要素相互关系的平衡之中，倘若这种平衡遭到破坏，那人的生命即告结束。

10 世纪左右，塔吉克人开始信仰伊斯兰教。公元 16 世纪末 17 世纪初，开始尊奉伊斯兰教什叶派的一个支派——伊斯玛依勒派。同其他信仰伊斯兰教的民族比较起来，塔吉克族的宗教活动较少，清真寺很少，根据伊斯玛依勒教义，不封斋，不去麦加朝圣。部分老人每天在家做两次礼拜以外，一般群众仅在节日进行礼拜。宗教首领不称“伊玛目”，而称“依禅”，其职位是世袭的。

三、语言文化

语言是民族文化的载体，文化的各种信息特点都可以通过语言展示和表达出来。新疆游牧民族的文化内涵充分体现在其语言中。

（一）丰富的畜牧业词汇

新疆游牧民族的语言中，“基础词汇以游牧文化为核心内容”①。其反映游牧文化的词汇数量大、使用频率高、语义内涵极为独特，是非牧业民族无法相比的。如常用的畜牧业词语中牲畜名称极其繁杂和丰富，各类牲畜按年龄、性别、毛色、体态、步法、秉性、作用等有不同的称呼，分类细致。由于游牧民族长期牧养牲畜，熟悉其习性和特征，“并将其牢牢地印在脑子里，形成思维的一个起点，当他们遇到一个新事物或一种新的现象时，习惯于运用思维中家畜的特点去进行观察、比较、分析、综合”②。这使得畜牧业的词汇被广泛扩张于生活的各个方面，或把人、物与动物习性相联系，或以动物特征喻人喻物。如在蒙古人的语言中，“根据五种家畜的形体特征或形体的某一结构特征创造出来的词语很多。一般地说来，他们喜欢把粗大而笨拙的事物同牛的形体相联想；把形体高大而又较灵敏的事物愿意跟马进行比较；把形体高大而笨拙的事物习惯于同骆驼相联系；把形体较小而活动不敏捷的事物往往与羊相联系；把小巧玲珑或精心制作的事物往往跟小羊羔或小山羊相比较”③。游牧民族的语言中最常见的是以动物喻人，如蒙古语中，种牛角：形容爱惹是非的人；羊心、羊胆子：指胆小的人；马尾巴：指听话的人等。哈萨克语中，马颊：指瓜子脸；小驼眼：指眼睛漂亮等。牧业词汇还被用于人名、地名、植物名、星辰名等。如哈萨克语中的人名：波塔——驼羔；阔孜巴依——羊羔——富人；吐耶拜——骆驼——富人；玛勒德

① 丁石庆：《游牧民族语言的文化维度与认知范畴》，载《伊犁师范学院学报》，2010 年第 3 期。

②③ 丁石庆：《游牧民族语言的物质文化特征》，载《满语研究》，1999 年第 1 期。

拜——有牲畜的——富人；布拉——公驼；布喀——公牛；塔依拉克——一岁公驼；多南拜——四岁公马—富人等。地名：博塔莫因——驼羔脖子；加牙塔斯——马臀石；阿拉铁克套——野公山羊。植物名：马头豆子——蚕豆；牛草莓——黑草莓；骆驼叶片——糙苏；白头骆驼苜蓿——白花草木栖。星辰名：白青马——小熊星座之一星；雪青马——小熊星座之一星；大头羊——猎户星座之一星；绊马索——猎户星座之一星；驴杀了的——木星；铁桩星——北极星等。

（二）谚语中的游牧文化

各民族谚语是其语言中的精华，反映深刻的道理、哲学伦理思想和文化。新疆游牧民族语言中有大量的谚语，其中最突出的一个特点是其鲜明的游牧文化色彩，谚语涉及的许多现象、物品等都是游牧民族生活中所特有的。

如哈萨克族谚语：英雄的名声像围毡，本身像黑琴鸟（英雄本身虽小，名声却不小）；劳动者的脸光彩，不劳动者脸像大畜皮做的皮窝子鞋脏而厚（劳动者光荣，不劳动者可耻）。蒙古族谚语：不懂经的喇嘛怕法令，没有绒毛的山羊怕寒冷；男子汉贵在年轻力壮，山羊羔肉趁热吃才香；有债的人富不了，有蛆的羊肥不了。柯尔克孜族谚语：可怜狼的牧人，羊群不会增多；塔吉克族谚语：劳动好，生活才会幸福；水草好，牛羊才会肥壮；被奶子烫过的嘴，见了酸奶也吹一吹。

游牧民族谚语中赞美马的谚语特别多，如哈萨克谚语：好马是主人的良伴，狗是牲畜的良伴；马是诸畜之王，骆驼是诸畜之首；马是人的翅膀，饭是人的力量。蒙古族谚语：好人一言，好马一鞭；买马看牙齿，交友看人心；马应当拴在最明显的地方，话应该说给最相信的人。

（三）游牧文化在语言中的多种体现

新疆游牧民族的问候语、隐讳语、祝福语等语言中也具有浓郁的游牧文化的色彩。如牧民彼此都关心草原、牲畜，见面时也互相询问水草如何？牲畜是否平安等，久而久之便成日常见面时的问候语。哈萨克人相见时即问："牲畜平安吗？棚圈安好吗？"甚至牧民们在与所有陌生人相遇时，他们都会向对方询问上述内容的问题。因此，不了解游牧民族文化特点的人在碰到这样的场合，或感莫名其妙，或不知所措，甚或啼笑皆非。近代方志《蒙古志》载："俄人某者，初至蒙古，人辄问其家畜安否，某甚诧异，竟以不养家畜相对，故终之不信。"①

游牧民族的隐讳语或委婉语中，也常见与草原文化生活密切相关的内容和形式，如蒙古方言的"解手"，男的要说："出去看马"，女的则要说："出去挤牛

① 丁石庆：《游牧民族语言的物质文化特征》，载《满语研究》，1999年第1期。

奶”或“出去看牛犊”。哈萨克族要说：“去草场”或“去野外”。

各民族都有对说“死”忌讳，游牧民族对这一忌讳也和游牧生活相关，如说某人死了，说“骑马踏上了不归之途”、“他骑马从我们中间走了”、“他骑马离开了我们”。游牧民族的祝福语多含有对草原丰茂、牛羊满圈的祝福。

第四节　新疆回族文化特征

新疆回族来源于内地，根据 1939 年新疆回族总教长马良骏大阿訇完成的《考证回教历史》指出：“新疆回民全系客籍，在前清时，由内地各省，特别是甘肃、陕西，陆续迁移来新营生，遂寄居新疆，而成家立业焉。”[①] 据乾隆时期的历史文献《伊江汇览》记载，1762 年，清廷修建伊犁惠远城，开发之初就有内地回民参与。统辖新疆的伊犁将军驻地惠远城（实际为新疆的首府城市），建有喇嘛庙、关帝庙以及清真寺，“清真寺即回民之礼拜寺，五城均有之，乃内地回民之所建，并无邪说惑人，只以早晚虔奉礼拜者，寺中初无所供，亦无塑像，唯以虔洁礼拜，非其教者，殊未易入也。”[②] 回民是清代开发建设新疆的有生力量之一。在南疆的焉耆回族自治县建有一座咸丰年间的临固清真寺，据史料记载，清咸丰四年（1854 年），清政府为平定南疆倭里汗和卓之乱，从甘肃临潭、固原两地征用大批船工（其中有不少回族）到焉耆造船渡运军队。战事平定后，对这批船工就地安置，免征皇粮，并敕建了临固清真寺。[③]

新疆已是回族的主要聚居区之一，据 2008 年统计，新疆共有回族人口 953 017 人，约占全国回族人口的 9.7%，排在宁夏、甘肃、河南之后，居第四位，是我国回族的主要聚居区之一。从人口规模上看，是新疆第四大民族。按 2008 年统计的民族人口数比较，居全区第四位（维吾尔族 9 831 760 人、汉族 8 363 265 人、哈族 1 510 497 人），约占全疆人口总数的 4.5%。回族也是新疆第三大少数民族，排在维吾尔族、哈萨克族之后，约占新疆少数民族人口总数的 7.4%。以前新疆民族宗教研究主要集中在维吾尔族、哈萨克族等突厥语系少数民族方面，对新疆回族的研究较少，有忽视回族研究的倾向。实际上回族在新疆社会中的影响不可小觑，回族人口增长速度快，新中国成立前，新疆回族人口只有 12 万人，今天达到 95 万人，约占全国回族人口的 9.7%。新疆回族与陕甘宁

① 马良骏：《考证回教历史》，新疆人民出版社 1994 年版，第 3 页。

② （清）格琫额：《伊江汇览》、《坛庙》。

③ 齐尚明、崔淑芳：《焉耆回民》，新疆大学出版社 1994 年版，第 123 页。

青地区的回族关系十分密切，如新疆回族门宦（教派）都是来自于这些省区，并深受这些地方浓厚的伊斯兰文化影响。同时，新疆回族在汉民族与其他穆斯林民族之间建立起沟通的桥梁，并吸收着各民族的优秀文化，新疆回族在历史发展过程中逐步形成了具有新疆特色的回族文化。

一、生活方式

（一）生产方式

新疆回族大散居、小聚居的方式决定了回族从事着不同的职业，生产方式的多样化，有农业、商业、餐饮业等行业。

1. 农业

回族重视农业生产，认为农业生产是获得物质、供给社会的重要事业。在一千多年前，伊斯兰教视农业与人的关系最密切，是一切生物赖以生存的根本，农业利益是凭自己劳动而获得的洁净的利益。不仅提倡树立正确的劳动观，而且反对游手好闲。清代大量的回民走西口，从比较贫瘠的甘肃、青海一带到新疆谋生，回族成为新疆开发建设的重要力量。米泉大米是昌吉回族种植的，享有盛誉。

2. 商业

新疆回族比较喜欢从事驮运业。20 世纪初一位驻新疆的俄国领事的记载道："东干人（即回族——引者注）对商业也很精明，但在中国西部地区没有东干人开设的大商行，东干人中并无大商人。很多东干人放债营利。客店、饭馆和旅社，特别是伊斯兰教徒歇宿之处，多掌握在东干人手里。东干人精明强干，他们有时在一些看来没有人会去投宿的地方开设客店，却往往不会亏本，因为他们善于选择设店的地点。这些旅店所以能不蚀本，完全由于本地区的拉脚行业（即旅店业——引者注）主要都是东干人经营的。东干族的车夫总是争取把车赶到自己的同胞东干人那里投宿，即使路程要比到汉族人那里更远，也不那么方便。显然，东干人喜爱经营拉脚业。他只要有几峰骆驼，有时只有几对牛或马及相应数量的大车，就整年在路途中奔波。今天他载着俄国货走兰州，明天他装上棉花和畜产品去塞米巴拉金斯克、扎尔肯特（今潘菲罗夫——引者注）和维尔内（今阿拉木图——引者注）他时而去塔城，时而上伊犁以及别的地方。"① 乌鲁木

① ［俄］尼·维·鲍戈亚夫连斯基著，新疆大学外语系俄语教研室译：《长城外的中国西部地区》，商务印书馆 1980 年版，第 48 页。

齐市山西巷的形成与回族的驮运业关系密切。山西巷是一个地域概念，广义的山西巷得名于乾隆朝进入新疆的绥远籍回族驼户。绥远驼户一直在这里有着很大的影响。一直到民国初年，还有绥远驼户定居迪化（今乌鲁木齐），先是从事短途驮运业，多聚居于药王庙，固原巷一带。抗日战争时期逐渐增多。民国 36 年，迪化就有 96 户绥远回族驼户集资，在固原巷购置地产，兴建清真寺。此寺占地 1 400 平方米，为眷恋故乡，命名为绥远清真寺。另一个著名的回族驮运业的中心是在奇台。现代交通运输业的发展，使得驮运业失去了市场，但是，与驮运业相联系的“拉脚业”却长盛不衰，直至 21 世纪，通向新疆南北的大小公路两旁的旅舍、餐饮业大多是回族所开，“回民大盘鸡”、“回民饭店”比比皆是，这种特殊的职业喜好一直延续到今天。

3. 清真饮食业

“回回两大行，小买小卖宰牛羊。”“回回两把刀，一把卖牛羊，一把卖切糕”、“回族三大行，羊肉、馒头、贩油粮。”类似这样的谚语在新疆回族穆斯林中妇孺皆知，特别是“回回两把刀，一把卖凉面，一把卖切糕”等等。清真饮食业是新疆回族穆斯林从事的最普遍的行业，回族著名小吃有凉皮、拉条子、揪片子、臊子面、油香、花卷、粉汤、蒸肉、馓子、牛肉面等。不过，新疆回族十分注意和其他民族的合作，如新疆的烤馕、烤包子、烤全羊、烤肉、抓饭、薄皮包子等地方名吃，是新疆维吾尔族穆斯林经营的传统清真食品。因此，新疆回族穆斯林经营的清真饭馆，凡是有维吾尔族穆斯林聚居较多的城镇，一般不去经营这些品种的清真食品。同样，凡是已经具有了新疆回族穆斯林传统风味特色的清真食品，如凉面、凉皮子、油塔子、牛肉面等品种的清真风味小吃，维吾尔族穆斯林经营的清真饭馆，也同样采取回避的方式。

从事农业的回族，也普遍从事商业活动或副业。在伊宁县某回族村对村长的访谈：

问：村里人均土地有几亩？

答：本村人均约一亩多地，不缺水。1983 年土地承包到户后再没有变动过。

问：村里主要种些什么作物？除了种地，还搞些什么副业？

答：本村居民除种地外，从事育肥牛羊的占 50% 左右，还有做生意的，甚至有做到中亚的。本村主要种植花生、玉米、甜菜、小麦等作物。种植花生有 20 年左右的历史，去年花生价格不行，今年就种花生少，玉米多。靠种地可保证基本生活。国家政策好，村里的特困户有低保，每月补助 30 ~ 50 元。

（二）居住

新疆回族穆斯林的居住习惯基本上与全国各个省区相同。至今在新疆回族穆斯林中没有形成大家必须共同认可、共同遵守、约定俗成的习俗。在房屋以及庭院的建筑布局上，没有什么刻意的规矩。但是，对于住房以及庭院宽敞和洁净的要求及住房环境的选择，新疆回族穆斯林与自己的信仰习俗、饮食习俗已经形成了较为密切的关系。“大分散、小集中”的聚居格局，围绕清真寺建造房屋，在经济条件和能力允许的前提下，对庭院的过道走廊以及门面进行适度的装修和美化，已经在新疆回族穆斯林中达成了一种共识。那种由于历史条件形成以伊斯兰教为纽带，以清真寺为中心，集中聚居在清真寺周围，以相对独立的小聚居区，保护民族的风俗与自尊的习惯，是新疆回族穆斯林最为显著的聚居特点和习俗。

新疆回族穆斯林修建住房不看风水，但是对房屋的地势是否平坦、采光是否好、邻里关系是否和谐，能不能方便地获得清洁的饮用水等诸多因素，考虑得较多。在房屋建造的方位上，出于对伊斯兰教的敬畏，原则上尽量不选择在穆斯林礼拜磕头的清真寺窑窝后面的方位建造房屋。新疆回族穆斯林修建房屋注重打地基，挖槽夯实后，多用鹅卵石砌成坚实的地基后再逐层砌砖或土坯。砌砖与土坯有立砌、平砌、横砌、交错砌、顺跑砌；有缝子墙，有磨砖缝的无缝墙，有四角边用砖、中间用土坯的墙体，传统的屋架多以坚木为梁或檩。新中国成立前，部分日子红火的回族大户人家讲究五梁八柱；新中国成立后，屋顶逐渐用油毡、水泥等材料替代。新疆回族穆斯林大多集中聚居，也有个别采取小分散的方式，与各个民族睦邻而居。过去，由于经济条件的制约，一般都以居住平顶的土坯房、砖石土坯房为主。近年来，随着经济的快速发展，新疆回族穆斯林的居住条件变化较为显著，特别是城市周边的一些农村，宽敞漂亮的砖瓦房和新式小楼房，已经基本取代了过去的传统土坯房。

（三）饮食

新疆回族具有比较发达的饮食文化。回族人只食牛、羊、驼、鸡、鸭、鱼肉，家庭日常饭食，一般有蒸馍、花卷、包子、饺子、馄饨、揪片（汤面）等。回族人的风味小吃拌面、烩面、炒面、凉粉、面皮子、粉汤、清汤牛（羊）肉面、酥馍、麻花等独具风格。

回民喜喝茶，一般用砖茶，有的老年人用熏茶，还添加糖、红枣、沙枣、葡萄干、杏仁、核桃仁、蜂蜜、果干、杏干、枸杞、桂圆等辅料。一般老人在晨礼之后先喝茶。各家各户都有盖碗茶具，茶具由茶碗、掌盘、盖子配套。给客人一般泡糖茶，糖茶又分红糖砖茶、白糖清茶、冰糖窝窝茶，尊贵的客人要放八宝茶或三香茶。沏茶讲究用牡丹花水（沸水），要当着客人的面，将碗盖揭开，放入茶料，然后盛水加盖，双手捧递。喝茶时，边刮边喝边添水。除喝清茶外，还饮用一种不用茶叶的茶，叫“油茶”，即将牛、羊油炒熟，加面粉炒至微黄，加葱花、盐末等，三者拌匀，饮用时用沸水冲泡或煮沸用，这是回族人外出时食饮兼用的一种方便饮食。回族还有喝盖碗茶、糖茶的嗜好。所选茶叶一般以“陕青”、“茉莉”为主。喝盖碗茶的花样甚多，如用陕青茶、白糖、柿饼、红枣沏泡“白四品”；用砖茶、红茶、红枣、果干沏泡的“红四品”；用花茶、冰糖、白糖、红糖、红枣、核桃仁、桂圆肉、芝麻、葡萄干、柿饼、果干等沏泡的“十二味香茶”。

“九碗三行”是新疆回族人的正宗宴席，赴这种宴席叫“吃席”。回族人在举办婚丧嫁娶的活动中，大多要做“九碗三行”的宴席，招待客人和亲朋好友。“九碗三行”是指宴席上的菜全部用九只大小一样的碗来盛，并要把九只碗摆成三排，每排三碗的正方形，这样无论从南北或东西方向看，都成三行，故名九碗三行。这种宴席不仅摆法有讲究，而且上菜时也有约定俗成的规矩。一般先上四个角的肉菜，称之为“角肉”，然后再上四个边的菜，其中对面的两碗菜，名称要对称，称“门子”菜。“门子”菜就是菜名要一样，但花样和原料可以有区别。比如东面是“丸子”，那么西面的菜也必须是“丸子”，但一边的丸子可以用牛肉，另一边的丸子则可以用羊肉，另外也可以分别放些鸡蛋、木耳之类的东西以示区别。这样要求的目的，既有对称美又增加了菜的花色和品种。最后上中间的那碗菜，一般放凉菜，有条件的人家，桌子中间放火锅。客人入席后，先要上小麻花、方块糖和各类干果之类的点心和糖果，并要请客人喝茶。这样做，目的是让远道而来的客人先休息一下，喘口气，并让客人们互相认识一下，聊聊天，活跃气氛。

新疆回族清真饮食已经成为当地各族人民喜爱的美食。新疆回族过节日时，一般会用粉汤招待客人。粉汤主要是凉粉块，要求均匀透亮，缠绵细嫩，嚼起来爽口而有韧劲。再用羊肉、肉汤、西红柿、菠菜、白菜、红辣椒、醋、胡椒粉和水发木耳等做汤，二者合在一起即成粉汤。一般选用优质淀粉（主要为豌豆粉）熬制冷却备用，然后选用肥瘦适中的羊或牛肋条肉切成碎块，加盐和准备好的姜粉、花椒粉、胡椒粉、洋葱、红辣椒、水发木耳等，烧成即成。粉汤碗内再加上香油、红油辣面、香菜等，这就是酸辣粉汤。若在粉汤内调配上几个水饺，就成粉汤饺子。杂碎粉汤则用煮熟的羊杂碎或牛杂碎炝锅，加原汤粉块和各种佐料调制而成。数九寒天，吃碗粉汤，全身发热冒汗，既实惠又有风味，有人甚至用粉汤发汗治疗感冒，则是另有妙用了，粉汤四季可做，但因时令季节不同，放的菜有所变化，无论何时做的粉汤，都具有味香扑鼻，色艳夺目等特点。回族在招待客人吃粉汤时，还要配以面食——油香。

现在风靡新疆各地的椒麻鸡，是新疆昌吉回族的一道特色名菜，昌吉农牧区回族喜欢养鸡，用鸡可以做出数种可口菜肴。其中每个家庭都能做出一道上好的椒麻鸡。将屠宰后的鸡拔毛取出膛内杂物，并冲洗干净后入水煮熟，煮时水内加盐和花椒水，待熟后撕成碎块，拌以花椒粉、盐等佐料，佐以葱、蒜、辣子等，待凉后食用。

大盘鸡是近年来风靡全国的一道新疆名菜，在新疆回族穆斯林经营的清真餐饮业中，是一种最为普遍和最流行的清真菜肴。做法是首先将整鸡洗净切段，在热油中放入少许的白砂糖，为入锅后的鸡段上色提味，鸡段入锅后将其用猛火烧制七成熟的时候，再将准备好的土豆块、辣椒、葱、姜以及其他佐料一同放入，待出锅时再将准备好的蒜片放入即可。消费者可以根据客人的数量，决定自己在食用时所需长面片的份额，每一份大盘鸡都会配一定量的长面片。

由新疆回族穆斯林创造的大盘鸡具有较多的特点：一是大盘鸡烹制过程快速，香辣可口；二是清真特色，适宜各个民族居民消费；三是物美价廉，适合大众化的消费。如今大盘鸡既是一道待客的菜肴，也是一种经济实惠的快餐。关键是它将内地的麻辣烹调和清真原料相结合的方法，大大促进了各民族在饮食文化上的接近，是一种民族交流的方式，大盘鸡不仅为新疆各族人民喜好，而且走入了内地千家万户，与新疆羊肉串、抓饭等一道成为新疆美食的代名词。

此外，新疆回族做的各种羊杂碎、羊杂汤也非常精美，回族的快餐——拌面也受到各族人民的喜爱。新疆回族似乎承担了新疆美食家和厨师的角色，以美味可口的清真食品招揽了各民族前来相聚，“民以食为天”，这种成为增进民族感情的天然方式也反映了回族在汉族与其他穆斯林之间的天然沟通桥梁。

（四）服饰

回族服饰受到了伊斯兰教的影响，如清代袁大化《新疆图志》记载：“阿訇之帽，上锐而高，檐以白布绽之，厚二三寸，脱帽为敬。入门必解履。妇女必障面。皆古制也。”又说“惟寺中礼拜，戴棱冠。上锐下圆，五色皆备，而白者为多”。直到今天，回民仍然头戴白帽，有的头缠“戴斯达尔”，女的搭盖头等，这都是回族服饰习俗发展变化的重要特征。新疆回族穆斯林男子传统的服饰，根据穆斯林服例必须遮住“羞体”、整齐洁净的基本规则，要求服饰至少要遮盖从肚脐到膝盖处，不要暴露大腿、臀部；忌讳穿透明的布料或者裁剪过于紧身的衣服。开斋节、宰牲节和主麻聚礼日，是新疆回族穆斯林最珍贵的日子，是向真主表示真诚和敬畏的日子，因此在这样的场合必须穿上自己最洁净、最体面的衣装；在其他场合，原则上可以在洁净的前提下灵活变通。回族男子还有一些与宗教传统密切联系的衣物。

“戴斯达尔”，是波斯语音译，意为“清真寺的阿訇或教长头上缠的布”，俗有“缠头回回之称”，相传穆罕默德早期传播伊斯兰教时，头缠戴斯达尔礼拜，戴斯达尔的长度一般为9尺或12尺。缠头时有许多讲究：前面只能缠到前额发际处，不能把前额缠到里面，因为这样不利于叩头礼拜。新疆回族穆斯林民众过去缠戴斯达尔的较多，现在多数新疆回族穆斯林群众习惯戴白帽。

麦赛海袜。“麦赛海”，为阿拉伯语音译，意为“皮袜子”，亦称“麦赛袜子”，一般用近似皮夹克软、薄的牛皮制成，洁净光亮，结实耐用；是清真寺里的阿訇、满拉、乡老和常去寺里的回族穆斯林老人冬天穿的一种皮制袜子，穿上麦赛袜子可以免去小净中的洗脚程序，只用湿手在袜子的脚尖至脚后跟摸一下，即等于洗脚。

准白。阿拉伯语音译，意即“袍子”、“长大衣”。这是新疆回族穆斯林阿訇、满拉、回族老人们最喜爱的服装。准白的布料一般选用黑、白、灰等颜色的棉布、化纤布料或高档毛料制作，有单、夹、棉、皮四种。其款式近似现代的长大衣，但领子一般都是制服领口。新疆回族穆斯林男子还喜欢穿白衬衫、白高筒布袜、白布大裆宽松裤等。

20世纪60年代前，焉耆的回族男子服装多肥大，外衣为黑色，内衣为白色小褂，对襟直领，锁扣、外穿坎肩；裤子多用黑色，长及脚面，扎裤腿（青年不扎）；一般常戴白色小帽。新中国成立后，服饰已发生很大变化，除一些老年人还循旧俗外，一般青年人大多穿中山装、军便服。80年代以来，流行西服、连衣裙和牛仔裤等。1990年，从各年龄段的115人抽样调查中，喜欢穿流行服装的49人，占42.6%；喜欢穿西装的32人，占27.83%；两者相加81人，占70.43%。根据伊斯兰教规要求，妇女的腿、臂、胸部都是绝对不能外露的，不论男女衣裤都要宽大些。但现在穿短袖、无领连衣裙、短腰窄裤管的牛仔裤的人日渐增多。经抽样调，认为牛仔裤难看的32人，占27.82%；认为连衣裙难看的4人，占3.5%；认为违犯教规的12人，占10.43%；认为伤风败俗的2人，占1.74%；有72.17%的认为牛仔裤好看，可以穿。新式的时装被大部分回族青年所喜爱。①

新疆回族穆斯林妇女戴盖头的习俗，一是受阿拉伯国家的影响。在阿拉伯地区，风沙很大，水源较少，人们平时难以及时沐浴净身。为了防风沙，讲卫生，节约水源，妇女们自己缝制了能遮面护发的头巾。二是受伊斯兰教的影响。因为《古兰经》要求妇女降低视线，遮蔽下身，莫露出首饰。新疆回族穆斯林妇女的盖头，通常由黑、绿、青、白等颜色组成，盖头的颜色按照年龄划分为儿童、少女、媳妇、老人。儿童和少女多戴绿色，已婚少妇或者中年妇女多戴黑色或青

① 焉耆县人民政府办公室：《回族的风俗习惯》，http：//www. xjyq. gov. cn/content. jsp? danwei = 1&fenlei = 9511&nian = 2012 - 01 - 01&liushui = 。

色，老年回族穆斯林妇女戴白色。戴绿盖头显得清俊娇丽，戴黑色或者青色盖头显得素雅端庄，戴白色盖头则显得沉稳持重。

按照传统的伊斯兰教法规定，新疆回族穆斯林妇女传统的衣饰都遵循外衣可以露面孔和双手，遮盖身体的布料不许是透明的或肉色，凸显穿衣人的色相。衣服裁剪的样式不应显露出妇女明晰的体形，造成身体形体曲线的暴露。

新疆回族穆斯林女性的传统衣服，忌讳模仿男人的服装，同时男人的服装也不许制成女人服装的样式，忌讳服装以及饰物仿效其他宗教服装的形状和样式；要求妇女的服装和饰物普通、大众化；忌讳在衣衫褴褛的穷困人群中，穿戴价值连城的衣物和饰物，表现出盛气凌人的气势。

新疆回族穆斯林传统的女装都是右边扣扣子，扣子和纽子都是根据自己的爱好用不同质地的料子制作。新疆回族穆斯林女性所穿的鞋，过去基本上都是自己制作，她们喜欢在鞋头上绣各种图案。焉耆回族妇女都精于针线活，特别擅长绣花，绣工精细，枕头、马甲、鞋、婴儿的裤子、帽子甚至男人的袜跟上都绣上花、昆虫。姑娘出嫁后，能取得“上炕的裁缝，下炕的厨师”称号，才能算是个好媳妇。中年妇女多穿短装，上衣上窄下宽且长，一般都是过膝盖或达到膝盖；头戴发网，有的则蒙上棕色或白色的头巾。青年妇女爱穿颜色鲜艳的服装，不少少妇、少女穿的肚兜、夹袄、棉袄、坎肩的胸部和裤脚上都绣有各式各样的花边，头扎红、绿色丝绸头巾，脚穿绣花鞋。年老妇女喜欢青、黑两种颜色的布料，服饰纯朴、素净。20 世纪 60 年代后，焉耆回族妇女中只有老太太戴头巾，只遮发不遮面，中年以下妇女很少戴头巾。新中国成立前，妇女婚前多梳辫子，婚后改为发髻。新中国成立后，中青年妇女中逐渐盛行短发。80 年代，盛行烫发和披肩发。1990 年，对 77 名具有各种职业、不同年龄的妇女进行调查，有 38.96% 的人喜欢烫发、披肩发，有 37.66% 的赞成传统发式，认为女式短发好的人占 13.3%。①

二、民俗文化

（一）节日文化

回族有三个重大节日：开斋节、古尔邦节、圣纪节。

开斋节。每年的回历九月为穆斯林斋戒日，斋戒的最后一天，要登上清真寺的望月楼，观望新月，见月开斋，现在则统一按全国伊斯兰教协会推算确定日期

① 《焉耆回族》，http://baike.baidu.com/view/49134.htm。

开斋。开斋这一天的清晨，回族男人要沐浴净身，穿新衣服，熏香，到清真寺参加会礼。会礼结束，要走坟，探亲访友，待客；同时，自愿向清真寺出“乜贴”(布施)，向老弱病残、生活贫困、孤寡无依靠的人施舍。因此，开斋节又被称为“济贫节”。在回族人的心目中，斋月是“祥的月份”，斋月里不能说伤害别人的话，不干损人利己的事。无论穷富都斋戒，提倡施舍行善。

古尔邦节又叫“宰牲节”、“易难节”，其宗教本意在于提醒穆斯林学习圣贤为遵主命而献身的精神。节日这天的清晨，回族要上寺会礼，之后走坟，回家举行宰牲仪式。宰杀的牛、羊、驼肉不能出售；除自己食用一部分外，分送亲友和贫穷的人。吃完肉后，要把骨头埋在干净的地方。根据伊斯兰教义宰牲可以1头牛抵7只羊或1只骆驼抵12只羊。

圣纪节。先知穆罕默德的生日与逝世之日，都在回历三月十二日，因此习惯上把圣纪和圣忌合并纪念。这天，穆斯林们聚集在清真寺里沐浴，诵《古兰经》赞圣，阿訇要讲述穆圣的功绩、品德，之后清真寺施散油香。

回族是一个非常好客而热情的民族，有着“持家从俭，待客要丰”的优良传统，重视待客礼节。当家里来了客人，主人立即起身相迎让座，献上香茶。当男主人与客人愉快交谈时，女主人则到厨房准备丰盛饭菜款待客人。就餐前，要先洗手。入席，谦让年长者坐上席。上饭菜之前，主人首先要上盖碗茶。倒茶水时要当着客人的面将碗盖揭开，然后盛水加盖，双手捧递。这样做，一方面表示这盅茶不是别人喝过的余茶，另一方面表示对客人的尊敬。客人要双手接茶盅。进餐时，上席长者先动筷子，其他人才能进食。席间，不说污言秽语，不挑剔食物，不要向碗里吹气，也不要用筷子在碗里乱搅动，要小口进食。饮水时，不接连吞咽，不能对着杯盏喘气饮吮，要一口一口地慢慢饮。当客人道别时，回族总是满脸笑容，并一再挽留，一直将客人送出自家大门。回民对长者均尊敬有礼，晚辈见长辈要道“色兰”问好，宴席上长辈要坐上席；吃饭，要先让长辈；行路，要让长辈先走。禁止背后诽谤别人和议论别人的短处，反对骄傲、怠惰、欺骗和恶语伤人，禁止在人面前袒胸露背，反对抽烟、喝酒、赌博、游手好闲，禁止在果树旁和河边大小便。回民很讲究礼节，热情待客，亲友间往来密切，平时常互相走访、问候。第一个孩子过满月时，亲友要贺礼；一百天要过“百天”请客；一年过“岁岁”(周岁)，亲友也要行贺礼。

（二）婚俗礼仪

限制同乳兄弟姐妹结婚，不管有无亲属和血缘关系，只要吃过同一个人的奶(母亲或奶妈)，都不能通婚。双方都是穆斯林才能通婚，如遇特殊情况也可以通婚，但非穆斯林一方必须改信伊斯兰教。回族人结婚一般都会举行宗教仪式，请阿訇念尼卡，婚姻才算合乎教律。回族的婚礼喜庆热闹，但不奢华。20 世纪 70 年代前，回民联姻过程中的求婚、允婚、纳聘、证婚虽说礼节繁多，但很讲节俭。一般男女青年婚事由父母包办。先由男方请 1 ~ 2 位媒人带着糖、茶、干果等四色礼到女方家提话（说媒），女方家经过了解男方家情况，并向至亲和女儿征求意见，如果不中意，在媒人第二次上门时，婉辞回绝，并退还礼物；如果还需进一步了解，则托词延缓几天给话，一般在媒人第三次上门时，要作决定，如同意，女方父母就给媒人明确表示，并提名点定另 2 位媒人，加上原来提话的媒人共为四大媒人。然后由男女家请四大媒人共商下聘定亲事宜。定亲礼随男家心意，一般是 4 套衣服。80 年代，多是 8 块布料。定亲后，通过媒人串联决定送大礼和结婚日期。大礼由女方提出礼单，通过媒人与男方家反复相商确定，在送大礼时决定结婚日期。然后男女一同去领结婚证。结婚前二三日，媒人给女方家送催妆（一般为一套棉衣）。

结婚这天，男女家都要搭喜棚，招待亲友。上午女方家先给新娘绞脸（即把新娘脸上额前的毛发除去），再打扮一新，然后打发新媳妇的弟弟或者小侄儿到男家新房门上去钉门帘（表示女方已准备好，即将发亲）。这时，新女婿由陪女婿（伴郎）及至亲好友十多人，前往女方家娶亲，娶亲队伍到女方家后，先认亲，然后由阿訇念“尼卡”（证婚词）。阿訇念“尼卡”中询问双方是否同意结为夫妇，男方自己回答，女方由至亲（窝其力）代答。从 1950 年起，阿訇念“尼卡”时，必须询问是否领过结婚证，到此证婚仪式结束。发亲前，先由娶亲来人将小面值的红包和糖果、花生、干果向围观的人众撒布，然后新媳妇由已婚至亲妇女作伴娘，另有女方至亲送亲，并带上嫁妆。喜车快到男方门前时，男方客人要公公、婆婆，要给公公反穿皮袄，倒骑毛驴，背上插扫把；脸上抹黑灰；给婆婆戴纸糊高帽，耳朵上挂两串红辣椒。公公前往迎亲，婆婆在彩棚前候亲。过去，迎送新娘还有“姑不娶亲，姨不送亲”的说法。晚上，要闹洞房（叫耍床），一般只限于青年和小辈之间，现在改为参加婚礼的青年人和新人一同唱歌跳舞，越热闹越好。

第二天清早，娘家弟弟给新媳妇送睁眼包子，以示父母关心女儿，同时新女婿由陪女婿陪同到岳父家行谢礼，并在岳父家吃睁眼包子。有的亲友和好事者还在个别包子中包上盐巴、辣椒等物，以试探女婿是否精明。夹上盐巴或辣椒馅的包子，只要咬开，不管多么难吃，新女婿都得吃下去，也会引起一场哄笑。吃完睁眼包子后，由送亲的人领着新媳妇一一认婆家的大人、小孩。中午，娘家人要携带礼品去婆家“下堂”。第三天，新婚夫妇和公婆到女方家拜谢新娘父母，叫做回门。此后，婆婆还要带着新媳妇到娘家各亲戚家去认亲。

婚后如感情不和允许离婚，离婚后的妇女要等 100 天后才能改嫁，这样的规定，一方面是为了让双方重新考虑是否复婚，另一方面是查看妇女是否怀有身孕，以免酿成不必要的纠纷。1950年国家颁布《婚姻法》后，嫁娶习俗发生了较大变化。现在男女青年多自由恋爱，但在婚礼形式上仍然保留着传统风俗。

（三）葬礼、葬俗

回族主张简葬、速葬，提倡“入土为安”。当一个回民“无常”后，就要及早安葬，以求得落土安然。所谓“亡人盼土”就是回民共同的丧葬观。一般对年老、病重的人早就准备了丧事，当天“无常”就当天埋，不得已才拖延一天。回民推行土葬，不用棺木，不穿寿衣，不放随葬品。人去世了，先给亲友报丧，亲友要前往吊唁。除伊赫瓦尼教派外，吊唁来的亲友不论男女都戴白布孝帽或束白腰带。安葬前要做好四件事：一是挖坟，焉耆回民坟墓都是先挖南北向2米多深长方形深坑，再在坑底西侧壁挖一个洞口，洞内再南北方向挖1个高1米多、长2米、宽1米的洞，活人能躬着身出入；二是缝“克番”（尸衣），“克番”用的布料是3块白布，共3丈3尺，亡者生前、亡后概不用绸缎细软做“克番”；三是准备水床、浴板、皂角水或肥皂水；四是举行站礼或站“者那孜”（殡礼）。亡人在埋葬前，要将遗体洗净、揩干，然后包在“克番”里，一般要在埋体（尸体）的额头、手脚之处放上冰片、红花等防腐药物，然后放入塔木匣子（一个公用的木匣子）里面。塔木匣子、木床平时都存放在清真寺里。遗体入塔木匣子后，由阿訇站“乃麻孜”（阿訇站立诵读古兰经有关经文，祈求真主宽恕亡人在生前所犯的过失，祝愿亡人安息），然后把遗体抬到坟地，放置在挖好的“拉哈提”（洞穴）内，放置埋体必须头北脚南，仰面平放，打开面部“克番”，将面部扭向朝西，然后用土坯封住“拉哈提”洞口，再用土填平，多余的土堆成马脊梁形坟包。一般还在坟上用土坯作标记，在坟旁栽树木，有的地方渐兴立碑。

妇女不准送葬，不准进坟地。亡人埋葬后，“三天”、“头七”、“二七”、“月斋”、“四十”、“百天”、“周年”都要请阿訇在家念“索儿”（《古兰经》章节），祭奠亡人。逢“主麻日”或肉孜节、古尔邦节亲人都要去上坟。过去，老人“无常”后还要请阿訇或念经人走坟念经100天。

（四）禁忌

在孕妇面前忌谈难产、怪胎，以防止孕妇忧虑，情绪不稳。妇女怀孕期间忌食兔子、骆驼肉，怕生“豁唇子”。孕妇不能坐门槛，怕难产。在月婆子的房门上挂条红布，以示产房，外人不得擅入。禁忌产妇在坐月子期间动冷水，出门外。忌坐着晃腿，怕妨父母。忌小孩子坐石头，怕出湿疹。忌孩提时骑狗、坐箩筛子，怕成亲时刮风下雨。忌坐门槛，怕得病抽风。不欺负燕子，不掏燕子窝，怕要害眼病。忌小孩掏麻雀窝和欺负乳雀，怕长大了手颤。不能伤害鸽子，因鸽子救过圣人。禁吃有牙的鱼，怕有牙的鱼吃了死在水里的动物或者死人，不干净。害疮的人忌吃韭菜，怕留宿根复发。解手时不得面向西方，因天房（克尔拜）在西方，也不能对着日月解手。上、下炕时，不能从人的面前过，否则是对客人不礼貌。客人刚走，忌打扫、倒垃圾、泼脏水，因为这样表示不友好。

三、宗教信仰

新疆回族伊斯兰教教派主要有格底木、伊赫瓦尼；门宦主要有虎非耶、哲合忍耶、尕底林耶。

“格底木”为阿拉伯“古老”、“遵古”之意。因此，格底木派又称“遵古派”、“老教”，就是遵循回族先民古老的教义、教规而行教。格底木的清真寺门楼和大殿有牌匾书写有“清真古教”、“天方古教”等醒目字样，以表其正统。新疆格底木教众大都系清乾隆年间、同治年间西北回民起义失败后，随同逃难的回族起义军。

格底木信教群众在新疆回族穆斯林民众中占60%左右，主要分布在乌鲁木齐、昌吉、伊犁、哈密等地。格底木清真寺和各教坊之间平等相待，互不隶属。主张重视法定功课，即念、礼、斋、课、朝。对其他教派尊崇的道乘，只看作是一种副功；重视立足于今世的耕耘，才有后世的硕果。格底木在我国传承时间长，深受儒家思想的影响，因为人口众多，也称为“大坊”。

“伊赫瓦尼”是阿拉伯语，意为兄弟，是其创始人经常引用的《古兰经》中的一句经文：“众信士皆兄弟”，旨在强调穆斯林相亲相爱，平等、团结，犹如兄弟。天长日久，人们以“伊赫瓦尼”称呼该派；因其相对于四大门宦而言，出现较晚，故也称“新教”、“新兴教”。然而该派创始人马万福（1853～1934）并不以一个教派创始人自居，也不赞成别人称他所倡导的伊赫瓦尼为什么派别，他只是号召人们剔除长期以来渗入伊斯兰教里的非伊斯兰成分，主张“尊经革俗”、“凭经立教”。如他坚持拜主独一，反对崇拜教主，反对人与真主之间设立中介——导师（实际上是门宦的教主），强调人与真主可以直接沟通。他的这些观点与欧洲基督教马丁·路德的观点十分相似。该教传入时间较晚，民间俗称“新兴教”。其主张是凭经立教，尊经革俗，反对崇拜教主与拱拜。

“哲合忍耶”，又译为哲合林耶、哲赫林耶，是中国伊斯兰教四大门宦（哲合忍耶、虎夫耶、尕德忍耶、库布忍耶）之一，是我国伊斯兰教各门宦中人数最多、传播区域最广、教权比较集中的门宦，是阿拉伯语的音译，意为“公开”“明扬”或“高念”。故又称为“高念派”、“高赞派”，即高声赞颂穆罕默德，在新疆回族信徒中的影响仅次于格底目和虎非耶，又称为“小坊”。哲合忍耶教派与伊斯兰教其他教派的不同点，除了在礼仪以及教徒戴六角尖顶帽（黑色、白色均有。此帽象征宇宙是圆的，有六个方位，真主独一）等外，还形成了一套门宦制度，突出的有下列几点：

（1）实行教主制度，即教主在该门宦中高于一切。教徒崇敬和信仰教主，见教主下跪，对教主的一切作为和言行要求顺从。教主殁后，在教主的葬地建筑拱北。教徒经常前往朝拜念经、点香。

（2）实行“口唤”制度，教主的话要绝对遵行，教内事无大小，不得教主的“口唤”，便不能妄自行动。

（3）实行“热依斯”（教主代理人）、阿訇的任免制度。凡该门宦的阿訇均由教主统一任免，离教主常住处所较远的或教主认为必要的教区，由教主派去热依斯代行教主职权，任免该地区的阿訇但必须请示教主，得到口唤后，方可决定。热依斯、阿訇等，均须无条件地接受教主的调迁，并经常加以训练。未经教主同意，任何人不许随意当阿訇。

（4）实行请示、禀报制度。无论“拱北”或其他方面的事，均须事先请示教主，教主认为可行则行。新中国成立后，进行了宗教改革，教主的权力及等级制受到限制和削弱，已今非昔比。

虎非耶。中国伊斯兰教苏菲主义四大学派之一。阿拉伯语音译，原意为“隐藏的”、“悄声的”。因该派主张低声念诵赞词，故名。为中亚人穆·罕默德·白哈乌丁（1318～1388）所传，源于纳格什班迪耶教团。虎非耶门宦在甘、宁、青地区有大小二十多个支系，传入新疆的支系不多。具有代表性的有：花寺、穆夫提、北庄、毕家场、胡门等支系。新疆虎非耶以花寺门古人数居多，遍布新疆各县、市。虎非耶门宦人数在新疆仅次于格底木教派。虎非耶同格底木教派都是单一教坊制，注重备个教派之间的团结，但各个清真寺寺坊互不隶属。

尕底林耶，是中国伊斯兰教的门宦制度之一。阿拉伯语称为“大能者”，受到儒家文化的深厚影响。传入新疆始于清乾隆二十四年（1769 年）。尕底林耶教门弟子周云阳于咸丰年间在新疆清真寺担任伊玛目。尕底林耶主要以清代学者刘智的《天方性理》、《天方典礼》、《归真要道》等汉译经典传教，因此宗教仪式简单而特殊，演讲教义多以尕底林耶的主张内容为主，此传教发展受到了一定的制约，在新疆教民人数较少。

四、语言文字

新疆是世界三大宗教的交汇地。新疆回族就处在这样一个色彩斑斓的社会环境中——多民族聚居，伊斯兰教民族居多；多语言共处，以汉语和维吾尔语为主。不同文化背景的语言在新疆这一多样文化交汇地接触、碰撞以致交互影响，原本就是新疆语言社会特有的一道风景线。更兼新疆的伊斯兰教民族皆用阿拉伯语诵念《古兰经》，这使得同信奉伊斯兰教而又分别使用流通于新疆的两种主要语言（汉语和维吾尔语）的回族和维吾尔族间又多了一条语言纽带。于是，汉语、阿拉伯语、维吾尔语发生三角联系、三角影响。这种语言文化背景加剧了新疆回民经名（回族除姓名外，一般都有“教名”或“经名”）中的阿拉伯语和汉语的直接接触和碰撞。[①] 反映了多元文化对回族语言的影响。

对于回族主要使用汉语的现象，值得一提的是新疆回族著名作家杨峰的观点，他认为，有很多人说回族人没有自己的语言，这个说法从科学上讲是站不住脚的，汉语就是回族自己的语言。这个世界上一种语言被多个民族共同使用，从事人类学研究的人都知道，世界上许多种族使用一种语言，不能说一个民族就用一种语言。汉语是中华民族的主体语言，我们不能说汉语就是汉族人的独家语言，因为在汉语的发展过程当中，汉语发展到今天，各民族对汉语的丰富和发展做出了自己的贡献，所以共同使用汉语的各个民族都有权力说汉语就是他的民族的语言，是共同的语言。回族这个民族的形成不是由原始部落转换来的民族，而是封建社会在汉文化高度发达的这个时候逐步形成的一个民族，回族就没有必要重新创立一个语言，因为回族和汉族以及各个民族共同生活，共同交往，不可能在重新创立一个语言，也没有必要，当然回族在使用汉语的时候，在汉语里面增加了一些特殊词汇。回族人一开始诞生的过程中就使用汉语，说明他们心怀宽广，崇尚进步，而不能说回族没有特殊的语言是一个缺憾，而是促进民族尽快发展的一个优秀的表现。[②] 笔者赞同杨峰的观点，回族主要使用汉语汉文，其语言基本上保持西北各省方言特色，还夹杂有陕甘方言和少量阿拉伯、波斯语，以及维吾尔、哈萨克词语及宗教词汇。有些回族人兼通维吾尔族、哈萨克族等民族的语言、文字。

五、新疆回族文化的显著特点

（一）清真——回族族群文化认同的基本标志

美国人类学家道格拉斯认为肮脏与洁净不是卫生与美学的问题，而是人类维

① 刘俐李：《新疆回族经名的语言变异》，载《中国语文》，2001 年第 2 期。

② 杨峰：《谈新疆回族的历史与文化》，http：//hi. baidu. com/cjrblyh/blog/item/3f612c2ac13764395343c1fa. html。

持社会秩序合法化的主观建构。“为了维持社会秩序，必须将人类行为的若干领域加于区别，甚至要创作一些认知领域，并且要模式化。”[①] “清真”作为中国历史上的伊斯兰教信众对自我信仰及生活方式的汉语表达，明代的回族解释“清真”的意思是：“清”是真主清净无染，不拘方位；“真”是真主独一至尊，永恒长存的意思，合起来即“清净无染，真乃独一”。近代新疆回族总教长马良骏大阿訇解释得更加简明：清则净也，真则不杂也。净而不杂，就是清真。用“清真”阐述伊斯兰教既言简意赅地表达了伊斯兰教的教义，又符合中国人的宗教观念和思维习惯。“清真”一词成为中国回民的标志，也成为回民自我认同的标志。“清真寺”是回族社会特有的称呼，阿拉伯人称清真寺为“麦斯吉德”，意为“礼拜的场所”。清代新疆的维吾尔族则采用阿拉伯文“Masjid”（麦斯吉德）一词，维吾尔语译称为“miqit”（米吉提），意为“礼拜的场所”，在维吾尔族社会中对礼拜寺的称呼与回族社会有明显的不同。[②] “清真”一词经过回族的“中国化”处理，“清真寺”已是一种带有中国特点的名称了。[③] 它有助于人口居于优势的汉族社会理解伊斯兰教，有助于伊斯兰教在内地的生存和传播，“清真”一词也成为回族人在伊斯兰教中国本土化历程中自我文化和族群定位的一个象征符号，既区别了宗教信仰（与汉族），又区别了与其他穆斯林群体（与维吾尔族）。借助于这个符号的认同，回族形成了一个特定的社会群体。

回族通过清真寺来凝聚认同，“清真寺是一个特别划定和建构的空间。这一空间的建构通过设定的一系列仪式过程得以实现。如念、礼、斋、课、朝等基本的宗教功课和开斋节、古尔邦节、圣纪节等盛大节日以及盛行于西北苏菲穆斯林社会的著名先贤忌日等宗教仪式。而这些仪式的实践也使穆斯林强化了群体认同，并与其他文化群体相区分。”[④] 千百年来，“清真”成为回族人加强回族的内聚力、抵御同化、捍卫族群边界的有力武器。[⑤] 新疆回族在这一方面也表现出了

---

① 万建中：《文化人类学理论学派——文化研究的历史》，中国人民大学出版社 1996 年版，第 300 页。

② 陈国光：《清代新疆维吾尔族的伊斯兰教》，载《新疆社会科学》，2001 年第 2 期。

维吾尔族礼拜寺系统如下：城市大型清真寺称为“艾提尕”，“艾提尕”一词系阿拉伯语和波斯语的复合词，意为“节日场所”，是维吾尔族穆斯林举行年节会礼的大寺。中型清真寺称为“加买”，系阿拉伯文“Jami”（加米）的维译，有“集中”之意，是维吾尔族穆斯林举行聚礼（主麻拜）的清真寺。小型清真寺，阿拉伯文叫“稍麻”，是一般村落、居民点日常礼拜用的清真寺。

陈国光：《清代新疆维吾尔族的伊斯兰教》，载《新疆社会科学》，2001 年第 2 期。

③ 《清真寺名称的流变》，中国民族宗教网信息中心：http：//www. mzb. com. cn/html/report/35036 - 1. htm，2008 年 12 月 23 日。

④ 敏俊卿：《清真寺：穆斯林社会认同的象征符号》，中国民族宗教网，http：//www. mzb. com. cn/html/report/35036 - 1. htm，2008 年 12 月 23 日。

⑤ 杨文笔、李华：《回族“清真文化”论》，载《青海民族研究》，2007 年第 1 期。

强烈的认同感。2009 年 8 月，我们在新疆焉耆回族自治县调查时，对当地一位退休的校长（回族，男，63 岁）进行了访谈：

问：在现代化、城市化背景下，焉耆回族现在关心的问题是什么？

答：（我们回族人口少）最担心被边缘化，被同化的担心也有。我们要保持我们的民族性，唯一的区别就是宗教信仰。张承志（著名作家）来这里住在沈敬修老人家里一个月，他认为这里的回族比较传统。感觉到了传统的东西，他也走访一些地方，并每天去寺坊和阿訇交谈。

他的言外之意，即感到被边缘化、同化的忧虑，也为焉耆回族保留“传统”——伊斯兰教而感到自豪。

新疆回族依旧十分崇尚清真这一符号，如崇尚白色，象征洁净；非偶像崇拜，内心清静，认主独一；方位上尊崇西方，圣地麦加所在的方向；食物的洁净，不食猪、狗肉等；实行教内婚和族内婚等。通过一个个符号将自己与其他民族区别开来。总之，这些清真符号深刻反映了回族文化心理与认知特征，深受伊斯兰教的影响。在现代化、城市化的进程不断加快，城市的拆迁、改建或是因为就业的原因，一些坊民搬离了教坊，但是他们将清真的标志标在了家里。在回族的家庭里，进入客厅，一般都会有一些清真“符号”，提醒客人注意主人的穆斯林身份，如麦加大清真寺的图片，或是阿拉伯文的书法条幅，或是有清真寺形象的挂毯等等。

（二）伊斯兰文化与汉文化的交融

回族是新疆信仰伊斯兰教的民族之一，与穆斯林民族有着高度的认同，从语言上看又属于使用汉语的民族之一。回族与维吾尔族不同的民族特性主要表现在语言上（使用汉语）。语言认同实际上也表现为一种文化心理认同，表现为对汉文化的高度认同。这种双重认同成为新疆回族的天然优势，使得新疆回族不仅成为汉族与穆斯林民族之间沟通的桥梁，发挥了民族团结的纽带作用，而且在这个沟通过程中回族自身也继续吸收了多元文化，推动了具有新疆地方特色的回族文化的形成。

新疆回族作家杨峰指出，回族文化是伊斯兰文化和汉文化相互融合而成的文化，但是其核心还是伊斯兰文化，所以回族人或鲜明或隐晦地表现着伊斯兰文化性格，伊斯兰教是“两世吉祥”的宗教，由此而产生的回族人文化性格里，就有了“信主不信邪”这个基本的共识，他们虽信前定，但也更能积极参与改变命运的斗争，从来不向邪恶屈服，不以穷富论荣辱。他们珍惜生命、热爱生活、热情好客、喜尚清洁，多么残酷的折磨也不轻生，但为了信仰、真理、公正，为了生存的权利，则不怕牺牲，勇于舍身。刚柔相济的内心里，有时表现得与世无争，有时又义无反顾。面对现实和历史经验，他们常有一种巨大的心理反差和内心的困惑，回族文化性格里充满了矛盾性与辩证性。比如他们非常能忍耐，但是忍耐到极点一旦爆发就犹如火山喷涌，不可遏制；他们也常常表现出一种狡黠，但由于信仰伊斯兰教基本教义，这种狡黠是大厚道中的小狡黠；他们对生存环境和生活条件具有极大的适应性，但却固守最根本的信念和行为准则。……所有这一切，都源于伊斯兰文化与汉文化的撞击与融合，它是在伊斯兰文化中萌生的，又是在中国社会现实中铸造而成的，这种文化性格就成了鲜明的民族个性。①

我们对新疆各地回族群众的访谈中，普遍发现回族群众表现出对汉族的亲切感，“回汉是亲戚”，“回族母亲是汉族、父亲是阿拉伯人”，“汉族是回族的娘家人”，成为一种回族社会的普遍共识。但是，回族的矛盾心态又表现在害怕过于“汉化”，丧失本民族的特征。这主要反映在与汉族通婚的矛盾心理，回汉通婚是新疆最为普遍的民族通婚现象，一般的回族家长持不积极的态度，优先考虑族内婚，不得已才考虑民族通婚，要求非穆斯林一方的要入教。另一方面，回族信仰伊斯兰教，与共同信仰伊斯兰教的维吾尔族、哈萨克族之间的交流也不少，如能掌握维语的回族比例远远高于汉族。但是，在民族通婚方面则比汉族比例要低得多。在乌鲁木齐市天山区，汉族与回族的通婚占到所有族际婚姻的近一半（48%）。吐鲁番是回汉通婚占族际婚姻的66%，而维回只有6%。② 基于血缘关系的认同纽带力量要高于其他业缘关系，稳定性更强。血缘关系是由婚姻或生育而产生的人际关系。主要是家庭关系，以及由此而派生的其他亲属关系。它是人先天的与生俱来的关系，在人类社会产生之初就已存在，是最早形成的一种社会关系。马克思说：“家庭起初是唯一的社会关系。”③ 家庭关系发展出家族关系、宗族关系、氏族关系、种族关系。在我国，传统上一向重视血缘关系，回族社会一定程度上认同回族族源来自于回汉通婚这一血缘关系的历史事实，仍在回族社会中对民族通婚的态度上发挥着重要作用。

（三）回族传统文化与新疆地域文化的交融

新疆各民族插花居住格局给回族文化带来重要影响。新疆回族善于吸收兄弟

---

① 杨峰的博客：http：//yangfengboke. blog. 163. com/blog/static/5724232006617100180/。

② 李晓霞：《新疆族际婚姻的调查与分析》，载《新疆大学学报》，2008年第5期。

③ 《马克思恩格斯选集》第1卷，人民出版社1995年版，第33页。

民族的优秀文化，丰富自身的文化内涵。回族的“花儿”传播到新疆后也就吸收其他民族的优秀文化，自成一体。焉耆的“花儿”取材广泛，内容丰富，演唱方式以独唱为主，或即兴式的松散轮唱，也有零星的对唱。如永宁镇“花儿”除了具备河湟花儿所共有的一些美学特征（如花儿的格律、押韵、调式、节奏等），在“花儿”歌词中还经常出现开都河、霍拉（兰）山、马莲滩、博斯腾湖等山水名、地名和鱼、大雁、莲、芨芨草、马等物产名，这些都使永宁花儿呈现出浓郁的地方特点。[①] 新疆“花儿”经过数百年的传唱和再创作，在新疆特殊的人文背景下进行了全新的整合，注入了新的内容，产生了新的富有特色的、有别于甘、青、宁的新疆回族“花儿”。歌词的发音再不是原来的发音，很多方言都有了改变，曲调也不纯为各流派的曲调。其曲令虽然还叫原来的名字，但是，唱词融入了“河湟”的比喻，曲调吸纳了“洮岷”的婉转，同时在回族民歌中融入了新疆维吾尔族、哈萨克族的音乐和民歌特点，在节奏上借鉴了维吾尔族音乐中的快节奏，演唱中则吸收了哈萨克族阿肯弹唱的幽默，形成了演唱中少拖腔、曲调中少花音、唱词和曲调铿锵有力、洒脱自如的独特风格。新疆“花儿”使用的汉语中夹杂着很多维吾尔族、哈萨克族、柯尔克孜族、乌孜别克族等民族的语言。例如，吾克夏什（一样）、海买斯（全部、都）、吾特（火）、阿西（饭）、玛西纳（机动车）、阿尔巴（牛车、马车、驴车）等等。这些具有其他民族文化色彩的词语不仅反证了回族“花儿”来源的多元化，也表现了回族“花儿”文化的认同，独具地方特色的“新疆花儿”，与陕、甘、宁、青的“河湟花儿”、“洮岷花儿”形成三足鼎立之势。[②]

在饮食上，新疆回族将传统文化与新疆地域文化结合得更加淋漓尽致。新疆美食的代表——“大盘鸡”就是新疆回族的特色菜，新疆大盘鸡是辣子鸡配上土豆、皮带面的一道新疆菜肴。“大盘鸡诞生的过程，算得上是民族团结的产物，它既有鸡块，又有相关的蔬菜，还有主食；味道上，既有新疆人喜欢的辣味，又有四川人着迷的麻味。新疆大盘鸡经历了十几年的发展与变化，现在已遍布全国，而且出现了很多口味各不相同的大盘鸡。”[③] 大盘鸡是新疆回族清真餐厅的保留菜肴，既符合穆斯林清真饮食的习俗，还巧妙地融入了四川辣子鸡、陕西扯面、甘肃土豆的做法，这道创造性的菜肴产生在20世纪90年代初的新疆沙湾县回族餐馆，新疆大盘鸡味美价廉，不仅受到新疆各族人民的广泛欢迎，而且还走向全国，几乎成为新疆菜的代名词。毫不夸张地说，新疆大盘鸡成为一个地

---

① 廉虹：《回族女性的“花儿”与“花儿”中的女性——以焉耆县永宁镇为例》，新疆大学2009年硕士学位论文。

② 李晓琴：《浅析新疆“花儿”的哲学基础》，载《艺术教育》，2008年第8期。

③ http：//wenwen.soso.com/z/q204335559.htm.

地道道的“民族团结菜”，这是新疆回族传统文化与地域文化的一次成功结合。新疆回族在创造这些文化的同时，也进一步丰富了自身的文化内涵，逐步形成了自己的地域特色。

（四）发挥新疆回族文化的中介桥梁作用

新疆回族在保持自身文化生活的自主性的同时，在新疆多元文化环境中，更加开放灵活地吸收了其他民族的优秀文化，从而体现了更强的交融性和包容性，使回族更容易在汉族和穆斯林民族中间发挥桥梁中介作用。新疆是一个喜欢朋友聚会的社会，聚会成为一种时尚，如信仰伊斯兰教民族的维吾尔族、哈萨克族、回族的割礼、百天、各种婚丧嫁娶以及朋友的聚会很多。聚会主要是在清真餐厅进行。回族开办的清真餐厅，是唯一能够使汉族和各族穆斯林共同聚会的地方，是民族交往的重要场所。近些年来，在回族清真餐饮的影响下，维吾尔族餐厅也开始请回族厨师来改善菜品，使得维吾尔族餐厅中出现了不少清真的中式菜品，“宫保鸡丁”、“红烧全鱼”等都成为各族穆斯林群众的盘中餐。而在汉族举办的婚礼等宴会上，原来穆斯林的饮食，如炒烤肉、抓饭等几乎也会在菜单中出现。

此外，回族在职业结构上与维吾尔族也形成了互补的特点，如《新疆回族民俗》一书指出，新疆的烤馕、烤包子、烤全羊、烤羊肉、抓饭、薄皮包子等地方名吃，是新疆维吾尔族穆斯林经营的传统清真食品。因此，新疆回族穆斯林经营的清真饭馆，凡是维吾尔族穆斯林聚居较多的城镇，一般不去经营这些品种的清真食品。同样，凡是已经具有了新疆回族穆斯林传统风味特色的清真食品，如凉面、凉皮子、油塔子、牛肉面等品种的清真风味小吃，维吾尔族穆斯林经营的清真饭馆，也同样采取回避的方式。新疆穆斯林民族人口众多。新疆的维吾尔族和新疆回族穆斯林，始终是新疆清真饮食行业的两大主要经营者。但是，他们相互之间对对方已经形成的、具有自己民族传统特色的清真食品，始终保持着一种尊重。这种在经营活动中，双方相互恪守的回避法则，化解矛盾和利益冲突的方法，在世界上任何地方的商业经营活动中，都是一种极其罕见的现象。[①] 新疆还有一种司空见惯的现象，即回族卖凉皮的小摊总是和维吾尔族的烤肉摊合作，形成默契搭配，这种族群关系体现了各民族间的生存智慧。

① 本书编写组：《新疆回族》，新疆人民出版社 2006 年版，第 128 ~ 129 页。

中　篇

现代化进程中的新疆民族心理

第六章

新疆维吾尔族民族心理

新疆维吾尔族民族心理是在新疆沙漠绿洲的自然环境、历史发展及其民族传统文化的传承中形成的，是对绿洲农耕生活的反映，是对自身现实生活自发的朴素的认识。长期以来，新疆地处祖国边陲，自然环境恶劣、生态脆弱、交通不便、经济落后，维吾尔族民族生活水平比较低，受教育程度比较低。自改革开放以后，大部分维吾尔族的生活条件有所改善，过上了温饱的生活。他们感谢党、感谢社会主义，珍惜来之不易的安定生活。但是边疆与内地发达地区相比，少数民族与汉族相比，仍有较大的差别，尤其是新疆的南疆三地州（喀什、和田、克州）维吾尔族占93%，但国内生产总值仅占自治区的8.3%，大大低于人口所占比重，农民人均收入低于全区平均水平。民族地区之间的贫富差距以及引起的社会分层必然影响人们的心理，为此，我们对维吾尔族的需要动机、民族意识、民族认知、人格特征、交往心理和社会心态等做了调查。

第一节　维吾尔族需要动机

民族需要是民族对自身生存和发展的条件的要求，它是民族个体对自己缺失东西的渴望，反映民族对内外环境的需求。它是民族心理活动的原初动因和最终归宿。因此，分析维吾尔族的需要动机是研究维吾尔族民族心理的前提条件。人的需求是一个不断变化的多层次的结构系统，美国著名心理学家马斯洛的人类动机理论把人的需要分为五个层次：生理的需要、安全的需要、社交的需要、自尊的需要，自我实现的需要。在我们的调查中，我们充分感受到了维吾尔族民众对满足基本生活、追求幸福、渴望稳定、结交他族朋友、适应现代化的美好愿望。

在被访的维吾尔族人中，34.0%的人选择了提高经济收入，27.1%的人选择了教育机会，17.1%的人选择了子女前途（见表6-1）。

表6-1　哪件事在您心目中最重要

选项	A经济收入	B教育机会	C社会地位	D宗教信仰	E家庭幸福	F子女前途	G其他	缺失	合计
人数	291	232	23	25	124	146	15	31	887
百分比	34.0	27.1	2.7	2.9	14.5	17.1	1.8		100

一、提高经济收入是当前维吾尔族群众最迫切的需要

2010年新疆政府工作报告中指出，城镇居民人均可支配收入12 120元，比上一年增长6%；农民年人均纯收入4 000元，增加497元，增长14%，实现历史性突破。改革开放30多年来，新疆的社会经济获得了很大的发展，维吾尔民众的生活水平也获得了很大的提高，尤其是那些经历过中国大的社会变迁的维吾尔族老人对此更深有体会，疏勒县的一位退休老干部就此和我们谈了他的感受。

问：您的生活经历是怎样的？

AZMT：我是一个穷苦农民的孩子。我工作了41年，没有出现过任何政治问题，或牵扯进什么不法活动，我认为这是值得一提的光荣的经历。工作41年后我退休了，已经14年了，这14年来我一直生活在这个乡里。

问：退休之前在哪里工作？

AZMT：之前是在osak村（地名），在那里做过副主任、主任、书记、党委书记等职务。后来做了10年Konaxahar nahiyalik（地名）农业局的主任，从事农业上的管理。我的经济来源主要就是公家给的工资。我经历过国民党时代，和那时比，现在的经济情况，我觉得就算用“天壤之别”也不够形容。

问：您自己的收入水平也提高了吗？

AZMT：我自己的经济收入也有很大提高。我现在的工资有2 100元。除了一个孩子之外，四个孩子（两男两女），再加上媳妇都已经工作了。以前我是一个穷苦农民的孩子。但现在能建立这样的家庭，有儿子孙子，孩子们也都工作了，家里有两辆车。有一个孩子还在身边，剩下的也都在县里，一个在水利局，

一个在农业局，有一个孩子没工作。我的经济状况呢，反正吃喝之后又用10万元买了车。我的消费情况来说，除了买烟之外，没有其他的娱乐。我一直觉得自己的文化素养不够，所以一直不断地进行学习，关注国内外新闻，每天都看新闻联播。

被访者：疏勒县退休干部（AZMT），男性

尽管维吾尔族民众的生活水平有了普遍的提高，但是相对于城镇居民而言，80%以上生活在农村地区的维吾尔人仍然面临着生存状态较差的事实。因此，人们最为关心的依然是如何满足基本的生活需要，如何提高自己的生活水平，如何改善自己的生存状态的问题。新疆虽然地大，但人均耕地面积少，如哈密人均耕地1.2亩，喀什人均耕地不到1亩，水资源也相对缺少，如何摆脱靠天吃饭的境地，是维吾尔族农民面对的最大困境。

在调查中我们了解到，哈密地区人们的生活水平提高了，同时物价水平也提高了，但农产品价格的增长很慢。该地区40%～50%农民的年收入达4 520元，但其他的家庭中，还有年收入不到600元的家庭。外出打工的农民可以提高整个家庭的收入，哈密市天山乡榆树沟村的一位牧民和我们谈了他家的经济情况。

问：您的家庭经济情况怎么样？

NYR：在这儿既有富有的人，也有贫困的人。在这儿人的收入主要靠畜牧业。如果在这儿发生自然灾害，缺少饲料的话，大家的日子就难过了。因此，政府指示，把传统的放牧方式，改变为现在的健康养畜，大家也认为这是好事。但到现在还没有落实。在这儿90%的家庭没有供给孩子上学的条件，也没有借钱的条件。近几年来，这儿的很多青年人外出打工，在新疆很普遍，并且喀什已经落实了。好多青年人已外出打工，越来越多的人不想回到家乡。大多数人是自愿外出打工，其中男人比较多。

问：您有几个孩子，他们主要做什么？

NUR：我共有三个孩子，一个从事农业，剩余的两个从事畜牧业，他们不常住在这儿，主要住在山上，因为山坡上水草丰茂，水资源多，而且培育了一个果园。但我的孩子不满意这种生活方式，他们登记从事现代畜牧业生产。在周围还有好多因贫困依靠政府补助来维持生活的人。从交通方面来说，有好多交通不方便的路段，因此发生了许多交通事故。因经济困难，生病不能看病，不能上学的情况在这里很严重。在这儿开车的多数是黑户口。

被访者：哈密市榆树沟乡维吾尔族农民（NUR）

普通干部，包括机关、中小学教师的工资比较稳定，每月收入普遍在2 000元

左右（包括工资和阳光津贴），但是新疆的物价水平较高，食物的支出仍占到相当高的比重。如一位大学老师讲到，他在1995年工作的时候工资是270元/月，可以买30公斤羊肉，到现在工资2 000元/月左右，还是只能买到30公斤左右羊肉。而大多数普通的维吾尔族农民家庭，在家庭无大事件的情况下，基本可以维持生计，收入和支出可以平衡，基本上没有多少存款。但是如果家里要供孩子上大学或者家中有长期病患者，家里往往就入不敷出，出现负债。疏附县的一位维吾尔族农民和他儿子就认为他们的家庭经济情况是非常拮据的。

问：您现在家里的经济情况怎么样？

ABRT：现在家里的经济情况是一般吧，也不是很差，也不是很好。

问：能负担得起一般的生活开支吗？

ABRT：有时，这个月负担得起，另一个月就有一点困难。

问：平时，每个月有什么样的开支呢？

ABRT：家的主要开支是儿子上学的生活费，蔬菜是自己种的，就买肉和油。

问：每个月买肉用多少钱的？

ABRT：一个星期买10块钱肉的话，一个月共用40块钱买肉。

问：那一个月有200块钱左右的生活开支，是吗？

ABRT：还有电费、水费、电话费等费用一共100块钱左右。一个月差不多有300~400元的生活开支。

问：那收入呢？

ABRT：农民今年存一点钱，如果明年有点什么事情就用完，我们没有固定的存款，也说不清楚我们的年收入，存多少，花多少。比如一年挣的钱用家里的生活费，冬天用的煤，孩子们的冬季衣服等等，之后剩下的钱很少，我们也不存钱，所以说不清楚。

问：那你们家的每个月的生活开支乘以12个月的话，年收入大概2 000~3 000元是吧？

ABRT：可能是那样。我们这里地很少，以前地还多，后来建棉花厂、油厂，它们占了一定的田地，地也越来越少了，我们也不算低保户。

问：哪种家庭算低保户？

ABRT：没有任何地的，或政府、市场占了地的，这样的家庭算低保户，每个小队自己看看情况就指定低保家庭，我们的小队有种地的一些家庭也算低保户。

问：那你们家的这种经济情况算一般的经济情况吗？

ABRT：经济情况比我们家还低的也有，我们算是经济状况不错的家庭。

被访者：疏附县维吾尔族农民父子（ABRT）

新疆农民的人均收入正在逐步提高，但是当前的收入水平并不能满足人们的生活需求。除了保障吃饭、穿衣之外，农民没有更多的钱提高他们的生活质量。尽管很多农民没有离开过他们生活的地方，但是通过电视、报纸等媒体，他们可以了解外面世界发生的变化，看到他们的生存状态与城镇居民存在的明显差距，内心的失落与不平衡，渴望获得美好的生活成为他们最强烈的愿望。

二、获得更多的教育机会，改变当前的生存状态是最大的愿望

新疆教育事业在历史上起步较慢，1957 年全新疆大学毕业生只有 525 人，高中毕业生只有 593 人，2005 年新疆仅大学招生即达 5.9 万人，可见近几十年新疆教育事业的发展速度是很快的。[①] 但考虑到少数民族学龄人口比例较大和课程难度问题，新疆少数民族教育的发展仍与汉族有一定距离。

首先是各地区之间教育发展不平衡。2005 年，虽然全疆初中毕业生升高中的比例为 40.7%，但区内各地区之间很不平衡。南疆三地州小学 7～12 周岁学龄儿童入学率为 97.7%，初中 13～15 周岁学龄儿童的“毛入学率”为 80.3%，初中毕业生升入高中阶段的升学率明显低于新疆其他地州。我们以南疆喀什地区为例，2005 年喀什地区初中毕业 72 876 人，高中招生 13 642 人，升学率为 18.7%，和田地区仅为 10.9%[②]，大幅低于新疆维吾尔自治区的平均水平。[③] 初中毕业生升高中比例最低的南疆三地州是维吾尔族人口比例最高的地区。

其次各民族之间教育发展不平衡。小学升初中比例方面，汉族和少数民族学生差别不大，但是在初中升高中比例上，差距明显拉开，2002 年汉族初中生 85.7% 可以升入高中，少数民族学生在中考中得到了政策性加分优惠后，升高中的比例也只有 35.1%（见表 6－2）。这表明在高中阶段，少数民族学生的学习成绩和汉族学生之间已经拉开。[④]

① 陈虹主编：《新疆统计年鉴 2006》，中国统计出版社 2006 年版，第 518～519 页。

② 余建新主编：《新疆统计年鉴 2008》，中国统计出版社 2008 年版。在新疆少数民族人口中，维吾尔族人口比例最高，占到总人口的 46%，其次是哈萨克族 7%，回族占到 5%。

③④ 马戎：《新疆教育的发展与双语教育的实践》，载《北京大学教育评论》，2008 年第 2 期。

值得注意的是，在高中升大学的比例上少数民族学生与汉族学生的差距明显缩窄，在 2002 年分别是 70.1% 和 83.5%。直接的原因就是政府对少数民族考生（不论是在汉语学校还是在民语学校就读）实行了政策性加分优惠，以保证少数民族在大学录取中保有 50%～60% 的比例，有的年份民语考生和汉语考生的录取分数线相差 205 分（1986 年），2006 年少数民族考生（“民考民”）的文科重点院校录取线比汉族考生（“汉考汉”）的录取线要低 119 分。

表 6 – 2　　　　若干年份新疆各类学生的升学率　　　　单位：%

毕业生	升学率	1998 年		1999 年		2000 年		2002 年	
		少数民族	汉族	少数民族	汉族	少数民族	汉族	少数民族	汉族
小学	总升学率	91.0	99.7	93.6	95.8	93.5	99.3	94.1	102.5
	其中：普通初中	88.5	99.3	90.7	95.6	88.7	99.1	90.5	102.5
	职业初中	2.5	0.4	3.0	0.2	4.8	0.2	3.6	0.1
初中	总升学率	44.5	79.2	38.45	81.1	31.3	96.8	35.1	85.7
	其中：普通高中	27.1	45.2	21.9	47.6	20.4	53.6	25.5	65.8
	职业高中	3.9	10.9	2.6	8.8	1.6	6.4	1.2	4.7
	中专	8.4	15.5	11.3	17.9	7.0	30.1	5.6	10.3
	技工学校	5.2	7.7	2.6	6.9	2.2	6.8	2.9	5.0
高中	总升学率	54.4	56.6	54.0	92.1	74.1	98.7	70.1	83.5
	其中：高校	40.0	48.6	42.0	84.1	62.1	96.8	67.9	82.2
	中专	11.9	6.2	11.9	8.0	12.1	1.9	2.3	1.4
	技工学校	2.5	1.6	–	–	–	–	–	–
同一批次升入高校比例		9.6	21.8	8.4	37.8	11.3	51.4	15.7	53.7

资料来源：马戎：《新疆教育的发展与双语教育的实践》，载《北京大学教育评论》，2008 年第 2 期。

尽管国家通过加大教育投入、加强政策倾斜等方法促进少数民族教育的发展。但是，由于自然、历史、经济和社会发展水平等原因，新疆各地区之间教育水平发展不平衡，各民族之间发展水平也不平衡。如前所述，在维吾尔族人口比例最高，主要从事农业生产的南疆三地州，完成义务教育阶段的学习之后，80% ~ 90% 的青少年将无法继续升学，加之南疆耕地面积有限，第二、三产业又未获得充分的发展，这部分青少年就会成为富余劳动力，对于家庭而言，在某种程度上他们成为负担，对于社会而言，他们成为不稳定的因素。

维吾尔族青少年高中升学率低的原因有很多，如义务教育阶段的教育质量不高，使他们在升学竞争中不具有优势；高中教育、高等教育并非义务教育，很多维吾尔家庭负担不起孩子的学费；高中毕业生、大学毕业生就业率低，一些维吾尔家庭更愿意让孩子出去打工挣钱。被访的一位疏附县的维吾尔族农民就表示，因为家庭经济能力有限，他们只能供一个儿子上学。

问：你们家有几个孩子？

ABRT：我有七个孩子，四个男孩，三个女孩。

问：几个孩子在上学？

ABRT：大女儿已经出嫁了，去年有一个女儿考上了乌鲁木齐的一个学校，但为了弟弟的上学而放弃了，她自己也跟我们说，先让弟弟上学吧。本来她的学习也好，汉语也好。她弟弟和学校来的信，她会给我们读，有时候给我们翻译。

问：您的女儿现在干什么？

ABRT：在一个箱子公司做合同制的临时工。

问：您的孩子中上到高中的，是不是只有阿卜都热合曼，还有其他的孩子吗？

ABRT：他和他的姐姐他们两个上到了高中，其他的孩子初中毕业以后不上学了，大儿子现在帮我干农活，另一个儿子是厨师。

问：您的女儿考上了乌鲁木齐的什么学校？

ABRT：考上了广播电视大学。

问：学费是多少？

ABRT：当时我们的村长，她的叔叔算出来了一年用 7 000 元。

问：7 000 元，上电大要花那么多钱吗？

ABRT：学费、生活费等等全部费用总共 7 000 元。如果我有另一个职业，多一些收入，我是非常想让她也去上大学的，但是现在家里的经济情况负担不起，所以没办法让她上大学。

问：阿卜都热合曼的生活费怎么办，是您给吗？

ABRT：有时候我给的，有时候他的哥哥姐姐们给。

问：一般一个月给多少钱的生活费？

ABRT：有时给 150 元，200 元，有时给 100 元，就看他的情况，如果他要买鞋子的时候给多一点，他们的鞋子 100 ~ 200 元。

问：你穿 200 元的鞋子吗？

ABRMAN：我穿篮球鞋，上海最便宜的篮球鞋是 80 ~ 90 元，况且上海常常下雨，夏天太热，还有我们去吃饭的时候是跑过去的，所以鞋子很快就坏了，我们吃午饭以后去教室睡一会儿，要不下午上课时会困。

问：那生活费主要花在鞋子、衣服等等方面是吧，吃的饭是学校免费提供的是吗？

ABRT：是的。

被访者：疏附县维吾尔族农民父子（ABRT，ABRMAN）

在回答“您心目中哪件事情最为重要”一题时，除了提高经济收入之外，被访者选择最多的就是获得更多的教育机会。对于大部分的维吾尔族农民来讲，改变他们子孙后代面朝黄土背朝天的命运，唯一的方法就是让孩子们上学。尽管很多维吾尔族家庭经济困难，也倾其所有让孩子上学，希望他们能考上大学，之后进入机关或事业单位工作，由此来改变命运。然而，农村基础教育的薄弱，家庭经济的拮据，大学毕业生就业的困难等现实问题，只能让他们及他们的孩子远离高中乃至大学的校门。

第二节　维吾尔族民族意识

民族意识是民族心理的核心部分，是表征一个民族共同性的显著特征，民族意识是区分本民族与他民族的心理标志，是维系民族生存和凝聚力的心理基础，它是一个民族的最根本特征。民族意识主要包括本民族的自我意识、民族认同意识、民族分界意识。它通过对本民族的社会地位、宗教信仰、共同利益等问题的关切和维护表现出来。①

一、维吾尔族的自我意识

民族自尊心、凝聚力是民族自我意识的核心内容。民族自尊对民族成员在其他民族成员之间的形象、威望、平等、独立人格以及对他的成长、接纳、情绪、情感等个体自尊的诸方面有着重要的影响。而民族成员又总与他所从属的民族存在普遍的认同感。② 民族自尊心的具体表现为以自己是本民族的成员而感到骄傲，当本民族的成员因其民族身份而受到歧视、排斥甚至身体伤害时，感到伤心、愤怒。在我们的调查中，被访的维吾尔族都表示出一种强烈的民族自豪感，对于本民族的评价，往往都用一些正面、积极的词汇，如勤劳、诚实、聪明和勇敢等（见表 6－3），即便认为有一些不太好的民族特征，也总会用一些更为正面的表达方式。当我们问到一位维吾尔族农民：

问：您以您是一个维吾尔人而感到骄傲吗？
SDAT：当然了，我们是一个优秀的民族。
问：您认为维吾尔族是一个怎样的民族？

---

① 李静：《民族心理学教程》，民族出版社 2006 年版，第 258 页。
② 李静：《民族心理学教程》，民族出版社 2006 年版，第 264 页。

SDAT：我们有很多很好的地方，比如说维吾尔人很勤劳，很团结，也很勇敢。

问：有人说，有些维吾尔人比较懒散。比如说，有人和我说，他们去南疆，看到农民干完地里的活，就开始休息，不想着怎么去赚钱，过更好的生活。

SDAT：也许有这样的人吧，但是地里的活是很辛苦的，而且，这也不能说是懒惰，我们是知足，安拉也教导我们要知足，我觉得这也是很好的。

被访者：吐鲁番市葡萄沟乡幸福村农民（SDAT），女性

表6-3　您认为维吾尔族是一个怎样的民族（多选题，N=887）

选项	勤劳	诚实	团结	聪明	勇敢	其他
频次	628	432	332	328	213	42
百分比	70.8	48.7	37.4	37.0	24.0	4.7
排序	1	2	3	4	5	6

在一个民族群体中，民族成员之间展现出的一种民族意识，往往是一种亲切的感觉或彼此之间紧密联系的意义，用较为通俗的话来讲，就是在民族成员之间存在着一个“我们”。民族成员在谈及该民族时，往往用“我们”来指称本民族，以“我们”和“他们”对本民族和其他民族进行区别。

在问卷调查中，864人回答了“您认为本民族是最优秀的民族吗”这一问题，其中66.7%的人认为本民族是最优秀的民族，表现出一种民族优越感。22.2%人认为本民族和其他民族都是优秀的，表明民族自豪感的同时，也认可了其他民族的文化、传统有其自身的优越性，是一种相对理性的民族情感。我们访问了一位退休干部。

问：如果有人对您说我们民族是非常伟大的民族，您对此有何看法？

AZMT：在我看来，我们的确是伟大的民族，但其他民族也是很伟大的。我曾经让汉族同志住过我们家，以前遇见几个汉族，都晚上了，似乎迷路不知去哪儿，我就让他们住我们家了。别人还说不怕他们拿走我们的东西吗？我就说我也没啥可让他们拿的。我们都是平等的，就语言不一样，都是安拉创造的。我们也就宗教信仰不同。我们也很支持我们的儿子孙子学习汉语，有几个孙子读的就是双语学校。我的孩子在广州工作，他说真是应该学汉语，现在也还好，都说要在那里赚钱。

被访者：疏勒县退休干部　男性（AZMT）

在问卷中6.3%的人不赞同本民族是优秀的民族，3.3%的人坚决反对本民族是优秀的民族，这部分人有可能认为本民族是优秀的民族，但并非最优秀的民族，也有可能认为本民族和其他民族相比不是优秀的民族（见表6-4）。

表6-4　　　　您认为本民族是最优秀的民族吗

选项		频次	百分比	有效百分比	累计百分比
有效值	非常赞同	299	33.7	35.3	35.3
	赞同	265	29.9	31.3	66.7
	一般	197	22.2	23.3	90.0
	不赞同	56	6.3	6.6	96.6
	坚决反对	29	3.3	3.4	100.0
	Total	846	95.4	100.0	
总计		887	100.0	100.0	

在被访者中，有维吾尔族认为新疆落后于其他汉族地区。尽管大部分人都没有离开过新疆，但是通过报纸、电视、网络等媒体，接受了新疆是欠发达地区的观念。

问：您孙女怎么会在上海上学？

HSYT：我女儿现在上海学习，她说上海的教育好，就把她女儿带走了。一开始我们都不同意，小学嘛，能有多大差异，孩子到了那儿，生活上多不习惯，但有很多朋友和我说，上海很发达，教育也好，去年夏天我也去了，真的是差太多了，我觉得我们至少还需要四五十年才能赶上他们的水平。

被访者：乌鲁木齐市维吾尔族退休干部（HSYT）

也有部分被访者认为本民族在文化、教育、经济和社会发展等方面是落后于汉族的，这种观念也主要是由报纸、电视、网络等媒体获得。

问：你认为维吾尔族是一个优秀的民族吗？

ASGL：我觉得我们是一个优秀的民族，但在一些方面也是落后的。

问：为什么这么说？你觉得在哪些方面不好？

ASGL：我们在文化水平啊，教育上比汉族要落后，经济上也要落后，报纸上，宣传上都这么说，所以我们需要帮助。

被访者：新大维吾尔族学生（ASGL），女性在维吾尔族中，作为民族成员的个体，都有一种民族自豪感，这似乎是一种与生俱来的民族心理，如果有人对本民族歧视、偏见甚至是排斥和伤害，就会对成员个体产生负面的影响，就是对成员个体自尊的伤害。但是我们不能期望，民族中的所有成员都有一种强烈的民族优越感，民族优越感的产生不仅依赖于民族成员对本民族历史、文化和习俗等的认可程度，也依赖于其他群体对本民族文化、价值和规范观念等的认可程度。

二、维吾尔族的认同意识

在社会学领域中，认同（identity）主要描述一种特殊的集体现象，包含群体特性和群体意识两个层面，指代：（1）一个群体的成员具有重要的乃至根本的同一性，即群体特性；（2）群体成员团结一致、有共同的民族意识和集体行动。心理学研究表明，“认同”是人类的基本特性之一，是某种深刻的、基础的、持久的或根本的东西，区别于“自我”表面的、偶然的、易变的内容和表征。[①]

“族群”和“国家”都是一种社会群体，无论是国家认同还是社会认同，从本质上而言，都属于个体的集体认同。

（一）维吾尔族的族群认同

族群成员对族群的认同主要依赖于体质体貌特征、记忆、血缘纽带和历史文化传统等要素。习惯上，人们常常把族群当作“自然的”人类共同体，强调历史文化传统是“族群”特性的重要基础和族群认同的核心内容。尽管，人们关于族群现状和历史的同一性的观念中，有相当一部分是发明和想象的产物。[②] 而这种想象和发明一旦被其成员所接受和认定下来，就会使族群成员产生集体荣誉、尊严和情感。当族群成员认定其拥有和共享同样的历史文化传统时，成员是否详知这种历史文化传统已经无关紧要，共享成为成员族群认同的核心。

在被调查的维吾尔族中，表示对本民族历史知道很多的人占到52.4%，知道一些，并不完全的人占到36.1%（见表6-5）。所有的被访者都表示维吾尔族拥有共同的历史，在历史上是一个光荣的、优秀的民族，但是这历史究竟是怎样，却很少有人能详细阐述。

---

① 钱雪梅：《从认同的基本特性看族群认同与国家认同的关系》，载《民族研究》，2006年第6期。

② 本尼迪克特·安德森：《想象的共同体——民族主义的起源与散布》，上海人民出版社2005年版，第124页。

表 6-5　　　　您了解本民族的历史吗

选项		频次	百分比	有效百分比
有效值	知道很多	453	51.1	52.4
	知道一些	312	35.2	36.1
	听说过一些	73	8.2	8.4
	不知道	22	2.5	2.5
	那些没意思	5	0.6	0.6
	合计	865	97.5	100.0

问：维吾尔族人的历史您知道多少？感兴趣吗？

SMY：这方面来说我看过不少资料。其实维吾尔这个民族在历史上是有非常先进文明的民族。在世界上也有很多事迹，是非常有名的，光荣的民族。但我现在不怎么记得了，可能年纪大了吧。

被访者：疏勒县退休干部（SMY），男性

问：您对我们的历史有所了解吗？

买买提（MMAT）：我知道我们有先知穆罕默德（Muhammad），有那样的圣人。

问：那个是宗教上的，您知道现实历史情况吗，就我们维吾尔族人的？

买买提（MMAT）：我们嘛，是泥土做出来的，是 awa ana 和 adam ata 的后代。

被访者：疏勒县农民（MMAT），男性

问：您对我们维吾尔族人的历史有什么认识吗？

ABDRAM：我不是很清楚。

被访者：疏勒县宗教人士（ABDRAM），男性

文化传统是族群认同的另一个重要内容，维吾尔族认为，尽管在不同的区域维吾尔族有不同的文化习俗，如从大的地区上来分，南疆、东疆和北疆在很多风俗习惯上不尽相同，但是所有的维吾尔族成员都享有共同的文化传统，维吾尔人应该了解和遵守这些文化传统。

在被调查者当中，有 76.7% 的人认为自己了解维吾尔族的民族传统（见表 6-6），这其中较多是年纪较长的人，他们在参与集体活动的过程中，逐渐学习和掌握了本民族的，尤其是本地区一些传统习俗，并将其传授给自己的子女。大部分被访的维吾尔老人都比较了解当地的维吾尔族风俗习惯，并认为传统文化的保留和传承是非常重要的。

表6-6　　您了解本民族的文化传统吗

选项		频次	百分比	有效百分比
有效	非常熟悉	220	24.8	25.3
	熟悉	460	51.9	53.0
	不太熟悉	171	19.3	19.7
	不熟悉	17	1.9	2.0
	合计	868	97.9	100.0
缺失		19	2.1	

问：那您了解我们的文化习俗吗？

SMY：这方面主要就是我们的婚丧习俗，一般行事习惯我都了解。以前结婚时主要都去女方家里做客，请人，一般不到男方家里的，男方家里都不会开锅做饭，但现在两边都去，这也是学人家的，现在两边都有，也有去外面餐厅搞婚礼的。对于我们的习俗当然是要把消极方面给改掉，如结婚一定要搞得隆重奢侈，花掉很多钱和精力，这种习惯应该改，要节俭，我自己也是这样的。我自己的女儿也是，一个我要了一千块的嫁妆，另一个我也没说什么，他们自己给了三四千块的嫁妆。

被访者：疏勒县退休干部（SMY），男性

问：您能说说哈密地区维吾尔族的文化习俗吗？

DML：从文化方面来说，在这儿麦西来甫最红火，以前只有婚礼上有麦西来甫，现在重要的节日都有麦西来甫，还成了我们这儿的传统。有许多精通十二木卡姆的名人，尤其是在建立十二木卡姆委员会以来，政府更重视了。

从衣服文化来讲，以花帽文化为例，花帽文化是一个灿烂的文化，比如我头上的花帽是我们生活的地理特质的浓缩。上面有树木、水渠、农民。有些地方不让戴帽子头巾，但我认为戴帽子头巾不是违法的，也不是不文明的。比如妇女父母去世以后女性要戴头巾。现在我们的衣着文化发生了很大的变化，尤其以乌鲁木齐为中心的衣着文化影响全疆。我认为服饰也可以代表我们的文化。比如，我出国时戴花帽。作为一个维吾尔族的代表，我不能把帽子脱掉，这是我们的标志。

对于学校来说，教师更应该继承我们的传统文化，可是现在的一些年轻教师不重视我们的文化传统。现在我们的教师手上有香烟，口上有酒味，晚上在餐厅玩儿，早上带着酒味进教室。如果这样下去，维吾尔族的未来，教育更谈不上。我们应该重视宗教的正面作用，因为它有统一思想，端正道德伦理等方面的作用，让人们保持高尚的道德和人品。

被访者：哈密市东河区大毛拉（DML）

族群认同的基础和核心内容是共同体成员享有共同的历史、文化和传统。在维吾尔族的被访者中，绝大多数都是普通的农民、干部、商人或手工业者。当然，其中不乏维吾尔族的知识分子，他们熟知维吾尔族的历史，热爱维吾尔族的文化和传统，但是，大部分的维吾尔族民众往往对自己本民族的历史、文化传统并不是非常的了解，然而，这并不妨碍他们共享这种历史文化传统，他们对本民族有着强烈的认同，对民族身份也有着强烈认同（见表6-7）。

表6-7　　　　您认为民族身份重要吗

选项		频次	百分比	有效百分比
有效	重要	805	90.4	94.3
	无所谓	43	4.8	5.0
	不重要	25	2.8	2.9
	合计	853	96.2	100.0
缺失		14	1.6	

中国是一个多民族国家，新生儿在出生之时，父母必须为孩子申报民族身份，而且必须与父方或母方的“民族成分”相一致。民族身份将伴随其终生。在所有与个人相关的信息材料中，都会有民族身份的内容，民族身份成为个体最重要的，不可或缺的身份标记。在个体社会化的过程中，民族身份由外在的身份标签逐渐内化为个体的民族认同。当被访者被问及“您认为民族身份重要吗”时，几乎所有的人都不假思索地认为这是非常重要的。在大多数被访者看来，民族身份与划分人类群体的其他基本标准都是同样重要的。

问：您觉得民族身份重要吗？

SDT：当然重要了，每一个人都一定属于某个民族，如果他没有了民族，就不知道他是谁了，就好像每个人都要有性别之分，我们才能知道他是男还是女。

问：如果条件允许，你有可能会改变你的民族吗？

SDT：从来都没有想过这个问题，我本来就是维吾尔族的，你问的这个问题太奇怪了。

被访者：吐鲁番市葡萄沟乡农民（SDT），女性

如果父母分属不同民族，而在出生时填报其中一个民族作为自己民族身份的青年，到了18岁之后，作为成年人就有权力把自己的民族身份更改为父母中另外一方的民族。在维吾尔族中，有不少父母是不同民族的情况。他们的族群认

同，对于民族身份的认同，不同于父母都是维吾尔族的人。他们对父母双方的民族都有认同，也往往认为双方民族的文化传统都是优秀的。但是，出生时被父母赋予的某一方的民族身份在他们的身份认同中更为突出。一般情况下，即便到了18岁，他们也不会轻易改变民族身份，除非外在环境使他们原本的民族身份处于不利的地位，或另一方的民族身份能为他们带来更多的利益。被访的一位新疆大学的维吾尔族女学生就对自己的民族身份表现出较强的身份意识。

问：您有可能改变民族身份吗？

GZP：我不太可能改变民族身份，但是有的人可能会改变自己的民族身份。比如说，如果某个民族受到压迫、歧视，那他们为了生存，就有可能改变民族身份。我听说，有的维吾尔族人在北京啊，一些内地城市，上出租车就要装老外，因为好多出租车不拉新疆人。还有，就是我的一个大学同学，他的爸爸是哈萨克族，母亲是维吾尔族，他上学的时候，一直填的哈萨克族，后来快考大学的时候，就改称维吾尔族了，我听说，是因为学校有了交换学生出国学习的机会，但对方要求必须是维吾尔族，所以他们家就把他的民族身份改过来了。

被访者：新疆大学教师（GZP），女性

从维吾尔族内部成员来看，族群成员认为“我们”都是讲同一种语言，风俗习惯相同，生活方式相似，宗教信仰一样，“我们”都是同一群体的人，这是民族内部的自我认同。这种族群自我认同的方式，使得民族成员往往依照是否会说民族语言、是否遵循民族风俗习惯来判断某一个体是否是本民族成员。

“民考汉”① 是维吾尔族中的一个特殊群体，被维吾尔族民众冠以“第十四个少数民族”的名称，即不同于维吾尔族的另一个民族，“民考汉”为什么会被民族成员戏称不同于本民族的另一个民族呢？对于这个问题，我们访问了新疆大学的学生。

问：你们对民考汉有什么样的看法？

AZAT：你听说过，民考汉被称为第十四个民族吗？因为他们从小和汉族同学在一起上学，他们在长相上会越来越像他们，最后变得既不像维吾尔族又不像汉族，他们对很多维吾尔族的民族传说，寓言故事，也不是很了解，和他们的共同点很少。我们和民考汉同学的交流很少。

TUT：在学院里，我们和民考汉几乎没有沟通，他们的人数也比较少，他们似乎也不太喜欢和我们交朋友，我们认识的民考汉朋友都是老家的，是邻里的朋友。

① 在新疆汉语系学校或班级接受汉语授课的少数民族学生。

AZAT：他们对我们的风俗习惯不太了解，有一些民考汉家庭教育很好，从小学习维语，他们还不错，但也有相当一部分，家里抓得不严，他们虽然会说一点维语，但是没有任何语言逻辑性可言。

被访者：新疆大学计算机技术专业维吾尔族学生（AZAT、TUT）

问：您周围有没有跟您关系好的民考汉？您觉得他们对民族的认识怎么样？

TSJ：在民考汉中认为自己是维吾尔族，不像汉族的占50%左右，认为是汉族还是维吾尔族无所谓，自己好就行了的占到20%～30%。认为自己是维吾尔族的民考汉中对理解民族的风俗习惯，本民族的语言文化感兴趣的民考汉很少，只占1%～2%，他们认为只要会读和写维语就行了，对于通过阅读维文书籍来理解本民族的历史和传统并不感兴趣。想到这些我会担心，如果将来到处都是双语教育，那维语会消灭吗？对维语的兴趣也会渐渐消失吗？但这个依赖于本民族的素质。

问：许多民考汉知道自己的民族，但不知道本民族的历史，您怎么看？

TSJ：我认为这关乎民族尊严，是精神上的问题，民族尊严的存在是保持民族文化的重要基础。没有民族尊严，保持民族文化也是很难的，但没有研究民族尊严的任何学科。

被访者：新疆农业大学维吾尔族教师（TSJ）

在新疆，大部分的“民考汉”一般从基础教育阶段就接受汉语教育，有的甚至在幼儿时期就接触汉语。其中绝大部分的“民考汉”在学龄之前，通过家庭教育和与同龄群体的互动，具备了一定的母语口头表达能力，可以用母语与本民族成员进行交流。但是上学之后，由于汉语学校不开设民族语文课，本该继续的民族语文教育在学校教育中反而完全中断。因此，对于“民考汉”而言，通过学校正规教育习得的汉语能力相对于自己的母语而言，其程度和水平高很多，而母语言能力往往只停留在口头表达的程度上。

维吾尔族将丧失母语能力的“民考汉”视为对本民族文化的背叛，在情感上不能被接受。而对于“民考汉”而言，在汉语学校用汉语学习各类现代科学知识的同时，与汉族教师和同学有着更频繁的互动，完全浸没在汉语氛围中，在掌握汉语言的同时，文化上逐渐汉化，对于本民族的文化也渐渐疏远进而变得陌生甚至不能理解。因此，在很多维吾尔族民众看来，“民考汉”是维吾尔族中的特殊群体，少数族群的文化特征已经不再显著。

（二）维吾尔族的国家认同

族群认同和国家认同共存于个人的观念和意识中，是个人多重认同中的重要组成部分。但在日常生活中，我们往往依据不同的情境，强调或突出某一种认同。这是一个复杂的现象。在特定场合或情境下只强调或突出一种认同，并不等于用一种认同取代另一种认同，也不意味着另一种认同的消失。

一般情况下，人们对于身份和认同的情境性选择并非由两种认同之间的矛盾或冲突引起，而是受到具体情境的决定，它包括至少三个要素：我们的接触对象、我们与对方进行交往的模式、我们对这一交往的预期。

问：如果你们去内地或出国的时候，外国人问你们，你是哪个民族或从哪里来的，你们怎么回答？

JRT：我们说，我们是中国人，因为很多外国人只知道中国，不知道我们这个民族，所以首先跟他们说我们是从中国来的，以后慢慢解释从中国的新疆来的，我们是维吾尔族人等等，如果直接跟他们说我是新疆人，是维吾尔族，他们可能不会懂，所以看看他们提问情况来回答。

被访者：新疆大学信息工程学院维吾尔族男生（JRT）

对于“我是谁”的回答，很多被访者表示要看是在什么情景中，对方是什么人，互动的期望是什么。在国外就说自己是中国人，在内地就说自己是新疆人，在新疆就说自己是维吾尔族，在维吾尔族中就说自己是哪里人，如喀什人、和田人等，如果对方是穆斯林就说自己是穆斯林，这种回答“我是谁”的方式，可以看出回答者对这几种身份都有认同，而对于认同的选择实际上是一种情景选择，而非孰重孰轻的选择。对于互动的期望，也是身份选择的另一个重要因素，为了实现互动的期望，身份往往是可以转换的。

费孝通先生在其中华民族多元一体格局理论中提出，民族认同意识的多层次论。民族共同体中成员的认同意识呈现多层次，比如国家认同、民族认同、宗教认同、区域认同和家族认同等。那么，每一种认同处于认同体系中的哪一个层次，是现在民族研究者们关心的一个重要问题。

在调查中，我们请被访者对维吾尔人、新疆人、中国人、穆斯林和其他这五个身份进行排序，结果详见表6－8。

表6－8　　　　请您对以下五种身份排序

选项	中国人	新疆人	维吾尔族	穆斯林	其他
频次	615	487	497	356	40
百分比	69.3	54.9	56.0	40.1	4.5
排序	1	3	2	4	5

从表6-8中我们可以看出，被访者中69.3%的人对于中国人的认同是最为强烈的，其次是维吾尔人，而对于新疆人的认同要高于对于穆斯林身份的认同。

对于国家的认同往往具体表现在是否与国家荣辱与共，是否以身为一个中国人而感到自豪。2008年中国举办了奥运会，作为一个中国人是值得骄傲和自豪的一件事情，观看盛大而隆重的奥运会开幕式，与其他民族共享举国盛事，是体现个人民族自豪感的最好机会。

在表6-9中可以看到，在回答这一问题的被访者中有95.6%的人收看了奥运会，当问及他们对奥运会开幕式的感受时，大部分被访者的回答是"非常好看"，"中国真的很强大"，"我觉得很自豪"等。这表达了维吾尔族人对祖国的发展和强大感到自豪的感情。

表6-9　　您是否观看了2008年奥运会开幕式

选项		频次	百分比	有效百分比
有效	是	791	89.2	95.6
	否	36	4.1	4.4
	合计	827	93.2	100.0
缺失		60	6.8	

表6-10显示，在收看奥运会的维吾尔族中，91.5%的人是在自己家看的，3.0%的人是与亲戚朋友共同收看的，这说明约95%的人是自发地观看奥运会，是对国家大事件积极主动地关注。

表6-10　　您在哪儿观看的2008年奥运会开幕式

选项		频次	百分比	有效百分比
有效	在自己家	734	82.7	91.5
	在亲戚朋友家	24	2.7	3.0
	在单位	28	3.2	3.5
	有组织地和大家一起收看	13	1.5	1.6
	其他	3	0.3	0.4
	合计	802	90.4	100.0
缺失		85	9.6	

维吾尔人对国家的认同不仅仅表现在对国家大事件的关注，为国家的繁荣发展感到自豪，还表现在对关心维吾尔族，改变维吾尔族民众生活的国家领导人的深

厚感情上。被访的一位哈密维吾尔族老人表示了对建国领袖毛泽东的深厚感情。

问：您今年多大年纪？

ALT：我70多岁了。

问：您有没有出过新疆，如果有机会去内地，您想去哪儿？

ALT：我没有出过新疆，我的家人、亲戚朋友都在这儿，现在年纪也很大了，如果胡达能让我活得更久，我想去麦加朝圣。对了，我还想去毛主席的故乡，你能告诉我毛泽东的故乡是哪儿吗？

问：是湖南，您为什么问这个？

ALT：我还想在有生之年，去毛主席出生、生活的地方看看。

被访者：哈密回城乡维吾尔农民（ALT），男性

（三）学校情景中的维吾尔族认同

新疆的高校都开设了《新疆历史与民族宗教理论政策教程》等课程，涉及新疆地方史和维吾尔族等少数民族的发展史，但有很多人认为，学校课程中关于新疆历史的内容更多体现的是国家意识形态，与相当多的少数民族所希望了解的“真正的历史”不太一样。他们认为，关于新疆少数民族文化价值的最具说服力的课程应该通过一些历史著作教授给少数民族学生。新疆大学的部分维吾尔族学生接受了我们的采访。

问：你们在中学上历史课的时候关于新疆历史学了多少？现在学了多少？

MMT：在初中，学校给我们发了新疆历史教材，但没给我们上，老师让我们自己看书，只上了中国历史和世界历史，那个时候我们也没时间自己看关于新疆历史的书。现在我们学新疆地方史。但是教材是从汉语翻译过来的，是汉族编写的，所以我们觉得那些内容未必都是真实的，所以如果不是为了考试，我们基本上不太会去看。

被访者：通信专业2006级维吾尔族男生（MMT）

由于学校课程中缺少关于新疆及新疆少数民族的历史知识，这在一定程度上增进了学生的族群意识。因此，随着学校教育经验的增长，反而会激励维吾尔族学生自己去了解教科书之外的民族历史，从而促进族群认同感的建构。

问：你会阅读用汉语编写的有关新疆地方史，看有关于少数民族历史文化的书吗？

AHMT：上大学的时候，学校有新疆地方史，是公共必修课，要考试，所以必须看，但看了也只为了对付考试，内容无非就是讲新疆是中国的一部分，我觉得不是真正意义上的历史书，有很强的政治色彩，但是维文的看得也不多，因为有些书在图书馆或书店里是找不到的，我经常上网，也会去看一些英文的材料，谁不想真正了解自己的历史呢。

被访者：新疆大学1995级科技班维吾尔族男生（AHMT）

族群认同的建构不是那些互不联系、隔离的个体聚集在一起而获得一种群体意识的过程。事实上，所有的个体不仅互相联系，而且都把自己看成是某些群体的成员，以区别于他人。因此，族群认同起始于一种联系的情境与自我界定的分类中。当来自不同族群的成员聚居在同一所大学时，族群认同的建构和自我界定的分类就会发生。在被访的维吾尔族学生中，有学生认为自己的民族意识是在进入大学后才强化的。

问：你认为你的民族意识强吗？

NXT：其实，我在家乡的时候，自己是维吾尔族这种意识并不强烈，上了大学之后，自己是维吾尔族，是穆斯林的这种感觉就强了。

问：为什么？

NXT：因为我是从南疆来的，汉族人很少，尤其是我住的那个村子，几乎就没几个汉族，到这儿之后，有很多汉族，和他们在一起了，就觉得自己和他们不一样。

被访者：新疆大学新闻学2000级维吾尔族男生（NXT）

第三节　维吾尔族民族认知

认知活动是人的全部心理活动的开端和基础，是人们对社会存在的能动反映。具有不同社会生活条件、经验和不同文化背景的民族必然表现出不同的认知特点。维吾尔族生活在戈壁的绿洲中，地理环境较为封闭，其文化为伊斯兰特色的维吾尔文化，但也受到了汉文化以及游牧文化集大成的卫拉特文化的影响。其认知有其自身特点。民族认知是多维的、多视角、多层次的结构体系，民族认知可以通过众多方式、众多方面来展现，在调查实践中，我们主要了解维吾尔族的认知框架。

认知框架“是指一种传统、固化的认知模式。民族认知框架是一个民族对某事物共同的认识方式、传统做法、固化模式”①。民族认知框架主要表现在一个民族固定的时间知觉、空间知觉、数量知觉、颜色知觉。不同民族总是从不同的认知框架感知世界、认知外界。维吾尔族的认知特点主要表现在下述三个方面。

一、时间知觉

在新疆，人们一般使用两种时间，即北京时间和新疆时间。新疆的大多数汉族人无论是在工作场合还是私人场合都使用北京时间。在维吾尔族中，生活在新疆西部和南部地区的人习惯使用新疆时间，而生活在偏东地区的人习惯用北京时间。如在哈密地区，人们在工作和日常生活中都是用北京时间，这是因为哈密地区经度偏东，较南部地区天亮得早，北京时间更符合日常的作息。北疆和南疆经度偏西，与中国东部地区存在两个小时的时差，人们在日常生活中使用新疆时间，但其工作时间为北京时间，以便与公共时间相统一。

在维吾尔人口中，80%以上的人生活在农村，其生活方式是日出而作，日落而息，生活节奏缓慢而有序。人们探亲访友或参加集体活动，没有严格的时间规定，活动也往往持续很长时间。生活在城市中的维吾尔族，由于生活和生产方式不同于农村，每天的时间被条块分割，生活工作节奏比较紧凑，时间观念较强。但是，与中国其他经济社会发展速度较快的城市相比，生活较为舒适、安逸，人们的紧张度和压力感较低，时间主要是按小时计算，如人们约会，一般是约在整点，人们工作和生活的计时方式是小时，而不是分或秒。

二、空间知觉

虽然新疆地域广阔，大部分地区是沙漠和戈壁，维吾尔人主要生活在绿洲中，哪里有水哪里就形成绿洲，绿洲与绿洲之间距离较远，而每个绿洲较为封闭，因此，维吾尔族的空间认知不是以我们常识中的空间标志为依据，如维吾尔族对于方位的认知是以认知人为坐标原点，指前后左右上下，而不是以某一物作为参照系区分东西南北。对于距离的描述很少使用具体的公里或米等这些现代测量距离的指标，而是使用经验性表示方法。如人们描述一个地方到另一个地方的距离，往往会用如果走路需要多长时间，坐驴车需要多长时间，骑马需要多长时间等来表示。有的时候通过指近、指远、指更远表示距离，对于某个问路的人，对方如果回答“在那儿!”就表示很近，如果回答“在那儿—”就表示有点距

① 李静:《民族心理学》，民族出版社2005年版，第185页。

离，如果回答“在那儿——”就表示距离很远。尽管在维吾尔人的生活中，人们是以认知人为坐标原点，按照前后左右上下，指近、指远等要素去构建空间坐标。但是人们共享的空间认知经验，使人们熟悉彼此的表达方法，足以满足人们生活和生产的需要。

三、颜色认知

颜色是一种特殊的文化领域，每一个民族都有自己独特的颜色观，其中包含着多种文化现象。颜色文化虽然表现在某一民族的民族生活，而每一种颜色所表现的审美意识以及民俗文化现象又是不同的。在维吾尔族生活中，白、绿、红、黑等四种颜色比较突出。维吾尔族生活中的每一种颜色是维吾尔族共同崇尚的，因为它与维吾尔族人民的生产生活方式、自然观、心理意识以及审美观有着直接的关系。[①] 白色在维吾尔族心中占有重要的地位，这是因为“白色”在维吾尔族心中代表着纯洁、善良、幸福和美好，人们往往用“白心”来赞扬一个人心地善良，也常常用“祝你白路”来祝福一个人平安顺利。绿色对于维吾尔族而言，是生命的象征。塔里木盆地边缘大大小小的绿洲是维吾尔人生存的自然环境，是帮助他们抵御沙漠风沙的天然屏障。在沙漠戈壁中，象征着生命的绿色也就成为维吾尔族最喜爱的颜色之一。红颜色在维吾尔人的生活中也具有特殊的象征意义，它一般象征着青春、魅力、诚实、爱情、乐观。红颜色这种象征意义常常表现在维吾尔的民间歌谣里，如红玫瑰象征向往恋人，向往幸福，红色象征着炽烈的爱情。在日常的生活当中，维吾尔人非常喜欢花，而最具有魅力的是红色的花，维吾尔女性服饰一般颜色鲜艳，花色多样，而红色的或印有红色花的裙子为维吾尔女性最爱。在维吾尔族中，不太被人们喜欢的颜色是黄色，黄色代表不好的一面或不吉利，维吾尔女性一般不穿戴黄色的服饰，不喜欢用黄色的装饰物，尤其是在喜庆的日子和场合里。

第四节　维吾尔族人格特征

研究民族群体人格必须调查民族个体的人格。民族群体人格形成有先天的因素的作用，但它不起决定性作用。起决定作用的是自然环境、生活方式、文

① 阿布利米提·买买提：《维吾尔族色彩审美观及所表现的民俗文化现象》，载《青海民族研究》，2004 年第 2 期。

化背景、宗教信仰和受教育的程度。沙漠戈壁中的绿洲地域环境，以农业生产为主的生活方式，具有伊斯兰特色的维吾尔文化，使得维吾尔族具有其独特的群体人格特征。课题组运用卡特16种人格因素测验，测验的结果详见表6-11和表6-12。

表6-11是对随机抽样的50名维吾尔族男性的测试结果与常模的比较，其结果如下：

（1）因素A，乐群性。常模为10.02，新疆维吾尔族男性的总体得分为8.44，与常模相比，具有显著性差异，即新疆维吾尔族男性在乐群性上得分低于常模，在人格特征上表现为缄默、孤独、冷漠，通常固执、对人冷漠、落落寡合、喜欢吹毛求疵，宁愿独自工作，对事而不对人，不轻易放弃自己的主见，为人做事的标准常常很高，严谨而不苟且。

（2）因素C，情绪稳定性。常模为15.00，新疆维吾尔族男性的得分为14.44，没有显著性差异。说明新疆维吾尔族男性在个体情绪上比较稳定。

（3）因素E，恃强性，常模为12.77，新疆维吾尔族男性的得分为12.28，没有显著性差异。表明在团队、组织或社会中，维吾尔族男性个体倾向于服从。

（4）因素H，敢为性，常模为10.07，新疆维吾尔族男性总体得分为12.28，具有显著性差异。即表现为冒险敢为，少有顾忌。

（5）因素Q2，独立性，常模为12.95，新疆维吾尔族男性总体得分为9.89，且有显著性差异。即表现为依赖、随群、附和，通常愿意与人共同工作，而不愿独立孤行；常常放弃个人主见，附和众议，以取得别人的好感；需要团体的支持以维持其自信心，但不是真正的乐群者。

从以上数据分析，新疆维吾尔族男性在情绪稳定性和恃强性上，与常模没有显著差异；在乐群性、独立性上的数据低于常模，表现了缄默、孤独、冷漠、依赖、随群的品格；在敢为性上的数据高于常模，表现好冒险的人格特点。

表6-11　　维吾尔族男性与常模的比较情况

因素	人数	最小值	最大值	$\bar{x} \pm x$	常模	t	P
因素A	18	2	13	8.44±3.053	10.02±3.27	-2.190	0.043
因素C	18	9	18	14.44±2.549	15.00±3.95	-0.925	0.368
因素E	18	6	17	12.28±3.177	12.77±3.60	-0.657	0.520
因素H	18	7	16	12.28±2.675	11.07±4.43	1.916	0.072
因素Q2	18	5	16	9.89±3.445	12.95±3.34	-3.770	0.002

表6-12是对随机抽样的50名维吾尔族女性的测试结果与常模的比较，其

结果如下：

（1）因素A，乐群性，女性的常模为10.90，新疆维吾尔族女性的总体得分为10.97，没有显著性差异。说明新疆维族女性在工作和生活中，比较喜欢和别人合作。

（2）因素C，情绪稳定性，常模为13.75，新疆维吾尔族女性的得分为14.56，没有显著性差异。表明新疆维吾尔族女性个体在情绪上比较稳定。

（3）因素E，恃强性，常模为11.70，新疆维吾尔族女性的得分为10.78，没有显著性差异。表明新疆维吾尔族女性个体在团队、组织或社会中，倾向于服从。

（4）因素H，敢为性，常模为10.47，新疆维吾尔族女性总体得分为10.06，不具有显著性差异。

（5）因素Q2，独立性，常模为11.65，新疆维吾尔族女性总体得分为9.44，有显著性差异，即表现为依赖、随群、附和，通常愿意与人共同工作，而不愿独立孤行；常常放弃个人主见，附和众议，以取得别人的好感；需要团体的支持以维持其自信心，但不是真正的乐群者。

从以上数据分析，新疆维吾尔族女性在乐群性、情绪稳定性、恃强性和敢为性上，与常模没有显著差异，都在常态水平，具有比较随和、稳重的人格特征；在独立性的数据上低于常模，表现了依赖、随群的品格。

表6－12　　维吾尔族女性与常模的比较情况

因素	人数	最小值	最大值	$\bar{x}_s$	常模	t	P
因素A	32	7	16	10.97±2.633	10.90±3.32	0.148	0.884
因素C	32	8	23	14.56±3.698	13.75±3.96	1.243	0.223
因素E	32	5	18	10.78±3.066	11.70±3.58	－1.695	0.159
因素H	32	4	17	10.06±3.242	10.47±4.64	－0.711	0.482
因素Q2	32	6	13	9.44±2.313	11.65±3.21	－5.411	0.000

第五节　维吾尔族交往心理

一、维吾尔族人群体内社会交往方式

社会交往是指两个或两个以上的社会个体间的社会互动，也就是说两个或两

个以上的人为了达到一定的目的进行的一种“人际间的往来”。这个概念基本类似于韦伯的“社会行动”与哈贝马斯的“交往互动”等概念。

社会交往是社会科学界关注的核心领域，探讨这个问题的学者有腾尼斯、涂尔干、韦伯、哈贝马斯等人。腾尼斯以“法理社会”与“礼俗社会”、涂尔干以“有机团结”与“机械团结”等概念探讨了前工业社会与工业社会的“传统”和“社会契约”对社会交往的影响，以及社会交往的模式，认为在工业社会里人际交往的关键因素是“社会契约”，个体之间的互动方式是基于契约的分工合作。韦伯则是用“合理性”概念来理解、区别社会行动，提出目的合理性行动、价值合理性行动、情感行动与传统行动，并认为工具合理性行动最具高度合理性的行动，而传统行动是由约定俗成的习惯决定的行动，是没有经过理性思考的行动。

哈贝马斯在他的《交往行动理论》著述中也提出四种行动类型：目的性的行动、循规性的行动、戏剧性的行动、沟通传意性的行动。对于其中循规性的行动，哈贝马斯认为是以共同价值为取向的行为，也称规范调节行动，这种行动在以传统为根基的社会其实质就关系到“传统”。他认为以上四种行动是以不同的“世界”为先决条件的。其中，沟通性行动比其他三种行动更为合理，因为它包含了前三个并列又相互制约的“世界”，构成了一个交往过程中的“共同从属的平等的关系体系”，所以沟通性的行动是具有社会学意义上的“行动”概念。

学者对于社会交往的探讨既关注到了传统社会中，以礼俗为基础的社会互动方式，也谈到了工业化社会中，以契约为基础的工具理性式的社会互动方式。在现代社会中，人类的社会交往实践是一个非常复杂的过程，即便是“传统”也会被作为社会资本，并在不同的境遇中以不同的方式对待“传统”。因此，“传统”也是工业化社会中，社会交往经常关注的方面。

随着工业化进程的推进，维吾尔族聚居地传统社会正在向现代化社区转变，礼俗社会逐渐向法理社会过渡。在维吾尔人的现实生活中，“情感性交往”、“礼仪性交往”和“工具性交往”往往相互交织，形成多元的社会交往模式。

基于地域认同的社会交往是维吾尔人最主要的交往方式。在维吾尔人的各种社会活动中，“同乡人”往往是社会交往发生的重要领域。维吾尔人的绿洲文化使得维吾尔人有着强烈的地域观念，影响着维吾尔人生活、工作中的交往方式，尤其是在乌鲁木齐这样的不同民族、不同地区的人杂居的城市，维吾尔族人进行社会交往的重心仍然是自己所属的地域群体。

在维吾尔人中，人们对于自己或他人的界定往往是以地域为界限的，刚相识的人们会以“我是喀什人”或“他是阿克苏人”来表明个体的身份，并以此作为进一步互动的基础，即便是在较为熟悉的交往圈中，人们也非常清楚彼此的地域所属。“同乡人”的社会交往是维吾尔人最具有情感性的一种互动方式。由于自然、地理和历史等原因，不同的绿洲都有其独特的文化特质。生活在不同地域的维吾尔人享有不同的民风习俗，常常以自己的地域文化感到自豪，并会以自己的地域文化来衡量其他地区的地域文化。因此，享有共同文化习俗的维吾尔人在社会交往中的心理体验是“舒适”，这成为促进“同乡人”社会交往的情感因素，在一般的社会活动中，维吾尔人更愿意与“同乡人”进行交往。在大学的维吾尔族学生的交往对象也常常以同乡人为主。

问：平时大学同学关系怎样？

adl：平常上课的时间比较长，课下大家都在忙自己的事情，所以交流的机会似乎不多，因此大家之间的关系也比较淡，除此之外，大家来自不同的地方，观念意识不同，至少需要一年的时间才能彼此了解。

ahat：北疆和南疆来的同学在很多事情上的观念有很大的差异，比如，有些事情我们南疆来的同学不太重视，但北疆的同学看得就比较重。所以，大家沟通的时候就会很谨慎，怕引起误会，从而使得大家的关系并不很亲近。同宿舍的人关系会好些。因为大家在一起的时间比较长，什么话都可以说，可以互相交流，最终达成共识，关系会好些。

adl：我觉得观念不同是一个很大的问题，比如我们南疆人称呼他人时喜欢用“您”，而北疆的人直接称呼“你”，在这点上就会造成误会。

mamt：我们宿舍有6个人，南北疆的都有，大家都有自己的生活习惯，即使是一个地方的也会有很大的差异，不过现在已经达成一种共识了。

被访者：新疆大学信息技术2005级民族班三个男生（adl，ahat，mamt）

在维吾尔族传统的礼俗社会中，个体之间发生互动的主要方式有参与集体活动，或者直接去串门，而参与各种集体活动（与Jammat交往）是维吾尔族群内最主要的交往方式（见表6-13）。

表6-13　　您与本民族成员主要的日常交往方式

选项	聚会	打电话	登门拜访	其他	缺失	合计
频次	521	102	191	38	35	887
百分比	59	11.4	21.5	4.2	3.9	100

繁文缛节是维吾尔人社会生活中的重要部分，礼俗成为人们的行为规范以及进行互动的依据和标准，享有共同的礼俗是社会交往顺利进行的重要基础。在维吾尔社会中，结婚是非常重大的一件事情，结婚不仅仅是两个人的事情，而且是

双方家庭乃至家族的事情，姻亲关系是维吾尔人社会关系的重要组成部分。维吾尔族姻亲双方的交往，往往只是礼节性的交往而非情感性的，姻亲双方对于相关礼节的了解和实践程度是决定婚姻是否能幸福的关键因素。因此，是否享有共同习俗，即是否是同一个地方的人，成为维吾尔人选择配偶的重要考虑因素。比如，被访谈的一个阿图什人就表示，一般情况下阿图什人不外嫁女儿，也不娶其他地方的儿媳。

问：您的女儿长大了，您愿意让她外嫁吗？

Har：不，我要把她嫁给阿图什人，我们阿图什人不外嫁女儿，也不娶其他地方的人。

问：那她要是不愿意呢？

Har：她也得听我的。不同地方的人风俗习惯不一样，生活方式、观念也不一样，如果结了婚，容易有矛盾，两个家庭也容易有矛盾。我上大学的时候，喜欢上一个外地的女孩子，也是大学生，我父亲就是不同意，还给我看好了一个本地姑娘，我最后听了我父亲的话，娶了一个阿图什姑娘，现在我们很幸福，我觉得老人的话还是很有道理的。

被访者：阿图什人（Har）

随着新疆现代化的进程，维吾尔人聚居的传统社会正在受到冲击，有很多人来到城市谋求生存和发展，其社会交往方式趋于工具理性化。在传统社会中共享礼仪习俗的“同乡”在现代社会中成为一种社会资本，基于同乡情谊的关系发展成为利益关系，人们办事喜欢找“同乡人”，因为“好办事”。

然而，在异质性越来越高，分工越来越精细的现代社会中，血缘或地缘关系已不再是社会实践成功与否的关键因素，个体通过不同的社会实践，建立了“同学”、“同事”和“战友”等新的社会关系以及社会交往圈子，在现代化和城市化的过程中，维吾尔族的社会交往模式呈现出“情感性交往”、“礼仪性交往”和“工具性交往”等多元的模式。

二、维吾尔族的族际交往模式

新疆是一个多民族地区，其中以维吾尔族和汉族的人口最多，因此对于维吾尔族社会交往的研究不仅要关注群内交往，还要关注维吾尔族与其他民族，尤其是与汉族的族际交往方式及影响因素。

关于不同民族之间交往方式及程度的研究，许多学者提出了不同的族际关系的测量指标和影响族际关系的因素。对于维吾尔族与其他民族（主要是汉族）的社会交往模式及影响因素的调查中，我们主要调查了维吾尔族的语言使用、宗教与生活习俗差异、人口迁移、居住格局、交友情况、族群分层、族际通婚等方面的情况。

（一）语言的使用情况

语言在人类生活中发挥着重大作用，我们称之为语言的功能。人类共同的生存活动需要有协调的手段。人们积累的经验需要交流、传承，亲密的情感需要表达。人们就用一些约定的符号进行交流，这些符号不断发展完善，形成符号系统——语言，成为人类集体交流的工具。因此，语言首先具有交流工具的功能，其最重要的性质就是它作为记录和传递信息工作的应用性。

维吾尔族的民族语言是维吾尔语，也是维吾尔人社会生活中的主要通用语言，维吾尔人在群内交往中主要使用维吾尔语。当维吾尔人与其他民族（主要是汉族）发生互动时，主要使用族际通用语——汉语。因此，维吾尔族对于其他民族语言以及汉语的把握程度，是其与其他民族（主要是汉族）发生社会交往的前提和基础。

从表6－14中可以看到，在被访的维吾尔族中，68.7%的人会汉语，16.7%的人会哈萨克语，14.9%的人会俄语，7.6%的人会英语。也就是说，约70%的被访者除了本民族语言之外，还会其他语言，其中绝大部分人会汉语。当然，对其他语言的掌握程度有所不同，但是基本可以进行日常的交流和沟通，这为与其他民族（主要是汉族）进行沟通奠定了良好的语言基础。

表6－14　除本民族的语言外还会的语言（多选题，N＝887）

选项	汉语	哈萨克语	英语	俄语	其他
频次	609	148	67	132	33
百分比	68.7	16.7	7.6	14.9	3.7
排序	1	2	4	3	5

其中，仍然有30%的被访者不会其他语言，这可能与他们的生活环境有关。在被访者中，约20%的人生活在维吾尔族聚居地，没有学习其他语言的环境，当他们离开原住地，进入多民族杂居的地区，族际通用语的缺失将阻碍他们与其他民族的互动和交流，从而对他们的生活和生计产生影响。因此，学习族际通用语——汉语，成为很多维吾尔人的愿望。从自治区开始在全疆推广双语教育，维吾尔人对此表现出了极大的热情。

从表 6－15 中可以看到，在回答这一问题的维吾尔族中，79.8% 的人表示支持双语教育。维吾尔族人意识到，随着社会的发展，与外界的沟通越来越频繁，无论是在日常的生活中，还是在学习和工作领域中，掌握汉语已成为维吾尔人改变其生存状态，提高生活水平，促进地区经济发展的必要条件。通过双语教育，使维吾尔族青少年成为民、汉双语兼通的人才，不仅有助于个人在社会中的良好发展，也有助于整个民族实力的提升。

表 6－15　　您对现行双语教育模式的态度

选项		频次	百分比	有效百分比
有效	支持	675	76.1	79.8
	无所谓	67	7.6	7.9
	不支持	104	11.7	12.3
	合计	846	95.4	100.0
缺失		41	4.6	

在表 6－15 中，有 11.7% 的人表示不支持双语教育，主要原因并非这部分人认为汉语学习不重要，而是因为在当前的双语教育中，还存在一些问题。如双语教育师资缺乏，双语教育教材质量较差，双语教育几种模式衔接不顺，一些地区双语教育重汉语轻民族语言等等，使得一些维吾尔族人对双语教育实施的效果产生怀疑，这是他们不支持双语教育的主要原因。

问：您对新疆的双语教育政策有怎样看法？

Ablik：现在有民考汉，民考民，双语班等几种模式，但它们之间也有区别。双语班的学生除了语文课用维语授课以外其他的所有课用汉语授课，他们跟纯粹的民考汉学生不一样，但他们高考是可以报民考汉。新疆大学双语班的学生没有预科，我们让他们进汉族班和汉族同学一起上课，但他们的英语水平不好，跟不上汉族班英语课，还有他们的数学水平也不如汉族同学好。双语班还没有处于最终成功的阶段，只是处于初步成功的阶段，总体来讲，双语班的数学成绩不是太好。在基层，他们广泛的进行双语教育，但教师不够，在一个班上课的学生特别多，上课效果不好，所以也有双语班的学生高考成绩比普通班的学生还差的情况。

被访者：新疆大学维吾尔族老师（Ablik）

语言是沟通的桥梁，学习对方民族的语言，是了解对方民族的文化习俗，理解其民族心理、行为方式的前提和基础。对于大多数维吾尔人而言，学习汉语是为了获得更好的生活，在社会中拥有更高的地位，语言的学习在一定程度上带有某种功利色彩。然而，无论出于何种目的，其客观效果是促进了对其他民族语言、文化、传统和习俗的了解，而这是良好社会交往形成的重要条件。

近年来，自治区政府正在全区推行双语教育，在全社会范围内培养民汉兼通的双语人才，是社会发展的客观要求，也是维吾尔人的强烈愿望。但是，任何政策的实施都应该实事求是和因地制宜，否则就有可能伤害维吾尔人学习汉语的热情和积极性，从而影响政策实施的效果。

（二）宗教与生活习俗差异

新疆是一个民族多样，宗教文化多元的地区，从宏观的人口空间分布来讲，各民族是大杂居小聚居。但是，在东西部的城镇地区已形成不同的宗教文化群体杂居的格局，不同宗教文化群体的宗教信仰情况会对他们日常的社会交往产生一定的影响。另外，宗教信仰有时与生活习俗密切相关，尤其是独特的饮食、葬丧习惯等，这些与宗教信仰相关的生活习俗有时会影响这些民族与其他民族的交往。

维吾尔族是一个几乎全民信仰伊斯兰教的民族，对待其他“异教”具有一定程度的排斥性，维吾尔文化带有浓厚的伊斯兰色彩，这些宗教因素都会对维吾尔族与其他非伊斯兰民族的社会交往产生一定的影响。

在我们的调查中，在回答“您的宗教信仰”的被访者中，有95.8%的人认为自己是穆斯林（见表6-16），但这个数字有可能是偏低的，因为填写“没有”或“其他”的被访者有可能是教师或机关干部。根据我国政教分离的政策，教师或机关干部应该是无神论者，因此，有些被访者介于自己的公职身份而没有填写真实的想法。

表6-16　　　　您的宗教信仰

选项		频次	百分比	有效百分比
有效	伊斯兰教	804	90.7	95.8
	萨满教	2	0.2	0.2
	基督教	1	0.1	0.1
	道教	2	0.2	0.2
	没有	22	2.5	2.6
	其他	8	0.9	1.0
	合计	839	94.6	100.0
缺失		48	5.4	

维吾尔族的伊斯兰宗教信仰对维吾尔族与其他民族社会交往的影响是多方面的，其中对于通婚的影响最大。伊斯兰教禁止穆斯林与非穆斯林通婚，维吾尔族通婚的主要对象是其他穆斯林民族，如乌孜别克族、塔塔尔族和哈萨克族等，很少与非穆斯林民族通婚，与汉族的通婚更是少之又少。笔者的一位朋友曾经与汉族结婚组建家庭长达5年之久，在这5年中，她几乎不会受到本民族朋友或亲属的邀请，连其父母也因此受到责难，她在本民族的社会网络中完全被孤立，最终她只能放弃婚姻，回归到本民族社会中。

在调查中，我们还了解了维吾尔族对于伊斯兰教信仰的虔诚程度，因为宗教信仰虔诚的程度对维吾尔族与其他民族的交往会产生影响。在表6-17中可以看到47.5%的被访者表示只是在肉孜节和古尔邦节会去清真寺做礼拜，11.8%的被访者在每周的主麻日做礼拜，30.6%的被访者每天都会做功课。也就是说，在被访者中，约有50%的人并没有严格地履行宗教义务，这对他们与其他非穆斯林民族交往具有一定积极的意义。

表6-17　　　　您在什么时候参加宗教活动

选项		频次	百分比	有效百分比
有效	肉孜节和古尔邦节	396	44.6	47.5
	主麻日	98	11.0	11.8
	每天去清真寺做乃麻子	150	16.9	18.0
	每天在家里做乃麻子	105	11.8	12.6
	从不参加	84	9.5	10.1
	其他	1	0.1	0.1
	合计	834	94.0	100.0
缺失		53	6.0	

维吾尔族的很多生活习俗与其伊斯兰宗教信仰有很密切的关系，维吾尔族有比较严格的饮食禁忌，如不吃猪肉、驴肉、狗肉等食物；在斋月期间遵守斋戒规则，如在日出之后日落之前不吃饭不饮水，不参加娱乐活动等；婚葬习俗中有一定的宗教仪式，如婚礼中的尼卡仪式等，这些对维吾尔族与其他民族的交往也会产生影响。在日常的生活以及婚葬嫁娶的活动中，相对于非穆斯林民族，维吾尔族与其他穆斯林民族的社会交往更为频繁。由于饮食禁忌相同，维吾尔族更喜欢与穆斯林民族作邻居，与穆斯林家庭互相串门拜访；由于婚葬习俗较为相似，维吾尔族会邀请其他穆斯林民族参加婚礼或葬礼，谢绝非穆斯林民族，比如维吾尔族的葬礼一般是在清真寺举行，汉族的同事或朋友往往是不能参与的。当然这不

是绝对的，那些了解和尊重维吾尔族的生活和风俗习惯的汉族非常受到维吾尔社会的欢迎，并常常被维吾尔族视为座上宾。

（三）居住格局

居住格局是社会交往客观条件的重要组成部分，这对于探讨不同民族间的社会交往具有重要的意义，这是因为，第一，人们通常“同类相聚”，居住社区的形成往往与这种“相聚”或“排他”的趋势有关；第二，这种居住格局一旦形成，就会对居民或对与其他民族的日常社会交往形成一个稳定的客观条件。在民族杂居的社区有助于各民族成员之间的日常交往，而在民族区隔的社区则进一步带来民族之间的疏离。

从新疆各民族的居住情况来看，维吾尔族主要聚居在南疆三地州，如喀什和和田，维吾尔族人口超过90%，在东疆和北疆，除吐鲁番维吾尔族人口超过70%以外，其他地区维吾尔族人口都少于50%。因此，从新疆各民族整体的居住情况来看，各民族的居住地相对聚集。各民族相对杂居的情况发生在城镇中，所以我们特别关注城镇中各民族的居住情况。以各民族最为杂居的乌鲁木齐为例，各民族的居住格局呈现出“南维北汉”的情况，如乌鲁木齐的天山区维吾尔族人口比例为21.25%，是维吾尔族人口最为集中的区域，沙依巴克区和水磨沟区，维吾尔族人口比例超过10%，人口也相对比较多，而在新市区，维吾尔人口不到10%，汉族人口则在80%以上。乌鲁木齐市的这样一种居住格局，使得维、汉在社会交往上产生了一种区隔，除非是工作上的需求，很多维吾尔族很少去城北，很多汉族也很少到城南，餐饮和娱乐活动主要集中在各自的聚居区，在工作之外的日常生活和娱乐活动中，维吾尔族和汉族很少发生互动。笔者曾经去过几个维吾尔族常去的娱乐场所，发现几乎所有的人都是维吾尔族，以及少量的其他穆斯林民族，但很少见到汉族。

在日常的生活和娱乐中，人们往往会进行更为亲密的接触，从而加深彼此的了解，而对于彼此的了解是彼此尊重和友爱的前提。但是，从乌鲁木齐市各民族的居住格局来看，由于居住格局的区隔，使得各民族失去了加深彼此了解的重要条件，各民族在工作场域中可以成为很好的同事或工作伙伴，却很难成为知心的好朋友。

（四）交友情况

研究两个民族的成员之间是否出现了比较亲密的私人接触，即一个民族的成员是否在日常生活和私人领域中被另一个民族的成员们普遍接受，也就是在所谓的初级群体中的交往情况，是衡量两个民族社会交往程度的重要方面。我们在调查中，通过以下几个方面来了解各民族在初级群体中的社会交往情况：一是自己“亲密朋友”的民族结构（各族所占比例）；二是遇到困难时是否有可能向其他民族的朋友寻求帮助或咨询；三是是否经常参加其他民族成员组织的私人聚会。

在调查问卷中，我们请被访者依次列出5个最好朋友的民族身份，以调查在维吾尔族最亲密的朋友圈中，是否有其他的民族以及是什么民族。问卷统计结果显示，在被列出的3 193个朋友中，维吾尔族的朋友占到了75.6%，说明维吾尔族的朋友圈中以本民族的成员为主，维吾尔族在私人领域中社会交往的主要对象是本民族成员。其次是汉族朋友，占到9.1%，低于10%，也就是说，汉族未能被维吾尔族普遍接受，成为维吾尔族社会生活私人领域中的成员。哈萨克族朋友占到7.9%（见表6－18），尽管绝对比例低于汉族，但不能因此认为哈萨克族进入维吾尔族私人领域的程度要低于汉族，比例偏低主要是因为新疆哈萨克族的人口数要远低于汉族。事实上，由于哈萨克族与维吾尔族在体质特征、宗教信仰和风俗习惯上近似，因此彼此进入初级群体的程度都较高。

表6－18　　　　您最好的5位朋友的民族身份

选项	汉	维	哈	回	乌孜别克	蒙古	柯尔克孜	其他	合计
频次	292	2 415	252	109	41	33	51	49	3 193
百分比	9.1	75.6	7.9	3.3	1.2	1.0	1.5	1.5	100.0
排序	2	1	3	4	6	7	5		

注：其他包括：塔吉克族、满族、白族、塔塔尔族、俄罗斯族、藏族、锡伯族、羌族。其他不参与排序，也还没计入合计，加入合计后的数据为3 242。

5个最好朋友的民族身份一题的统计结果显示维吾尔族的朋友圈中的成员主要是本民族成员。那么维吾尔族人在遇到困难或重大问题时，寻求帮助或咨询的对象也主要限于本民族成员吗？这是另一个衡量维吾尔族与其他民族在初级群体中社会交往程度的标准。就此问题，我们也做了调查。

表6－19显示维吾尔族与其他民族交朋友的主要原因是同事或工作联系，交朋友邻里关系和生意往来也是比较重要的原因，但是选择寻求帮助的比例只有9.0%。也就是说，维吾尔族在遇到重大困难或重大问题时，寻求帮助和咨询的对象主要限于本民族成员。各民族是否能在普遍程度上进入到彼此的初级群体中，在日常生活和私人领域中形成广泛的社会交往是衡量各民族社会交往程度的重要指标。从我们调查的情况来看，维吾尔族和其他民族，尤其是非穆斯林民族的社会交往主要发生在工作场域中，主要是同事关系或工作伙伴，但是在私人领域中的社会交往程度比较低，因此成为亲密朋友的可能性也较低。

表 6－19　　您与其他民族交往的主要原因（多选题，N＝887）

选项	A 同事或工作联系	B 生意来往	C 邻里或亲属关系	D 寻求帮助	E 交朋友	F 学习语言	G 文化交流	H 其他	缺失
人数	665	214	339	91	350	105	133	87	22
百分比	66.1	21.3	33.7	9.0	34.8	10.4	13.2	8.6	
排序	1	4	3	7	2	6	5	8	

（五）族际通婚

婚姻一般是由两个异性个体所组成，结婚双方及有关血缘亲属共同组成家庭，而家庭是人类社会的基本组成单元。族际通婚所涉及的不仅仅是两个异性个体之间的关系，而且还隐含着这两个人所代表的各民族的文化和社会背景。

不同民族成员之间的亲密接触和相互联姻可以反映民族社会交往中一个较深层面的发展状况，所以许多研究民族关系的学者把族际通婚的调查分析作为一个重要的研究专题。我们一般可以想象得到，两个民族整体如果相互关系紧张、彼此仇视，他们成员之间相互接触会受到许多外部的限制，双方成员的内心与对方接触也会存在某种隔阂和障碍，通常是很难建立恋爱关系并最终缔结婚姻的，即使出现个别情况，也往往会以悲剧收场。只有当两个民族之间的关系在整体上比较融洽与和谐时，他们的成员之间才有可能出现一定数量和比例的族际通婚。因此，族际通婚率也被称为民族关系的晴雨表。本次调查将维吾尔族与其他民族的族际通婚状况作为一个重要的内容，以调查分析维吾尔族与其他民族通婚的意愿、通婚的现状以及影响通婚的因素（见表 6－20）。

表 6－20　　　　您选择结婚对象的主要条件

选项		频次	百分比	有效百分比
有效	民族成分	501	56.5	57.3
	经济状况	97	10.9	11.1
	文化水平	151	17.0	17.3
	职业	22	2.5	2.5
	个人品德	83	9.4	9.5
	形象外表	4	0.5	0.5
	门当户对	7	0.8	0.8
	由父母包办	2	0.2	0.2
	其他	7	0.8	0.8
	合计	874	98.5	100.0
缺失		13	1.5	

表6－20的统计结果显示，维吾尔族在选择结婚对象的时候，第一个条件便是对方的民族身份，即对方必须也是维吾尔族，而文化水平、经济条件和个人品德等都是其次的条件。由此，我们可以看出，维吾尔族不太愿意与其他民族通婚，将对方是否是本民族成员作为考虑的首要条件，是一个族内婚的民族。

从当前维吾尔族与其他民族的通婚情况来看，维吾尔族与其他非穆斯林民族的通婚情况是非常少的，而与其他穆斯林民族通婚的情况相对要多一些。笔者在调查中，充分体会到了与汉族通婚的维吾尔族在本民族社会中的尴尬地位。事实上，在新疆少数民族社会，与汉族通婚的维吾尔族少之又少。

影响维吾尔族与其他民族通婚的主要因素除是否是同一民族成员之外，首先，是宗教因素，即对方是否是穆斯林民族；其次，是否享有相似的文化和风俗习惯。因此，与维吾尔族发生通婚较多的民族有乌孜别克、塔塔尔和哈萨克族等，与回族通婚的情况相对较少，而与汉族发生通婚的情况是最少的。从维吾尔族与其他民族的通婚情况来看，维吾尔族与非穆斯林民族，尤其是与汉族深层次的社会交往程度较低，个别的通婚案例会受到维吾尔族整体的歧视和排斥，维吾尔族对非穆斯林民族在整体上存在心理区隔。

三、学校中各民族学生的社会交往

本次关于学校中各民族学生社会交往程度的调查对象是新疆大学，其中少数民族的学生（维吾尔、哈萨克、乌孜别克等）占到学校总学生人数的40%左右，汉族学生占到学生总人数的60%左右。该校的专业设置涵盖了文、理、工及社科类（不包括医学类）。样本是来自4个专业（计算机技术、生物技术、数学应用和新闻学），共7个班，其中民族班为4个，汉族班为3个[①]。民族班共有82名维吾尔族、14名哈萨克族、1名回族，共97人。汉族班共有94名汉族、6名回族（民考汉）、2名维吾尔族（民考汉）[②]、2名土家族，1名苗族和1名白族，共106人。这次问卷调查的被访对象共有228名各族学生。

（一）新疆大学的组织特征

当我们试图评价学校的组织特征与各族学生社会交往程度的关系时，笔者通

① 民族班：上大学之前接受母语教学，进入大学后被分派到民族班，接受汉语教学。
汉族班：上大学之前接受汉语教学，进入大学后被分派到汉族班，接受汉语教学。
② 民考汉：上大学之前接受汉语教学的少数民族学生，进入大学后被分派到汉族班。

过调查问卷和访谈，首先关注的是学校的三个组织特征：专业隔离、年级隔离和课外活动接触。根据经验观察，大学中个人的友谊选择大多数都发生在同专业的同学中。也就是说，交往被限制在同专业的同学中，而在新疆大学，学校按照专业将学生分派，又按照民族身份将同一专业的学生再次分派（少数民族学生和汉族学生被分派到不同的班级）。在这种情况下，交往机会被限制在少数民族或汉族群内，即使在同一个专业内，少数民族学生极少与汉族学生接触。也就是说，本应在专业层面（院、系）上的民族融合被重新隔离。表6－21是对在同一专业的少数民族学生和主体民族学生（不限制年级）之间交往水平的测量。

表6－21　　和你同专业的汉（民）族同学的交往程度　　单位：人

班级	交往水平					总数
	很多	比较多	一般	很少	几乎没有	
民族班	8	13	51	31	15	118
汉族班	6	12	44	24	10	96
总数	14	25	95	55	25	214

在组织层面上，接触机会是形成友谊关系的重要因素。把人们分组的那些组织特征让同类型的人更可能相遇。按专业分派，营造了各民族学生在学校内相遇的机会。然而，如果学生的专业的分派与民族身份相联系，那么由于民族身份的不同又使一个应该民族融合的学校又被区隔开了。新疆大学不仅按照专业同时又按照民族的分派方式限制了跨民族交往。从表6－21可以看出，与同专业的其他民族同学交往很多或较多的同学只占到18%，一般的占到44%。而很少或几乎没有的占到37%。由此可见，即使在同专业的少数民族与汉族学生中没有形成大规模的互动，由此，形成族际交往的机会被限制在较低的水平上。

另外一个影响学生族际交往组织因素就是课外活动。而我们关注的是，在学校环境中，课外活动接触是否受到民族身份的限制。也就是说，不同民族的同学是否能聚集到同一个活动中，从而产生族际交往的机会。在访谈中我们了解到，那些经常参与学校活动的学生有更多的机会和其他民族的学生认识和交往。

问：你和其他民族的同学交往多吗？

Alim：我是系学生会的干部，因为工作上的原因和汉族同学进行交流的机会比较多，当然他们也主要是学生会的干部，系里的活动必须要我们一起做才能完成。我和其中两个学生会的汉族同学后来成了好朋友，现在除了组织活动之外，私下也有偶尔聚一聚，我的汉语水平因此也提高了很多，很多人参加学生会也是为了学习汉语，提高口语水平。我现在和新入学的同学讲，要想提高自己的汉语水平，要想多交一些朋友，就要参加学生会啊，团委啊，这些学生组织，我就是从中获得了很多。

被访者：2005级计算机专业维吾尔族学生

问：你和少数民族同学的交往多吗？

Liping：平常我和少数民族同学交流很少，即使是同专业的同学，他们的情况我也不是很了解，因为我们不在一起上课，只有一起在学生会的同学比较熟悉，学生会的活动比较多，所以见面的机会也很多，和他们交朋友真的很不错，我和其中一个女孩儿的关系很好，她还请我去她家吃饭。

被访者：2006级数学应用专业汉族学生

在新疆大学，学生会组织学校里大部分的课外活动，从而建构了一个联合的活动网络，学生会成员之间互相合作和互相依赖可以培养成员间的关系。在新疆大学，不仅学生会，还有运动队、歌舞团以及各类社团，都是学校管理人员或学校教员鼓励和支持各族学生参加的课外活动。在这些团体内，相互合作与相互依赖应该能够促进跨民族的友谊，而学校的管理者、教员和辅导员对跨民族合作和友谊的明确支持，也会增加跨民族交往的形成，学校风气从而也会更倾向于合作性。

（二）新疆大学学生民族结构

新疆大学学生的民族人口结构，主要是维吾尔族和汉族两大民族。也就是说，无论是在维吾尔族学生中，还是在汉族学生中，其相当多的学生都允许维吾尔族或汉族寻找其他方面相似的同民族朋友，从而使得民族内部同民族交往的机会提高。一旦开始这样，这个过程就会像滚雪球一样增长，民族内部增加的同族群的偏好会巩固团体结构，使他们更团结。

此外，一所学校主要为两个民族时，异质性达到最大，最可能出现“我们与他们”这样的社会互动模式，如果真的是这样，那么学校的民族隔离水平将达到最高。而在对新疆大学的学生的访谈中，屡屡出现“我们”（主要指维吾尔族）和“他们”（主要指汉族）这样的词汇，“我们”与“他们”不是同一类型的人，类型的划分是按照民族，也就是说，维吾尔族与汉族存在较大的区隔。

（三）新疆大学各民族学生的社会交往模式

在戈登的族群关系模式中，相遇后族群最先发生的是文化层面的同化，有可能是双向的，也有可能是单向的。文化同化指的是行为、价值、信仰的融合，同化的文化维度意味着，一个族群采取别的族群的文化特征——语言、宗教、饮食等等。

在新疆大学，各族学生相互间语言、文化学习和交流的情况是怎样的呢？从表 6－22 可以了解到，主要是少数民族学习汉族的文化特征（语言）。[①] 在相反的方向上，几乎没有发生交流。95% 的少数民族学生的汉语水平达到中等或高等。也就是说，可以实现基本的汉语阅读、写作和交流，具备了与汉族学生互动的条件。

表 6－22　民族（汉族）同学对于自身汉语（维语）水平的判断　单位：人

民族班	汉语水平（HSK）					总数
	10 级及以上	9 级	8 级	7 级	6 级及以下	
	5	10	65	34	6	120
汉族班	维语水平					
	很好	好	一般	差	很差	
	1	6	5	11	78	101

注：HSK：中国汉语水平测试，为测试母语非汉语者的汉语水平而设立的国家级标准化考试。其中 1～5 级属于初等，6～8 级属于中等，9～11 级属于高等。维吾尔自治区政府没有普遍实行维语水平测试。

从表 6－23 可以看出，虽然少数民族学生普遍学习汉语，然而在课堂之外的学校生活以及公众场合，就整体情况而言，并未实现普遍使用汉语。换言之，即便是在文化层面上，也未在整体水平上发生少数族群向汉族的同化。反之，在课堂之外，相当一部分少数民族的学生还使用和维持自己的语言。

表 6－23　民族同学在课堂之外主要使用哪种语言　单位：人

民族班	您在学校的日常生活中主要使用哪种语言			总数
	母语	汉语	母语和汉语交替使用	
	47	10	58	115
汉族班	您在公众场合主要使用哪种语言			总数
	母语	汉语	母语和汉语交替使用	
	48	13	49	110

① 新疆大学要求少数民族学生的汉语能力至少达到 HSK6 级。对汉族学生没有少数民族语言（如维吾尔语）能力要求。

从表 6-24 可以看出，在新疆大学，同学们更偏好在本民族内寻求朋友。在样本中，其他民族的朋友居多的少数民族学生占其人口总数的 9%，本民族和其他民族朋友差不多的也仅占 12%。在汉族学生中，其他民族的朋友居多的学生只有 1 名，占其总数的 0.9%，而本民族和其他民族的朋友差不多的学生比例也仅为 8%。在访谈中，被访的维吾尔族或汉族学生也都表示自己其他民族的朋友并不多。

表 6-24　　在您日常交往的朋友中　　单位：人

班级	本民族的朋友居多	其他民族的朋友居多	本民族和其他民族的朋友差不多	总数
民族班	93	8	14	115
汉族班	93	1	8	102
总数	186	9	22	217

问：你有少数民族的朋友吗？

LILI：我是从内地[①]考到这儿的，来这里之前，知道这儿有很多少数民族，原本以为会交很多少数民族的朋友，但我已经三年级了，少数民族的朋友很少，我觉得他们很抱团儿。我们班有几个维吾尔族的同学，他们是民考汉，平常在班里我们的关系很好，但是他们最好的朋友都是维吾尔族的。我们平常接触少数民族同学的机会不太多，虽然是平行班，但除了公共选修课，专业课都是分开上的。宿舍也是分开的，我们宿舍的同学都是汉族。有些活动民、汉同学是在一起的，只有在搞活动的时候，才能和民族同学有接触。

被访者：2006 级新闻学专业汉族学生

在新疆大学，各民族学生在校园里相遇后，无论是在文化维度上，还是在结构维度上，他们之间都未形成一个趋于同化的民族关系模式。反之，其民族关系模式更趋向于多元化。像同化模式一样，多元化模式也存在着几个维度，其中最重要的是文化和结构维度。文化多元化意味着在较大社会的文化体系框架内保持多个文化体系，因此结构多元化不仅意味着各族学生在文化（语言、宗教、生活习俗等）方面存在着明显的差异，而且意味着在一定程度上存在着分割的民族社区，使得各族教师和学生们的大量日常活动与交流主要是在本族内部进行。以新疆大学为例，在新疆大学不仅存在着几种不同的文化（主要是汉文化和

① 新疆当地人将中国甘肃以东的地区看成是“内地”。

维吾尔文化），也形成了某种有形的结构多元化。虽然同在一个校园里，但是少数民族学生和汉族学生学习的课堂和生活的宿舍都是以民族身份为界线的，在空间上是彼此隔离的，从而使得大量的学习和日常生活集中在各自的区域内。在这种情况下，群体主要是隔离的，从而限制了跨民族社会交往与跨族友谊的形成。

第六节　维吾尔族社会心态

民族社会心态是一个民族对于当前社会政治、经济、文化各个方面的态度和期望，是民族普遍存在的一种共同的心理现象。它是同当时日常生活紧密相连的生动具体的心理活动。表达着一个民族所关心的利益和愿望。因此，从一定意义上讲，民族社会心态反映了当前的社情民意，也是社会问题的深层原因。新疆维吾尔族生活在新疆多民族大杂居、小聚居的地域环境中，他们对新疆的经济、政治、文化有着切身的体会和感悟，当前维吾尔族的社会心态关系到未来新疆的经济发展，关系到民族团结、关心到新疆社会的稳定与和谐，针对这一主题，我们对目前人们普遍关注的社会问题进行了深入的调查。

一、对我国民族政策的理解

1949 年中华人民共和国成立以后，党和政府承认国内各民族具有同等的政治地位和社会地位，坚持民族平等与民族团结的原则，确立了民族政策，形成了比较完备的民族政策体系，包括统一的多民族国家和中华民族多元一体、坚持各民族一律平等、坚持和完善民族区域自治制度、加快少数民族和民族地区经济社会发展、保护和发展少数民族文化、加强少数民族干部和人才队伍建设等方面的内容。[①] 在上述民族政策的框架下，国家对少数民族及少数民族地区的发展采取倾斜政策，一方面给予各种形式的援助和支持，增强其发展的能力；另一方面则降低接受非义务教育的门槛，增加其个体发展的机会。对于少数民族教育的发展，所采取的“倾斜”或者说“优惠”政策的力度较大，持久性强，这对于少数民族地区社会经济的发展产生了积极且长远的影响。

① 国务院新闻办公室：《中国的民族政策和各民族共同繁荣发展》白皮书，2009 年 9 月。http://news.xinhuanet.com/politics/2009-09/27/content_/2117333_1.htm。

新疆是中国西部重要的少数民族聚居区，国家在制定有关新疆地区的相关政策时，民族政策中有关平等、优先、特殊的政策规定在新疆各个领域中都有具体的体现。在这些政策的实践过程中，新疆的维吾尔族是否了解相关的民族政策和法律，他们是通过何种途径了解的，他们又怎样理解民族政策和法律，对于这些问题的调查和研究有助于我国有关新疆民族政策和法律在新形势下的发展与完善。

从表 6-25 的统计结果来看，48.5% 的人选择知道，而 51.5% 的人选择知道一些或不知道。事实上，在访谈过程中，我们也发现有很多的维吾尔族的普通百姓对于当前的民族政策和相关法律并不是非常了解，甚至是一知半解，这对于民族政策的实践及其效果就会产生负面的影响。

表 6-25　　您知道我国有关自治区的民族政策和法律吗

选项	A 知道	B 知道一些	C 不知道	合计
人数	419	405	40	864
百分比	48.5	46.9	4.6	100

从表 6-26 和表 6-27 的结果来看，维吾尔族主要是通过看电视、看报纸、听广播和集体开会学习等途径了解相关法律和政策，说明现代传媒对于维吾尔族民众了解国家相关的政策法律具有重要的作用。很多维吾尔人通过传媒了解了相关政策之后，会积极主动地维护自己的权益。但是关于政策的实践效果，一些受访的维吾尔人提出了自己不同的观点：首先，尽管政府通过媒体做了大量的宣传工作，但是有时流于口号式或形式化，使得很多普通百姓对政策一知半解；其次，很多政策的宣传更多强调其意义和目标，但往往忽略对其具体实施计划和可行性的详细阐述，使得很多普通民众对于政策的实际效果持怀疑的态度。在基层社会中，往往由于一些基层组织的因素，政策的实践效果受到很大的影响。

表 6-26　您通过何种方式了解这些法律和政策（多选题，N=887）

选项	A 开会	B 看报纸和杂志	C 听广播	D 看电视	E 网络	F 与他人聊天	G 宗教人士	H 其他	合计
人数	369	406	289	445	103	53	74	13	1 752
频次	41.6	45.8	32.6	50.2	11.6	6.0	8.3	1.5	

表 6-27　　　　您喜欢收看什么电视节目

选项		频次	百分比	有效百分比
有效	新闻联播	442	49.8	51.0
	民族歌舞	168	18.9	19.4
	电视剧	117	13.2	13.5
	农业信息	26	2.9	3.0
	科技信息	50	5.6	5.8
	访谈	20	2.3	2.3
	综艺节目	41	4.6	4.7
	其他	2	0.2	0.2
	合计	866	97.6	100.0
缺失		21	2.4	

从表 6-28 的结果来看，64.9% 的被调查者一般阅读的是维吾尔语的报纸、杂志，阅读汉语报纸、杂志的人只占到 10.6%，也就是说，在被调查的维吾尔族中，大部分人主要通过维吾尔语报纸、杂志了解国家的政策，获得相关信息。在调查中，我们又了解到，国家主流报纸都有维语版，如《人民日报》、《新疆日报》、《乌鲁木齐晚报》等，但是相对于汉语报纸、杂志而言，维文报纸种类较少，因此维文的相关新疆社会经济发展的各种信息量相对也较少，在一定程度上限制了维吾尔族对于各种政策和信息的了解与把握，这就需要政府部门投入更多的力量提高相关国家政策的维文信息量，这也有助于排除其他一些非主流维文媒体对国家政策不正确的解读和报道。

表 6-28　　　　您一般阅读什么语言的报纸、杂志

选项		频次	百分比	有效百分比
有效	维吾尔语	563	63.5	64.9
	汉语	92	10.4	10.6
	维吾尔语和汉语差不多	184	20.7	21.2
	哈萨克语	15	1.7	1.7
	维吾尔语和哈萨克语差不多	9	1.0	1.0
	其他	5	0.6	0.6
	合计	868	97.9	100.0
缺失		19	2.1	

二、对政府的公信力

政府的公信力是公众对政府的信任程度，也是政府获得公众信任的能力体现。政府的公信力来源于民众的信赖和拥护，不是凭借武力而获得，而是靠民心、民意和民众的参与。

新疆地处中国边陲，维吾尔族是新疆的主体民族，维吾尔族对于政府的信任程度、参与程度及政府对于维吾尔族民意的关注程度都关系到边疆的稳定和国家的安全。因此，政府的公信力不仅应体现为维吾尔民众对于中央政府各种决策的拥护，还应体现为维吾尔民众对中央政策在基层实践效果的信任。在访谈中，大部分的被访者都表现出对国家支援新疆建设所采取的种种政策的高度认可，将国家领导人到新疆视察工作视为中央对新疆各民族，尤其是少数民族的关心，并心怀感激之情。喀什疏附县的一位农民在电视上看到国家主席胡锦涛在阿克苏视察工作的新闻报道后，感动地流下热泪，并认为中央一定能够出台有力的举措提高新疆各民族的生活水平，改善各民族之间的民族关系。

然而，也有很多维吾尔人认为中央的对疆政策是好的，但是在基层实施过程中走了样，其主要原因是基层干部更多注重政绩，关心个人利益，不关心普通百姓的民生问题，使得很多政策流于形式不能落到实处。我们在喀什调查期间，多次听到了一首在当地民众中流行的民谣，幽默诙谐地描述了南疆农村的基层干部不务实、重政绩、搞形式主义，从而增加百姓负担的形象。民谣：

领导要来了

百姓们都要洁身沐浴，穿上时髦的盛装，
领导要来了；
房屋庭院都要打扫干净，每条街道小巷都洒上水，
领导要来了；
……
老婆婆们也要用黛色画眉，
领导要来了；
为了让领导看棉田，先别拾棉，
领导要来了；
做好的抓饭肉汤你先别吃，
领导要来了；

快要咽气的人你先别死，
领导要来了；
……
给玉米绑上金黄的玉米穗，
领导要来了；
让南瓜葫芦挂满棚架，
领导要来了；
……

三、对西部大开发的看法

西部大开发是一项直接关系中国经济发展、民族团结、社会稳定、边防安全、人民富裕的重大决策，它不仅标志中国经济发展的战略性转移，体现中国的大开发、大开放、大改革的全面推进，而且为中国西部带来了千载难逢的发展机遇。西部大开发实施10年来，在国家的政策扶持、基础设施建设项目及资金投入的实际推动下，在全国人民的大力支持下，通过新疆各族人民的共同努力，新疆的社会经济发展取得长足的进步，获得前所未有的增长速度和增长质量。新疆的维吾尔族对于西部大开发有怎样的理解？对于本民族前途又有怎样的期待？

从表6-29可以看出，在被访者中，76.0%的人对于本民族的前途充满信心，没有信心的只占2.2%。也就是说，大部分被访的维吾尔族对于国家加大西部发展的宏观政策持肯定态度，同时也相信在这一历史进程中，维吾尔族将获得发展机遇，对民族的整体发展趋势充满信心。

表6-29　国家正加大对西部发展，您对本民族的前途看法如何

选项	A 非常有信心	B 比较有信心	C 没信心	合计
人数	654	188	19	861
百分比	76.0	21.8	2.2	100

但是，也有一些维吾尔族知识分子担心，维吾尔族由于在语言、技能、资本等方面不占优势，会在市场经济中被边缘化。如果出现以民族为单元的贫富分化，将成为民族团结、社会稳定的最大隐患因素。因此，在西部大开发中，如何充分利用市场机制促进地区社会经济发展，又能够兼顾市场经济中相对弱势的群体，可能是西部大开发中政府必须考虑的重要方面。

此外，很多维吾尔人也理性地认识到，民族的发展不能只依靠国家的倾斜政策，更多地要靠自己的实力，学习国语——汉语，提高教育水平，掌握现代技能，更多与其他民族交流，反省本民族自身的一些缺点和劣势，才是民族进步和发展的关键。

第七章

新疆汉族民族心理

新疆屯垦史实际上是一部内地汉族的移民史。内地汉族迁移到新疆后，在新疆特定社会生活条件下，产生了新疆汉族的民族心理。它是新疆汉族对本民族物质文化生活和精神生活需要的反映，是新疆汉族的需要动机、民族意识、民族认知、人格特征、交往心理、民族心理状态等精神要素的总和。在新疆特殊的自然环境、生活条件、历史发展及其汉族传统文化的传承中，新疆汉族的民族心理既不同于内地汉族的民族心理，也不同于新疆少数民族的民族心理。尤其在现代化进程中，新疆汉族的心理发生了很大的变化，2010 年课题组对新疆 1 038 名汉族进行了调查。根据调查的情况，从民族心理学的视角分析新疆汉族心理。

第一节　新疆汉族需要动机

人的需求是人活动最初的动机，也是人心理活动的基础和第一反应。人的需要是一个不断变化的多层次的结构体系，美国著名心理学家马斯洛的人类动机理论把人的需要分为五个层次：生理的需要、安全的需要、社交的需要、自尊的需要，自我实现的需要。根据需要的层次，对新疆汉族需要心理进行问卷调查，详见表 7－1。

表 7-1　　哪些是您最需要的

选项	经济收入	教育机会	社会地位	宗教信仰	家庭幸福	子女前途	其他	缺失	合计
人数	436	110	36	12	304	113	16	11	1 038
百分比	42.0	10.6	3.5	1.2	29.3	10.9	1.5	1.1	100
有效百分比	42.5	10.7	3.5	1.2	29.6	11.0	1.6		100

从表 7-1 回答的结果看：排在第一位的是经济收入，第二位的是家庭幸福，第三位的是子女前途，第四位的是教育机会，第五位的是社会地位，第六位的是宗教信仰。因此，经济收入、家庭幸福和子女前途是新疆汉族目前主要的需要。

一、提高经济收入是新疆汉族最迫切的需要

在调研中发现，2008 年调研对象中 66.8% 的人月收入在 1 500 元以下。普通干部，包括机关、中小学教师的工资每月收入普遍在 2 000 元左右（包括工资和阳光津贴），而新疆物价则偏高，如在大、中城市一盘拌面在 10～15 元，意味着一个月的生活费至少在 500 元以上，占收入的 30% 左右。兵团职工尤其对他们的待遇问题反应比较强烈。在农一师基层连队，我们了解到农工一家人承包土地，人均月收入仅为 300 元左右。在调查中，兵团职工反映了几个与他们切身利益有关的问题：

（1）关于涨工资，兵团职工陷入两难的境地。因为退休前是按承包地的效益拿工资，与涨工资没关系，反而要因为涨工资按比例多缴纳各种保险、统筹等，所以农工心里并不是很期待工资上涨。但是如果工资不涨，他们退休之后的收入又会受到影响，所以往往陷入两难的境地。

（2）关于退休年龄的问题。按照现行规定，兵团职工女性 50 岁退休，男性 60 岁退休。很多从事重体力农活的职工，根本无法坚持到退休，有个别职工在既定的退休年龄到来之前，已经不堪重负。

（3）关于住房问题。为改善职工的住房条件，兵团这几年也盖了不少经济适用房。但是农工仍然买不起。148 团的一位农工反映："能买经济适用房的人还是要有一些实力的人家，真正经济适用房所指的对象是不会买的，也买不起这样的房子。"连队有些职工说："日子过得是比以前好了，但是贫富差距越来越大了，人们心里越来越觉得不平衡。"

当然，兵团也有比较好的团场，例如：农六师的101团，军户农场①人均年收入在2008年为7 000～10 000元，农工对他们的生活比较满意。农场人心稳定，民族团结。因此增加收入，提高物质生活水平是新疆汉族最迫切的愿望，也是社会稳定的基础。

二、家庭幸福是新疆汉族追求的目标

问卷中问道："您追求的美好生活是什么？"（限选三项，并排序）回答的结果详见表7－2。

表7－2　您追求的美好生活是什么（限选三项并排序，N＝1 038）

选项	生活富裕	宗教信仰	家庭幸福	事业成功	良好名声	社会地位	其他
人数	633	20	886	696	242	94	26
百分比	61.0	1.9	85.2	67.0	23.3	9.1	2.5
有效百分比	61.6	1.9	86.3	67.8	23.6	9.2	2.5
排序	3	7	1	2	4	5	6

排序第一位的是家庭幸福。可想而知，家庭在新疆汉族人的心目中地位是非常重要的。这与中国儒家思想的影响分不开，更与新疆特殊的地理位置和复杂的生存环境有关。在少数民族聚居区，维护自己家庭的安全和幸福，对于汉族人来说是至关重要的。在远离故乡的地方，人们把亲情看得特别重。访谈中我们发现，无论在城市还是农村，汉族仍然保留着浓重的家庭、血缘和亲情观念，例如，在哈密巴里坤兰州湾调查时，访问了老倪家。

问：你们是否非常重视汉族传统的家族关系？

倪：我们倪家在清朝乾隆年间来到巴里坤，现在倪家有上千人，薛字辈的有500人，我就是薛字辈的。我们从甘肃来的时候，不到10户人家。倪家是大户人家，倪家与邵家是姑表亲戚。我们讲究传统的礼俗，孝敬父母，家中的年轻人都尊重老人。老人进门，大家都赶快站起来让位以表尊重。家中吃席都是按辈分排座位。我们保留了传统的家族礼仪。

---

① 军户农场，始建于1958年，1982年兵团恢复建制后归兵团农六师管理。地处于天山山麓准格尔盆地南缘，分别与昌吉市二六工乡、榆树沟镇、三工镇、阿什里乡和呼图壁县二十里店子镇、长山子镇毗邻。是一个多民族聚居的、以种植业为主的农牧团场。

三、子女前途是父母最关心的问题

因为新疆汉族在边疆艰苦的环境中生活，生活条件比内地差。改革开放以后，新疆与内地的差距越拉越大。大部分家长想让孩子比自己过得好。认为孩子只要考大学，找个好工作，有个好去处自己就放心了。父母把希望都寄托在孩子身上。在哈密的座谈会上，我们听到了这些父母的心声。

问：你们最关心的事情是什么？

老倪：我们最关心的是孩子的前途，我们这里的人很重视孩子教育，为了孩子上学，父母在城里租房子，考上大学的孩子不少。

老王：我有6个儿子，培养了4个大学生，一个在北师大上学，我们家的孩子都很孝顺，我感到很幸福。

问：您对孩子有什么希望？

老王：我不想让我的孙儿再当农民，我希望他们上大学，将来有个好工作。

问：希望孩子今后在哪里工作？

老王：希望孩子到内地工作。

从调研的结果看，新疆汉族最迫切需要解决的问题是民生问题。目前看来，关乎民生的吃、穿、住、行的基本问题仍然是新疆亟待解决的问题。新疆近几年的经济发展速度比较快，但人们的收入却落后于祖国内地。提高收入，改善民生已成为新疆汉族的普遍呼声。因此，政府应加大对民生的投入力度，千方百计地提高新疆人民的收入和生活水平，使新疆人民的收入不仅要赶上内地，而且还要超过内地。只有这样才能使新疆汉族安居乐业，生活幸福，也才能对得起为建设边疆、保卫边疆付出一生的新疆汉族军民。

第二节　新疆汉族民族意识

“民族意识是区分本民族与他民族的心理标志，是维系民族生存和凝聚力的心理基础”①，“它是一个民族的最根本特征”②。新疆汉族不怕千难万

① 李秋洪：《广西民族交往心理》，广西人民出版社1996年版，第5页。

② 黄光学：《中国的民族识别》，民族出版社1999年版，第137页。

险，在祖国的边疆与新疆少数民族一起生活。在艰难复杂的环境中，培育了新疆汉族特有的民族意识，它突出表现为汉族的自尊和自豪感、认同感、归属感。

一、民族自尊和自豪感

民族自尊是一个民族的尊严和威望的表征。在多民族聚居的地方，不可避免地存在民族差别和民族矛盾，因此民族的自尊要求尤为强烈。它具体表现为民族的自我尊重和受他人尊重的感情。

首先，汉族的自尊体现在对自我的尊重。它主要通过本民族成员的自信心、能力、成就、独立和自由愿望反映出来，通过本民族在自己成员心目中的形象好坏以及本民族在社会的地位、作用、认可度等表现出来。新疆汉族生活在边疆少数民族地区，处于少数人的地位。但他们为了屯垦戍边，保家卫国，献了青春，献子女，为新疆的经济建设和社会进步做出巨大的贡献，因此大多数汉族的民族自尊心和自豪感比较强烈的，对自己的地位、作用的评价也是比较高的。在调查中，针对民族自尊提出的问题详见表7-3。

表7-3　您对本民族中“汉族是最优秀民族”观点的态度是什么

选项	非常赞成	赞成	一般	不赞成	坚决反对	缺失	合计
人数	195	303	248	219	44	29	1 038
百分比	18.8	29.2	23.9	21.1	4.2	2.8	100
有效百分比	19.3	30.0	24.6	21.7	4.4		100

回答非常赞成、赞成占49.3%，认为一般的占24.6%，表示反对的占26.1%。反映大多数新疆汉族对自己民族的评价比较高，民族的优越感比较强。当然也还是有相当一部分人不太赞成这种观点，这是因为在少数民族地区，如果过分强调汉族的优越性，不利于团结，因此不太赞成这种观点。但是对自己是汉族仍然是有自豪感的。

表7-4的回答显示：大多数人认为汉族具有勤劳、诚实、团结、聪明等优秀的品质，是一个值得骄傲的民族。由此可见新疆汉族对自己民族的认可度是比较高的。

表 7－4　　您认为本民族的人如何（多选题，N＝1 038）

选项	勤劳	诚实	团结	聪明	勇敢	其他	缺失	合计
频次	878	680	623	624	564	90	13	3 472
百分比	84.6	65.5	60.0	60.1	54.3	8.7	1.3	
有效百分比	85.7	66.3	60.8	60.9	55.0	8.8		

表 7－5 的回答结果是：没有改变自己民族身份的想法的占 88%，有改变自己民族身份想法的只占 5.1%，由此看来，新疆汉族对自己民族身份看得很重，表明对自己民族的尊重和维护。

表 7－5　　您有过改变民族身份的想法吗

选项	有	不知道	没有	缺失	合计
人数	51	70	887	30	1 038
百分比	4.9	6.7	85.5	2.9	100
有效百分比	5.1	6.9	88.0		100

在与新疆汉族的访谈中，几乎所有的汉族都认为，新疆汉族对新疆的建设和发展做出了巨大的贡献，没有汉族，就没有今天的新疆。在阿克苏我们访问了不同行业的汉族人：

问：您是怎样看待新疆汉族在新疆的作用？

上海支边青年高××：我是 1950 年响应党的号召，从上海来到新疆的。那时到新疆很不容易，不通火车，坐了十几天的汽车到了乌鲁木齐。然后又好几天才来到了阿克苏。那时候的阿克苏是一片戈壁滩，条件非常艰苦，但是我们没有考虑自己的得失，就是为了建设新疆。新疆自然条件艰苦，交通落后，经济不发达。来到新疆，面对的是完全不同于内地的少数民族的环境。在这样一个大环境下，既要干好本职工作，又要格外注意少数民族的风俗习惯和宗教信仰，我们确实付出了很大的辛苦和汗水。汉族对新疆的经济建设、社会稳定以及各方面的建设都做出了巨大贡献，没有大批的汉族人的付出，就没有新疆的今天，这不是玩笑，问问在这里工作的汉族人，他们和我有一样的感受。任何想抹杀汉族人在新疆发展的贡献都是错误的，也是我们不能接受的。新疆离不开汉族，离开了汉族那是不可想象的。一转眼几十年过去了，新疆发生了很大的变化，我为我们的新疆感到自豪。每次回内地的时候，每当我给亲朋好友说起新疆的时候，他们都很神往新疆，有的还来过新疆。作为我来说，我把自己的青春都奉献给了新疆，我热爱新疆。

阿克苏民营企业家秦总经理：没有汉族就没有新疆的稳定。没有汉族人的流血牺牲，就没有我们今天繁荣富强的新疆。250多万兵团人对新疆的稳定和发展起着至关重要的作用。我的父辈就是兵团人，奉献了一辈子。大批的知青，尤其是上海知青，我看过《十万上海知青在新疆》，他们是新疆的骄傲，没有他们就不会有我们的今天。20世纪50年代，人民解放军驻疆10万官兵集体就地转业，组建成立新疆生产建设兵团，揭开了新疆屯垦戍边史上崭新的一页。60年代，全国大批知识青年支援新疆，为新疆的大规模生产建设增添了生力军。改革开放以来，中央和各省市对口援疆的力度进一步加大。这几年中央还选派大批大学生志愿者、博士服务团、东部大学对口支援新疆工作。虽然条件艰苦，交通落后，经济不发达，可以不计较，但是为了理想，满腔热血来到新疆，为了什么？还不是为了建设一个繁荣富强的新疆吗？汉族对新疆的经济建设、社会稳定以及各方面的建设都作出了重大贡献，这是有目共睹的。

他们的一席话，表达了新疆汉族的心声，体现了新疆汉族的自豪感和自信心。

其次，汉族的自尊还表现在受他人尊重的程度上。所谓受他人尊重是指本民族在与他民族交往中，受到他民族的接纳、关心、承认和赏识。新疆汉族与新疆少数民族长期生活在一起，结下了深厚的感情，在少数民族的心目中，汉族的认可度是比较高的。例如对50名新疆哈萨克族进行入户访谈中，49名哈萨克族认为：汉族人好相处，喜欢与汉族人打交道。当问他们“对汉族人有什么看法”时，有的人说“汉族人善良、正直、不撒谎、不偷东西”，有的人说：“汉族人知恩图报、勤劳、朴实”，还有人说：“汉族人肯学习、有韧性，是能吃苦的民族”等等，总之赞不绝口。一位75岁的哈萨克族退休干部库万深情地对我们说：“汉族为我们新疆乃至整个中华大地的发展做出了巨大的贡献。看看我们现在住的楼房，看看我们的汽车奔驰在宽阔的高速公路，再看看我们西藏的铁路，哪一样不是汉族同胞的艰辛付出？所以啊，没有汉族，就没有我们新疆和中华大地的发展繁荣”。当我们对新疆回族进行调研时，调查问卷中问道：“你最亲近朋友的民族成分是什么？”回答是回族占55%，是汉族占28.6%，汉族占第二位。问“第二位亲近的朋友的民族成分是什么”，回答是汉族占41%，回族占29.7%，汉族占第一位。由此看来，在回族心目中，除本民族，汉族就是最亲近的朋友。

新疆汉族为新疆的经济社会发展做出巨大贡献，受到新疆少数民族的认可和尊重，正是这样，新疆汉族充满了自豪感和自信心。

二、民族认同感

民族认同感是民族共同体在认知和评价上保持一致的感情。广义的民族心理认同是指对共同的民族历史渊源、民族国家和民族文化的认同。狭义的民族心理认同是指各民族对本民族文化的认同，即族群认同。汉族的民族认同主要表现在对本民族的文化、语言、风俗、宗教的态度，对本民族身份的认同，对民族历史、人物传记、家族历史的记忆。新疆汉族认同感是在新疆特殊的地域环境中形成，它既包含着对本民族的认同，也包含着对少数民族的理解和接纳。因此，新疆汉族的民族认同从两个方面表现出来。

首先，表现在对本民族的认同。从表 7－5 可以看出：新疆汉族对自己民族身份高度认可。虽然新疆汉族远离内地，有些汉族来疆已几十年，甚至上百年，但汉族的传统文化却深深根植在汉族人的头脑中，对新疆汉族心理产生重大的影响。在调查问卷表 7－6 中可以看出，大多数汉族对本民族的历史、传统习俗、家族历史比较熟悉。

表 7－6　　您知道本民族的历史吗

选项	知道很多	知道一些	听说过一些	不知道	那些没意思	缺失	合计
人数	308	576	101	40	6	7	1 038
百分比	29.9	55.5	9.7	3.8	0.6	0.7	100
有效百分比	29.9	55.8	9.8	3.9	0.6		100

从表 7－6 可以看出：知道本民族历史的占 85.8%，不知道的占 3.9%。

从表 7－7 可以看出：熟悉本民族传统习俗的占 69%，不熟悉的占 5.3%。

表 7－7　　您熟悉本民族的传统习俗吗

选项	非常熟悉	熟悉	不太熟悉	不熟悉	缺失	合计
人数	152	556	263	54	13	1 038
百分比	14.6	53.6	25.3	5.2	1.3	100
有效百分比	14.8	54.2	25.7	5.3		100

从表 7－8 可以看出：知道家族历史的占 85.6%，不知道的占 14.4%。

表 7-8　　　　您知道您的家族历史吗

选项	知道	知道一些	不知道	缺失	合计
人数	367	511	148	12	1 038
百分比	35.4	49.2	14.3	1.2	100
有效百分比	35.8	49.8	14.4		100

为进一步了解新疆汉族对汉族传统文化的态度，我们在哈密大泉湾乡芦岗村召开了村民座谈会。座谈会上的发言记录如下：

高：各位老乡，大家好，哈密是新疆汉族聚集的地方，尤其是在巴里坤保留了汉族的传统文化，我们今天来这里主要是了解一下，在你们这里新疆汉族文化的情况。

村民一：我们从哪儿讲起?

高：那么，我问你们回答，好吗?

村民：好。

高：你们在这里生活了多少年?保留了哪些汉族的传统的生活习惯?例如吃、穿、住、行等。

村民一：我是老新疆人，生在新疆巴里坤，我已 61 岁，我父母是新中国成立前来新疆的，我们保留了汉族的饮食习惯，主要以面食为主，米吃的少，基本是西北口味。住房、穿衣都保留了汉族的传统。

高：你们家有多少人?是不是保留了汉族人的家族礼俗?

村民一：我们是四世同堂，两个儿子，两个儿媳，两个孙女。我们保留了汉族的家族传统。比如，我的儿媳生的都是女娃，我们家没有传宗接代的，我很失望。我们这里重男轻女的思想比较严重。过年时给压岁钱，男孩给得多，女孩给得少。

高：你们这里有些什么文化娱乐活动?有没有汉族的传统文化活动?

村民二（秧歌队长）：我们有秧歌队，共 60~70 人，春节时，在村里扭秧歌大家特别喜欢。还有耍狮子、踩高跷等。参加的人在 10 岁到 50 岁。

村民三：（自编自演者）我们很喜欢秦腔，眉户戏、新疆曲子。尤其是新疆曲子和眉户好唱，我们自编自演，每年春节演出，还到哈密参加比赛。现在我们把传统的戏曲和现代的内容结合起来，很受欢迎。

高：你们这里的婚、丧、嫁、娶有哪些传统的礼俗?

村民一：基本上还是按汉族人的传统。结婚佩红带花。一般按女方的要求办。是在男方家里办。现在接亲都是小汽车，没有坐花轿的了。丧事一般是按汉族传统，停尸 7 天、5 天、3 天的都有。要烧纸、上香、亲戚朋友要送钱。

村民三：我们今年春季要准备演一台戏，就演新疆曲子。

高：我们很想听一听你们自编自演的节目。

村民三：我给你们演唱新疆曲子《春天的故事》吧。

村民座谈会使我们深深感到新疆汉族对自己传统文化的热爱，充分体现新疆汉族对本民族文化的认可。

其次，民族认同还表现在汉族对少数民族的认同。新疆汉族长期生活在少数民族地区，少数民族的风俗习惯、语言文化、宗教信仰潜移默化地渗透在汉族的意识中，深刻影响着汉族的民族心理。使新疆汉族在保持本民族文化传统的同时，吸纳了少数民族文化，形成了新疆汉族特有的民汉交融的复杂的民族心理。

在访谈中，大多数的汉族对新疆少数民族的文化、风俗、宗教、礼俗表示理解和接纳，并且不少汉族有少数民族朋友，大多数人喜欢少数民族的歌舞、音乐、服饰和饮食。在新疆很多汉族已融入少数民族的文化圈。

在调查问卷中，我们问道：您如何看待少数民族及其他们的文化？回答的结果是详见表7－9。

表7－9　　　　您如何看待少数民族及其文化

1. 您有少数民族朋友吗				
选项	有	没有	合计	
人数	43	7	50	
百分比	86	14	100	
2. 您喜欢少数民族的歌舞吗				
选项	非常喜欢	一般	不喜欢	合计
人数	31	19	0	50
百分比	62	38		100
3. 您喜欢少数民族民族服饰吗				
选项	喜欢	比较喜欢	不喜欢	合计
人数	22	27	1	50
百分比	44	54	2	100
4. 您喜欢少数民族的饮食吗				
选项	喜欢	比较喜欢	不喜欢	合计
人数	26	22	2	50
百分比	52	44	4	100

续表

5. 您对信仰宗教的人的态度是怎样的					
选项	尊重	理解	不理解	空缺	合计
人数	26	22	1	1	50
百分比	52	44	2	2	100

由此看来，被调查人中有少数民族朋友的占 86%，喜欢少数民族歌舞的占 62%，喜欢和比较喜欢少数民族服饰的占 98%，喜欢和比较喜欢少数民族饮食的占 96%，尊重和理解少数民族宗教信仰的占 96%。大多数的汉族对少数民族的文化表示认同。对此，我们在乌鲁木齐社区、军户农场、石河子市、农八师、农一师等地做了实地的调查。

问：你们如何看待少数民族？

幸福花园小区的一位居民：汉族和少数民族在传统文化、宗教信仰、风俗习惯有很大不同，区别很大，但是我们理解和尊重他们的宗教信仰和风俗习惯。少数民族歌舞和饮食业比较好。

解放北路社区的一位居民：我认为少数民族的传统文化使中国的文化更加丰富多彩，不同的宗教信仰和风俗习惯不能成为民族交往的障碍。汉族和少数民族有不同的语言文字，生活方式差别也很大，但是这不影响民族间的团结友爱，只要学习彼此的文化，互相照顾彼此的生活方式，民汉之间的社会距离就会缩短。新疆自古就是多民族的新疆，都对新疆的发展做出了很大的贡献，哪个民族都不能歧视其他民族，只有这样，各民族才能和谐相处。

军户农场一位男青年：我是新疆本地人，高中毕业后当了农工。我与少数民族接触多，我的好朋友都是回族，我喜欢与他们交往。

问：您喜欢少数民族的什么？

男青年：我很欣赏他们的宗教和风俗习惯。他们每星期做五次乃玛孜，很虔诚，他们很爱干净，讲卫生，房子收拾得干干净净。

石河子市工商联合会的范会长：我觉得新疆少数民族不错，他们有一些我们可以借鉴和学习的地方，我在一三三团当团长的时候，团里有两个民族连队，他们都很好，很听话。他们很节约，而且知道尊老爱幼。这也是中华民族传统美德嘛。

农八师 148 团的机关办公室郑主任：我觉得，他们的风俗、文化有好的东西，比如，有些伊斯兰教民族的丧葬就很简单，不像汉族那样铺张浪费。有些民族他们很爱干净，讲卫生。民族餐厅里收拾得很干净，我很喜欢。

农一师党校的李老师：我长在新疆，特别喜欢民族歌舞，我还会跳维吾尔舞蹈。我认为每个民族都有自己的优秀文化，都可以有自己的宗教信仰自由，我完全可以理解。我觉得应该尊重他们，这是平等、团结的基础。

在石河子调研时，我们看到每天晚上上百名汉族人在广场跳维吾尔族舞蹈，唱维吾尔族歌曲，这已成为石河子一景。在访谈中，我们清楚地看到新疆汉族对少数民族风俗习惯、宗教信仰的理解，对少数民族音乐舞蹈的热爱，这种发自内心对少数民族的认同是民族团结坚实的基础。

三、民族归属感

民族是一个群体，当一个人离开了群体，就会感到孤单、无助、没有安全感，没有乐趣。只有在群体中，人们相互保护，相互帮助，相互支持，个人才有一种归属的感觉。对于民族个体来说，这种群体性我们称之为归属感。民族归属感是人们对自己归属于某个民族共同体的认识和感情。它通常是以出生时生活于其中的族群为归属对象，以血缘、姻缘、地缘为纽带联系起来的感情。从马斯洛的需要层次理论分析，归属感是人的基本需要，是人生存的基本条件。新疆汉族从祖国的四面八方来到了条件艰苦的边疆，又生活在少数民族占大多数的地区，感到人地生疏，举目无亲，一种思乡情油然而生，尤其随着年龄的增长，对家乡的眷恋也更加浓厚。因此，新疆汉族的归属感相比内地的汉族要强烈得多。突出表现在以下方面：

第一，"老乡"观念重。在新疆，老乡关系是一种重要的社会关系。因为，新疆汉族来自祖国各地，基本失去了原来的家族、同事、同学和同乡的社会关系。对于民族个体来说，难免感到孤独和寂寞。当在远离家乡的地方见到同一省区的人，听到了乡音，就如同见到自己的亲人，感到格外的亲切。所以，新疆人特别重视老乡关系，视老乡关系为亲戚关系。新疆有些村乡几乎全是同乡人。如在哈密调研时，兰州湾村几乎全是甘肃人。一位姓王的长者说："我们这里人的祖先大都是兰州人。祖先到这里来的时候，道路曲曲弯弯，所以把这里叫兰州湾。这里有300年的历史。清朝时，倪、邵两家来到这里，亲不亲同乡人，倪、邵两家不分，关系非常好。"

兵团的河南人、甘肃人、陕西人比较多。他们聚居在不同的地区，比如石河子主要聚居着河南人。河南话成了石河子的方言。豫剧成了他们最喜欢的剧种，河南人视石河子为自己的第二故乡。阿克苏上海支边青年比较多，那里的人说话都带上海腔，人们称它"小上海"。在新疆各省市的同乡会和商会比比皆是，它们已成为同乡聚会和合作的实体。逢年过节，老乡们聚在一起，诉说对家乡的思念，充分表现了民族的归属感。

第二，“叶落归根”意识强。“叶落归根”、“魂归故里”是几千年来汉族的传统意识。特别是儒家文化的基本理念，是根深蒂固的汉族民族意识。汉族来到新疆，在这里成家立业，生儿育女。献出了自己的青春，献出了自己最美好的时光，但他们从来没有忘记自己的故乡。当他们年老的时候，思乡的感情越来越浓烈。他们认为新疆是自己的第二故乡，晚年应该在生我养我的故乡度过，即便是客死他乡，也要把骨灰送归故里。尤其是20世纪50～60年代进疆的人，特别希望能回老家。

一位来疆40年的老干部说：“我扎根新疆40多年了，老了想回东北老家，是‘落叶归根’的想法。希望子女也能回东北老家。”有一位来疆60多年，年近90岁的陕西籍老人告诉我们，她现在老家已没有什么亲人了，但她还想回老家，思乡情十分浓烈。

第三，希望子女返乡。大多数新疆汉族在新疆生活多年，由于种种原因，自己本人回老家不太现实。比如，有的回去生活不习惯，有的回去找不到工作，有的年龄大了，想熬到退休再回去等。因此他们把回老家的希望寄托在子女身上。这种现象在兵团尤为突出。一位兵团干部对我们说：“兵团人很不稳定。老职工能回内地的都走了。回不去的职工都把孩子送往内地，希望自己的孩子能在内地就业。他们在新疆不买房子，把钱攒下来。等孩子大学毕业到哪里，他们就跟到哪里。所以，兵团打工的人多。打工的人只想挣钱，对兵团的发展不关心。”据调查，兵团连队五六十年代支边人员的第三代在连队几乎找不到，80%的人都希望子女能到内地上大学，或到内地找工作，不要回新疆。60%以上的农工都是20世纪90年代移民和自流人员，有些基层连队，几乎清一色的操四川口音和河南口音的农民工。兵团的老职工之所以想回内地，主要还是因为年纪大了，想念家乡。这种思乡情应受到有关部门的关注和关怀。

从调查中可以看出，新疆汉族的民族自尊和自豪感比较强，自身的凝聚力也比较强，少数民族对汉族的认可度比较高，大多数的汉族对自身的评价比较客观。但是乌鲁木齐“7·5”事件伤害了汉族民族自尊心，激化了汉族民族自我意识的增强，使维汉之间产生了一定的心理隔阂。因此有必要引导汉族树立正确的民族意识。第一，大力宣传民族团结的思想和英雄人物，用历史和现实的生动、鲜活的事例说明新疆是新疆各族人民共同开发建设的。树立“三个离不开”的思想，培育多元一体的中华民族意识。使各族人民认识到：多元一体的中华民族意识是新疆各民族共休戚、共存亡、共荣辱、共命运的感情和道义，是维系民族团结和国家统一的牢固纽带，是中华民族团结和谐的文化内核。第二，要大力宣传新疆汉族是新疆的世居民族，新疆汉族在新疆的贡献，尤其是兵团的历史功绩和重大意义，要澄清一些对新疆汉族的糊涂认识，如认为新疆汉族是移民，他们来到新疆，与少数民族争土地、争资源，从而破坏了民族关系等。要严厉批判“排汉”、“反汉”的言论，严厉打击破坏民族团结的行为。第三，要对汉族进行心理的安抚工作，使他们相信政府有能力保证汉族的人身安全，创造一个安定团结的生活环境。要采取有力的措施留住汉族，引来汉族，防范“孔雀东南飞”的局面。

第三节　新疆汉族认知特点

认知活动是人的全部心理活动的开端和基础，是人们对社会存在的能动反映。具有不同社会生活条件、经验和不同文化背景的民族必然表现出不同的认知特点。新疆汉族主要受汉文化的熏陶，但在新疆地域环境中，又受少数民族文化的影响，其认知呈现出新的特点。民族认知是多维的、多视角、多层次的结构体系，民族认知可以通过众多方式、众多方面来展现，在调查实践中，我们主要了解汉族的认知框架、认知选择和认知方式。

一、认知框架

认知框架“是指一种传统、固化的认知模式。民族认知框架是一个民族对某事物共同的认识方式、传统做法、固化模式。”[①] 民族认知框架主要表现在一个民族固定的时间知觉、空间知觉、数量知觉、颜色知觉。不同民族总是从不同的认知框架感知世界，认知外界。新疆汉族既继承了汉族传统的认知特点，又在新疆的地域环境中发生了一定程度的变化，其主要表现在：

（一）时间知觉

在新疆，少数民族大多使用新疆时间，而汉族始终使用北京时间。两种时间相差两个小时。汉族人使用北京时间除了工作、出行方便，还包含着一种民族情结。也就是要保持与内地汉族时间上的一致性。在改革开放以前，新疆汉族人的时间是“富裕”的，无论在生活上还是工作上，人们的节奏是缓慢的，这就造成了人们的思维方式具有亚节奏性。改革开放以后，在市场经济的激烈竞争中，人们感到时间急迫了，节奏加快了，大多数新疆汉族人打破了传统的农业社会的

① 李静：《民族心理学》，民族出版社2005年版，第185页。

慢节奏，时间观念发生了很大变化，积极投入到新疆经济建设中。但与内地、沿海地区市场化程度较高的地区相比，新疆汉族人的节奏还是具有明显的滞后性、亚节奏性。表现为计算时间的单位精确度不同，如有的精确到天，有的精确到几点，而内地发达地区则大多精确到刻钟，甚至是分钟。

（二）空间知觉

汉族人的空间知觉基本是封闭的、固定不变的、有形的空间。但对新疆汉族人来说，有形的空间相对内地的空间知觉要大得多，这和新疆地域广阔、视野开阔有着密切的关系。正是这辽阔的土地培育了新疆汉族人的粗犷、豁达、直率的性格。在认知方位上，汉族传统的思维模式是井田式的，东、西、南、北分得十分清楚，人们居住的房屋、行走的道路都很讲究地理风水，大多数的房屋要坐北朝南，道路的方向要南北或东西走向。汉族人创造的象形文字是对空间的表象展示，这对于汉族人各种模式的识别，空间的认知具有潜移默化的影响。然而，由于新疆地广人稀，地域辽阔，新疆汉族人的参照标准少了很多，人们虽然有方位的意识，但是，具体的方位把握比较困难，所谓的“新疆地斜”，既蕴含了汉族人强烈的想把握方位认知的心理，但广袤无边的空间，人们又把握不了认知方位，因此认为新疆“地斜”。

（三）数量知觉

汉族的数量认知自古以来都是比较清晰的。随着阿拉伯数字传入以来，汉族人的数量认知飞速发展着，尤其是十个阿拉伯数字的中文发音都是单音节，它的显著特点是数字名称极其短促，这个音韵学方面的事实，意味着数字信息可以更有效地储存在记忆中，便于人们日常使用，使人们不必花太多精力保留记忆，因此，新疆汉族喜欢用数字命名地方名称，如三棵树、五家渠、六道湾、七道湾、八家户等，这说明了新疆汉族人对数量的认知。新疆是祖国的西大门，是古丝绸之路的必经之路，在与中亚、西亚、欧洲多国交往中形成了与内地不同的计量单位，在内地度量长度的单位是尺、寸，而在新疆是米、公分。在内地度量重量的单位是市斤、两，而在新疆是公斤、克。新疆的度量单位对新疆汉族的心理影响很大。比如新疆人说买一斤东西，意味着买一公斤，比内地要多出一倍。由此新疆汉族认为自己比较大方，买东西都是论公斤，而内地汉人比较小气，斤斤计较，有些人到内地生活不习惯，又回到新疆，与这种数量认知心理有一定的关系。

（四）颜色认知

人们根据颜色在日常各种场合出现的频率做出分类，这种认知大多来自自然意义上的感觉。汉族人崇尚的中国红，来自对自然界的感知。汉族生活在广阔的平原里，过惯了农耕经济的生活，对于绿色已经习以为常，只有每到收获的季节时，粮食、蔬菜、瓜果的果实均为红色，红色代表着他们收获的希望，代表着生命的颜色，代表着火的颜色，即红红火火之意，新疆汉族依然喜欢红色，在喜庆的日子里，都是用红色装扮。这与新疆少数民族生活在大漠戈壁，喜欢绿色有很大的区别。颜色的认知还来自社会意义上的感知。如人去世时，大多气色发白、虚弱无力，所以，白色常在人们的丧葬场合出现，代表一定程度的不吉利。黑色代表着人们对事物的尊重和心情的沉重，一般用于庄严肃穆的场合。新疆汉族比较忌讳黑色、白色。

二、认知选择性

认知选择性是人类依靠认知，有选择地收集外部信息，对客观做出选择的思维活动。任何一个民族都要根据自身的物质文化需要，选择一定的认知对象和目标。由于每个民族的生存空间、生活方式、文化传统、宗教信仰不同，因而对同一事物，每一民族的认知取向不同。他们依据民族发展的需要、传统文化的要求和价值目标的追求，选择认知的对象和目标，合理地安排认知能力的投入。新疆汉族的认知选择主要表现在以下几方面。

（一）对汉族文化的高度认可

新疆汉族虽然在边疆少数民族地区生活，但汉族传统文化和民族意识深深印刻在他们的意识中，他们在认知的选择上，具有强烈的汉族传统观念。我们在调查问卷中发现：新疆汉族知道本民族历史的占95.5%，熟悉本民族的传统习俗占69%，知道家族历史的占85.6%。可想而知，新疆汉族对本民族的历史文化的认知度是比较高的。在选择孩子读书的学校，他们基本上选汉族学校。当然，这可能有语言方面的问题，但更重要的是希望受汉文化教育。如调查问卷表7-10问到“您希望子女接受教育的学校”时，希望上汉族学校的占78.8%。

表7-10　　您希望子女接受教育的学校

选项	民族学校	汉族学校	民汉合校	无所谓	缺失	合计
人数	23	808	126	69	12	1 038
百分比	2.2	77.8	12.1	6.6	1.1	100
有效百分比	2.2	78.8	12.3	6.7		100

在新疆，少数民族语言专业需求量比较大。但高考时，大多数汉族考生不愿报考少数民族语言专业。招生时，录取分数线一降再降，就这样还招不上学生，就连本硕连读的考生也不多。当然原因是多方面的，但新疆汉族对自己的民族文化的认知心理不能不说是一个重要原因。而且，在汉族聚居区，大多数汉族人不会少数民族语言，只用汉语交流。语言的选择不仅是为了交流的方便，同时蕴含着对本民族的感情和认同。

新疆汉族在住房的选择上基本保留本民族的传统。当问到“您倾向于哪种居住方式”时，回答如表7－11所示。

表7－11　　　　您倾向于哪种居住方式

选项	游牧毡房	村庄定居	都市楼房	其他	缺失	合计
人数	18	316	648	48	8	1 038
百分比	1.7	30.4	62.4	4.6	0.8	100
有效百分比	1.7	30.7	62.9	4.7		100

表中显示：新疆汉族选择汉族居住方式的占大多数。而选择少数民族居住方式的仅占1.7%。这表明汉族对自己生活方式的认可。

（二）认知的独立性强

美国著名心理学家H. 威特金和他的同事阿希合作开展了有关视觉定向的传统实验研究。他通过直棒实验（beam walking），根据受测者的不同反映方式，分为两种类型：不受外围方框影响，能够独立判断者称为场独立型（field independent style）和受外在刺激干扰影响，并非靠独立的内在线索的判断者称为场依赖型（field dependent style）。他们的实验表明“场依存性——独立性认知方式维度不仅存在于知觉领域，而且存在于记忆、思维及人格领域。在这些领域中，相对独立性的人，往往表现出较大的独立性和较少受暗示性。相对场依存性的人则相反”。[①] 因此，场独立型的人表现出遇事独立思考，有主见，不盲从，不依赖于他人，靠自己的能力解决问题。而场依赖型的人，在性格上倾向于暧昧，喜欢寻求社会资助，重视别人的意见，具有从众心理。

新疆汉族大多数是孑身一人来到新疆，在陌生的环境中立足、生存和发展。他们需要自立、自强，需要自我选择和自我奋斗。因此培养了他们独立思考，自主选择的能力。在认知的选择中，汉族场独立性表现得比较明显。当问到“您

① 叶浩生主编：《心理学理论精粹》，福建教育出版社2000年版，第41页。

选择结婚对象的主要条件是什么”时，回答结果如表 7 - 12 所示。

表 7 - 12　　您选择结婚对象的主要条件是什么（限选三项，N = 1 038）

选项	民族成分	经济状况	文化水平	职业	个人品德	形象外表	门当户对	由父母包办	其他	缺失
频次	177	358	479	229	816	73	254	19	8	19
百分比	17.1	34.5	46.1	22.1	78.6	7.03	24.5	1.8	7.5	1.8
有效百分比	17.4	35.1	47.0	22.5	80.1	7.2	24.9	1.8	7.7	
排序	6	3	2	5	1	7	4	9	8	

表中排序第一的是个人品德，第二位的是文化程度，第三位的是经济状况。民族成分排在第六位，父母包办排在最后一位。由此看来：新疆汉族不太受家庭和社会的制约，在选择结婚对象上更注重是人品和自己的感受。

尤其在新疆艰苦的环境中，磨炼了新疆汉族的意志和品格，培育了不怕困难，勇于奋斗的精神。当问到“遇到困难您会怎么办”时选择的结果如表 7 - 13 所示。

表 7 - 13　　遇到困难您会怎么办（限选三项，N = 1 038）

选项	靠自己	靠家人	靠朋友	靠单位	靠宗教人士	其他
人数	929	700	700	125	7	31
百分比	89.5	67.4	67.4	12.0	0.7	3.0
有效百分比	91.1	68.6	68.6	12.3	0.7	3.0
排序	1	2	2	3	5	4

表 7 - 13 显示：靠自己排在首位，占到 91.1%。在访谈中我们发现，几乎所有来新疆的汉族人都有一部创业史。在农一师调研时，一位兵团老党员对我们说：“我刚来新疆时就是一个小排长，带着下面的人搞开荒。土地承包制出现之前，我是我们这里第一个起来按手印同意土地承包到户的。我是一个老党员，也可以说是一个老军垦，我对新疆、对兵团的感情非常深。我经常教育子女：要踏踏实实种好地，才能挣到人民币。我对子女的教育非常严格。子女在团场种地这么多年，从来没有亏损过。我的儿媳妇、女婿都是新疆人。我经常给他们说，新疆是我们吃大苦一点点建设起来的，我们要世世代代扎根边疆、服务兵团。我们老一辈已创下家业，你们要好好继承。”这位老军垦表达了新疆汉族自强不息、艰苦奋斗、愿为边疆献身的精神，这正是汉族能在新疆这块土地上生生不息、世代相传、献了青春，献子孙的不竭动力。

三、认知方式

认知方式是人们对已获取的信息的加工、制作的思维模式。各民族由于生产生活方式不同，自然环境不同，文化传统不同，认知方式有很大的区别。新疆汉族生活在比较艰苦的边疆地区，面对复杂的民族关系，在长期的生活磨炼和经验积累中，形成了适应新疆民族地区特有的认知方式。

（一）整体性认知方式

整体认知方式是在遇到问题时，从整体出发解决问题。在分析问题时，着眼于整体的要求，把局部、个别的问题放到整个系统中去解决，也就是我们常讲的大局意识。在调查中，我们问道："当大家意见不统一时，您的意见是怎样的"时，被调查的汉族表示服从大局的占 90%，只有 10% 的人坚持己见。这说明了新疆汉族在思考问题时，首先从社会整体利益出发，顾全大局。因为在新疆汉族思考问题和解决问题的基本立场和观点是：祖国统一是民族大业，国家利益高于一切，民族团结是生命线，社会稳定是头等大事。在新疆时时刻刻都要以社会稳定、民族团结的大局为重。在解决社会问题时，一定要考虑到少数民族的利益，少数民族的特殊情况。为了新疆的大局，新疆汉族必须付出极大的代价，甚至做出了牺牲。新疆涌现了一大批吃大苦，耐大劳，不计较个人得失，全心全意为新疆的少数民族服务的英雄人物。如奉献毕生心血为广大牧民解除病痛的杨忠贤，为抢救少数民族少年光荣献身的杜养富，为抢救少数民族孩子而从自己身上取下 13 块皮肤的吴登云，为了挽救尿毒症晚期的维吾尔族学生毛兰江·吾买尔，乌鲁木齐市 23 岁的汉族女青年王燕娜无偿捐赠自己的一个肾等等。在访谈中乌鲁木齐幸福花园小区的一位居民说："在新疆这样一个民族众多、文化多元的地区，鼓励各民族之间在平等的基础上取长补短、互相学习是十分重要的。尊重差异、包容多样，在交流比较中相互融合、相互促进、扩大认同、增进共识。不论是哪个民族，老百姓的愿望都是简单而朴素的，都想过上美好的生活。都想生产一年比一年发展，经济一年比一年繁荣，人民生活一年比一年改善。当前，民族地区的发展正处于历史上最好的时期。新疆各族人民绝不允许任何人破坏新疆的繁荣稳定。"

在新疆，党的民族政策主要是照顾少数民族，虽然新疆汉族同少数民族的生活条件一样，却无权享受优惠政策。比如少数民族升学降分，就业照顾等。但是大多数的汉族能顾全大局，舍小家，顾大家。为新疆的发展任劳任怨。一位在新疆工作 40 年的老同志说："由于历史的原因造成了民汉差别，在某些方面照顾少数民族，我们可以理解，也可以接受。"

（二）理智性认知方式

理智性认知是对事物本质的全面认识基础上的理智判断。它虽然以感性认识为基础，但不受感情的制约，对事物做出明智的选择。大多数的新疆汉族在复杂的社会环境中，学会了沉着、冷静，遇事头脑清醒，不被假象所迷惑。新疆多次发生民族分裂分子对汉族的袭击和迫害，但大多数的汉族能够正确对待，并没有把矛头对准少数民族，始终认为新疆的主要危险是民族分裂势力、暴力恐怖势力和非法宗教势力。阿克苏市天润公司的贺书记说："我多年在这里工作，'7·5'事件对我没什么影响，对维吾尔族的看法也不会改变。多年来，我和维吾尔族朋友比较熟，生活、工作中和维吾尔族相互帮助，相处得比较好。见过历次暴乱，都不会对新疆失去信心。稳定是各族人民共同的心愿。"这充分体现了汉族的理性和包容的心态。在新疆当民汉发生矛盾时，汉族常常是理解、忍让，尽量化解矛盾，不使矛盾激化，从而维护新疆的稳定。

新疆汉族的认知既受汉族传统文化的影响，又接受和吸纳了新疆少数民族的文化习俗，使其认知具有包容性、开放性和独立性。尤其是汉族的大局意识和理性思维对新疆的发展和稳定具有重要意义。因此，从相对的意义上说，新疆汉族认知水平比较高。但是，新疆汉族对少数民族的文化了解得还不太够，其主要的原因是大多数人不懂少数民族语言文字。因此政府有必要采取措施，创造条件，鼓励汉族学习少数民族语言，并把它作为在新疆汉族任职的必要条件，提高汉族的认知水平和能力。

第四节　新疆汉族人格特征

研究民族群体人格必须调查民族个体的人格。新疆汉族生活在地域辽阔、人烟稀少的大漠戈壁，在农牧业为主的多民族、多文化、多宗教交汇的地方，使新疆汉族的人格具有与内地汉族不同的特点。为了了解新疆汉族的人格特征，课题组运用了卡特16种人格因素中的五个因素进行心理测验，测验的结果如下：

一、新疆汉族男性与常模相比的情况

表7－14详解：

（1）因素A，乐群性。常模为10.02，新疆汉族男性的总体得分为11.00，

没有显著性差异。

（2）因素C，情绪稳定性。常模为15.00，新疆汉族男性的得分为16.96，具有显著性差异。即新疆汉族男性在情绪稳定性上得分高于常模，即情绪稳定而成熟，能面对现实，通常以沉着的态度应对现实中的各项问题。行动充满魄力。具有维持团体的精神。但有时可能由于不能彻底解决许多生活难题，而不得不自我安慰。

（3）因素E，恃强性，常模为12.77，新疆汉族男性的得分为14.27，具有显著性差异。即表现为冒险敢为，少有顾忌，通常不掩饰，不畏缩，有敢作敢为的精神，有时可能太粗心大意，忽视细节，遭受无谓的打击与挫折，可能无聊多事。

（4）因素H，敢为性，常模为10.07，新疆汉族男性总体得分为13.96，具有显著性差异。即表现为冒险敢为，少有顾忌。

（5）因素Q2，独立性，常模为12.95，新疆汉族男性总体得分为11.15，有显著性差异。表现为依赖、随群、附和。通常愿意与人共同工作，而不愿独立孤行；常常放弃个人主见，附和众议，以取得别人的好感；需要团体的支持以维持其自信心，但不是真正的乐群者。

表7-14　　汉族男性各因素与常模的比较

因素	人数	最小值	最大值	$\bar{x} \pm s$	常模	t	P
因素A	26	3	17	11.00±3.857	10.02±3.27	1.295	0.207
因素C	26	9	22	16.96±3.364	15.00±3.95	2.973	0.006
因素E	26	7	19	14.27±3.027	12.77±3.60	2.525	0.018
因素H	26	5	24	13.96±4.064	11.07±4.43	3.628	0.001
因素Q2	26	4	19	11.15±3.854	12.95±3.34	-2.376	0.025

从以上数据分析，新疆汉族男性在乐群性上，与常模没有显著差异，在情绪稳定性、恃强性、敢为性、独立性的数据都高于常模，表现了外向、热情、乐群、冒险的人格特点。

二、汉族女性各因素与常模相比的情况

表7-15详解：

（1）因素A，乐群性，女性的常模为10.90，新疆汉族女性的总体得分为11.29，没有显著性差异。

（2）因素C，情绪稳定性，常模为13.75，新疆女性的得分为14.93，没有

显著性差异。

(3) 因素 E，恃强性，常模为 11.70，新疆汉族女性的得分为 11.96，没有显著性差异。

(4) 因素 H，敢为性，常模为 10.47，新疆汉族女性总体得分为 10.38，没有显著性差异。

(5) 因素 Q2，独立性，常模为 11.65，新疆汉族女性总体得分为 10.58，没有显著性差异。

表 7－15　　　　汉族女性各因素与常模相比的情况

因素	人数	最小值	最大值	$\bar{x} \pm s$	常模	t	P
因素 A	24	7	15	11.29 ±2.528	10.90 ±3.32	0.759	0.456
因素 C	24	6	21	13.67 ±4.018	13.75 ±3.96	－0.102	0.920
因素 E	24	4	20	11.96 ±3.277	11.70 ±3.58	0.386	0.703
因素 H	24	0	16	10.38 ±3.998	10.47 ±4.64	－0.116	0.908
因素 Q2	24	6	15	10.58 ±2.962	11.65 ±3.21	－1.764	0.091

从以上数据分析可以看出，新疆汉族女性在乐群性、情绪稳定性、恃强性、敢为性和独立性五个人格特征上与常模相符合，都在常态水平，具有比较随和、稳重、独立和自信的人格特征。

总之，新疆汉族的性格表现出外向、热情、乐群、稳重、勇敢、坚强、自信的品格，但也有鲁莽、武断、粗心等人格特征。这种性格使他们在新疆经济建设和社会发展中，不怕苦、不怕累，勇挑重担，勇于担当，作出了巨大的贡献。在与少数民族交往中，比较容易沟通和合作，比较宽容和大度。在遇到困难时，乐观、积极。但是，当他们受到欺辱或与人争执时，容易激动，好强、固执，甚至产生过激的行为。因此，在解决民族问题上，政府一定要坚持平等、互利、团结的基本原则，要把一碗水端平，不要刺伤任何民族的自尊和感情。特别在民汉发生矛盾和争执时，尽可能地做耐心细致的思想工作，想尽一切办法和手段化解矛盾。绝不能用简单粗暴的方法解决问题，否则会激化矛盾，使问题复杂化。

第五节　新疆汉族交往心理

"民族交往心理是发生在族际交往过程中，民族交往的主、客体的心理体验和交往行为”。[①] 从心理学的角度分析，民族交往心理包括：民族交往动机、民族交往认知、民族交往情感等。新疆汉族与新疆少数民族长期生活在一起，在与少数民族交往中，形成了特有的交往心理。

一、交往动机

新疆汉族为了生存和发展的需要，必须与少数民族交往。因此，自身的生存与发展的需要是产生交往活动的原初动因和民族间交往的内驱力，但这仅仅是较低层次的交往，较高层次的交往应该是精神文化需求。在调查中，我们提出："与其他民族交往的主要原因是什么"，回答的结果如表 7-16 所示。

表 7-16　与其他民族交往的主要原因是什么（限选三项，N=1 038）

选项	同事或工作联系	生意来往	邻里或亲属关系	寻求帮助	交朋友	学习语言	文化交流	其他
频次	665	214	339	91	350	105	133	87
百分比	64.1	20.6	32.7	8.8	33.7	10.1	12.8	8.4
有效百分比	66.1	21.3	33.7	9.0	34.8	10.4	13.2	8.6
排序	1	4	3	7	2	6	5	8

从调查结果看出，新疆汉族与其他民族的交往原因：排在第一位的是工作需要，第二位的是交朋友，第三位的邻里或亲属关系，而文化交流、学习语言、寻求帮助均排在后面，由此看来，汉族与少数民族交流的需要动机还是较低层次的。从根本上说，这种交往不是一种深层次的、可持续发展的交往。

二、交往认知

民族交往认知主要是指交往主体民族对交往客体民族的环境、历史、政治、经济、军事及文化等的了解和认识。只有正确客观地认识交往客体，才能在民族发展中处于有利地位。新疆汉族对少数民族的认知如何？是否了解少数民族语言、宗教、风俗习惯，对此我们做了问卷调查，结果详见 7-17。

---

① 李静：《民族交往心理结构要素的跨文化分析》，载《中国民族学集刊》，2008 年第一辑，第 153 页。

表 7-17　　除了本民族语言您还会哪种语言（多选题，N=1 038）

选项	维吾尔语	只会汉语	哈萨克语	英语	俄语	其他
频次	121	381	16	446	34	98
百分比	11.7	36.7	1.5	43.0	3.3	9.4
有效百分比	13.5	42.7	1.8	50.0	3.8	11.0

调查结果显示：懂少数民族语言的占15.3%，懂英语的占50%。因此，新疆汉族懂少数民族语言的人比懂英语的人还少，只会汉语的占42.7%。

表7-18调查结果显示：非常了解的只有1.9%，不太了解的占59.1%，说明汉族对少数民族宗教不太了解的人占大多数。

表 7-18　　您了解伊斯兰教的历史文化吗

选项	非常了解	了解一些	不太了解	缺失	合计
人数	19	400	605	14	1 038
百分比	1.8	38.5	58.3	1.3	100
有效百分比	1.9	39.1	59.1		100

表7-19调查结果显示：知道双语教育的18.4%，知道一些的占54.3%，不知道和不感兴趣的占27.3%，说明汉族对少数民族教育了解得很不够。总之，新疆汉族对少数民族的认识比较肤浅，缺乏深层的接触和了解。其主要原因是什么呢？

表 7-19　　您知道现行的双语教育是怎样的吗

选项	知道	知道一些	不感兴趣	不知道	缺失	合计
人数	187	552	106	172	21	1 038
百分比	18.0	53.2	10.2	16.6	2.0	100
有效百分比	18.4	54.3	10.4	16.9		100

从表7-20的排序中可以看出：语言是影响民族交往认知的最大障碍。在访谈中，阿克苏市的一位干部说："民汉语言不通，造成民族和汉族交往困难。语言不通就会造成一些误解和矛盾。没有深入交往就不会有更深的彼此认识，就会有隔阂。在思想里总有'你们'和'我们'的概念。其实民汉都是中华民族大家庭的一员，是一家人。"因此，汉族学习少数民族语言，是加强民汉交往，增进民族团结的最迫切的要求。在调研中，90%汉族人愿意学习少数民族语言。这说明汉族已意识到在新疆只有懂得民族语言，才能真正了解少数民族，成为少数民族的朋友。

表 7－20　与其他民族交往的主要障碍是什么（限选三项，并排序）

选项	语言	地域	宗教	风俗习惯	偏见	其他
频次	849	141	440	499	147	29
百分比	81.8	13.6	42.4	48.1	14.2	2.8
有效百分比	85.0	14.1	44.0	49.9	14.7	2.9
排序	1	5	3	2	4	6

三、交往情感

就民族交往心理而言，情绪与情感是民族交往的需要，也是交往认知的结果。民族交往的情感体验伴随着民族交往的全过程。感情深，交往就深，感情浅，交往就浅。新疆汉族与民族交往的感情如何？我们进行了问卷调查，结果详见表 7－21。

表 7－21　您在工作、生活和学习中经常从哪些朋友那儿获得帮助（限选三项并排序，N＝1 038）

选项	维吾尔族	汉族	哈萨克族	回族	其他
频次	284	940	88	313	92
百分比	27.4	90.6	8.5	30.2	8.9
有效百分比	28.5	94.3	8.8	31.4	9.2
排序	3	1	5	2	4

从表 7－21 可以看出：汉族在交往中，更多是本民族内部交往，其次是与回族交往，与维吾尔族和哈萨克族交往比较少。在我们访谈的过程中发现，在民、汉比例比较平衡的地区，民汉的交往感情比较好。例如，兵团的军户农场是国家、自治区的民族团结先进单位，他们那里有 14 个民族，主要是回族和汉族，民、汉比例差距不大。我们在军户农场进行调研，干部和群众都反映他们的民族关系非常好。

高：你们军户农场民族关系怎样？

军户农场马副团长说：我们这里民汉关系特别好，非常融洽。像兄弟姐妹一样。通婚也比较普遍。

一位姓蒋的妇女说：我们连有汉族也有少数民族，以前我不在这个连队，不了解他们，92 年嫁到十连，与少数民族打交道多了，对他们的宗教和风俗习惯有所了解。我们与少数民族的关系很好。逢年过节，娶亲结婚，我们都相互祝贺。

因此在民族地区尽量形成民族混居的格局，使民汉比例平衡。如果只有单一民族或某一民族占绝对优势，民族之间的交往就会受到影响。

四、交往方式

民族交往方式就是处于交往中的民族主体与客体为了交流与往来而采取的实际行动的方式，即如何进行往来。民族交往行为主要通过交往方式体现出来。

新疆汉族的交往主要表现在与本民族和与少数民族交往，为此，我们从两个方面进行了调查，结果详见表 7－22 和表 7－23。

表 7－22　　　　您与本民族成员日常交往的主要方式

选项	聚会	打电话	登门拜访	网络	其他
频次	504	493	259	177	119
百分比	48.6	47.5	25.0	17.1	11.5
有效百分比	50.1	49.0	25.7	17.6	11.8

表 7－23　　　　您与其他民族成员日常交往的主要方式

选项	聚会	打电话	登门拜访	网络	其他	缺失	合计
频次	260	369	143	120	237	101	1 230
百分比	25.1	35.5	13.8	11.6	22.8	9.7	100
有效百分比	27.7	39.4	15.3	12.8	25.3		100

调查显示，汉族与本民族的交往比较密切，聚会和登门拜访占到 75.8%，而与其他民族的交往主要是通过电话，这是一种间接的交往方式。而且与少数民族交往的主要原因是由于工作需要，因而交往的方式比较简单。

在调查中，我们还发现，长期以来，乌鲁木齐就形成了“南维北汉”的居住格局：南门以南为少数民族聚居区，南门以北是汉族聚居区。改革开放以后，在住房市场化的推动下，南北居住格局愈演愈烈，致使城南少数民族达 80% 以上，城北的汉族达 80% 以上，这种居住格局，无疑割断了汉族与少数民族的日常生活联系，使汉族与少数民族的交往受到限制。因此，改变目前的居住格局，是改变交往方式的必要条件。

由此看来，新疆汉族的交往主要是民族内部的交往，新疆汉族与少数民族的交往相对比较少。而且与少数民族交往大多限于工作交往，深层次的思想、文化交往更少。因此民汉相互的了解和信任比较浅，尤其是在住房市场化的影响下，新疆的居住格局民族化，即同一民族集聚在一个区域，极不利于民族间的交往。一旦一些不利于民族团结的传闻在社会散布，或者一些社会问题被上升到民族问题，或者民族个体的打架斗殴事件，都有可能引起民、汉之间的猜疑，加深民族间的隔阂，甚至使矛盾激化。为此，有必要加强民族的交往，尤其是民汉之间的交往。首先，要利用各种形式加强民汉之间的联系。例如，少数民族与汉族结对子交朋友，汉族干部资助少数民族的弱势群体，开展社区民族联谊活动，民族联欢会，邻里之间的互助活动，送温暖活动等，这些活动比一般的宣传更贴近百姓，更感人、更持久。其次，要改变现有的民、汉居住格局。把民族空间分异和服务作为政府社区工作的重要内容，采用经济手段和行政手段，按理想状况的民族人口比例调整居住格局，避免社区民族化。规定各区民族居住的比例，如同一民族在邻区不能超过50%，每栋楼房不能超过60%。在社区规划和住房政策上，政府要高度重视居住模式的族际交往型规划，提升民族空间分布的异质性，为民族交往提供有利的条件。

第六节　新疆汉族社会心态

民族社会心态是一个民族对于当前社会政治、经济、文化等各个方面的态度和期望。是民族普遍存在的一种共同的心理现象。它是同当时日常生活紧密相连的生动具体的心理活动，表达着一个民族所关心的利益和愿望。因此，从一定意义上讲，民族社会心态反映了当前的社情民意，它是社会变化的晴雨表，也是社会问题的深层原因。在新疆特殊的地域环境中，新疆汉族对新疆的经济、政治、文化有着切身的体会和感悟。

一、对新疆的认识和态度

西汉时期，新疆汉族就已定居西域，使新疆成为祖国不可分割的一部分。近现代以来，大批的汉族移民来疆，为保卫边疆，建设边疆做出了巨大的贡献。他们对新疆有着深厚的感情，特别是在新疆土生土长的人，他们已把新疆作为自己的故乡。在新疆土生土长的人究竟有多少？他们如何看待自己的身份呢？

从表7-24问卷调查中显示：新疆汉族除世居汉族以外，大多数都是伴随人口流动大潮来到新疆的。经过几代人的繁衍，现在出生在本地的汉族约占调查人数 53.9%，在访谈中，我们了解到他们对自己的原籍已看得不太重要了，他们称自己为新疆人、兵团人、石河子人……有一位新疆“九二五起义”的后裔告诉我们：“从父母那得到的只是个籍贯，我们在石河子生就是石河子人，你们乌市来的就是乌市人，不会再按籍贯说了，我们生在石河子，长在石河子，就是石河子人了。”

表 7－24　　您是怎样来新疆的

选项	支边	随军	打工	上学	出生	其他	缺失	合计
人数	56	23	133	86	466	101	173	1 038
百分比	5.4	2.2	12.8	8.3	44.9	9.7	16.7	100
有效百分比	6.5	2.7	15.4	9.9	53.9	11.7		100

乌鲁木齐“7·5”事件伤害了汉族的感情，有一些汉族人想离开新疆，尤其是援疆来的一些教师，本来想留在新疆执教，但“7·5”事件后开始动摇。新疆汉族对新疆究竟是什么态度？还愿不愿意留在新疆？对此问题课题组曾在“7·5”事件前做过一些问卷调查，“7·5”事件后又重新做了调查，现将“7·5”前后的调查问卷做一个比较，调查结果详见表 7－25、表 7－26。

表 7－25　　“7·5”事件前的调查问卷

1. 您对新疆的印象好吗					
选项	A 好	B 比较好	C 不太好	D 不好	E 合计
人数	25	24	1	0	50
百分比	50	48	2	0	100
2. 您喜欢新疆吗					
选项	A 喜欢	B 比较喜欢	C 不太喜欢	D 不喜欢	合计
人数	39	10	1	0	50
百分比	78	20	2	0	100
3. 您愿意扎根新疆吗					
选项	A 愿意	B 不太愿意	C 不愿意	D 不得已而为之	E 合计
人数	43	3	2	2	50
百分比	86	6	4	4	100

表 7-26　　　　“7·5”事件后的调查问卷

1. 您对新疆的印象好吗						
选项	A 好	B 比较好	C 不太好	D 不好	缺失	合计
人数	433	359	87	15	44	1 038
百分比	48.4	39.5	9.6	1.7	1.5	100
有效百分比	48.4	40.2	9.7	1.7		100

2. 您喜欢新疆吗							
选项	A 非常喜欢	B 喜欢	C 比较喜欢	D 不太喜欢	E 不喜欢	缺失	合计
人数	255	459	124	51	10	73	1 038
百分比	28.1	50.6	13.7	5.6	1.1	1	100
有效百分比	28.4	51.1	13.8	5.7	1.1		100

3. 您愿意扎根新疆吗							
选项	A 非常愿意	B 愿意	C 无所谓	D 不愿意	E 非常不愿意	缺失	合计
人数	217	439	136	99	7	40	1 038
百分比	23.9	48.3	15	10.9	0.8	1.1	100
有效百分比	24.2	48.9	15.1	11	0.8		100

从三个问题的比较中，我们发现喜欢新疆的：“7·5”前占98%；“7·5”后占93.3%。愿意扎根新疆的：“7·5”前占86%；“7·5”后占73.1%。对新疆印象好的：“7·5”前占98%；“7·5”后占88.6%。由此看来“7·5”事件对新疆汉族的思想情绪是有一定的影响，但是大多数的新疆汉族对新疆是充满信心的，非常理性地相信政府，认为“7·5”事件影响不了新疆团结稳定的大局，恶性影响是暂时的，会很快平息。尤其是在新疆本地出生长大的人，对“7·5”事件坦然面对，他们认为新疆就是我的家，我为什么要离开呢？在新疆出生长大的人是大多数，所以从总体上看，大多数新疆汉族热爱新疆，愿意扎根新疆，对新疆的发展充满信心，这种积极、乐观的态度反映了新疆汉族对祖国的赤胆忠心，体现了新疆汉族为祖国边疆献身的崇高精神。“7·5”事件后我们对乌鲁木齐市民进行调查。

问：“7·5”事件后，您对新疆有什么看法？

居民一：新疆是伟大祖国不可分割的一部分，自古以来就是一个多民族聚居地区，千百年来新疆各族人民共同开发、建设、保卫祖国西部边陲这块辽阔富饶的疆土。我热爱新疆。

一位退休职工说：我在新疆工作、生活了50年，在新疆有很多亲朋好友，也有维吾尔族朋友，不敢相信会发生这样的暴行！（“7·5”事件），尽管退休了，也不想离开新疆，这里是我的家，我哪里也不去。我相信政府会还我们一个安全的生活环境。

他们的一席话表达了大多数新疆汉族人的心声。

二、对我国民族政策的理解

新中国成立以来，根据我国的历史、国情、文化特点、民族关系和民族分布等具体情况，党制定了一系列适合中国国情的民族政策，现已经形成适合中国国情、具有中国特色、比较完备的民族政策与法律法规体系。新疆汉族生活在少数民族地区，对我国的民族政策不仅是体会最深，而且是实际的执行者和践行者。在调查中，我们深刻感受到，新疆大多数的汉族基本了解国家的民族政策，并能按民族政策办事。调查结果详见表7-27。

表7-27　　您知道我国有关自治区的民族政策和法律吗

选项	知道	知道一些	不知道	缺失	合计
人数	286	644	96	12	1 038
百分比	27.6	62.0	9.2	1.2	100
有效百分比	27.9	62.8	9.3		100

从问卷调查表7-28可以看出，新疆汉族主要通过电视、报纸和杂志等手段了解我国的民族政策和法律、法规。对我国有关自治区的民族政策和法律有所了解的占90.7%，不知道仅有9.3%。可见，民族政策和法律已经通过媒体多种渠道渗透进人们的意识，这对维护新疆民族团结和社会稳定的意义重大。在访谈中我们发现，大多数汉族对民族政策是积极拥护的。每到一处，我们都要问道："您怎样看待少数民族的语言文字、风俗习惯、宗教信仰？"大多数人表示尊重、理解和认同。一位机关干部对我们说："我们对少数民族的传统文化、风俗习惯和宗教信仰一向是尊重、理解和认同。我们多年来受的教育也是这样要求我们的。不同的民族由于历史的原因形成了不同的风俗习惯和宗教信仰，还有很多优秀的传统文化都值得尊重。"尤其是国家实施的民族区域自治政策，加大对新疆的扶持力度，促进新疆经济和各项事业的发展，乌鲁木齐的一位居民说："新疆

在党中央、国务院和全国各地的大力支持下，新疆经济建设和社会发展取得了举世瞩目的成就，各族人民生活发生了翻天覆地的变化。我为我们的新疆感到自豪，没有中国共产党的正确领导，没有中央和全国人民的支持帮助，没有新疆各族人民的团结奋斗，就没有新疆今天的繁荣发展。在祖国大家庭的怀抱里，新疆各族人民备感温暖、备感自豪。"

表 7-28　　您通过何种方式了解这些法律和政策（多项题，N=1 038）

选项	开会	看报纸和杂志	听广播	看电视	网络	与他人聊天	其他
频次	184	504	258	590	182	95	60
百分比	17.7	48.6	24.9	56.8	17.5	9.2	5.8
有效百分比	18.1	49.5	25.3	57.9	17.9	9.3	5.9

但是，一部分贫困地区的新疆汉族对国家给予少数民族的优惠政策有些看法。他们认为新疆解放已有60多年了。今天新疆的汉族与少数民族都生活在同样的自然环境和经济条件下，为什么少数民族享受的优惠政策，我们不能享受，在新疆我们是少数。一位阿克苏居民说："在新疆，民族政策不能只照顾少数民族，各民族都要照顾，大家要平等。落后地区的汉族也应照顾。兵团的职工，有些人家也穷得很，也应照顾。"有人提出："最好以地区而不要以民族来制定优惠政策，应该各民族一律平等，人人平等。因为汉族孩子和少数民族的孩子在一样的环境下上学，条件都不好。应该享受同等待遇。"以上这些看法不一定完全正确，但反映出新疆汉族希望国家对新疆汉族，尤其是贫困地区的汉族也应该有一定的优惠政策，否则新疆汉族难以留在新疆，即使留下，也可能有情绪。

三、对政府的公信力

政府的公信力是公众对政府的信任程度。也是政府获得公众信任的能力体现。政府的公信力来源于民众的信赖和拥护。他不是凭借武力而获得，而是靠民心、民意和民众的参与。新疆汉族身在边疆，情系祖国，关心国家大事，对政府充满信心。调查问卷的问题及答案详见7-29。

表 7-29　　您最爱看的电视节目

选项	新闻联播	民族歌舞	电视剧	农业信息	科技信息	访谈	综艺节目	其他	缺失	合计
人数	573	50	213	26	38	40	65	24	9	1 038
百分比	55.2	4.8	20.5	2.5	3.7	3.9	6.3	2.3	0.9	100
有效百分比	55.7	4.9	20.7	2.5	3.7	3.9	6.3	2.3		100

从表 7-30 汉族收看电视节目的问卷调查可知，新疆汉族关心国家大事，关注奥运在中国举办，体现了人民对政府的拥护和支持，表现了对政府公信力比较强。

表 7-30　　您收看 2008 年奥运会开幕式了吗

选项	是	否	缺失	合计
人数	969	45	24	1 038
百分比	93.4	4.3	2.3	100
有效百分比	95.6	4.4		100

当乌鲁木齐“7·5”事件发生时，新疆汉族一度对政府的公信力有所下降，人们怀疑政府是否有能力制止动乱，恢复社会稳定，甚至采取过激的行为表示对政府的不满。然而事件发生后，政府对事件的处理还是比较及时和果断的。在调查中，广大汉族群众表示相信政府、相信国家有能力处理好“7·5”事件，还我们一个安定团结的局面。一位新疆大学的汉族硕士研究生说：“事件发生后，党中央、国务院高度重视，当晚召开中共中央政治局常委会议，研究部署维护新疆社会稳定工作。会议要求高举维护社会稳定、维护社会法制、维护人民群众根本利益的旗帜，依法坚决制止犯罪，迅速平息事态，并防止事态蔓延。为维护各族群众生命财产安全，各级领导奔赴维稳前线，日夜奋战，自治区各级政府职能部门积极配合工作，启动了紧急情况下的城市保障应急预案，保证市政公共行业的正常运行，组织力量对道路交通进行紧急抢修和维护。部队官兵、公安民警舍生忘死、奋力保护了人民的生命和财产。我们相信政府会给我们一个安定的学习环境的。”访谈中，许多群众表示：没有党和国家的正确领导和各级政府部门、部队官兵的通力合作，就没有今天新疆的和谐与稳定。所以，通过“7·5”事件，我们更应该相信国家和政府。

四、对西部大开发的看法

西部大开发是一项直接关系中国经济发展、民族团结、社会稳定、边防安全、人民富裕的重大决策，它不仅标志中国经济发展的战略性转移，体现中国的大开发、大开放、大改革的全面推进，而且为中国西部带来了千载难逢的发展机遇。西部大开发实施10年来，在国家的政策扶持、基础设施建设项目及资金投入的实际推动下，在全国人民的大力支持下，通过新疆各族人民的共同努力，新疆的社会经济发展取得长足的进步，获得前所未有的增长速度和发展质量。新疆汉族在西部大开发中，发挥了巨大的作用。他们怎样看待西部大开发和自己的前途呢？问卷调查结果详见表7－31。

表7－31　您对国家西部大开发中本民族的前途有无信心

选项	非常有信心	比较有信心	没信心	根本没信心	缺失	合计
人数	458	486	63	13	18	1 038
百分比	44.1	46.8	6.1	1.3	1.7	100
有效百分比	44.9	47.6	6.2	1.3		100

从表7－31可以看出：在西部大开发中，新疆汉族对自己民族的发展有信心的占92.5%，没有信心的只占7.5%。这说明，新疆汉族的绝大多数是拥护西部大开发，并对自己民族的发展充满信心，相信汉族能在新疆得到更好的发展。

但是，如果作一个横向比较的话，西部大开发并没有从根本上缩小东西部差别。新疆汉族深感自己与内地的差距。特别是上海、北京支边和转业来疆的人，感触更深。一位阿克苏的上海支边青年对我们说：“汉族对新疆的建设贡献很大，支边的青年奉献了青春、子孙，等到退休以后就这么一点退休工资，想去内地旅游，都要算了又算，计划了又计划。当年那些没来支边的人，现在房子大，工资高，生活质量高。我们回老家以后，别人都把我们当成外人，说话也不舒服，所以也很少回老家。”还有一位知青说：“我热爱新疆，我对目前的生活还算满意，但对自己的经济待遇不是很满意，和内地差距太大，内地的一些朋友问起我的收入，我说出来他们简直不相信我的收入是那么低，可是不能为了收入低、生活条件艰苦就跑吧！”

为什么新疆发展比内地慢，人们的收入低呢？制约经济发展的主要因素是什么？问卷调查结果详见表7－32。

表 7-32　　您认为本地区经济的发展主要受哪些因素的制约（多选题，N=1 038）

选项	缺少资源	不懂技术	照顾政策	交通	本民族当官的少	文化水平低	资金	其他	缺失	合计
频次	304	505	213	342	28	439	310	112	36	2 289
百分比	29.3	48.9	20.5	32.9	2.6	42.3	29.9	10.8	3.5	
有效百分比	30.3	50.4	21.3	34.1	2.8	43.8	30.9	11.2		

从问卷调查表 7-32 看出，认为制约新疆经济发展的主要因素：第一是不懂技术；第二是文化水平低，这说明科技、教育是制约新疆经济发展的瓶颈。新疆经济要跨越式发展必须优先发展教育和科技。

五、对自己生活的满意度

民族社会心态是对自己生活的体会和感受。对自己生活的满意度高，自然感到心情愉悦，对自己生活不满意，自然感到心情不愉快。新疆汉族在新疆的生活怎样，他们对自己生活满意吗？在调查中，我们发现尽管新疆人的收入不太高，但大多数人对自己的生活还是比较满意的，调查结果详见表 7-33。

表 7-33　　您平均每月的大概收入

选项	500 元以下	500～1 000 元	1 000～1 500 元	1 500～2 000 元	2 000～2 500 元	2 500～3 000 元	30 000 元以上	无	缺失	合计
人数	86	257	244	155	70	58	54	95	19	1 038
百分比	8.4	25.2	23.9	15.2	6.9	5.7	5.3	9.2	1.8	100

非常满意	比较满意	不太满意	不满意	1 019
百分比：18	百分比：58	百分比：22	百分比：2	100

通过调查 2009 年发现，新疆汉族的收入大多数人在 1 000～2 000 元之间，总体看，收入比较低。但对自己生活满意的占 78%。为什么大多数人收入低，但对自己的生活比较满意呢？在深度访谈中，我们了解到有以下几种情况：

一是新疆近几年的发展很快，生活条件改善明显。许多人住上楼房，收入不断增加，衣食无忧，感觉生活很幸福。农六师军户农场就是一个典型。

问：军户农场职工的生活这样？

马副团长：我们农场按人口分地 7 亩 8 分。从事畜牧业的主要是养牛，人均年收入 1 万元以上。从事种植业的每年人均收入 7 200 元以上。住房条件都比较好，都是砖混结构。2009 年场部盖了十几栋楼房，每户补助 2.7 万元，都卖完了。子女上学、就业都不成问题。我们这里没有无业游民。社会秩序很好，人们安居乐业。

军户农场的一位农工：我们对自己的生活很满意，我们每年收入在 5 万元以上，在昌吉买了房子，在连队也有房子，冬天在昌吉住，夏天回来干活。生活很好。

二是许多汉族在新疆生活多年，已经习惯了，到内地反而不适应。有一位知青说："我对现在的生活还算满意。我本来已回上海了，但生活不习惯，就又回来了。"

三是新疆的生活节奏比较慢，感到压力不太大。石河子一位市民说："石河子虽然赚钱没有在大城市多，但是节奏慢一点，生活很惬意，人也没有那么多，也不用天天堵车，比较舒心。"

四是新疆的钱比内地好挣，收入和支出比较平衡。来新疆做生意的人和打工的人告诉我们，新疆生意比内地好做，工作比较轻松，生活的压力不太大。

在新疆，广大的汉族群众扎根新疆，热爱新疆，把新疆作为自己的第二故乡。虽然新疆的发展比内地慢，生活也比较艰苦，环境比较恶劣，但是新疆汉族仍然无怨无悔的坚守着这块土地，献了青春，献子孙，这种崇高的爱国主义精神和奉献精神应该受到党和政府的认可和赞扬，应该给予政策的支持和待遇的优惠。用感情留人，事业留人，待遇留人，使新疆汉族永远扎根新疆，在建设边疆、保卫边疆中做出更大的贡献。

第八章

新疆哈萨克族民族心理

民族心理表现为一个民族对客观事物的认知、情感、意志等心理活动，民族心理是构成民族地区和谐稳定的重要因素，“了解、把握各民族的心理，对民族地区的社会稳定能起到预警、整合、调控和保障。”① 哈萨克族有着本民族的文化传统，同时在新疆多民族、多语言、多宗教、多文化的环境中，哈萨克族的传统文化与民族心理也受到多元文化的影响。现代社会哈萨克族同其他民族一样，正在经历社会转型，各种矛盾比较容易发生，传统文化的变迁、牧民定居、周边国家的变化，都在影响哈萨克族的民族心理。民族心理包括的内容十分丰富，我们主要从民族意识、群体人格、民族认知、交往心理、社会心态方面探讨当前哈萨克族民族心理。

第一节　哈萨克族民族意识

在人们的意识中，每个民族都塑造了一种模式，并长期按照这种模式生活，构成一个民族共同的感觉、知觉、经验、偏好、性格、思维、情绪，这些共同心理即表现为民族意识。民族意识是人们对自己归属于某个民族共同体的共同意识，是对本民族生存、发展、权利、荣辱、得失、安危等问题的认识。民族意识

① 高永久：《论民族认同对社会稳定的作用》，载《中南民族大学学报》，2005 年第 3 期。

是维系民族共同体的内在“稳定器”，是民族心理变化的外在表现。哈萨克族从历史到今天、从生产到生活、从文化到记忆，都有象征本民族的重要标识，表现出民族自尊和自豪感、认同感、归属感等民族意识。

一、民族自尊和自豪感

每个民族都有本民族的历史与文化，在历史上留下了自己的足迹。哈萨克族创造了本民族的历史、文化传统和生产方式，历史上曾经有过无数的民族英雄、民间文化产生。哈萨克族又有着独特的生产方式，在畜牧业生产中有着许多独特的经验和创造，哈萨克族普遍认为本民族勤劳、诚实、团结，有着良好的品德，民族的自尊和自豪感强烈。

从表 8－1 可以看到哈萨克族对本民族的传统美德“勤劳、诚实、团结”有很高的评价和认同，对哈萨克族传统行为和文化表现出强烈的民族自尊和自豪感。调查中，在访谈和观察中，可以看到和感受到，哈萨克族民族自豪感比较强烈，如在访谈的 50 人中，50 人都认为“哈萨克族诚实”这句话非常对，认为哈萨克族与其他民族相比有着善良、好客、老实、肯干、朴素的品质。

表 8－1　　您认为本民族的人是怎样的（多选题，N＝403）

选项	A 勤劳	B 诚实	C 团结	D 聪明	E 勇敢	F 其他
人数	403	403	378	128	112	395
百分比	100	100	93.8	31.8	27.8	98.8

从问卷和访谈中我们也可以看到，哈萨克族在认识、解析本民族时也是比较客观的，认为在现代化进程中，国家发展迅速，但是边疆，特别是边疆的少数民族发展相对落后，通过媒体以及各种信息哈萨克族已经看到本民族在现代发展中的弱势。

表 8－2 显示被调查者中对“哈萨克族是最优秀的民族”有近一半不认同，在访谈中也有不少人认为，哈萨克族的发展慢，从民族自身来说是哈萨克族比较安于现状。可见哈萨克族的民族自豪感存在着不确定性，民族发展的差异性，使哈萨克族对本民族的生活质量、经济发展产生了一些质疑或担忧。

表 8－2　　您对本民族中“哈萨克族是最优秀的民族”观点的态度

选项	A 非常赞成	B 一般	C 不赞成	合计
人数	58	114	198	403
百分比	14.4	28.3	47.1	100

二、民族认同感

"民族认同意识是民族心理特质的核心内容，它意味着某一民族共同体的所有成员，都感觉或意识到他们属于同一个民族。"[①] 民族的内部认同是民族发展进程中的一种客观现象，民族认同（又称族群认同）主要指一个民族的人们对其自然及文化倾向性的认可与共识。新疆哈萨克族有着本民族的族称、历史传统、语言、礼仪、行为习惯和性格特征，也通过这些特征相互确认对方是本族同胞。通过调查可以看到现在哈萨克族仍保持着对本民族的认同感。调查问卷中的问题详见表8－3。

表8－3　　　　您知道本民族的历史吗

选项	A 知道很多	B 知道一些	C 听说过一些	D 不知道	E 那些没意思	G 缺失	合计
人数	146	249	0	0	0	8	403
百分比	36.2	61.8	0	0	0	2.0	100.0

表8－3的数据显示哈萨克族比较重视本民族的历史，而且主要是通过多渠道接受历史文化的教育，调查问题详见表8－4。

表8－4　　　　您通过哪种渠道了解的本民族历史（多选题，N＝403）

选项	A 老人的讲授	B 家庭教育	C 学校教育	D 其他读物	E 其他	F 缺失
人数	345	387	256	91	308	0
百分比	85.6	96.0	63.5	22.6	76.4	0

在访谈中我们了解到老人主要通过部落系谱、印记、故事、传说、长诗、历史人物向下一代讲述历史，特别是哈萨克族有记忆部落、氏族谱系的习惯，每个人至少要记住祖先七代的名字，因此绝大多数的哈萨克族关心民族的历史、记忆部落、氏族的历史。

服饰是民族的标识之一，哈萨克族有本民族特色鲜明的传统服饰，尽管现代服饰对哈萨克族产生了较大的影响，但传统服饰作为民族外在表现仍然被重视（见表8－5）。

① 周星：《民族学新论》，陕西人民出版社1992年版，第77页。

表 8-5　　您一般在什么场合穿戴民族服饰（限选三项，N=403）

选项	A 在工作场合	B 在公共场所	C 在家中	D 在宗教活动中	E 在民族节日时	F 其他	G 缺失
人数	0	0	24	75	250	54	9
百分比	0	0	6.0	18.6	62.0	13.4	4.1

节日是展示民族文化的窗口，从上表中可以看到哈萨克族愿意在民族节日中穿着民族服饰，表明他们对本民族的认同。

据我们在调查中的观察，对表 8-6 填写“不太熟悉”者，多是从小生活在城市或者一直上汉校的哈萨克族年轻人。

表 8-6　　您熟悉本民族的传统风俗吗

选项	A 非常熟悉	B 熟悉	C 不太熟悉	D 不熟悉	E 缺失	合计
人数	137	206	60	0	0	403
百分比	34.0	51.1	14.9	0	0	100

语言通常被认为是民族的重要特征，是构成民族的要素之一。哈萨克族语是新疆哈萨克族日常交流的主要语言，是认知的工具，也有文化传递的重要功能。现在哈萨克族中越来越多的人学习、掌握双语，但对本民族语言也极为重视（见表 8-7）。

表 8-7　　您对本民族的语言的掌握程度（多选题，N=403）

选项	人数	百分比	缺失	百分比
A 完全不懂	8	2	395	98
B 只能听懂简单的日常对话	60	14.9	343	85.1
C 基本上都能听懂	395	98	8	2
D 能够进行简单的对话	76	18.9	327	81.1
E 能够深入进行思想交流	283	70.2	120	29.8
F 能够看懂一些简单的文字	335	83.1	68	16.9
G 能够读懂所有的内容	335	83.1	68	16.9
H 能够写些简单的文字	335	83.1	68	16.9
I 精通文字	318	78.9	85	21.1

在访谈中也表现出哈萨克族对本民族语言的重视。如与乌鲁木齐市退休干部库某的访谈：

问：哈萨克语好学吗？经常写哈萨克文吗？说和写哪个更重要？

答：哈萨克语很好学。哈萨克语就33个字母，每天学一个字母，不出一个月就学会了。哈萨克语和其他民族语言相比，我觉得是比较容易学会的。不像汉语，得一个字一个字地积累，没有5 000字是不能够准确表达自己的想法的。我经常书写哈语，这是我的母语，我喜欢平时没事的时候写点诗歌啊、散文啊什么的，我觉得这样可以陶冶人的情操，使我的晚年活得更精彩。我觉得这和我们畜牧厅的汉族老同志喜欢水墨丹青是一个道理。我觉得哈萨克语说比写更重要一些。我们哈萨克族口头文学很发达，很多时候，我们民族的传统文化和习俗都是一代一代口头传承下来的，当然现在我们社会的各项技术很发达，不需要再头口传承，但是我觉得说是很更要的，说的过程也就是文化传承的过程。所以，该怎么去说，怎么说好它，都是非常困难的事，看看我们民族的阿肯弹唱，为什么大家伙都那么迷恋阿肯弹唱，其实我觉得就是在于说得精彩，说得精辟，说得精深。写得好的人未必说得好，但是说得好的人一定会写得精彩。

问：如何看待不会哈萨克语的人（上汉校或城市中的哈萨克族）？

答：每个民族的成员都应该会自己的民族语言，这是成为该民族成员的最基本的条件和基础。我觉得语言、地域、宗教和文化是判断是否为该民族的基本标准。回族没有自己的语言，他们借用汉语，所以很多时候我们就不太容易去分辨他们是不是回族，他们长得一样，说的一样，不好判断，或者说特征不明显。我对于不会哈萨克族语的人没有什么特别的感觉，因为这很普遍，大多数民考汉都不会写哈萨克族语，有一部分民考汉既不会说也不会写，挺可惜的，我们哈萨克语那么优美，那么精深，我很担心我们的哈萨克语以后会成为研究性的语言，脱离我们的下一代，这是我们老一辈人最痛苦的事，也是最不希望看到的事。我很理解不会哈萨克语的人，这其中的原因肯定有主观的，也有客观的。但是无论有什么天大的理由，他们也应该去学会哈萨克语，小的时候没有学，那就长大了去学，年轻的时候没有学，那就老了去学。总之，语言对一个民族很重要。

问：如何看待其他民族中会说哈萨克语的人？

答：伊犁州伊宁市出了一个常立善，这个锡伯族的哈萨克语专家是很厉害的，他写了一百多首哈萨克语歌曲，给很多的诗歌谱曲，对哈萨克语和哈萨克族文化艺术的贡献是大家有目共睹的。历史上有很多其他民族的哈萨克语人才和专家学者，这是我们哈萨克族的幸福，他们值得我们每一个哈萨克人去尊敬和爱戴，希望能有更多的人去关注我们哈萨克文化。

问：您经常讲谚语吗？对说谚语说得多的人有何看法？

答：我在家经常讲谚语。我喜欢谚语。我们哈萨克族的谚语很多，内容涉猎的范围也很广，它集文学、生产知识、智慧、幽默和讽刺于一体，是我们哈萨克族前辈人生经验和哲学思想的总结和阐述，它是我们哈萨克族的瑰宝。我对说谚语说得多的人很尊重并敬佩，要知道谚语的储备某种程度上也反映出一个人的知识储备，说明他对我们哈萨克族的传统文化比较熟悉，传承得也很好。

问：孩子一般什么时候开始说话？给孩子教的最初的语言是什么？

答：我觉得每个孩子开口说话的时间不一样，有的孩子一岁半就会说话，有的则是两岁以后才开始说话，因人而异吧，这个和每个孩子的基因、大脑发育的程度、所受到的教育、所接触的人以及家庭情况有关系。现在有些年轻人在孩子还在一岁半就送到幼儿园，这类的孩子一般开口说话的时间就比在家照看的孩子要更早一些。说话的早晚对孩子今后的各方面的发展有一定的影响吧。

我最初给自己的孩子教的是我们哈萨克语，我们自己的母语，那个时候也不太会汉语，也没有想过教汉语，我觉得给孩子教母语是很自然的事，也是无可厚非的事。我最初教的都是一些生活中的语言，很简单，从熟悉家庭成员开始。

与阿勒泰吉木乃县托斯特乡牧民卡某的交谈：

问：哈萨克语好学吗？经常写哈萨克文字吗？说和写哪个更重要？

答：好学；不经常写；说更重要。

问：如何看待不会哈萨克语的人（上汉校或城市中的哈萨克族）？

答：觉得他们能力差，连母语都不会。

问：如何看待其他民族中会说哈萨克语的人？

答：觉得很好。

问：您经常讲谚语吗？对谚语说得多的人有何看法？

答：常讲。觉得很好。

问：孩子一般什么时候开始说话？给孩子教的最初的语言是什么？

答：一岁多吧；教他们说爷爷、奶奶、爸爸以及名字。

在访谈中，被访谈者大部分都认为哈萨克族应该掌握哈萨克语，对会哈萨克语的其他民族表示出好感。

新疆是多民族聚居区，哈萨克族的民族认同感还表现在对其他民族的认同感上，特别是对汉民族的认同，在被访的50人中，全都表示愿意和汉族人相处，如：与阿勒泰吉木乃县托斯特乡牧民且某的访谈：

问：汉族人好相处吗？

答：好相处。

问：你愿意和汉族人打交道吗？

答：愿意。

问：对汉族有什么看法？

答：智慧，有人情味。

与伊宁市干部阿某的交谈：

问：汉族人好相处吗？

答：土生土长的汉族人好相处，但内地和兵团的汉族人不好相处，总有距离感。

问：您愿意和汉族人打交道吗？

答：愿意，可以学习汉语。

问：对汉族有什么看法？

答：吃苦耐劳、勤奋。

与乌鲁木齐市哈萨克族学生古某的交谈：

问：汉族人好相处吗？

答：好相处。

问：你愿意和汉族人打交道吗？

答：愿意。

问：对汉族有什么看法？

答：待人真诚、爱帮助人。

哈萨克族的民族认同表现出层次性，既有对本民族、周边民族的认同，还表现出对国家、中华民族的认同。问卷中的问题详见表8－8。

表8－8　　下列身份意识在您心目中的排序

选项	A 中国人	B 新疆人	C 哈萨克人	D 穆斯林	E 其他
人数	312	312	226	256	0
百分比	77.4	77.4	60.5	63.5	0
排序	1	2	4	3	

从表8－8中可以看出，哈萨克族的身份意识中，中国人的身份认同和新疆人的认同意识在身份意识排序中都比较靠前，可见哈萨克族对国家的认同意识要高于民族认同，国家的向心力和凝聚力是比较强的。

三、民族归属感

人生活在群体中，因而一定的群体对每个人都有无比的吸引力。而个人如何在一个群体中确立自己的“身份”，找到自己的“归属”，从而达到对“自我”的确认，既是“归属感”。“归属感”是一种主观心理状态，通常人们以从出生时起就生活在其中的群体为归属对象，通过血缘、姻缘和地缘为基础的语言、习俗、宗教信仰等共同纽带，与群体成员保持关系，并承担相应的责任。哈萨克族作为一个长期从事游牧生产的民族，生产的性质决定了他们居住分散。而草原常见的暴风雪、凶猛的野兽等又使人们必须在生产和生活中有密切的联系，保持较强的群体感和民族归属感。哈萨克族的民族归属感表现在下述几个方面。

（一）互助意识强

哈萨克族传统社会中，就盛行相互济助的风俗。在草原上有人家遭受自然灾害而生活困难时，临近的人都要根据自己的经济情况尽力给以资助，捐送衣服、粮食、牲畜或毡子、用具等。如果出现拒绝资助的人，则会被人歧视。在牧业生产中遇到剪毛、擀毡、打草、筑圈等重要事项时，亲属、邻居都会主动出来协助。在婚丧嫁娶中，亲朋好友、邻里都会帮忙、协助。现在哈萨克族仍然保持着互助的习惯，谁家有事，只要知道了，都会去帮忙。互助既加强了人们之间的关系，又表达了个人对群体的责任感和归属感。

（二）群体性活动多

群体活动是彼此了解和增强信任的重要途径。哈萨克族至今非常重视群体活动。人们不仅在节日时举行聚礼（如古尔邦节、肉孜节的聚礼）、走家串户问候、祝愿，还要举行歌舞晚会；婚丧嫁娶时，参加的人都非常多。民间经常举办大型或小型的阿肯弹唱、对唱、赛马、叼羊、姑娘追等活动。人们也非常乐于参加群体活动。我们在萨尔梁村调查的十多天中，几乎每天都能听到村民说起这些，不是去参加婚礼、割礼，就是有葬礼，或其他活动。村民说，你不参加别人家的礼仪，别人就不会来参加你家的礼仪。人们就会说你脾气怪、不合群。

（三）眷恋草原

草原是牧业的根本，给哈萨克族提供了衣食住行的物质保证，同时草原也带给哈萨克族精神的慰藉，哈萨克族的神话、故事、传说、歌谣、长诗、谚语等中有无数赞美草原的篇章，表达着哈萨克族对草原的情感。他们热爱草原、眷恋草原，常把草原比作故乡。现在哈萨克族的生活发生了较大变化，但哈萨克族对草原的感情依然如故。在访谈中，当我们问道有关草原的问题时，大部分人表示出他们对草原的特殊情怀。如与伊宁市退休干部库某的访谈：

问：经常去牧场吗？多长时间去一次？如果很长时间不去，有什么感觉？

答：我经常去牧场，我本身就是在畜牧厅工作过，所以对牧场有种特殊的感情。我每年开春的时候，整个暑假以及秋季的时候都会去我的老家伊犁州逛逛。我如果很长时间不去，就会觉得不自在，我时常会想起牧场的一木一草，会惦念牧场的牲畜，会想念牧场的亲朋好友。牧场的生活是我一生中最快乐最惬意的时光，那是一片绿色的世界，和我们大城市的感觉完全不一样。牧场的食物、牧场的牲畜、牧场的生活方式都是清新的、绿色的、淳朴的、美好的。

问：经常把草原比作什么？

答：人间天堂。

问：对破坏草原的行为有什么看法？

答：我非常痛恨这种行为，应该依法惩治这些人。我毕生都在与这种行为作斗争。在畜牧厅工作的时候就在治理这种行为，但是很无奈，破坏草原的行为与日俱增，令人担忧。我认为国家应该加大在这方面的惩治力度，应该完善相关的法律法规和制度，有些省市自治区的经验教训可以去学习和借鉴，尤其是内蒙古的。现在的人利欲熏心，没有长远的发展眼光，这是很恐怖的事。你要知道，一亩草场的破坏是需要付出五年乃至十年的时间来修复的，而且只能恢复到原来的60%。人类只知道破坏和无止境地向大自然索取，根本不去保护大自然，这是很危险的思想和行为。长此以往，我相信终有一天大自然会报复人类，人类也会为自己的罪行付出最沉重的代价。

与昌吉市阿什里哈萨克族牧民卡某的访谈：

问：经常去牧场吗？多长时间去一次？如果很长时间不去，有什么感觉？

答：常去；每年6～9月；很长时间不去，感觉不精神，混混沌沌的。

问：经常把草原比作什么？

答：天堂。

问：对破坏草原的行为有什么看法？

答：痛惜，例如为了旅游开发，经济上有了提高，但为此付出了环境污染的代价，可以说是弊多利少，应减少开发。

与乌鲁木齐市哈萨克族学生古某的交谈：

问：经常去牧场吗？多长时间去一次？如果很长时间不去，有什么感觉？

答：常去；一年一次；想念。

问：经常把草原比作什么？

答：天堂。

问：对破坏草原的行为有什么看法？

答：厌恶。

（四）部落观念的弱化

哈萨克族曾经有过严格、完整的部落、氏族组织，每个人都归属于一定的部落或氏族。部落、氏族组织成为人们民族归属感的最基本单位。新中国成立后，随着县乡村行政单位的确立，哈萨克族原来同一部落氏族的成员可能划分至不同的乡镇、村落，部落组织逐渐消解。部落组织虽然不复存在，但是长时间以来形成的部落观念对人们的生活产生了一定的影响。如人们保留着记忆部落、氏族谱系的习惯；在缔结婚姻时，仍然遵循着同一部落、氏族的人不能结婚的习惯；放牧时同一部落、氏族的成员会有更多的互助。现在哈萨克族的部落、氏族观念总体上在弱化，其民族归属感更加向哈萨克族民族靠近。在访谈中当问到有关部落的问题时，可以看到部落、氏族的边界在某些方面已经变得模糊。如当谈及“希望自己部落的人当领导吗”，大部分的人都认为：无所谓，谁有能力谁当。只有少部分人希望自己部落的人当领导。当问及“有其他部落的好朋友吗”，几乎所有的被访者都有其他部落的好朋友。可以看到哈萨克族在政治权利以及交友方面，已经打破了部落的界限。

第二节　哈萨克族民族认知

一般来说一种物体、一件事情、一个概念会有很多的属性，人的认知往往较多注意到自己认为最突出、最容易理解的属性，从而将不同的事物归类化。各民族由于生活环境、社会历史、文化传承的不同，在认知上都表现出一些特点，存在差异，一些民族认为有价值、重要的事物，另一个民族可能不感兴趣。哈萨克族以游牧为主，其认知与其他民族有相同或相似之处，游牧生产和文化又决定了其认知的独特之处，表现在基本的认知框架（时间知觉、空间知觉、数量知觉、颜色知觉等）、认知选择、认知方式等方面。

一、认知框架

认知框架主要包括对时空、数量、色彩等构架起人们基本认知结构的认知内容。每个民族的认知框架，经过反复的经验而具有模式性。哈萨克族的认知框架是建立在游牧文化基础上的，在现代社会观念的影响下，其认知框架又在发生变化。

（一）时间认知

哈萨克族传统的时间观念与畜牧业生产有直接关系，通常以牲畜的饥饱来确定日常生活时间。早晨牲畜出圈，便是一天的开始，晚上牲畜收圈，才开始做晚饭，吃饭一般到 10 点以后。一些人认为游牧民族没有时间观念，其实他们的时间观念只是与农耕民族不同，很多时候是以牲畜的生物钟为准。现在哈萨克族的城市化以及牧民定居的实现，哈萨克族的时间观念开始变化，如孩子要上学、家人要上班，就是搭班车也要按时按点，于是开始遵守公共的时间观。按照我们已有的经验，过去哈萨克族主要是通过看太阳，或根据牲畜的生物变化确定时间，通过访谈我们发现大部分的哈萨克族现在主要是看表，或太阳来确定时间。在调查中我们也观察到现在几乎所有哈萨克族家庭中都有座表或挂钟，有的有手表或用手机看时间，这些都说明哈萨克族对时间的认识已经从以前的粗略计算逐渐转变为较为精确。

（二）空间知觉

哈萨克族的生活靠近自然，草原的宽广与无边，天与地的圆形感受和经验，使得他们的空间概念与圆联系更多。如毡房是不同于大多数方形建筑的圆形建筑；过去东南西北的概念以左右为基础延伸；对方向的指示和判别多以山、水、树木、道路等为坐标。对于距离，哈萨克族传统的认识、计算方法，多以实物和声音来表示，如“马走一天的距离”、“一座山的距离”等。给人指路时，往往用声音的长短来表示远近，声音拖得长，表示距离远；声音短，表示距离近。现在哈萨克族的一些空间概念已经变得具体了，如用“公里”表示距离，用常用的方位词指示方向。

（三）数量知觉

哈萨克族和古突厥民族一样最初都是靠实物来计数的，手作为可利用、最方便快捷的计数实物，在数字形成中发挥了巨大的作用，个位数的形成就和手指密不可分。哈萨克人很重视奇数，尤其是数字7。在哈萨克人的许多习俗中都与7结下了不解之缘。如哈萨克人认为7代以内是至亲，不得通婚。过去在定亲时男方向女方送彩礼，以一定数量牲畜计算，其中数字7是必不可少的。在丧葬习俗中有7天祭。除7以外，40也是哈萨克人常用的数字。

（四）颜色认知

哈萨克族牧民生活的草原草场四季分明，光照强烈，这使得哈萨克族普遍偏爱浓艳鲜明的色彩，特别喜欢红、绿、蓝、白、黄几种纯净的颜色，也赋予色彩象征意义。如蓝色——苍天；红色——烈火、太阳；黄色——财富、资源；白色——忠诚、智慧；黑色——土地；绿色——青少年、春天等。哈萨克人运用各种色彩装点生活，从毡房到马具，从服装到日常生活用品，如挂毯、挂帘、帷帐、窗帘、门帘等都装饰或绣有美丽的图案。

二、认知选择性

（一）关注、重视牧业生产

哈萨克族在游牧畜牧业生产中，积累了丰富的经验和知识，他们了解草原的特征和性质，按照不同的季节迁徙放牧，草场划分细致。哈萨克族牧民主要放牧牛马羊驼等牲畜，对各类牲畜的脾性、特点了如指掌。时至今日，随着牧民定居的实现，部分牧民开始从事农业生产或其他产业，但哈萨克族仍然把牧业作为主导产业，对其他产业还处在初步学习阶段。如哈萨克族定居牧民开始从事农业生产，他们认为农业生产难度大，技术不易掌握，牧民形象地说“农业就像小孩子，要时不时揪揪他的耳朵，才听话”。在访谈中，当问到“哈萨克在哪些方面能力比较强”时，绝大部分人都回答：牧业。还有些人说，除了牧业，还有和畜牧业相关的手工业和手工艺品制作，例如刺绣、皮革加工等。

（二）热情、好客、重礼仪

哈萨克族热情、好客、重礼仪。人们相见，总要互致“全家平安”、“牲畜平安”等问候。对前来拜访和投宿的客人，不论相识与否，都会热情款待。牧民认为，如果在太阳落山时放走客人，是一件耻辱的事，会被亲朋邻里认待客不周而耻笑。这主要是因为牧区地广人稀，居住分散，行旅不便，外出时，凡有毡房的地方，自然就成了休憩和投宿之处，行人就可免受饥寒之苦。哈萨克人对待客人恭敬备至，礼节周到，他们认为客人是安拉赐予的，不可怠慢。而且，哈萨克人认为，宰羊待客是光荣体面的事情，也是应尽的义务。客人临走时，如属贵客，主人就要问贵客：“毡房内是否有你需要的东西？”如果客人看中了某件东西就要奉送。如没有，就按一般惯例给贵客送礼。经济条件好的，送元宝、马、骆驼、猎枪和鹰，次者送皮大衣、狐皮、狼皮等珍贵的兽皮衣服。

（三）传统道德的传承

哈萨克族作为游牧民族，粗犷豪放而又不乏稳重优雅，哈萨克族人常说，我们的日常生活中礼仪多。家庭教育中，子女的道德教育处于优先的位置。哈萨克族有着“教育孩子一次，胜过施粮一升”的谚语，而这里的教育主要指孩子的做人教育。

三、认知方式特征

认知方式，是一个民族思维方式的重要方面，主要指的是一个特定族群的认识风格特征。从哈萨克族过去到现代的历史经历来看，其认知方式从风格特征上，主要表现为场独立型。从他们的认知结构，也就是知识结构来说，自然、经验是认知的基础，以此保持文化的历史同一性。在历史上他们的物质文化受到了来自农耕文化和西方商业文化的冲击，然而他们却保持了游牧的传统；他们的精神文化受到了来基督教、佛教、伊斯兰教等诸多文化的影响，然而却也保持了游牧文化传统；这些都表现了他们场独立型认知方式的基本特征。

哈萨克族的另一种认知风格是变通型认知。他们在坚持认知的独立性的前提下，不反对接纳新事物，学习新知识，在坚守本民族文化的基础上对其他民族文化的态度是宽容的。

整体性认知也是哈萨克族认知方式的重要特征。整体性认知偏好的形成，应该说主要是来源于他们长期保持的游牧的生产生活方式以及在此基础上的民族、部落制度传统。游牧生活的基础，必须是对草场、牲畜、人的生态关系的整体把握，以氏族、部落为单位的游牧生活是适应生态型生产方式的要求的，这都强化了他们认知方式的整体性风格。因而，在现实生活中哈萨克族表现出较多的族群共同性。整体性认知方式，也给他们带来整体观念——重视团结，族内每一个成员的独立意识，无不是以族群成员的共同意识为前提的。

第三节　哈萨克族人格特征

民族人格是民族在形成和发展过程中凝结起来的表现民族文化特点的心理状态，即民族性格，它是一个民族的共同特征。民族人格的形成是一个长期的历史发展过程，受到许多因素的影响，其中最重要的因素就是该民族的文化。民族人格一旦形成就具有相对的稳定性，对民族思维和行为产生深远的影响。哈萨克族生活在辽阔的草原，其性格特征打上了草原游牧民族的性格特征烙印：热情、好客、开朗、敦厚、勇敢。课题组运用了卡特 16 种人格因素的五个因素进行了测验，测验结果如下所述。

一、新疆哈萨克族男性与常模相比的情况

（1）因素 A，乐群性，常模为 10.02，哈萨克族男性的总体得分为 9.82，与常模相比，差异不显著。

（2）因素 C，情绪稳定性，常模为 15.00，哈萨克族男性的得分为 17.41，与常模相比，具有显著性差异。哈萨克族男性在情绪稳定性上得分高于常模，即情绪稳定而成熟，能面对现实，通常以沉着的态度应付现实各项问题。行动充满魄力。具有维持团体的精神。但有时可能由于不能彻底解决许多生活难题，而不得不自我安慰。

（3）因素 E，恃强性，常模为 12.77，哈萨克族男性的得分为 11.65，与常模相比之，没有显著性差异。

（4）因素 H，敢为性，常模为 11.07，哈萨克族男性总体得分为 15.06，高于常模，与常模相比具有显著性差异。即表现为勇敢、勇猛。作为游牧民族，辽阔草原的马背生活，使得哈萨克族男性崇尚英雄，勇敢坚强。

（5）因素 Q2，独立性，常模为 12.95，哈萨克族男性总体得分为 10.29，有显著性差异。即表现为依赖、随群、附和。通常愿意与人共同工作，而不愿独立

孤行；常常放弃个人主见，附和众议，以取得别人的好感；需要团体的支持以维持其自信心（见表 8－9）。

表 8－9　新疆哈萨克族男性各因素与常模相比的情况

因素	人数	最小值	最大值	$\bar{x} \pm s$	常模	t	P
因素 A	17	4	14	9.82 ± 2.721	10.02 ± 3.27	－0.298	0.770
因素 C	17	13	21	17.41 ± 2.526	15.00 ± 3.95	3.936	0.001
因素 E	17	8	16	11.65 ± 2.523	12.77 ± 3.60	－1.835	0.085
因素 H	17	6	23	15.06 ± 4.723	11.07 ± 4.43	3.492	0.003
因素 Q2	17	7	16	10.29 ± 2.823	12.95 ± 3.34	－3.879	0.001

从以上数据分析，新疆哈萨克族男性在乐群性、恃强性上，与常模没有显著差异；情绪稳定性、敢为性的数据都高于常模，表现了为外向、热情、乐群、稳重、勇敢、坚强的品格；在独立性上低于常模，表现出合群、附和众议。

二、哈萨克族女性各因素与常模相比的情况

（1）因素 A，乐群性，女性的常模为 10.90，哈萨克族女性的总体得分为 11.24，没有显著性差异。

（2）因素 C，情绪稳定性，常模为 13.75，哈萨克族女性的得分为 16.36，与常模相比有显著性差异。即：即情绪稳定而成熟，能面对现实，通常以沉着的态度应对现实各项问题。行动充满魄力。具有维持团体的精神。但有时可能由于不能彻底解决许多生活难题，而不得不自我安慰。

（3）因素 E，恃强性，常模为 11.70，哈萨克族女性的得分为 9.82，与常模相比有显著性差异。即：很谦逊、顺从、通融、恭顺，行为很温和，善于迎合别人的旨意。也可能是由于认为自己的希求是可望而不可求的，即使处于十分好的境地，也经常会有“事事不如人”的感觉。

（4）因素 H，敢为性，常模为 10.47，哈萨克族女性总体得分为 13.55，与常模相比具有显著性差异。通常不掩饰，不畏缩，有敢作敢为的精神，能经历艰辛而保持有刚毅的毅力。

（5）因素 Q2，独立性，常模为 11.65，哈萨克族女性总体得分为 10.36，没有显著性差异（见表 8－10）。

表 8-10　　哈萨克族女性各因素与常模相比的情况

因素	人数	最小值	最大值	$\bar{x} \pm s$	常模	t	P
因素 A	33	6	17	11.24 ± 2.728	10.90 ± 3.32	0.721	0.476
因素 C	33	5	24	16.36 ± 3.435	13.75 ± 3.96	4.371	0.000
因素 E	33	4	15	9.82 ± 2.973	11.70 ± 3.58	-3.636	0.001
因素 H	33	3	19	13.55 ± 3.800	10.47 ± 4.64	4.649	0.000
因素 Q2	33	5	18	10.36 ± 2.826	11.65 ± 3.21	-2.614	0.014

从以上数据分析，新疆哈萨克族女在乐群性、独立性上与常模没有显著差异；情绪稳定性、敢为性的数据都高于常模，表现了为外向、热情、乐群、稳重、勇敢、坚强的品格；在恃强性上低于常模，表现出顺从、温和的性格。

第四节　哈萨克族交往心理

任何一个民族都不可能孤立地存在，总是要与其他民族有接触和交往，在交往过程中会显现本民族的心理特征。由于不同民族具有不同的兴趣、爱好、思想、信念、信仰、习惯等，形成不同的民族交往心理和特征。在传统社会，哈萨克族从事畜牧业生产，所需盐、茶、粮食等物品需要交换获得，从文化类型上说，属于依附型文化。要交换就必须有交往，因此从历史看，哈萨克族就形成了与他族频繁交往的状况，形成了热情好客的传统，有良好的与他族交往的心态。具体体现在以下方面：

一、交往需要动机

游牧生产有其很大的特殊性，不仅要以种种的交换，保证日常生活的需要，而且居住分散，特别渴望与人交往。现在哈萨克族与整体社会的联系更加密切，与其他民族的接触越来越频繁，与他族交往的动机也变得多样化。如日常生活需要。现在哈萨克族日常生活用品以购买为主，包括服装、米、面、油、茶、日用品等，在购买中必然与他族交往；工作、学习需要。在单位工作或在校学习的哈萨克族要与他族的同事、同学共事、同窗，少不了与他族同事、同学交往；发展需要。哈萨克族牧民定居后，开始学习农耕技术，一些牧民积极向他族学习农业技术。现在也有不少哈萨克族外出打工，与他族交往增多。为了就业、提高能力不少哈萨克族重视汉语的学习，而主动与汉族交往，学习语言。这从调查问卷中对哈萨克族与其他民族交往的原因也可看出，详见表8-11。

表8-11　与其他民族交往的主要原因（限选三项，N=403）

选项	A同事或工作联系	B生意来往	C邻里或亲属关系	D寻求帮助	E交朋友	F学习语言	G文化交流	H其他
人数	302	267	74	76	8	0	17	0
百分比	74.9	56.2	18.4	18.9	2.0	0	4.2	0
排序	1	2	4	3	6	7	5	8

表8-11反映出，哈萨克族与其他民族的交往以“同事、工作”以及“生意来往”需要为主，还处于一种基本需要的交往状态。

二、交往认知

民族间的交往通常是按照就近的原则，周边的民族最有可能成为交往的对象，周边人口较多的民族又是交往机会最多的。民族在交往中相互了解，认识双方的文化、语言、风俗、信仰以及性格特点，进而做出交往的判断。而交往的媒介语言往往成为交往认知的重要条件。新疆民族语言种类多，除回族使用汉语外，其他民族都有本民族的语言文字，哈萨克族与新疆主要民族汉族、维吾尔族、回族、蒙古族有着较多的交往和认知机会，对这些民族的语言有一定程度了解和掌握，如调查问卷中的问题，详见表8-12。

表8-12　除了本民族语言您还会哪种语言（多选题，N=403）

选项	A维吾尔语	B汉语	C英语	D俄语	E其他
人数	273	265	8	66	54
百分比	67.7	65.8	2.0	16.4	13.4
有效百分比	67.7	65.8	2.0	16.4	13.4

在访谈中，当问到有关民族交往的问题时，多数人的态度是积极的，也关注和了解周边的民族。如与乌鲁木齐市退休干部夏某的访谈：

问：汉族人好相处吗？

答：好相处。

问：您愿意和汉族人打交道吗？

答：非常愿意。

问：对汉族有什么看法？

答：追求知识，追求发展的民族。

问：您了解新疆的哪些民族？与哪些民族有过交往？

答：47 个，世居民族是 13 个；与维吾尔族、柯尔克孜族、蒙古族、汉族、乌孜别克族、回族、塔塔尔族、达斡尔族有过来往。

与阿什里哈萨克民族乡牧民赛某的交谈：

问：您愿意和汉族人打交道吗？

答：愿意。

问：对汉族有什么看法？

答：心胸宽广的民族。

问：您了解新疆的哪些民族？（知道新疆有多少个民族吗？）与哪些民族有过交往？

答：56 个（应为 13）个；和汉族、维吾尔族有来往。

哈萨克族与其他民族的交往、对其他民族的认知也存在一定的障碍，如问卷中的问题，详见表 8－13。

表 8－13　与他民族交往的主要障碍（限选三项并排序，N＝403）

选项	A 语言	B 地域	C 宗教	D 风俗习惯	E 偏见	F 其他	缺失
人数	95	0	126	126	0	711	302
百分比	23.6	0	31.3	31.3	0	141.1	74.9
有效百分比	23.6	0	31.3	31.3	0	141.1	74.9
排序	2		1	1			

从表 8－13 中可以看出：宗教和风俗习惯是影响民族交流的主要因素，其次是语言。

三、民族交往情感

人们在交往中不仅相互感觉、相互认知，而且也形成一定的情感联系。各民族在交往中也会产生情感，不同的情感会对交往产生不同的影响。积极的交往情感是交往的心理动力源泉，而排斥性情感往往导致无交往的愿望，因而也就谈不上建立良好的关系。哈萨克族是一个热情好客、宽容、比较好交往的民族，在交往中一般愿意与诚实、老实、有知识、善良的人或民族交往。如在访谈中多数人表示尊重传统观念中品德优良的人，而不愿意和品质差的人打交道。如：

与乌鲁木齐市在读学生古某的访谈：

问：您比较尊重什么样的人？
答：不说脏话的人，有理想有抱负的人。
问：您不喜欢和什么样的人打交道？
答：狡猾的人。

与伊宁市家庭主妇玛某的访谈：

问：您比较尊重什么样的人？
答：尊敬老人的人和有文化的人。
问：您不喜欢和什么样的人打交道？
答："7·5"事件中的暴徒和坏人。

与吉木乃县托斯特乡牧民且某的访谈：

问：您比较尊重什么样的人？
答：热情、勤劳、踏实、做好自己分内的事。
问：您不喜欢和什么样的人打交道？
答：小偷，从事不正当职业的人，爱打人和说谎的人。

与昌吉市阿什里乡牧民哈某的交谈：

问：您比较尊重什么样的人？
答：年长的人、为民造福的人、外来的客人。
问：您不喜欢和什么样的人打交道？
答：搬弄是非的人，没有正确立场、没有实话的人。

民族交往是双向性的互动，双方或多方的积极交往情感有助于彼此交往情感的加深。在新疆由于民族人口、地域条件、生产方式、经济发展等存在差异，造成了事实上的民族认知差异。哈萨克族在新疆民族中人口不是最多，特别是一些人认为游牧民族发展缓慢，因此对与哈萨克族的交往存在偏见，给哈萨克族的民族交往情感造成一定的伤害。尤其是在新疆“7·5”事件中，哈萨克族虽然不是直接的受害者或参与者，但是他们与其他民族的交往情感也受到损害。一位乌鲁木齐的哈萨克族市民说：“‘7·5’事件就是严重的暴力恐怖事件，不仅严重地伤害了汉族和维吾尔族的感情，也伤害了和其他民族的感情。‘7·5’事件后，一些汉族分辨不出维吾尔族和哈萨克族，见了哈萨克族也打。一些维吾尔族说我们是胆小鬼，在‘7·5’时不给他们帮忙，不和他们团结。哈萨克族两头都受气。”可见“7·5”事件影响的不仅是汉族与维吾尔族的情感，对其他民族的情感也是很深的伤害。

四、民族交往的形式

随着社会生活的复杂性和交往范围的日益扩大，尤其是现代技术的运用，人们的交往形式也变得多样，如聚会、打电话、拜访、网络联系等。调查显示哈萨克族与其他民族的主要交往形式是通过集体活动，详见表8－14。

表8－14　您与其他民族成员日常交往的主要方式

选项	A 聚会	B 打电话	C 登门拜访	D 网络	E 其他	缺失	合计
人数	289	60	0	0	0	54	403
百分比	71.7	14.9	0	0	0	13.4	100
有效百分比	71.7	14.9	0	0	0	13.4	

可见哈萨克族与其他民族的交往主要是通过公共生活领域内的交往，私人领域交往有限。公共领域的交往多为浅层交往，对其他民族的深层了解是有限的。哈萨克族与本民族的交往，多为登门拜访，在访谈中我们了解到，他们待客频繁，多的每周家中都有客人来，少的也是一个月会待客一次，他们也经常去看望亲朋好友。

第五节　哈萨克族社会心态

民族社会心态通常反映了特定环境中一个民族的利益要求和对其生活有广泛

影响的思维倾向，例如对一个时期的政治动向、经济动向、某一重大事件等所表现出的社会心理状态，代表着社会成员的态度、观点和看法。哈萨克族和其他少数民族一样，目前正处在社会转型期，面临着较大的社会、经济、文化等变化，特别是政府的政策和决策、对牧区发展的措施、定居的进行、传统文化的变革等，时时都在触及牧民的利益和生活，也成为哈萨克族最为关心的问题，反映出哈萨克族的社会心态。

一、对国家民族政策的态度

新中国成立后，国家制定了一系列的民族政策：第一，坚持民族平等团结；第二，民族区域自治；第三，发展少数民族地区经济文化事业；第四，培养少数民族干部；第五，发展少数民族科教文卫等事业；第六，使用和发展少数民族语言文字；第七，尊重少数民族风俗习惯；第八，尊重和保护少数民族宗教信仰自由等。各民族对国家民族政策的了解和了解的途径，反映了各民族对国家政策的态度和对民族关系、民族发展的关心（详见表8－15、表8－16）。哈萨克族对国家民族政策的满意度是比较高的。

表8－15　　您知道我国有关自治区的民族政策和法律吗

选项	A 知道	B 知道一些	C 不知道	缺失
人数	66	283	0	54
百分比	16.4	70.2	0	13.4
有效百分比	18.9	81.1	0	13.4

表8－16　　您通过何种方式了解这些法律和政策

选项	A 开会	B 看报纸和杂志	C 听广播	D 看电视	E 网络	F 与他人聊天	G 其他	缺失
人数	62	316	17	8	0	0	0	0
百分比	15.4	78.4	4.2	4.2	2.0	0	0	0
有效百分比	15.4	78.4	4.2	4.2	2.0	0	0	0

哈萨克族不仅对国家民族民族政策持支持的态度，对牧区发展的政策也表示满意。在访谈中，经常听到牧民说：现在国家政策好得很，再不发展就是自己的事了。也有的说：国家政策确实好，但有的地方执行得不太好。

二、牧民对定居的态度

牧民定居是哈萨克族生活中的大事。哈萨克族牧民大规模定居始于 20 世纪 80 年代，现在已有 80% 的牧民定居。牧民定居改变了哈萨克族传统的生产、生活方式，民族心理也在前所未有的定居活动中发生着变化。现在哈萨克族定居牧民有了固定的居住区和住房，他们开始享有更多的公共资源，如居住区有了电、自来水、交通设施等。在生产上，由于有了耕作土地，生产方式向多元化发展，农牧并举已经成为定居区普遍的生产经营方式。哈萨克族对定居的态度是肯定的，普遍认为定居后牧民的生活有了较大的改善，如问卷表 8－17 中的问题。

表 8－17　　您认为定居后牧民最大的改变

选项	A 生活方式	B 生产方式	C 思想观念	合计
人数	206	194	3	403
百分比	51.1	48.1	0.8	100.0
有效百分比	51.1	48.1	7	100.0

从表 8－17 可以看出，大部分的人都认为定居后生活方式和生产方式的物质生活和生产改变较大，认为思想观念改变的只有 3 人，比例很小，说明定居后精神、意识领域的变化是滞后的。这虽然符合定居的实际情况，大部分的牧民定居后首先是在考虑或忙于建房和生产，其他的还很少顾及，传统的观念保留较浓厚，从对传统文化、生产方面的态度都有表现，正如表 8－18 中的问题。

表 8－18　　您认为定居后哈萨克族传统文化会不会消失

选项	A 会	B 不会	C 缺失	合计
人数	47	290	66	403
百分比	11.7	72.0	16.4	100.0
有效百分比	11.7	72.0	16.4	100.0

从表 8－19 可以看出，一半以上的被调查者认为传统文化不会消失，这只有在传统文化保留尚好的情况下，人们才可能做出这样的判断。而所有的被调查者都认为草原、牛羊更重要，表现出对畜牧业的高度重视，传统的生产观念仍占据主导地位。这也警示我们，牧民定居不仅要为他们的生产和生活提供条件，更应

该关注他们观念的变化，为定居的可持续发展奠定良好的基础。

表8-19　　您认为草原、牛羊和农耕土地在生活中哪个更重要

选项	A 草原、牲畜	B 农耕土地	合计
人数	403		403
百分比	100.0		100.0
有效百分比	100.0		100.0

牧民对定居也充满期待，在定居方式的选择上大多数人希望完全定居，调查结果详见表8-20。

表8-20　　您倾向于哪种定居方式

选项	A 完全定居	B 半定居	合计
人数	332	71	403
百分比	82.4	17.6	100.0
有效百分比	82.4	17.6	100.0

目前哈萨克族牧区的定居方式有完全定居（也称新村定居），这一定居方式在哈萨克族牧区最为普遍。一般是由当地政府部门在平原地带，选择交通方便、有土地、水源的地方，建立牧民新村。在政府的补贴、帮助下，这些定居的牧民有了固定的住房和牲畜棚圈，也分到了农耕土地，开始从事种植业。原有的牲畜冬季实施圈养，春夏秋季则几户合在一起，轮流放牧。

插花定居：在人口较少，又有适当的土地的村落，安排一定数量的牧民定居，这些定居牧民成为新的村落成员。他们所需的土地部分开垦，部分由农民让出。牲畜有的是几户合牧，有的则是由亲属或邻里代牧。

半定居：在原来的冬牧场修建相对集中的固定住房，开垦部分耕地，牧民在主要从事畜牧业的同时，种植粮食或牧草，解决冬季牲畜圈养的草料问题。

完全定居：由于国家政府部门投入大，基础设施建设好，牧民得到的补贴多，发展也较快，因此牧民比较期望这一定居方式。

定居给哈萨克族牧民带来了实惠，带来了发展的机遇，同时由于定居对哈萨克族牧民来说，他们的生产与生活都会有较大的改变，有些甚至是全新的内容，需要他们去实践和摸索。面对如此大的变化，拒斥心理在定居中也有多种表现。在定居前，牧民普遍担心他们长期从事游牧生产，定居后自己该如何行动，担心不能适应定居生活，因而对定居持怀疑态度，有的甚至不愿定居。在定居中，政府对住房有相当的补贴，但仍需要牧民出资购房，部分牧民感觉经济压力大，因此一些牧民虽然定居了，但认为由于购房卖了较多牲畜，自己的经济实力不如从前，对定居表现出消极的态度。在定居后，除了购房以外，水、电、农业投入等消费支出增加，定居牧民比较迫切希望提高经济收入；他们对农耕业的陌生，也导致牧民认为农耕种植难度大，而技术的缺乏，使得农耕收入较低，对于家底较薄和一些贫困家庭，定居期望与现实产生了一定的差距，较容易出现焦躁、不安等心理，对牧区的稳定产生一定的影响。牧民担心的问题详见表 8－21 和表 8－22。

表 8－21　　您认为定居中最大的困难

选项	A 缺少资金	B 缺少农业生产技术	C 生活不适应	D 气候不适应	E 不了解政策	F 缺失	合计
人数	362	33	0	0	0	8	403
百分比	89. 8	8. 2	0	0	0	2	100

表 8－22　　您认为定居后哈萨克族牧业生产存在的最大问题

选项	A 草场减少	B 放牧的人减少	C 牲畜减少	D 牧业经济收入减少	E 缺失	合计
人数	238	59	44	61	1	403
百分比	59. 1	14. 6	10. 9	15. 1	0. 3	100

表 8－21 和表 8－22 中的问题在访谈中也有所反映，如与昌吉市阿什里哈萨克民族乡牧民玛某的访谈：

问：您定居后对环境适应吗？最大的不适应是什么？
答：定居 11 年，适应；刚开始不适应气候。
问：多长时间后才适应定居生活？
答：1～2 年。
问：定居时有什么担心的事吗？有没有急躁的情绪？
答：怎么盖房，怎么养牲畜；有。
问：如何解决定居中的困难？
答：卖牛羊；打短工（拾棉花、收西红柿）。

与吉木乃县托斯特乡乌某的访谈：

问：您家住在这儿多久了？

答：我家以前在巴合提公社，当时有四个村子，我们在森塔斯村牧业三队。后来定居了。因为现在那里只剩了七八户人家，我们就搬到了二儿子家，就在前面。

问：您定居了多少年了？

答：16年了。

问：您儿子在这里定居多久了？

答：2008年10月搬到这里。

问：这里又叫百户村，是因为只有100户人家吗？

答：计划是盖百户的，但实际上交得起钱的不到100户，所以有80多户不到90户吧。

问：要交多少钱？

答：24 000元。说是给盖110平方米的房，其实没那么大。还说要给50亩地，现在又说要给30亩地，实际上连这30亩都没给。

问：房子是怎么分配的？家家都可以买吗？

答：一大家只能分一套。

问：那这一套谁住？

答：自己家人商量达成一致。

问：一般情况下，如果商量好了给某家住，而他又凑不够钱怎么办？

答：一般情况下，都是给老人住，老人要没有钱子女都会凑钱；如果是分给其中一个小家庭，而他们又没有钱，其他兄弟姊妹也会尽力帮忙。

问：房子的分配是按什么顺序？

答：抓阄。

问：您觉得定居好吗？

答：定居是好政策。但政策的执行存在问题。村上和乡上只是应付上面的检查，不解决我们遇到的实际困难。这里经常停水停电，牲畜没有草吃，我们没有地来种草，靠买草已经养不起牲畜了。一头牛一天要吃15元的草，还不算其他的牲畜，但一头牛卖不了一万元，所以养牛养羊是亏本的。如果上头的政策能百分之百执行到位，那定居还是好的。

三、对哈萨克坦及迁居哈萨克斯坦的看法

新疆哈萨克族与哈萨克斯坦哈萨克族有同源关系，有血缘上的联系，在语言、文化、宗教信仰上有相同或相似性。目前，中哈两国建立了睦邻友好合作关

系，虽然两国在政治制度、经济发展水平、意识形态、社会条件等方面有差异，但在政治、经济、文化等方面友好交流，减少分歧，扩大合作，为两国在维护安定的前提下，境内外哈萨克族互相有益的“和平跨居”创造了良好的外部条件。由于我国政府对各少数民族政治上信任、政策上给予各种优惠、照顾，对与在哈国有亲属关系的边境哈萨克居民，政府允许其自由申请出入境，这样有亲缘关系的人们在闲暇时会互相走访，参加节日庆典、婚丧嫁娶活动，或参加民间组织的文艺会演、学术交流等，现在新疆哈萨克族与哈萨克斯坦境内哈萨克族之间经济、文化交流日渐频繁。

哈萨克斯坦独立以来，对新疆哈萨克族民族心理也产生了一定影响。特别是哈国提出了全世界哈萨克族“回归故乡”的号召，其主体民族的民族意识高涨，有人将这种所谓的“超国界的爱国主义”称为“大哈萨克主义”，其表现过激之处如召开世界哈萨克人代表大会，利用广播电视及报刊等新闻媒体进行宣传并成立了“世界哈萨克人协会”和“哈萨克人故乡协会”等组织。哈国日益膨胀的以自我为中心的“大哈萨克民族主义”竭力向中国新疆地区渗透，对新疆的经济发展、民族团结、社会稳定和安全等都构成一定的威胁，产生的影响是破坏性的。[①] 新疆哈萨克族如何看待哈萨克斯坦？对哈萨克斯坦有怎样的了解？是否愿意移居哈萨克斯坦？针对这些问题，我们做了专门的调查，详见表 8－23～表 8－30 所列问题。

表 8－23　　您在哈萨克斯坦有亲属吗

选项	A 有	B 没有	C 缺失	合计
人数	244	118	41	403
百分比	60.5	29.3	10.2	100.0

表 8－24　　您主要通过什么方式与哈萨克斯坦的亲属保持联系

选项	A 走访	B 书信	C 打电话	D 网络	E 缺失	合计
人数	17	9	251	0	126	403
百分比	4.2	2.2	62.3	0	31.3	100.0

① 任屹立、郭宁：《中哈两国哈萨克族“和平跨居”模式探究》，载《黑龙江民族丛刊》，2008 年第 3 期。

表 8-25　　您通过什么途径了解哈萨克斯坦的情况

选项	A 亲戚	B 朋友	C 媒体	D 其他	E 缺失	合计
人数	190	82	77		54	403
百分比	47.1	20.3	19.1		13.4	100.0

表 8-26　　您的亲戚中最近几年有移居哈萨克斯坦的吗

选项	A 有	B 没有	C 缺失	合计
人数	19	189	195	403
百分比	4.7	46.9	48.4	100.0

表 8-27　　移居哈萨克斯坦的原因是什么

选项	A 亲戚邀请	B 孩子上学	C 做生意	D 其他	E 缺失	合计
人数	215	134	54	0	0	403
百分比	53.3	33.3	13.4	0	0	100.0

表 8-28　　如果有条件您会移居哈萨克斯坦吗

选项	A 会	B 不会	合计
人数	289	114	403
百分比	71.7	28.3	100.0

表 8-29　　您认为新疆哈萨克族与哈萨克斯坦的哈萨克族有什么不同

选项	A 生活水平	B 节庆礼仪	C 语言使用	D 其他	E 缺失	合计
人数	394	4	1	0	0	403
百分比	97.8	1.0	0.2	0	0	100.0

表 8-30　　您认为中国和哈萨克斯坦有哪些不同

选项	A 国家政策	B 民族关系	C 教育方式	D 其他	E 缺失	合计
人数	343	37	16	7	0	403
百分比	85.1	9.2	4.0	1.7	0	100.0

由于跨国民族的复杂性和新疆“7·5”事件的影响，调查哈萨克族对于哈萨克斯坦的态度时，有些问题就变得更加敏感，人们对一些问题采取了回避的态

度。但由于哈萨克族性格较开朗，又很淳朴，以上问题的回答基本能反映出人们的心态。从表 8－23 中可以看到被调查者中有 60.5% 的人在哈萨克斯坦有亲属，所占比例还是比较大的。新疆哈萨克族在哈萨克斯坦有亲属的比例预计还会增加，因为近几年还不断有哈萨克族迁居哈萨克族斯坦。另一方面，过去哈萨克族不太敢说自己在哈萨克斯坦有亲属，近些年哈萨克族是以在哈萨克斯坦有亲属为荣的，过去长久没有联系的亲属也开始有交往。有亲属就要有来往，特别是我国与哈萨克斯坦是友好合作的邻国，双方居民可以自由往来和交往，这也是符合人性的。新疆哈萨克族与哈国的哈萨克族联系是比较紧密的，常见的联系方式有去哈国探亲、写信、电话、网络联系等，从表 8－24 的信息看，被调查者中，有 62.3% 的人是通过电话联系的。访谈中了解这一情况时，多数人说，打电话比较方便，去哈萨克斯坦花钱比较多，有钱才行。

由于新疆哈萨克族在哈国有亲属，因此他们是比较关注哈国情况的，调查中被访谈的 50 人中有 45 人说关心哈萨克斯坦的发展。去哈萨克斯坦要受经济条件等的限制，从表 8－25 的信息看，新疆哈萨克族了解哈国的途径主要就是通过亲属和朋友占 67.4%，通过媒体了解的只占 19.1%。哈萨克族常说："相信自己的眼睛，不要相信自己的耳朵。"访谈中一位牧民说："我们了解哈萨克斯坦的情况大部分都是听亲戚说的，有的去过哈萨克斯坦的人说，哈萨克斯坦特别好，环境好，人少草场多，教育也是免费的；也有人说，哈萨克斯坦人情薄，不稳定，有钱的人生活好。有的是真的，有的是假的，我们也不知道。不过也没有办法啊，电视、广播播放哈萨克斯坦的情况少，我们自己又去不了，只有相信他们讲的。"跨国民族期望相互了解是人之常情，加大媒体对周边国家的宣传，让跨国民族对同族国家有客观的了解，是增强爱国情感的措施之一。从调查表中也可以看到，新疆哈萨克族移居哈萨克斯坦的意愿是比较高的（见表 8－28），而愿意移居原因除了有亲属外，主要因素是为了孩子上学（见表 8－27）。尽管新疆哈萨克族认为我国与哈国的国家政策不同（见表 8－30），我国国家的稳定、各民族的平等关系，有很强的国家向心力，但是改善基本生活条件和环境，对哈萨克族也有着巨大的吸引力，毕竟生存需要是人们的第一需要。因此，把改善牧民生活条件作为第一要务，是牧区稳定、国家和谐发展的基本条件。

四、对民族发展的要求

哈萨克族关心国家的发展，也关心本民族的发展，关心牧业的发展，关心国家各项制度的改革，因为这些都与哈萨克族的需求和切身利益息息相关。访谈中，多数人对国家的发展是比较满意的，认为国家发展很快，而有近半的人对哈萨克族的发展表示不满意。当问到“现在让您最操心的是什么事？最担心的是什么事?”时，尽管个人都是根据自己家庭、工作、生活中遇到的具体难事做出了具体回答，孩子的身体、工作问题，保姆问题、贷款压力、家庭问题等，但比较多的还是经济和教育的问题，对哈萨克族的发展不满意，大多数人认为哈萨克经济发展慢。如访谈资料：

与乌鲁木齐市教师加某的访谈：

问：对我国现在的发展有什么看法？

答：很乐观，会越来越好。

问：现在让您最操心的是什么事？最担心的是什么事？

答：很多，比如孩子的健康，提高自己的学历；孩子生病。

问：您现在最大的困难是什么？

答：孩子成长、经济问题和同爱人的关系。

问：您对现在哈萨克族的发展满意吗？

答：不满意，贫困的人还很多，有的人上不了学。

问：您对哈萨克族的发展有什么建议？

答：培养坚强的意志、健康的心理素质、发愤图强。

与伊宁市干部贾某的访谈：

问：对我国现在的发展有什么看法？

答：现在的发展路线是对的，我党的社会发展规划是有事实基础的，中国会越来越昌盛的。

问：现在让您最操心的是什么事？最担心的是什么事？

答：国家的安定、团结、和谐是我最操心的事。希望国家不要出乱子，安定是我最担心的事。

问：您对现在哈萨克族的发展满意吗？

答：满意，应该说现在是哈萨克族发展的最好的时期吧。

问：您对哈萨克族的发展有什么建议？

答：现在从事牧业的人锐减。过去也就是新中国成立后，从事牧业的人可以根据国家的政策规定来领取冬、夏牧场的地，但是现在呢，根据国家新的政策规定，开始搞土地承包了，有钱的人开始深入牧场，把牧民的土地买下来、租下来，来搞旅游开发。这使得牧民的收入减少，牧民依旧贫困。我认为，只有把土地还给牧民，发展特色牧业，让当地的牧民富起来，这样才会有更好的发展。看看喀纳斯的欧式木屋和度假村，其实我的好几个外国朋友都说这些风景在国外都有，喀纳斯复制这样的景点令他们很失望。外国人是来看民族特色的东西，民族的才是世界的啊！民族的原生态的东西才会吸引别人的眼球。还有一点就是，不要把牧民赶到一个地方，给个房子，给个院子，给几亩地就认为会有更好的发展。要是能围绕牧民和牧区来搞旅游，来搞特色牧业，这样才是有前途的。我们哈萨克族地区的科学发展观，应该是以牧民为本，把让牧民富起来作为发展的重点，尊重客观规律，这才是核心所在啊。

与吉木乃县托斯特乡牧民哈某的交谈：

问：对我国现在的发展有什么看法？

答：发展快，政策好。但内部有不均衡。

问：现在让您最操心的是什么事？最担心的是什么事？

答：工作的事，生计；没上成学，放牧也不成，进市区工作也不好找。

问：您对现在哈萨克族的发展满意吗？

答：和以前相比，比较满意；但还有发展的余地。

问：您对哈萨克族的发展有什么建议？

答：发展教育，学好汉语，当不了干部就不上学是不对的。

与昌吉市阿什里哈萨克民族乡牧民的访谈：

问：对我国现在的发展有什么看法？

答：发展迅速，不比任何国家差。

问：现在让您最操心的是什么事？最担心的是什么事？

答：社会的稳定和安宁；无天灾人祸，特别是最近台湾的灾祸。

问：您现在最大的困难是什么？

答：身体不好。

问：您对现在哈萨克族的发展满意吗？

答：发展适中，没有足够的财富，不甚满意。

问：您对哈萨克族的发展有什么建议？

答：就此地来讲，每人能多分点地，解决耕地的灌溉问题，可以想法引水；要发展商业，但没有资金。

到底什么因素影响了哈萨克族的经济发展呢？对此我们进行了问卷调查，详见表 8－31 问卷中的问题。

表 8－31　您认为本民族经济的发展主要受哪些因素的制约（多选题，N＝403）

选项	A 缺少资源	B 不懂技术	C 照顾政策	D 交通	E 本民族当官的少	F 文化水平低	G 资金	H 其他	缺失
人数	320	130	129	207	190	8	77	190	8
百分比	79.4	32.3	32.0	51.4	47.1	2.0	19.1	47.1	2.0

表 8－31 中的排序第一是缺少资源，第二是交通，这是出乎我们意料的，按照我们的预想可能选择“文化水平低”、“资金”的人会多一些，而表上反映的情况正好相反。综合分析，我们认为其原因为：第一，哈萨克族考虑整个民族的发展的意识是比较强的，“文化水平低”、“资金”方面的问题多会反映个人或家庭的问题。第二，资源、交通都是最基础的发展条件，没有资源、交通，其他发展就无从谈起。第三，牧区确实存在草场越来越少、退化越来越严重的情况，哈萨克族非常重视草原，因而选择这一项的较多。牧区交通难是长久的历史问题，虽然现在有所改善，但是牧区进出不便的现实确实阻碍着牧区的发展。

五、对民族文化保护的看法

哈萨克族创造出了丰富多彩的游牧文化，以其独特的文化风貌成为中华文化系统的重要组成部分，包括衣食住行的物质文化，礼仪、节日、宗教信仰、民间文艺、艺术等精神文化以及婚姻、家庭、氏族部落等制度文化。哈萨克族民族文化的传承增强了民族的自信心和自豪感，促进了本民族内部的团结，不仅为哈萨克族现时代的生存与发展提供了必要的生活方式和文化基础，也直接影响哈萨克族现代化进程的具体途径与方式。目前我国各民族文化正在以前所未有的规模和速度与外来文化进行着相互交流和渗透。尽管哈萨克族保留了许多本民族优秀的文化传统，与此同时也在逐步形成多元复合型结构的交融文化，文化消失的现象也在发生，尤其是非物质文化的保护已经越来越重要。目前哈萨克民族文化保护工作进入全面、规范、有序的轨道，也取得了一定的成果，如被新疆维吾尔自治区录入第一批自治区级非物质文化遗产名录的共 108 项，其中涉及哈萨克族的有 7 类 12 项：

（1）民间文学 1 项：哈萨克民间达斯坦（叙事长诗）。

（2）民间音乐 4 项：新疆哈萨克族冬不拉艺术、新疆哈萨克族六十二阔恩尔、新疆哈萨克族铁尔麦、新疆哈萨克族斯布孜额。

（3）民间舞蹈1项：哈萨克族动物模拟舞阿尤毕。

（4）曲艺1项：哈萨克族阿依特斯

（5）民间美术1项：新疆哈萨克族民间图案文化。

（6）传统手工技艺3项：哈萨克族毡房制作技艺、哈萨克族花毡制作技艺、新疆哈萨克族服饰制作技艺。

（7）民俗1项：哈萨克族民间育婴习俗。

面对庞大的哈萨克族文化宝库，这12项成果的成功申报与列入目录，仅仅是保护、整理、开发、利用的开始。

哈萨克族敬崇本民族文化，期望传统文化有所保留和传承。当然，对民族传统文化的保护也有选择性差异，答案详见表8－32。

表8－32　　您认为应该重点保护本民族的哪些传统文化（限选三项，N＝403）

选项	A服饰	B节日	C房屋	D饮食	E清真寺	F歌舞	G手工艺	H婚俗	L婚葬习俗	Q其他
人数	399	215	131	134	62	0	68	0	0	66
百分比	99.0	53.3	33.0	33.0	15.4	0	16.9	0	0	16.4
排序	1	2	4	3	6	6	5	8		7

从表8－32的排序看，对服饰、节日、房屋、饮食的物质文化需要保护的人数比例较大，这与哈萨克族物质文化变化快以及非物质文化保护力度大有关。现在哈萨克人中，特别是青年人中牛仔裤、羽绒衣、西装裙裤、时尚服装成为主要的着装，传统服饰穿着和保留较少。节日、房屋、饮食中的现代因素也越来越多。虽然非物质文化的消失、变异也在加快，但由于保护力度的增加，减少了人们的担心程度。从这方面看，物质文化的保护也需要有相关的措施和途径。

六、对社会稳定的期望

社会稳定是社会和谐的前提和基础。推进和谐社会建设，就必须保持社会的平安、稳定、有序。没有稳定，构建社会主义和谐社会就无从谈起。唯有稳定才能发展经济，才能达到社会和谐。构建和谐社会，需要做很多方面的工作，而保持安定有序、维护社会稳定，是最重要的工作。

“7·5”事件后，哈萨克族表现出对社会稳定的担忧。我们调查访谈时期，

"7·5"事件过去后，每到一地，严格的开包检查、身份证检查等，使人们还深陷在"7·5"事件的阴影中。从上文的访谈记录中可以看到哈萨克族对"7·5"事件的基本态度，他们期望社会的稳定，最担心的是社会的不稳定。造成社会不稳定的因素有多种，在新疆更是复杂，如三股势力的煽动、收入低、贫困人口基数大、社会不公等。哈萨克族在维护社会稳定方面，希望政府解决的问题是什么呢？回答结果详见表8-33。

表8-33　您认为维护新疆社会稳定政府应该主要解决哪些问题（限选三项并排序，N=403）

选项	A发展经济	B严防民族分裂势力渗透	C完善民族政策	D加强法制	E得民心	F其他
人数	333	138	66	68	397	18
百分比	82.6	34.3	14.6	16.9	98.5	4.0
排序	2	3	5	4	1	6

表8-33显示哈萨克族希望"得民心"排列第一，希望发展经济排列第二，说明维护新疆的稳定政府部门要从自身做起，把百姓的利益放在第一位，得到民众的信任和支持。发展牧区经济，改善牧民的生产、生活条件，缩小牧区与社会发展的差别，是维护社会稳定的另一重要保证。

第九章

新疆回族民族心理

回族是新疆第四大民族。新疆回族人口主要分布在伊犁哈萨克自治州（378 475 人）、乌鲁木齐（237 730 人）、昌吉回族自治州（135 951 人）以及巴音郭楞蒙古自治州（64 885 人）等地。新中国成立前，新疆回族的人口数量大约为 12.3 万人，约占全疆人口的 2.9%。[①] 新中国成立后，新疆的回族人口迅速增长，1964 年为 26.4 万人，约占全疆人口的 3.63%；2008 年则达到 95.3 万人，约占全疆人口的 4.6%（见表 9－1）。

表 9－1　　新疆回族人口变化

年份	数量（万人）	年份	数量（万人）	年均增长率（%）
1949	12.3	1953	13.4	2.16
1953	13.4	1964	26.4	6.35
1964	26.4	1982	57.1	4.38
1982	57.1	1990	68.3	2.26
1990	68.3	1997	77.1	1.74

① 据倪超所著《新疆之水利》一书记载，1949 年新疆仅有回族人口 122 500 多人。这个数字，占当时新疆人口总数的 2.9%。这个人口数字，不但包括了清代、民国时期的自然增长数，而且还包括了同期由于种种情况从内地大量进新疆的回族人口。转引自森林、苏萼、王平：《新疆的回族》，载《宁夏社会科学》，1987 年第 6 期。

续表

年份	数量（万人）	年份	数量（万人）	年均增长率（%）
1997	77.1	2000	83.9	2.86
2000	83.9	2005	89.4	1.28
2005	89.4	2008	95.3	1.06

资料来源：根据马戎主编：《少数民族社会发展与就业》，社会科学文献出版社 2009 年版整理。

从表 9 - 1 的数据中可以看出，新中国成立以后，新疆回族人口从 1949 年到 1982 年这 33 年间增长了 4.6 倍，可见这不是自然增长的结果，而是与大量回族人口从内地迁入有关。有学者认为这一时期迁入新疆的回族主要有两个来源：一是 20 世纪 50 年代中期，随着昌吉回族自治州和焉耆回族自治县的设立，国家从北京、山东、河南政策性选调一批回族干部和家属入疆；二是 20 世纪三年自然灾害期间（1960 ~ 1962 年），陕西、甘肃一带的回族居民大量自流到新疆。①

新疆回族聚居区由于距离内地较远，相对封闭的自然条件使长期居住在这片土地上的回族穆斯林逐步形成了地方认同，他们开始自称是“新疆回族”。新疆回族族群是如何形成的呢？《新疆回族民俗》一书中认为，新疆回族生存的特殊区域、地理条件、语言环境、文化背景等诸多因素，形成和构架了新疆回族文化心理。他们除了具有回族共同持有的基本文化心理特征之外，还具有新疆地方特点。

新中国成立以前，由于新疆回族社会的相对封闭性，在回族聚居地内，传统秩序依然保持着一种共同体状态，表现出高度的稳定性和相对的完整性。新中国成立后，国家对这种共同体的影响巨大：城市里表现为单位制的建立，乡村里表现为公社制度的建立。通过教育、法律、宗教与婚姻等渠道，国家力量渗透至中央到基层社区的社会生活的方方面面。20 世纪 50 ~ 80 年代来自内地的大量回族移民，也给新疆回族社会补充新的血液。改革开放以来，市场经济的发展，社会空间的开放，网络时代的到来，全球化、信息化挟持着巨大“经济理性”的力量给回族社会以冲击——单位制度解体，共同体的凝聚力接受着考验。新疆社会的转型使新疆回族心理产生嬗变并造成压力，也给国家战略和政策的实施带来一定的影响，课题组以现代化视角观察新疆回族的心理变化，研究新疆回族的心理特征，分析变动中的回族心理对于新疆社会发展的影响。

① 奇曼·乃吉米丁：《中国新疆回族人口变迁：分布与特点》，载《人口学刊》，2004 年第 6 期。

第一节　新疆回族的民族意识

一、新疆回族的族群认同意识

自民国以来，在孙中山先生“五族共和”的“国族意识”推动下，“回回”是不是一个“民族”的问题就已经引起了“回回”知识分子的关注。傅统先的《中国回教史》、白寿彝的《中国回教小史》、马以愚的《中国回教史鉴》等著作，多冠有“回教”之名，对回族也大多称为“穆斯林”、“回教徒”、“回教社会”等。对于这种命名方式，当时就有人进行了反驳，如金吉堂在《回教民族说》中就指出：“所谓回族，既非回纥人之后裔，更非汉人信回教者……回族者，回教教义所支配而构成之民族也。”① 在中国共产党民族政策下，承认回回是一个民族，即“回族”。回族也就成为中国以某个宗教信仰为民族识别特征的民族。对于回族是如何成为一个民族的，民族学者进行了一些有益的探索。

回族学者杨文炯指出，关于回族形成的学术探讨是一个悬而未决的话题，以往的纯历史的考证研究以及从民族理论定义演绎实体的按图索骥的结论似乎都难以令人信服，既缺乏对族群互动中边界刻画的具体描述，又没有对族群认同建构过程中透视历史心性的场景分析。因为民族的形成是建构在认同基础上的实体，族群认同的生成不仅是文化内部认同与整合的结果，而且是不同族群互动场景下边界刻画的产物；同时回族的形成作为次生民族现象又不能排除国家力量的卷入，它的民族化过程又是国家认同与民族认同同步重构的过程。因此，作者基于史料、文献、实物的分析以及田野调查的体会和认识，从历史人类学的角度对回族的形成做了解读，包括“稳麦”：哲麻提的精神原点与族群认同的心理根源；元代的“回回”：Ummah 作为民族文化范式与潜民族类型；族群互动与族群边界的打造；帝国政治的种族分层与族群边界；国家认同与民族认同的互动与重构；族群集体记忆的重组与民族——国家认同。基于以上分析，作者提出，回族是基于共享的“既定资赋”，即以 Ummah 为民族文化范式的一种天生的“穆斯林共

① 金吉堂：《回教民族说》，载《禹贡》，1936 年第 5 卷第 11 期；转引自李兴华、冯今源编：《中国伊斯兰教参考资料选编》（上册），宁夏人民出版社 1985 年版。参见胡云生：《三重关系互动中的回族认同》，载《民族研究》，2005 年第 1 期。

同体"的文化，是在汉文化的宏观语境下，在与不同族群交往、对比以及国家认同与民族认同的互动和重构的综合作用下形成的。回族的形成不仅是文化内部认同与整合的结果，也是在异质的汉文化语境下不同族群之间互动、边界刻画以及国家作用的结果。[①] 正如胡云生指出，回族认同理论的多元化在一定程度上源于对"回回"认同的不同理解。从回族与其他民族的关系以及与国家政权的关系这个互动视角来把握和理解回族认同，是界定回族认同的一种比较宏观的分析方法。回族在与其他民族的互动中，展现出与伊斯兰教有关联的回族内在特征以及自身性质和自身特点中那些已经被汉化了的汉文化属性，并以此区别于其他民族。国家政权则整合和强化了回族认同。对回族认同的界定，应有一种历史的眼光，应从回族与其他民族以及与国家政权的关系，从回族形成、发展及演变的整个过程来加以综合考察。[②] 笔者基本赞同胡云生的观点，认为回族认同应当有多层次的内容，在不同的社会空间中表现有不同的面向，而且也有不同的层次区分。底层的回族认同与寺坊制（或称哲玛提）密切相关。学者们普遍认为，传统穆斯林社会的最大特点是"寺坊制"。穆斯林群众都是围寺而居或近寺而居，清真寺在地理上、文化上是一个中心。清真寺不仅占据穆斯林作为一个地域共同体的核心，而且也是文化共同体的核心。简单概括即穆斯林围寺而居、近寺而居。

另一位回族研究学者马雪峰指出，寺坊制并不仅仅是单一的穆斯林围寺而居、近寺而居，它还有其社会制度的支撑。一方面是行业、同行业或职业的同质性；另一方面是内婚制，它保证了这样一种亲缘关系的流动；还有一方面是宗教教育，它保证了信仰的传承。在这样一种状态下，穆斯林社区成了城市社会中相对独立和隔绝的"亚社会"。这种亚社会具备一些特点：首先是相对的封闭性，在行业上的交往，主要是和穆斯林打交道，在行业上和外面打交道相对来说有一定的限度。从婚姻来讲，族内婚或教内婚的交换或交流也基本上限定在族内或教内进行，同样具有有限封闭性的特点，因为它主要面对的是本社区或其他社区的穆斯林信仰的传承，它不是开放的，不是面向其他人的。[③] 在现代化进程中，传统的穆斯林社区标志——伊斯兰教的"寺坊制"出现很大变化：流动人口不断增多、社会空间私密化程度松弛。原来社区的主体坊民日益分散，初级群体日趋瓦解。在现代社会管理下，"寺坊制"的教育功能、行业功能、文化功能等明显弱化，作为地域共同体和血缘共同体的作用极大消解。这与传统时代的寺坊制有很大的不同。寺坊制的消解，使底层回族认同更多地转向国家建构下的"回族认同"，即通过国家民族政策识别、优惠政策进一步强化了族群意识。需要指出

---

① 杨文炯：《回族形成的历史人类学解读》，载《民族研究》，2006 年第 4 期。

② 胡云生：《三重关系互动中的回族认同》，载《民族研究》，2005 年第 1 期。

③ 马雪峰：《内地城市穆斯林社区的变迁》，http：//bbs. 2muslim. com/viewthread. php？ tid = 90224.

的是新疆回族的认同还受到地域性的强烈影响，吸收了当地各族群如维吾尔族、汉族、哈萨克族等不同文化的特色，形成回族中别具一格的新疆回族。在下文中还要详细说明。

（一）回族的自我认知

在一般的意义上，自我意识是指个人对自己存在的意识，对自己以及自己与周围事物关系的意识。社会心理学意义上的自我意识通常指个人对自己身心状况、自我关系的认知（自我认知）和情感（自我情感）以及由此而产生的有关自己的各种思想倾向和行为倾向（自我意识）。自我情感和自我意识的产生奠基于自我认知的基础上。民族自我意识则是指民族成员对本民族的存在情况，本民族与他民族关系的认知，并由此而产生的民族情感和民族心理及行为的意向。本研究首先从被访者的民族自我认知入手，了解回族的民族自我意识。具有强烈民族意识的人，会对本民族的历史、语言、风俗、文化、社会地位和社会交往等有更多的关注、了解和认识，并产生深厚的感情。这些均构成了民族自我认知的基本内容。[①]

为了对新疆回族的民族意识进行分析，课题组主要按照新疆回族年龄、职业、文化程度、经济收入等搜集相关样本，确定不同的分层样本社会心理的反应程度以及变化情况。问卷设计内容主要有：基本信息、民族文化、民族认知、民族意识、民族交往，法律政策认知与评价等。共设计了 50 个问题。还选择了乌鲁木齐市、博乐市、焉耆县、阜康市、伊宁县城乡不同回族群体进行随机抽样问卷调查（其中城乡居民问卷样本为 360 份），问卷发放采取各地随机分层抽样的方法。此外，我们按照人口抽样程序，选定了一定比例的回族人口进行了卡特尔人格分析。

从表 9－2 可知，360 份问卷中回答“知道一些”和“知道很多”回族历史的占到 90% 以上，反映了回族十分关心本民族的命运。但是，从我们在入户调查的情况中发现，能够完整说出本民族历史的回族很少，而且基本上是从阿訇和老人那里听说的，主要都是一些口传的历史。对于本地、本坊的历史能够记述清楚的回族老人都很少，只有在阿訇那里有一些零碎记忆。

表 9－3 反映了回族了解本民族历史的首要途径是通过“家庭教育”（65.6%），接近三分之二；依次是通过“清真寺”、“报刊、书籍”、“广播、电视”；而学校教育则在倒数之列（22.5%），不到四分之一；可见，完成回族“历史教育”主要是通过社会教育而非学校教育。换言之，回族的历史认同是在家庭、清真寺的影响下形成的。

① 潘志清：《西南少数民族心理特征嬗变研究》，广西人民出版社 2006 年版，第 66 页。

表9-2 您是否知道本民族的历史

选项	人数	人数百分比
知道很多	63	17.5
知道一些	269	74.7
不知道	26	7.2
未回答	2	0.6
合计	360	100

表9-3 您了解本民族历史的渠道（多选题，N=334）

选项	人次	人次百分比	人数百分比
家庭教育	219	33.2	65.6
学校教育	75	11.4	22.5
清真寺	124	18.8	37.1
报刊、书籍	115	17.4	34.4
广播、电视	84	12.7	25.1
网络	30	4.5	9.0
其他	13	2.0	3.9
合计	660	100	197.6

（二）回族的民族自豪感

正如李秋洪在《广西民族交往心理》中分析的，如果缺乏与其他民族的横向交往，不能理解其他民族文化的长处和优秀因素，不能对不同的民族文化进行比较，就很难发现自己民族文化的弱点，从而倾向于肯定本民族的优点和长处。而职业或文化程度较高者，由于有较多的机会和能力与外界产生较多交往，了解和学习其他民族的文化，通过相互比较，就很容易发现其他民族文化的长处和优点，以及本民族的文化的弱点和不足，因而对本民族的评价相对会较低。尽管有这种民族评价上的差异，但不等于他们的民族意识、民族自尊心就弱于前者。而新疆回族就有这种典型性。

新疆回族是我国“大杂居、小聚居”民族分布格局的典型代表，在和其他民族共同开发和建设家园中，多元性的身份能接受和了解更多的社会信息，也善于发现和吸收其他民族的优点。因此，回族能够比较客观的评价自己民族的情感。

在对“自己民族是最优秀的民族”的观点中，非常赞成的只有9.4%；一般和不赞成的占57.8%（见表9-4）。新疆回族是在多元地域文明中成长发展起来，这种平和中立的态度，也更易为其他民族接受，也有益于新疆回族的发展。

表9-4　　对“自己民族是最优秀民族”观点的态度

选项	人数	人数百分比
非常赞成	34	9.4
赞成	97	26.9
一般	113	31.4
不赞成	95	26.4
坚决反对	15	4.2
未回答	6	1.7
合计	360	100

表9-5的调查结果显示，回族普遍认同的本民族优点的排序是：“本民族勤劳”（78.6%）、“诚实”（68.3%）、“团结”（62.5%），这反映了回族的价值观与民族认同的统一。同时，还体现了伊斯兰教对于回族的价值观念影响十分深厚。

表9-5　　本民族人的优点（多选题，N=360）

选项	人次	次数百分比	人数百分比
勤劳	283	26.9	78.6
诚实	246	23.4	68.3
团结	225	21.4	62.5
聪明	155	14.7	43.1
勇敢	130	12.4	36.1
其他	13	1.2	3.6
合计	1 052	100	292.2

焉耆县一位回族退休干部刘某说：“回族在改革开放后为什么富裕得快，勤劳诚信很重要。古兰经坚决禁止放高利贷，高利贷坑人，要受到审判。而现实中犯罪越来越多，个人的享受无法满足，回族每天念忏悔词，讲人与自然、人与人的和谐，重视孝道。并把爱国作为信教的一部分。”

民族自豪感还体现在民族身份的认同上，在问卷调查中，认为自己民族身份“重要”的比例高达73.6%（见表9-6）。从来没想过改变自己民族身份的达到89.7%（见表9-7）。

表 9－6　　民族身份是否重要

选项	人数	人数百分比
重要	265	73.6
无所谓	60	16.7
不重要	32	8.9
未回答	3	0.8
合计	360	100

表 9－7　　是否有过想改变自己民族身份的想法

选项	人数	人数百分比
经常想	5	1.4
有时想过	31	8.6
从来没想过	323	89.7
未回答	1	0.3
合计	360	100

服饰是民族的标识之一。回族有本民族特色鲜明的传统服饰，尽管现代服饰对回族产生了较大的影响，但传统服饰作为民族外在表现仍然被重视（见表 9－8）。

表 9－8　　穿戴本民族服饰的场合（多选题，N＝350）

选项	人次	次数百分比	人数百分比
工作场合	8	1.4	2.3
公共场合	27	4.8	7.7
家中	70	12.4	20.0
宗教活动中	212	37.7	60.6
民族节日时	218	38.7	62.3
其他	28	5.0	8.0
合计	563	100	160.9

节日是展示民族文化的窗口，是民族凝聚力的重要来源。回族高度重视本民族的风俗习惯（85%，见表 9－9），表明他们对本民族的认同。

表 9-9　　是否熟悉本民族的传统风俗习惯

选项	人数	人数百分比
非常熟悉	100	27.8
熟悉	206	57.2
不太熟悉	48	13.3
不熟悉	5	1.4
未回答	1	0.3
合计	360	100

以下是对焉耆回族自治县一名回族阿訇的访谈：

问：当地回族的文化传统有哪些？

答：回族艺术有花儿，饮食上回族特色是九碗三行，手工艺品是刺绣，回族结婚时候念尼卡尔，保留传统的公婆拉车，涂花脸。演节目才会戴帽子，褂子，平时不穿，服饰和汉族差不多。我们希望大家做礼拜时候男人不穿短袖，不露羞体，女子不露手腕，但有些人不安教门。有讲究的人在一年的两次节日中会专门准备一套传统衣服。回族结婚，有条件的寺里办，餐厅也办，无条件的阿訇去家里念尼卡尔。

对语言接触的分析，不仅能看到历史上民族接触的对象和时间，还能看到民族交往的广度和深度。① 新疆回族和非汉民族的接触较多，从调查看，回族中懂得其他民族语言的人占有一定的比例（见表 9-10）。

表 9-10　　除了汉语还会哪种语言（多选题，N=336）

选项	人次	次数百分比	人数百分比
无	188	50.7	56.0
维吾尔语	63	17.0	18.8
哈萨克语	13	3.5	3.9
英语	82	22.1	24.4
俄语	12	3.2	3.6
其他	13	3.5	3.9
合计	371	100	110.6

① 何俊芳编著：《语言人类学教程》，中央民族大学出版社 2005 年版，第 171 页。

回族不仅具有民族自豪感，同时也具有比较强烈的国家认同感，关心国家荣誉。我们设计了“是否收看了2008年奥运会的开幕式”（见表9－11）和“选择2008年奥运会金牌总数第一的国家”（见表9－12）两道题，从答题情况看，约91%回族对于奥运会的关注程度是比较高的，而且四分之三的人知道中国的金牌总数第一，体现了国家认同。

表9－11　　是否收看了2008年奥运会的开幕式

选项	人数	人数百分比
是	327	90.9
否	30	8.3
未回答	3	0.8
合计	360	100

表9－12　　选择2008年奥运会金牌总数第一的国家

选项	人数	人数百分比
美国	33	9.2
中国	270	75.0
俄罗斯	1	0.3
不知道	41	11.4
未回答	15	4.1
合计	360	100

二、新疆回族民族意识的特点

（一）集体意识强

回族有着强烈的民族认同感或民族自我意识，俗称为“抱团”。换言之，也就是回族群体意识极强。说爱“抱团”是回族的民族性格，虽然概括得不够确切、全面，但得到世人的普遍认同，回族人自己也不否认，有的还引以为自豪。[①] 陌生

① 马平：《群体意识与回族凝聚力》，载《中南民族大学学报》，2000年第2期。

的回族穆斯林若是相逢在一起，只要知道“色俩目”[①]，就会立刻亲热起来；看到清真寺就知道是穆斯林的聚居点；街市城镇上，汤瓶盖碗的招牌给穆斯林指明了饮食住宿的地方。回族社区内部血缘、地缘等社会网络关系紧密而复杂。宗教信仰以及地缘、血缘、社区规模等因素造成社区内部回民之间比较团结，成员之间接近“强关系”。由于长期实行族内婚，加上人数少，分布广泛，同一社区回族家庭成员之间往往会形成错综复杂的婚姻网络。“回回亲扯不清”、“各亲各叫”、“回回路窄”等是对回民亲缘、地缘、情缘关系的真实写照。[②] 回族是一个崇尚集体的民族，这与宗教生活密切相关，一般只要有时间，回族穆斯林都会周五到清真寺做礼拜。一年两次的重要节日（古尔邦节和开斋节）更是集体交往不可或缺的环节。节日这一天，在同一教坊内的清真寺，大家都要彼此问候，还要聚餐，联络感情，对一些贫困的坊民进行帮助。此外，割礼、结婚、丧仪等仪式教坊内的坊民都要出席，回族通过各种集体活动强化着族内凝聚力。

（二）注重精神生活

一名研究回族的学者，经过了广泛而深入的调查后而得出的结论是：“人活在世上，不能仅是物质生活的富足。也不是先有了充足的物质生活后才有精神文化生活的需求。精神生活和物质生活都充足才算幸福。回族是精神营养最丰富的民族。”[③] 回族著名作家张承志在《心灵史》中描写的那样：“信仰是唯一能抓得住的，信仰至少可能帮助度过死亡。”[④] 信仰伊斯兰教是回族的内功，这个内功是他们过硬的民族文化特征。具体而言，他们信安拉、信使者、信经典、信天使、信后世、信前定，并用五功来落实六信，即身有礼功、心有念功、性有斋功、财有课功、命有朝功。这是近主之法，也是通过苦修行善止恶，追求灵魂洁净的内功。每日在清真寺里做礼拜前和入睡前，回族的大小净，也不仅仅是为了洁净身体，更主要的是要洗掉心里不清洁的污秽，洁净心灵，使内心至善。回族把虔诚的伊斯兰教信仰具体到自责、自制，使行善止恶的规范宗教化，即作为遵行安拉之命的宗教责任。[⑤] 这种生活方式表面上看是精神生活与世俗生活融为一体，实际上通过世俗生活强化了精神生活。

---

① “色俩目”，阿拉伯文 Salam 的译音，又译作“色兰”、“赛俩目”，原意为“和平”、“平安”。穆斯林见面的问候语。

② 白友涛：《大城市回族社区的文化能——七家湾回族社区研究》，载《民族研究》，2004 年第 4 期。

③ 王永亮：《回族是精神营养最丰富的民族——回族解读编后记》，http://nwsni.cuepa.cn/show_more.php? doc_id = 38340.

④ 张承志：《心灵史》，湖南文艺出版社 1999 年版，第 276 页。

⑤ 赵杰：《回族解读》，宁夏人民出版社 2007 年版，第 55 页。

（三）具有强烈的爱国意识

新疆回族作家杨峰[①]在一次研讨会上指出，有人认为回族是外来民族，这个观点不正确。回族人虽然有他的先民，这些是从阿拉伯、波斯来的，但是绝不能认为回族人是个外来民族，回族是在中华大地的土壤上生存出来的一个新的民族，他们不是形成民族共同体后才迁移到中国来的，回族是在中华民族这个土壤上生存、发展、形成的，他是中华民族的一个组成部分，是中国人民的一个儿子，他不是外来民族，如果没有中华民族这块沃土，也就没有回族，没有中国大地广阔的地方，没有在汉文化中生存这样一个环境，也就没有回族。杨峰还指出，回族的四大精神特点，首先是回族特别爱国，他们对祖国忠贞和为捍卫这个国家敢于拼命的英雄气概，在历史上表现得非常突出，回族英雄层出不穷。从清朝到现在，历次外强入侵中国的时候，都有回族站在汉民族身边，共同抗击外强侵略，都是汉民族抗击外强的伙伴和战友。穆罕默德认为，爱国是信仰的一部分，所以说衡量穆斯林是否虔诚的一个重要标准就是是否爱国，所以每一个穆斯林都应该有鲜明的祖国观念，都应该是坚定的爱国主义者。[②] 他的看法影响着新疆回族的思想和行为。

（四）文化自尊心强

作为一个信仰本位型民族，回族人强烈的文化自尊和守护心理，有其历史和现实的必然性和必要性，但这种自尊和守护应当保持合适的度，否则，就有可能给民族自我发展和民族间的相处与交往带来某些负面影响。回族之所以如此看重自己的信仰和习俗是因为：第一，伊斯兰教对回族共同体的形成产生过至关重要的影响；第二，回族文化是一种边际文化。除了伊斯兰教对回族及其文化的深刻影响外，中国传统文化对回族共同体的形成和发展也产生过重要影响；第三，历史上统治阶级的同化政策强化了回族人的信仰本位意识。尚洁求真也是回族人文

---

① 杨峰，回族，新疆奇台人，1975 年毕业于新疆大学中文系，1984 年就读于北京师范大学信息管理学系，系新疆维吾尔自治区文联委员、科协委员、社科联委员，新疆作家协会会员，乌鲁木齐作协常务理事，现为新疆《西域文化》杂志主编。全国少数民族文学骏马奖获得者。自 1968 年开始从事民族文化史和文学理论的研究工作，并进行文学创作，至今已发表了 200 万字左右的民族文化史、文学理论方面的论文以及诗歌、散文、电影文学、评论等作品，翻译出版了 20 多万字的外国文学作品；他的组诗《向科学进军》曾获新疆维吾尔自治区建国 30 周年少数民族优秀文学作品奖，散文集《托克马克之恋》2002 年 9 月 9 日荣获全国第七届少数民族文学“骏马”奖；杨峰部分诗作、散文、评论等曾先后被收入《中国回族文学作品选》、《新疆 30 年诗选》、《天山之歌》、《穆斯林名家名作》、《新疆少数民族文学作品选》。

② 杨峰：《杨峰谈新疆回族历史与文化》，http：//hi. baidu. com/cjrblyh/blog/item/3f612c2ac13764395343c1fa. html。

精神的显著特点。“尚洁”主要表现在以下几个方面：一是身体仪表之洁；二是灵魂之洁；三是饮食之洁；四是钱财之洁。[①]

（五）互助意识强

互助意识和集体意识密切相关。团结互助、和衷共济是回族的又一个重要特征。回族穆斯林一方有难八方支援，热心扶助鳏寡孤独，互助互爱。这在伊斯兰教义中有明确规定。清真寺发挥着回族社会不可缺少的互助功能，也是公益慈善组织。一些外来的回族穆斯林遇到困难，经常是到清真寺寻求帮助，而清真寺一般也乐意给予他们帮助。对于教坊内的或病、或贫的回族，寺内也会集众人的力量给予帮助。

（六）多元文化的包容心态

回族民族文化中吸收了汉文化、伊斯兰文化以及中亚古代文化，形成多元文化和包容的心态。清真寺在建筑风格上中阿合璧，一般都有礼拜殿、邦克楼、望月楼、沐浴室、讲经堂等构成，新疆不少清真寺还保留着飞檐起脊的土木结构建筑样式。在方向上，大殿一律坐西朝东，大殿内绝对不供奉偶像，也绝不用动物图形为饰，形成了回族特有的清真寺建筑文化，成为回族社区显著的标识符号。生活在阿勒泰牧区的回族，在举办婚礼时，大多按当地哈萨克族的风俗，搞叼羊赛马活动。而伊犁、吐鲁番和昌吉个别地方的回族人婚礼，则要举办麦西来甫舞会，有的还邀请唢呐鼓乐队来，吹吹打打，增加喜庆的气氛。回族的“花儿”传播到新疆后也不例外。新疆“花儿”的产生，也反映了新疆多元文化的影响。“花儿”流行于甘肃、青海、宁夏、新疆等广大地区，是生活在这里的回、汉、东乡、土、撒拉、保安族人民共同创造的一种具有浓郁地方特色的山歌形式。新疆回族文化表现力最强的一点就是它的民族文化认同。经过数百年的传唱和再创作，在新疆特殊的人文背景下进行了全新的整合，注入了新的内容，产生了新的富有特色的、有别于甘、青、宁的新疆回族“花儿”。歌词的发音再不是原来的发音，很多方言都有了改变，曲调也不纯为各流派的曲调。其曲令虽然还叫原来的名字，但是，唱词融入了“河湟”的比喻，曲调吸纳了“洮岷”的婉转，同时在回族民歌中融入了新疆维吾尔族、哈萨克族的音乐和民歌特点，在节奏上借鉴了维吾尔族音乐中的快节奏，演唱中则吸收了哈萨克族阿肯弹唱的幽默，形成了演唱中少拖腔、曲调中少花音、唱词和曲调铿锵有力、洒脱自如的独特风格。独具地方特色的“新疆花儿”，与陕、甘、宁、青的“河湟花儿”、“洮岷花儿”

① 马宗保：《试论回族的人文性格》，载《宁夏大学学报》，2000 年第 3 期。

形成三足鼎立之势。新疆“花儿”使用的汉语中夹杂着很多维吾尔族、哈萨克族、柯尔克孜族、乌孜别克族等民族的语言。例如，如吾克夏什（一样）、海买斯（全部、都）、吾特（火）、阿西（饭）、玛西纳（机动车）、阿尔巴（牛车、马车、驴车）等等。这些具有其他民族文化色彩的词语不仅反证了回族“花儿”来源的多元化，也表现了回族“花儿”文化的认同。[①]

（七）诚实守信，崇尚商业

回族自古至今，喜好经商，具有经商的意识，积累了许多经商的本领和经验，形成了许多世代传承的经商习俗。“善商贾之道，精于计算”。从历史上看，其先民早在唐宋时期就由阿拉伯、波斯等地来到中国经商。元代以后，回族虽然拥有了土地，但他们并没有单一在土地上做文章，而是坚持农商兼顾，且城镇回民一般都以商为主，靠商生活。时至今日，回民在全国各地的流通领域，仍很活跃。回族商人成功的秘密之一就是诚实守信，在经商中以假充真的相对较少，这主要是伊斯兰教规定不许欺诈。如《古兰经》中强调：“你们不要借诈术而侵蚀别人的财产”，“后世之日，招摇撞骗的奸商，同暴君恶霸复活在一起，忠实利人的义商，同圣贤烈士复活在一起”。由于《古兰经》和穆圣都多次强调这个问题，所以回族清真寺上的阿訇，利用平时做主麻的机会，也向广大穆斯林宣传，并依据伊斯兰教教义，举例说明哪些是“海拉姆”（即使不得），如欺行霸市、偷盗抢劫、买卖自死的羊肉和猪狗肉等，这些教义都影响和规范了回民经商的道德习俗。[②]

第二节　新疆回族的人格特征

为了了解新疆回族的群体人格特征，课题组运用了卡特16种人格因素测验，测验的结果如下所述。

一、新疆回族男性与常模相比的情况

从表9－13可以看到：

---

① 李晓琴：《浅析新疆“花儿”产生的哲学基础》，载《当代文化与教育研究》，2007年第9期。

② 中国网：《回族的经商习俗》，http://www.china.com.cn/aboutchina/zhuanti/hzfq/content_16515840.htm.

(1) 因素A，乐群性，新疆回族男性的总体得分与常模相比，没有显著差异。

(2) 因素E恃强性上，新疆回族男性的总体得分与常模相比，没有显著差异。

(3) 因素C，情绪稳定性，新疆回族男性的得分为16.70，具有显著性差异。即情绪稳定而成熟，能面对现实，通常以沉着的态度应对现实中的各项问题，术语称高自我力量。

(4) 因素H，敢为性，常模为11.07，新疆回族男性总体得分为13.57，与常模相比具有显著性差异。即表现为好强、冒险敢为。

(5) 因素Q2，独立性，常模为12.95，新疆回族男性总体得分为9.30，具有显著性差异。即表现为依赖、随群、附和。通常愿意与人共同工作，而不愿独立孤行；常常放弃个人主见，附和众议，以取得别人的好感。

表9-13　　回族男性各因素与常模的比较

因素	人数	最小值	最大值	$\bar{x} \pm s$	常模	t	P
因素A	23	5	18	10.52±3.160	10.02±3.27	0.761	0.455
因素C	23	8	23	16.70±3.404	15.00±3.95	2.389	0.026
因素E	23	5	20	12.83±3.326	12.77±3.60	0.081	0.936
因素H	23	5	20	13.57±4.021	11.07±4.43	2.976	0.007
因素Q2	23	4	14	9.30±2.619	12.95±3.34	-6.677	0.001

二、新疆回族女性各因素与常模相比的情况

从表9-14可以看到：

(1) 因素C，情绪稳定性，新疆回族女性的总体得分与常模相比，没有显著性差异。

(2) 因素E恃强性上，新疆回族女性的总体得分与常模相比，没有显著性差异。

(3) 因素A，乐群性，新疆回族女性的得分为12.70，高于常模，且具有显著性差异，即新疆回族女性有外向、热情、乐群的人格特点。

(4) 因素H，敢为性，新疆回族女性总体得分为12.63，高于常模，具有显著性差异，即新疆回族女性表现为好强、冒险敢为、少有顾虑。

(5) 因素Q2，独立性，常模为11.65，新疆回族女性总体得分为9.26，具有显著性差异，即表现为依赖、附和的低调特点。

从中我们可以看出，回族无论男性、女性均缺乏独立性，而具有较强的团体性质，这似乎与回族习惯的集体生活方式关系比较密切，如清真寺的礼拜、公共

活动等，也表现为回族比较容易接触，即回族的乐群性格突出。实际上这都反映出回族的群体意识。有回族学者这样总结：回族的群体意识产生于回族群体活动，即一种集体的活动之中。群体活动是集体的活动即指回族的许多民族生活是通过集体活动来实现的。如回族的民族节日，回族的婚丧嫁娶活动都是集体活动。在西北，每当有著名的回族人物（如回族的宗教领袖）归真时，往往会在一两天之内，迅速聚集起几万甚至十几万回族穆斯林，其白帽如云的宏大场面，往往令人叹为观止。①

表 9－14　　回族女性各因素与常模相比的情况

因素	人数	最小值	最大值	$\bar{x} \pm s$	常模	t	P
因素 A	27	7	18	12.70 ± 3.023	10.90 ± 3.32	3.100	0.005
因素 C	27	7	23	14.74 ± 3.601	13.75 ± 3.96	1.430	0.165
因素 E	27	6	18	12.67 ± 3.464	11.70 ± 3.58	1.450	0.159
因素 H	27	4	23	12.63 ± 4.567	10.47 ± 4.64	2.457	0.021
因素 Q2	27	2	14	9.26 ± 2.669	11.65 ± 3.21	－4.655	0.000

第三节　新疆回族交往心理

交往方式和交往观念是衡量一个民族、一个群体是否开放的标志。从心理学的角度分析，交往心理包括：民族交往需要动机、民族交往认知、民族交往情感等。新疆回族兼有的汉文化与伊斯兰文化多元特征，不仅在汉族中和非汉民族中充当了文化的中介者，而且自身也不断吸收和充实其他民族的文化，在与少数民族交往中，形成了特有的交往心理。

一、交往需要动机

新疆回族为了生存和发展的需要，必须与其他民族交往。因此，自身的生存与发展的需要是产生交往活动的原初动因和民族间交往的内驱力，但这仅仅是较低层次的交往，较高层次的交往应该是精神文化需求。在调查中，我们提出："与其他民族交往的主要原因是什么？"限选三项，回答的结果详见表 9－15。

① 马平：《群体意识与回族凝聚力》，载《中南民族大学学报》，2000 年第 2 期。

表9－15　与其他民族交往的原因（限选三项，N＝357）

选项	人数	百分比
同事或工作联系	192	53.8
生意来往	62	17.4
邻里或亲属关系	172	48.2
寻求帮助	46	12.9
交朋友	186	52.1
学习语言	32	9.0
文化交流	71	19.9
其他	6	1.7
合计	767	215.0

从调查结果可以看出，新疆回族与其他民族的交往原因：排在第一位的是同事或工作联系（53.8%），第二位是交朋友（52.1%），第三位的是邻里或亲属关系（48.2%），而文化交流、学习语言、寻求帮助均排在后面。由此分析，业缘关系，如同事、朋友已经占据新疆回族交往的首要因素；血缘关系的纽带则降至次要位置。

二、交往认知

民族间的交往通常是按照就近的原则，周边的民族最有可能成为交往的对象，周边人口较多民族又是交往机会最多的。民族在交往中相互了解，认识双方的文化、语言、风俗、信仰以及性格特点，进而做出交往的判断。而交往的媒介语言往往成为交往认知的重要条件。在焉耆回族自治县做调查时，一名干部反映说："双语教育十分有必要，汉族懂得维语便于开展工作。举例说，如果不同民族之间出了交通事故，汉族警察不敢去，要维吾尔族警察去，说不然不公正；法院审判案件，维吾尔族也要求维吾尔族法官审理，这不正常，法官代表法律，而不是代表某个民族。这也反映出新疆干部掌握双语的重要性。"

回族中有一定比例的人掌握了维吾尔语和哈萨克语，这是相互认知的重要渠道。在调查（见表9－16）中，大多数回族认为影响民族交往的主要障碍是语言（69.6）；其次是风俗习惯（48%），第三是宗教信仰（32.4%）。要想进一步改善民族交往，必须考虑文化因素，在文化方面互相交流、互相尊重。包括双语的学习和了解不同文化。

表 9 - 16　　与其他民族交往的主要障碍（限选三项，N = 352）

选项	人数	百分比
语言	245	69.6
地域	30	8.5
风俗习惯	169	48.0
宗教信仰	114	32.4
偏见	55	15.6
其他	24	6.8
合计	637	180.9

三、民族交往情感

社会网络中总是存在熟人圈或朋友圈，离中心越近，关系越亲密，反之则越疏远，朋友圈是衡量民族交往情感的一个重要指标。从调查中看，回族与汉族的杂居程度与历史联系高于维吾尔族、哈萨克族等，回族与汉族容易形成朋友圈。但是，另一方面从圈内的亲近感来看，本民族的朋友处于中心。从问卷的统计（见表 9 - 17 ~ 表 9 - 22）中可以看出，回族第一亲近的朋友是回族（55%）、第二亲近朋友也是回族（41.4%）、第三亲近朋友仍是回族（28.9%）、第四亲近朋友的还是回族（30.6%）；到第五亲近的朋友才是汉族（28.9%）。从亲密到逐渐疏远，反映了回族的族内交往程度仍然很高。

表 9 - 17　　经常从哪些民族的朋友那儿获得帮助（限选三项，N = 356）

选项	人数	百分比
维吾尔	133	37.4
汉族	286	80.3
哈萨克族	39	11.0
回族	283	79.5
其他	12	3.4
合计	753	211.6

表 9 - 18　　最亲近朋友的民族成分

选项	人数	百分比
汉族	103	28.6
回族	198	55.0
维吾尔族	21	5.8
哈萨克族	5	1.4
其他	2	0.6
未回答	31	8.6
合计	360	100

表 9 - 19　　第二亲近朋友的民族成分

选项	人数	百分比
汉族	107	29.7
回族	149	41.4
维吾尔族	46	12.8
哈萨克族	6	1.7
蒙古族	7	1.9
其他	10	2.8
未回答	35	9.7
合计	360	100

表 9 - 20　　第三亲近朋友的民族成分

选项	人数	百分比
汉族	103	28.6
回族	104	28.9
维吾尔族	45	12.5
哈萨克族	24	6.7
蒙古族	12	3.3
其他	11	3.1
未回答	61	16.9
合计	360	100

表 9－21　　第四亲近朋友的民族成分

选项	人数	百分比
汉族	75	20.8
回族	110	30.6
维吾尔族	47	13.0
哈萨克族	24	6.7
蒙古族	15	4.2
其他	13	3.6
未回答	76	21.1
合计	360	100

表 9－22　　第五亲近朋友的民族成分

选项	人数	百分比
汉族	104	28.9
回族	86	23.9
维吾尔族	18	5.0
哈萨克族	13	3.6
蒙古族	17	4.7
其他	18	5.0
未回答	104	28.9
合计	360	100

第四节　新疆回族宗教心理

根据新疆学者贺萍2004年完成的《新疆地区穆斯林社会心理的实证分析报告》指出，在533份问卷中“导致被调查者中皈依伊斯兰教”的因素：第一是家庭，比重达40.9%；第二是居住环境的影响，比重为29.1%；第三是阿訇的影响，比重为12.0%；第四是亲戚朋友的影响，比重为1.9%。可见，家庭和社区是新疆地区穆斯林形成伊斯兰教信仰的初始媒介和第一个社会环境。在我们的调查中也显示回族习惯上把伊斯兰教作为与汉族的区别，绝大部分回族认为没有伊斯兰教就没有回族。宗教心理成为回族心理不可分割的一个组成部分。

阿拉伯语“伊斯兰”的意思是顺从，即顺从真主的旨意，“穆斯林”是它的分词，意思是顺从者，只要顺从真主者就是伊斯兰群体中的一员，就是兄弟姐妹或朋友，有困难会慷慨解囊相助，不论贫富贵贱都以诚相待。[①] 伊斯兰教对回族世界观有着根深蒂固的影响，世界观是一个人对整个世界的根本看法，不仅是认识上的问题，还包括坚定的信念和积极的行动。回族的世界观信奉的是“两世吉庆”。所谓两世吉庆就是今世和后世的吉庆。穆斯林认为人的生活包括今世生活与后世生活两大部分，死亡是连接今世与后世的桥梁，人的肉体死后其灵魂不灭。今世是短暂的，而最终到后世的状况才是衡量一个人荣辱的标准，只有两世的吉庆才是真正的幸福。[②] 回族视人生在今世为“来”，是匆匆过客，而后世为“回”，是永恒的归宿，提出了自己对生死意义的独特理解。[③] 新疆回族与内地回族一样，穆斯林的身份是“先赋”的。伊斯兰教主要是一种承袭的习俗型宗教，皈依伊斯兰教蕴含着对他们对民族共同礼仪和教条的遵循，信教在很大程度上是一种符号和象征。但是，家庭主要交给孩子的是伊斯兰教的规范，对于经义的教育，主要依靠阿訇来完成。阿訇对于经文掌握程度和个人的功修往往影响着整个社区的回族穆斯林。阿訇们的言行在回族社区有着很大的影响，一位阿訇直言不讳地讲，只有遵从伊斯兰教，才是回族穆斯林，不信仰伊斯兰教就只是回族。如果不信仰伊斯兰教，“归真”以后是不能葬入穆斯林的墓地的。这种群体的“疏离感”对于回族来说是严重的惩罚。因此，对于回族社会而言，年老的时候都要严格遵守伊斯兰教的信仰，否则就要受到“归真”后阿訇不来念经的惩罚，无法进入穆斯林的墓地。一位回族退休的知识分子说，“如果（不信仰伊斯兰教）万一被火葬，不能被本民族承认，自己也害怕”就表达了这种心理。所以，一些回族老干部、老党员退休后，就成为虔诚的穆斯林，回族社会还是受到伊斯兰教的严格精神控制。另一方面，伊斯兰教也给回族社会带来精神的自律。

阜康市鱼儿沟一位回族农民说：

> 我现在几乎每天都去清真寺，我们的传统应该保持，也不该改变，因为这不会影响到国家和社会。人还是要有信仰。我也给自己的孩子讲在社会上不能胡闹，他们也听。

焉耆县一位退休的回族教师说：

---

① 马秀梅：《伊斯兰文化的心理学内涵》，载《青海民族研究》，2001 年第 4 期。

② 马明良：《穆斯林生理卫生与心理卫生观念初探》，载《回族研究》，2001 年第 3 期。

③ 王雪、周桂英：《回族文化中的心理健康思想初探》，载《青海民族研究》，2006 年第 2 期。

回族的精神支柱是伊斯兰教，回族受到镇压，来这里繁衍生息，宗教起到了很大的作用，研究回族必须研究伊斯兰教。现在道德丧失，而回族在这方面做得比较好，吸毒、饮酒、偷盗的行为，回族很少。现代人浮躁，追求金钱，伊斯兰教可以压制人在这方面的欲望。我是党员，我退休了依然做乃玛孜，法律控制人的外在形式，而伊斯兰教吸收儒道教思想可以净化人的心灵，抑制欲望的膨胀，工作的时候老想着待遇与升迁，退休后研究宗教，净化心底。伊斯兰教有他很多有益的东西，相信后世，怕受到惩罚不敢做坏事。有些人是物质丰富了，精神和匮乏。回族在改革开放后为什么富裕的快，勤劳诚信很重要。古兰经坚决禁止放高利贷，坑人，否则要受到审判。而现实中犯罪越来越多，个人的享受无法满足，回族每天念忏悔词。也讲人与自然，人与人的和谐，重视孝道。并把爱国作为信教的一部分。

生老病死是一个古老的话题，任何一种文化都认识到，死亡无法抗拒，凡是有气血与生命的东西都会有死亡的结局。《古兰经》中有："人人都要尝死的滋味。在复活日，你们才得享受你们的完全的报酬。"（3：185）《古兰经》中说还有"凡有气血者，都要尝死的滋味。我以祸福考验你们，你们只被召归于我。"（21：35）《古兰经》："凡说过'我们的主是真主'，然后遵循正道者，众天神将来临他们，说：'你们不要恐惧，不要忧愁，你们应当为你们被预许的乐园而高兴。'"（41：30）正是伊斯兰教的临终关怀，使穆斯林对于死亡一般都能处之泰然。

此外，信仰伊斯兰教的人们履行"五功（念、礼、斋、课、朝）"的根本目的就在于修身养性，克己归真，塑造真、善、美的灵魂，反对诡计、猜疑、嫉妒、谎言、虚伪、表里不一等一切不正当的思想行为。礼拜中人们让自己的生活贴近真主，在与真主的联系与交流中得到了更多的督促、激励和慰藉。久而久之，他们用积极的心态克服了消极的心理，用正性的情绪取代了负性情绪，不断减轻心理上的压力，平和而又不失进取精神。对比现代人一味地追求物质享受缺少精神寄托的状况，这样的宗教功课比最强有力的心理咨询还能帮助人保持心理的健康与平衡。① 江泽民同志指出："宗教通过对信教群众的心理慰藉，对稳定信教群众的情绪、调节信教群众的心理也有积极的作用。"②

有学者指出，"从维吾尔族信教群众的宗教心理看，物质生活水平较高的信教者更多的是把宗教信仰看成是满足精神生活需要和寻求心理慰藉，而物质生活

---

① 王雪、周桂英：《回族文化中的心理健康思想初探》，载《青海民族研究》，2006 年第 2 期。

② 《江泽民文选》第 3 卷，人民出版社 2006 年版，第 389 页。

水平较低者则把宗教信仰看成是解决贫困，寻求来世的精神寄托。”[①] 回族社会也存在类似状况，宗教必须和现代社会相适应，这方面一些阿訇已经做出了积极的回应，他们在宣讲时强调教育、强调科技、强调致富的重要性，从经文中说明这些的合理性，引导伊斯兰教与现代社会相适应；另一方面，在现代化的大潮中，新疆回族伊斯兰教也遭遇到其他民族的宗教文化的碰撞，如佛教、基督教等，需要各个宗教互不排斥，以更宽容和更包涵的气度，形成各种宗教和谐共处的环境。

第五节　新疆回族社会心态

社会心态（social mentality）是一段时间内弥散在整个社会或社会群体/类别中的宏观社会心境状态，是整个社会的情绪基调、社会共识和社会价值取向的总和。社会心态透过整个社会的流行、时尚、舆论和社会成员的社会生活感受、对未来的信心、社会动机、社会情绪等而得以表现；它与主流意识形态相互作用，通过社会认同、情绪感染、去个性化等机制，对社会行为者形成模糊的、潜在的和情绪性的影响。它来自社会个体心态的同质性，却不等同于个体心态的简单加总，而是新生成的、具有本身特质和功能的心理现象，反映了个人与社会之间相互建构而形成的最为宏观的心理关系。[②] 民族社会心态通常反映了特定环境中一个民族的利益要求和对其生活有广泛影响的思维倾向，例如对一个时期的政治动向、经济动向、某一重大事件等所表现出的社会心理状态，代表着社会成员的态度、观点和看法。

一、对国家民族政策的态度

回族是新疆十三个世居民族之一，在新疆开发建设史上的地位十分重要。在新中国成立前后，回族能够深切感受到民族政策的区别。特别是新中国成立以后，先后成立了昌吉回族自治州、焉耆回族自治县等民族区域自治地方。改革开放以后，回族的传统文化得到了保护，生活有了很大改善，作为新疆第四大民

① 姚春军：《重视维吾尔族信教群众的宗教心理，促进新疆社会稳定和谐》，载《新疆大学学报》，2010 年第 2 期。

② 杨宜音：《个体与宏观社会的心理关系：社会心态概念的界定》，载《社会学研究》，2006 年第 4 期。

族，人口即将超过百万，他们对国家民族政策是十分关注的。通过表9－23的调查结果可以看出，知道和部分知道民族区域自治民族政策的占到了78.3%。

表9－23　是否知道我国有关民族区域自治的民族政策和法律

选项	人数	百分比
知道	71	19.7
知道一些	211	58.6
不知道	70	19.5
未回答	8	2.2
合计	360	100

新疆回族是通过什么方式了解民族政策的呢？为此，我们做了问卷调查。

表9－24调查结果表明通过电视知道民族政策的比例最高为72%，学校教育和报纸知道的分别为50%和49.3%，可见宣传民族政策主流渠道的作用十分明显。

表9－24　通过何种方式了解民族政策和法律（多选题，N＝286）

选项	人次	次数百分比	人数百分比
学校教育	143	19.6	50.0
开会	43	5.9	15.0
看报纸和杂志	141	19.4	49.3
听广播	71	9.7	24.8
看电视	206	28.3	72.0
网络	44	6.0	15.4
与他人聊天	65	8.9	22.7
其他	16	2.2	5.6
合计	729	100	254.8

不过，回族也比较关注完善民族政策、发展科技教育等问题。在调研中，特别是一些回族干部群众对自治区政策偏向主体自治民族的做法提出了批评，认为回族也是少数民族，但是在招生和就业中享受不到主体自治民族的待遇。此外，在宗教教育中，自治区经学院也不招收回族经学班，认为完善民族政策，应该给区域内的少数民族同等的待遇。

二、对社会稳定的看法

人口接近100万的新疆回族，为新疆第四大民族，在新疆稳定中的重要性不言而喻。改革开放以来，回族与其他民族都发生了急剧的组织演化和制度变迁，在知识、经济、文化力量的推动下，社会组织和制度的统一性明显提高，但是也同样面临着传统与现代的矛盾冲突，以及这种冲突引起的社会变迁，并由此引发一系列的社会心理状态变化。正如学者指出，中国社会稳定结构涵盖中国政治、经济、文化和社会的所有层面，其影响因子错综复杂。由于我国是一个统一的多民族国家，中国社会稳定结构比单一民族国家至少多了一种影响因子——民族差异因子，尤其是受不同民族文化和心理模式制约的民族间社会心理差异的客观存在。一切行为实质上都是心理的外在表现，所有的行为差异或多或少总是可以归因为心理动机的不同。即使披上“民族”的华丽“外衣”，不同民族人们的行为差异仍然可以从民族间社会心理差异的深层次背景中得到合理的解释。当这种行为差异与中国社会稳定结构发生近距离地接触、关联甚至碰撞时，民族间社会心理差异便必然性地成为中国社会稳定结构的深层次文化背景。于是，中国社会稳定结构在多了一种影响因子的同时，也多了一条从深层次的心理文化背景获取合理解释的新途径。[①] 因此，边疆地区的族群意识影响民族交往、民族关系，这值得我们关注。

第一，回族民族意识的觉醒。一位研究宁夏回族心理的学者指出，改革开放以前，在一些回族聚居地内，传统秩序依然保持着高度的稳定性和相对的完整性，多数人年复一年地过着单调、贫乏、寂然的生活，对外部世界茫然无知，满足现状而不知求变。近20年来，这种状态已经打破。改革使得回族整个群体正在发生历史性的变化却是不争的事实。最能深刻反映这一历史性变化的是这一群体传统文化心理嬗变和思想观念的变化。在这些变化中，人们可以清楚地看到这一民族群体正在觉醒。[②] 新疆回族的民族意识经历了一个较长时间的觉醒。在20世纪30年代，新疆就分别成立了维文会和回文会，开办了学校，招收回族学生，可以说，回族知识精英首先承担起了这一唤醒民族意识的历史责任，已故著名的新疆回族作家白练生前曾经说：“我着重写回族生活，首先我自己是回族，有民族感情的问题。20世纪五六十年代，反映回族生活的作品很少，尤其在新疆，

① 殷卫滨：《民族间社会心理差异与中国社会稳定结构：影响与对策》，载《中央社会主义学院学报》，2010年第1期。

② 张同基：《从新时期宁夏回族群体文化心理的变迁看传统向现代化转型的趋势》，载《宁夏社会科学》，2005年第4期。

可以说是一片荒原。我觉得自己有责任让勤劳、智慧、善良的回族人民进入文学殿堂，因此我一起步就反映回族生活。多年来，我一直抱着一种孝心，为本民族放歌。”[①]《新疆回族文学史》的作者李竟成评价新疆当代著名的回族诗人杨峰和师歌的作品时认为，他们最显著的特征就是诗中蕴含着强烈的回回民族意识，以及由此生发出来的那种鲜明的回回民族特色。师歌的诗是回族风俗民情和情感心理的真实写照与流露，师歌的诗往往抓住回族日常生活习俗中的场景，从中开掘出闪光动人的生活之美和民族性格的意蕴。[②]

现代“民族”教育，是回族认识民族身份的另一个途径。在调研中，一些回族老人提起了马长寿、白寿彝，有的还提起了张承志。

国家的民族政策，也促进了回族的身份认同。民族区域自治政策使回族认为自己是自治州和自治县的自治民族，为此感到自豪。不过，一位回族干部在我们调研中，也提起国家民族政策对于回族身份的照顾，回族学生参加高考，可以照顾10分，但是这种政策也让人感觉“不舒服”，好像回族的智力要差一些。此外，在调研中一些回族干部群众对于自治区政策中忽视回族的倾向提出了批评。

在阜康市的调研中，一位阿訇反映说：

现在回族领导干部任用这一方面，回族群众的反应比较大，回族干部得不到重用。有些话官方层面不好说，就给阿訇说。回族在阜康连一个副市长都没有。我们要发展旅游，内地很多的穆斯林也到我们这里来。前几年内地来了东乡族，都是宗教人士，书记、县长来我们这里做主麻。书记来了应该书记陪同，但是我们这里没有回族书记，就让我陪他们，我就立马感觉到我们没有回族干部不行。开会发言我就说这个问题。2004年，当地只有建设局局长、土管局局长、财政局局长是回族。

在乌鲁木齐市调研时，一位回族退休老干部说：

现在回族干部比例太低了，新疆四大民族之一的回族，维吾尔族、哈族都有好几位省级领导干部，回族也需要有省一级的领导干部，现在找不着回族领导干部，市上的回族领导干部也很少，回族的利益缺少保护，我呼吁要提拔回族干部，来照顾和保护回族利益。

① 文明、白练：《心火追思——怀念作家白练》，天山网，http：//www. tianshannet. com. cn/culture/content/2009－04/07/content_3943633. htm。

② 阿不都热合曼·肉孜：《新疆回族文学史问世》，天山网，http：//www. tianshannet. com. cn/news/content/2006－08/03/content_1090210. htm。

第二，新疆回族心态的开放与多元化。社会心理学的研究表明，长期的社会封闭不仅会导致人们思想观念保守，而且会导致民族心态和认知视觉的狭隘。在这种心态的支配下，容易产生“趋同”与“排他”两种心理趋向。单一的价值观，画地为牢的地域观念和“圈子”意识，以及以“正统”自居的宗族和宗派意识、狭隘的民族主义、盲目排外意识，等等，就是这两种心理趋向的不同表现。这些传统观念与心态严重妨碍民族的发展进步，对于实现社会稳定和民族大团结十分有害。国内外出现的许多民族纠纷和宗教纷争无不与这种文化心理因素相关。从狭隘的观念走出来，以开放、开明的心态去理解世界，接纳世界，实现民族心态的根本转变，这是一个民族现代化过程中在思想文化上面临的重大变革。我们在调研时，问到回族“心目中最重要的事”时得到的回答详见表9－25。

表9－25　　心目中最重要的事（限选三项，N＝357）

选项	人数	百分比
经济收入	213	59.7
教育机会	108	30.3
社会地位	51	14.3
宗教信仰	122	34.2
家庭幸福	226	63.3
子女前途	166	46.5
其他	10	2.8
合计	896	251.1

从人数百分比看，排序分别是家庭幸福（63.3%）、经济收入（59.7%）、子女前途（46.5%）、宗教信仰（34.2%）与教育机会（30.3%），反映了新疆回族重视家庭和世俗生活，也重视宗教信仰。

回答“提高个人生活水平主要依靠”的条件（见表9－26），为83.9%人选择了“个人奋斗”54.9%以上的人选择了“良好的教育”，“靠安拉的赐予”只有26.5%，这是一场重大的思想观念的变革，多数人认识到贫困落后的根子是自身缺乏文化科学知识。正是这一认识的深化，促使许多人转变了长期以来轻薄科学文化知识的态度。还要大力发展教育，崇尚个人奋斗，科学理性已经成为回族观念中的一部分了。

表9－26　　提高个人的生活水平主要依靠（限选三项，N＝355）

选项	人数	百分比
个人奋斗	298	83.9
良好的教育	195	54.9
政府帮助	65	18.3
家庭背景	46	13.0
人际关系	26	7.3
好的机遇	80	22.5
安拉的赐予	94	26.5
其他	4	1.1
合计	808	227.5

从生活的追求看（见表9－27），排序依次是：追求“家庭幸福”（77.9%）、“物质生活富裕”（47.5%）、“事业成功”（45.8%）、“宗教信仰的实现”（33%）、“良好的个人名声与荣誉”（28.8%），“宗教信仰的实现”排到了第四。对于物质生活追求的渴望，超过了宗教信仰。回族比以前有更多的渠道与途径接触到现代社会的发展变化，通过电视、广播、报纸书籍、网络，他们可以及时快捷地掌握各方面的新闻时事，而以前许多的事情可能只能通过家庭教育来了解，这对于回族的日常生活影响较大。通过现代化的传媒，他们更能够真切感受到现代社会的发展给他们的日常生活带来的巨大变化。以往由于环境闭塞落后，交通不便，人们更多的是与本村或者周围的村子里面的人交往，而且局限于本民族内。现在大部分回族家庭中都拥有了电视机、电脑、VCD、手机等现代传媒工具，许多家庭还拥有了摩托车，甚至小汽车，社会交往圈大大增加，视野也更加开阔。在诸多的媒介符号背后折射出的是回族民众自身心理观念与价值取向的变化，这种变化和进步标志着回族传统社会中现代性因素的成长，是更理性、成熟、客观、积极的价值评判理念的形成。

表9－27　　追求的美好生活（限选三项，N＝358）

选项	人数	百分比
物质生活富裕	171	47.8
宗教信仰的实现	118	33.0
家庭幸福	279	77.9

续表

选项	人数	百分比
事业成功	164	45.8
良好的个人名声与荣誉	103	28.8
较高的社会地位	34	9.5
其他	6	1.7
合计	875	244.5

从生活方式也能表现出回族心理的变化，从回族“喜欢看的节目”中（见表9－28），排序是：新闻联播（63.0%）、电视剧（51.8%）、综艺节目（34.2%）排到了前三位，但是对农业信息（11.2%）、科技信息关注度（15.4%）不高。从“喜欢看的报刊”这一选项中（见表9－29），排序是文艺娱乐（52%）、新闻时政（47.7%）、健康养生（37.1%），科技与信息依然关注度不高（27.6%）。

表9－28　　　　喜欢看的节目（限选三项，N＝357）

选项	人数	百分比
新闻联播	225	63.0
民族歌舞	71	19.9
电视剧	185	51.8
农业信息	40	11.2
科技信息	55	15.4
访谈节目	98	27.5
综艺节目	122	34.2
其他	16	4.5
合计	812	227.5

表9－29　　　　喜欢看的报刊（限选三项，N＝348）

选项	人数	百分比
新闻时政	166	47.7
科技与信息	96	27.6
文化、艺术、娱乐	181	52.0

续表

选项	人数	百分比
健康养生	129	37.1
其他	36	10.3
不看报纸、杂志	40	11.5
合计	648	186.2

由于宗教信仰与生活习俗的不同，回族过去基本实行族内婚，这种族内婚作为回族穆斯林内部社会结构与族群认同的基础，使得回族与其他民族保持着一定的文化界限与民族分界意识，与异族的通婚甚至被视为不洁或者对于信仰的不敬而遭到家庭的坚决反对，而且选择婚姻对象一般都是以自己居住区域的附近为主，因为这样双方父母可以更好地了解彼此的家庭背景条件，这种结果就导致了村里许多人都有一定的亲属或者血缘关系，并形成几家大的姓，如马家、余家等。而现在由于城市化导致人口频繁流动，大量回族穆斯林由于职业的分化，而融合散化到城市的流动社会中，原本以亲戚、熟人、朋友、老乡为纽带而建立的婚姻网络被打散，再加上随着不同民族社会经济交往的日益频繁深入，相互之间了解认同的不断强化，包容接纳其他民族的心理不断增强，使回族尤其是回族中的年轻人对于民族通婚现象也更加能够接受和包容。据 2009 年夏天在焉耆回族自治县民政部门的相关负责人介绍："当地不同民族的通婚情况明显增多了，例如回汉通婚前年有 37 对，今年已经达到了 80 对。"

从问卷中看，新疆回族选择结婚对象的主要条件中（见表 9－30），个人品德（71.5%）、民族成分（66.4%）高居前两位，文化水平和经济状况次之，说明个人品德为首位，回族的择偶观念更重视道德品质，认可民族成分仍然超过三分之二，说明族内婚依然是回族的重要选择。

表 9－30　选择结婚对象时的主要条件（限选三项，N＝351）

选项	人数	百分比
民族成分	233	66.4
经济状况	100	28.5
文化水平	128	36.5
职业	34	9.7
个人品德	251	71.5
形象外表	33	9.4

续表

选项	人数	百分比
门当户对	48	13.7
由父母包办	20	5.7
其他	3	0.9
合计	850	242.3

三、对民族发展的要求

回族十分关注民生问题，在调研中，在城市里，回族干部群众议论较多的就是房价、教育、经济收入、民族和睦、城乡差距等议题。在“对本地区经济发展主要受哪些因素制约”的调查中（见表9-31），排序依次分别为文化水平低(62.5%)、缺少资金（48.4%）、不懂技术（45%）、缺少资源（32.3%）等。

表9-31　对本地区经济发展受哪些因素制约（可多选，N=351）

选项	人数	百分比
缺少资源	112	32.3
不懂技术	156	45.0
国家政策照顾不够	90	25.9
交通落后	54	15.6
本民族当官的太少	62	17.9
文化水平低	217	62.5
缺少资金	168	48.4
其他	9	2.6
合计	868	250.2

回族追求生活质量的提高，希望能到城市定居的比例很高，并在努力付诸实施。我们在焉耆回族自治县调查，县城跑出租车的基本上都是永宁镇的青年劳动力，这些人致富后就留居城市。还有一些人通过在农村搞养殖、大棚等致富后在城市中买房并定居的；也有通过受教育途径进入党政机关、企事业单位中从事管理者的。因为农村人多地少，人口的快速增长，人与地之间的结构性矛盾日益突出。而农村产业结构又比较单一，几乎没有企业或工厂，农业收入在当地全部收

入中占很大的比例。这种现状也决定了年轻人想要赚更多的钱，必须走出去。因此，回族农村也逐渐出现了“空巢化”的现象。我们在五号渠乡查汗渠村调查中发现，该村两个小组居民中的20～30岁的青年基本上都在外地城市工作、生活，而他们的父辈年龄大多在50岁上下，再过几年劳动能力基本上就丧失了。目前，城郊乡村的劳动力短缺的问题已经出现，大量的南疆维吾尔族农民工已经来到焉耆县务工，摘西红柿或从事其他体力劳动。在五号渠乡的两万多人口中，来自南疆的维吾尔族农民工就有两千多人，约占人口的10%。将来的趋势是回族的农村人口将逐渐萎缩。大量的年轻人由于上学、打工、工作等原因而流入城市，而留守农村者主要是老人。

我们在乌鲁木齐发生“7·5”事件后做的调查表明，对于本民族“非常有信心”的占42.8%；“比较有信心”的占40.8%，合计为83.6%。可见，新疆回族对于未来的发展依然比较有信心（见表9－32）。

表9－32　　对本民族的发展前途是否有信心

选项	人数	百分比
非常有信心	154	42.8
比较有信心	147	40.8
没信心	11	3.1
说不清	41	11.4
未回答	7	1.9
合计	360	100

四、对本民族文化的看法

随着现代化与城市化进程的加快也被打破，社会结构面临解体与重组的境遇。大规模的城市的拆迁、改建与扩建导致维系与传承回族宗教文化的特有社会组织形式——围寺而居的教坊社区面临解体的境遇。由于人员流动的频繁，许多不同地域、不同民族的人员会流动到这个格局当中，使这里的文化的异质性加强、民族成分增加、呈现出杂散居的趋势，老的坊民也会因为工作、子女、城市改造等原因搬迁到别处，以前老坊民们可能每天都会见面，现在只能在大一点的宗教活动和节日中见面，社会联系与交往可能也会比以前减弱。传统回族社区的归属感与认同感在下降。从聚居型社区走向散居型社区已成为城市回族穆斯林族群社区地缘变迁的必然趋势①。回族为追求生活品质的提高，通过在城市买房、进入城市打工的方式，农村的回族也日益走向城市，一些回族村落逐渐出现"空巢化"的倾向。融入城市的过程，使回族的社会精英们十分担心回族会丧失自己的民族特征，许多回族老人都把伊斯兰教作为回族认同的一个核心要素，认为回族如果丧失了伊斯兰教的信仰，就不称为回族了。回族老人们提出来要对回族下一代进行阿拉伯文的教育，希望政府能举办阿语学习班，最好在寒暑假能在清真寺进行传统经文教育。而关于如何尊重传统、恪守伊斯兰的信仰，这些回族十分关注的问题在学校的教育中是没有体现的，回族孩子和汉族孩子接受同样的教育，最终的结果就是被汉族教育同化，成为无信仰者。因此，一些回族家庭将孩子送至甘肃、宁夏、青海等地清真寺学经，有的甚至送到马来西亚、埃及、巴基斯坦学经。但是对于改革开放成长起来回族的年轻一代来说，重要的是追求个人的幸福，把职业、居住环境、收入等作为自己奋斗的目标，并不热衷宗教信仰。这也反映了回族社会出现的代沟还是非常明显的。

回族为恢复传统文化而努力。昌吉回族自治州、焉耆回族自治县、伊宁市回族较多的聚居区都开始举办"花儿节"。伊宁市榆群翁乡一位干部说：

乡里为了活跃文化生活，每两年举办一次花儿会，至今已办了14届。我担任了花儿会的总导演，"文革"后期在新疆第一次把花儿搬上舞台。现在州上其他回族较多的乡也开始举办花儿会，州上也已经办了三四届。我参加了全疆华凌杯花儿演唱会，还参加了西北地区的花儿演唱会。在政府的支持下，打算把花儿申报为非物质遗产。河州花儿、青海花儿、伊犁小曲子（陕西民歌）三部分都是花儿。

在社会调查时，问到回族重点保护的民族传统文化有哪些？回答的结果（见表3-33）前四项分别为清真寺（69.6%）、节日（51.5%）、饮食（47.6%）、服饰为（29.3%）。

表9-33　应该重点保护本民族的哪些传统文化（多选，N=355）

选项	人数	百分比
服饰	104	29.3
节日	183	51.5
房屋	12	3.4

① 杨文炯：《互动、调适与重构：都市生境下的回族传统与现代化》，载《兰州大学学报》（社会科学版），2003年11月。

续表

选项	人数	百分比
饮食	169	47.6
清真寺	247	69.6
歌舞	36	10.1
手工艺	61	17.2
婚俗	45	12.7
丧葬习俗	78	22.0
其他	3	0.8
合计	938	264.2

总体看来，回族还是将清真寺作为重点保护的传统文化的首选。其次，节日、饮食、服饰作为区别于其他民族的标志也得到了重视，这恰恰也是回族最重要的认同标志。

五、对本民族作用的看法

回族干部群众对发生在乌鲁木齐市的“7·5”暴力事件十分愤慨，认为其破坏了民族团结，破坏了改革开放以来的新疆安定的社会局面。从表9-34调查问卷看，严防“民族分裂主义势力渗透”（66.2%）、“发展经济、改善民生”（65.1%）高居前两位，既要抓稳定，又要抓民生改善，基本上反映了回族对社会稳定的关注。此外，回族也比较关注“完善民族政策”（41.6%）、“发展科技教育”（37.2%）等问题。在调研中，特别是一些回族干部群众对自治区政策偏向主体自治民族的做法提出意见，认为回族也是少数民族，但是在招生和就业中享受不到主体自治民族的待遇。此外，在宗教教育中，自治区经学院也不招收回族经学班，认为完善民族政策，应该给区域内的少数民族同等的待遇。回族干部还认为，应该很好地发挥回族在自治区社会稳定中的作用。因为：一是回族信仰伊斯兰教，与维吾尔族不容易出现文化上的隔阂；二是回族与维吾尔族杂居的情况普遍，掌握维语的回族群众多，问卷中有18%的回族懂维语，与维吾尔族沟通方便，这些都是汉族没有的优势；三是回族通用汉语，与汉族沟通比较容易，而且与汉族通婚比例比较高。回族的民族文化融合优势决定它在新疆民族团结和社会稳定中可以发挥特殊的作用。

表 9-34　　政府应该主要解决的问题（多选，N=355）

选项	人数	百分比
发展经济，改善民生	233	65.1
严防民族分裂势渗透	237	66.2
完善民族政策	149	41.6
加强法制	109	30.4
发展科技教育	133	37.2
其他	4	1.1
合计	865	241.6

新疆回族作家杨峰认为，回族文化是汉文化和伊斯兰文化相结合的一种文化，在新疆地区有汉文化和新疆本土的文化，回族文化起了一个桥梁的作用，所以很多新疆信仰伊斯兰教的民族，比如维吾尔、哈萨克民族对汉文化的认识，很多是通过回族文化认识的，而关内的汉族同胞，包括在新疆各民族，对伊斯兰文化的认识也是通过回族文化来认识的，所以说回族人起了一个桥梁作用，应该为新疆的稳定，各民族的繁荣、团结以及新疆的和谐做出更大的贡献。[①] 笔者还想强调的是，在新疆特殊的多元文化环境中，长期以来，总体上回族与各民族形成了插花居住（大杂居、小聚居）的格局，回族给其他民族传播自己的优秀文化的同时，也使新疆回族大量吸收了其他民族的优秀文化，进一步丰富和充实了自己，比如新疆"花儿"，形成了自己的民族地方特色。今天的"新疆回族"的民族心理，正是在多元文化的交融中和地方化的双重进程中被塑造的。

① 杨峰：《杨峰谈新疆回族的历史与文化》，http://hi.baidu.com/cjrblyh/blog/item/3f612c2ac13764395343c1fa.html。

下　篇

以现代文化引领新疆社会长治久安

第十章

影响新疆社会长治久安的深层因素

长期以来，新疆社会长治久安是国家高度重视的重大问题，针对新疆的政治性动乱、暴乱、骚乱，新疆曾提出“主动出击，先发制人，露头就打”的战略方针，这对打击宗教极端势力、暴力恐怖势力和民族分裂势力，维护新疆社会稳定起到了积极作用。然而，敌对分子毕竟是极少数人，为什么极少数人能鼓动和怂恿一批人参与社会动乱活动呢？为什么高压严打有效地控制了局势，但新疆仍然多次发生暴力事件？我们不能不对问题的原因进行深层的思考，挖掘产生社会不稳定的深层根源。

“9·11”事件以后，世界各国开始严厉打击宗教极端势力、暴力恐怖势力和民族分裂势力，新疆民族分裂势力的斗争策略也开始重新调整：他们把斗争的战场转向意识形态领域，实施“民心工程”，“下一代工程”，利用宗教和狭隘民族主义思想笼络人心，拉拢群众。美国学者在《新疆问题》的报告中称：华盛顿政权已经牺牲了维吾尔人的理想以换取北京对反恐战争的支持，使他们中的人认为，他们别无选择，只能通过更激进的哲学思想提高其民族斗争水平，整个地区的伊斯兰激进主义力量一旦壮大，很明显，它将影响新疆内外的维吾尔人民的民族斗争。由此看来，国外敌对势力与民族分裂势力相勾结，在思想文化领域与我们展开一场争夺人心、争夺群众、争夺阵地的没有硝烟的政治斗争。

为了反对民族分裂势力，维护社会稳定，新疆地区高度重视意识形态领域的反渗透斗争。近几年，新疆地区进行民族理论和民族政策教育，“四个认同”教育（祖国的认同、中华民族认同、中华文化认同、社会主义道路认同）“五观”教育（国家观、民族观、宗教观、历史观、文化观）“三个离不开”教育（汉族离不开少数民族，少数民族离不开汉族，各少数民族相互离不开），开展“民族团结月活动”，这对维护边疆社会稳定起到了积极的作用。但收效仍不太尽如人意，其根本的原因在于没有把先进的理论与民族文化和民族心理结合起来，形成各民族都认同的民族意识和民族精神。任何理论如果不与民族文化心理相结合，是不能成为现实社会中实际起作用的社会意识。历史唯物主义告诉我们：社会存在通过社会心理对社会意识形式起决定作用，社会意识形式又通过社会心理对社会存在起能动的反作用。在这里社会心理是社会存在与社会意识形式的中介，是理论到实践必须通过的中间环节，不了解社会心理，就不能发挥社会意识形式的能动作用。对于这一点，具有丰富统治经验的资产阶级早已注意到，他们研究民族文化心理学，用以煽动资产阶级的民族主义的情绪，挑起民族矛盾，掩盖民族内部的阶级斗争。而我们却片面重视理论的研究，用抽象的理论说教教育人，忽视民族文化心理研究，缺乏把科学的理论与民族的文化、民族的愿望、需要、情绪、感情结合在一起，以喜闻乐见的民族形式表现出来，因而难以激发民族的热情和力量。马克思指出：“思想根本不能实现什么，为了实现思想，就要有使用实践力量的人。”[①] 说到底，理论必须深入人心，必须转化为民族的文化，形成民族文化认同、心理认同，才能转化为民族的凝聚力，成为维护社会稳定的强大力量。

第一节　影响新疆社会稳定的文化因素

我国是一个统一的多民族国家，中国社会稳定结构比单一民族国家至少多了一种影响因子——民族差异因子，尤其是受不同民族文化和心理模式制约的民族文化心理差异的客观存在。一切行为实质上都是文化心理的外在表现，所有的行为差异或多或少总是可以归因为文化心理的不同。即使披上“民族”的华丽“外衣”，不同民族人们的行为差异仍然可以从民族间文化心理差异的深层次背景中得到合理的解释。当这种行为差异与中国社会稳定结构发生近距离地接触、关联甚至碰撞时，民族间文化心理差异便必然性地成为中国社会稳定结构的深层次文化背景。于是，中国社会稳定结构在多了一种影响因子的同时，也多了一条从深层次的文化心理背景获取合理解释的新途径。因此，我们有必要从民族文化心理探寻影响新疆社会稳定的深层根源。

① 《马克思恩格斯全集》第 2 卷，人民出版社 1956 年版，第 152 页。

一、多元文化的碰撞

新疆是古丝绸之路的要道和东西方经济文化交流大动脉的枢纽，历史上就是中华文明、古希腊罗马文明、古印度文明、阿拉伯文明以及原始宗教、佛教、伊斯兰教、基督教等宗教碰撞、交流、相互传播影响的地带。当前，在冷战后和全球化时代的国际政治文化格局中，文化传播的战略意义进一步凸显。新疆成为受外来文化传统影响最广的地区，也是中西文化交汇和碰撞的地区。

多元性是新疆民族文化的显著特征。“多元”是指文化主体在价值取向上的异质性、多样性。异质的文化共同存在于一个时代的社会中，构成互动的文化体系，即多元文化。在新疆，由于民族文化的多样性，各个民族要保持着自己的文化特色，不同文化相互碰撞在所难免。人类由于历史、地域和社会的复杂差别，文化的差异性和排斥性不可避免地会产生。当两种不同的主体或两种以上的文化相互交汇时，不同的主体都会依照自己的思维模式进行解读。不同的民族在文化交往过程中具有一些无法沟通的成分和倾向，是无可厚非的。究其原因，无非是为了保持本民族文化传统的纯洁性而拒绝对外交流，或者是由于历史积怨较深，文明断层难以弥合，因而强调差别，强调矛盾，用民族情绪替代和平交往。然而，如果片面地强调差异性，忽略了同一性，那么，最终的结果必然是差异性进一步加大，隔阂进一步加深，导致心理疏远与政治分离，势必会影响民族团结和社会的和谐发展。当代美国哈佛大学著名教授亨廷顿在《文明的冲突》一文中认为，当今世界的冲突根源在于文化，而不是意识形态或经济方面，文化的冲突将左右政治与经济。尽管，这一观点具有片面性，但不可否认在当今社会民族文化的冲突是世界矛盾的突出表现。

二、民族文化认同的差异

文化作为一个文明社会的“软实力”，作为一种特殊的社会资本，其作用的体现关键在于文化认同。这是因为文化的认同实质上是对本民族的认同。本民族强化对本民族文化的认同意识，以识别“自我”，提升对本民族的认同感，增强对本民族群体的认同意识，最终实现从文化认同到民族认同这一种高层次认同的转变，为本民族构建奠定了深厚的社会心理基础。

民族文化认同的意义在于：个体对民族文化的认同，使其可以获得一种真正的归宿感，有一种“在家”的感觉。尤其生活在少数民族地区的个体，由于物质生活和文化生活条件相对落后，生活相对单调与枯燥，如果对民族文化没有认同感，就会产生孤独与寂寞感，只有当个体对民族文化产生认同感，才能获得一种真正的“自我”，才能融入民族社会群体当中，从而使自身获得发展。社会心理学家发现，人类在社会生活中有两种认同的需要。其一是通过寻找“我”与“我群”的差异而获得“自我认同”，它使个体获得一种与众不同的独特性和唯一性；其二是通过寻找“我群”与“他群”的差异而获得“社会认同”。它使个体获得一种与众相同的一致性和同一性。为了同时满足这两种需要，个体总是在寻找二者之间的平衡。文化认同也是一种社会认同，是个体获得文化群体的“我们感”的途径和过程。

少数民族文化形成于特定环境的物质生产方式。生存环境和经济生活的多样性，又造就了民族文化千姿百态的个性特征。一个民族的价值观念、道德意识、行为偏好、生活方式等特定文化特质，对民族经济生活起到约束作用。从新疆地区看，少数民族大多居住于沙漠绿洲和山地牧区，生产力相对落后，小农经济意识在很大程度上还支配着他们的生产方式和生产行为，经济发展的缓慢制约了民族文化的发展，民族文化发展的滞后又约束了经济发展。因此仍有许多文化因素影响着民族文化认同。

第一，语言障碍。在人类的交往中，最基本的沟通工具莫过于语言文字。新疆少数民族大多数拥有自己的语言文字，普遍使用本民族的语言交流。特别是在民族杂居地区，各民族的语言文字自然成了民族沟通和交往的障碍。尤其在贫困地区，90%的少数民族不懂汉语，使民汉交流非常困难。在社会调查中，无论是汉族还是少数民族普遍反映语言不通是影响民族交往的最重要的因素。

第二，习俗差异。各民族在衣食、住行、生产、婚姻、丧葬、节庆、礼仪等物质生活和文化生活方面广泛流传着自己特有的喜好、风气、崇尚和禁忌。我国大多数民族都有着自己悠久的历史、传统文化和习俗。如维吾尔、回、哈萨克等民族信仰伊斯兰教，每年主要过古尔邦节和肉孜节，在饮食上具有清真（禁食猪肉）等习俗；而蒙古族、满族等民族信仰藏传佛教，同汉族相似，每年都要过春节，饮食方面也没有清真的禁忌。这就是说，不同的民族在文化与习俗方面都存着较大差异，这无疑给各民族的交往也造成了一定的不便。

第三，宗教差别。目前，新疆的宗教主要有六种：伊斯兰教、佛教（汉传佛教、藏传佛教）、基督教、天主教、东正教、道教。另外萨满教在有些民族中仍然有较大影响。信仰藏传佛教的主要是蒙古族，约15万人；基督教教徒在新疆约3万人；天主教教徒有4 000多人；俄罗斯族总人口约9 000人，他们普遍信仰东正教；道教信徒约300人。信仰伊斯兰教的民族有：维吾尔、哈萨克、回、柯尔克孜、塔吉克、乌孜别克、塔塔尔、东乡、撒拉、保安等10个民族，至2006年，信伊斯兰教人数1 100多万人，占全疆总人口的53.7%左右。总体来看，新疆2 500多万人口中，约1 200万信教，主要是各少数民族，其中98%信仰伊斯兰教，信仰其他宗教的人数总和不到20万，不足2%。多种宗教信仰必然影响人们世界观、价值观的认同，因此不同宗教的差别、教派之间的差异，信教与不信教之间的矛盾是不可避免的。

三、“双泛”思潮的渗透

19世纪末20世纪初，在英帝国主义的极力鼓吹和支持下，“泛突厥主义”和“泛伊斯兰主义”传播到新疆。“泛突厥主义”主张将所有信仰伊斯兰教的国家和民族联合起来，建立政教合一的“大伊斯兰帝国”。“泛伊斯兰主义”宣称所有操突厥语言的民族是同一个民族，鼓吹亚洲西部和中部地区所有操突厥语的民族联合起来，建立一个“大突厥帝国”，建立一个所谓纯粹的“突厥民族”的国家。20世纪20年代民族分裂分子麦斯武德等人就宣扬“我们的祖先是突厥，我们的祖国是土耳其”，鼓吹“东突厥斯坦独立”。20世纪30年代民族分裂分子沙比提大毛拉和穆罕默德·伊敏打着“东突厥斯坦独立”的旗号，先后在和阗和喀什建立了“伊斯兰教王国”和“东突厥斯坦伊斯兰共和国”分裂政权。

泛突厥主义、泛伊斯兰主义思潮犹如毒菌在新疆渗透。50年代，出版了《东突厥斯坦历史》、《维吾尔史》、《宗教宣言》、《伊斯兰教历史基础和民族独立的呼声》（又名《七个生活》）等，歪曲历史，蛊惑人心。60年代，出笼了《火炬报》、《觉醒报》、《独立报》等，鼓吹新疆独立，煽动分裂。70年代，分裂主义思潮主要通过讲课、作报告、著书、写文章等形式广为传播。出笼了《维吾尔人》、《匈奴简史》、《维吾尔古代文学》三本书。这些书以学术研究为名，传播分裂思想。他们歪曲、杜撰、篡改历史，妄图将维吾尔族从中国历史上剥离出去；不着边际的夸大维吾尔族的历史地位和作用；歪曲历史上的民族关系。

进入21世纪，意识形态领域中分裂思潮并未减退，鼓吹“东突独立”的书刊、文章相继出笼。《浑泉》、《巴达吾来特》、《喀什和卓》等三部小说，350万字，分16册出版。有5篇吹捧文章紧随其后，具有分裂毒素的书稿出版后，被分裂组织当做教材。煽动分裂的小说《野鸭子》刊登后，一电台播送了“删节本”。2002年元旦，在新疆人民会堂文艺演出的舞台上，竟然有人朗诵攻击中国共产党和政府的诗歌。在新疆彻底清除意识形态中的分裂主义思潮，更是任重道远。

第二节 影响新疆社会稳定的心理因素

任何一个社会的稳定，都与这个社会的民族心理状态有关系。因为，“全部社会生活在本质上是实践的”。[①] 人们总是通过社会实践维持自己的社会存在。而社会实践总是在一定心理状态支配下进行的，有不同的心理状态，就有不同的社会实践活动，民族心理是社会实践的原动力。民族心理一旦形成，就直接影响社会实践，对社会稳定起能动的反作用。民族心理的反作用具有两重性：当民族心理适应社会发展，维护社会稳定，它起积极作用，当民族心理阻碍社会发展，破坏社会稳定，它起消极作用。我们从边疆社会稳定的角度研究民族心理，发现影响边疆社会稳定的主要民族心理因素有：民族需要心理、民族意识、民族认知、民族心态和宗教心理等。

一、民族需要心理

民族需要心理是被人感受到的一定生理和心理发展条件的必要，是个体对某种东西的缺失或过剩状态，需要心理反映着人类机体对内外部环境稳定的要求。民族需要是民族对自身生存和发展的条件的要求，它是民族个体对自己缺失东西的渴望，反映民族对内外环境的需求，它是民族心理的活动的原初动因和最终归宿。只有了解民族需要动机才能弄清民族心理的产生和变化的原因，也才能知道怎样解决民族的心理问题，维护社会稳定。因此分析新疆各民族的需要动机是研究新疆各族民族心理的前提条件。在社会调查中，我们发现新疆各民族最迫切的愿望就是改善民生，提高生活水平。由于新疆自然、历史、体制转型等因素的影响，贫困问题仍然是制约新疆社会经济发展的严重问题。新疆贫困居民家庭人口多，就业者少，且收入来源少，收入低。在衣、食、住、行、就业、医疗、教育等方面远远落后于全疆平均水平，长期处于一种窘迫的生活状态。因而满足物质生活需要是新疆各族人民的最迫切的愿望，也是社会稳定的基础。

民族心理是由民族的物质生活条件决定的，有什么样的物质生活条件就有什么样的民族心理，民生需求心理就是对社会物质生活条件的直接反映，它是民族心理最强烈的愿望，如果不能满足民生的基本需求，民族心理会不平衡，甚至会

① 《马克思恩格斯选集》第1卷，人民出版社1995年版，第56页。

产生剥夺感、反叛心理。只有改善民生，才能安抚民心，使各民族有幸福感，形成平衡、和谐的民族心理，推进社会的长治久安。

二、民族意识

民族意识是“同一民族的人感觉大家是属于一个人们共同体的自己人的这种心理”。[①] 这种心理对内起到认同作用，对外起到分界作用，因而它具有两面性。从积极方面来看，民族的认同感、自豪感和自尊心是民族意识的基础，它增进民族凝聚力和向心力，维系民族的团结、发展和延续，是一个民族的精神支柱和灵魂。相反，过激、偏激的民族自我意识会产生消极的作用，会导致民族意识的保守和狭隘，甚至排他。这种狭隘、排他的民族意识会阻碍民族的进步，会抵制其他民族先进和科学的文化，而恪守本民族落后和愚昧的东西，导致民族之间的矛盾和冲突，甚至造成社会的动乱。

20 世纪初十月革命之后，由于“苏俄政府在中亚搞民族识别，组建民族加盟共和国，以民族自治为口号，一定程度上推动了新疆民族意识的增长”[②]。此后，国际上反动的“泛伊斯兰主义”和“泛突厥主义”传到新疆，使新疆的个别少数民族的民族自我意识不断增强。20 世纪末，苏联解体之后，第三次民族主义的浪潮兴起，使新疆个别民族的民族自我意识更加高涨，具体表现在：①不欢迎其他民族成员来到自己自治的地方；②极力保护本民族语言在学校的使用；③希望培育和发展本民族经济；④极力通过宗教、风俗习惯、历史教育增强本民族的民族意识和凝聚力。[③] 马大正研究员指出，“新疆 70 年代以来，民族意识明显高涨，其消极性、破坏性日显突出”，“民族意识的高涨是影响新疆稳定发展的深层次消极因素之一”[④]。尤其是乌鲁木齐“7·5”事件伤害了新疆各民族长期建立起来的民族感情，激活了新疆汉族的民族意识，同时进一步催化和增强了维吾尔族的民族意识和民族情绪，加深了维汉之间的心理隔阂，民族自我意识的激活蕴含着极大的社会风险。

三、民族认知

对于具有不同社会生活条件和不同经验的民族群体，其认知必定要受生活环

① 费孝通：《民族与社会》，人民出版社 1981 年版，第 17 页。
② 潘志平：《民族自决还是民族分裂》，新疆人民出版社 1999 年版，第 254 ~ 255 页。
③ 马戎：《当前中国民族问题的症结与出路》，载《民族社会学研究通讯》，2010 年第 51 期。
④ 马大正：《国家利益高于一切》，新疆人民出版社 2003 年版，第 17 ~ 18 页。

境和生活经验的制约。当人们能客观地反映真实情况，做出理智的判断时，民族认知对社会稳定起积极作用；当人们被假象和谣言所蒙蔽，做出盲目的判断，从而产生认知的偏差，对社会稳定起消极作用。

认知偏差是指个人对自己或他人的心理状态、行为动机和人际关系做出不客观的评判而产生的错误认识，民族认知的偏差主要表现在两个方面：

一方面是对本民族自我认知的偏差，它主要表现在过高评价本民族而孤芳自赏，或者过低评价自己而自卑自贱。一般来说，在新疆，由于存在历史的、文化的、经济发展水平等方面的差异，部分汉族同志比较倾向于过高评价自己，过分自信傲物，往往会感到没有必要与其他少数民族交往。部分少数民族比较倾向于过低评价自己，往往会觉得自己比汉族落后了许多，为了不让族外人了解到自己的不足之处，往往把自己封闭起来，不愿意与其他兄弟民族交往。

另一方面表现在对其他民族的认知偏差。其产生的主要原因是：第一，从众心理而产生社会刻板印象。这是指一个群体或民族对另一个群体或民族历来就形成的一种概括而固定的看法，并把这种看法推而广之，认为只要是一个团体的成员，都是一样的，忽略了个体差异。将某群体概念化，将同样的特征分派到该群体所有成员，而不管成员之间实际上的差异，产生对特定民族的不公平，甚至伤害的看法。这主要是由于文化、历史、阶层、地域、政治或战争等原因形成的，使得某些民族中的个人往往从众地认同自己所在群体或民族的看法。如有人认为“汉族文化先进，少数民族文化落后”。这种认识从表面来看，它似乎反映了一定的客观现实；其实，这是一种片面的缺乏客观依据的错误认识，是一种社会偏见的客观反映。因此，民族刻板印象不仅会阻碍人们解放思想、更新观念，而且，还会影响到各民族的交往和团结。第二，谣言的误导。认知是对外部信息的获取和加工，并在此基础上对外界事物的反映。因此外来信息对人们的认知具有决定性意义。如果外来信息是谣言，必然对人的认知产生误导。因为，谣言是人们心理不健康的表现，它常常会由于人们在情绪上的不满、挫折、厌烦和无所事事而得到鼓励。一般地说，在文明安定的社会里，人们可以从许多正当渠道获得他们所需要的信息，所以平时谣言很少。而当社会上发生剧烈变动或特殊事故，谣言就会兴起并盛行各地，从而增加了社会混乱的情绪，造成社会骚动甚至发生暴力事件。乌鲁木齐“7·5”事件就是以热比娅为首的“世维会”利用互联网，大肆炒作广东“6·26”治安事件，鼓动“全世界的维吾尔族行动起来”，叫嚣“要勇敢一点”、“要出点大事”，并通过网络、电话、手机短信等多种方式，散布谣言，煽动维吾尔族群众进行示威游行，造成了“7·5”打砸抢烧严重暴力犯罪事件。

四、民族心态

民族心态是各民族对社会面貌、社会发展、人际交往等现实社会的反映，突出表现在生活实践中对国家政策、对本民族和对其他民族的态度、情绪和情感。心态是个体对特定对象所持有的稳定的心理倾向，这种倾向中含有个体的主观评价（赞成或否定），由此产生行为倾向性。积极的民族心态对人、事物产生好感，易形成稳定、持久、融洽的人际关系；消极的心态对人、事物产生反感，易形成动荡、紧张、冲突的人际关系。相对认知和行为来讲，心态是核心部分。在边疆多民族聚居区，民族感情的相融合与冲突的过程中，产生了四种不同的民族心态。

第一种心态：在边疆多民族长期共同生活的环境中，不同民族结下了深厚的友谊，不同民族个体对本民族有积极的认同，同时对其他民族也有着积极的认同，因此个体在民族感情形成的过程中，把其他民族看作自己的兄弟姐妹，认为各民族是一家人，应该相互帮助，相互支持。这种积极的心态是抵制民族分裂的最深厚的基础和最有力的保证。

第二种心态：指个体对本民族和其他民族都存在消极的认同，他们既以一种悲观、颓伤的心态看待本民族的一切，对本民族的文化、宗教、习俗等充满了自卑，甚至有时以自己身为自己所隶属的民族的一员而感到耻辱，同时又对其他民族产生民族刻板印象，否定其民族习惯、民族文化等，此类个体因为拥有消极民族认同与高偏见而最终沦落为“边缘人”。①

第三种心态：指个体对本民族有着积极的认同，他们固守母体文化，甚至认为本民族是最优秀的民族，而对其他民族则表现出偏见，抗拒、排斥其他民族文化，在对其他民族的态度上表现出冷漠或敌视。这个群体的成员一般情况下都生活在与外界接触较少的地区，或者生活在宗教意识、宗教氛围浓厚的地区。这种民族心态易于被民族分裂势力所利用。

第四种心态：指个体对其本民族拥有偏见与消极的民族认同，而对外民族文化则表现出追求与学习特点，拥有这种心态的个体极力想通过自己的行为及表现更换自己的民族身份，从而达到维护自己的认知协调与其自尊心。

五、宗教心理

江泽民同志指出：“宗教通过对信教群众的心理慰藉，对稳定信教群众的情

① 吴施楠：《社会稳定学论要》，载《延边大学学报》（社会科学版），1996年第4期。

绪、调节信教群众的心理也有积极的作用。"[①] 但是，宗教一旦被"三股势力"利用，就成为破坏社会稳定的消极因素。

在新疆，伊斯兰教对社会生活有较大的影响。伊斯兰教信教群众最大一致性在于对"真主"的共同信奉，由此带来了信教者在心理上的认同性。这种认同性使信教群众心理上获得了对群体的归属，促使信教者之间的彼此接受和相互尊重，从而形成信教者感情上的亲近性。这种民族心理认同和亲近超越了现实的一切。正如"宗教往往使一个民族具有凝聚力，而民族又往往使某种宗教具有生命力。民族借助宗教张扬其个性，宗教利用民族扩大其影响。"[②] 从实践上看，宗教心理使不同区域、不同阶层、不同行业、不同文化程度的信教者之间进行沟通和协调，信教者之间相互沟通和协调带来了相互理解、彼此关照，从而有助于全社会不同区域、不同阶层、不同行业、不同文化程度之间的相互理解和协调，这对维护新疆社会稳定，促进社会和谐至关重要。现实表明，新疆的部分信教群众宗教心理上的这种认同性和亲近性自20世纪80年代以来，被新疆境内的"三股势力"利用而走向偏激，一定时期和一定范围内呈现出信教者的狭隘性、保守性、宗派性甚至极端性等特征，引起信教者心理不和谐，引发信教群众与其他民族和社会群体之间的矛盾和冲突。所以，对于信教群众心理上的认同性和亲近性特征，必须给予高度重视，正确引导，使其成为促进信教群众心理和谐的积极因素，发挥信教群众在维护新疆社会稳定和谐中的积极作用。

第三节　影响社会稳定的人的素质因素

人是一切社会活动的主体。社会稳定和发展取决于人的素质。现实的社会人是特定历史环境的产物和结果，人的素质也是历史的产物，反过来又给历史以巨大的影响。无论过去、现在还是将来，科技的进步、社会的发展，其主要的动力只能是人的素质即人本身认识、改造世界的条件和能力。

历史和现实经验教训告诉我们，在社会稳定发展过程中，人的素质起重大作用。因为：其一，在社会稳定发展的历史进程中，人是最基本的因素，人不仅是现代化建设的承受者，更重要的是实施者，其素质状况如何直接决定着社

① 《江泽民文选》第3卷，人民出版社2005年版，第389页。

② 叶小文：《宗教问题怎么看　怎么办》，宗教文化出版社2007年版，第57页。

会稳定发展的式样、性质和程度，影响着社会的发展方向。其二，从世界范围来看，许多发展中国家的共同教训是：真正的贫困不是资源，也不是财富，而是人的素质低，人的素质低必然引起社会不稳定。其三，国家固然可以从国外引进作为现代化最显著标志的科学技术，移植先进国家卓有成效的管理方法、管理形式以及教育制度等“硬件”，但如果缺乏高素质这个“软件”，即执行和运用这些现代制度的人，那么悲剧性的结局是不可避免的。一个国家，只有当它的国民是现代化的国民，它的工作人员、经济管理人员以及文化教育人员都具备与现代化发展要求相适应的现代素质，它的经济才能真正全面、协调、可持续地发展，社会的稳定也才有保证。对于现代化建设进程中遇到的种种困难，只要我们不是停留在问题的表面，就会很容易地发现，每一个问题透过其物的表面归根结底都是人的问题，都是人的素质问题。所以，能否普遍地提高人的素质，是社会稳定发展面临的首要问题，也是现代化建设能否成功的关键。

当前，新疆与内地的根本差距以及产生其差距的根源不仅仅是物质生产力的差距，更是“人的精神”发展的差距。这些差距主要表现在：

一、心理承受能力差

在边疆的特殊环境中，各民族长期生活在一种比较封闭的状态中，经济发展相对滞后，相应的心理、观念、行为较多地保留了传统和习惯，应对经济、政治、文化生活模式的变化能力比较弱。同时，由于生态环境的脆弱，导致人们心理的脆弱，因此人们的心理承受能力比较差。所谓社会心理承受力，就是指人们对社会变革的适应性和认可性的心理反映，是人们对市场变革举措及其后果的心理承受状况。它通过人们的心理反映、心理负担、心理压力表现出来，尤其集中表现在对党的关于社会改革和发展的各项方针政策的认可和支持程度上。因此心理承受能力是社会稳定的重要指标。新疆部分少数民族心理承受能力差突出表现在他们难以适应生产方式的改变，产生焦虑、无助的心理；就业难、生活难、看病难，影响了他们对政府的公信力；市场经济拉大了贫富差距，使一些人产生相对剥夺感。传统文化的势弱，使人失去了精神依托，感到内心的空虚和迷茫。改革开放以来，边疆与内地的差距拉大，民族之间的差别凸显，轻则引发人们的逆反心理，使之对社会变革持冷漠消极心理，重则会导致人们对社会改革的抵触和反抗，引起社会的动乱。我们必须看到，我国的市场经济与西方不同，它是政府主导型的市场经济。政府为使经济转型相对平稳，需要采取对边疆贫困地区的扶持优惠政策，这是一种社会稳定的投资。政府要根据民族心理的承受能力，调整我们的政策，采取有力措施缩小差别，化解矛盾，使各民族心态平衡，社会和谐。

二、民族自我意识增强

民族自我意识强化是影响边疆社会不稳定的深层次的重要因素。它突出表现在以本民族划界，对外界信息做出反应和判断，只要是对本民族的人或事有利都予以支持和帮助，只要是对本民族的人和事不利的都予以排斥和反对。民族的纠纷时常由此引起。例如：乌鲁木齐“7·5”事件的导火线是发生在广东韶关的“6·26”事件，“6·26”事件是民汉群众之间发生的普通治安案件。民族分裂分子歪曲事实，造谣诬蔑说维吾尔族员工受到迫害，是民族事件，他们通过网络、电话、手机短信等多种方式煽动民族情绪，挑起民族仇恨。致使谣言四起，一部分不明真相的维吾尔学生和社会青年借此上街游行，造成了“7·5”打砸抢烧的暴力犯罪事件。血的教训告诉我们，过度的民族自我意识可能会被民族分裂势力所利用，引起社会动乱。

三、科学文化素质低下

新疆这些年虽然扫盲取得很大成效，但是少数民族“三低一高”（入学率低、巩固率低、在校学生中所占的比例低、辍学率高）问题在基层农村依然相当突出。尤其是南疆三地州大部分地区存在老师业务水平低、教师待遇差，人才流失率高，教师的汉语水平不高等问题，这些都制约着新疆相对封闭状态下少数民族地区的教育水平和教学质量的提高。所以，少数民族普遍存在劳动力素质低、教育不发达的状况。

从表 10－1、表 10－2 可以看出，2000 年第五次人口普查时，新疆南疆三地州 6 岁以上的人口，文盲占全部人口的 10% 以上，明显高于全疆水平。民众受教育程度普遍集中在小学和初中阶段，两者总量占到全部 6 岁以上人口的 70% 以上，受过高中及大专以上教育的人口平均不足 10%，明显低于全疆水平；2006 年的《新疆调查年鉴》显示，在南疆三地州的成年劳动力中，各地文盲仍占到全部人口的 5% 以上，初中程度的劳动力水平虽有提高，但是基本上从受教育水平的构成而言，主要还是集中在小学和初中受教育水平；高中和大中专以及以上受教育水平的人口仍然非常低。应该说成年劳动力的受教育水平在短期之间不会有太大的变动，但是为了了解当前新疆少数民族群众的受教育水平现状，2010 年寒假课题组对南疆喀什地区几个县乡做了随机的调研。在叶城县乌吉热克乡肖如克村（维吾尔族村）所做的 40 份随机调研中，发现该村农牧民人口占到全村的88%。在受访的群众中，年龄在55～70岁的劳动力的受教育程度主要集中在小学和初中水平，还有部分文盲；年龄段在40～55岁的劳动力受教育程度基本上都是初中，40岁以下，尤其是20～30岁的劳动力中高中以上及大中专本科相对比较多，但也明显低于全疆乃至全国水平。

表10－1　2000年新疆南疆6岁及6岁以上不同受教育程度人口的比例构成

单位：%

地区＼受教育程度	不识字或识字很少	小学程度	初中程度	高中及大中专程度	大专及大专以上
克州	10.71	53.59	20.52	10.94	3.88
喀什	12.32	52.59	25.68	7.19	2.22
和田	15.02	58.41	19.05	5.49	2.03
南疆	11.46	51.09	26.17	8.38	2.91
全疆	9.10	41.63	30.26	13.37	5.63

资料来源：第五次人口普查资料。

表10－2　2005年新疆南疆农村劳动力文化状况构成

单位：%

地区＼受教育程度	不识字或识字很少	小学程度	初中程度	高中及大中专程度	大专及大专以上
克州	7.4	51.3	37.4	3.8	0.1
喀什	6.4	38.8	48.9	5.8	0.1
和田	5.8	52.8	37.1	4.1	0.2
全疆	4.6	40.1	45	9.4	0.9

资料来源：《新疆调查年鉴2006》。

少数民族传统文化中虽然有科学文化的内容，但是以农耕为主的农业文化却在宗教文化中占统治地位，缺乏科学的世界观、方法论，缺乏现代的自然科学和社会科学知识。因此，导致民族地区的人的综合素质相对比较低，其受教育水平、科学文化素质以及心理素质均停留在传统的农业社会水平上。其思想受宗教文化影响比较深，有不同程度的偏执、狭隘、排外与自闭倾向，农业社会遗留的惰性较强，缺乏创新意识，其思维导向存在小富则安，不求进取。由于科学文化素质差，就业机会少，许多无业游民就成为分裂势力利用的对象。在"7·5"事件中，参加打、砸、抢的暴力分子，大多数是无业游民。

四、现代法制意识淡薄

新疆几千年农业文明传统使人们往往习惯于消极的、被动的、无主体的文化模式，习惯于不思进取、知足常乐、小富即安的经验式的文化模式，习惯于凭借着经验、传统和常识自在、自发地生存与活动。而这种前现代的经验式的文化模式至今还强有力地影响着许多民众，并渗透到各个层面的社会活动中，他们以人情对抗法治和契约。由于几千年传统农业文明中调节人际关系的主要因素是天然情感和宗法血缘关系，即人情式的交往模式。而市场经济要剔除不平等的情感因素和人情关系对社会政治、经济等活动的干扰，现实情况却是人情因素往往更加强有力地出现于社会生活的各个方面。[①] 导致人情大于法律，缺乏法制意识。在新疆屡次动乱中，大多数人，尤其是未成年人不懂法，在分裂分子的金钱和人情诱惑下，杀人放火，却不知是违法行为。

第四节　现代化进程中的民族文化心理问题对社会稳定的影响

2010 年，中央召开新疆工作座谈会，部署新一轮对口省市援疆工作。自治区党委要求各级党委政府聚精会神搞建设，积极推进新型工业化、农牧业现代化和新型城镇化建设，努力实现中央提出的到 2015 年新疆人均生产总值达到全国水平、2020 年新疆与全国同步进入小康社会的目标。此后，各级政府强力推动，各类资金大量注入，城乡建设速度大大提升。2011 年上半年，全疆重大项目投资 595 亿元，是上一年同期的 139.3%。“安居富民”、“定居兴牧”、天然气利民、农牧区饮水安全、保障性住房建等一系列民生工程快速推进，极大改善了各族群众的生产生活条件。但是，经济发展只是解决问题的基础，并不能解决所有问题，甚至一些问题与发展相伴而生。因生产生活方式变化、社会结构转型、传统价值观念日渐式微带来强烈的文化冲击以及沉重的心理压力，诸如农牧民离乡打工、游牧民定居、失地农民进城、城郊农民上楼等，其社会适应和文化适应还需要一个过程，尤其是当这种变化是被迫而非自主选择时，其适应甚至是艰难的。由于新疆少数民族群众中农村人口多、贫困人口多、受教育程度低，在对发

① 衣俊卿：《社会发展与文化转型》，载《哲学动态》，2000 年第 3 期。

展和变化的适应中，明显存在速度慢、适应艰、管理难、文化及社会冲突较多等问题，处理不好，会极大地影响社会稳定和民族团结。因此经济上的跨越式发展未必能实现社会的长治久安。

目前新疆正在沿工业化、城镇化的方向快速发展，目的是解决社会现阶段的主要矛盾，即人民日益增长的物质文化需要同落后社会生产之间的矛盾。但在一个长期封闭、相对落后、文化多样的区域，采用大致同一模式，主要凭借外力推动获得经济快速发展，有可能出现社会发展滞后、文化适应疲弱、社会矛盾增长、繁荣之中累积危机的现象，甚至局部地区可能因社会控制系统无力应对与快速发展相伴而来的社会矛盾而出现社会动乱，使经济发展也难以为继。

在现代化进程中新疆民众文化心理问题主要表现在以下几点：

（1）政府主导发展，民众被动依赖，影响政府的公信力。目前的新疆发展是政府主导、推动发展，包括对发展方向和方式、发展动力和目标的选择上，公众的参与性明显不足或缺失。可能出现的负面影响是政府决策与地方特点脱节，决策失误不仅带来重大经济损失，而且还有政府公信力流失的政治代价。

政府以“小损失换大收益”思路推进发展，为快速解决问题也难有耐心听取民众的诉求，一些民众不愿因预期收益而失去现有利益，或不愿因物质利益增长损失无形的社会文化传统，出现“被逼发展”的现象，于是政府好心不被民众接受，甚至一旦“好心”没有“好果”，政府所受责难更多，以致激化社会矛盾。2012 年新疆社会科学院李晓霞研究员在南疆某县某乡调查中看到居民的一份上诉材料，材料称全乡 3 000 多人将因大型水利工程离开家乡，县政府决定将该乡居民搬迁到离县城 5 公里远的新农业生产基地，住楼房种大棚蔬菜，并通过对乡村教师、三老人员、低保户等从财政上领取工资或补贴的人群施加压力，获得他们签名的搬迁协议书。申诉者认为签字是被强迫的，希望重新选择离家乡较近的搬迁地，整体搬迁并保存原有的农牧业生产方式，并表示如果不能如愿将集体越级上访。有的地方政府为促进农民增收，以收回承包地、取消社保或扶持政策等为要挟，“逼迫劳动力外出务工”、“强迫搞设施农业”、要求农民种植某高产高效作物。越是发展落后的地方，这种“逼民致富”的做法越普遍。2009 年乌鲁木齐市“7·5”事件后，自治区很快吸取“6·26”事件的教训，强调农牧业富余劳动力转移就业要“坚持自愿，不得强迫”、“要有门槛，不是什么人都能转移”等六项原则。

（2）经济跨越式发展，文化不能同步跨越，焦虑、无助等心理危机加大。经济跨越式发展，使知识技能、社会关系、生活习惯等都有一个重新适应的过程，而文化适应、心理适应往往滞后于经济的变化。由于政府主导型的变化，民众自身的技能准备、心理准备并不充分，尤其是当生活和生产方式发生重大变化后，由于适应力不足而可能出现心理焦虑、孤独无助等心理危机。可以从如下几个方面反映：

一是经济快速发展带来的传统生产经验失能，成年人重新学习生产技能的迟缓与快速适应的需求有矛盾。如牧民定居。新疆牧民传统的牧业生产方式是逐天然水草的四季游牧，政府对牧民定居的推动自20世纪50年代就开始了，80年代后期，定居工作的推动力度很大。但事实上，定居后的牧民，并没有完全放弃对天然草场的依赖，只是变四季游牧为夏秋季游牧，变全家游牧为部分人游牧①。其原因有传统游牧业生产成本低、劳作强度小的优势②，也有牧民对于农耕生产不适应的过渡。在博乐市小营盘镇，1985年前后牧区开始实行承包制，每户牧民都分到50～100亩饲料地，但一些牧民不愿种地也不会种地，以每亩地租金3元甚至更低价格转包。即使是这两年实施力度极大的“定居兴牧”工程，短期内也不可能完全改变部分牧民游牧的生活状态。

二是新的生产生活方式带来更高的物质生活压力以及社会关系的损失，使部分适应力不足的人心理焦虑。“富民安居”、“定居兴牧”工程是政府主导并投入大量资金、农牧民普遍受惠的民生工程。建房资金除国家、援疆省市和地方政府投入、银行贴息贷款外，建房户自筹资金部分占一半多③。富民安居工程受到广大农牧民热烈欢迎，但对收入水平低、前景预期尚不乐观的农牧民家庭形成很大的经济压力和心理压力。在快速城镇化过程中上楼的农牧民，要放弃家庭农副业生产，楼房狭窄的空间令喜欢在家待客的少数民族居民感到更多不便，楼房征收物业费、暖气费等对低收入家庭是一笔较大支出。位于伊宁市城郊的喀尔墩乡曾调查该乡450户被征地户，其中87%的人担心上楼生活成本提高，难以维持生活；65%认为楼房不符民族风俗习惯。而由于当地没有土地条件再建平房院落，只能置换为楼房，或者迁往外乡外县买地建房，搬迁者普遍感到无奈。

三是新的社会环境中传统礼仪生活和人际交往习惯的维系出现困难。如一些区域因城市改造、征地拆迁改变了穆斯林群众传统围寺而居的形式，坊民间的联系减弱；居民上楼后居住及生活空间缩小，亲朋往来受限，部分家庭礼仪活动

---

① 李晓霞：《新疆牧民定居政策的演变》，载《新疆师范大学学报》，2002年第4期。

② 据报道：一亩天然草场的放牧成本只有2分钱，而一亩饲草料的种植成本约在100元。土地开发的质量低，粗放管理的草料地不能满足喂养牲畜，牧民多将草料地转租或种油葵和打瓜经济作物。定居点内的居住率低，见房不见人的情况较为普遍。《新疆牧民定居仍需政策扶持》，http：//www. tianshan-net. com，天山网，2010年08月06日。

③ 至2011年6月底，新疆开工的安富民安居工程计划任务22.3万户，累计投入各类建房补助资金105亿元，其中国家和自治区占28.6%，对口援疆资金占8.2%，地州县市补助4.9%，银行贷款7.7%，建房户自筹51.5%。

（如婚丧嫁娶）进入市场服务领域；偏远地区中小学生住寄宿学校、青壮年外出打工等带来家庭成员分离，家庭教育及道德约束、情感支持等有可能弱化。

（3）贫富差距拉大，部分民众的相对剥夺感增强。政府是新疆发展的主要推动力，对贫困地区贫困民众的政策扶持力度大，最突出的如对南疆三地州发展的支持。但发展基础好的区域往往因自身条件、市场青睐、政府典型示范推动而有更快的发展速度和收益，如天山北坡经济带的发展，即使是政府主导的普惠政策，事实上也往往更有利于强者，如带有配套资金的项目支持更受财政状况好的地方欢迎，低息贷款倾向于有还款能力的人。富民安居工程是政府实施的普惠性政策，受到广大农民的欢迎，目前一些地方面临着有能力的人积极建好房，贫困人口无力建房的局面。克州阿克陶县巴仁乡是贫困乡，2011 年农民人均纯收入 2 014 元，富民安居工程给每户农民建房补助 2 万 ~4 万元，当地建 60 ~ 80 平方米住房至少需要 5 万元。2012 年王晓霞研究员调研时乡党委书记说，建房后 20% 的农民生活得更好，30% 的农民情况一般，还有 50% 的农民可能因无力承担自筹部分的建房资金，向银行贷款也难而建不起房。贫困县乡、贫困人口普遍希望能更多享受政府差别性的政策支持。

过去城乡社区内人口均有较高的同质性，市场经济发展带来了阶层分化，人口流动增大了社区异质性，不论进城做小商贩还是进厂务工，也包括一些新移民点建设，人们往往都会感受到生活水平和收入水平的巨大差距。由于新疆少数民族人口中农牧业人口占绝大多数，疆内流入城镇的乡村人口主要为少数民族，尤其是来自人口密度大、土地资源紧缺、少数民族人口聚居的南疆农牧民，他们在城镇拥有农民、流动人口、少数民族三种身份，具有国家通用语言能力差、文化水平低、缺少专业技能、难稳定就业、举家流动等特点，所以许多人社会地位低、收入水平低、生活条件差，还会经常感受到城市中异质文化的差异和冲突，容易因巨大差异感而产生强烈的不平等感或被剥夺感。

（4）传统文化消解，精神难寻依托，民族认同和宗教认同易成为人们获得精神支持的源泉。伴随生产生活方式快速变迁、人员流动性增强以及各种思想、观念、信息的传播，传统文化赖以生存的土壤在不长的时段内迅速改变，表现明显的如传统道德价值观念的失落，譬如集体主义精神削弱、个人主义上升；老人、宗教人士的传统权威弱化，代以对权力和金钱、财富的膜拜；只重现世不重来世，（对自然或神）敬畏感减弱或消失；道德感化代之以法律强力约束，等等。这是现代社会的通病，使许多少数民族群众担忧。一些人酗酒、吸贩毒、罹患艾滋病，从而因个人行为失范而导致严重的社会问题，甚至可能危及民族生存。这种严重的社会道德危机，促使一些民族精英寻找强化民族传统文化良方，而宗教的道德戒律作用更容易发挥作用。墨玉县一位 60 多岁的宗教人士说：

“现在经济发展快，百姓生活好了很多，但问题也多。小时候好多没看过听过的事，现在出来了，吸毒、杀人、嫖风、偷盗、道德败坏的问题比以前多得多。”他认为问题的根源是没有按《古兰经》和圣训的要求去做，因为《古兰经》、圣训强调美德，做好人好事可以净化心灵。[①]

与学校教育、影视网络等媒介相伴而来的外来文化、现代文化在迅速传播和被吸纳，家庭教育和社区生活环境在改变，强烈冲击着民族传统文化，人们对本族语言文字、风俗习惯、礼仪传统衰弱的忧虑感在加深，而面对变化迅速、纷繁复杂的社会，民族认同提供了一种归属感或安全感，信任和依赖具有共同文化传统的同族人是适应变化的社会结构的一种途径。

① 李晓霞2012年与新疆社会科学院数位研究人员在墨玉县调查时对一位宗教人士的访谈笔录。

第十一章

以现代文化引领新疆文化转型发展

挑战或问题，非新疆发展中独有，是现代化发展中普遍存在的，但由于新疆的现代化是由外力强劲推动的发展，一些问题更为突出，加之新疆民族宗教问题的政治背景，一些问题更显复杂和敏感。在应对这种挑战中，2010 年自治区党委提出“以现代文化为引领”的重大战略选择，要求建立适应现代化的文化，促进新疆传统的农牧文化向现代文化转型，说明文化促进经济社会发展的重要性已被执政者清楚地认识到。

第一节　现代文化是新疆文化转型发展的方向

18 世纪 50 年代，以文化现象和文化体系为研究对象的文化学就已经兴起，但是文化作为人类历史和人类社会最深层的、最重要因素为人们所关注，并形成自觉形态的文化是在 19 世纪中叶。当时西方许多发达国家都经历了由传统农业文明向现代工业文明的转型过程，也就是以工业化为标志的现代化进程。在这一进程中，充满创造性、竞争性、开放性的世界文化与传统文化形成鲜明的反差和尖锐的冲突，远古时代开始积淀下来的传统文化表现出的巨大惰性，使文化的转型成为现代化进程中不可或缺的一环。进入 20 世纪，现代科学技术飞速发展，人们在物质生活水平提高的同时，开始体验到人的精神世界的空虚，从而陷入了深刻的文化危机之中。现代文化正是在这样的背景中成为现代化的最重要的表现形态。21世纪在中国的现代化进程中，许多问题的提出和许多见解的冲突，总是集中于文化层面，现代文化与传统文化的冲突成为影响中国现代化进程的重要因素。正因为如此，文化及其文化转型成为当代研究的热点。

什么是文化？由于人们看待文化的视角不同，因而人们眼中的文化也就不同。20世纪50年代美国人类学家克罗波（A. L. Kroeber）和克拉克洪（Clyd Kluckholm）对当时各门学科著名学者的160多个文化定义归纳为六类：描述性定义、历史性定义、规范性定义、心理性定义、结构性定义、遗传性定义。近年我国学术界对文化界定也众说纷纭，从文化的概念、演变过程、变迁、要素、系统、传播、类型、发展等十个方面进行了广泛而全面的研究。[①] 可以说，每一个层面和角度的研究都有其意义和价值，综合起来是能够反映文化的全貌和外延的。但是，正如美国学者约翰·R·霍尔和玛丽·乔·尼兹所说："像'文化'这样涵盖广泛的词，我们不指望单单通过仔细的界定就可以把握其真谛。定义'文化'，并由此将其变成一种与世界上各种文化的精妙之物都不同的东西是错误的，我们应当摒弃将文化'具体化'的那种方法。"[②] 因此，要想给文化一个涵盖所有方面、层次，各学科都认同的界定，必须从哲学意义上研究文化。

马克思的文化观就是哲学视域的文化观，他从实践唯物主义的角度看文化，为我们提供了文化研究的多重理论维度，这不仅为我们正确认识文化提供了一般方法论，同时其文化维度之间内在的逻辑关联也为我们把握时代脉搏，与时俱进地推进文化的转型、繁荣与发展提供了可操作的实践基础。

一、马克思主义文化观的多维视角

首先，从广义分析，文化即"人化"。这是马克思主义对文化本质的最高度

---

① 详见郭建宁：《当代中国的文化选择》，北京大学出版社2004年版，第3页。书中郭建宁把国内文化研究归结为以下十类：文化概念论（即从词源学上探究文化的定义、文化哲学的思路等）；文化演变论（涉及文化的起源与文化演变；社会、人与文化；原始文化、农业文化、工业文化、信息文化；文化积累与文化悖论等）；文化要素论（包括价值观、规范、意义和符号等）；文化系统论（包括文化的生态系统、时空系统、社会系统，其中涉及文化丛、文化群、文化区、文化模式等）；文化传播论（包括文化生产、文化储存、文化传播等）；文化类型论（性质上分为物质文化、精神文化、制度文化等；职业上分为工业文化、农业文化、校园文化等；性别上分为老年文化、青年文化与女性文化，以及主文化与亚文化、雅文化与俗文化等）；文化变迁论（文化变迁的含义、因素、动因及意义等）；文化功能论（包括文化与文明、文化与社会进步、文化与人的发展）；文化比较论（涉及文化冲突、文化分化、文化整合、文化隔离、文化交流、文化反映、文化选择等诸多内容）；文化发展论（包括文化发展的变异性与继承性、一般性与特殊性、民族性与世界性、文化进化主义与相对主义、文化激进主义与文化保守主义、文化全球主义与文化部落主义等）。

② 约翰·R·霍尔、玛丽·乔·尼兹著，周晓红、徐彬译：《文化：社会学的视野》，商务印书馆2004年版，第8页。

抽象的界定，它涵盖了所有属人的现象、过程和结果，是人类改造主客观世界的一切物质成果和精神成果。马克思的"人化"包含着"人化"和"化人"的双向过程：一方面，在实践这种自由的有意识的活动中体现了人"自己的本质"，使人之为人的"本质力量"对象化，即"人按照自己的标准、目的、理想和需要来改变自然的世界，使世界打上人的印迹，成为人生存的家园，从而更适合人的发展和进化"[①] 的过程。因此，"人化"体现的是文化的属人性，是"人所特有的活动方式、掌握现实世界的方式"[②]；另一方面，在人类改造外部世界的实践过程中，人的本质力量得到确证的同时，其本身也在不断否定自己的自然属性和原始的本能，不断提升主体的属人性及文明程度，不断地提升人的"社会化"程度。文化作为人所特有的遗传图式，体现并塑造着"文化人"。因此，人创造文化，文化塑造人。从群体的角度看，文化是特定民族的生存模式，文化一旦生成，就构成人生存的方式，即"文化圈"。文化对于置身于这一文化圈的个体具有决定性的制约作用，它像血脉一样构成人的存在的灵魂，正因为如此，文化的变迁或转型总是人的世界的最深层的变革，因为它代表着人的根本生存方式的转变。而现代文化正代表着对人的深层文化本质及其变迁的自觉的理性反思。

其次，从狭义分析，文化即社会意识形式，包括科学文化知识系统和意识形态系统。根据马克思主义文化研究的唯物主义路径，狭义的文化是指与社会存在相对应的社会意识范畴，它指一切人类认识及符号化的理论形式，是"人化"过程中最能体现人之为人特性的"意识"（或精神），即全部社会精神现象的总和，它包括科学、经济、政治、法律、哲学、道德、宗教、艺术等所有的社会意识及其符号化形式。意识是专属人所特有的，人的文化属性根源于人的意识性。作为社会的人在改造自然、社会和人本身的过程中，形成了各种关于自然、社会及人自身的意识，这些意识均以社会意识的方式表现出来，与社会存在相对应。社会意识有三个层面：自然科学、社会科学和人文科学。按照社会意识与社会存在的关系看，又可以分为两大类：一类是系统反应和自觉服务于经济基础的思想意识体系，即意识形态；另一类则是不属于社会上层建筑的社会意识形式，主要指自然科学、思维科学及逻辑、语言等知识系统。这些社会意识没有任何的阶级属性，可以称为社会意识中的非意识形态。在阶级社会，占统治地位的统治阶级出于阶级统治的需要，把自己的利益、观念、愿望、观点越来越多地渗透到社会科学、人文科学等知识体系中，为维护统治利益服务。而人类的所有知识形态中，政治、法律、哲学、宗教、文学、艺术等观念体系由于在塑造人的思维观念

① 舒杨：《当代文化的生成机制》，中央编译出版社 2007 年版，第 21 页。

② 陈筠泉、刘奔主编：《哲学与文化》，中国社会科学出版社 1996 年版，第 111 页。

和价值取向，维护阶级统治中所具有的无可替代的重要性，从而引起人们的重视。这也正是马克思主义重视意识形态理论研究的主要原因。

最后，从生产力分析，马克思的"精神生产力"实际上就是"文化生产力"。文化生产力延伸出两层含义：一是文化本身是生产力；二是文化的物化形式具有生产力（商业）价值。马克思在《经济学手稿》中也指出"生产力也包括科学"①。科学从根本上说是人按自己的需求和意愿改造客观世界过程中形成的关于自然、社会以及人本身的规律性认识的知识体系。科学作为理论，必须通过技术转化为劳动者的劳动技能，物化为具体的劳动工具和劳动对象，具体化为生产作业程序和方法，才能在生产过程中成为直接的生产力。因此，科学以及相应的技术虽然不能直接起推动生产力发展的作用，但是它们作为渗透性因素，通过渗透到生产力诸要素中而达到推动生产力发展的作用。从这个意义上说，文化是生产力。正如恩格斯《在马克思墓前的讲话》中所说："在马克思看来，科学是一种在历史上起推动作用的、革命的力量。"② 劳动生产力是随着科学和技术的不断进步而不断发展的。如果说马克思从当时的社会历史条件出发，认为科学，首先是自然科学，是促进生产力的发展的根本动力，生产力的发展"来源于智力劳动特别是自然科学的发展"③ 的话，那么随着社会的发展，社会科学在社会生产过程中的生产力价值则也引起了马克思的注意："一般社会知识已经在多么大的程度上变成了直接的生产力，从而社会过程的基本条件本身在多么大的程度上受到一般智力的控制并按照这种智力得到改变。"④ 可见，马克思的"科学是生产力"的思想本身是包括社会科学的。当今社会，随着社会化程度的提高，社会科学通过与自然科学相互渗透和相互促进，在社会生产中发挥着越来越重要的作用。社会科学如组织科学、管理科学、行为科学、经济学、社会学、法学等等，通过建立高效的经营组织，保证生产的进行，从而推进生产力的发展。"二十一世纪赢在管理"的说法也体现出管理科学在社会生产力发展中的重要作用。⑤

文化的物化形式具有生产力（商业）价值，是指文化产品具有生产力功能，可以推动经济发展。从人作为社会性存在而言，不仅有物质需求，而且还具有精神需求，人类文化创作过程中出现的文学、艺术、诗歌等社会意识形式都可以满足人们的精神需求，从而创造价值，促进社会的进步与发展。由于不同国家、地

---

① 《马克思恩格斯全集》第46卷（下），人民出版社1980年版，第211页。

② 《马克思恩格斯选集》第3卷，人民出版社1995年版，第777页。

③ 《马克思恩格斯全集》第25卷，人民出版社1974年版，第97页。

④ 《马克思恩格斯全集》第45卷（下），人民出版社1985年版，第219～220页。

⑤ 详见高静文、李刚主编：《经济哲学论纲》，中共中央党校出版社1999版，第34～35页。

区所处的地理环境不同，物质生活条件不同，经历的历史发展不同，从而形成了不同的风俗习惯、社会组织、宗教信仰、婚姻制度、文艺、诗歌、知识等，这些文化特点显示出文化的多样性和差异性。随着社会交往的扩大，人们对异质异域文化的需求越来越强烈，欣赏、学习、研究以及感受不同文化的不同品位和特点的需求，促使文化产品的产业化。文化旅游实质上是旅游者体验异地、异域、异质、异族文化、寻求精神体验的过程。传统文化，特别是特色少数民族传统文化在当代世界文化一体化过程中的生产力价值日益凸显，从伍德《以磅出售的文化》（*Culture by Pound*）到当前世界乃至我国各地热火的“原生态”文化旅游，无一不是拿民族的传统文化为卖点，实现传统文化的生产力价值。

二、中国现代文化

现代文化即现代化的文化，是现代化的重要组成部分。而现代化则是一个源于西方的概念，是指传统农业社会向工业社会过渡的产物。确切地说，它是文艺复兴运动、宗教改革运动以及启蒙运动以来，以工业化为主要特征的，关涉政治、经济、文化等层面的一种不断持续开放、发展的综合系统与过程。作为现代化建设的一个重要层面，现代文化反映工业社会的要求，其核心是宣扬理性，崇尚科学知识、高扬人的理性和主体性地位，相信社会在现代科学理性的指导下就能走向自由、民主和解放的理性价值信念。因此，从文艺复兴以来，现代化就逐渐成为人类追求的理想目标。它不仅成为西方工业文明的主导价值思想，而且在经历了西方文化尤其是伴随工业文明以来的经济全球化的全球游走而在全球范围内产生了深远的范式意义。伴随科学技术以及信息社会的全球化发展，世界文化和文明之间不断激荡、碰撞、交流与融合，形成了以现代经济、政治为基础，立足于传统，但又汲取了现代工业文明时代的文化精髓，反映现代社会经济、政治及其社会客观状况，同时又能动促进社会经济、政治发展的现代文化系统。因此，当前我们所说的现代文化乃是在科学、理性精神和民主精神引领下，汲取现代工业文化精髓，融合并升华了全世界各个国家、民族的传统文化精华的综合文化系统。中国的现代文化与西方现代文化既有联系又有区别，它是相对中国传统文化而言，是指在科学、理性精神和民主精神引领下，汲取现代工业文化精髓，继承中华民族的传统文化精华的综合文化系统。从马克思主义文化视野分析，现代文化也有三个层面：

第一，从广义分析，中国现代文化是现代工业文明基础上的人的生活方式，是建立在现代化生产方式基础上的科学、理性的生活。现代化生产方式决定着现代文化的产生和发展。没有现代化生产方式，就没有现代文化。当代的现代化的生产方式是以农业现代化为基础，新型工业化为主导，新型城镇化生活方式为主体的现代工业文明的生产方式，它是对传统农业文明的超越，是当代先进的生产方式。

第二，从狭义分析，中国现代文化是马克思主义指导下中国特色的社会主义文化。它是以社会主义核心价值体系为引领，面向现代化、面向世界、面向未来的，民族的科学的大众的社会主义文化。社会主义核心价值体系是现代文化的内在精神和生命之魂，决定文化发展模式、文化体制和发展目标，是中国现代文化的旗帜和主心骨，对文化转型发展起引领和导向的作用。中国的现代文化还要吸取工业文明的一切优秀成果，弘扬中华民族文化，形成广大人民群众喜闻乐见的大众文化。

第三，从生产力分析，中国现代文化是指文化与经济融为一体的产业文化。文化产业化过程是文化经济化与经济文化化的双向互动。文化借助于经济发展的资本与市场营销以及现代的科学技术手段，不断实现内容与形式的创新，不断地实现批量化的生产与复制，不断地为大多数人所认知、消费，并且能不断走向世界，与不同的文化元素和因子相结合，创造巨大的经济效益的同时，也扩大了与异质文化、文明的接触和交流机会，从而促使文化不断地在市场运作和产业化经营中实现创新与发展。文化产业化带来的巨大的经济效益也使得文化发展具有更雄厚的资金支撑。此外，文化的产业化还是促进人的全面发展的重要途径。党的十六届四中全会强调“要把文化发展的着重点放在满足人民群众精神文化需求和促进人的全面发展上”①。在文化产业化的过程中，以现代高科技为载体的现代文化消费产品的出现，能极大地满足人们的精神文化需求，为人的全面发展提供重要的精神文化支撑。反过来，作为主体的人的全面发展与进步，也必然促使文化创作的进步与发展。

三、新疆文化转型的方向

新疆当前正处在前现代、现代、后现代文化交织、并存的时代背景和现实框架中，尤其是广大的农村地区，前现代的东西根深蒂固地影响着人们的行为、思维和深层文化心理的同时，现代的文化思潮又随着全球化、市场化、城镇化和新一轮的文化开放汹涌而至，冲击着传统文化的各个层面。面临着特殊的历史方位和复杂的历史背景，新疆文化转型向何处去？根据马克思主义文化的三重维度，需要从三个方面进行。

① 本书编委会：《学习中共十六届五中全会精神导读》，中共中央党校出版社 2005 年版，第 227 页。

第一，以现代工业文化引领新疆农牧文化转型。马克思说“物质的生产方式制约着整个社会的生活、政治生活和精神生活的过程。不是人们的意识决定人们的存在，而是相反，是人们的社会存在决定人们的意识。”① “人们的观念、观念和概念，一句话，人们的意识随着人们的生活条件、人们的社会关系、人们的社会存在的改变而改变，这难道需要经过深思才能了解的吗?”② 这正说明了生产方式决定着文化的变迁。在新疆，农牧业是各民族赖以生存的主要产业。由于农牧业劳动生产率低，产业结构单一，农产品附加值小，技术含量不高，仍然处于传统落后的生产方式中。因此，要实现现代化，必须以现代工业文化为基础，推进新疆文化的全面转型，以农牧业为主要构成的第一产业的现代转型是整个新疆文化现代转型的重要根基。以实现农业工业化、农村城镇化、农民知识化为目标，使农村经济、社会、生态效益协调发展的一种新的农业发展模式。以新型工业化为主导，以资本积累为核心，以科技为支撑，以培育区域特色主导产业为标志，以产业化经营为基本形式，发挥区域比较优势，调整经济结构，转变经济发展方式。破解新疆经济发展困境，利用好国内、国际两个市场，发挥好新疆地缘、资源、产品优势，提高新疆的市场竞争力。要加大城镇化建设，改变人们封闭的生活方式，转移剩余劳动力，增加人民的收入，让人们过上现代化的幸福生活。

第二，以先进文化引领新疆意识形态建设。随着对外开放力度的加大和经济体制改革的逐步深入，新疆社会结构的深刻变动和利益格局的调整，各民族人民的思想观念也发生了巨大变化，出现理想信念、道德观念、价值取向、利益诉求多元化倾向。反映在意识形态领域就是多元异质型文化的不断扩张，包括各种价值观念、道德标准的碰撞、冲击、冲突，各种文化的交流、激荡与融合。多元异质文化的存在能够促使人们从不同视角看待问题、分析问题，有利于各种文化的相互学习和交流；但是多元异质意识形态并存的社会也是一个容易引发价值标准混乱、社会矛盾频发的社会。而由于新疆社会经济发展不平衡、收入差距拉大、经济犯罪、消极腐败等负面现象增多、少数民族大学生就业难等问题集中凸现，使得一些少数民族产生了思想上的困惑与质疑，在境内外一些别有用心的人的煽动、蛊惑下甚至出现反马克思、反社会主义的错误思想。因此，如何实现社会主义的核心价值体系与社会不同利益群体多元价值选择的辩证统一，实现用社会主义核心价值体系来引领新疆文化发展过程中的意识形态建设与重构，有效抵制境外分裂势力对意识形态领域渗透与颠覆，将是新疆意识形态工作面临的长期的任

① 《马克思恩格斯全集》第2卷，人民出版社1995年版，第32~33页。

② 《马克思恩格斯全集》第1卷，人民出版社1995年版，第68页。

务。因此，作为一个多民族地区，建构起统一的、以社会主义核心价值体系为核心的国家主流意识形态，实现新疆各民族群众对祖国的认同、对中华民族的认同、对中华文化的认同以及对中国特色社会主义道路的认同意识，不仅关系到新疆经济社会的发展，而且也关系到国家的战略安全和中国特色社会主义建设。新疆文化转型，必须牢牢把握意识形态工作的主导权，必须坚持用社会主义核心价值体系引领社会思潮。胡锦涛同志在十七大报告中明确要求："建设社会主义核心价值体系，增强社会主义意识形态的吸引力和凝聚力"，这是新时期意识形态工作的根本指导方针。我们坚持用社会主义核心价值体系引领新疆文化，加强马克思主义在意识形态领域的指导地位，发扬少数民族优秀文化，加强中华民族共同理想、道德建设，不断巩固社会主义文化建设。

第三，以文化产业化引领民族文化的繁荣发展。长期以来，由于经济基础薄弱，新疆文化产业发展也相对缓慢、滞后，表现为思想观念落后，创新不足，文化体制不顺，产业规模小，结构单一，文化创新人才匮乏等。不仅没有形成具有国际竞争力的特色文化产业集团，也没有形成高科技含量和产品附加值的产业链。因此，既不能实现文化产业的经济效益，也不能发挥其巨大的创汇能力和安置就业能力。在当前全国大力发展文化产业的大背景下，新疆必须抓住文化援疆的历史机遇，放眼中、西亚，充分利用特有的自然环境、民族风情、历史文化、人文资源，着力创新文化资源开发利用的方式和途径，促进文化资源优势向经济优势、产业优势的转化，整合各种优势资源，把少数民族文化的资源优势转化为经济优势，开发更多有前瞻性、可持续性、有创新的文化产品，加快文化产业的发展，在增强自身的区域文化竞争力的同时，在发展中促进民族传统特色文化的发展与创新；把文化产业的发展与相关产业，特别是旅游业的发展结合起来，打造文化精品，走品牌带动之路，"东联西出"，真正实现"文化兴边"，在新一轮的西部开发和文化交流中凸显竞争优势，从而把新疆文化产业的发展变成是新的经济增长点，实现新疆社会经济跨越式发展。这对于维护新疆社会稳定与社会发展都具有重要的意义与价值，同时对于维护新的亚欧大陆桥，扩大中国文化软实力的世界影响都具有十分重要的作用。

第二节　以现代工业文化引领新疆传统农牧文化转型

"历史过程的决定性因素归根到底是现实生活的生产和再生产。"[①] 因此，转

① 《马克思恩格斯选集》第4卷，人民出版社1995年版，第695页。

变生产方式是文化转型和发展的物质基础。现代文化是以现代工业为基础的文化，是现代工业生产方式的反映，没有现代工业，就不可能有现代文化。新疆文化转型首先要以现代工业文化引领传统农牧文化转型。

一、新疆传统农牧文化的局限性

新疆农牧文化是建立在传统的农业、牧业生产方式基础之上的，新疆自然环境的复杂性与季节性，农牧业生产对自然环境的依赖性很强，造就了农牧文化的保守性、经验性、权威性的显著特征。

（一）保守性

正如有学者调研结果中所描绘的：南疆绿洲是"和世界联系很薄弱的自给自足的闭关自守的整体。在每一块绿洲上，农民种植着多种多样自己生活必需的作物：一小片棉花，一小片瓜菜，各种主粮如苞谷、高粱、小麦……一些为烧柴用的沙枣、杨、柳，甚至还有一些为自己榨油用的菜籽……由于交换不发达，集市上还保留着相当多的以物易物的现象"。[①] 应该说，新中国成立至今，特别是西部大开发和援疆工作的推进，使南疆经济社会发生了巨大的变化，但是，整个南疆社会基本的生产生活方式却没有大的变动。在整个南疆绿洲社会经济中，农业是各族群众赖以生存的基本产业。以和田地区为代表的南疆三地州基本上70%以上的少数民族是以第一产业中的农业为生。农业人口占到全部人口的72.26%，和田地区更是高达85.47%，其中维吾尔族占到全部人口的96.87%。传统的农业劳动方式使传统文化得以保留。例如，在采访中，援疆干部说："我们建立的现代企业，要有现代文化知识，要求员工按时上下班，遵守企业规章制度，一些少数民族不习惯，不愿来我们企业工作，他们喜欢比较自由的生活，因此招工很难"。

"逐水草放牧"是游牧民族的基本生活方式。长期以来，自由放牧的天然牧场是牧民的第一生产资料，而各种牲畜则是第二生产资料，"逐水草而居"已成定式，表明游牧民族对草原的依赖性，草原游牧文化是他们的根。他们不愿意离开草原，放弃游牧生活。例如，当地干部反映一些已经定居的牧民不习惯定居生活，又跑到山上放羊去了。

---

① 贾合甫·米尔扎汗、魏萼主编：《新疆民族经济文化发展研究》，新疆人民出版社1997年版，第16页。

（二）经验性

新疆民族的生产完全依靠天然水草、天然养畜，顺其自然。在物质文化上，衣食住行都离不开赖以生存的农畜产品，而人们的活动与情感更充满了对土地、草原以及自然物的敬仰和热爱。如游牧民族常把草原比作母亲，不许拔青草，崇拜太阳、月亮、崇拜独棵树木等。生活在草原上的游牧民族离大自然最近，对大自然的依赖性很强，其文化充满自然主义精神。游牧民族在生产和生活中自觉或不自觉地积累了丰富的经验，如放牧、养畜的生产经验、制作肉食、乳制品、皮衣、皮具、毛织品的生活经验、建立氏族部落、家庭的社会组织经验、游艺竞技的民间技艺经验。在传统游牧社会中，学校教育的缺失，经验成为生产生活技术、技艺的主要来源，一切都靠经验进行，年长者成为经验的富有者，因而得到最大程度的尊敬。

（三）权威性

农牧方式决定了农民、牧民生产的分散性，然而一家一户难以抵御自然灾害的侵袭，于是既分散又联合成为农牧民生产与生活的法则。农牧民群体间的互助是联合的标识之一，如对群体中困难户的济助、收养孤儿、共同搭建毡房、蒙古包、婚丧礼仪互帮互助等。互助建立起群体间的信任和彼此的相依，是农牧社会、农牧文化的显著特征。在农牧民族中，又普遍存在着崇尚英雄、崇拜权威的风尚，英雄或有威望者的事迹、行为及其话语对人们的道德价值观、行为规范有着很大的影响。游牧传统社会中，部落首领有着绝对的权威，部落氏族中广泛传颂着民族英雄、部落氏族英雄的长诗，如柯尔克孜族的“玛纳斯”、蒙古族的“江格尔”、哈萨克族的“阿勒帕米斯”等，都成为民族文化的璀璨之珠和象征。互助、权威的存在使散居的农牧民族有了凝聚的核心，其社会分而不散。

二、影响新疆传统农牧文化转型的制约性因素

随着西部大开发的推进，尤其是在新一轮援疆政策的推动下，新疆正在由过去生产技术落后，经营方式简单、粗放的经验农牧业生产方式向现代生产方式转变，拔草、松土、施肥、选种已经成为新疆各族农民经常性、普遍性的耕作方法，农田管理越来越精细，生产工具也由传统的手工工具向现代化工具过渡，机械化程度日益提高。城市化也日趋对一些靠近中心城市的农民产生巨大的影响，甚至非农业产业、外出务工或者从事商业、服务业的人们日益增多，人们的生

产、生活方式正在由单一趋向多元化。人们的吃穿住行都已经发生了巨大的变化，衣着由传统变成时尚，实用转向美观。民族特色服饰很少穿，特别重大节日才穿；饮食结构开始发生变化，居住格局也开始变化，家具结构也开始变化。而且这些显性变化也逐步深入到少数民族观念文化的变化，但是深层文化心理的变化相对缓慢。传统的思想依然有很大的市场。[①] 这是由新疆相对封闭的地理文化单元、缓慢的发展节奏以及传统文化所带来的巨大的文化惯性导致的。而这些，恰恰就是从根本上阻滞新疆文化向现代转型、发展的制约性因素。

（一）地理环境的制约

地理环境对一个民族文化的产生起重要的作用，因为地理环境决定了生活在一定环境中的人与自然发生关系的方式与方法。地理环境使生活在新疆的各族少数民族群众享有共同的经济生活，马克思曾指出，“不是土壤的绝对肥力，而是它的差异性和它的自然产品的多样性，形成社会分工的自然基础，并且通过人所处的自然环境的变化，促使他们自己的需要、能力、劳动资料和劳动方式趋于多样化。”[②] 同时，地理自然环境对人们的思维方式和价值取向也具有一定的影响作用，因为“人们既然从各自所处的不同的自然生存环境中获得物质资料，当然也就不免因此获得不同的秉性和不同的精神面貌。换言之，各个民族的气质中，免不了保存一些由于自然生存环境的影响而形成的特色。”[③] 封闭的地理单元也决定了人们思维观念的封闭性和落后性。

农牧业在新疆的经济结构中占据主导地位，由于自然地理条件恶劣，风沙、盐碱、干旱、洪灾等自然灾害频发，生产、生活、生存条件恶劣。耕地少，干旱，生态脆弱，山地面积居多或者区位条件差等自然地理条件，使得农牧业生产效率低下、生产方式粗放，产业结构不合理。人口增长快，人地矛盾加剧使得生态环境恶化，促使恶性循环，整个地区的农村经济发展落后。而远离中心城市和市场，交通不便，可达性差更是制约新疆经济社会发展的重要因素。如南疆被塔克拉玛干沙漠分割成大大小小相对孤立、封闭的绿洲，甚至很多村处在昆仑山深处，导致各种生产生活资料匮乏，自然灾害频发。边缘的地域导致其保留着始终如一的农耕生产方式，其市场化水平极低，群众基本上是自给自足。运输成本的高昂也使得其特色农产品不能远销外部市场，长期偏离中心城市和市场的结果就是缺乏经济发展的内在驱动力，经济社会长期发展滞后且缓慢。文化的传播与交

① 贺萍：《新疆少数民族文化变迁现状的实证分析》，载《实事求是》，2006 年第 6 期。

② 《马克思恩格斯全集》第 23 卷，人民出版社 1972 年版，第 561 页。

③ 阿尔斯朗·马木提：《新疆维吾尔文化地理特征研究》，载《干旱区资源与环境》，2009 年第 12 期。

流是文化发展繁荣的重要条件，更是当前文化发展的最主要渠道。就像日本著名学者羽田亨曾精辟地指出："凡是某一民族的文化发展与衰退，在多数场合下要视其与其他民族有无接触，这已成为一般的原则。"[①] 南疆绿洲的文化发展历史表明，丝绸之路的畅通是保证南疆绿洲文化发展繁荣的重要外部条件。但是，随着海上丝绸之路的兴起以及中国近代饱受欺凌的近代历史，使得新疆的南疆绿洲重新陷入封闭、沉寂的状态，其自然生态环境客观上已成为影响文化交流与传播的制约因素。

（二）基础设施的制约

新疆地处沙漠腹地，是我国距离海洋最远的省区。乌鲁木齐距离内地中心城市平均运距在 3 500 公里以上，各州市到乌鲁木齐的平均距离是 735 公里，沙漠公路修成之前，和田市是距乌鲁木齐市最远的地级市——1 981 公里，沙漠公路修成以后和田距自治区首府 1 520 公里，远离大陆市场，且中间地带多为沙漠、戈壁和山脉，自然条件恶劣，交通极为不便。虽然这些年国家和自治区对新疆的基础设施的投入不断加大，但是这些投入对于新疆辽阔的地域来讲无异于杯水车薪。由于新疆地缘分布呈典型的沙漠绿洲特征：环境恶劣、封闭，被沙漠、高山分割的绿洲内部各个小的绿洲之间距离遥远且相对封闭，表现为各地区、各州市之间和地区、州市内部的市、县、乡、镇、村之间距离遥远，导致新疆基础设施的成本远高于全国的平均水平，但是相应的经济社会效益却很低。高昂的运输成本使得新疆众多特色农产品不能及时出疆，出疆后由于运输成本高而失去市场竞争力。虽然从总体看，这些年的基础设施建设不断加大，国家大量的基础设施已经到位，很多城镇乡村都实现了"村村通"工程，电视、电话、广播的覆盖面已经达到95%以上，但是没有通的少数民族村还是主要集中在南疆偏远的农牧区（见表 11－1）。

表 11－1　　新疆南疆农村地区基础设施情况（2005 年）

项目／区域	村委会数（个）	通自来水村（个）	自来水达到率（%）	通汽车村（个）	汽车达到率（%）	通电话村（个）	通电话率（%）	通电村个（个）	通电率（%）
克州	223	179	80. 27	219	98. 21	194	87. 00	204	91. 48
喀什	2 354	1 785	75. 83	2 336	99. 24	1 779	75. 57	2 308	98. 05
和田	1 373	1 218	88. 71	1 341	97. 67	1 210	88. 13	1 334	97. 16

① ［日］羽田亨著，耿世民译：《西域文化史》，人民出版社 1981 年版，第 103 页。

续表

项目 / 区域	村委会数（个）	通自来水村（个）	自来水达到率（%）	通汽车村（个）	汽车达到率（%）	通电话村（个）	通电话率（%）	通电村个（个）	通电率（%）
南疆	5 454	4 342	79.61	5 388	98.79	4 412	80.89	5 320	97.54
全疆	8 953	6 923	77.33	8 807	98.37	7 646	85.40	8 719	97.39

资料来源：《新疆调查年鉴2006》。

此外，群众的经济收入低，外出成本极高，导致新疆农牧民的流动性差，大大制约了新疆社会对外联系、资源流动、信息共享以及文化交流与发展等方面需要。即便是实现“村村通”的基层，由于农牧民的生活水平低，有些贫困户出现通电却用不起电，家电下乡后有电视却看不起电视的情况，更不用说电话了。封闭的环境，薄弱的基础设施限制了新疆贫困地区的经济社会发展，使其长期处于低水平的状态，从而制约着社会整体的文化发展与交流。

（三）传统观念的制约

任何经济模式的背后，都有一套与之相适应的社会生活方式、民族习俗方式以及深层民族文化心理。由于新疆地域辽阔，经济社会发展长期滞后，且又远离中心城市，各族群众的思想意识及思维观念相比较而言比较落后。以南疆为例，由于经济发展长期滞后，宗教文化的盛行以及相对封闭的地缘使得南疆绿洲宗教氛围浓厚，传统文化相对保守落后，极大地束缚着南疆绿洲的少数民族群众的价值观念。如消极无为、听天由命的人生观；安贫乐道、得过且过的幸福观；经验主义的小农生产观；不思进取、缺乏创新的经验主义种植观以及存在很多人心中的“等、靠、要”的惯性思维等，这种心理成为南疆大部分农村居民的强烈思维和心理惯性，极大地束缚了南疆人的思想和价值行为取向。尤其是很多牧民搬迁转变为定居农民以后，农业生产和农区养畜的科学知识匮乏，这就更加束缚、阻碍了新疆生产方式转型与发展的进程。

一种文化发展所具备的硬件基础（生产方式）和软件条件（主体素质）在新疆社会表现出双重匮乏。生产方式制约着该地区经济社会的发展水平，经济社会发展滞后制约着地区文化的转型与发展；反过来，文化的发展滞后，不能为经济社会发展提供有效的精神力量和智力支撑，又制约经济社会的发展。如此，形成新疆经济社会发展缓慢的恶性循环。当然，一种全新的现代文化的生成有赖于社会的整体性进步，尤其是要有生产生活方式的全面转型与根本变革。现有的物质生产活动以及相应的经济状况，决定着一个社会的物质生产过程和精神生产过程，同时也构成了文化转型发展的社会基础。因此，生产生活方式的转型与发展是新疆经济社会发展的根基，更是新疆文化转型与发展的社会经济基础。

三、实现“三化”是农牧文化转型的基础

新疆“十二五”规划纲要提出新疆“十二五时期的战略选择是：以现代文化为引领，以科技教育为支撑，加速新型工业化、农牧业现代化、新型城镇化进程；加快改革开放，打造中国西部区域经济的增长极和向西开放的桥头堡，建设繁荣富裕和谐稳定的美好新疆”。由此看来，新型工业化、新型城镇化、农牧业现代化（三化）是新疆生产方式转型的目标和方向，也是构建现代工业文化的基础。

新型工业化就是以信息化带动工业化，以工业化促进信息化，走一条科技含量高、经济效益好、资源消耗低、环境污染少、人力资源优势得到充分发挥的新型工业化发展道路。新疆的新型工业化要求新疆特色优势产业集群化、战略性新兴产业高端化，建设国家大型油气生产和储备基地、国家重要的石油化工基地、大型煤炭煤电煤化工基地、大型风电基地和国家能源资源陆上大通道，建成国家绿色农产品生产和加工出口基地，推进优质棉纱、棉布、棉纺织品和服装加工基地建设。

新型城镇化就是以现代城市理念提升城市竞争力，增强城市的经济带动力和对劳动力的吸纳能力，构建布局合理、特色鲜明、优势互补、支撑功能强大的城市格局。目前，新疆的城市化水平比较低。新型城镇化要求新疆要充分发挥城市和小城镇作用，以城带乡、以工促农、扩大就业、拉动消费，统筹城乡协调发展。进一步优化城镇布局，促进大中小城市和小城镇协调发展，强化城镇功能，提高城镇集聚经济和人口的能力，到 2015 年，城镇化水平达到 48%。

农牧业现代化就是用现代发展理念引领农牧业，用现代物质条件装备农牧业，用现代科学技术改造农牧业，用现代产业体系提升农牧业，用现代经营形式推进农牧业，不断提升农牧业产业层次和整体水平，大幅度提高生产效率和农牧民收入。“十二五”期间，新疆要以农牧民增收为核心，以推进社会主义新农村建设为目标，大力转变农牧业发展方式，不断提升农牧业整体水平，加快构建高产、优质、高效、生态、安全的现代农牧业产业体系，保证农产品有效供给。认真落实强农惠农政策，促进新疆由农牧业大区向农牧业强区转变，努力使广大农牧民过上现代文明的生活。

（一）实现“三化”的机遇与优势

国家和地方政策倾向及倾斜。胡锦涛在2010年5月中央新疆工作座谈会上发表重要讲话，强调做好新形势下新疆工作，是提高新疆各族群众生活水平、实现全面建设小康社会目标的必然要求，是深入实施西部大开发战略、培育新的经济增长点、拓展我国经济发展空间的战略选择，是我国实施互利共赢开放战略、发展全方位对外开放格局的重要部署，是加强民族团结、维护祖国统一、确保边疆长治久安的迫切要求。温家宝总理在“7·5”后视察新疆时明确指出：巩固农业基础地位，大力发展特色农业，按照规模化生产、区域化布局、产业化经营的要求，推进棉花、粮食、特色林果和畜产品四大基地建设。采取特殊措施，加快南疆三地州发展，重点搞好扶贫济困、基础设施建设、社会事业发展、产业优化升级和基层政权建设。自治区党委进一步制定了新疆“十二五”发展规划，把实现新型工业化、新型城镇化和农牧业现代化作为新疆经济社会发展的目标。2009年，在党和国家的大力支持下，在新一轮援疆政策的推动下，新疆迎来了前所未有的发展机遇。

首先，新疆具有区位优势。新疆直接与哈萨克斯坦、吉尔吉斯斯坦、塔吉克斯坦、阿富汗、巴基斯坦、印度等八国接壤，口岸众多。国家在新一轮的开放和西部开发、继续向西走、构建新的亚欧大陆桥的战略推进过程中，这些口岸为新疆向西走提供了有利的条件。从资源结构看，中亚国家的石油、天然气等与我国经济发展战略有很大的互补性；从区域经济的角度看，中亚国家经济正处于恢复与增长阶段，消费市场正待开发，为新疆地产品和国内产品向西出口提供了广阔的空间；从长远发展来看，新疆周边的南亚、西亚、俄罗斯及东欧，都是潜力很大的市场。显而易见，新疆已经成为向西开放的陆上通道和利用两个市场、两种资源的前沿阵地。

其次，新疆投资环境逐渐优化。国务院第32号文件——《关于进一步促进新疆经济社会发展的若干意见》中明确提出新疆经济社会发展的四大战略：以市场为导向的优势资源开发战略、加强薄弱环节的基础能力建设战略、南北互动的区域协调发展战略、面向中亚的扩大对外开放战略。围绕新疆实施扩大向西开发的战略，文件还提出要充分利用好“两个市场、两种资源”，努力把新疆建设成为向西出口商品加工基地和商业中转集散地，建成依托内的、面向中亚、南亚乃至欧洲国家的出口商品基地和区域性国际商贸中心。新疆工作会议以后，整个新疆的对内对外开放力度进一步加大。“喀洽会”已成为南亚、中亚地区重要的经贸往来平台，喀什逐渐成为南亚、中亚区域经济中心，商机不断增加，投融资环境逐渐优化，其中有许多企业涉足特色农业，使南疆农业现代化和特色农业产业化发展的前景越来越好。

最后，新疆外部市场不断扩大。与新疆接壤的吉尔吉斯斯坦、塔吉克斯坦、巴基斯坦、阿富汗等国，工业、农业相对落后，各类消费品很难满足本国消费需求，对国外进口依赖性较强。通过近几年新疆对这些国家市场的开拓，新疆的工业品、农产品、林果产品已得到了这些国家广大消费者的普遍认可，随着这些国家经济的不断发展，人们生活水平的不断提高，对新疆的消费品需求日益增加的趋势已经显现，为新疆发展外向型农业产业创造了良好的机遇。尤其是新一轮的举全国之力开发新疆，促进新疆经济社会大发展的号角已经吹响，新疆正面临着前所未有的大开发、大发展的伟大历史契机。

（二）实现"三化"的路径选择

新疆"十二五"规划提出"实施区域发展总体战略和主体功能区"战略，按照"两带两区"的发展战略布局，分类指导，发挥优势，率先发展天山北坡经济带和天山南坡产业带，扶持发展南疆三地州贫困地区和沿边高寒地区，推进区域优势互补、相互促进、共同跨越发展。

第一，率先发展天山北坡经济带和天山南坡产业带。东起哈密西至伊宁是天山北坡经济带。这里要以乌昌经济区为核心，以城镇组群和区域中心城市为支撑，形成产业分工合理、联动发展的格局，不断提升区域整体发展实力，进一步增强对全疆乃至西部地区的辐射带动作用。充分发挥作为国家级重点开发区和向西开放大通道的优势，加快提升自主创新能力、产业集聚水平和外向型经济发展水平，在全疆率先实现新型工业化、农牧业现代化和新型城镇化，率先实现经济结构优化升级和发展方式转变，率先实现全面建设小康社会目标，建成国家重要的经济增长带。东起库尔勒西至阿克苏是天山南坡产业带，这里要充分发挥丰富的能源资源和特色农业资源优势，做大做强石油天然气、煤化工、纺织、农副产品精深加工等特色优势产业，加快延伸产业链，提高附加值，支持重点园区和重点企业发展，注重创新品牌和市场网络建设，加快形成特色产业集群，建成国家重要的石油天然气化工基地、农产品精深加工基地、纺织工业基地，着力增强对南疆乃至全疆经济的辐射带动作用。

第二，大力扶持南疆三地州贫困地区和沿边高寒地区牧区发展。南疆三地州是新疆的贫困地区，以保障和改善民生、增强南疆三地州自我发展能力为目标，加大对南疆三地州的扶持力度，力争新型工业化、农牧业现代化、新型城镇化发展和对外开放有较大突破，力争使南疆三地州经济增长和城乡居民收入增长高于全区平均水平，逐步缩小与其他地区的发展差距。高寒地区主要以牧业为主，要充分发挥丰富的天然草场资源、矿产资源和口岸优势，在注重保护生态环境基础上，大力发展生态旅游业、矿业开发和边境贸易为主的特色优势产业，着力建设全疆重要的绿色农牧产品基地、特色产品生产加工出口基地和我国西部地区重要的生态、民俗旅游目的地。推进传统畜牧业向现代畜牧业转变，传统生活方式向现代生活方式转变，到2015年，基本实现游牧民定居目标。

第三节　以先进文化引领新疆意识形态建设

马克思主义认为，意识形态是“在阶级社会中，适合一定的经济基础以及建立在这一基础之上的法律和政治的上层建筑而形成起来的，代表统治阶级根本利益的情感、表象和观念的总和。”[①] 而从意识形态与社会发展的关系看，意识形态“实质上是一个改造社会的计划，”[②] 反映社会理想，勾画社会蓝图，设计社会制度，它回答社会发展的道路和方向问题。正因为如此，才显示出先进文化对社会发展的引领作用。现实表明，文化领域是意识形态的重要领域，是不同势力争夺的主战场，尤其是当前新疆意识形态面临的最严峻的挑战。

一、新疆主流意识形态建设的重要性

新疆一直是我国意识形态建设的重要阵地，更是西方敌对势力渗透的重点区域。2009年发生在新疆乌鲁木齐的“7·5”事件给边疆少数民族地区各族人民群众的生命、财产安全带来极大威胁，使新疆的经济社会发展受到重大影响的同时，也给我们长期以来新疆主流意识形态建设带来严重警示。

首先，要深刻认识新疆主流意识形态面临严峻挑战。新疆主流意识形态构建是指以马克思主义为指导，社会主义核心价值体系为引领，构建边疆各族群众认同的，能够抵御外来势力的渗透和颠覆，促进经济社会发展，各民族团结的先进文化。它主要表现为各族群众对祖国的认同、对中华民族的认同、对中华文化的认同以及对中国特色社会主义道路的认同。虽然我们从新中国成立至今一直不曾放松社会主义主流意识形态的构建，但是，应该看到，还有许多人对这一问题的重要性认识不足，认为这些年我们一直在进行社会主义主流意识形态的灌输，社会主义主流核心价值体系应该已经在百姓心里根深蒂固，不会出什么乱子，因

① 俞吾金：《意识形态论》，上海人民出版社1993年版，第129页。
② ［美］迈克尔·罗斯金，林震等译：《政治科学》，华夏出版社2001年版，第104页。

此，一些干部出现思想上的麻痹大意；还有一些领导对新疆主流意识形态构建面临的国内外挑战估计不够，工作重心主要放在抓经济、出政绩上，认为经济上去了，其他的都不是问题，不关心、不清楚百姓的精神文化需求；对基层公共文化基础设施投入力度不够，经费、设施、人员都不能落实；主流意识形态宣传、阐释力度不够，不能把社会主义核心价值体系的精神实质大众化；意识形态工作方式方法单一、落后，流于形式，实效性差，不能真正做到“三贴近”等。

英国文化研究学者斯图亚特·霍尔认为：“我们先不要把身份看做已经完成的、然后由新的文化实践加以再现的事实，而应该把身份视作一种‘生产’，它永不完结，永远处于过程之中，而且总是在内部而非外部构成的再现。”① 事实上，“认同是一种建构，一个从未完成的过程——总是‘在过程中’。”② 因此对中国的认同、中华文化的认同、中华民族的认同以及对中国特色社会主义道路的认同是要随着时代的变迁和形势的变化，不断建设和完善。当前，新疆地区主流意识形态构建仍然面临着十分严峻的挑战。

其次，新疆主流意识形态的建设内容、方式方法需要更新。以社会主义核心价值体系为内核的主流意识形态构建一定要根据不同社会变迁条件下的群众的思想状态及精神需求进行创新，与时俱进。因为意识形态宣传的影响力、渗透力根源于其所表达的观点、内容的科学性与内在价值，但是其吸引力却依赖真实、生动、具体的符号形象与载体。改革开放 30 多年来，尤其是西部大开发十余年的快速进步，各族人民群众的思想随着经济体制变革、社会结构调整以及利益格局的改变，已经发生了巨大的变化，其对文化消费以及相关的精神需求也已经多元。但是，我们主流意识形态的内容始终停留在枯燥的理论层面，不能结合新疆文化发展的需要和特点，实现马克思主义在边疆地区的本土化与大众化。

有学者对新中国成立以来 60 多年的中国国家主流意识形态的话语体系进行了比较研究，认为新中国成立 60 多年来，我国主流意识形态的话语体系基本上是继承了 20 世纪中国共产党建党、建国时期的革命话语体系。这一话语体系构成了国家政治体系治理的合法性依据。然而在社会主义市场经济条件下，市场化、商品化与个人主义价值观、消费主义文化的蔓延，使沿袭至今的革命时代强烈理想主义的意识形态话语越来越与中国的现实脱节。这种情况在新疆少数民族地区，尤其是多民族地区也是普遍存在的。事实上，比较一下新中国成立以来，新疆的主流意识形态建构过程中，宣传部门发布的政治论述、文件、报告、社论、政治演说，会发现空泛的口号，不切实际的理论宣传，“意识形态与社会现

---

① ［英］斯图亚特·霍尔：《文化身份与族裔散居》，载罗刚、刘象愚主编：《文化研究读本》，中国社会科学出版社 2000 年版，第 208 页。

② ［英］齐格蒙特·鲍曼著，郑莉译：《作为实践的文化》，北京大学出版社 2009 年版，第 59 页。

实的分离和不相吻合，使得社会公众的文化认同与国家政治治理依靠的价值体系之间出现了严重的偏离，从而产生了执政合法性危机。”① 理论宣传与社会现实相互分离、脱节，导致了国家主流意识形态和核心价值体系内在凝聚力和社会共识缺失。表现为“在意识形态构建的宣传形式上，往往以单向灌输为主，形式相对单一落后，流于形式。意识形态的吸引力与凝聚力是历史的、具体的、与时俱进的，其宣传方式也要随着时代的进步与实践的发展而与时俱进。跟西方敌对势力利用新闻、广播、出版、电影、电视、音乐、舞蹈、戏剧、文学、美术、教育、卫生，甚至捐助等一切可以利用的途径和方式进行宗教思想渗透相比，我们的意识形态建设方式方法显然是滞后了”。② 长期一贯的高压态势，强行的单向灌输确实有一定的强化作用，但是从实效上看，高压灌输的效果基本上只停留在口头，无法使其“入心、入脑”，不能体现出社会主义主流意识形态的科学性和感召力，更不具备引人入胜的吸引力和润物无声的渗透力。因此，我们要改变以往简单灌输的方式，采取多种形式渗透整合的方法，尤其是要加强基层公共文化建设，通过文化服务和文化惠民的方式实现国家主流意识形态建设的实效性。

二、新疆主流意识形态建设的路径选择

在新疆，主流意识形态构建实质上是以社会主义核心价值体系引领各种社会意识，构建各民族的社会认同意识。社会认同是“一个社会的成员共同拥有的信仰、价值和行动取向的集中体现，本质上是一种集体观念，它是团体增强内聚力的价值基础”。③ 一个团结稳定、良性运转的社会一定具有高度的社会认同、国家认同和民族凝聚力。而认同意识和凝聚力的成功构建和塑造必须由一定的物质和精神支撑。这个支撑主要有三个层面的内容：社会福利系统、社会意识形态和社会组织系统。其中意识形态系统由象征符号构成，比如政治、道德、法律、和价值取向等，一般通过传媒、教育、人际互动等途径发挥作用，它要借助于各种媒体和公众的文化服务体系，把社会的主流意识形态和核心价值体系渗透到普通群众的认知系统和认同意识中，因此，社会意识形态的构建需要有公共文化服务体系的支撑。“公共文化服务体系是政府主导、社会参与形成的普及文化知识、传播先进文化、提供精神食粮、满足人民群众文化需求、保障人民群众文化权益的各种公益性文化机构和服务的总和。”④ 公共文化服务的政府主导性、公

① 刘康：《寻找新的文化认同：今日中国软实力和传媒文化》，载《文艺研究》，2010年第7期。

② 张春霞、蒲小刚：《境外宗教渗透与新疆意识形态安全》，载《新疆社会科学》，2010年第1期。

③ 李友梅：《重塑社会认同与探索社会自我调试系统》，载《探索与争鸣》，2007年第2期。

④ 闫平：《试论公共文化服务体系建设》，载《理论学刊》，2007年第12期。

共性以及其内在蕴涵的社会主义性质决定其具有社会主义意识形态的功能。它对于构建新疆主流意识形态，维护文化疆域、激励本土文化自主创新，增强文化认同感和民族凝聚力具有重要的战略意义。然而，由于新疆社会经济社会发展水平长期落后，相应的文化事业底子差，基础薄。2008 年底，新疆广播电视的覆盖率仅达到 82.9% 和 84.53%，[①] 到了 2010 年，全疆广播电视综合覆盖率分别达到 94.4% 和 94.8%，[②] 远低于全国水平（2010 年底全国广播综合人口覆盖率为 96.78%；电视综合人口覆盖率为 97.62%）[③]。且没有覆盖到的地区基本上都是边远的少数民族地区，政府公共文化服务能力明显不足。总体而言，由于长期经济社会发展水平较低，少数民族地区的公共文化基础设施依旧总量偏小，设备整体简陋，不健全，各种基层文化资源严重匮乏，不能满足人民的文化需求；设施管理机制不健全，公共文化机构运转存在较大困难，基层公共文化服务人才短缺；文化创新能力严重不足，缺乏基层需要的文化作品和创新人才，面向群众服务群众的文化产品、文化服务供给不足；绿洲特色文化产业化程度不高等问题。2008 年全国农村居民人均纯收入 4 760.6 元，而同期新疆农村居民人均纯收入 3 502.9 元，相当于全国农民人均总收入的 73.58%。[④] 新疆人均年文化娱乐教育及服务支出为 819.72 元，在全国 35 个城市中排名第 27 位，千人拥有日报份（量）45.82，排名全国第 19 位，区域文化创新能力指数 19.81，全国排名第 25 位。[⑤] 与此同时，2008 年全国农村居民家庭平均每人生活消费支出中，文教娱乐用品及服务支出一项，全国人均支出是 314.53 元，而新疆则是 168.99 元，约为全国文化娱乐用品及服务支出水平的 53.09%。[⑥] 截止到 2008 年底，新疆维吾尔自治区有公共图书馆 93 个（主要集中在县城），共有 942 位从业人员。全区公共图书馆共有计算机 1 920 台，电子阅览室终端数 1 025 个，网站 21 个。总藏量 894.3 万册（件、套），其中图书 620.1 万册（件、套）。2008 年全年共计发放有效借书证 153 981 个，藏书总流通人次 335.9 万人次。为读者举办活动 1 031 次，参加人数 24.9 万人次；组织各种讲座 193 次，参加人数 4.2 万人次；举办展览 96 个，参加人数 4.1 万人次；举办培训班 127 个，参加人数 1.1 万人次。这相对于全区 2 130.81 万各族人民群众而言，不仅数量上极少，在质量上也鲜

---

① 李道亮：《中国农村信息化发展报告（2009）》，电子工业出版社 2009 年版，第 42 页。

② 《新疆广播电视“村村通”完成建设任务》，http：//info. broadcast. hc360. com/2010/10/180909302739. shtml.

③ 《广电“十一五”成绩辉煌“十二五”将续写传奇》，http：//www. broadcast. hc360. com/2011daquan/Detail_dqsc. html.

④ 中华人民共和国农业部编：《2009 中国农业统计资料》，中国农业出版社 2010 年版，第 8 页。

⑤ 喻国明主编：《中国传媒发展指数报告（2008）》，社会科学文献出版社 2008 年版，第 177 页。

⑥ 中华人民共和国国家统计局编：《中国统计年鉴 2009》，中国统计出版社 2009 年版，第 343 页。

有实效。[1] 尤其是基层公共文化服务及其产品极其匮乏，远远不能满足各族群众的多样化文化需求。乡镇综合文化站是集图书阅读、广播影视、宣传教育、科技推广、科普培训、体育和青少年校外活动为一体，服务于当地群众的综合性公共文化机构。但是新疆南疆各地区的文化站建设情况很不理想（见表 11 -2）。

表 11 -2　　2008 年南疆各地州县区乡镇文化站建设情况

地州名称	文化站数	有藏书的文化站数	从业人数	文化站平均藏书	文化活动用房面积（平均）	组织文艺活动次数（平均）
喀什地区	214	177	283	4 163. 3	178. 7	11. 3
和田地区	88	83	138	2 275. 3	219. 2	21. 4
克州	39	39	128	1 557. 3	126. 7	5. 15

注：本表根据《新疆维吾尔自治区文化文物产业统计资料（2008 年度）》第 115 ~ 122 页制作。

由表 11 -2 可知，南疆三地州各县区乡镇文化站不仅数量不足，在不考虑所藏书目的语种、类别以及可读性及现实阅读率的前提下，整体上藏书量不大，而且活动用房面积不达标（国家标准 400 平方米），而其组织的文艺活动次数也与南疆绿洲上稠密的人口相比，严重不足。总的来说，南疆绿洲上的基本公共文化服务机构严重滞后。

喀什地区莎车县是全国第一农业大县，农业人口 70. 5 万人，其中维吾尔族 67. 9 万人，占全县人口的 96. 31% 。[2] 截至 2008 年，在全县 33 个文化站中，有 6 个文化站没有藏书，有藏书的 27 个文化站共藏书 114 426 册，平均每个文化站 4 238 册，以全县 70 万人口算，人均不足 0. 16 册。[3] 且藏书的内容大多陈旧、落后，少数民族语言的藏书数量、种类更少，实用意义和价值不大，不能满足各族人民群众尤其是青少年读者的基本文化需求。文化站资金来源均来自财政拨款，主要用于文化站工作人员的工资支出，并无多余的资金用于购买图书、影像资料等，也无多余经费进行各种培训。基层农村乡镇文化站室不仅数量少、经费短缺，而且缺乏专业专职的工作人员，多处于名存实亡状态。

窥一斑而知全貌。与基层公共文化服务相对应的是，新疆信仰伊斯兰教群众人口 1 130 多万人，多聚居在南疆。伊斯兰教清真寺由改革开放之初的 2 000 多

① 新疆维吾尔自治区文化厅编印：《新疆维吾尔自治区文化文物产业统计资料（2008 年度）》，2009 年 10 月，第 60 ~ 61 页。

② 数据来自吴福环、郭泰山：《新疆改革开放 30 年通览》，新疆人民出版社 2008 年版，第 335 页。

③ 新疆维吾尔自治区文化厅编印：《新疆维吾尔自治区文化文物产业统计资料（2008 年度）》，2009 年 10 月，第 117 ~ 118 页。

座发展到2009的约2.43万座，教职人员由3 000多人增加到2.8万多人，① 平均400多个穆斯林就有一座清真寺。“思想文化阵地，马克思主义、无产阶级的思想不去占领，各种非马克思主义、非无产阶级的思想甚至反马克思主义的思想就会去占领。”② 由于群众缺乏先进的文化生活，而伊斯兰教作为贯穿其一生的生活方式则大门天天敞开且每天数次宗教活动。正如有记者调查指出那样，“信息和文化娱乐生活的贫乏，使许多人把精神、情感和文化需求更多地寄托在宗教修行中。”③ 与此同时，新疆境内外的各种反华势力利用宗教不断对我国进行渗透，利用宗教争夺人心，他们通过偷运书刊、制作音像制品、举办地下讲经点、鼓动和策反出国留学、经商、朝觐人员以及利用高功率、高覆盖面的广播、卫星电视、国际互联网等现代工具加剧对新疆意识形态的渗透。21世纪初，西方国家在新疆境外就有“美国之音”、“自由亚洲之声”、“英国BBC”等8个主要电台，120多个频点，用维语对新疆进行反动宣传；境外的“三股势力”也在境外组织出版了维、哈、藏、蒙、乌兹别克、汉、英等文字的25种反动书籍、报刊、音像制品，印刷了百余种宣传“圣战”和煽动民族分裂的手册，并建立了“沙特吉达电台”等5个广播电台和维语播音室，每天针对新疆进行反动宣传；同时，他们利用南疆基层农村公共文化服务设施落后，信息不畅等特点，把新疆的经济问题、社会问题、文化问题，借助宗教等方式政治化，蛊惑人心，颠倒是非，不断解构和颠覆我们辛辛苦苦构建起来的主流意识形态，造成巨大危害。

三、加强新疆公共文化服务体系建设，促进主流意识形态建构

针对新疆主流意识形态构建面临的反文化渗透严峻现状，我们要积极利用公共文化服务的意识形态性及其强大的文化渗透功能，不断健全基层公共文化服务体系建设，促进新疆主流意识形态构建。

思想认识上，各级政府要从国家意识形态安全的战略高度提高对基层公共文化服务体系战略地位的认识，进一步加大对新疆基层公共文化服务体系的投资力度，尤其是国家财政支持力度，建设覆盖城乡的文化阵地设施，努力提升公共文化服务的承载力。新疆少数民族地区的地方财政实力、人均可支配财力和公共服务能力均远低于东部地区。2008年，西部地区人均地方财政本级收入为1 413

① 数据来自国务院新闻办：《新疆的发展与进步》白皮书，《新疆日报》，2009年9月22日。
② 《江泽民文选》第三卷，人民出版社2006年版，第97页。
③ 山旭、刘宏鹏：《如何再造南疆》，载《瞭望东方周刊》，2010年第26期，第11～12页。

元，仅相当于全国平均水平的64.5%，东部地区的40.5%，上海市的11.3%。[①] 当前，南疆地区仍然有不少自然村是听不到广播、看不到电视的“盲村”。截止到2008年底，新疆广播电视的覆盖率仅达到82.9%和84.53%，[②] 远低于全国水平，且没有覆盖到的地区基本上都是边远的少数民族地区，政府公共文化服务能力明显不足。

党的十七届六中全会决议指出“要以公共财政为支撑，以公益性文化单位为骨干，以全体人民为服务对象，以保障人民群众看电视、听广播、读书看报、进行公共文化鉴赏、参与公共文化活动等基本文化权益为主要内容，完善覆盖城乡、结构合理、功能健全、实用高效的公共文化服务体系。把主要公共文化产品和服务项目、公益性文化活动纳入公共财政经常性支出预算。采取政府采购、项目补贴、定向资助、贷款贴息、税收减免等政策措施鼓励各类文化企业参与公共文化服务。鼓励国家投资、资助或拥有版权的文化产品无偿用于公共文化服务。加强文化馆、博物馆、图书馆、美术馆、科技馆、纪念馆、工人文化宫、青少年宫等公共文化服务设施和爱国主义教育示范基地建设并完善向社会免费开放服务，鼓励其他国有文化单位、教育机构等开展公益性文化活动，各类公共场所要为群众性文化活动提供便利。统筹规划和建设基层公共文化服务设施，坚持项目建设和运行管理并重，实现资源整合、共建共享”。这为公共文化服务体系建设提供了有力的政策支持。

因此，从构建主流意识形态，促进边疆社会稳定、“文化惠民”、“文化维稳”的战略高度出发，一方面，中央财政及各级政府都应进一步加大对边疆公共文化服务体系的投资和支持力度，积极响应中央提出的“2010年实现县县有文化馆，乡乡有文化站”的要求，加大对边疆基层公共文化服务基础设施如图书馆、文化站、群艺社、文化信息共享等基础设施的投资力度并确保用于基层公共文化建设的各项支出按时足额到位，切实增强南疆地方政府公共文化服务能力和公共文化服务水平。另一方面，还要大力发展文化产业，促进南疆少数民族地区特色资源产业化进程，发展经营性文化产业，充分激发民营文化企业的活力，鼓励社会力量参与基础公共建设，实现民族文化产业化投资主体多样化，以繁荣文化市场，满足南疆各族人民群众的多样化文化需求。

在内容上，要用社会主义核心价值体系引领各民族文化发展。新疆文化是绚烂多姿的中华多元一体文化中的一支，其主流意识形态构建过程中要充分挖掘民族文化的精髓，运用少数民族独特的文化艺术形式和手法来反映现实生活、思想

---

① 姚慧琴、任宗哲主编：《中国西部经济发展报告（2010）》，社会科学文献出版社2010年版，第147页。

② 李道亮主编：《中国农村信息化发展报告（2009）》，电子工业出版社2009年版，第42页。

情感、愿望及审美，以新疆地区群众熟悉的、喜闻乐见的艺术形式载体把社会主义核心价值体系通过春雨润物细无声的方法渗透到大众的生活方式、行为方式和思维方式中去。社会主义核心价值体系只有广泛深入到群众生活和人群中，最大限度地实现其大众化和日常化，才能最大限度地发挥其反渗透、筑牢思想防线的作用。群众也能够在文化艺术消费和欣赏过程中不知不觉地提高其文化素质、提升对中华文化的认同感，构筑起反渗透的思想屏障。同时，也要加强基层文化创新能力的培育。人民群众是历史的创造者，要创作出具有民族气派、民族风格，易于被少数民族群众接受的文化作品，就要充分发挥民间、民营、社会各界的力量，形成多种力量合力共建共享局面。群众是创造的主体，广大的各族群众是基层文化创新的源泉，同时，基层的文化建设也是建设基层思想阵地，维护群众精神家园，巩固基层意识形态构建成果，抵制境内外各种文化渗透的主要渠道，因此也是维护社会稳定的重要力量。积极培养农民文化骨干，充分发挥民间艺人、文化能人在活跃农村文化生活、传承发展民族民间文化方面的作用，巩固农村文化建设的群众基础。

在人才培养上，要注重新疆公共文化服务创新人才的培育。一方面，着力培养一批高素质的少数民族本土马克思主义思想家、学者及研究员，加强以马克思主义为指导社会主义先进文化理论研究、文化精品创作服务体系研究、文化知识传授服务体系研究、文化传播服务体系研究、文化娱乐服务体系研究、少数民族特色文化传承机制及服务体系研究等，并把社会主义核心价值体系贯穿于这些研究的始终，促进马克思主义在新疆多民族地区的大众化研究，增强马克思主义的吸引力及大众化能力。这些少数民族专家十分了解新疆群众的生活状况、劳动状况、权利状况以及人民大众的思想情感、价值追求、生活习惯和认知水平等，因而在宣传马克思主义方面具有天然的优势，有助于增进群众对社会主义主流意识形态内容的接纳与自觉实践的强烈欲望。只有不断推动当代中国马克思主义大众化、本土化，才能使新疆各族民众普遍认同、接受和信仰马克思主义，才能使社会主义核心价值体系在更广泛、更自觉的实践层面上被内化成为坚持和发展中国特色社会主义的强大精神动力。另一方面，要加强多民族地区公共文化服务人员和文化创新人才，尤其是新一代高素质创意人才的培养与培育，实现基层公共文化机构形式及内容的多样化。新疆丰富的文化资源优势转化成文化产品和文化产业以满足群众的文化需求，文化创意、创新能力是关键。吸引和培育一大批本土的、具有创新意识和创新能力的文化人才队伍才是提高南疆绿洲公共文化服务及水平的根本。同时，还有助于解决各族大学生的就业问题。

最后，特别要提出的是新疆在构建主流意识形态，构筑“反渗透”文化屏障过程中一定要重视基层公共文化服务设施中影视传媒的重要作用。在这里之所以特别强调电视、电影等影视媒介的作用是因为影视传媒尤其是电视是最具有渗透力和影响力的图像文化。它通过图像、音响和宏大的叙事场面主宰着人们的视觉与思维，塑造人们的政治观念和社会行为，同时提供人民塑造自身身份的素材，建构起公民的文化认同、价值认同，影响着人们是非荣辱观的确立、社会行为规范和家庭伦理道德的建构。因此，影视传媒在构建认同、塑造大众意识形态方面具有不可替代的作用，成为各国表达主流意识形态的重要载体，更是西方发达国家通过大众文化实施文化霸权的工具与手段。由于边疆基层公共文化服务体系不健全，社会生活水平普遍不高，人们的文化选择空间较小等都决定了影视传媒尤其是电视在边疆人们娱乐生活中的重要地位。2008 年全国农村不识字或识字很少人口为 6.43%，小学水平人数占全国人数的 25.76%，初中学历者占 52.91%，高中学历占 11.01%，中专 20.54%，大专以上占 1.45%。但是同期新疆人口中以上各项比重为分别为 4.2%、38.61%、46.93%、7.15%、2.27%、0.85%，[①] 因此可知新疆农村群众这些年的扫盲活动取得了巨大成效，但是人们的平均学历主要集中在初中及以下水平，相对偏低。而据 CNRS（全国读者调查）在中国大陆进行的大型市场调查表明，在不同学历水平的全国观众中，小学和初中学历的观众在全天多个时段中处于电视收视率领先的水平。[②] 根据另一项调查，2008 年农村居民每周约有 5.2 天会接触电视，远高于其他媒介的接触，农村 91.10% 的人获取信息的主要媒介是电视[③]。而在笔者 2010 年寒假对南疆疏勒县 40 户居民所做的随机调查、访谈中，90% 以上的群众主要文化娱乐活动就是看电视。因此，在边疆地区主流意识形态构建的过程中，我们必须重视电视文化的重要作用，把好质量审查关，防止承载恶意文化宣传的各种影视文化作品的渗透的同时，积极借助影视剧等影视文化在意识形态传输、宣传教化及“国家建构”过程中的重要功能，通过百姓化的、本土化的和群众喜闻乐见的故事及叙事方法把公共的世界观和民族精神，共同的伦理诉求及情感取向，以本民族独有的形式表述出来，使之成为弘扬社会主义核心价值体系为核心的主旋律的主要渠道。新疆这几年持续翻译了如《激情燃烧的岁月》等一批弘扬主旋律的电视剧，无形之中意识形态思想依然贯穿始终。同时新疆电视台还着力打造了一些本土影视剧《燃情吐鲁番》、《买买提的 2008》及电视连续剧《木卡姆的春天》等，这些作品以本土化的方式将新疆农村的社会变迁及人们心理变化与民族情感、伦理、国家及民族认同、民族文化记忆重建、普及等结合起来，不仅体现出

---

① 中国农业年鉴编辑委员会编：《中国农业统计年鉴（2008）》，中国农业出版社 2009 年版，第 349 页。

② 崔保国：《中国传媒产业发展报告（2006～2007）》，社会科学文献出版社 2008 年版，第 355 页。

③ 李道亮：《中国农村信息化发展报告（2009）》，电子工业出版社 2009 年版，第 31 页。

历史厚重感，还体现出极强的现实感召力。因此，边疆主流意识形态构建的过程中，不仅要牢牢把握思想战线阵地的文化媒介，还要有适合本土的特色文化创新作品的不断涌现。当一种价值观被文化、艺术形式承载，通过艺术表现力、思想感染力和形象震撼力，潜移默化地被广大民众所认同，进而成为民族的理想信念、价值观念、行为取向、法律意识、道德规范、审美情趣和心理习惯时，作为主流意识形态的核心价值体系才能真正在绿洲各族群众的内心深处生根发芽，才能建立起攻不破的思想屏障，从而为南疆绿洲文化转型指明方向。

第四节　以文化产业化引领民族文化繁荣发展

一、发展文化产业是新疆民族文化发展的需要

第一，发展文化产业是保护和传承新疆民族特色文化的需要。生活在新疆的各少数民族在漫长的历史变迁中，创造了以维吾尔族的“木卡姆”、“麦西来甫”，哈萨克族的“阿肯谈唱”等为代表的独具特色的少数民族文化。这些文化娱乐方式不仅是他们生产生活方式的构成，同时也是他们深层文化心理的表征。但是，这些年，随着社会的发展，尤其是经济的发展，人们生活水平的提高，象维吾尔木卡姆这样一些艺术的文化生态环境发生了变迁，这种盛极一时，群众喜闻乐见，广泛流传、依赖口传心授的艺术形式在西方文化、流行文化和汉文化的合力冲击下日渐走向式微。不仅传统特色民族文化赖以存在的文化土壤正在销蚀，而且这些文化存在本身也日益消逝。“文化生存是民族存在的前提和条件。文化的生存状态不仅积淀着一个国家和民族过去的全部文化创造和文明成果，而且还蕴含着他走向未来的一切可持续发展的文化基因，是它存在和发展的全部价值与合理性之所在。因此，一旦这种文化遭遇生命的威胁和侵略，必然要给民族和国家的存在价值、存在意义及它的全部合法性带来深刻的文化危机和民族危机，从而也就构成了文化安全的全部内容和意义。”① 产业化的运作方式和创新性的思维无疑会为新疆特色文化的保护和发展提供创新性的思维和文化保护所需要的物质支撑。因为在文化产业发展的过程中，原有文化不断得到新的阐释与改

① 胡惠林：《文化产业发展与中国文化新变革（1998～2008）》，上海人民出版社2009年版，序言第7页。

造，新的文化因素不断被纳入并产生出来成为人们的消费对象，转化成为主体的本质力量之后，又推动着文化的积累与创造，这一过程的实现正是文化产品的生产与再生产。诚如马克思所说："在生产的行为本身中，不但客观条件改变着…而且生产者也改变着，炼出新的品质，通过生产而发展和改造着自身，造成新的力量和新的观念，造成新的交往方式，新的需要和新的语言。"① 新的文化生产会促使民族的特色传统文化也会在文化产业的发展过程中，在广泛的与他文化的交流与互动中，不断地借鉴、吸纳先进文化的因子，在不断的转型中变得越来越具有生命力、获得广阔的生存空间，最终在发展中实现对民族特色传统文化的保护。

第二，发展文化产业是为满足群众多元文化需要。满足人民群众日益增长的精神文化需求是文化建设和发展的根本任务。随着西部大开发的进一步深入，新疆在内的全疆和全国各族人民的生活水平不断提高，人们的文化需求也越来越旺盛。国际经验表明，当人均 GDP 超过 3 000 美元后，人们的精神文化需求会呈快速增长的趋势，多元化、多层次的文化需求相应的需要文化产品的大发展。富裕起来的全国人民对本国特色的具有异域风情的少数民族文化的向往与审美体验的需求日益增强；世界各国对古丝绸之路四大文化交汇之地的南疆绿洲的文化也十分向往。因此，面对多元化、多样化、多层次的区内外、国内外市场的文化需求，加大新疆特色少数民族文化产业的支持力度，加快新疆特色文化产业的发展，是满足多元文化需求，促进消费、发展经济的必然选择。

第三，民族特色文化是发展文化产业的优势资源。新疆自古以来就是丝绸之路上中西方文化的交汇地，几千年历史积淀了独特的文化个性，不仅被称为是世界"人种博物馆"，还被誉为"民族博物馆"。古丝绸之路在新疆境内长达 5 000 公里，两侧分布的古城堡、古遗址、古墓多达 50 多处，异域风情独特。早于敦煌莫高窟 200 多年的库车县克孜尔千佛洞，被世界广泛研究的古楼兰、古米兰等西域 36 国，风情浓郁的多民族聚居区，丰富多彩的风俗民情……神秘的楼兰消失之谜，来往历史名人的传奇经历和古老的传说以及考古发现的无数历史难解之谜……丝绸之路历史价值高，文化底蕴厚，不仅可以满足当代人们猎奇、体验丝路文化的旅游心理，还可以使常年处在钢筋水泥的高楼大厦中的人们陶冶自己的心灵。而新疆各少数民族在漫长丝路文化的影响下，在长期的聚居、杂居的过程中形成自己灿烂的西域文化历史和独特的民族风情，产生了大量的文学作品，如"江格尔"、"玛纳斯"、"福乐智慧"，创造了具有浓厚生活气息和独特艺术魅力的艺术作品，如维吾尔族的十二木卡姆组曲、刀郎舞杂技艺术达瓦孜，各种民族

① 《马克思恩格斯全集》第 46 卷（上），人民出版社 1985 年版，第 494 页。

竞技体育表演。保留了民族特有的民俗文化，如少数民族的肉孜节、古尔邦节、诺鲁孜节等民间节庆和宗教活动，在长期的生产生活中形成的民族特色歌舞，如维吾尔族的麦希来普、塔吉克族的鹰舞，还有新疆各少数民族特色的民族饮食文化等等，都构成新疆文化产业发展的资源优势。

第四，文化产业是增强区域文化竞争力的最佳选择。随着全球化的不断深入，文化在社会发展中的作用日益凸显，文化越来越成为一国综合国力或文化软实力的象征，充分利用新疆特色民族文化资源，积极发展有独特文化内涵和文化创造力的文化产业，既是顺应世界经济发展趋势的要求，也是增强区域文化竞争力，抵制境外文化渗透与西方文化殖民主义的不二选择。文化产品不仅是物质产品，其本质是精神产品，更是生活方式、思想、价值观、信仰的载体。而文化产品的多样化形式与载体使其承载的思想具有巨大的渗透力，对于维护文化认同具有明显的优势。因为“文化产业的蓬勃发展不仅给这些（发达）国家带来黄金白银的经济效益，文化产业还传播着他们的价值理念，占据着文化消费者的思维和想象空间”。[①] “因为大众文化，或者说是工业化的文化生产机器和信息生产的主要机器相互交叉，这是一个政治机器，即它的一个主要功能是保证一个社会的不同社会群体和积极的内部聚合。换句话说，大众文化不仅仅是一个工业产品，也是一个政治系统不可缺少的部分。”[②] 伴随高技术和现代文化产业而来的西方文化和信息，对我国的主流价值观念和传统民族文化带来严峻挑战。而现代传媒带来的人们生活方式和交往方式的深刻变革，也使得中华文化的凝聚力和聚合力削弱，统一多民族国家认同的文化根基被动摇。随着民族生活水平的提高，对多元的文化产品和消费的需求成为当前社会的一个重要问题，当人们的文化需求和精神消费不能得到有效、充分的满足，就可能出现大众文化需求“真空”就会给西方具有强大文化产业竞争力的境外势力以机会，导致严重的后果。

因此，将经济繁荣和文化繁荣结合起来走产业化道路是少数民族地区增强软实力的必由之路。针对新疆少数民族地区经济社会以及文化发展现状，加快少数民族文化产业的发展，把民族文化产业培育成为新的经济增长点，走一条民族文化、生态环境，社会经济协调发展的路子，既是缓解资源匮乏、生态脆弱、经济落后矛盾，又是保护和传承少数民族文化，增强区域文化软实力，满足人民日益增长的文化需要。

---

① 陈东辉：《推动文化产业成为国民经济支柱性产业》，载《中国社会科学报》，2010 年 11 月 2 日，第 15 版。

② La culture contre la democratie? L’audiovisuel a l’heure transnationale par A. mattelart avec M. mattelart et X. delcourt，la Decouverte，paris，1984，p. 56，转引自［法］阿芒·马特拉，陈卫星译：《世界传播与文化霸权——思想与战略的历史》，中央编译出版社 2001 年版，代译序，第 8 页。

二、新疆文化产业发展现状

新疆的文化产业总体发展滞后，没有形成规模化的产业模式和产业集群，很多的领域基本上都属于文化事业单位。文化事业和文化产业在新疆基本上处于混乱交叉的状态，文化产品主要以公共文化服务供给为主，文化产业尚处于初级阶段，主要以经营性文化产品的销售为主。如网络、网吧及相关娱乐场所、音像制品及电子出版物的批发和零售、图书及音像制品出租。软件、芯片以及其他高端产业几乎是空白。而且从调查的实际情况来看，经营性文化产业主要集中在中心城市，县城以下的基层单位基本上没有，更谈不上现代意义上的文化产业了。

由于相关调查资料中基本上没有相关文化产业的统计数据，我们从《新疆统计年鉴》、《新疆年鉴》中关于相关行业的统计数据及报刊中一些零散资料对此进行了收集与整理，特别是对新疆维吾尔自治区文化厅编印的《新疆维吾尔自治区文化文物产业统计资料（2008）》中对此问题有所涉及的内容进行筛选，以期对阐明此问题有所帮助（见表 11－3）。

表 11－3　2008 年全疆经营性文化产业增加值综合情况　单位：万元

项目 分类	总产出	中间消耗	增加值	劳动者报酬	生产税净额	固定资产折旧	营业盈余
总计	99 396.7	23 817.6	75 579.1	20 835.9	9 241.7	12 939.4	32 561.9
一、出版发行和版权服务业	2 785.4	1 060.4	1 725.0	535.7	139.5	174.7	875.1
1. 音像制品出版	—	—	—	—	—	—	—
2. 音像制品及电子出版物的批发	1 554.2	350	1 204.2	356.7	74.4	115.1	658.0
3. 音像制品及电子出版物的零售	1 231.2	710.4	520.8	179.0	65.1	59.6	217.1
二、电影服务	—	—	—	—	—	—	—
1. 电影发行	—	—	—	—	—	—	—
2. 电影放映	—	—	—	—	—	—	—
三、文化艺术服务	430.2	527	377.5	167.3	40.5	51.2	118.5
1. 艺术表演团体	426.9	901	336.7	158.3	39.9	51.2	87.3
2. 艺术表演场所	3.3	－37.4	40.7	8.9	6	—	31.2
3. 其他文化艺术	—	—	—	—	—	—	—

续表

分类＼项目	总产出	中间消耗	增加值	劳动者报酬	生产税净额	固定资产折旧	营业盈余
四、网络文化服务	59.5	-63.0	1 225	3.9	52.1	—	66.5
五、文化休闲娱乐服务	87 555.2	21 397.1	66 158.1	17 706.5	8 123.6	11 877.5	28 450.5
1. 娱乐场所	46 772.7	11 317.5	351 655.2	10 991.7	4 473.3	4 215.1	15 475.1
2. 其他计算机服务（网吧）	41 082.5	10 079.6	31 002.9	6 714.8	3 650.3	7 662.4	12 975.4
六、其他文化服务	4 048.4	520.2	3 528.2	1 261.5	355.1	231.2	1 680.4
1. 文化艺术经纪代理	302.7	173.2	129.4	128.3	18.0	20.6	-37.5
2. 图书及音像制品出租	3 745.7	347.0	3 398.7	1 133.1	337.1	210.6	1 717.9
3. 艺术品、收藏品拍卖	—	—	—	—	—	—	—
4. 广告业	—	—	—	—	—	—	—
5. 会议及展览服务	—	—	—	—	—	—	—
七、文化用品、设备及相关文化产品的生产与销售	475.6	-296.4	77.2	142.5	377.3	241.5	10.7
文物商店	475.6	-296.4	77.2	142.5	377.3	241.5	10.7
八、其他	4 042.4	1 146.6	2 895.8	1 018.5	153.8	363.3	1 360.2

资料来源：《新疆维吾尔自治区文化文物产业统计资料（2008 年度）》，第 335 页。

由表 11-3 可以看出，截至 2008 年底，新疆整体的文化产业水平处于初级阶段，产业化水平不高，产业收入主要集中在网络、网吧及相关娱乐场所、音像制品及电子出版物的批发和零售、图书及音像制品出租，电子动漫、网络游戏等其他相关现代产业处于空白状态。而且有些相关产业的营业增加值很少，几乎没有盈余，甚至于有些处于亏损状态。而南疆三地州不仅是全疆经济社会发展水平最滞后的地区，同时也是文化产业发展最为滞后的地区（见表 11-4）。

表 11-4　2008 年南疆三地州经营性文化产业增加值综合情况　单位：万元

地区＼项目	总产出	中间消耗	增加值	劳动者报酬	生产税净额	固定资产折旧	营业盈余
克州	5 114	42.6	468.8	127.2	55.3	16.1	270.2
喀什	7 726.8	1 143.9	6 582.9	1 596.5	608.7	1 522.7	2 855
和田	5 392.9	108.1	5 284.8	1 537.7	360.1	1 454.1	1 932.9

资料来源：《新疆维吾尔自治区文化文物产业统计资料（2008 年度）》，第 335 页。

从表 11 -4 可知，截至 2008 年底，南疆三地州经营性文化产业的增加值总额较小，营业盈余总额也很少。劳动者从中得到的劳动报酬也是很有限的。

从表 11 -5 统计的情况看，截至 2008 年底，南疆三地州的文化经营机构共有 2 173 个，从业人数总数为 4 459 人。这些机构的总数以及吸纳的从业人数总数比起南疆庞大的人口基数而言，显然是十分微不足道的。从文化市场经营机构的所得税、利润以及增加值上看，总量也是很少的，且所有的文化机构基本上都在不同程度地负债经营。

表 11 -5　　2008 年南疆三地州文化市场经营机构综合情况

项目 地区	机构个数	从业人员（人）	资产总计（万元）	负债总计（万元）	利润总额（万元）	所得税（万元）	应付工资总额（万元）	应付福利总额（万元）	应缴增值税（万元）	增加值（万元）	经营面积（万平方米）
克州	296	476	2 658.2	136.1	3.5	5.4	118.3	—	—	428.1	1.5
喀什	77.3	201.4	11 850.1	359.4	2 782.9	—	1 581.7	7.3	0.4	6 562.9	13.7
和田	110.4	196.9	7 395.6	366.9	1 821.8	22.0	1 498.6	4.8	2.5	5 284.8	7.0

资料来源：《新疆维吾尔自治区文化文物产业统计资料（2008 年度）》，第 198 ~ 199 页。

三、新疆文化产业发展的策略

在国家新一轮的“援疆”热潮中，新疆文化产业迎来了新的发展契机，文化援疆成为援疆的重要组成部分。“全国文化文物系统对口支援新疆工作会议”的召开，不仅确立了文化部、文物文化部以“三大工程”（“春雨工程”、“文化遗产保护”、“文化市场监管能力建设”）为核心，保阵地、保基层的文化建设任务，同时也使新疆各县市与援建单位之间在加强文化援助内容、工作机制、人员、资金等方面有了实质性的对接。

因此，抓住国家全方位援疆中的文化援疆机遇，借助于援建发达地区的资金、创意人才以及先进的科学技术，立足新疆丰富的文化资源，打造具有新疆特色的文化产业和文化产业集群，是新疆文化发展的必然选择。

（一）借鉴内地文化产业发达地区的经验

由于我国地域辽阔，在长期的历史变迁和社会文化发展的过程中，不同区域逐渐形成并拥有别具一格的文化资源优势。在文化产业日益成为文化转型、发展重要推动力的今天，不少地缘、资金、技术、人才优势比较明显的区域，充分挖掘和利用当地的独特文化资源，创新文化资源产业化路径，促使区域文化资源优势向产业优势、经济优势转变，取得了巨大的成功。使文化产业不仅成为带动区域经济快速发展的新引擎，成为文化资源保护的重要途径，同时也使文化产业成为推动整个区域文化向现代转型的重要推动力。因此，这些地区的特色文化产业产业化发展的路径以及相应的经验教训，是新疆文化产业化发展值得借鉴的资源。尤其是与新疆区域文化特征相似的偏远多民族地区文化产业发展的过程以及经验教训，其特色文化资源优势向产业优势转换的路径、方法以及经验教训都是值得我们借鉴、深思的。

云南是偏远地区发展文化产业起步较早的地区之一。云南省早期出台了关于加快文化产业发展的一系列政策措施。到目前为止，云南依托旅游业等产业，面向东南亚大通道的特殊区位优势，引领整个云南文化产业的发展，业已形成了与我国中东部现代大型城市不同特色的文化产业。2007 年昆明市文化产业实现增加值 108.21 亿元，比 2006 年增加 22.73 亿元，增长 26.59%，超过 GDP 增长速度 9.8 个百分点，占 GDP 的比重达 7.76%。其中，文化创意产业法人单位实现增加值约 88.15 亿元，文化创意产业个体实现增加值约 20.06 亿元。文化创意产业单位年末从业人员达到 11.44 万人，同比增长 7.22%，占城镇单位从业人员的 13.04%，拥有资产 265.46 亿元（见表 11－6）。作为国民经济新的增长点，文化产业为拉动昆明的经济增长、吸纳劳动力就业作出了积极贡献。①

表 11－6　　昆明市创意产业规模数据表城市行业增加值

行业	增加值（亿元）	从业人员（人）	统计时间（年）
文化创意产业	88.15	114 400	统计口径：文化创意产业单位（不含个体）2007
	65.23	106 700	2006
新闻服务	0.053	56	2007
出版发行和版权服务	20.34	19 700	2007
广播电影电视服务	7.32	6 175	2007
文化艺术服务	4.05	6 895	2007
网络文化服务	0.84	971	2007
文化休闲娱乐服务	26.95	40 400	2007

① 张京成主编：《中国文化创意产业发展报告（2009）》，中国经济出版社 2009 年版，第 252 页。

续表

行业	增加值（亿元）	从业人员（人）	统计时间（年）
其他文化服务	6.56	9 419	2007
文化用品、设备及相关文化产品的生产和服务	3.47	9 690	2007
文化用品、设备及相关文化产品的销售	17.05	17 000	2007

资料来源：张京成主编：《中国创意产业发展报告（2009）》，中国经济出版社2009年版，第440页。

云南文化产业发展的历程以及其经验是值得我们借鉴和学习的。

（二）发展以文化旅游为先导的新疆文化产业集群

文化旅游产业是现代文化产业的重要组成部分。新疆奇特的自然文化景观、浓郁的民族风情、多彩的民俗文化等，都是不可比拟的旅游资源优势。因此，新疆的优秀文化旅游资源进行整合和优化组合，形成旅游产业发展的综合优势，创新文化资源开发利用模式，提高文化资源开发利用的能力和水平，实现文化旅游可持续发展是发展新疆文化产业的有效途径。正如有学者通过对新疆文化旅游资源分析得出，“西域文化的特点就是多元性，正是这种多元文化的混同体，才揭示了新疆最大的、永恒的开发价值。缺乏文化整体性的理念，人为地将它撕裂开来，单独将其中一部分作为一种类型的文化遗产保护，形式上实现了保护，实际上却破坏了文化固有的整体风貌和遗产的价值。”① 新疆要依托丝绸之路，借助疆内、国内、国际三个市场，开发精品文化旅游线路；立足新疆特色歌舞产业，整合特色餐饮和歌舞表演，打造“宴艺演出系列”；加大旅游文化商品和纪念品的开发力度，建立“传统手工艺体验基地”；依托重点景区打造“少数民族特色文化体验系列”等，建立起以文化旅游为依托的新疆文化集群。

此外，新疆有许多民间艺术素材，如风趣幽默的阿凡提，骑着毛驴上北京的库尔班大叔，还有创作“十二木卡姆”的传奇王妃阿曼尼萨汗等等。而这些都面临着保护、发展的困境。以“玛纳斯”为例。2009年10月，新疆玛纳斯艺术向“人类非物质文化遗产代表作名录”申报成功。近日，凤凰网一行来到玛纳斯的发源地克孜勒苏柯尔克孜州发现，申遗成功后的玛纳斯面临新的困境：在一

① 唐立久、崔保新：《掀起你的盖头来——发现新疆》，新疆人民出版社2009年版，第75页。

个人均年收入只有 1 801 元、财政自给率不过 7% 的国家级贫困县，如何减轻非物质文化遗产保护给财政带来的负担，并使其转化为经济发展的动力？同样的问题，在整个南疆绿洲及整个新疆普遍存在。

因此，如何用好的创意把这些民间传统文化整合、开发成为受市场消费者欢迎产品，是必须高度重视的问题。我们可以借助援建的南方发达省区如广东、深圳、上海以及北京、天津的现金、理念、资本、经验，联合培养大量本土的创意人才。特别是要注重挖掘和培养本土创意人才，建立创新用人机制，对现有文化创意人才要突破资历、职称等限制，根据个人素质、能力及业绩选用，并选拔大量具有创意思维、熟悉少数民族文化的优秀创意人才去内地进修学习；制定文化创意人才的奖励措施，营造培养和吸引文化人才的良好政策环境。此外，最关键的是要建立起本土的集产、学、研为一体的文化创意人才培训基地，定期组织开展文化产业从业人员的培训学习，从创意人才及从业人员素质等方面双管齐下，为新疆文化创意产业的可持续发展培养自己的发展力量，从而促使新疆文化产业的可持续发展。

（三）积极实施"走出去"战略

所谓"走出去"，是指文化产业发展要面向外部市场，不仅面向国内市场，还要面向国外市场，既包括产品和服务送出去，也包括吸引国内消费者来本地市场消费。正如有些学者指出的那样："经济落后地区发展文化产业必须采用外向型发展战略，必须面向经济发达地区市场。"① 对于新疆文化产业的发展而言，文化"走出去"，不仅是本土文化消费市场严重不足的必然选择，同时也是文化产业本身生存、发展的需要，因为任何文化产业都不能只限制在本土范围之内，其必然要在与异质、异域文化的不断碰撞、融合中汲取新的文化元素，从而促进自身的更新与发展。

当然，对于基础薄弱，受各种现实因素制约的南疆绿洲文化产业发展而言，文化"走出去"，需要"提炼我们文化和生活当中最具有魅力的成分，以文化创意为核心，利用成熟的制造业体系和贸易渠道，创造中国文化特色的生活用品。并通过自觉消费使之进入国内外普通人的生活，从而影响他们的生活方式，这应该是文化真正'走出去'。"② 同时文化产业发展还有顺应国际文化产业的运营模式，充分利用新疆与中亚各国在宗教文化、风俗习惯等方面的相似性，加强国际

---

① 冯子标、焦斌龙：《比较优势与文化产业发展》，商务印书馆 2005 年版，第 51 页。

② 朱小琴、燕兵：《浅谈西部文化产业发展的"走出去"战略》，载《中国文化产业评论》，2009 年第 2 期，第 261 页。

合作，从而促使新疆的文化产业更好、更快地走出去。

新疆文化产业的发展，不仅彰显区域文化的当代价值，更好地宣传、保护和传承优秀区域文化，而且对于面向中西亚国家的文化市场，扩大中华民族文化的影响力也具有重要的意义。因此，充分发挥新疆文化产业的独特优势，坚持多措并举，借助于文化援疆的合作机遇，努力形成文化产业发展的强大合力，使文化产业真正成为推动新疆跨越式发展的强大推动力。

第五节　在现代化进程中保护和传承少数民族优秀文化遗产

对少数民族优秀文化遗产的保护，是党和国家民族政策、文化政策的重要内容。新疆为落实国家提出的以“保护为主、抢救第一、合理利用、传承发展”为原则的文化保护工程，制定了《新疆维吾尔自治区非物质文化遗产保护工程管理办法》。文件提出“政府主导、社会参与，明确职责、形成合力，长远规划、分步实施，点面结合、讲求实效”的工作原则。实行政府保护与民间保护相结合，行政管理与专家咨询相结合，财政投入与社会资金相结合的保护方式。逐步建立起比较完备、符合新疆实际的非物质文化遗产保护制度，使各民族珍贵、濒危的非物质文化遗产得到有效保护、长期传承、合理利用和发扬光大。在文化保护工程的推动下，截至2011年底，新疆立项了70个国家级非物质文化遗产项目、185个自治区级非物质文化遗产项目，有47位国家级“非遗”代表性传承人，建立了3个地区级“非遗”专题博物馆、5个县级“非遗”专题博物馆以及5个地区级民俗博物馆、19个县级民俗博物馆，建立了地区级传习所1个、县级传习所35个。[①] 文化保护工程使新疆少数民族优秀文化遗产得到保护。

在新一轮的西部大开发和援疆政策的推动下，经济的跨越式发展使新疆发生了巨大变化。但同时，跨越式发展也使现代与传统的矛盾关系更加剧烈，各种传统文化流失的现象也会增多。因此，在加快经济社会发展的进程中，必须切实按照党和国家关于保护和发展少数民族文化的新要求，支持少数民族优秀文化的传承、发展、创新。通过进一步加大对少数民族文化遗产的保护力度，使各民族文化中的知识、智慧和优秀品质在中华民族的共同精神家园中发扬光大。

① 新疆文化网：《自治区加快建立专题博物馆、展示中心、传承中心、传习所基础设施建设步伐》，http：//www.xjwh.gov.cn.

一、新疆少数民族优秀文化遗产

自古以来，新疆复杂多样的地貌与生态环境，贯通中西的交通枢纽地位，多民族的生息繁衍造就了新疆瑰丽璀璨的多元民族文化，给后人留下了珍贵的历史文化遗产。据不完全统计，新疆现有文物点4 000多处，国家级文物保护单位41处，自治区级文物保护单位262处，馆藏文物116 753件（其中国家一级藏品706件）。[①] 其中不可移动文物分布全疆、类型多样，有遗址类，古建筑类，石窟及石刻类等。除了极具地域与民族宗教特色的文物资源，新疆各民族人民还创造了内容与形式丰富多彩的非物质文化。其中维吾尔族的传统表演艺术“十二木卡姆”、柯尔克孜族的口头传唱类“玛纳斯”、哈萨克族的“阿肯弹唱”、蒙古族的“江格尔”、回族的“花儿”等等，都既具有深刻的文化内涵又彰显民族特色。

（一）维吾尔族的“十二木卡姆”

维吾尔十二木卡姆，是维吾尔族人民对中华民族灿烂的文化所作的重大贡献，她运用音乐、文学、舞蹈、戏剧等各种语言和艺术形式表现了维吾尔族人民绚丽的生活和高尚的情操，反映了他们的理想和追求以及当时的历史条件下所产生的喜怒哀乐。她集传统音乐、演奏音乐、文学艺术、戏剧、舞蹈于一身，具有抒情性和叙事性相结合的特点。这种音乐形式在世界各民族的艺术史上独树一帜，堪称一绝。木卡姆历史源远流长，背景广阔而深远，与维吾尔族人民的历史时代同步发展。尽管属于维吾尔族民俗范畴的部落众多，地域辽阔，其音乐文化也具有多层次多源流的特点，但她仍以自己独特的风格而有别于其他民族的音乐。十二木卡姆的源流，从时代和地域因素上讲主要有两点，一是由古代流传下来的传统音乐的基础上发展成的套曲和歌曲；二是地方音乐，即库车、喀什、吐鲁番、哈密和和田音乐以及刀郎音乐。这种时代和地域因素相互交织渗透，浑然一体，反映了维吾尔族人民的生活方式、民族特征、道德观念及其心理素质的特点。这种特点则是通过独特的音乐形式、演奏方法以及独特的演奏乐器加以体现的，它不仅是维吾尔族文化的精华，也是中华民族文艺宝库中的瑰宝。

2006年5月20日，十二木卡姆经国务院批准列入第一批国家级非物质文化遗产名录。2007年10月24日18时05分成功发射升空的“嫦娥一号”搭载了31首歌曲，十二木卡姆选曲名列其中。2005年，维吾尔“十二木卡姆”被联合

① 新疆维吾尔自治区文物局：《自治区文物工作基本情况汇报》，2005年5月23日。

国列入世界非物质文化遗产名录。

（二）柯尔克孜族的“玛纳斯”

“玛纳斯”是柯尔克孜族的英雄史诗。它主要讲述了柯尔克孜族人民不畏艰险，奋勇拼搏，创造美好生活，歌颂伟大爱情的故事。一共分为 8 大部。玛纳斯的各部在人物塑造、故事情节的安排上颇多创见，在语言艺术方面，具有浓郁的民族特色。史诗中的丰富联想和生动比喻，均与柯尔克孜族人民独特的生活方式、自然环境相联系。史诗中常以高山、湖泊、急流、狂风、雄鹰、猛虎来象征或描绘英雄人物，并对作为英雄翅膀的战马，作了出色的描写。仅战马名称就有白斑马、枣骝马、杏黄马、黑马驹、青灰马、千里驹、银耳马、青斑马、黑花马、黄马、青鬃枣骝马、银兔马、飞马、黑儿马、银鬃青烈马、短耳健马等等。史诗中出现的各类英雄人物都配有不同名称和不同特征的战马。史诗几乎包含了柯尔克孜族所有的民间韵文。它深刻反映了新疆各民族的分布及其相互关系，体现柯尔克孜族游牧生活、家庭成员关系、生产工具、武器制造、服饰、饮食、居住、婚丧、祭典、娱乐和信仰伊斯兰教前的萨满教习俗等。玛纳斯不只是一部珍贵的文学遗产，而且也是研究柯尔克孜族语言、历史、民俗、宗教等方面的一部百科全书，它不仅具有文学欣赏价值，而且也具有重要的学术研究价值，是一部柯尔克孜族的百科全书。

玛纳斯是一部具有深刻人民性和思想性的典型英雄史诗。它从头至尾贯彻着一个主体思想：团结一切被奴役的人民，反抗异族统治者的掠夺和奴役，为争取自由和幸福生活进行不懈的斗争。表现了被奴役的人民不可战胜的精神面貌，歌颂了古代柯尔克孜族人民对侵略者的反抗精神和斗争意志。不仅体现了柯尔克族的英雄主义气概，也充分体现了中华民族不屈不挠的民族精神。

玛纳斯是靠“玛纳斯奇”的演唱，代代传承下来的。据调查，在新疆柯尔克孜族地区有 70 多位“玛纳斯奇”，其中以朱素甫·玛玛依所演唱的最为完整。2006 年 5 月 20 日，玛纳斯经国务院批准列入第一批国家级非物质文化遗产名录。2007 年 6 月 5 日，经国家文化部确定，新疆维吾尔自治区克孜勒苏柯尔克孜自治州的居素·玛玛依和新疆维吾尔自治区文联民间文艺家协会的沙尔塔洪·卡德尔为该文化遗产项目代表性传承人，并被列入第一批国家级非物质文化遗产项目 226 名代表性传承人名单。

（三）蒙古族的“江格尔”

关于“江格尔”的产生和流传地区，其说法也不一。一种观点认为，它最初产生在中国新疆的阿尔泰山一带蒙古族聚居区。近几年在新疆发现的大量材料，进一步证实了上述观点的可靠性。江格尔至今仍在新疆各地的蒙古族人民中间广为流传。1964 年在乌鲁木齐先后用蒙古文出版了《江格尔传》，其中收有 1910 年以前在俄国出版的江格尔的 13 部作品。1978 年至 1982 年，在新疆蒙古族地区征集到的江格尔共有 47 部，长达七八万诗行。其中，先后印成书的共计 32 部。

“江格尔”是由数十部作品组成的一部大型史诗，除一部序诗外，其余各部作品都有一个完整的故事，可以独立成篇。它以其丰富的社会、历史、文化内容，艺术上所达到的高度成就，在蒙古族文学史、社会发展史、思想史、文化史上都占有重要地位，江格尔是蒙古民族文化的瑰宝。如果说英雄史诗是蒙古族远古文学中最重要的民间文学体裁，那么江格尔就是这一体裁中篇幅最长、容量最大、艺术表现力最强的代表，它代表了蒙古族英雄史诗的最高成就，从而也代表了蒙古族远古文学的最高成就，成为蒙古族文学发展史上的一个高峰。江格尔数百年来一直萦绕在蒙古族人民的耳畔，至今还活跃在民间，成为家喻户晓的英雄史诗。迄今还保持着其特有的艺术魅力，并且越来越多地引起我国各民族人民群众和国内外学术界的广泛兴趣。在新疆塔城地区有江格尔文化馆和江格尔广场，在那里，经常举办有关江格尔的活动。

2006 年 5 月 20 日，经国务院批准“江格尔”列入第一批国家级非物质文化遗产名录。2007 年 6 月 5 日，经文化部确定，新疆维吾尔自治区和布克赛尔蒙古自治县的加·朱乃、新疆维吾尔自治区巴音郭楞蒙古自治州的李日甫和新疆维吾尔自治区文联民间文艺家协会的夏日尼曼为该文化遗产项目代表性传承人，并被列入第一批国家级非物质文化遗产项目 226 名代表性传承人名单。

（四）哈萨克族的“阿肯弹唱”

哈萨克民族是一个能歌善舞的民族，优美动人的诗歌是哈萨克民族丰富多彩的文化传统最集中的表现。阿肯则是诗歌的创作者、演唱者和传播者，无论是婚丧嫁娶、宗教典礼、生活习俗等都有一套比较完整的传统演唱。这些诗歌对民族发展史、民族关系史和宗教史的研究都有很重要的价值。同时，它又是研究历史学、人类学、社会学、民族学、民俗学的重要资料。

阿肯弹唱是哈萨克族悠久的民间传统艺术形式，是哈萨克草原上主要的娱乐方式之一。阿肯的演唱是即兴创作，他们一般能够触景生情、出口成章。除了在平日生产和生活中的即兴弹唱，阿肯的重要活动是参加哈萨克牧人聚会时的对唱。这种对唱高潮迭起、相持不下，有时通宵不息。阿肯弹唱歌词内容很能表达哈萨克人的豪迈性格、反映天山草原的时代气息。特别是在对唱中，双方歌手即兴编词，出口成章，边弹边唱，一问一答，以物比兴，借景发挥，用优美的歌词，娴熟多变的弹奏技巧，折服对手，取悦听众。它以答词切题准确、语言机智幽默、演唱经验丰富、内容生动有趣者取胜。弹唱会结束时，要为评选出的优秀阿肯颁发奖状奖品，赠送精美的冬不拉。对德高望重的老阿肯，要给他们献上传统的长袷袢。按照习俗，败阵的阿肯还要给得胜的一方赠送毛巾、手帕等物，以示友好祝贺和虚心求教。近年来随着旅游业的兴起，阿肯弹唱作为一种民俗风情旅游成为当地旅游业的主要内容之一。牧民们把对唱中取胜的阿肯与骏马、英雄相提并论。但对失败者也不轻视，称誉他们是“敢于搏击风雨的雄鹰”，“敢进沙漠的骆驼”，给予热情鼓励。阿肯弹唱历史悠久，盛传不衰。它不仅是一种艺术表演，也是一种智慧和才华的竞技，是草原游牧民族勇气、意志、好胜心、搏击力的张扬和展示。每逢阿肯弹唱会，远近的人们身着盛装，骑着骏马，弹着冬不拉载歌载舞来到鲜花盛开的草原上，各路歌手登场献艺，听众们喝彩助威，经常是通宵达旦一连数日地尽兴。

（五）回族的“花儿”

回族“花儿”俗称山曲儿，最早流传于宁夏、甘肃、青海一带。后传入新疆昌吉，经二百余年演变，已具有鲜明的本地特色。“花儿”曲调高亢，节奏明快，富有浓郁的生活气息。有一定格律，一般为4句一节，偶可押韵。昌吉一带流行的曲令有“河州大令”、“河州三令”、“白牡丹令”、“尕马儿令”、“大眼睛令”等。“花儿”又称“少年”，是回族地区的一种民歌，实际上是一种高腔山歌。在“花儿”对唱中，男方称女方为“花儿”，女方称男方为“少年”，这种对人的昵称逐渐成为回族山歌的名称，亦统称为“花儿”。“花儿”内容丰富，大都为颂扬爱情忠贞、惩恶扬善、反映人民疾苦。一般多是四句或六句，歌词多即兴创作，十分口语化，且不避俗词。“花儿”突出的特点就是以生动、形象的比喻起句，文字优美，格律谨严。它的音乐主调令达100多种，旋律、节奏、唱腔都有着独特的风格。由于“花儿”最早产生于山间田野，歌手们在空旷幽美的环境中无拘无束，放声高歌，所以它的曲调多高昂、奔放、粗犷、悠扬，表现了回族人民对幸福生活和纯真爱情的追求和渴望。新中国成立以后，“花儿”受到新疆人民的喜欢，被搬上舞台，内容也更为丰富，除赞美爱情的外，以歌唱新生活、新气象的居多。新疆昌吉歌舞团将“花儿”作为主要剧目在全国各地乃至国外演出，受到广大观众的欢迎。

自2003年实施非物质文化遗产保护工程以来，国家和新疆对新疆非物质文化遗产保护的资金投入，累计超过2 500万元。从2011年起，国家和新疆两级财政每年拨付1 000万元用于新疆少数民族非物质文化遗产保护工作。[①] 喀什地区莎车县“十二木卡姆传承中心”、吐鲁番鄯善县“吐鲁番木卡姆传承中心”、哈密市“哈密木卡姆传承中心”、巴音郭楞蒙古自治州博湖县“蒙古族非物质文化遗产传承中心”均已建成使用。新疆根据各民族传统艺术分布情况，将统一规划建设10个非物质文化传承中心，实行民间艺人就地传习、教学、培养新的传承人制度。这使新疆民族传统文化遗产得到进一步的保护和传承。

二、现代化进程中少数民族优秀文化遗产保护和传承的困境

新疆少数民族优秀文化遗产内容丰富、形式多样，但是脆弱的自然生态环境以及全球化与现代化的冲击，使新疆优秀文化遗产的保护与传承具有相当大的困难，尤其是新疆多数人并不了解少数民族文化遗产的内在价值。在少数民族传统文化研究中，忽略了少数民族文化遗产研究。少数民族文化遗产的定义、分类、鉴定与征集以及开发利用等问题，都是文化遗产保护研究中的薄弱之处。加之新疆一些地方政府急于发展经济，民众脱贫致富的心理比较普遍，盲目地发展旅游经济，民族地区的优秀文化遗产资源遭到腐蚀、破坏，普通民众无法顾及，开展保护少数民族优秀文化遗产的工作更是难上加难。目前，保护和传承少数民族优秀文化遗产面临一系列的问题。

（一）社会环境问题

现在新疆少数民族文化遗产面临的最大威胁是逐渐失去了其赖以生存的社会环境。近30年发展的市场经济、交通、通信的现代化趋势，极大地改变了新疆相对封闭的社会环境，社会条件的变迁使民族文化遗产难以适应社会发展的需要，逐步被人忽视，尤其对于各类传统的民族民间音乐，由于古旧的风格特点不能满足现代人对时尚的生活需要，日益不被人们接受。在新疆维吾尔族地区，以前逢年过节、结婚庆典，人们都会请民间艺人表演木卡姆和传统的维吾尔族民间歌舞。而现代流行音乐进入新疆以后，由于流行音乐音响强劲，用人不多，花费较少，传统音乐逐渐被流行音乐取代，能演唱木卡姆歌曲和表演木卡姆的舞蹈的人日益稀少。又如在2010年举行的江格尔演唱会时，草原上的老人都拿着凳子往前挤，年轻人则拿着MP3往后退，老人在前面听江格尔，年轻人在后面听周

① 光明网：《保护文化遗产　促进团结发展》，http：//www.gmw.cn.

杰伦的歌。作为我国第一部关于“阿依特斯”研究专著的作者，新疆社会科学院民族文学研究所研究员别克苏勒坦·卡塞，他认为阿依特斯的文化空间面临严重威胁。培养阿肯的土壤已越来越少，随着阿依特斯大会更多地在城镇举行，阿依特斯演唱越来越舞台化，阿肯的唱词大多依靠背诵越来越程式化，加上比赛限定时间等赛制化，阿依特斯最重要的特征——即兴性、技竞性正受到严重挑战。目前，随着现代文明及城镇化的冲击，少数民族不断地定居或迁入城市，他们世代相传的习俗随着生活环境的巨大变化而难以为继，这样，民间口头文学和传统艺术赖以支持的文化空间便加速消亡。

（二）继承人缺失的问题

少数民族传统文化的传承基本靠一代一代的口传心授，这种传承很容易受继承人的影响，所以继承人的问题是传承民族传统文化的关键。在新疆各种民间艺术都是靠民间艺人口头传授方式流传下来，人走艺亡的情况十分严重，现在没有一位民间艺人能完整的演唱和演奏十二木卡姆。能表演刀郎木卡姆的也只有 3 位民间艺人。作为江格尔课题主持人、江格尔研究专家，贾木查曾做过江格尔新疆传承情况的民间普查，20 世纪 80 年代新疆能唱一个诗章以上江格尔的民家艺人有 100 多位，20 年后绝大多数歌手都已过世，现在新疆杰出的江格尔艺人也就两三个人，且都年事已高，传承人寥寥。特别是当代的年轻人更多地接受现代文化的影响，他们喜欢现代的流行音乐，对古老的传统文化失去了兴趣，使新疆少数民族传统文化的传承后继无人。

（三）投入不足的问题

在新疆，各民族和社会专业机构对少数民族文化遗产的保护有着迫切的要求，但缺乏有力的资金支持，十二木卡姆等一批以前的录音、录像资料由于保存手段落后，目前急需将早期的录音录像资料转换成数字化载体，以利于多种方式的异地储存。但由于工程浩大，没有人力物力财力支持，经费投入不足，主要原因是民族地区政府对少数民族文化的保护意识薄弱，尚未认清少数民族文化的重要价值。各地区在开发利用少数民族文化遗产的同时，或不注重保护，或保护力度不够，给少数民族文化遗产的抢救和保护工作带来了极大的困难。问题主要体现在以下方面：(1) 少数民族地区政府公务人员不了解少数民族文化遗产，不了解这些民族文化遗产的价值，不关心民族文化遗产的抢救以及传承和发展。意识上的淡薄直接导致各级政府对少数民族文化的挖掘、抢救、整理不够重视，采取的措施有限且滞后。(2) 对少数民族文化遗产抢救与保护工作在县、乡、村没有落实相应的专业人员、资金、交通工具等，现在的文联、文化职能部门的办公经费极少，对抢救与保护少数民族文化遗产力不从心。（3）文物部门对一些珍贵的文物保护措施没有广泛地进行调查，保护意识欠缺，缺乏科学的保护措施。（4）少数民族的传统文化活动由民间松散组织牵头举办多，政府行为少，从而造成活动场所及资金相当困难，规模小，质量差。（5）对那些善于弘扬与发展民间传统的艺术、医学、体育等优秀的民族文化贡献者，没有落实相应的激励机制或扶持措施，因此，一些优秀民族文化后继无人，有失传的危险。

（四）传承与创新问题

文化部前部长孙家正说过，非物质文化遗产要完全保护原有的形态是不现实的，也是不可能的，不能为了保护而保护，而要把握重点，按照取其精华、去其糟粕、推陈出新的方针，本着弘扬先进文化、提倡有益文化、改造落后文化、反对腐朽文化的原则，正确处理好传承和创新的关系。联合国《保护非物质文化遗产公约》中对“保存”与“保护”有明确区分。“保存”针对现实中已濒临灭亡又无法继续传承的遗产；“保护”则着眼于遗产的延续和发展。在非物质文化遗产的保护实践中，一直就有静态和动态两种方式。静态保护主要是对遗产加以记录、收集、保存，必要时，可以再现；动态保护是让遗产适应当代人文化生活需要，成为新民俗文化的一个组成部分。对于没有创新的“遗产”，也只能进入博物馆，成为历史记忆。新疆有一些民族传统文化遗产缺乏创新，已进入历史博物馆。如维吾尔族偏远乡村仍有发现的“匹尔”，源于波斯，在西域伊斯兰化以前，流行于当地部分突厥民族中，是民间巫医为人祛邪治病的一种独特形式，包含有很强的歌舞成分。随着医学知识的普及，“匹尔”面临着现代科学和民间正统信仰意识的双重挤压，存在空间正在丧失，已进入历史博物馆式。而有些民族传统文化在现代化进程中，不断吸取现代文化因素，在创新中发展。如维吾尔族鼓吹乐，因其早已成为节庆礼仪文化的一部分，存活在深厚的民间土壤里，能够从其他民族的音乐文化中汲取养分，根深叶茂，处在被新疆各民族普遍利用、自身也在不断发展的状态中。

三、保护和传承新疆少数民族优秀文化遗产的几点建议

（一）高度重视文化遗产的研究和保护

首先，要重视新疆少数民族文化遗产研究，突出表现为多学科多视角多维度

的研究方法的运用。文化遗产研究具有高度的社会性、实践性和参与性，需民族学、文化学、史学、法学、社会学以及经济学、工程学等多学科的对话与交往。只有形成跨学科研究才能支撑文化遗产保护的局面。

其次，要转变思想，发扬文化自觉精神。1997 年著名学者费孝通提出了“文化自觉”概念，文化自觉是当今时代的要求，它指的是生活在一定文化中的人对其文化有自知之明，并且对其发展历程和未来有充分的认识。文化自觉就是要求各民族发挥主体性能动性，积极正视文化的发展。

再次，认清适合新疆各少数民族优秀传统文化发展的道路，对本民族的文化进行合理调适以顺应时代的发展。因为各民族文化始终是在一定环境系统下存活，外部环境在变，本民族也要对外部的改变作出适当的调试。

最后，完善少数民族非物质文化遗产的国家保护机制。在进行非物质文化遗产保护过程中，绝不能脱离政府机构，在保护工作中政府要积极地起到决策、组织、统筹兼顾的作用。政府要加大投入，要鼓励、支持、引导公民、社会团体进行正确有效的保护，尤其对民族文化遗产继承人要给予鼓励政策，对民族文化遗产的传承和创新给予扶持政策。

（二）拓宽对新疆文化遗产保护的社会途径

以公民保护为基点，上升至社会层面保护，同时要充分利用社会资源、网络媒体、学校教育等手段拓宽保护途径。

首先，保护的主体不能只依靠政府，社会组织、团体的职能应该在政府的指导下进一步强化，文化遗产保护工作应实现由“政府的职责”向“社会全民的义务”的过渡。民间艺术团体，应当发挥桥梁的作用，积极地参与到少数民族非物质文化遗产保护工作中来，不能只局限于艺术表演，要把保护理念融合进去，表演的目的是为了进一步对少数民族优秀文化进行保护、宣传与教育。

其次，充分利用网络、媒体资源进行保护。新疆各级政府门户网站应该着力做好少数民族优秀文化遗产的专题连接，做到图片、视频、资料一体的综合性网页，及时更新保护工作的最新情况。

（三）推进立法进程，完善制度建设

制定完善的法律法规对少数民族非物质文化遗产知识产权保护具有重要意义，特别是像我国这样一个具有制定法传统的国家，制度层面上的建设更显成效。因此，应当加快少数民族非物质文化遗产知识产权保护相关立法的制定，尤其迫切需要的是制定出统一的可操作性实施细则和配套措施。同时，应当注重民族自治地方立法，这既是民族文化自治权利的体现，又能更好地反映出少数民族

文化的民族性和地域性。在加强立法的同时，应尽快完善各项相关具体制度的建设。例如，少数民族非物质文化遗产的登记建档制度，建立专门机构实行集中管理制度，延长少数民族非物质文化遗产的知识产权保护期限等。从少数民族非物质文化遗产的特征中，我们不难看出它是一种特殊类型的知识产权，与传统知识产权体系存在着诸多的差异性。但从根本上讲，少数民族非物质文化遗产同样具有知识产权的本质特征，更何况独创性、权利主体和权利性质的难以认定并不意味着少数民族非物质文化群体权利和财产利益的必然丧失。当务之急，是要进一步加强知识产权的理论创新，使其能够与少数民族非物质文化遗产保护的现实需要紧密契合。

（四）在创新中发展少数民族优秀文化遗产

唯有创新才能发展。保护、创新、发展相辅相成。少数民族文化遗产资源的创新，不仅不会使其匮乏，反而会促使其更生和繁荣。创新，能把传统优势转化为现实优势，资源优势转化为功能优势，文化优势转变为区域综合优势。反过来，也有益于保护本身，使遗产更好地与现代生活融为一体，在现代生活中弘扬发展。新疆少数民族文化的发展，必须在改革开放中，在与他民族的交往中不断吸收长处而前进，各民族文化在交流中互相促进共同发展。历史发展到当今信息时代，民族传统文化怎样适应新时代的生存环境，如何与现代文化相结合，向前发展需要认真研究。要充分利用集市和民族民间传统节日大力开展生动活泼的群众文化活动，丰富各族群众的文化生活，满足各族群众不断增长的精神文化需求，努力改变新疆少数民族地区群众文化生活相对贫乏的状况。要把文化建设纳入当地国民经济和社会发展总体规划，切实加大对少数民族文化建设的投入，加强少数民族乡村基层的文化、体育等公共文化设施建设。积极培养和壮大少数民族文化艺术人才队伍，繁荣民族文艺创作。要把发展民族文化与振兴民族经济结合起来，使文化与经济互促互进。在加快少数民族地区经济建设的同时，坚持把保护民族文化放在重要位置，在保护中求发展，在发展中促保护，合理利用民族文化促进经济社会全面发展。切实加强民族民间文化遗产保护，扶持民族民间艺术的传承及其资料的抢救、整理和研究。发展民族文化必须在继承和借鉴的基础上结合新的时代要求大力推进文化创新和体制创新，传播先进文化探索，逐步建立适应社会主义市场经济体制，符合客观发展规律的文化发展运行机制、经营机制，推动民族文化不断繁荣发展。

第十二章

实现民族文化认同与中华文化认同的统一

民族文化认同，是人们在一个民族共同体中长期共同生活所形成的对本民族共同体最有意义的事物的肯定性，是凝聚这个民族共同体的精神纽带，是这个民族共同体生命延续的精神基础，其核心是对一个民族共同体的基本价值的认同。一个特定社会身份的形成，不仅是基于共同利益，还包括深植于成员内部的文化联结和组织联结。民族（种族）身份是身份的一种形式。一个人不仅有种族身份，他还同时具有家庭、社区、国家等多重身份。在现实生活中，个体或群体具有多重身份，也就具有多元认同，其中最为重要的就是民族认同和国家认同，两者对个体或群体的意识判断和行为选择影响也最大。文化认同是民族认同、国家认同的重要基础，而且是最深层的基础。亨廷顿曾指出，不同民族的人们常以对他们来说最有意义的事物来回答“我们是谁”，即用“祖先、宗教、语言、历史、价值、习俗和体制来界定自己”，并以某种象征物作为标志来表示自己的文化认同，如旗帜、十字架、新月形甚至头盖等等。亨廷顿认为“文化认同对于大多数人来说是最有意义的东西”。[①] 因而，在当今经济全球化的时代，作为民族的认同和国家的认同的重要基础的文化认同、价值认同不仅没有失去意义，而且成为综合国力竞争中最重要的“软实力”。

① 新华网理论频道 2008 年 10 月 31 日转引《学习时报》，《文化认同与民族精神》，news. xinhuanet. com/theory。

第一节 新疆各民族文化认同的特点

新疆自古代就有着绿洲农耕民和草原游牧民的不同，他们操着不同的语言，使用不同的文字。从出土文献可知，自西汉时期始，于阗国使用塞语塞文，龟兹国使用吐火罗语文，鄯善国使用汉语文和佉卢文。自魏晋以后，高昌国先是使用汉语文，后又使用回鹘语文。6 世纪中叶以后，由于西突厥势力进入西域。突厥语文开始流行起来。成吉思汗西征后，蒙古语也成为西域的语种之一。自清乾隆年间起，奠定了西域诸多民族分属汉藏语系，阿尔泰语系突厥语族、满－通古斯语族、蒙古语族和印欧语系的语言文化格局。两千多年间，语言的融合现象时时在发生，同时某一个民族的人们通晓数种语言的情形也十分普遍，说明很早的时候人们就有了族际间的交流和交往。新疆各民族文化认同深受自然地理环境、历史文化基础以及政治社会变迁的影响。虽然近千年来，社会历史背景发生了很大变化，但新疆各民族文化认同上所表现出来的特征却依然清晰和一如既往。

一、文化表象上的伊斯兰文化认同

新疆历史上曾经有过萨满教、祆教、摩尼教、景教和佛教，这些宗教对新疆各民族的传统文化都产生过重大影响。公元 9 世纪末 10 世纪初，伊斯兰教传入中国新疆地区，从 16 世纪至 19 世纪，新疆建省之前的三百多年间，伊斯兰教在新疆获得了长足的发展，各民族在宗教信仰、语言文字、风俗习惯、道德规范和心理素质等方面趋于一致。伊斯兰教目前仍然是新疆地区信仰民族和人口最多、分布地域最广、社会影响最大的宗教。信仰伊斯兰教的民族有：维吾尔、哈萨克、回、柯尔克孜、塔吉克、乌孜别克、塔塔尔、东乡、撒拉、保安等 10 个民族，信教人数约 1 100 万人，约占全疆总人口的 50%。“伊斯兰教是一个入世性很强的宗教，两世兼顾、教俗全一是它的特色，因此，它不仅是一种信仰体系，还是一种生活方式的综合体，有着强烈的社会文化功能。”① 在新疆，宗教对当地的人文、社会文化发展的影响可以说体现在方方面面，不仅有人生观、价值观、心理喜好，还有风俗习惯和行为倾向。这一点在新疆也是随处可见的。如伊斯兰教在色彩上是尚绿和尚白的，许多后世的建筑中都有绿色（如喀什的香妃

① 贺萍：《新疆多元民族文化的特征》，载《中国边疆史地研究》，2005 年第 9 期。

墓）。那富有生机的绿意和纯洁无染的白色，呈现着伊斯兰教的圣俗，绿色是人类生命源泉的象征，是大自然勃勃生机的展现，看见了绿色，就联想到伊斯兰。因此，喜欢绿色是维吾尔民族传统之一，而且这一传统的民族意识一直延续至今。在语言方面，伊斯兰教的传入带来了《古兰经》的文字——阿拉伯语。在喀喇汗朝时期，回鹘等民族在接受伊斯兰教的同时，就开始借用阿拉伯字母拼写自己的语言，当时用阿拉伯文写作已形成一种风尚。11 世纪维吾尔族的名著《突厥语大词典》中的古代突厥语词及民歌、格言、谚语等，就是用阿拉伯文写成的，这种用阿拉伯文字母为基础的拼音文字后来随着伊斯兰教的传播而不断扩大使用范围，到 14、15 世纪已演变发展为著名的察合台文，成为后来维吾尔等新疆、中亚一带突厥语民族的通用文字。由于察合台文的普及，阿拉伯文，波斯文的文学、哲学、医药学、天文、地理、历史等著作也被大量介绍到突厥语诸民族之中，丰富了他们的文化内容，并促进了中西文化的交流。现代维吾尔文就是察合台文的延续。根据语言学方面的研究，维吾尔语词汇中，阿拉伯语和波斯语的借词量约为 40%。[①] 新疆信仰伊斯兰教的各民族大都有本民族语言或文字，但都认为阿拉伯语和阿拉伯文是神圣的语言文字，日常宗教活动用阿拉伯语诵读《古兰经》。《古兰经》虽然已被翻译成各种文字，但无论任何地区，不管操何种语言，使用何种文字的穆斯林，都必须用阿拉伯语诵读和书写《古兰经》。

二、新疆各民族对同一文化现象的认同存在较大差异

2010 年 5 月 21 日，http：//wenwen. soso. com/z/q194432390. htm 上发表了一篇吴琼于 2003 年 5 月到 8 月以新疆民族文化演变为题进行的调查文章，文章对新疆乌鲁木齐市、哈密地区、吐鲁番地区、巴音郭楞蒙古自治州、阿克苏地区、克孜勒苏柯尔克孜自治州、喀什地区、阿勒泰地区、塔城地区的维吾尔族、汉族、哈萨克族、蒙古族、回族和柯尔克孜族等民族中随机抽样进行的调查。以下引用的数据均来自这篇文章。

文中谈到两个调查项目，一是各少数民族对传统节日和现代节日影响的体验和感受，二是宗教教育对他们社会生活的影响程度。从调查数据可以看出，新疆各少数民族对这两项目的认知是有较大差异的。在维吾尔族中，认同传统节日比现代节日影响大的为 27%，认同传统节日与现代节日影响差不多的为 33.2%，认同传统节日比现代节日影响小的为 25%。在哈萨克族中，认同传统节日比现

① 麦迪娜：《浅谈伊斯兰教对维吾尔文化的影响》，载《学术文化纵观》，2004 年第 6 期。

代节日影响大的是26.3%，认同传统节日与现代节日影响差不多的为20.2%，认同传统节日比现代节日影响小的为48.5%。在蒙古族中，认同传统节日比现代节日影响大的为65%，认同传统节日与现代节日影响差不多的为21.6%，认同传统节日比现代节日影响小的为10%。在回族中，认同传统节日比现代节日影响大的为31.9%，认同传统节日与现代节日影响差不多的为34.7%，认同传统节日比现代节日影响小的为20.8%。在柯尔克孜族中，认同传统节日比现代节日影响大的为33.3%，认同传统节日与现代节日影响差不多的为35.2%，认同传统节日比现代节日影响小的为22.2%。由此可见，对传统节日比现代节日影响大这一判断认同度最高的是蒙古族，认同度最低的是哈萨克族。在宗教教育对他们社会生活的影响程度方面，总体而言，宗教教育对属于伊斯兰文化类型的新疆少数民族如维吾尔族、哈萨克族、回族和柯尔克孜族等社会生活的影响较大，在这些民族中，认同宗教教育对他们社会生活影响大的占43.9%。而对属于非伊斯兰文化类型的民族，如蒙古族等的影响则一般。在蒙古族中，51%的人认同宗教教育对他们社会生活的影响一般。即使在属于伊斯兰文化类型的民族中，宗教教育对他们社会生活的影响程度也还存在差异。在这些民族当中，宗教教育对属于绿洲农耕经济文化类型的维吾尔族的社会生活影响最大，统计显示，65.2%的维吾尔族认为宗教教育对他们社会生活影响大，而对属于草原游牧经济文化类型的哈萨克族的社会生活影响则相对小一些。统计显示，只有39.1%的哈萨克族认为宗教教育对他们的社会生活影响大。

三、民族文化认同呈现出不同节奏的变动性

由于历史文化传统的不同，各民族文化在转型过程中表现出不同程度的差异性或者说是一种非均衡发展状态。从新疆各民族文化的结构层次来看，语言作为民族文化的外显层面处于变革的前沿，它突出地表现在新疆少数民族在语言使用上兼用或转用其他民族语言的现象增多，双语人数量增多，各民族在使用语言文字上交融的态势日益增强。关于这一点，我们课题组在2009年6~8月，对南北疆各地，对维吾尔族、哈萨克族、回族进行了问卷调查和深入访谈。在调研中，少数民族基层干部均表示：现在，越来越多的人愿意学习汉语，希望将孩子送到汉语学校就读。他们认为，好多东西都要在汉语中学习，学习汉语好处多。以前，把孩子送到汉语学校的主要是在城市工作的干部和从事经商活动的人。近两年来，许多农民甚至阿訇都愿意将孩子送到汉语学校。在被访的维吾尔族中，68.7%的人会汉语，16.7%的人会哈萨克语，14.9%的人会俄语，7.6%的人会英语，也就是说，约70%的被访者除了本民族语言之外，还会其他语言，其中

绝大部分人会汉语。在对哈萨克族的调查中也有所反映，结果详见表 12－1。

表 12－1　除本民族语言外您还会哪种语言（可以多选）

选项	A 维吾尔语	B 汉语	C 英语	D 俄语	E 其他	合计
人数	273	265	8	66	54	666
百分比	67.7	65.8	2.0	16.4	13.4	164.3
有效百分比	67.7	65.8	2.0	16.4	13.4	164.3

注：本表来自本课题组 2009 年对哈萨克族的调查。

在风俗习惯方面变化也很大。过去不吃的带鱼、海鲜，现在也吃了。服饰方面，已经不是很讲究民族服饰了，许多人追求时髦。结婚时，许多人都穿婚纱、西服。以前，结婚新娘要过火盆，现在这种习惯也逐渐淡了。哈萨克族曾经有过严格、完整的部落、氏族组织，每个人都归属于一定的部落或氏族，部落、氏族组织也成为人们民族归属感的最基本单位。新中国成立后，部落组织虽然不复存在，但是长时间以来形成的部落观念对人们的生活产生着一定的影响。如人们保留着记忆部落、氏族谱系的习惯；在缔结婚姻时，仍然遵循着同一部落、氏族的人不能结婚的习惯；放牧时同一部落、氏族的成员会有更多的互助。现在哈萨克族的部落、氏族观念总体上在弱化，其民族归属感更加向哈萨克族民族靠近。在访谈中当问到有关部落的问题时，可以看到部落、氏族的边界在某些方面已经变得模糊。如当谈及“希望自己部落的人当领导吗?”大部分的人都认为：无所谓，谁有能力谁当。只有少部分人希望自己部落的人当领导。当问及“有其他部落的好朋友吗?”几乎所有的被访者都有其他部落的好朋友。可以看到哈萨克族在政治权利以及交友方面，已经打破了部落的界限。

新疆少数民族普遍认为应该保持民族风俗习惯，而且，多数人已经认识到，在民族风俗习惯中，既有积极、精华的内容，也有消极、糟粕的内容，主张保持民族风俗习惯好的方面和内容，对民族风俗习惯有较为客观和理性的认识。但对多数人而言，这种理性态度仅仅停留在认知层面，对在实践中积极开展移风易俗活动的社会心理基础还比较薄弱，传统习俗对新疆少数民族社会生活的规范和约束力依然很强。

相比较而言，新疆各民族在宗教上互渗的现象则比较少见，各民族的宗教边界依然清晰，宗教在新疆少数民族社会生活中的影响仍然很大，宗教教育对少数民族的影响与学校教育相当。对此，一位维吾尔族教师作了如下解释：在宗教信仰方面，多数人是迫于周围环境的压力参加宗教活动的。坚持宗教信仰，是担心本民族的生存环境和发展前途，怕一旦改变，维吾尔族这个历史悠久的民族会消亡。宗教成为新疆少数民族固守民族边界的一道屏障。

由上述可见，外来文化对新疆少数民族文化的冲击，不仅引起其外显层面，还引起其内隐层面的激烈震荡，从民族语言到风俗习惯，再到宗教信仰，这种文化震荡依次递进，逐渐深入。

四、对现代文化认同的趋同性

现代文化的影响不仅表现在衣食住行、文化教育、现代科技上还表现在生产方式、生活方式上观念的改变。在生产方式上，维吾尔族农业生产正在由过去生产技术落后，经营方式简单、粗放的经验农业向现代化农业转变，拔草、松土、施肥、选种已经成为维吾尔族农民经常性、普遍性的耕作方法，农田管理越来越精细，生产工具也由传统的手工工具向现代化机具过渡，机械化程度日益提高。在一些靠近城镇的农村，受城市化进程的影响，许多维吾尔族农民转移到非农产业上，他们或去企业就业，或从事商业活动，或进行劳务输出。哈萨克族伴随着游牧向定居、半定居的转化，由过去单一的游牧畜牧生产开始向种植、圈养畜牧生产为主的多样化方式发展。一些新技术，如冷冻精液配种、常温人工授精、牵引交配和胚胎移植等技术手段被广泛运用到畜牧业生产领域。畜牧产品加工由过去主要使用手工操作为主，开始向机械化方向发展，牛奶分离器、擀毡机等被运用于畜牧产品加工。

在生活方式上，多数人的服饰正在由单一趋向多样化，由传统变为时尚，由实用转向美观。一般而言，只有老人或者在特殊的日子才穿民族传统服饰。饮食结构和方式发生着渐进而缓慢的变化。肉食逐渐减少，蔬菜类和副食品增多，主食中的粗粮逐渐为细粮取代。过去新疆信仰伊斯兰教的少数民族肉类消费主要以牛、羊肉为主，如今鸡肉、鱼肉、鱿鱼、虾等越来越多地出现在他们的餐桌上。哈萨克族的饮食过去以肉类及奶制品为主食，现在逐渐变成以米面为主食，吃蔬菜的现象普遍起来。饮食场地也由过去主要在家中到现在更多地在饭馆。在维吾尔族中，传统的土木结构、夯土结构的民居正在被砖木水泥结构的民居取代，一些现代建筑材料，如瓷砖、墙纸、宝丽板和石膏等越来越多地被用于家庭装修，一些现代家具，如沙发、茶几、组合柜、高低柜、大立柜、写字台、席梦思床等也进入了原本不放置家具的维吾尔族人家中。哈萨克族则正在结束以毡房为主的居住形式，随之，彩电、冰箱、洗衣机、煤气灶等现代家用电器和用品也进入了哈萨克游牧民家中。小四轮拖拉机、摩托车在新疆少数民族生活中逐渐取代了往日毛驴车和马车。

这些变化使新疆各民族的显性文化日趋同质化，同时，也折射出少数民族在观念上的嬗变。从目前的社会现实来说，汉族在工业化过程中走在前面，汉族人身上表现出的现代工业文化要多于其他民族，认同这种文化就是其他各民族的当务之急。在新疆也存在着这样一种错觉，似乎认同就是输掉了什么，是吃了亏。其实认同是一种吸收，只有吸收才能由单一变多元，由贫乏变丰富，才能由孤陋寡闻变得见多识广。异质文化代表着一种新的观念、新的论点、新的思维方法，它可以给人提供一个观照自身文化的高视点，才会有新的行为选择，从而引来进步。

五、文化认同上的开放心理

为了解这种倾向，我们用两个问题进行了测度。在问及“你认为学习其他民族的文化对本民族的发展有作用吗?”84.1%的人选择学习其他民族文化对本民族发展有作用；5.1%的人认为有一点作用；0.5%的人认为没有作用；还有1.4%的人选择说不上；7.5%的人未选。这表明，新疆少数民族普遍认识到了相互学习对民族发展的促进作用。在被调查的民族中，哈萨克族对各民族相互学习对民族发展有促进作用的认同度最高，为99%，回族的认同度相对较低，为79.9%。在问及“你是否愿意与其他民族接触与交流?”时，新疆少数民族中92.6%的人表示愿意，1%的人表示不愿意，6.3%的人选择说不好，6.3%的人未选。这表明，新疆少数民族文化心态总体上是开放的。新疆少数民族文化心态的主流方面是积极、健康的，这种文化心态有利于少数民族的发展进步。现在哈萨克人中，特别是青年人中牛仔裤、羽绒衣、西装裙裤、时尚服装成为主要的着装，传统服饰穿着和保留较少。节日、房屋、饮食中的现代因素也越来越多。[①]

文化认同的开放性还表现在：伊斯兰教是反对音乐舞蹈的，但新疆信仰伊斯兰教的各民族并没有受其影响或影响不大。这些民族至今仍保持了他们的民族传统，以能歌善舞著称，新疆亦被誉为“歌舞之乡”。生活在阿勒泰牧区的回族，在举办婚礼时，大都按当地哈萨克族的风俗，搞叼羊赛马活动；而伊犁、吐鲁番和昌吉个别地方的回族人婚礼，则要举办麦西来甫舞会，有的还邀请唢呐鼓乐队来，吹吹打打，增加喜庆的气氛。

六、文化认同中的矛盾心理

在调查中可以看出：新疆少数民族中既有主张维护传统的，也有主张否定传统的，还有态度不明朗的，它反映出少数民族在文化心态上的彷徨、犹豫和无所

① 贺萍：《新疆少数民族文化变迁现状的实证分析》，载《实事求是》，2006年第6期。

依归。这表明在外来文化与本民族文化碰撞、渗透和交融的情况下，面对传统与现代、现代与后现代的纠结与张力，新疆少数民族对自身文化身份的困惑和矛盾，同时，也表达了他们对现代性的一种反思。在这种情态下，文化选择不仅是一个理论问题，也是一个重大的实践问题。如哈萨克族一方面对本民族有着较高的认同，但另一方面也出现了犹豫和彷徨。哈萨克族普遍认为本民族勤劳、诚实、团结，有着良好的品德，民族的自尊和自豪感强烈。问卷中的问题与调查结果详见表 12－2。

表 12－2　　您认为本民族的人（可以多选）

选项	A 勤劳	B 诚实	C 团结	D 聪明	E 勇敢	F 其他	合计
人数	403	403	378	128	112	395	1 819
百分比	100	100	93.8	31.8	27.8	98.8	452.2

注：本表来自本课题组 2009 年对哈萨克族的调查。

从表 12－2 可以看到哈萨克族对本民族的传统美德“勤劳、诚实、团结”有很高的评价和认同，对哈萨克族传统行为和文化表现出强烈的民族自尊和自豪感。但少数民族通过媒体以及各种信息已经看到本民族在现代发展中的弱势，发展相对落后等。

表 12－3 中的调查结果说明被调查者中对“哈萨克族是最优秀民族”有近一半不认同。在访谈中也有不少人认为，哈萨克族的发展慢，从民族自身来说是哈萨克族比较安于现状，可见哈萨克族的民族自豪感存在着不确定性。民族发展的差异性，使哈萨克族对本民族的生活质量、经济发展产生了一些质疑或担忧。基于这种担忧，他们特别关注本民族的历史与文化，强调文化的民族性。“寻根热”和文化自恋情结较为普遍地存在于新疆少数民族的社会生活之中，随之相伴出现了一定程度的文化拒斥倾向，其中一些消极倾向值得关注：如盲目追求传统文化的复归，对于其他民族的文化成果一概加以排斥，防御心理和自我保护意识过于强烈，甚至还出现用今天的信仰体系去确认与评判民族宗教历史；对于解决发展差距问题的过程性、艰巨性认识不足，将先富和后富的关系问题视为“不平等”，产生消极抵触情绪等不同程度地存在。宗教升温，甚至出现宗教活动影响生产、生活秩序甚至违法反国家法律、法规和政策界限的现象和行为。尤以非法修建宗教活动场所、私办经文学校和私带“塔里甫”、宗教干预行政、司法、教育和婚姻、计划生育政策、以教派之名争夺领导权等现象较为普遍。融入城市的回族社会精英们也十分担心回族会丧失自己的民族特征。许多回族老人都把伊斯兰教作为回族认同的一个核心要素，认为回族如果丧失了伊斯兰教的信仰，就不称为回族了。回族老人们提出来要对回族下一代进行阿拉伯文

的教育，希望政府能举办阿语学习班，最好在寒暑假能在清真寺进行传统经文教育。因此，一些回族家庭将孩子送至甘肃、宁夏、青海等地清真寺学经，有的甚至送到马来西亚、埃及、巴基斯坦学经。但是对于改革开放成长起来回族的年轻一代来说，重要的是追求个人的幸福，对于职业、居住环境、收入等作为自己奋斗的目标，并不热衷宗教信仰，这也反映了回族社会出现的代沟还是非常明显的。

表 12-3　您对“哈萨克族是最优秀的民族”这个观点的态度

选项	A 非常赞成	B 一般	C 不赞成	合计
人数	58	114	198	403
百分比	14.4	28.3	47.1	100

注：本表来自本课题组 2009 年对哈萨克族的调查。

第二节　新疆民族文化认同与中华文化认同统一的历史文化基础

社会心理学家发现，人类在社会生活中有两种认同的需要，其一是通过寻找“我”与“我群”的差异而获得“自我认同”，它使个体获得一种与众不同的独特性和唯一性；其二是通过寻找“我群”与“他群”的差异而获得“社会认同”，它使个体获得一种与众相同的一致性和同一性。这两种认同需要对于民族个体而言不仅必要而且并不矛盾，这其实就是多元民族文化认同与中华文化认同一致性的心理基础。

一、历史基础

统一国家观念的认同、对共有历史经历的认同以及对中华文化多元一体现实的认同是实现民族文化认同与中华文化认同统一性的历史基础。

不可否认，民族文化认同与中华文化认同是有一定区别的。民族文化认同主要体现为一个民族的人们对其自然及文化倾向的认可与共识，主要依赖于体貌特征、共同记忆、血缘关系和历史文化传统等。中华文化是各民族文化在数千年的历史发展中相互影响、相互吸收、逐步交融、整合而形成的有机的文化整体，具有一般性、共同性和普遍性，可以说包容既是中华文化的内容也是中华文化的态度。但是，从认同的本质和认同的需要来看，民族文化认同与中华文化认同是两个不同层次的认同，是同时存在，相互促进，互不冲突的。这不仅充分表现在新疆各民族文化在历史上的交融，也表现在历史上各民族人民对统一国家观的强烈认同和责任意识上。马曼丽、张树青在《论西域文化的重大变异及其对建设中华文化的启迪》一文中指出："汉文在古代便为新疆少数民族崇拜、学习的情况看，汉文明当时已逐步根植在少数民族文化之中了。如有首坎尔曼诗签，就充分反映了新疆古代回纥族老幼学习汉文化的情况。"新疆民众在"外敌入侵时，轰轰烈烈的反抗斗争与内地遥相呼应，如火烧沙俄贸易圈、收复伊犁的斗争等"。表现出对中华文化的强烈凝聚力。[①] 近代以来，新疆各族人民从反对阿古柏的侵略斗争到抗日战争的积极参与，无不显示出从民族文化认同到国家认同、中华文化认同层次的提升。中华各民族经历了共同的危难，有患难与共的历史记忆，有荣辱一体的深刻体会，这是国家认同、中华文化认同的基础。在这些历史基础上，新中国成立后，国家通过制度建设和政策实施，推动少数民族全面参与到国家建设的进程中，在这一过程中，少数民族的身份认同意识特别是民族认同意识和国家认同意识被进一步建构起来。在新疆尤其表现在哈萨克这一我国最大的跨界民族身上。新疆哈萨克族与哈萨克斯坦哈萨克族有同源关系，有血缘上的联系，在语言、文化、宗教信仰上具有相同或相似性。哈萨克斯坦独立以来，对新疆哈萨克族民族心理也产生了一定影响。特别是哈国提出了全世界哈萨克族"回归故乡"的号召，其主体民族的民族意识高涨，有人将这种所谓的"超国界的爱国主义"称为"大哈萨克主义"，其表现过激之处如召开世界哈萨克人代表大会，利用广播电视及报刊等新闻媒体进行宣传并成立了"世界哈萨克人协会"和"哈萨克人故乡协会"等组织。哈国日益膨胀的以自我为中心的"大哈萨克民族主义"竭力向中国新疆地区渗透，对新疆的经济发展、民族团结、社会稳定和安全等都构成一定的威胁，产生的影响是破坏性的。[②] 新疆哈萨克族如何看待哈萨克斯坦？对哈萨克斯坦有怎样的了解？是否愿意移居哈萨克斯坦？针对这些问题，我们进行了专门的调查。

从表 12-4 中可以看出，哈萨克族的身份意识中，中国人的身份认同和新疆人的认同意识在身份意识排序中都比较靠前，可见哈萨克族对国家的认同意识要高于民族认同，国家的向心力和凝聚力都是比较强的。

---

① 马曼丽、张树青：《论西域文化的重大变异及其对建设中华文化的启迪》，载《民族研究》，2000 年第 1 期。

② 任屹立、郭宁：《中哈两国哈萨克族"和平跨居"模式探究》，载《黑龙江民族丛刊》，2008 年第 3 期。

表 12－4　　下列身份意识在您心目中的排序

选项	A 中国人	B 新疆人	C 哈萨克人	D 穆斯林	E 其他
人数	312	312	226	256	0
百分比	77.4	77.4	60.5	63.5	0
排序	1	2	4	3	

注：本表来自本课题组 2009 年对哈萨克族的调查。

在对维吾尔族的调查中，我们请被访者对维吾尔人、新疆人、中国人、穆斯林和其他这五个身份进行排序，结果详见表 12－5。

表 12－5　　请对自己的身份排序

选项	中国人	新疆人	维吾尔族	穆斯林	其他
频次	615	487	497	356	40
百分比	69.3	54.9	56.0	40.1	4.5
排序	1	3	2	4	5

我们可以看出，被访者中 69.3% 的人对于中国人的认同是最为强烈的，其次是维吾尔人，而对于新疆人的认同要高于对于穆斯林身份的认同。在您是否观看了 2008 年奥运会开幕式这一问题中维吾尔族被访者中有 95.6% 的人收看了奥运会，当问及他们对奥运会开幕式的感受时，大部分被访者的回答是"非常好看"，"中国真的很强大"，"我觉得很自豪"等。这表现了维吾尔人对国家的发展和强大感到自豪的感情。

新疆文化多样性是各民族各自认同的文化基础，上千年的文化交融不仅形成了各具特色的民族文化，也形成了超越各民族、各地区的共同的文化模式，成为中华民族文化认同的基础。所以说，中华民族文化传统是一种超越于地方和族群之上的历史文化大传统，它是所有中国人认同的文化基础，也是世界上所有华人认同的文化基础。新疆各民族在长期的共同生活中，相互影响，相互学习，许多民族文化的内容逐渐发生了变化，你中有我，我中有你成了新疆人文的主要特色。在饮食习俗上，由于各民族的大融合，新疆已经形成了自己的地方饮食口味：酸、辣、咸以及特有的孜然香味，不同民族的饮食互有借鉴。维吾尔族的抓饭、烤肉、烤馕，回族的羊肉泡馍，哈萨克族的清炖羊肉等食品在新疆各民族的食谱中都十分常见，而拉面、汤面片、炒面等已经很难分清到底是哪个民族的风味了。有了品牌的新疆馕还通过乌洽会走向了全国，"阿不拉"和"苏来曼"的馕已经在内地开设了自己的分店，在上海的分店外更是每天都能见到买馕的长队。一些饮食业者甚至建议将新疆菜申报中国第九大菜系，成为采各民族风味之长的新菜系。在新疆各族居民与外界的交流日益增多的今天，新疆已经形成了独具一格的语言风貌。“坎土曼（一种挖土的工具）”“那仁（哈萨克族美食）”“冬不拉（少数民族乐器）”“皮亚孜（洋葱的维吾尔语说法）”“巴扎（市场）”等少数民族语言中的用词成了新疆各族居民的通用词汇。

二、文化基础

各民族文化中趋向整体、统一是推动民族文化认同与中华文化认同统一的内在动力。由于新疆自古就是各民族生息繁衍的地方，无论是从维吾尔族、哈萨克族、回族还是其他少数民族从民族形成发展的过程来看，族体的形成的过程本身就是一个与不同民族、不同文化相互交融的过程，他们各自在文化上表现出的不同也是在文化交融中根据各自的现实需要而做出的不同认同、不同选择造成的。所以，这些民族的文化中都十分明显地带有趋向统一的价值观。如哈萨克族的整体性认知方式。这本是源于他们长期保持的游牧的生产生活方式以及在此基础上的氏族、部落制度传统。游牧生活的基础，必须是对草场、牲畜、人的生态关系的整体把握，以氏族、部落为单位的游牧生活是适应生态型生产方式的要求的，这都强化了他们认知方式的整体性风格。因而，在现实生活中哈萨克族表现出较多的族群共同性。整体性认知方式，也给他们带来整体观念——重视团结，族内每一个成员的独立意识，无不是以族群成员的共同意识为前提的。维吾尔族的传统文化价值观念和文化心态也具有许多优良的传统，诸如不屈不挠的奋斗精神、求真务实的生活态度、勤劳简朴的美德、团结互助的集体观念及较强的民族内聚力等。正是这些优良的传统文化精神，才使维吾尔族在极其艰苦的环境下得以生存和发展。回族的文化特点是交融性，特别是在汉民族和非汉民族中间发挥了桥梁作用。这种中介身份在新疆族群关系中是不可或缺的关系，应当引起足够的重视。新疆是一个喜欢朋友聚会的社会，聚会成为一种时尚，如信仰伊斯兰教民族的维吾尔族、哈族、回族的割礼、百天、各种婚丧嫁娶以及朋友的聚会很多。聚会主要是在清真餐厅进行。以前，回族开办的清真餐厅，是唯一能够使汉族和各族穆斯林共同聚会的地方，是民族交往的重要场所。近些年来，在回族清真餐饮的影响下，维吾尔族餐厅也大量请回族厨师来改善菜品，使得维吾尔族餐厅中出现了不少清真的中式菜品，“宫保鸡丁”、“红烧全鱼”等都成为各族穆斯林群众的盘中餐。而在汉族举办的婚礼等宴会上，原来穆斯林的饮食，如炒烤肉、抓饭等几乎也会在菜单中出现。可以说，回族在各民族文化交流中，在族群关系中发挥着中介者作用，这是一种特殊的作用。新疆回族作家杨峰认为，回族文化是汉文化和伊斯兰文化相结合的一种文化，在新疆地区有汉文化和新疆本土的文化，回族文化起了一个桥梁的作用，所以很多新疆信仰伊斯兰教的，比如维吾尔、哈萨克民族对汉文化的认识，很多是通过回族文化认识的，而关内的汉族同胞，包括在新疆各民族，对伊斯兰文化的认识也是通过回族文化来认识的，所以说回族人起了一个桥梁作用，应该为新疆的稳定，各民族的繁荣、团结以及新疆的和谐做出更大的贡献。

然而，新疆各少数民族由于受生产方式、地理环境等因素的影响，传统文化中也有一些弱点和不足，主要体现在：竞争意识淡薄、积累和再生产观念缺乏、宗教意识浓厚以及轻利保守的价值观。这些传统观念上的保守性、宗教性、地域性等文化观念模式和现代化所要求的商品性、竞争性、开放性的观念模式之间存在着矛盾。所以，应该发掘各民族文化中的优秀成分，通过繁荣各民族文化来实现对共同价值理念的认同和培养，从而实现民族文化与中华文化在认同上的统一和协调。

第三节　文化疏离对新疆社会稳定的影响

改革开放以来，随着社会转型和利益结构的变动，各民族间由于资源利用、利益关系调整、人口迁移、风俗习惯差异等原因而发生的民族矛盾和纠纷，对各民族之间的相互认同和中华文化认同及国家认同带来了某种程度的消极影响。由于自然和历史原因，我国少数民族大多居住在落后的西部地区，西部民族地区与东南沿海经济社会差距的拉大，使西部少数民族群众产生“相对剥夺感”。在西部地区，少数民族与汉族的发展差距也在拉大，这种状况也强化了一些少数民族成员的不平等感。在社会分化的条件下，民族矛盾实际上是社会阶层间的利益矛盾，由于民族成员之间相似性和认同因素的影响，很容易使“民族”成为社会动员的单位和力量，所以这些利益矛盾往往以民族矛盾的形式表现出来。因个人利益而利用自己的民族身份，通过民族意识动员引发民族矛盾和民族冲突的情况也时有发生。另外，近年来由于国家对农村和民族地区教育投入不足和公民意识、国家认同教育的弱化，使得一些民族地区人们的宗教等方面的认同强化，国家认同有所弱化。民族分离主义也正是极力利用这一点实施其文化疏离策略，从而进一步达到政治疏离乃至于脱离所在国家的分离目标。主要表现有：

一、强调文化本位

文化的发展往往是旧平衡的打破和各种要素在变化了的环境中重新组合，从而形成新的平衡。然而这也为各种思潮的出现提供养料。从世界环境来看，传统文化与现代文化的重新组合就为民族分离主义提供了一整套思维程式、风格和行为规范。民族分离主义者以捍卫民族文化为借口，以自我文化为中心，以他人文化为参照，构建起一整套道德评价标准和体系，这是符合人们一般的心理发生规律的，所以很容易被本民族所接受。但民族分离主义的真正目的并不是为了本民族文化的发展，而是企图通过民族文化自治进行民族分离，是借用民族文化在民族之间制造隔阂和分离。

二、文化疏离导致心理疏远

本来，人类由于历史、地域和社会的复杂差别，文化的差异性不可避免地会产生。当两种不同的主体或两种以上的文化相互交汇时，不同的主体都会依照自己的思维模式进行解读。不同的民族在文化交往过程中具有一些无法沟通的成分和倾向，是无可厚非的。究其原因，无非是为了保持本民族文化传统的纯洁性而拒绝对外交流，或者是由于历史积怨较深，文明断层难以弥合，因而强调差别，强调矛盾，用民族情绪替代和平交往。然而，如果片面地强调差异性，忽略了同一性，那么，最终的结果必然是差异性进一步加大，隔阂进一步加深，导致心理疏远。由于新疆历史文化的不同，各民族在内心深处都隐藏着一种对其他民族的防卫心理。例如，乌鲁木齐“7·5”事件以后，个别出租车司机有时看到本民族与非本民族的乘客同时挡车，一般他会优先照顾本民族的乘客，而将其他民族乘客拒之门外。如果汉族同志和少数民族同志之间发生了争执，少数民族同志往往可能会不自觉地意识到“肯定是那个汉族在欺负少数民族”。相反，汉族同志往往可能会不自觉地意识到“肯定是少数民族在无理取闹”。这种盲目的民族防卫心理往往会颠倒是非，激化民族矛盾，影响各民族的交往和沟通。

三、文化疏离导致政治分离

民族分离主义采取文化疏离策略，刻意强调民族文化与中华文化的差异性，强调民族认同的优先性，否认民族认同与国家认同的一致性，用民族认同的文化内涵代替国家认同的政治本质，进而将民族认同的文化内涵逐渐演化成从所在国家分离的政治目标。在新疆民族分离主义者大肆散布文化疏离的思想，企图达到分离祖国的目的。20 世纪 50 年代，民族分裂分子出版了《东突厥斯坦历史》、《维吾尔史》、《宗教宣言》、《伊斯兰教历史基础和民族独立的呼声》（又名《七个生活》）等，歪曲历史，企图建立东突厥斯坦。60 年代，民族分裂组织“东突人民革命党”大肆制造分裂舆论，出笼了《火炬报》、《觉醒报》、《独立报》等，鼓吹新疆独立，煽动分裂。70 年代，分裂主义思潮通过讲课、作报告、著书、写文章等形式广为传播，出笼了《维吾尔人》、《匈奴简史》、《维吾尔古代文学》三本书。这些书以学术研究为名，传播分裂思想。他们歪曲、杜撰、篡改历史，妄图将维吾尔族从中国历史上剥离出去；不着边际地夸大维吾尔族的历史地位和作用；歪曲历史上的民族关系。20 世纪 90 年代以来，新疆意识形态领域中分裂思潮恶浪翻滚，不少分裂言论反映在包括报刊、电台、文学作品、音像制品、文艺演出等传播媒体中。尤其在宗教领域，宗教极端势力，疯狂地利用宗教进行分裂活动。他们竭力向新疆民众尤其是信仰伊斯兰教的穆斯林灌输“圣战”、“新疆独立”、“建立政教合一的伊斯兰政权”等分裂新疆、破坏祖国统一的思潮。具体做法体现在：其一，不遗余力地争夺青少年：非法私办经文学校；向青少年灌输分裂主义思想，部分教师充当了急先锋；为培养高级分裂接班人才，宗教极端势力创办了所谓“圣战大学”。其二，疯狂煽动宗教狂热：大量修建清真寺；通过讲经形式，鼓吹“圣战”，建立“东突伊斯兰国”；通过非法出版物和音像制品灌输。

第四节　新疆民族文化认同与中华文化认同的统一对社会稳定的作用及其实现方式

一、新疆民族文化认同与中华文化认同的统一是新疆社会稳定的根基

在新疆，由于民族文化的多样性，各民族文化的冲突必然存在，这势必会影响民族团结和社会稳定。文化作为一个文明社会的“软实力”，作为一种特殊的社会资本，其作用的体现关键在于文化认同。这是因为文化的认同不仅仅是对本民族文化的认同也是对非本民族文化的理解与认同，并且希冀从非本民族文化中吸取精华，以发展和丰富本民族的文化，从而达到一种真正的“文化自觉”，并

从非本民族文化强化对本民族文化的认同意识，以识别“自我”，提升对本民族的认同感，增强对本民族群体的认同意识，最终实现从文化认同到民族认同这一种高层次认同的转变，为民族和谐关系的构建奠定了深厚的社会心理基础。因此，在民族文化多样性基础之上建立的中华文化认同体系，对民族地区的社会稳定具有特殊的重要意义。

构建新疆民族文化认同与中华文化认同统一的主要作用表现在：第一，从个体层面来看，个体对中华民族文化认同，使其可以获得一种真正的归宿感，有一种“国家”的感觉。尤其生活在少数民族地区的个体，由于物质生活和文化生活条件相对落后，生活相对单调与枯燥，如果对中华民族文化没有认同感，就会产生孤独与寂寞感，只有当个体对中华民族文化产生认同感，才能获得一种真正的“自我”，才能融入中华民族社会群体当中，从而使自身获得发展。社会心理学家发现，人类在社会生活中有两种认同的需要。其一是通过寻找“我”与“我群”的差异而获得“自我认同”，它使个体获得一种与众不同的独特性和唯一性。其二是通过寻找“我群”与“他群”的差异而获得“社会认同”。它使个体获得一种与众相同的一致性和同一性。为了同时满足这两种需要，个体总是在寻找二者之间的平衡。文化认同也是一种社会认同，是个体获得文化群体的“我们感”的途径和过程。

第二，从群体层面来看，中华民族文化认同是协调民族关系、促进民族团结、增进民族交流、增加各民族认同感和促进民族地区社会稳定等方面都具有特殊的作用。中华民族文化认同使民族地区各民族相互尊重、相互理解、和睦共处的思想前提。新疆杂居诸多不同民族，不同民族有不同的民族风俗习惯、语言文字、体质特征和不同的宗教信仰等。中华文化认同意味着各不同民族对其他民族的文化持亲近态度和包容认可的态度，且文化认同一旦形成，便具有较强的稳定性、内聚性、亲和性，不受地理环境、语言、经济生活方式等的制约。这对协调民族地区的民族关系、促进民族团结、增强民族间的交流和增强民族间的认同起着重要的作用。

此外，中华民族文化认同对新疆社会发展起着重要作用。少数民族文化形成于特定环境的物质生产方式。生存环境和经济生活的多样性，又造就了民族文化千姿百态的个性特征。一个民族的价值观念、道德意识、行为偏好、选择方式等特定文化特质，对民族经济生活起到约束作用。新疆少数民族大多居住在生产力相对落后，小农经济意识浓厚，缓慢的经济发展制约了民族文化的发展，民族文化发展的滞后又约束了经济发展。中华民族优秀文化是先进文化，它通过加强少数民族先进科技文化知识的传授，社会主义核心价值观教育，现代文化的引领，促进少数民族的传统意识的转变，实现民族文化与中华文化有机统一。增强少数民族群众的中华民族自信心和自豪感，进而促进新疆经济发展和社会稳定。

二、实现新疆民族文化认同与中华文化认同的统一的方式

（一）寻求重叠共识：构建同质文化内核

在多元民族国家，由于多民族的存在，每一个民族都有自己独特的民族文化和民族心理。因此，成功的民族政策需要在尊重各民族自身民族文化的基础上寻找将各民族联系在一起的重叠共识理念。这个理念需要从宪法共识到重叠共识，最终达成各方可以接受的公共理性和正义理念，从而构筑和谐而稳定的社会。这就是我们今天所说的共有精神家园。它有两个基本要素：一个是共有家园，另一个是精神文化。从民族学的角度来看，各民族共有的精神家园，是由各民族的传统文化构成的，而其中起主轴作用的不容置疑是汉文化。汉文化在其漫长的历史发展中，充分吸纳了其他各民族文化的精髓，把各民族语言文字、经济生活、文学艺术、衣着服饰、日常起居、音乐舞蹈、思想价值等诸多方面适应时代发展潮流的文化因子，融合到汉文化之中，使其不断丰富、不断繁荣、不断壮大。今天经济、社会高速发展，民族之间的交融十分密切，加之现代科技和现代传媒大力推动，汉文化实际上已经超越了民族的范畴，成为中华文化的核心和基本构架，成为各民族共有精神家园的主轴。在各少数民族传统文化中，有一些思想观念或固有传统，诸如爱国主义的民族情怀、团结统一的价值取向、贵和尚中的思维模式、勤劳勇敢的淳朴品质、自强不息的进取意志、厚德载物的宽厚胸怀、崇德重义的传统情操、尊老爱幼的优良美德等等，长期受到人们的尊崇，成为生活行动的最高指导原则。这些精神成果，经过各民族文化的交流与融合，逐渐成为全社会广泛认同的文化观念、精神记忆，已经超越了地域和民族的范畴，成为牢固的中华民族文化心理，代代传承，不为外来力量所打破、所改变，体现了各民族文化的凝练和升华。各民族的这些精神成果，作为中华文明特有的文化基因，在表现出共有精神家园基本精神共性的同时，又保留了自己的特殊性（个性），使基本精神更加丰满，精神成果更加丰富。

但是有些人认为民族间的文化差别是相互理解、沟通、认同的一大障碍，差别越大问题越多，因此，缩小差别成为解决问题的方式。事实上，文化差别经常成为此族区别于彼族的重要表征，成为人们心理认同的象征和寄托，一方面旧差别可能随着经济社会发展、族际交流在消解，另一方面新的差异可能还在不断被建构，如果心理认同不能解决文化差异就很难缩小。目前，文化建设应更多关注

如何跨越差异的鸿沟，发现和建构共同点，而不是希望将差异填平。当代社会为多元文化、多元价值提供了更多存在与发展的可能，而传统的多元文化更是人类发展史上的宝贵遗产，是人类在文化上对自然和社会多样性适应的表现，是发展的资源，在文化大发展的今天尤其显得重要。

（二）加快少数民族和民族地区经济社会发展

民族文化认同有着特殊的心理机制，包括文化比较、文化区辨和文化定位，这其中虽然与历史、宗教、语言、风俗等因素有关，但认同选择更是一种现实的选择，是依据现实的条件所做出的选择。所以，民族文化认同的动力是需要，需要既包括物质生活需要也包括精神文化需要，但最为根本的是物质生活需要。所以，要从物质生活方面为民族文化认同提供条件、环境、激励和保障。

由于历史和地理环境等各方面的原因，新疆各少数民族的经济发展水平较为落后，民族之间的差距实际上表现为地区差距、城乡差距、职业差距、收入差距等方面。这些客观存在的差距，再加上少数民族地区资源开发利用和利益分配引起的纷争，极易使少数民族产生“剥夺感”和强化民族意识，甚至形成狭隘的民族意识，影响对国家的认同。因此，中央和各级地方政府要加大对民族地区的支持力度，加快民族地区和少数民族的发展，缩小民族间差距。这将有助于减弱民族意识的消极因素，增强对国家和中华民族大家庭的认同感，也有助于消除民族分裂主义、宗教极端势力和恐怖势力的社会基础。在对哈萨克族的调查中，我们列出了这样一些问题进行问卷调查，其结果详见表 12-6。

表 12-6　您认为维护新疆社会稳定政府应该主要解决哪些问题（限选三项并排序）

选项	A 发展经济	B 严防民族分裂势力渗透	C 完善民族政策	D 加强法制	E 得民心	F 其他
人数	333	138	66	68	397	18
百分比	82.6	34.3	14.6	16.9	101.4	4.0
排序	2	3	5	4	1	6

“得民心”排列第一，希望发展经济排列第二，说明维护新疆的稳定政府部门要从自身做起，把百姓的利益放在第一位，得到民众的信任和支持。发展牧区经济，改善牧民的生产、生活条件，缩小牧区与社会发展的差别，是维护社会稳定的重要保证。

（三）加强中华文化教育和宣传

加强社会主义核心价值观教育、民族团结教育、公民教育和历史文化教育，促进各民族社会成员在文化、结构、心理等各个层面的融合。我们一方面要通过建立公正的社会结构来形成利益共同体，另一方面要通过社会主义核心价值体系教育增进价值共同性，扩大社会共识。要加强社会主义核心价值观教育和公民教育，促进各族人民的政治社会化，培养各民族人民对国家领土和政权的支持、对国家政治体系的认同以及民主法制观念和公民意识。要加强民族团结教育，促进各民族团结奋斗，共同繁荣发展。此外，要加强中国历史文化教育，尤其是中华民族融合历史的教育，加强中国各民族具有共性的文化价值观和民族精神（如团结统一、爱好和平、勤劳勇敢、自强不息等）的宣传和教育；同时也要通过世界史教育，增强国民对世界其他民族的认识和理解，以积极应对全球化时代的机遇和挑战。长期以来在新疆无形之中形成了以民族人口、经济发展程度、生产方式等划分民族等级的状况，极大地影响了民族之间的关系和交往。因此应通过学校教育、社会教育等方式，了解各民族的优秀文化和特长，能够平等地看待各民族并与之平等交往。

电视、广播等宣传媒介是最有力的传播工具，通过它进行有效的历史教育，国情教育、道德教育，使各族人民深刻了解和认识我国作为一个多民族国家悠久辉煌的历史，了解我国各民族之间相互交往、相互融合、荣辱与共、共克危难的团结协作历史，强化各民族相互离不开的意识，将对本民族的文化认同与中华文化认同、国家认同、公民身份认同协调统一起来。国家可以通过制作使用民族语言的大众传播作品在潜移默化中熏陶少数民族对中华文化的认同意识，培养国家认同感，以便能够使用公民意识代替族际意识，代替民族的分野。可以利用网络实时更新的特点，不断发回现场消息，利用网络平台营造“在场”气氛，调动每位网民对国家事件的关注程度。利用网络“泛媒体”的优势，视频、文字、声音的三位一体，使国家形象、历史、国人的集体记忆等在互联网的平台上立体地呈现出来，以传统媒体不具备的强度营造国家共同感。

（四）加强各民族文化交流

民族文化交流是中华民族文化发展的重要途径。各个民族都是在与其他民族的交往，包括文化交流、交融过程中发展的。每个民族的交往和发展都有一定的文化背景，实际上是过去民族间文化交流、交融因素凝结的结果。今天的民族交往发展虽以这种民族文化为背景，但它又不能完全杜绝其他民族文化的影响。民族文化交往不仅应注意作为民族文化具体形式的表层文化，更应该注意作为深层文化的价值观念、思维模式和心理特点。要注意这些方面的互相交流与吸纳，要注意民族落后观念、意识的更新问题，要特别注意民族意识加强的趋势及带来的可能结果。民族文化交流的发展涉及文化交流中吸收其他民族文化的优秀部分与保持本民族文化的精华部分，并将这二者交融消化，变成本民族文化新的组成部分的问题。如果这个关系处理好了，将大大有利于中华民族文化的发展，如果处理不好，将会出现民族文化的冲突现象，影响制约民族之间的关系，也将影响社会稳定。

第十三章

以现代文化培育和谐民族心理

从民族学与文化学的角度看，文化是特定民族的生存模式，文化一旦生成，就构成人生存的方式，即“文化圈”。文化对于置身于这一文化圈的个体具有决定性的制约作用，构成人存在的灵魂。正因为如此，人生活在什么样的“文化圈”中，就有什么样的社会心理。新疆各民族长期生活在比较传统、封闭的“文化圈”中，当现代文化打破原有的“文化圈”时，民族心理必然发生嬗变，从而直接影响社会发展。当前尤为突出的是民族需要心理、民族意识、民族认知、民族心态和宗教心理对社会影响极大。要维护社会长治久安就必须以现代文化为引领，改善民生，满足各民族需要心理；以现代公民意识引导民族意识；重视宗教心理；促进宗教心理和谐；构建心理调节机制，维护社会稳定。

第一节　改善民生以满足各民族需要心理

民族需要心理是民族心理活动的基础和第一反映。它反映人的需要与社会对其满足的程度，是主观愿望与客观条件之间关系的最集中的体现。美国心理学家马斯洛认为人的需要像阶梯一样从低到高，按层次逐级递升，分别为：生理的需要，安全的需要，情感和归属的需要，尊重的需要，自我实现的需要。[①] 其中生

① 彭聃龄：《普通心理学》，北京师范大学出版社 2001 年版，第 322 页。

理上的需要，即民生需要，它是人类最基本的需要，也是人生存的首要问题。新疆民族需要心理主要体现为新疆各族人民的民生需求与当前的社会条件之间的矛盾，它直接影响到社会的稳定。

改革开放以来，随着国民经济的发展，新疆各族人民的生活水平有了大幅度的提高，总体上已经达到温饱水平。但是，由于自然、历史、体制转型等原因，贫困问题仍然是制约新疆社会经济发展的严重问题。尤其是新疆贫困居民家庭人口多，就业者少，且收入来源少，收入低。在衣、食、住、行、就业、医疗、教育等方面不仅远远落后于全国平均水平，而且落后于全疆平均水平。长期处于一种窘迫的生活状态。

一、新疆的民生状况

（一）收入低，只能解决最基本的温饱需求

据 2010 年国家统计局社会调查总队调查的数据显示，2009 年，新疆农村家庭现金收入共计 6 231.81 元。其中工资性收入 461.34 元，家庭经营性收入 5 445.81元（农业收入 3 683.80 元）财产及转移性收入 324.66 元。全年现金支出 6 218.92 元，其中包括生产费用支出 3 435.01 元（其中家庭经营性支出 2 964.87 元（农业支出 2 189.44 元，牧业生产支出 607.39 元），购置生产用固定资产支出 470.14 元）；税费支出 2.45 元，生活消费支出 2 459.08元（其中食品支出 759.88 元，衣着 257.25 元，居住 495.79 元，家庭设备、用品及服务 104.72 元，医疗保健 316.55 元，交通和通信 319.39 元，文教娱乐 158.13 元，其他商品和服务 47.37 元）；财产及转移性支出 322.38 元，非消费性现金支出 1 440.31 元。全区农村家庭收入与支出基本持平，也就是说一年到头基本上没有存款，收入只能勉强应付各种各样的支出。2009 年，在支出费用中，生产费用就占到了 55.2%，生活支出占到 39.5%，其中主要是最基本的吃穿住行等基本的物质资料支出，占到生活支出的 74.5%。用于医疗保健支出仅占 12.9%，用于文教娱乐的支出仅占 6.4%。可见，新疆农村居民生活水平较低，生活较为困难。[①]

（二）饮食质量差，结构不合理

抽样调查结果显示，2009 年新疆农村各族人民家庭人均食品消费量 340.74

① 国家统计局新疆调查总队：《新疆调查年鉴》，中国统计出版社 2010 年版，第 140～145 页。

千克，贫困家庭人均消费量仅有 291.88 元，饮食结构主要以粮食为主，蛋白质和肉类很少，营养状况不容乐观（见表 13－1）。[①]

表 13－1　　2009 年新疆农村居民家庭人均主要食品消费量

指标名称	全疆人均消费量（千克）	占总支出的百分比（%）	贫困家庭人均消费量（千克）	占总支出的百分比（%）
粮食	232.28	68.2	221.3	75.8
油脂类	11.12	3.3	9.0	3.1
蔬菜及菜制品	71.54	21.0	45.1	15.5
坚果	2.05	0.6	1.4	0.5
肉禽及制品	14.32	4.2	8.3	2.8
蛋类及制品	1.49	0.4	0.8	0.3
奶及奶制品	6.07	1.8	5.0	1.7
水产品	0.42	0.1	0.1	0.0
食糖	0.36	0.1	0.3	0.1
酒	1.09	0.3	0.6	0.2

从表 13－1 可以看出，新疆农村居民的饮食结构主要以粮食、蔬菜为主，粮食支出占食品支出的 68.2%，蔬菜及蔬菜制品的支出占到 21%。而人体必需的其他营养类食品的支出远远达不到营养学的标准：油脂类仅占 3.3%，肉禽类 4.2%，蛋类及制品仅占 0.4%。而贫困家庭的人均食品支出更印证了这一特征。粮食支出占到 75.8%，蔬菜支出占 15.5%，油脂类仅占 3.1%，肉禽及制品占 2.8%，蛋类及制品仅占 0.3%。相比较总体水平而言，结构更不合理，营养状况令人担忧。

（三）文化素质较低，精神文化生活匮乏

2009 年调查显示，新疆农村平均每户家庭常住人口 4.63 人，平均每户在校学生人数 0.94 人，平均每户劳动力数量为 3.1 人，劳动力文化程度不识字或识字很少的占 4%，小学程度的占 35.7%，初中程度的占 49.1%，高中程度的占 7.5%，中专程度的占 2.3%，大专及以上的占 1.4%。[②] 全区农村居民的文化素质较低，小学、初中文化占多数，占到 80% 以上。由于收入水平低文化素质低

① 国家统计局新疆调查总队：《新疆调查年鉴》，中国统计出版社 2010 年版，第 164 页。
② 国家统计局新疆调查总队：《新疆调查年鉴》，中国统计出版社 2010 年版，第 153 ~ 154 页。

等因素的影响，居民的精神文化生活匮乏。用于文化教育、娱乐消费的支出人均每年只有158.13元。其中文化教育、娱乐用品支出（包括文教娱乐机电消费品、图书、报纸、杂志文具等）仅有23.17元；教育服务支出仅有118.04元[①]（包括学杂费、成人培训费、文化体育、娱乐服务消费支出等）。

（四）居住条件差

住房是居民基本生活的重要组成部分。随着经济的发展，人们对居住条件的要求也随之提高，居住质量的好坏也成为影响居民生活质量的重要因素。但是根据统计结果显示，新疆农村居民仍存在居住条件差，住宅结构落后等问题。

2009年，全区农村住房面积每户108.67元，每平方米住房价值226.49元。住房类型主要以平房为主，砖瓦平房面积49.65平方米，其他58.87平方米，楼房面积0.16平方米。[②] 住房条件较为简陋，主要以平房为主，而且很多都仍然是土坯房，绝大多数家庭没有使用公用自来水，仍然在饮用河水和井水，主要靠煤过冬，即污染环境又影响身体健康。村民的生活质量很差。

（五）医疗保健状况令人担忧

2009年，全区农村就业行业分布主要集中在第一产业，全区2.96人/户，第二产业0.02人/户，第三产业就业劳动力0.12人/户。就业地点主要集中在乡内2.98人/户，本地企业职工人数0.01人/户，外出就业的劳动力人数0.31人/户。[③] 就业的行业主要集中在农业方面。劳动力主要从事繁重的体力劳动。营养不良的状况比较普遍。2009年，全区农村家庭人均医疗保健支出316.55元，其中主要用于医药费233.76元，医疗卫生用品81.40元，药品79.75元，保健费只有0.14元，保健用品也仅有0.58元。[④]很多群众往往大病没钱治，小病能抗就抗，或者去医疗条件差、收费低廉的私人诊所。对保健品几乎没有消费。如果这种状况得不到有效的改善，很有可能使居民的身体和劳动能力恶化。

这只是全区的平均水平，而新疆很多的贫困县的人民生活还达不到这个水平。以南疆三地州为例，2009年家庭户均全部人口4.82人，劳动力3.16人，户均受教育程度较低，文盲0.23人，小学1.26人，初中1.40人，高中0.19人，中专0.05人，大专及以上0.02人。曾受过技能培训的占42.7%，民族构成汉族只占0.4%，少数民族占99.6%，会汉语人数的占6.1%。健康状况构成中，

①④ 国家统计局新疆调查总队：《新疆调查年鉴》，中国统计出版社2010年版，第184页。

② 国家统计局新疆调查总队：《新疆调查年鉴》，中国统计出版社2010年版，第158页。

③ 国家统计局新疆调查总队：《新疆调查年鉴》，中国统计出版社2010年版，第156页。

残疾的占0.8%，患有大病的占0.8%，长期慢性病的占1.1%，体弱多病的占1.9%，有病的95.9%可以就医，但也有4.1%不能及时就医。因为经济困难不去就业的占到95.6%。人均年末住房85.98平方米，30.1%为土坯房，4.4%为竹草房，44.4%为砖木结构。[①] 相比较全区农村生活水平，南疆三地州主要以少数民族为主，受教育程度低，绝大多数家庭成员不会说汉语。患病的家庭大多数由于经济困难不能及时就医。住房也较困难。

在消费支出上，相比较全区平均水平消费支出，绝大部分用于生活消费支出，医疗、交通、文化通讯交通支出少之又少（见表13－2）。[②]

表13－2　2009年新疆扶贫开发工作重点县农村人均生活消费支出及构成

指标	重点县（元）	百分比	南疆三地州（元）	百分比
生活消费支出总额	1 920.13	100.0	1 606.84	100.0
食品消费支出	1 008.43	52.2	878.19	54.7
衣着消费支出	200.07	10.4	167.42	10.4
居住消费支出	313.95	16.4	255.81	15.9
家庭设备用品及服务消费	64.86	3.4	53.72	3.3
医疗保健支出	138.04	7.2	118.20	7.4
交通通讯支出	46.35	2.4	24.49	1.5
文化教育、娱乐用品及服务	132.02	6.9	95.33	5.9
其他商品及服务支出	16.41	0.9	13.68	0.9

综上所述，新疆各民族人民在吃、穿、住、医疗、教育等方面存在水平低、质量差等问题，严重挫伤了各民族成员的生产积极性。新疆少数民族聚居的地区主要在南疆，相对于北疆和东疆而言，南疆地区经济发展相对落后，少数民族文化素质较低、民族成分较为复杂。收入、住房、医疗、教育等典型的民生问题必然会使各民族产生消极心理，这种心理一旦被“三股势力”所利用，会使新疆稳定大局、民族感情受到沉重打击。造成的损失是无法估量的。2009年乌鲁木齐“7·5”事件就是有力的例证。而在新疆很多地区最基本的需求还没有得到满足，更谈不上精神需要的满足了。因而改善民生是各民族最迫切的心理需求。

① 国家统计局新疆调查总队：《新疆调查年鉴》，中国统计出版社2010年版，第291～292页。

② 国家统计局新疆调查总队：《新疆调查年鉴》，中国统计出版社2010年版，第294页。

二、只有改善民生、满足需要心理，才能稳定人心

民族心理是在一定的社会生活实践中形成，又作用于社会生活实践。作为社会意识组成部分的民族心理是由民族的物质生活条件决定的，有什么样的物质生活条件就有什么样的民族心理，民生需求心理就是对社会物质生活条件的直接反映，它是民族心理最强烈的愿望，如果不能满足民生的基本需求，民族心理会不平衡，甚至会产生剥夺感、反叛心理。只有改善民生，才能安抚民心，使各民族有幸福感，形成平衡、和谐的民族心理，推进社会的长治久安。

首先，改善民生，使各民族有公平感。公平正义就是要尊重每一个人，维护每一个人的合法权益，在自由平等的条件下，为每一个人创造全面发展的机会。在新疆这个多民族多宗教聚居的地区，其内涵和外延就变得更加丰富。公平正义就要维护各民族的利益，尊重各民族成员，为各民族成员创造全面发展的机会。而在具体层面上，新疆还存在很多不公平的社会问题。主要集中在与各民族群众生活关系最为密切的方面，如贫富差距问题、教育公平问题、住房问题、医疗问题等。而新疆少数民族聚居地区的民生问题相对较严重。易使民族群众产生不公平的感受。这种消极心理作为隐性因素，对于新疆的社会稳定和发展将起到消极的影响。以教育公平为例，因为新疆各少数民族政治、社会、文化发展水平相对落后，所以为体现公平的原则，党和政府对少数民族采取倾斜的政策，对弱势群体进行扶持和优惠。20 世纪 80 年代初，新疆在招生、招干、招工时实行“比例—照顾”政策，即为了落实民族平等政策，实现各民族就业权利和受教育权利的平等，新疆和其他省区一样，在招生、招干、招工时实行比例控制政策，为使少数民族在招收的数额中能达到一定的比例，在录取条件方面就要有所放宽、有所照顾，对少数民族降低录取分数线和录取条件，保证了少数民族在学生、干部、工人中均占有与本民族人口相适应的比例。但是随着市场经济体制的建立与逐步完善，这一政策越来越受到用人制度“双向选择”的挑战，特别是承包制企业和非公有制企业的用人问题，政府的干预权越来越弱，少数民族劳动者的就业难度越来越大，就业的机会均等权就难以落实。很容易使少数民族群众产生不公平感，会错误地认为汉族群众剥夺了他们的就业机会，进而影响到和谐的民族关系。因此，党和政府只有改善民生，创造更多的就业岗位，使少数民族都有就业的机会，才能维护公平正义，提升各民族的公平感，维护社会稳定。

其次，改善民生，使各民族心理平衡。新疆各民族群众应对经济、政治、文化生活模式的变化能力比较弱。因而表现为人们的心理承受能力比较差。部分民族群众因为生活的窘迫、家庭的不幸以及社会中某种不公正的现象，会产生失衡

心理、怨恨心理、民族偏激心理，甚至是民族敌视心理。在新疆，社会问题与民族问题、宗教问题交织在一起。有部分群众由于缺乏社会常识，容易把一些社会问题上升为民族问题。比如，新疆由于自然、历史、社会的原因，经济远远落后于内地发达地区，人民生活水平与全国的差距越来越大，农牧民的人均年纯收入，1978 年新疆与全国仅相差 14 元，到 1998 年差距扩大到 562 元；新疆在全国的排名由 1978 年的第 16 位降到 1998 年的第 25 位。[①] 目前基本维持在全国第 25 位的水平。而在新疆又呈现出区域发展不平衡的特点。少数民族聚居的地区，往往经济相对落后，人民生活水平较低。少数民族聚居的南疆地区集中了新疆绝大多数国家扶贫的重点县，集中了新疆大部分的贫困人口。如果这种状况得不到改善，就会使民族群众产生心理不平衡感，甚至感到委屈。这种民族情绪一旦被煽动起来，很容易发展成为民族敌视情绪，使各民族群众之间出现隔膜防范心理。必然对新疆的稳定和发展不利。

1999 年 7 月 17 日，和田洛浦县武装部一名汉族干部因为买瓜与维吾尔族商贩发生口角，结果导致 2 000 余名维吾尔群众围攻县武装部。[②] 民族偏激情绪的蔓延甚至成为分裂活动的掩护，局部地区的一些群众存在同情或暗中支持分裂分子的情形。1999 年 5 月，和田墨玉县民族分裂主义分子制造炸弹，但当地基层组织和群众却无一人举报。[③] 这些心理的存在，显然不利于我们发动与依靠群众孤立并打击民族分裂分子和恐怖分子。

只有通过改善民生，使各民族群众的生活质量得到提升，使他们充分享受到改革开放的发展成果。在医疗、养老、住房等方面有基本保障。这种失衡心与民族敌对情绪会自然而然消失，从而造就和谐社会。

最后，改善民生，使各民族有幸福感。幸福是一种满足感。改革开放以来，新疆大部分的少数民族的生活有所改善，过上了温饱的生活。他们感谢党，感谢社会主义，珍惜来之不易的幸福生活。少数民族与汉族亲如一家，民族团结的前景一片大好。平凡而又伟大的阿里帕妈妈不顾生活的艰辛收养了 19 个不同民族、不同血脉的子女，全家福记载着一家人最幸福的时光；汉族女孩王燕娜为维吾尔族弟弟毛兰江无偿捐献肾脏，感动了我们每一个人；“7・5”事件当中很多维吾尔族群众不顾危险，挺身而出，救护我们的汉族兄弟姐妹。他们很不理解那些暴徒的行为，有维吾尔族群众在接受采访的时候说出了新疆各族人民的心声：“现在的日子这么好，这么幸福，想不通这些人为什么这么做。”

---

① 中共新疆维吾尔自治区区委组织部课题组：《关于正确认识和处理新形势下新疆民族问题的调查报告》，载《马克思主义与现实》，2001 年第 2 期。

②③ 马大正：《国家利益高于一切——新疆稳定问题的观察与思考》，新疆人民出版社 2002 年版，第 118～119 页。

但是我们必须客观地看到，随着改革开放的不断深入，在新旧制度交替的转型期，必然出现一系列的社会问题，使社会矛盾凸显。这是必然出现并将长期存在的问题，少数民族地区由于地理位置偏远，受教育程度低等因素，这些问题显得更为突出。如果影响社会稳定和发展的民生问题得不到改善，刚刚树立的对党和政府的感恩心会被慢慢淡化，有可能代之以对政府丧失信心，对社会变革持冷漠消极态度，重则会引起对社会改革的抵触和反抗，引起社会动荡。这些不良的心理情绪容易被民族分裂分子所利用。2009 年震惊中外的“7・5”事件中，一伙暴徒有组织、有计划地公然在乌鲁木齐街头烧杀抢砸。2011 年 7 月 18 日，新疆和田市一公安派出所遭到一伙暴徒袭击。暴徒杀人、劫持人质并实施纵火。7 月 30 日和 31 日，喀什市又接连发生暴力犯罪事件，犯罪分子驾驶汽车冲撞人群、持刀砍杀无辜群众。在这些暴力事件中，有部分参与犯罪的少数民族成员，是受了“三股势力”的蛊惑，为什么他们会上当受骗，其中很重要的一个原因是生活比较贫困、文化素质较低、对政府有不满情绪，结果被绑上了“三股势力”的战车。血淋淋的事实告诉我们，只有改善民生，才能使少数民族地区的人民富裕起来，过上富裕安康的日子，才会对党和政府抱有感恩之心，才会感受到幸福，积极投身于社会主义建设中去。这种感恩心又会反作用于社会存在，推动社会的良性健康发展。

民生问题是任何时代、任何国家的人民都普遍关注的切身利益问题。改善民生，解决民生问题，能够为社会的稳定与发展提供群众基础。反之，民生问题处理不好，会扰乱社会秩序，造成社会的不和谐。在新疆，由于特殊的区情及复杂的国内国际背景，民生问题往往与民族矛盾、宗教问题交织在一起，民生问题一旦处理不好就会使各民族心理产生消极的情绪，这种不和谐的民族心理一旦形成，就会作用于社会，形成巨大的反作用。作为影响新疆社会稳定的巨大精神力量及隐性影响因素，如果由于民生问题而造成的不稳定的心理情绪长期得不到平复，那么一方面会挫伤各民族的生产积极性，另一方面，可能会被别有用心的分裂和恐怖势力所利用。这种民族情绪一旦被煽动起来，就会直接影响到新疆社会的稳定，发展就更无从谈起。因而改善民生，即是满足各民族的心理需要，又是促进新疆长治久安的必要之举。

三、构建民生政府，切实解决新疆民生问题

政府是改善民生，促进民生建设的主导力量，构建民生政府，实现政府职能由全能政府向有限政府转型，由经济主导型政府向民生型政府的转型，是“以人为本”的执政理念的具体体现，也是实现新疆长治久安的迫切要求。

所谓的民生政府是在以人为本的理念指导下，以民生问题为根本出发点，以改善民生为己任，维护人民群众利益，尽快提高人民的生活水平，实现共同富裕。

综合新疆当前的形势，我们认为，当前和今后一段时期，新疆政府亟待解决的民生问题包括以下几个方面：

（一）提高居民的收入

在社会调查中，新疆各民族群众反映最强烈的问题是城乡居民收入水平低，与内地差距较大。收入低已经成为制约民生发展的重要因素，解决这个问题，一方面要大力发展生产力，合理调整收入分配，促进城乡居民收入普遍较快增加；另一方面政府要下大力气提高居民收入的绝对值，使居民手里的钱更值钱，在改善个人生活和扩大消费上发挥更大作用。

首先，要使居民收入增长速度跑赢 GDP 的增长速度和物价上涨速度。切实保证居民收入在 2020 年倍增。尽快缩小与内地的区别。特别是新疆物价上涨过快，居民收入增长速度赶不上物价上涨速度，就必然导致居民收入购买力下降。因此，政府应管理好通胀预期，并采取各种措施稳定物价。

其次，要控制好房价。近年来新疆住房价格成倍上涨，面对飞涨的住房价格，不少家庭耗费几十年的积蓄甚至透支未来 10 年、20 年的收入才买得起一套住房。这种不正常的财富转移，极大降低了居民收入。所以，要增加居民的收入应控制好房价。

最后，要继续推行缩小贫富差距的各种策略。贫富差距太大已经成了影响居民幸福指数的关键因素之一。提高居民的收入水平，通过加强财税调节、收入再分配政策、城乡协调发展等措施来缩小贫富差距。

（二）千方百计扩大就业

就业是民生之本。实施援疆政策以来，新疆想方设法帮助受援地区解决好就业问题，在援建项目建设中更多地吸纳了当地群众就业。实施“普通高校毕业生（多数是少数民族学生）赴对口援疆省市培养计划”，2011 年首批已培训 2 866人。党和政府抓住援疆带来的机遇，千方百计扩大就业，采取一系列举措。

首先，要发展第三产业。由于第三产业就业门槛低、就业灵活，服务面广，在吸收就业人员占有一定的优势，在新疆第三产业发展较为缓慢，解决就业问题的潜力还没有充分发挥出来，充分发挥第三产业尤其是服务业是解决贫困家庭，农民工及下岗职工等弱势群体就业问题的重要途径之一。新疆各级政府要鼓励、引导第三产业向正确的方向发展，为从事第三产业的低收入家庭提供信息服务、小额贷款、税金减免等优惠政策，积极促进弱势群体人口就业。

其次，要积极发展中小企业。中小企业是推动国有经济发展、构造市场经济主体、促进社会稳定的基础力量。特别是当前，在确保国民经济适度增长、缓解就业压力等方面，发挥着越来越重要的作用。新疆的工业基础落后，但是资源很丰富，有很大的发展潜力，大力发展中小企业不失为解决就业问题的一条主要途径。在农村大力发展纺织业和制造业，以工业促农业的发展，实现农村劳动力的转移。在城市，大力发展中小型企业，扶持自主创业，给予税收等方面的政策支持，缓解就业压力。

再其次，要推行灵活就业形式。这是比较适合下岗职工特点的就业方式。国内外一些专家又把这种就业叫做“非正规就业”，主要包括三种形式：①非正规部门的灵活就业。如社区服务业、为制造业配套服务的小型加工业、商业服务的小店铺、小公司，以及零星和流动就业者等。②正规部门的灵活就业。如建筑业、采掘业和加工业中的临时工、小时工、季节工劳务工以及正规商业服务业中流动性较大、劳动关系不稳定的就业者。③其他自谋职业者和自由职业者，在我国从事灵活就业主要有几类人员：国有集体企业下岗失业人员、城市离退休人员以及进城打工的农民工，还有从事第二职业的兼职人员和部分临时性就业的家庭妇女。政府要鼓励发展灵活多样的就业形式，包括临时性就业、阶段性就业以及钟点工、非全日制就业等，这也是解决下岗职工再就业的重要途径。

最后，要完善就业服务体系。由于新疆劳动力市场在目前及今后一个时期仍将处于买方市场，对缺乏市场就业竞争力的失业人员来说，仅靠市场机制自发调节，是难以实现再就业的，政府必须加大服务支持的力度。

在新疆，由于贫困居民生活水平低，负担人口比较多，受教育程度普遍偏低，很多都是没有接受过系统教育，文化素质低下，也没有过硬的专业技能。随着改革开放的不断深入，国有企业的重组，他们成为社会的最底层，必然遭到社会的淘汰。随着各级政府对贫困人口的扶持力度逐渐加大，低保资金额度不断攀升，滋生了很多懒汉思想，这种惰性思想严重影响了他们再就业的决心，很容易陷入贫困的恶性循环中。因而要解决居民贫困问题，光靠政府加大资金投入是不够的，提高贫困人口的文化素质和专业技能，增强他们的适应能力和竞争能力是很有必要的。政府要加强岗位指导、开展技能培训，提高他们的就业素质和立业本领，增强其自我造血能力。充分利用技工学校、职业学校、再就业培训基地等力量，免费为贫困人口提供就业培训和服务，把自主就业和推荐就业相结合紧密结合起来。

政府对特殊性人群要实施保护性安置就业和就业援助。对于城市贫困人口中的特殊人群要采取特殊的就业援助，比如“40”、“50”人员（女40岁以上，男

50岁以上)，这样的下岗人群年龄偏大、文化素质低，是就业难度很大的人群，政府必须实行保护性安置，对于政府开发的公益性岗位要优先安排“40”、“50”人员，还可以根据实际情况对这些人员提供岗位补贴。对于特困家庭的子女实行保护性安置，如在邮电、电力、石油、金融，以及公务员队伍中都可以按规定安排一定比率的贫困人口，以增强他们脱贫致富的能力。

（三）解决看病难、看病贵问题

新疆农牧民大都生活在偏远的农村和牧场，那里缺医少药，因病致贫的现象普遍存在。解决农村看病难、看病贵的问题是改善民生的重要任务，

首先，完善医疗保障制度，建立覆盖城乡的医疗保险制度，提高保障水平。强化政府的责任和投入。尤其将社会保障的重点放在弱势群体家庭。对确实困难，难以支付医疗费用的家庭和个人，政府可建立大病救助机制、鼓励建立慈善医院、社会募捐以解决弱势群体的医疗费用。

其次，将市场配置资源与政府配置资源结合起来，改变卫生资源在市场分配上存在的“重大城市轻小城市”“重城市偏农村”“重参保人群轻未参保人群”的问题。进一步放开医疗市场，但准入要严格，并实现医疗机构产权多元化，发展各种形式的医疗机构，满足不同人群的医疗需求。

再其次，确立政府在提供公共卫生和基本医疗服务中的主导地位，要加大卫生投入，逐步提高政府卫生投入占财政总支出的比重和卫生总费用的比重；优化卫生服务结构，健全农村卫生服务体系，发展社区卫生服务体系，完善社区卫生服务功能，形成以社区卫生服务为基础的新型城市社区卫生服务中心和乡镇卫生院等基层医疗卫生机构实行收支预算管理；改革意愿管理体制和运行机制，理顺医疗卫生行政管理体制，推进医疗机构属地化、全行业管理、严格医疗机构准入运行，服务行为和质量的监管。

最后，加强卫生队伍建设。重点加强公共卫生和基层专业技术人员和护理人员的培养，输送和吸收。加强全科医生的培养，定向培养农牧区卫生人才，制定鼓励优秀卫生人才到基层和农牧区的优惠政策。

（四）解决住房难问题

弱势群体的住房困难来自于他们的低收入，从新疆贫困居民的生活状况可以看出，很多特困家庭居住面积狭窄，仍有相当一部分仍租住房屋，住房条件很差。因此，让弱势群体通过住房商品化、市场化自主解决住房困难是不可能的，政府必须完善的住房政策，保障居民的住房权益。

第一，发挥宏观调控作用，稳定房价，控制房价快速增长的局面，实行严格

的购房政策。

第二，完善住房公积金政策。扩大住房公积金缴纳的范畴，均衡公积金缴纳比例。

第三，继续实施安居工程。安居工程的主要目的是用于解决中低收入家庭的住房困难问题，逐步建立具有社会保障性质的住房供应体系。安居工程的售价要考虑低收入人群的购买力，保证低收入人群买得起房。

第四，加大廉租房建设。由国家出资建设规格适当、设备齐全的住房，以低租的方式向弱势群体提供（包括农民工），加大廉租房审查力度，避免出现符合资格的人群没有享受到廉租房，而经济条件较好的家庭将廉租房转租的现象。

第二节　以现代公民意识引导民族意识

中国作为一个统一的多民族国家是与中华民族的形成同步的。“中国是一个统一的多民族国家，民族意识既体现单个民族的民族意识，也体现中华民族的民族意识。”[①] 因此，各民族意识与中华民族意识，民族意识与公民意识应该是相互包含、和谐统一的。在统一的多民族国家，如果民众的国家意识淡薄，公民身份意识缺乏，那会使得民族意识高涨，地域认同进一步加强，民族意识中的消极因素占据统治地位，会严重危及国家的统一、地区的安定和谐，甚至导致分裂势力抬头。所以，对民族意识进行积极正确的引导，使其民族意识与公民意识达到和谐统一，有利于国家安全和地区稳定。

近几年来，新疆进一步加强公民意识教育，使少数民族的公民意识明显增强，突出表现在抗洪、抗击非典、抗击雨雪冰冻、抗震救灾等行动中，新疆少数民族为灾区捐款捐物、自愿服务，体现了新疆少数民族公民的责任感和同胞意识。特别是在新疆发生的暴力恐怖事件中，涌现了一大批少数民族舍己救人、相互扶助、反对分裂、维护稳定的动人事迹，体现了少数民族公民的爱国情怀，这些充分说明了少数民族的公民意识逐渐生成并得到彰显，反映了少数民族素质的提高和民族地区的发展进步。但不可否认，从总体上来说，少数民族的公民意识还处于培育和发展过程之中。由于历史、社会等因素，部分少数民族对公民意识还不甚了解，对自己的权利义务认识模糊，法律意识、公共意识和参与意识普遍缺乏，民族意识与国家认同的关系处理上在外部因素的影响下还会出现不理性的

① 马奎：《对民族意识问题的思考》，载《中南民族学院学报》，1994 年第 5 期。

现象，用现代公民意识引领民族意识，实现民族意识与公民意识的统一，尤为重要。

一、公民意识与民族意识的关系

公民意识是指公民对自己在国家中的地位和作用的认识，是公民以宪法和法律规定的权利和义务为依据，以自身作为国家经济生活、政治生活、文化生活和社会生活等活动主体的一种心理感受与理性认识。公民意识是在现代法治环境下形成的民众意识，它要求公民具有作为国家主人翁的责任感和使命感、权利观和义务观，秉持合理、合法、守法的基本理念，形成对待个人与国家、个人与社会、个人与他人关系的正确价值取向和道德观念。

民族意识，概括地说就是综合反映和认识民族生存、交往和发展及其特点的一种社会意识。其实质是对自身民族生存、交往、发展的地位、待遇和权利、利益的享有和保护。民族意识从内容上来看虽然有不同的划分层次和结构，但基本上都涉及民族自我意识、认同意识、分界意识、交往意识、民族发展意识等。民族意识的强化是一把双刃剑，一方面民族意识的增强是民族发展和不断进步的动力，有利于增强民族自信心和民族自豪感；但另一方面也会由于排斥他民族的作用与贡献，过分夸大自己的优点而变得自我隔离，带来民族间的矛盾与冲突，带来社会的动荡与不稳定，从而阻碍民族的发展。

公民意识与民族意识虽然各自的范畴不同、涉及的对象和对应物不完全相同，但由于其共处于一个多民族的现代国家中，就决定了二者间存在着必然的统一基础。一个国家是一个民族存在和发展的必要条件。在多民族国家，每个民族对自己的生存和发展、权利与得失、利害和安危、兴衰与荣辱等问题的关切和把握，不是该民族单独所能左右的，必然受国家经济、政治、文化生活和民族关系的影响。每个人除了具备民族意识外，还应把民族意识融汇在更高层次的国家意识中。因此，在多民族国家，需要运用国家机器将民族意识与公民意识有机结合起来，使二者形成一种和谐统一的关系。这种关系就是公民意识的统一性与民族意识的多样性，而且公民意识的统一性是纲，是第一位的、首要的，是在国家身份间的分界，民族意识是在这个原则框架下的存在，是第二位的、次要的。前者代表统一的国家意志，后者反映着民族结构及文化的多元性。对于我国这样一个统一的多民族国家而言，国家的统一不仅表现为主权独立和领土完整，还必须体现国内各民族在根本利益一致基础上的团结和凝聚力。同样，各民族民族意识的增强，不仅代表着民族发展的程度，而且反映出各民族维护祖国统一和各民族共同繁荣发展的利益的一致性。

二、公民意识对民族意识的引导作用

在现代社会，每一个个体一定属于某个民族，同时也属于某个国家，民族认同与国家认同共存于个体的观念与意识中，有机地统一在一起。在一般情况下，国内各民族的根本利益是一致的，个人的发展、民族的发展与国家的发展紧密联系在一起，国家认同居于首要地位。与此同时，各民族作为具有特定历史文化和生活方式的群体，通常也各有特殊的利益需求和精神渴望，当这些需求与渴望受到抑制或危害时，就可能在一定程度上出现以民族认同来对抗国家认同或削弱国家认同的情形。公民意识属国家层面的，与国家认同相对应；民族意识属于个人层面，与民族认同相对应。要将民族认同与国家认同相统一，首先就要以公民意识引导民族意识，有了强烈的公民意识就能够超越和克服狭隘的民族主义和民族意识，使民族认同与国家认同相统一。

首先，建立一种有效的制度安排，必须要有相应的社会政治心理支持。扩大公民有序政治参与不仅要有制度上的设计和安排，而且还要有以主体意识、参与意识和权责观念为构成要件的公民意识。只有当公众具有公民意识，对自己的权利、义务有了清晰的认识，并能够有意识地维护、行使权利，履行义务，扩大公民有序政治参与才有了真正的基础和动力。另一方面，各国的实践已经表明，如果没有公民意识的充分发育，公民政治参与会带来很多问题，诸如以消极的态度对待国家政治生活，以情绪化的方式参与政治活动，以极端的敌视态度对待竞争对手等。所以，公民意识在政治参与中的重要作用就是可以通过对政治参与行为的规范来避免非理性的政治参与，从而保障政治参与的有序进行。

新疆具有独特的历史发展轨迹，而且在现实的经济、政治和文化发展过程中也具有一系列的特殊形式和内容。受这些特殊因素的作用，新疆公民政治参与的意识和热情不够，民主习惯、民主作风较薄弱，这在特定环境条件下极易导致公民非理性的、无序的政治参与，直接影响公民政治参与的水平和政治民主化的进程。因此，培育公民意识，对于民族地区的政治现代化，政治民主化意义重大，是扩大民族地区公民政治参与的思想基础和有力保障。对贯彻党的各项方针和政策，完善民族区域自治制度，推进民族地区经济、政治、文化等各项事业发展都具有重要的现实意义。

其次，在当今世界，公民意识已成为衡量一个国家、一个社会文明程度的重要指标。公民意识培养的核心问题就是使每个民族个体超越本民族的狭小范围，正确处理个人与群体、群体与国家的关系。国家作为一种社会共同体，是由一个个公民具体组成的，因此，有什么样的公民，就必然会有什么样的国家和社会。反过来，不同的国家和社会，对公民素质的要求也会有所不同。在我国，面对国家这个社会共同体，每一个公民都应该具有属于自己正当的个人利益，但同时每一个公民又都不允许把自己的个人利益凌驾于全社会的整体利益之上，每一个群体、集团、少数民族也不应该追求所谓的群体利益、集团利益或本民族的民族利益而无视或损害国家的整体利益。我国宪法对于公民在民族问题方面的基本义务作了具体的规定，这就是公民有维护国家统一和民族团结的义务。各民族公民都应懂法、守法，自觉用法律来规范自己的行为，决不可因狭隘民族意识的冲动而超越法律的约束。只有这样，才能从根本上保证和维护各民族平等团结、繁荣发展的局面，才能从根本上减少和消除由于民族意识的增强而带来的消极影响。因此，要以国家法律中有关民族权利、义务的规定来引导和约束民族地区群众的思想和行为，培养他们的公民意识，使他们懂得本民族在享有法律所赋予的权利的同时，还必须承担相应的义务。

最后，新中国成立后，民族地区相继完成了民主改革，建立了各级地方政府和民族区域自治政权，全国实行了统一的政治制度，新宪法规定了公民享有的权利和应尽的义务，从而确立了新中国社会主义公民意识生成机制的政治基础。建国六十年的发展，特别是改革开放以来，初步建立了社会主义市场经济体制，在国家民族政策的大力扶持下，经过各族人民的共同努力，民族地区各项事业都发生了天翻地覆的变化，为公民意识生成机制提供了雄厚的物质基础。以“三个离不开”为前提的平等、团结、互助、和谐的新型社会主义民族关系广泛建立，爱国主义教育和民族团结进步创建等活动的普遍开展，使公民意识生成机制具备了丰富的思想基础。新形势下，不断增强公民意识，树立中国特色社会主义民主法制、自由平等、公平正义理念，对于少数民族在政治、经济和文化生活中形成具有时代特征的价值观念与行为准则，对于正确处理个人与国家、民族与民族、民族与国家的关系，对于维护民族团结、增强国家认同感和中华民族凝聚力具有十分重要的政治意义和现实意义。

三、增强公民意识，引导民族意识与公民意识的统一

首先，树立祖国利益高于一切的观念。公民的国家观念是作为国家一员的公民对国家的认同、忠诚和热爱的观念，祖国利益高于一切的观念，主人翁观念，维护国家统一和安定团结的观念的总和。国家是一个民族存在的必要条件。一个人是属于一个民族的，但首先是属于一个国家的。每个民族除有自己鲜明的民族意识之外，还应有更高层次的祖国意识，对国家的认同意识应高于对民族的认同

意识。在多民族国家里，国家构建政治现代化的一项基本任务，就是尽可能地将国民（公民）对各自民族的忠诚转变为首先对国家的忠诚，这是国民成为现代公的先决条件，也是所有多民族国家的政治体制得以存在的前提。一国之内，各民族民族意识不同，国家意识则应相同。我国 56 个民族的民族意识，都应与“中华民族”意识、“中国公民”意识、“中国人”意识和“祖国”意识这些更高、更广意义上的群体意识相结合。当前，就我国而言，国家的统一、稳定和发展，是各民族繁荣发展的基础，各族群众应当树立并增强对国家认同和忠诚热爱的观念，树立祖国利益高于一切的观念。祖国意识及爱国主义观念的增强，是团结凝聚国家和民族，推动社会发展的强大精神力量，也有助于克服民族意识中的消极因素。

其次，树立正确的权利义务观念。民族意识本质上是关切维护自己的民族权力或民族利益的。但是，这种关切和维护应以谋求与其他民族同等地位和权利为限度，以不损害其他民族生存、发展权利为前提，要通过树立并增强公民的权利义务观念，来树立正确的民族权利意识。第一，要正确认识在社会主义中国，公民权利的享有具有广泛性、公平性和真实性。广泛性，即享受权利的主体不是少数人，而是全体中国公民。公平性，即中国公民各项权利不受财产状况、民族、性别、职业等的限制而为全体中国公民平等地享有。真实性，即国家为公民权利的实现，在制度上、法律上、物质上给予保障。第二，要正确认识个人权利与集体权利的关系，以国家利益为最高准则。社会主义权利观的思想基础是社会主义的集体主义，主张个人权利与集体权利的正确结合，强调社会整体利益或国家利益高于个人利益、局部利益。第三，要正确认识中华民族利益和各民族利益的关系。要充分认识到，中华民族的共同利益和每个民族的利益在根本上是一致的。中华民族的利益是实现各民族特殊利益的前提和基础，任何因谋求本民族特殊利益而损害中华民族共同利益的行为，都是错误的和有害的。第四，要树立权利与义务相统一的观念。“权利”、“义务”观念是社会主义公民意识的一项基本内容，在社会主义公民意识体系中居于核心地位。公民意识的准则是权利和义务相统一的意识。马克思曾说过：没有无义务的权利，也没有无权利的义务。权利和义务相对应的关系在所有国家的法律中都得到了肯定。今天，中国各少数民族同汉族一样，平等地享有宪法和法律所规定的公民权利，同时还依法享有民族区域自治等少数民族特有的权利。各族公民应该在明确认识到自己在享有法律所给予的各项权利的同时，也负有各项不可推卸的责任和义务，特别是宪法所规定的维护国家统一和民族团结的义务。

最后，树立正确的平等观。贯穿于公民意识的基本精神是平等精神。法律意义上的权利主体是公民，平等确切地说是公民权利的平等。因此，平等的主体首先是公民，公民平等是一般平等的基础，没有公民的平等，其他平等无从谈起。民族平等是公民平等观念在民族关系领域中的运用、扩展和延伸，没有公民的平等，也就没有民族的平等。所以，要正确认识公民平等与民族平等的关系。

要树立正确的平等观还有一个问题就是正确认识民族平等与少数民族特有权利的享有问题。按照马克思主义的民族平等观，要承认和坚持一切民族不分大小一律平等，保障一切民族的平等权利，就要在特定条件下对一些民族的权利进行特别照顾。比如在中国，少数民族不但同汉族群众一样，平等地享有宪法和法律规定的全部公民权利，同时还依据法律，享有少数民族特有的民族区域自治等方面的权利。这说明中国的民族平等是建立在通过对少数民族平等权利的特殊保障和对历史差距的现实尊重基础上的公平的、真实的民族平等。通过特有的权利保障并使之法制化，来保障各少数民族参与和行使国家权力，发展经济文化和促进民族自身的进步，也就成为中国各民族一律平等原则的深刻内涵。这也是中国共产党把民族平等作为解决民族问题的根本原则所制定的一整套有利于少数民族发展繁荣的民族政策的特色。

第三节　重视少数民族宗教心理

宗教是一种信仰体系，一种社会意识形态，又是一种社会历史现象，也是一种文化现象。宗教作为一种建立在某种信仰基础上的文化体系，其最大特性在于对“神圣者”的信仰而形成的相对稳定和深刻的心理属性，这种心理属性一旦形成便充当起宗教灵魂的角色，在信教者的心理和行为中占据支配地位并发挥主导作用。江泽民同志指出：“宗教通过对信教群众的心理慰藉，对稳定信教群众的情绪、调节信教群众的心理也有积极的作用。”① 对于信教群众来说，宗教对心理的慰藉作用，强化了其世界观、人生观和价值观，在其心理构成中形成占主导支配地位的宗教心理，成为影响其心理和谐的主导力量，进而成为影响社会稳定和谐的精神力量。我国是一个多民族多宗教并存的国家，宗教在构建社会主义和谐社会中发挥怎样的作用，必然要由整个社会的本质属性所决定。社会和谐这一本质属性，反映和落实到宗教领域，就是宗教和谐，就是要发挥宗教在促进社会和谐方面的积极作用。宗教和谐不仅包括宗教秩序和谐（宗教内部的和谐、

① 《江泽民文选》第3卷，人民出版社2006年版，第389页。

宗教之间的和谐及宗教与社会的和谐，信教群体同不信教群体、信仰不同宗教群体之间的和谐），而且包括信教群众的心理和谐，而信教群众的宗教心理通过影响其心理和谐，对社会稳定和谐又有着重要的影响作用。

一、重视研究宗教心理的必要性和重要性

胡锦涛同志强调指出："做好信教群众工作是宗教工作的根本任务。要坚持以人为本，最大限度地把信教群众团结起来，把他们的智慧和力量凝聚到实现全面建设小康社会、加快推进社会主义现代化的共同目标上来。"[①] 新疆是我国西北的一个多民族和多宗教长期并存的地区。伊斯兰教在新疆社会生活中有着较大的影响。要引导伊斯兰教与社会主义社会相适应，发挥伊斯兰教在促进新疆社会和谐方面的积极作用，不仅要实现新疆伊斯兰教内部的和谐、伊斯兰教与其他宗教之间的和谐和各种宗教与社会的和谐，信教群众同不信教群众、信仰不同宗教群众之间的和谐，还要实现信教群众的心理和谐。而信教群众的宗教心理对促进其心理和谐有着不可忽视的重要作用。因此，在新疆要高度重视信教群众的宗教心理，掌握其宗教心理的特征和内在联系，促进其心理和谐，发挥其在维护新疆社会稳定和谐中的作用。

（一）研究信教群众的宗教心理是新疆社情发展变化的客观要求

截至2007年底，在全区总人口2 095.19万中，少数民族人口达到1 271.27万人，占总人口的60.7%，90%的少数民族信仰伊斯兰教。[②] 信教群众是维护新疆社会稳定和谐的群众基础和依靠力量，探究他们的宗教心理状态，不仅有利于把握引导伊斯兰教与社会主义社会相适应的切入点，而且有利于了解当代新疆信教群众在当下的社会生产和生活的心态，更有利于促进其心理和谐，发挥他们在维护新疆社会稳定和谐中的积极作用。

（二）研究信教群众的宗教心理是新疆宗教史发展的题中应有之义

冯特认为，"作为一种文化现象，宗教和其他文化现象一样，本质上都是人类高级心理活动的产物，是民族智慧的结晶，宗教的发展符合民族心理发展的一

---

① 胡锦涛：《在中共中央政治局第二次集体时强调全面贯彻党的宗教工作基本方针》，载《中国宗教》，2007年第12期。

② 新疆维吾尔自治区地方志编纂委员会编辑：《新疆年鉴2008》，新疆年鉴社2008年版，第1、380页。

般规律。"[①] 在新疆宗教演变发展的历史中，伊斯兰教作为一种历久不衰的精神文化，对于信教群体的思想和行为有着至深且巨的影响。他们从对伊斯兰教信仰和行为中获得的特殊宗教体验，使信教者们获得内心的平静和安慰，并且经过长期积累，逐渐渗透到维吾尔族等民族的感情、心理和习俗中。它既可能成为促进信教群众心理和谐与维护新疆社会稳定和谐的积极因素，也有可能成为影响信教群众心理不和谐与新疆社会稳定和谐的消极因素。

（三）研究信教群众的宗教心理是发挥宗教在促进社会和谐方面积极作用的关键

马克思说："人创造了宗教，而不是宗教创造了人。"[②] 宗教的社会作用，主要是通过信仰它的人来发挥的。人的心理是客观现实在人脑这一特殊物质中的反映。心理是自然的产物，同时也是社会的产物。从和谐社会的视角研究新疆宗教问题，以以人为本的理念审视新疆宗教问题，其着力点在"人"，而不在"教"，依法管理宗教事务的落脚点和出发点在"人"，而不在"事"，引导伊斯兰教与社会主义社会相适应难点和重点在"人"，而不在"教"。因此，研究信教群众的宗教心理特征，分析其宗教心理在促进心理和谐方面的作用，在宗教事务管理中重视促进其和谐心理的形成，对于发挥宗教在促进新疆社会稳定和谐方面的积极作用具有重要的现实意义。

二、新疆信教群众的宗教心理特点

宗教心理学的研究有两种构架：其一是由专职神职人员及教会宗教团体进行的既同于宗教神学又不等于一般宗教神学的具体宗教心理学；其二是对广大信众的宗教信仰心理所做的研究。[③] 新疆主要的宗教是伊斯兰教。伊斯兰教信教群众在新疆的分布呈现为"大散居，小聚居，南疆多，北疆少"的格局，尤其以南疆的喀什、和田和阿克苏地区最为集中。信教群众对伊斯兰教信仰持有的同宗教信仰、宗教理论、宗教行为、宗教组织相关的心理状态和心理过程，在其宗教信仰体系中占有非常突出地位，是其宗教信仰的本质因素，这种心理状态和心理过

① 威廉·冯特著，陆丽青、刘瑶译：《民族宗教心理学纲要——人类心理发展简史》，宗教文化出版社 2008 年版，第 29 页。

② 《马克思恩格斯选集》第 1 卷，人民出版社 1995 年版，第 1 页。

③ 梁丽萍：《中国人的宗教心理—宗教认同的理论分析与实证研究》，社会科学文献出版社 2004 年版，第 1～2 页。

程构成信教群众的宗教心理，突出表现为宗教情感和宗教经验等。它不仅主导着信教者的崇拜行为和信仰活动，而且塑造着宗教组织和制度，同时宗教组织、制度、行为和活动又强化着信仰者的宗教心理。威廉·詹姆斯提出："对我们来说，宗教意味着个人独自产生的某些感情、行为和经验，使他觉得自己与他所认为的神圣对象发生关系。"[①] 信教群众对伊斯兰教的"神圣者"即"真主"（维吾尔族语称"胡达"）的宗教情感所持存的强烈无限的敬畏感、依赖感、安宁感和神秘感及信教者个体和群体基于宗教情感的神秘的主观体验或经历，满足了信教者们的一种真诚而又充满幻想的自我中心的需要，追求理想和价值的需要，探究世界本原及解释其自身的需要。这种宗教心理属性表现为信教者内在信仰特征的神圣性与外在思想的保守性、内在追求目标的理想性与外在行为的主动性，内在心理的认同性和外在情感的亲近性。

（一）信教群众对"真主"的承认和信奉表现为超人间特性

在心理上对"真主"的敬畏感和依赖感的威慑下，信教者内心的信仰具有了神圣性，同时，由于对具有超越性和永恒性的"真主"力量的内心归服，这种在内心信仰的神圣性就外化为思想上的保守性。在引导宗教与社会主义社会相适应的过程中，促使信教群众在现实生活中持久而自觉地遵守教义，努力向善，把信仰的神圣感转化为促进其心理和谐的积极精神力量，把在思想上形成的依赖感、保守感和稳定感，转化一种自尊自信、理性平和、积极向上的健康心态，形成至上、忍耐、自觉等积极的精神素质，促进信教者对内协调和对外适应的和谐心理，对实现信教者的人与自我、人与人、人与社会、人与自然的和谐有着积极促进作用。

（二）信教群众向往"真主"描述的超人间的绝对美好的社会

信教群众向往"真主"描述的超人间的绝对美好的自然景象、社会状态和心理境界，把人与人之间的和谐看做是人与造物主之间和谐的自然延伸和必然结果。这种安宁感和神秘感的信仰又是建立在对现实问题的深刻反思和解决现实问题的紧迫性基础上，使得信教者在心理上具有了内在追求目标的理想性和外在行为的主动性，而追求目标的理想性与当今社会要求的道德伦理是一致的。所以，由信教群众心理上对宗教信仰的目标理想性和行为的主动性所释放的精神力量有利于促进其心理和谐，发挥其在维护新疆社会稳定和谐中的积极作用。当然，在

① ［美］威廉·詹姆斯著，唐钺译：《宗教经验之种种——人性之研究》，商务印书馆 2002 年版，第 28 页。

新疆必须高度关注“三股势力”利用伊斯兰教作工具，歪曲《古兰经》教义，曲解经文，煽动蛊惑信教群众，导致宗教狂热的心理特征。在坚持党的宗教方针和政策，依法管理宗教事务的过程中，使信教群众心理上的目标的理想性和行为的积极性接受政策法律的理性约束，引导这种宗教心理特征与现阶段我国社会生活秩序与社会发展潮流相适应，正确认识自我，正确认识本民族，正确认识新疆历史和新疆宗教演变史，在民族交往、宗教对话和文化交流中，能够平和待人，融合于中华民族大家庭。

（三）信教群众在信仰上的最大一致性在于对“真主”的共同信奉

由这种共同信奉而来的就是信教者在心理上的认同性。这种认同性就是依从于所在群体的主要宗教信仰系统，即在心理上获得了对群体的归属，促使信教者之间的彼此接受和相互尊重，从而形成信教者感情上的亲近性，这种把宗教信仰视为民族特征的心理认同和亲近超越了现实的一切。正如“宗教往往使一个民族具有凝聚力，而民族又往往使某种宗教具有生命力。民族借助宗教张扬其个性，宗教利用民族扩大其影响。”[①] 由于新疆信教群众数量庞大，分布地域广泛和分布的社会阶层、行业等的多样性，从实践上看，这种心理特征的一个重要表现就是：不同区域、不同阶层、不同行业、不同文化程度的信教者之间的沟通和协调，由这些信教者之间相互沟通和协调而来的相互理解、彼此关照会有助于全社会不同区域、不同阶层、不同行业、不同文化程度之间的相互理解和协调，这对维护新疆社会稳定，促进社会和谐是至关重要的。现实表明，部分信教群众宗教心理上的这种认同性和亲近性自20世纪80年代以来，被新疆境内的“三股势力”利用而走向偏激，一定时期和一定范围内呈现出信教者的狭隘性、保守性、宗派性甚至极端性等特征，引起信教者心理不和谐，引发社会群体之间的矛盾和冲突。所以，对于信教群众心理上的认同性和亲近性特征，必须给予高度重视，正确引导，使其成为促进信教群众心理和谐的积极因素，发挥信教群众在维护新疆社会稳定和谐中的积极作用。

信教群众心理属性构成的宗教心理结构，表现为信仰的神圣性、目标的理想性和心理的认同性是信教者内在信仰特征的表现，思想的保守性、行为的主动性和情感的亲近性是内在信仰特征的外在演化和在社会生活实践中的延伸。这种宗教心理属性又表现为信仰的神圣性和思想的保守性是对信教者宗教心理的宏观总体反映，是其宗教心理表现的核心和基础，目标的理想性和行为的主动性是对信教者在宗教活动中心理特征的总体反映，是其宗教心理的中间层次，是宗教心理

① 叶小文：《宗教问题　怎么看　怎么办》，宗教文化出版社2007年版，第57页。

表现的主体，心理的认同性和情感的亲近性是对信教者在处理社会关系中信教者之间、与信仰其他宗教的信教者和非信教者的关系时宗教心理的总体反映，是宗教心理表现的外层，是宗教心理的外在表现形态。这些宗教心理特征互存互动，由内向外和由外向内相互联系、相互作用、相互渗透，成为影响维吾尔族信教群众中个体与群体心理和谐与外在社会实践和谐的精神力量。

三、信教群众的宗教心理和谐作用

信教群众的宗教心理和谐主要包括三个方面的内容：信教者内在信仰的神圣性与外在思想的保守性在内心矛盾中的对立与统一；信教者在社会生产生活中追求目标的理想性和行动的主动性在现实性中的冲突与协调；信教者在社会人际关系中心理的认同性和情感的亲近性在与信仰其他宗教和不信教的人与人交流上的默契和融洽，易融合于社会群体之中，并承担适当的社会角色。维吾尔族信教群众的宗教心理和谐对新疆社会稳定与和谐发展有着一定的影响作用。

（一）信教群众的宗教心理和谐能有效调节社会群体矛盾

在维护新疆社会稳定与促进和谐社会中具有一定的积极作用。在当代中国，作为主张“爱国爱教”相统一与“两世吉庆”的伊斯兰教，在构建社会主义和谐社会中具有积极作用。伊斯兰教关于和谐共处的价值取向（即和谐心理）为个人与家庭、个人与社会、家庭与社会、人与人之间提供了行为准则，对调节信教群众的人际关系有着一定的伦理道德作用。在新疆信教群众与其他民族的信教群众、不信教群众在根本利益一致基础上产生的矛盾和差异，是社会群体矛盾中的非对抗性矛盾，属于人民内部矛盾。从目标价值取向上看，促进维吾尔族信教群众宗教心理和谐所追求的就是在信仰的差异中实现政治上相互合作，信仰上相互尊重，在差异中求协调，在分歧中求一致，在对立中求妥协，在冲突中求共存，以保持整个社会的稳定和谐状态。这对打击和防止“三股势力”利用“宗教”为工具，制造信教群众的宗教心理不和谐，引发社会动荡不安，维护新疆社会稳定，促进社会和谐具有重要作用。

（二）信教群众的宗教心理和谐能有效引导各民族之间、各宗教之间、信教者与不信教者之间的关系

宗教和谐心理有利于形成促进新疆社会稳定与社会和谐的群众基础。现实表明：信教群众与非信教群众、信仰不同宗教的其他民族的信教群众和非信教群众

都是推动发展新疆经济社会发展的主体力量和依靠力量，整体社会的和谐稳定有赖于社会群体以及群体中的个体的和谐。在信教群众中个体成员的和谐最本原的就是个体心理的和谐。伊斯兰教所包括的和谐理念，其实质就是要求信教者，通过对人性的道德约束和礼仪规范，实现个人的心理的和谐，从而达到整个社会的和睦。这是因为在新疆只有信教群众与个人的心理和谐了，才能逐步实现人际关系、民族关系、宗教关系和与他人交往的和谐，最终实现整个社会关系的和谐。

（三）信教群众的宗教心理和谐能有效地激励个体发展并使信教群众在促进新疆稳定和谐中发挥积极作用

稳定和谐社会是一个科学发展的社会，是以人为本的全面协调可持续发展的社会，是在承认个体差异性前提下实现人的全面发展，目标是达到各社会成员既各尽所能、各得其所，又和谐相处。因此，在新疆这样一个以多民族多宗教长期并存的现实情况下，如何充分调动信教群众的积极性、主动性和创造性，激发信教群众中个体的创造活力，在促进整个社会有机体生机勃勃的同时，又保持社会有序地发展和竞争，是维护新疆社会稳定和谐的关键。宗教心理和谐本质上要求各信教者，一方面能尽可能地发挥自己的作用，为新疆社会稳定和谐进步贡献聪明才智；另一方面个体的发展也要遵从全面的、科学的发展，讲究“度”的把握。这些只有在宗教心理和谐的状态下才能顺利实现。事实证明，一个宗教心理和谐的信教者是一个能够坦诚地看待外部世界和自我的内心世界，能够善待自身所处的社会环境和在社会生产生活中遇到的人和事，也能够理性地接受各种问题的人，也必定是一个有着自尊自信、理性平和、积极向上的社会心态的人。所以说：“一个心胸狭窄的灵魂，总是把不同视为对立，将差异变成仇敌；而对于一个襟怀博大的精神来说，不同意味着多姿多彩，差异包含着统一与和谐。”[①]

四、促进信教群众的宗教心理和谐的对策

信教群众的宗教心理和谐是其宗教心理发展走向理性过程中的严密的逻辑体系，是信教者宗教心理发展的系统化。依据信教者宗教心理的构成，可以从两个方面理解：一是从宗教心理发展的轨迹来看，信教者要拥有完备的宗教心理和谐必须在其宗教信仰的内心执着和外在行为活动的过程中经历信仰和谐、情感和

① 叶小文：《宗教问题怎么看怎么办》，宗教文化出版社 2007 年版，第 543 页。

谐、经验和谐与行为和谐四个阶段。二是从宗教要素构成及宗教事务管理看，它应当涵盖宗教意识、宗教行为、宗教组织、宗教政策和法规、宗教事务管理等多方面的制度规范。促进信教群众的宗教心理和谐，要通过挖掘和解读伊斯兰教中的和谐思想，实现伊斯兰教义教规的与时俱进，形成信教群众的和谐思维方式和价值观念，激发他们的积极性、主动性和创造性，支配行为等过程，传播宗教和谐理念，逐步形成人与自身、人与人、人与社会、人与自然全面和谐的氛围。结合新疆经济社会发展的现实，促进信教群众的宗教心理和谐需要从以下几个方面入手：

（一）加快经济发展是促进信教群众宗教心理和谐的前提条件

马克思说："物质生活的生产方式制约着整个社会生活、政治生活和精神生活的过程，不是人们的意识决定人们的存在，相反，是人们的社会存在决定人们的意识。"[①] 所以，精神生活的和谐离不开相应物质生活基础的发展。从当前新疆社会发展的现实来看，影响信教群众心理不和谐的一个重要原因就是物质生活的低水平，贫困是束缚信教者心理不和谐的重要因素。信教并不是贫困的结果，而贫困则是信教的重要根源。从维吾尔族信教群众的宗教心理看，物质生活水平较高的信教者更多的是把宗教信仰看成是满足精神生活需要和寻求心理慰藉，而物质生活水平较低者则把宗教信仰看成是解决贫困，寻求来世的精神寄托。在南疆的喀什、和田和阿克苏地区是信教群众的集中聚居区，也是贫困人口多、集中连片的贫困地区，经济发展水平低下，社会发展程度较低，信教者众多。究其根源贫困是导致信教的因素之一和宗教氛围浓厚的重要原因之一。因此，在新疆加快南疆各地州经济社会发展，加快解决贫困问题，实行扶贫开发，消除贫困，推动以民生为重点的社会建设，解决信教群众的生存、生活和生产困难，是促进其宗教心理和谐的物质基础。

（二）确立信教群众宗教心理和谐的价值导向

使伊斯兰教与社会主义社会相适应，确立信教群众宗教心理和谐的价值导向。和谐社会不仅是指物质生活和利益层面的和谐，也包括精神生活和社会心理层面的和谐。信教群众的价值观体系是其心理和谐的重要构成部分，正是借助于心理系统中价值观体系的主导，其行为活动才能沿着一定的方向积极而有序地进行。作为主张"爱国爱教"相统一和"两世吉庆"的伊斯兰教，是促进信教群众心理和谐的原动力与心理和谐的基本价值尺度。因此，要对伊斯兰教的教规教

① 《马克思恩格斯选集》第2卷，人民出版社1995年版，第32页。

义要作出符合时代进步和社会发展要求的阐释，进一步做好解释经文的工作，挖掘伊斯兰教的和谐思想，使其成为主导信教群众宗教心理积极因素的价值导向，促进信教者心理和谐。同时，要坚持以人为本，在开展思想政治工作和做好群众工作的过程中，把握社会主义核心价值体系的要求，积极推进社会主义荣辱观教育，加强社会主义思想道德建设，对信教群众要注重从心理层面去关怀他们，努力通过各种喜闻乐见的教育形式，引导其从心灵深处树立爱国爱教的价值体系，消解心理层面的矛盾与冲突，为其心理走向和谐提供人文关怀。

（三）重视文化引导是促进信教群众宗教心理和谐的重要途径

人是社会的存在物，人的心理必然体现社会和文化属性。文化背景的差异是个体相互之间心理差异的一个重要原因。在新疆和谐文化建设中，中华文化、先进文化、大众文化、伊斯兰教文化、多民族文化和外来文化相互交织在一起，形成多元文化共存共融的格局。新疆经济社会发展的现实表明：多元文化与多元的个体心理紧密相连，互为因果。因此，多元文化是否和谐在一定程度上也能充分表明整个社会的心理是否和谐。信教群众离不开在对中华文化认同下的伊斯兰教文化，它必须是在对中华文化认同的前提下通过伊斯兰教文化来引导个体心理的发展，其实质就是用文化的统一性引导个性心理发展的一致性。可以说，构建适应信教群众宗教心理和谐的文化体系就是在最大限度地发挥中华文化对具有不同信仰群体的凝聚力和向心力的基础上，通过多种艺术表现形式和手段，反映新疆多民族的平等、统一、团结、互助、和谐的地位，反映新疆多宗教的共存和谐、伊斯兰教内部的和谐、信教群众与信仰其他宗教的信教群众、非信教群众的和谐、信教群众的内心与外在行为的和谐，努力在全社会形成引导、培育、创新、传播统一的中华多元文化的机制和氛围。

（四）构筑促进信教群众宗教心理和谐的阵地

在宗教事务管理中，要加强“两支队伍建设”，以创建和谐清真寺活动为载体，构筑促进信教群众宗教心理和谐的阵地。一方面，以促进信教群众的宗教心理和谐为切入点，构建省（区）、地（州）、县（市）、乡镇、村（社区）五级联动的宗教事务管理长效机制，开展对宗教事务管理公务员的社会心理学和宗教心理学知识和心理疏导能力技能的培训，提高服务信教群众的本领和能力。另一方面，开展创建和谐清真寺活动。在新疆依法开放的清真寺，既是信教群众开展宗教、文化、社会活动的物质载体，也是他们表达宗教感情的精神家园，在信教群众的生活中占有重要位置。开展和谐清真寺建设活动，不仅有助于吸引广大维吾尔族信教群众，最大限度地激发他们投身于新疆社会稳定和谐社会建设的积极性、主动性和创造性，而且还有助于促进信教者宗教心理和谐，疏导信教群众的心理情绪，塑造自尊自信、理性平和、积极向上的社会心态，促进心理和谐。因此，新疆宗教界要在总结多年开展创建“五好宗教活动场所”的实践经验基础上，进一步开展创建和谐清真寺活动，使其成为促进维吾尔族信教群众心理和谐，联系宗教界人士和广大信教群众的重要阵地。同时，在开展创建和谐清真寺活动中，要抓好宗教人士队伍建设这个关键，进一步开展好对宗教人士的培训工作，把对宗教人士的培训工作制度化、规范化并建立健全长效机制，要把社会心理学和宗教心理学知识纳入培训内容之中，增强宗教人士对信教群众的说服、劝诫和引导能力，总结和完善评选“五好宗教人士”的实践经验，让他们为促进信教群众心理和谐，在推动新疆和谐社会建设中发挥重要作用。

第四节　构建心理调控机制

总结新疆发生的各类事件，我们可以看出，各民族做出什么样的心理与行为反应是贯穿整个事件的一个关键性的变量，忽视民族的心理因素，不仅会事倍功半，也往往会出现事态平息而人心未定这种治标不治本的局面。因此，民族心理调控问题无疑应该成为社会稳定的重要内容之一。所谓民族心理调控，一般是指在心理学理论的指导下，按步骤地针对民族群体性的心理活动、心理特征或心理问题施加影响，给予及时有效的心理干预和心理援助。使之尽快摆脱困境，战胜危机，重新适应生活。构建民族心理调控机制，不仅有助于在精神上给予各民族群众必要的援助和保障，稳定民众情绪，削减其种种负面心理，而且可以使政府在应对各种事件的过程中化“危”为“机”，对履行政府责任，赢得民众信任等方面具有重要意义。因此，采取有效的措施加强民族心理调控机制建设，是各级政府需要高度重视的重要环节。

一、建立社会预警机制和矛盾缓冲机制

首先，建立社会预警是应对民族地区发展失衡现象的需要。自我国实行改革开放以来，民族地区的经济社会出现了一定程度的增长缓慢、发展失衡现象。许多少数民族因不了解市场供求信息，难以及时根据市场需求来调整生产结构，从而使收入下滑。而且目前不少行政部门仍采用行政手段干涉生产、干涉市场，发展项目一哄而上，对产品销路关注较少。此外，民族地区农村大量剩余劳动力也

亟须转移。因此对市场经济各类信息进行及时的预报，以防止民族地区市场经济带来的副作用，使民族地区的人民及时了解市场经济的需求，克服盲目性和急躁心理，稳定人心。其次，建立社会预警是维护民族地区经济社会稳定的需要。社会经济体制的转型使人们的思想观念和精神生活发生了巨大变化。民族地区的民族宗教、民族习俗对民族地区公民的心理状况产生特殊影响。我们要进一步促进民族地区宗教与社会主义社会相适应，把社会主义核心价值体系的内在要求与民族地区农牧民的现实需求相对接。要注重对宗教从业人员的规范化管理，提高宗教从业人员的素质，引导宗教从业人员认知自身重要职责和历史使命，引导他们对民族宗教做出符合社会进步的阐释，不断增强其感召力和信任度，使之更好地为民族地区的思想道德建设服务，更好地为缓冲民族地区信教群众心理压力服务。最后，建立社会预警是提高民族地区处置突发事件能力的需要。党的十六届四中全会《决定》明确提出要建立健全社会预警体系，以提高保障公共安全和处置突发事件能力，把建立社会预情体系提高到国家战略高度。民族地区要保持社会的长期和谐稳定，就要及时采取措施避免各种危机事件的发生。需要提前发现潜在危机事件，采取必要措施予以防范。

新疆社会复杂多变，更需要尽快建立新疆社会的预警监控机制。社会预警机制是由一系列经过理论遴选的敏感指标组成的一种测量社会舆情产生、传递、运行过程及其危机现象的指标系统，它作为一种特定的测量工具和手段，具有系统性、计量性、具体性和时间性的特点，因而便于信息技术系统的操作。由于它能够全面、系统、量化地反映社会舆情运行状况、监测社会警源、评价警情程度及预警社会危机，所以成为社会预警研究的重要手段。当前的重点预警信息内容采集应包括四个方面：一是社会突发事件预警系统；二是敌对势力动态系统；三是社会舆论动态系统；四是社会稳定动态系统。总之，要使重要预警信息来源可靠，分析准确，为党和政府的决策能够提供较为科学的支持。上海市已经建成这样的系统，有这方面的成功经验，投资不大，见效快，可以请上海方面给予新疆支援。

新疆的民族矛盾主要是人民内部矛盾，建立矛盾的缓冲机制是为了消融与缓冲民族矛盾，是在政策、法律、法规的制定和运行过程中的弹性机制。在某种程度上，其弹性度大小决定了某一社会中各个主体关系的和谐度与稳定度。民族地区由于发展的滞后性和该地区自身资源环境和文化多元的特殊性，决定了民族地区在制定和实施各项政策时一定要注意公平，尽量要考虑到民族的心理承受能力。构建新疆民族矛盾的缓冲机制着力点主要有如下几个方面。首先，在制定民族地区对外开放政策和开发、利用该地区资源时，要关注民族地区民众感受和对其经济生活状况带来的各种可能影响。其次，要加强地方立法和执法建设。进一步增加公共投入。这是对民族地区社会不和谐因素进行消解和对社会问题发生机制进行缓冲的基础。再次，在加强综合投资环境建设过程当中，更要注意民族地区特殊资源与综合投资环境建设相适应与配套程度。最后，要大力支持和发展民间组织。这是民族地区实现政治文明、社会安定团结的重要条件。民族地区的各种社会民间组织是社会成员交流感受、诉说委屈、发泄情绪、提出建议的渠道，能及时让不满情绪得以宣泄，不同意见得以表达，避免矛盾和冲突的累积性爆发。

二、建立社会心理疏导机制和心理健康教育机制

新疆各民族由于历史和自然条件的影响，在社会发展的过程中处于相对落后的状况，面对快速发展的社会，尤其是信息化和互联网的发展使各民族在文化心理上受到较大的冲击，传统的思想观念、风俗习惯、生产方式、生活方式受到了挑战，人们对现代生活的适应能力普遍较弱，心理抵制、排斥容易成为民族自我保护的一种方式，对社会环境的不满和抱怨很容易在民族中得到传播，这种消极的心理和态度会直接影响到社会稳定和民族团结。所以，要建立社会心理疏导机制。心理疏导机制包括医疗情境下的心理疏导机制和非医疗情境下的心理疏导机制两种主要形式。当前要重点要建立和完善非医疗情境下的心理疏导机制，建立健全能发挥心理疏导功能和“社会安全阀”作用的制度体系。一方面，高度重视建立社会心理咨询机构，构筑覆盖广大农村和城市社区的心理咨询网络，建设一支专业化的心理咨询队伍，充分发挥其心理援助和疏导的功能。另一方面，要进一步完善党政领导干部、党代表、人大代表、政协委员联系群众制度，进一步完善地（州）、县（市）主要领导干部接待群众制度和信访制度，进一步完善党政领导干部联系群众的各项制度等。通过这些制度体系，拓宽群众表达自己利益诉求的正常渠道，增进群众尤其是生活困难的群众的社会参与和表达能力，以使各级政府准确把握群众的心态，引导他们形成自尊自信、理性平和、积极向上的社会心态。同时，通过互联网、电视、广播、报刊等多种渠道宣传党的方针政策和普及科学文化知识，充分发挥新闻媒体的育人功能、宣传功能、导向功能。

要建立心理疏导机制，必须进行心理健康教育。心理健康作为健康不可分割的重要部分，在现代社会的作用越来越明显。健康的心理不仅是人们学习、交往、生活、发展的基本保证，而且对其道德素质、思想素质、智能素质乃至身体素质的发展都有很大的影响。如果一个人经常处在过度焦虑、郁闷、孤僻、自卑、犹豫、暴躁、怨恨、猜忌等不良心理状态中，就不可能与他人和谐相处，更不可能在工作和生活中发挥个人潜能、得到发展。研究发现，凡是优秀的人都具

有健康的心理特征，包括正确的自我意识、良好的情绪特征、坚强的意志品质、自主自律的精神、创新进取的意识，自强不息的人生态度、和谐相处的交往能力，较高的社会理想等。

心理健康教育是现代社会的新鲜事物，在现阶段，社会交往带来诸多令人困惑的问题，单独依靠个人和一部分人无法解决时，就有需要有健康的心理进行调节。对于新疆各民族而言，以往较为封闭的生活环境已经固化了他们在心理上的适应机制，面对新的时代变化，新的生产生活问题，他们无所适从，在心理上会失去一些基本的理性思考，简单相信、盲目跟从，甚至走向极端。对于心理健康方面的知识缺乏了解，对心理健康问题不够重视，对心理疏导方法了解甚少，以致在遇到心理方面的问题时无法正确面对。所以，有必要经常开展心理健康方面的教育，使各民族了解个体心理特征，鉴别心理健康与心理障碍的特征与表现。让他们学会基本的心理疏导方法，提高各民族的心理承受力。在全社会大力宣传、普及心理卫生与心理保健知识，要让信教群众懂得并实际运用心理健康知识，指导现实生活，正确认识和处理心理困扰与心理问题，确立正确的自我意识和社会理想，培育良好的情绪和坚强的意志、树立自主自律的精神、创新进取的意识，自强不息的人生态度，提高与其他民族和谐相处的交往能力，保持心态的平衡状态。

三、建立民族文化保护机制和文化适应机制

民族文化的地位、命运是新疆各民族共同关心的核心问题，是一个民族的核心和灵魂。民族文化是较高水平的社会意识，是从社会生活中概括、提炼出来的一种比较系统、自觉、抽象化的反映形式，是经过加工制作的产物，它对民族心理有直接的指导作用。在现代化浪潮的冲击下，一定要让各民族清楚和明白自己民族文化的前途、优势和不足。新疆各民族经过上千年的发展已经形成了相对稳定和自成体系的民族文化，在制定相关的文化政策时，要考量相关政策制定对民族心理产生的积极和消极影响。因此要建立民族文化保护与发展委员会。

建立民族文化保护与发展委员会就是要分析和测评各项文化政策可能引起民族心理变化，民族文化中哪些是积极的，哪些是消极的，让各民族有一种文化自觉意识，使各民族都能够意识到本民族文化的不足和其他民族文化的优势，从而尊重和学习其他民族文化，最终实现本民族文化的发展。例如，维吾尔族的传统文化价值观念和文化心态具有许多优良的传统，诸如不屈不挠的奋斗精神、求真务实的生活态度、勤劳简朴的美德、团结互助的集体观念及较强的民族内聚力等。正是这些优良的传统文化精神，才使维吾尔族在极其艰苦的环境下得以生存

和发展，并对本地区的开发和建设做出积极的贡献。这些优秀的文化心理是应该保护和弘扬的。然而，维吾尔族的传统文化也有其弱点，主要体现在：竞争意识淡薄、积累和再生产观念缺乏、宗教意识浓厚以及轻利保守的价值观。这些传统观念上的保守性、宗教性、地域性等文化观念模式和现代化所要求的商品性、竞争性、开放性的观念模式之间存在着矛盾。

当一个民族的文化心理不适应社会发展时，就需要构建文化的适应机制。文化适应机制是指在社会发展中影响一个民族吸收现代文化成分来丰富自身民族文化内容或改变其文化结构所具有的全部内在因素和外部条件。可以说，任何一个民族在社会发展过程中适应现代文化的机制都是其内在接受机制和外部传播机制的有机统一。一个民族适应现代文化的内在接受机制主要表现为对现代文化的认同感，认同感在很大程度上又是以自身传统文化对其现实生活的需要为基本依据的。通常情况下，一个越是能够满足本民族现实生活需要的文化模式就越具有生命力。因此内在接受机制实质是把民族文化与现代文化有机结合起来的机制。在当代社会转型中，新疆各少数民族中就存在这种类似的适应模式。如在少数民族中，目前妇女们拥有的服装数量比过去大为增加，质量也有了较大的改善，但原先民族传统服装的基本式样和风格特点却未发生太大的变化，而是在质量有所提高的条件下比较完整地保留了下来。在房屋建筑方面，尽管目前居住条件有了较大的改善，但原先少数民族的基本式样和风格特点却没有因建筑材料的更新换代而随之发生根本的变化。房屋质量的提高和原有的民族传统建筑风格特点有机地结合起来。此外，许多传统礼仪如婚礼和葬礼等，都在保持原有形式的基础上延续了下来，并与现代生活有机地结合起来，使其变得更加丰富多彩而具有民族特色。

一个民族适应现代文化的内在接受机制并不是单独在起作用，而主要是在与外部机制相互联系的过程中共同发挥各自不同的功能。外部机制主要包括现代文化对该民族生存发展的客观现实需要和文化心理需要的满足程度。客观现实需要是指一个民族在自身生存和发展的过程中亟须解决的迫切问题，如提高生产力水平，改善生活条件，消除疾病，延年益寿等，现代文化能否被对方所接受主要看文化的实用性，如不论哪个民族其文化背景如何，都纷纷使用了录音机、电视机、洗衣机等耐用消费品，可以说民族文化的适应性与现代文化具有的实用性和优越性有密切的关系。

四、完善各类社会保障制度机制

相对于东部地区来说，新疆民族地区自然条件较恶劣，经济社会发展条件较差。公共产品和公共服务对少数民族社区的投入严重不足。一些人生活和生产困难较大，生活质量下降，造成他们的自危、惧变心理。社会保障体系，是社会的“安全”网，是满足社会成员基本生活需要和发展的保障。社会保障体系的完善，是缓解现代化中各民族的紧张、消极心理、增强对社会发展稳定预期的最重要措施。完善社会保障体系，需要从完善公共服务协调保障和控制机制入手。主要需要做好如下两大方面的工作。

一是要进一步发展民族地区的社会保障事业。要继续加强社会保障方面的立法工作，提高民族地区社会保障的法制化水平。要建立健全民族地区农村最低生活保障制度。新世纪头十年新疆仍有 3 万人没有脱贫，其中大部分集中在南疆民族地区。要进一步扩大民族地区社会保障覆盖面。要尽可能将真正需要救济的人涵盖在内。要逐步建立西部民族地区农村养老、医疗保险体系。目前，虽然在少数民族地区大规模推行农村养老保障还不具备经济条件，但应基于政府引导和农民自愿相结合的原则，坚持家庭养老保障与社会养老保险相结合的制度，逐步提高社会化养老程度。同时，还要逐步扩大西部民族地区农村社会养老保险和基层卫生服务覆盖面。

二是要进一步加快民族地区公共服务的均等化步伐。尤其是新疆民族地区公共产品和公共服务缺失严重，且对公共产品和公共服务的需求差异极大。因此，应当根据不同地方的具体情况，有差别地提供公共产品和服务。在公共产品和公共服务供给中，应科学配置经济发展、生态保护、公共服务和社会保障的结构顺序。对于位于城镇郊区或城镇结合部的少数民族社区，要重点解决加快生产力发展、提高生活质量的问题。其公共产品和公共服务供给应采取社会保障、经济发展、生态保护和公共服务的顺序结构。而对于高寒贫瘠山区以及生态资源严重破坏、基础设施十分薄弱和贫困程度极深的地区，宜采取异地搬迁的模式。

五、建立政府的信息公开机制和媒体的管理机制

做好信息公开工作是加强民族心理调控的重要保证。首先，应充分保障民众的知情权。现代社会正处于“信息爆炸”的时代，客观上需要政府向公民提供真实信息，满足公民日益增长的信息需要。要通过多种渠道，采取多种形式向民众大力宣传知情权的重要性，让民众清楚地认识到知情权不仅是他们参与管理社会事务的工具，也是他们保护自己合法权益的工具。其次，应充分发挥政府网站的作用。社会事件发生后，政府网站要在第一时间公布危机信息，并及时更新、增加与事件相关的信息内容，应将政府掌握的有关事件的起因、经过、结果以及政府的处理措施、相关政策等第一手信息及时全面地向民众公布。民众通过政府

网站获悉事件的真相，不仅知情权得到了保证，而且多数人都会凭借科学理性的精神对该事件做出正确的判断。再次，进一步完善政府的新闻发言人制度。完善新闻发言人制度应该说是政府在新的形势下塑造自身形象的一种必然选择。尤其是在社会危机状态下，整个社会都处于对信息的渴求状态，这个时候新闻发言人的作用就显得更加重要了。由于有了来自正规渠道的权威信息，小道消息很快失去了生命力，从而稳定了民心、赢得了民众的信任，为有效应对危机奠定了基础。

媒体是联系政府与民众的桥梁，在社会稳定中具有重要的作用，强化媒体的功能和职责是民族心理调控的重要环节。第一，政府要加强新闻管制，规范危机状态下的媒体舆论。政府应尽快建立维护社会稳定的新闻管制机构，制定相关的规章条例，研究危机状态下新闻报道的相关政策等，在各类事件发生时采取必要的新闻约束和新闻控制，从而规范媒体舆论，为政府与社会有效应对危机营造良好的舆论环境。同时，要加快关于媒体新闻的立法步伐，尽快制定《突发性事件新闻报道管理条例》，使媒体在处理危机事件时能够有法可依、有章可循，并以此来完善社会信息的传播机制和民意的直接表达机制，使民众与政府之间的信息沟通能够畅通无阻。第二，要发挥好主流媒体的核心作用，抢占报道先机。面对突发的公共危机事件，民众出于维护自身安全和利益的考虑，总是希望能够最大限度地获得有关事件的信息。及时、科学、充分、权威的信息传播显得非常重要。主流媒体对危机信息进行及时、公正、客观的报道，有利于建立起民众对主流媒体的信任，在危机中起到风向标的作用。第三，媒体要加强传播中的自我管理。在事件发生时，媒体要自觉将民众的利益作为自身工作的出发点，遵守新闻操守和职业伦理，强化自身的责任意识，真实客观地报道事件，满足民众的知情需要，帮助社会消除危机造成的疑虑与恐慌，向民众传授正确对待危机的方法，增强民众克服危机的信心，从而引导整个社会在公共危机面前形成合力。第四，媒体要积极配合政府对民众进行心理引导。在突发事件中，媒体要积极配合政府，联系民众，利用危机公关来进行心理干预。对于媒体来说，在危机中比较理性和成熟的做法应该是：在保持媒体声音相对独立的前提下，巧妙地和政府站在一边。面对危机时媒体要保持理智、认清形势、顾全大局，不能在民众过激情绪的感染下迷失方向，要学会艺术地去传达政府的声音，深入地分析危机的形势、困难和问题，坚定信心，帮助政府从心理上引导民众克服消极心理，积极应对危机，从而维护社会的稳定。

第十四章

以现代文化提升人的现代化

“对于人的生活和人的世界而言，文化的确是最深层的东西，它是人的活动及其文明成果在历史长河中自觉或不自觉地积淀或凝结的结果。作为稳定的生存方式的文化一旦形成，它一方面对置身于这一文化之中的个体的生存具有决定性的制约作用；另一方面，它构成了社会运行的内在机制，从深层制约着社会的经济、政治和其他领域的发展。正因为如此，文化的变迁或转型总是人的世界的最深刻的变革，因为它代表着人的根本生存方式的转变。在这种意义上，我们研究文化实际上是在研究人本身。”[①] 文化的根本在于人本身，现代文化的根本在于具备现代品质的人本身。因此，新疆文化的发展，其实质和根本在于人的现代化，是用现代文化塑造人。

第一节　人的现代化是文化现代化的核心

人的现代化是民族文化现代发展的目标和根本。也是新疆文化转型成功与否的最终目的和检验标准，同时由于人的素质是社会发展的决定性的因素，因此人的素质的全面提升也是新疆现代化的关键。阿玛蒂亚·森在其著作《以自由看

① 衣俊卿：《文化哲学——理论理性和实践理性交汇处的文化批判》，云南人民出版社2005年版，第20页。

待发展》中曾经说过，“聚焦于人类自由的发展观与更狭隘的发展观形成了鲜明的对照。狭隘的发展观包括发展就是国民生产总值（GND）增长，或个人收入提高，或工业化，或技术进步，或社会现代化等等的观点。”① 狭隘的发展观忽略了人的发展，其结果是“有增长而无发展”。邓小平在20世纪90年代指出，教育是我们最大的失误，对文化建设的忽略或轻视必然会造成整个社会发展的失衡。因为社会发展的每一个层面都跟人有关：从经济层面看，人的素质和科技水平是推动经济发展的重要制约因素；从政治层面看，政治制度、法律规范的设计者和执行者，乃至监督者都是人；从文化层面看，先进文化的创作和消费也要靠人。因此，人的发展是人类文化发展的最终目的和终极价值追求。全面发展的个人所创造的文化要素及产品才是现代社会发展的驱动力和支撑点，才是经济社会稳步发展的根基，更是保持社会合理、有序、可持续发展的内在动力。因此，文化的发展与人的发展具有内在的一致性。文化转型的表层是“文化”问题，但是其深层上的实质则是“人”的问题。“文化是在人的对象化和非对象化的活动中产生的，以人的本质或本质力量的实现为实质的一种社会实践活动及其成果的表现。简言之，文化的本质是‘人化’。”② 文化的目的是“化人”，因为文化的产生和发展离不开人；文化作为人的创造物，集中体现了人的本质力量；人是文化的主体，也是文化的目的；文化表现为外在的人的活动，也表现为内在的人的心理，文化的进展和人的完善的发展相统一。正如恩格斯所言“文化上的每一个进步，都是迈向自由的一步。”③ 也就是说人的自由而全面的发展是通过文化发展不断迈进和实现的。人的自由而全面的发展就是人类文化程度的不断发展和提升。不同人类社会文化发展的阶段上的人的主体性是不同的，而不同文化发展阶段上对人的主体性的要求也是不同的。在人类从传统农耕时代向现代工业化社会过渡的过程中，对人的主体性的要求发生了根本性的变化。尤其是现代文化的发展要求促进人的素质的提高，增强人们认识世界和改造世界的能力。

从文化的三个层次分析，物质文化的发展一般是快于精神观念文化的更新与发展。正如文化学家庞朴先生所说：“文化之间的交流过程启示人们：物质文化因为处于文化系统的表层，因而最为活跃，最易交流；制度文化和行为文化处于文化系统的中层，是最权威的因素，因而稳定性大，不易交流；精神文化因为深藏于文化系统的核心，规定着文化发展的方向，因而最为保守，较难交流和改

① 阿玛蒂亚·森著：《以自由看待发展》，中国人民大学出版社2002年版，第1页。

② 吴贻玉：《文化发展的目的——人的全面自由发展和社会的可持续进步》，载《北京理工大学学报》（社会科学版），2000年第1期。

③ 《马克思恩格斯选集》第三卷，人民出版社1972年版，第456页。

变。"[①] 同样，对于后发展地区与国家而言，物质的技术、先进的制度都是可以引进、学习的，但是使用技术和新制度框架下的人的现代素养的生成与养成不是一蹴而就的。著名的美国社会学家阿历克斯·英格尔斯对此作了精辟的解释，"仅仅依赖于外国的援助，先进技术和民主制度的引进"是不够的，如果一个国家的人民缺乏一种能赋予这些制度以真实生命力的广泛的现代心理基础，如果执行和运用着这些制度的人，自身还没有从心理、思想、态度和行为方式上都经历一个现代的转变，失败和畸形发展的悲剧结果是不可避免的。再完美的现代制度和管理方法，再先进的技术工艺，也会在一群传统人的手中变成废纸一堆。"一个国家，只有当它的人民是现代人，它的国民从心理上和行为上都转变为现代人格，它的现代政治、经济和文化管理机构中的工作人员都获得了某种与现代化发展相适应的现代性，这样的国家才可真正称为现代化国家。否则，高速稳定的经济发展和有效地管理，都不会得以实现。即使经济已经起飞，也不会持续长久。"[②]

人的现代化实际上是生产力要素中人的主体性的现代提升，它包括人的智能素养、人格素养与现代社会发展相适应。智能素养包括识字水平、科学文化水平、思维判断能力、经营管理能力以及劳动技能等符合现代社会发展的要求；人格素养包括思想的道德修养、观念更新程度以及开放创新意识、竞争意识、责任心、进取心等满足现代社会发展的需要。其中"由历史积累沉淀而成的文化心理结构是某种人类所特有的存在形式，它是内在的人化自然，即在自然生理—心理基础上由文化积淀而形成的人性形式。"[③] 因此，人作为文化的积淀，其主体性的提升依赖于社会文化的发展与现代化，文化现代化促进人的主体性的进一步提升；人的主体性的进一步提升，包括科学文化水平、政治思想觉悟、价值观念和文化自觉的提升。为此，当代人的现代化至少应包括以下三大内容：一是科学文化素质的现代化。"科学技术是第一生产力"的本质是掌握科学技术知识的人是推动世界向前发展的根本动力。一个没有现代科学技术的国家和民族是不可能实现现代化的。而缺乏掌握高科学技术的现代文化人则是我国当前现代化建设的重要障碍。这在新疆表现得尤为突出。新疆少数民族文化素质和科学文化素养已经成为制约现代化发展的重要障碍。二是思想观念的现代化。现代化的人是工业社会、市场经济条件下的人，其最基本的要求就是反对狭隘的民族意识，树立正确的世界观、价值观和人生观，以社会主义核心价值体系引领民族价值观，以爱国主义的民族精神和改革开放的时代精神激励各民族投身到新疆现代化建设中。

---

① 庞朴：《稂莠集》，上海人民出版社 1988 年版，第 6 页。

② 英格尔斯著，殷陆君译：《人的现代化》，四川人民出版社 1985 年版，第 8 页。

③ 李泽厚：《实用理性与乐感文化》，生活·读书·新知三联书店 2005 年版，第 19 页。

三是民族意识的现代化。现代人既要有本民族意识，更要有国家意识、公民意识。要不断反省自己民族，提升民族文化的自觉性。不要把希望寄托在来世，而要自立自强，自己解放自己，自己发展自己。因此，在新疆要实现人的现代化，必须要优先发展教育，提高各民族的科学文化素质；以社会主义核心价值体系为引领，转变传统的价值观，增强现代意识；引导民族的文化自觉，增强民族自我发展能力，弘扬新疆精神。

第二节　优先发展教育

"所谓科学文化素质是指人在处理与自然和社会的关系中应该具备的科学知识、思维方式和创新能力等，包括受教育程度、科学精神、科学水平、精神状态、文化修养、创新意识和创新能力等多方面的因素。其中，科学知识就是对自然和社会的性质及其发展规律的正确反映，是人类能动地认识和利用自然、改造社会的理论依据。科学思维方法就是科学实践模式在主体认识活动、观念活动中的内化和固化。特别是自然科学思维的逻辑规律和因果规律对人类正确认识自然和社会作用极大。科学精神就是发展科学所必需的精神。其包括求真精神、求知精神、创新精神、怀疑精神、继承精神、团队精神、实践精神等。因此，科学文化素质的核心内容是人的科学知识水平、思维方式以及创新能力。"①

新疆少数民族的文盲率比较高，人口平均受教育的年限比较低，因此，要大力提高民族科技文化素质。提高民族科技文化素质，提高公众的基本科学素养，是民族现代化的当务之急。提高人的素质必须优先发展教育事业。"教育是发展科学技术和培养人才的基础，在现代化建设中具有先导性作用，必须摆在优先发展的战略地位。"② 邓小平也曾经指出："我们国家要赶上世界先进水平，从何着手呢？我想，要从科学和教育着手。"③ 因此，优先发展科学教育是提高少数民族素质的根本路径。实际上，新疆少数民族现代化就是从农耕社会的文化素质提高到现代科学文化素质，掌握现代科学文化知识，具有现代思维、现代心理及现代行为方式的现代人的过程。"如何使科学精神，尤其是那不受人惑的方法在我们民族中真正生根，是一个非常复杂的难题；但对这一问题的多视角、多层次的

---

① 郡健：《全面提高新疆各族群众的科学久化素质》，载《实事求是》，2004 年第 4 期。

② 江泽民：《在中国共产党第十六次代表大会上的报告》，http：//news. xinhuanet. com/ziliao/2002 - 11/17/content_693542. htm。

③ 《邓小平文选》第 2 卷，人民出版社 1994 年版，第 48 页。

深入探讨，乃是从思想文化上解决中国社会当前和未来走向问题、实现中华民族的文化自觉的关键。”① 因此，少数民族整体科学文化水平和综合素质的提高是新疆现代化建设的首要任务。

新中国成立以来，为了尊重和保护少数民族传统文化，保障少数民族现代教育的发展，国家投入巨大力量在新疆建立了普通现代教育和民族教育这两套平行的教育体系，提高了少数民族的现代教育素质，为少数民族培养了大批人才。但是受政治挂帅观念和计划经济体制的影响，民族教育体系对于少数民族的工业技术、商业管理等方面人才的培养重视不够，民族高等教育体系在专业结构上存在先天性偏差。

计划经济时代，全国的教育资源统筹配置，新疆的普通教育事业主要依靠东中部地区的人力支援，在教师队伍的整体素质和教学质量方面与东部地区有一定差距，但差距被控制在一定范围之内。改革开放以来，随着科技干部、文教人员自西向东的大量流动，新疆优质教育资源流失严重，整体教育质量出现滑坡。这一问题在少数民族人口聚居区的表现是多重的。第一，实行汉语教育的普通教育体系中，不仅义务教育阶段的合格师资出现严重短缺，教学质量下滑，而且师范教育的整体质量也受到极大影响，民族地区的普通现代教育质量问题开始进入恶性循环；第二，依靠支援少数民族地区和边疆的汉族教师支撑的少数民族汉语教育陷于全线停滞状态，由于大量汉族教师的流失导致汉语教学水平下降，目前一些少数民族地区学校的汉语教学质量之差，令人担忧，这些地区民族学校的汉语教育对学生掌握这一交流工具没有发挥实际作用；第三，由于汉语学习出现问题，以汉语为教学语言的其他课程的教学质量几乎无从谈起；第四，以少数民族知识分子和教育方面的汉族专门人才的密切配合为有效工作前提的少数民族教材建设体系，由于大量专业人员的东迁，受到极大冲击，民族地区和少数民族语言教材建设无法适应教育发展的需要。这些问题出现的原因之一是在新疆的教育事业发展中没有在知识体系和在语言能力方面培养与现代教育体系相适应的少数民族人才，新疆社会和经济的发展在一定程度上处于人们所说的“抱着、哄着”的状态。

尤其在“文化大革命”结束后，民族地区和少数民族在民族政策拨乱反正的过程中，出现了强调民族语言重要性、保护传统文化的思潮。这种思潮本身无可厚非，但其在语言问题和教育系统中的影响则在一定程度上出现了“矫枉过正”的现象，第一，对少数民族文字方案的改变（如新维文、新哈文的停止使

① 许苏民：《先验批判、经验反思与不受人惑的方法——重提“中华民族的文化自觉”》，载《福建论坛》（人文社会科学版），2003 年第 5 期。

用）在某种程度上轻率地葬送了近二十年中几代人的教育成果，人为制造出大量的“新文盲”以及知识倒退，这对一个民族的文字文化和精神世界的摧残甚至大于忽视传统文化本身；第二，受上述几方面因素的影响，在民族教育体系内部形成面向历史、面向传统的知识生产体系过度膨胀，而面向未来、服务现实的现代科学技术和社会知识生产迅速萎缩的局面，导致少数民族学生的知识学习、知识分子的知识生产的内容与社会发展的需要严重脱节；第三，追求民族教育的规模而忽视其发展方向、追求少数民族毕业生的数量而忽视其专业结构和质量，民族教育培养的人才素质与社会发展需要严重脱节。这些问题叠加在一起，使得新疆的少数民族教育体系与普通现代教育体系之间的差距越拉越大，在民族教育体系中接受教育的少数民族学生实际上没有享受到合格的、适应社会发展和劳动力市场需要的现代教育服务。一方面，大量接受民族教育的高学历人员在面对全国人才市场的筛选时，由于语言和（或）知识的通用性的限制而使其教育资本失效，只能局限于在本地区内极为有限的社会部门中寻找就业机会，出现人力资源的相对过剩现象；另一方面，少数民族的基础教育严重滞后，人均受教育年限普遍偏低，人们受教育的质量则更低，大量人口被限制在农村牧区的简单体力劳动范围内，难以实现产业转移和人口流动。民族教育体系所存在的问题使少数民族教育不仅没有很好地发挥面向未来、为现代化建设提供人才的功能，甚至影响当前少数民族人口转移和就业。

为了改变新疆少数民族教育现状，21 世纪以来，新疆大力发展“双语”教育、少数民族高等教育和职业教育，本课题组对当前新疆教育的现状进行了调查，并提出改革的对策。

一、新疆双语教育实施的状况及对策建议

新疆地区实施双语教育，按照教学语言的不同，可以划分成三种模式。模式一：以母语授课为主，加授汉语语文课；模式二：理科课程使用汉语授课，其他课程用母语授课；模式三：全部课程使用汉语授课，加授民族语文课程，课程体系设置与汉语系学校相同。按照实施时间不同，又可以分为“双语教育传统模式”和“双语教育新模式”。

（一）“双语”教育模式

模式一：以母语授课为主，加授汉语语文课，每周 4 ~ 5 学时。该模式是传统的双语教育模式，一直以来是新疆地区实行的教学模式。新疆的中小学采用

汉、维、哈、柯、蒙、锡伯、俄7种语言进行教学，其中回族、满族和达斡尔族由于普遍使用汉语，其教学语言是汉语；乌孜别克、塔塔尔、塔吉克3个民族普遍使用维吾尔文字，其教学语言是维吾尔语；其他民族由于人口较少，无法形成教学规模。在中小学阶段以母语授课为主，加授汉语语文课，是新疆中小学传统双语模式中，使用教学语言的基本框架。到目前为止，传统的双语教育模式仍然是少数民族教育的主导教学模式。到2009年，新疆中小学在校学生数为490 162人，其中接受传统双语教育模式的少数民族学生数为296 695人，占到在校生总数的60.53%（自治区教育厅统计资料，2009）。传统双语模式存在问题的主要问题是：一是，学生学习汉语受到教学时数的限制，加之在少数民族聚居区，校园及社区缺乏语言环境，学生运用汉语的能力难以得到提高，而就业市场对单语人才的就业限制影响了少数民族学生的就业。二是，由于少数民族学生学习数理化等理科课程的民文教辅材料极少，直接影响了教师教学水平的提高，从而使少数民族学生理科教学质量难以获得有效的提高，尤其是在高考方面，与汉族学生相比，少数民族学生在理科成绩方面存在较大的差距，而在少数民族考生中，理科成绩较高者也往往更多参阅的是汉语教辅材料。由于传统双语模式在实践中存在的问题，这一办学模式的生源出现逐年减少的趋势。不少少数民族家长倾向于让孩子上双语班或直接选择上完全汉语授课的学校，这一情况在县级以上的城市比较明显，如在南疆一些县，汉语授课学校较少，但也有相当数量的少数民族学生进入汉族学校就读，其中在喀什地区的疏附、莎车等县，在汉语授课学校就读的少数民族学生已开始超过汉族学生数。

模式二（双语试验班）：理科课程使用汉语授课，其他课程用母语授课。从1992年沿用至今。这种模式多见于新疆维吾尔自治区完全民语环境的民族中小学。导致这种模式出现的直接原因是：一直以来，自治区民语系学生高考数理化成绩偏低，自治区政府试图通过改变理科授课语言的方式来提高民语系学生理科教学质量。这种模式较快地推进到了各地、州、市的部分民族中小学，成为初期阶段易于进入的双语教学模式，也是大多数少数民族民众较为接受的双语教育模式。一方面，数理化用汉语授课，在很大程度上可以解决数理化民语教材欠缺的问题，提高少数民族学生的数理化成绩；另一方面，文科课程用本民族语言授课不仅有助于少数民族学生对课程的理解和把握，也有助于缓解少数民族担心本民族语言文化消失的忧虑。但模式二在实施过程也存在一些问题：一是数理化汉语师资数量和质量的欠缺，成为影响双语教育教学质量的瓶颈问题；二是双语实验班重视和强调数理化科目，忽视文科课程的学习，不利于双语实验班少数民族学生的综合素质和能力的培养。

模式三：全部课程使用汉语授课，加授民族语文课程，课程体系设置与汉语系学校相同。民族语文课程从小学一年级或三年级起开设。2004 年，自治区下发了《自治区党委、自治区人民政府关于大力推进“双语”教学工作的决定》，（2004 年第 2 号）进一步明确了双语教育的总体目标，确定了民语系中小学，其双语教学的模式，由现阶段的以理科为主的部分课程用汉语授课，或除母语文之外的其他课程用汉语授课的模式，最终过渡到全部用汉语授课，同时加授母语文的模式。推进民语系中小学双语教学新模式的深入开展，需按照因地制宜、分类指导、分区规划、分步实施的原则，从 2004 年开始实施。

自实施以来，乌鲁木齐市在中小学成功普及双语实验班的基础上，开始全面推进第三种双语教育模式，即在部分民语系中小学实施部分学科（主要是数、理、化）由汉语授课，逐步过渡到民语系小学除母语外，其他学科均使用汉语授课的教学转变，实现了双语教育的最终模式。克拉玛依市、石河子市、奎屯市、昌吉市、库尔勒市、哈密市等教育发展水平较高的大中城市，所有的少数民族小学要在 2004 年从一年级起开设汉语课，2010 年实现除母语文外其他学科均用汉语授课。北疆和东疆的市县以及南疆地、州所在地的城市中，所有的少数民族小学，要在 2007 年以前实现从一年级起开设汉语课，2013 年实现除母语文外其他学科均用汉语授课。其他地方的少数民族小学，要在 2010 年以前实现从一年级起开设汉语课，2016 年实现除母语文外其他学科均用汉语授课。在高等教育、中等职业学校，提高预科质量，除少数民族语言等特殊专业部分课程外，有条件的学校公共基础课、专业基础课、专业课 2004 年起全部用汉语授课，其他地区选择部分授课，逐年扩大。对以双语录取的高中毕业生，根据生源逐步取消预科教育。此外，自治区规定，所有民考汉学生也要教授母语文，也可以归纳到这一模式中。这一双语教育模式的主要目标是通过采用和汉语系学校一致的教学体系及全部课程使用汉语授课，最大限度地强化少数民族学生的汉语学习，缩小新疆民汉教育差距。

虽然到目前为止，民族语言授课加汉语语文课的传统双语模式仍然是民语系学校的主导教学模式，但是自 2004 年以来，双语教育新模式的推进力度非常大。2006 年自治区接受双语教育新模式的在读学生总数为 114 869 人，仅占全区民语系中小学学生总数的 4. 95%（自治区教育厅统计资料，2006），到 2009 年，该类学生总数达 466 940 人，占全区民语系中小学学生总数的 13. 66%（自治区统计资料，2009）。

自治区政府大力实行双语教育新模式，其目的是使少数民族学生更好地掌握国语，提高其教育质量，从而获得更多的就业机会，并且更好地传达主流文化价值观以及国家意识，最终将其培养为“合格的公民”，这些都是应当肯定的。但是需要指出的是，这种教育模式也存在一些问题。第一，相对于双语教育新模式推广的速度，双语师资数量和质量的缺乏可能会影响少数民族学生的双语教育质量；[①] 第二，非母语授课可能会使少数民族学生在学习过程中由于文化的“屏障”而影响其学业成绩；第三，到目前为止，尽管双语教育新模式的实施已经达到了一定的规模，但是自治区还没有出台对于这一模式教学质量的评估体系；第四，国家通用语—汉语工具性功能和教育功能的强化，可能会使少数民族学生对本民族文化价值的认同和民族认同产生负面的影响，而这一问题在教育部门未能引起足够的重视。这些潜在的问题是大多数少数民族民众所关注和忧虑的。

（二）进一步推进“双语”教育的对策建议

第一，从当前新疆双语教育的实施状况来看，新疆双语教育的三种模式共存，而模式三是自治区政府确定的最终的双语教育模式，但是大多数少数民族民众对政府双语教育的计划、目标及意义并不是很清楚，应该提高政府双语教育方针和具体实施方案的透明度，加大对双语教育新模式的宣传，才能清除少数民族民众当中不必要的猜忌，并纠正错误的认识。

第二，双语教育新模式的推广是新疆少数民族教育的重要内容，应该本着将每一个孩子教育成才的教育理念，在科学严谨地评估和论证每一个地区的语言环境、教学设施和师资条件的基础上，实事求是、因地制宜地制定科学合理的双语教育实施方案，并对该方案给予说明。

第三，为了解决双语教育新模式中的瓶颈问题，也就是师资问题，政府投入了大量的人力、物力培养双语师资，但就其效果而言不是很理想，其主要原因是缺乏对双语师资培训的科学的考核标准，因此，进一步规范双语师资培训，制定科学严谨的考核标准是当务之急。

第四，双语教育新模式的推进，除了提高少数民族学生的国语能力，更重要的是提高少数民族教育质量，促进对少数民族学生综合素质和能力的培养，因此建立科学的双语教育质量评估体系是双语教育新模式成功的核心和关键因素。

第五，双语教育不应只是针对少数民族的教育，而应是培养各民族双语通用人才的教育，因此除了促进少数民族学生的国语学习，也应该在汉语系学校设置

---

① 自2004年以来，双语教育新模式推行的力度非常大，这就需要大量合格的双语教师。自治区决定在南疆增加现有教师编制总数的10%即8 706名作为“双语”教师特设岗位专项编制，在2007～2012年期间核定到位。为了培养双语教育政府投入了大量的经费，如自2000年以来，自治区每年派近千名少数民族教师到内地高等院校参加不少于一年的双语培训，同时利用区内高等院校，做了大量的汉语和双语师资培训工作，但是仍不能有效地解决汉语和双语师资短缺的问题，其中一个突出的表现就是中小学师资队伍中少数民族教师的整体素质并不高，仅经过一年的汉语强化学习就使用汉语授课，很难保证汉语授课的质量。即便是按照自治区计划在五年内可以解决师资的数量问题，但是质量问题，即是否能胜任汉语授课仍将是一个长期存在的问题。

少数民族语言课程，并建立一定的考核标准，这样，不仅培养了更多的各民族双语人才，有利于促进新疆地区经济社会的发展，而且可以增强各民族之间的了解和交往，有利于增强民族团结。

第六，随着国语—汉语交流功能和教育功能的加强，新疆一些少数民族民众，尤其是知识分子表现出对本民族语言、文字和传统文化是否能继续保存和发展的忧虑，这应该引起相关部门的重视，在强调国语学习重要性的同时，也应该宣传新疆保持语言多样性、文化多元化的重要性，以及保护和发展民族语言文化的决心和努力，让少数民族在肯定本民族语言文化价值的同时，积极主动地学习国语。

二、新疆高校少数民族教育现状及对策建议

新疆是中国西部重要的少数民族聚居区，新疆地区的民族教育有其明确的社会目标：一是提高新疆少数民族教育水平，缩小少数民族（主要是维吾尔族）与汉族的教育结构性差距；二是增强国家认同，树立马克思主义的祖国观、民族观、宗教观，促进新疆各族团结。为了实现上述目标，国家在新疆实施了有别于其他地区的教育政策，给予少数民族教育大量投入和扶持，在所有与教育相关的倾斜政策中，新疆在高校招生中对少数民族考生实行降分录取政策；在高校教育中实行民汉分班制度；在学业考核中实行不同的评分标准。这些政策是新疆实施高校民族教育中持续时间最长、最稳定、影响面最大的优惠政策。

新疆高校教育政策的实践结果是否实现了上述目标？我们以新疆大学为例进行调查研究。新疆大学是新疆重点综合性高校，它在教育教学实践中存在的问题在一定程度上反映了新疆高校少数民族教育中存在的问题。

（一）新疆高校少数民族教育现状

1. 民族考生的降分录取

2011 年，新疆大学共有本科生共 19 030 人，其中汉族学生 102 828 人，占到学生总数的 54%，少数民族学生 8 748 人，占到学生总数的 46%。新疆大学本科生中汉族学生和少数民族学生人数比例与新疆地区汉族与少数民族人口比例基本一致，主要是因为对于少数民族考生采取了降分录取政策。

通过表 14 – 1 可以看到文科类汉族学生和少数民族学生高考入学平均分差距基本是 100 分左右，而理科类汉族学生和少数民族学生平均分在 150 分左右。高考优惠政策虽然确保了一定比例的少数民族学生享受了高等教育资源，保证了民族政策的落实，但是其较弱的教育基础影响他们在高等教育中获得与汉族学生同

等的学业成就，也影响他们在就业市场中的竞争能力。在学校学业竞争中的挫败感，以及在就业市场竞争中的挫败感必将影响他们的国家认同和与其他民族的关系。

表 14 -1　　新疆大学在新疆地区的一类本科录取分数线

科类	2008 年			2009 年		
	最高分	最低分	平均分	最高分	最低分	平均分
汉语言文科	597	511	528.73	581	510	535.60
汉语言理科	668	512	533.26	604	511	535.58
民考汉文科	546	382	475.7	517	424	467.46
民考汉理科	512	328	426.83	548	406	437.58
民语言文科	522	409	430.84	501	412	437.50
民语言理科	521	357	387.79	592	365	397.13

资料来源：中国教育在线。

2. 民汉分班制度

新疆大学各本科专业按照民语系和汉语系开设教学行政班。2010 年新疆大学共有汉语系班 191 个，民族系班 149 个（不含预科班），没有混合班，在汉语系班级上课的少数民族学生比例仅有 3%。新疆大学按照汉语系和民语系开展本科生教学有其历史渊源。2003 年以前，新疆大学一直实行少数民族学生接受民语授课，汉族学生接受汉语授课的教学政策。自 2003 年以来学校全面推行汉语授课，但依然以分班分堂的形式推进，其原因主要是少数民族学生和汉族学生基础不一样，汉语能力不一样，需要实行不同的考核制度。我们必须看到少数民族学生和汉族学生接受分班教学有其历史原因，也有客观条件，但其潜在的问题是少数民族和汉族学生在进入大学时的教育差距在大学阶段将被继续保持，甚至拉大，而这种制度设置也会造成少数民族学生和汉族学生之间的制度性族际隔离。

3. 学业考核标准

由于少数民族学生和汉族学生进入大学基础不一样，并且在不同的行政班接受教学，因此新疆大学本科各专业对于少数民族学生和汉族学生采取了不同的专业考核标准。除了少数校自治区级精品课，校级精品课，其他课程可对民、汉学生采取不同的考核试卷，一般情况下，民族学生试卷难度要低于汉族学生试卷难度。对于在汉语系班上课的少数民族学生采取降分及格政策，即 50 分被视为考试合格。对民、汉学生实施不同的考核标准，尽管在一定程度上保证了少数民族学生的学位率和毕业率，但是并不能从根本上促进少数民族学生的学习积极性和增强学业成就感。同在一个专业和一个年级，却是不同的考核标准，少数民族学生并不清楚自己与汉族同学之间的学业差距，不会将自己与汉族同学放在同一个竞争平台上，也不会与汉族学生形成良好的沟通和交流，如果未来在就业市场上遭遇失败，他们可能将更多地归因于民族歧视，而不是自己的专业技术能力。

4. 汉语授课模式

自2003年以来，新疆大学除少数民族语言文学类专业之外，全面实施汉语授课，使用汉语教材。自实施汉语教学以来，少数民族学生的汉语水平得到了提高，汉语教材和辅助材料的使用也促进了少数民族学生的学业成绩。

第一，“一刀切”的汉语授课模式并不符合就业市场的需求。如法律、新闻等专业的少数民族学生毕业后大部分将进入民语司法系统和媒体行业，很多毕业生表示在就业后需重新学习民文的专业术语和知识。

第二，有相当一部分少数民族学生并不具备足够的汉语能力以接受汉语授课的专业知识。特别是在人文社会科学知识的学习过程中，少数民族学生很难理解抽象的社会科学术语，影响了他们专业知识的学习，也影响了他们专业知识的考核成绩。

第三，尽管已全面实施了汉语授课，但基本上还是少数民族教师给少数民族学生，汉族教师给汉族学生上课。2010年给民族班上课的汉族教师中，文科类占到27.5%，理科类占到46.25%，工科类占到26.25%；给汉族班上课的民族教师中，文科类占到45.58%，理科类24.65%，工科类29.77%。从以上统计数据可以看出，汉语授课并未实现全面的民、汉教师交叉上课。其原因主要是汉族教师不愿意给民族班上课，认为民族学生并不具备完全汉语授课的语言能力，而少数民族教师不愿意给汉族班上课，认为自己并不具备足够的汉语能力以全程汉语授课。

5. 本科生毕业、就业情况

2010年新疆大学本科生毕业率为90.2%，其中少数民族学生毕业率为89.6%，汉族学生毕业率为90.6%。总的就业率为43.65%，其中汉族学生的就业率要高于少数民族学生。从毕业率的情况来看，少数民族学生和汉族学生的毕业情况相差不大，但这并不表示他们具有同等的学业成就。如上所述，由于采取了不同的考核标准，从而保证了少数民族学生的高毕业率，但是从就业情况来看，少数民族学生的就业率要低于汉族学生。高等教育的培养目标是为社会培养合格的人才，其教育成果的检验标准并不是毕业率、学位率等，而是劳动力市场。对于毕业生本人和家长而言，是否能够就业和在社会中实现向上流动才是他们最终的目标。从这一层面来说，相对于汉族学生，对于少数民族学生的培养结果并不成功。

6. 民族教育师资队伍

从表 14 - 2 可以看出，新疆大学少数民族教师和汉族教师无论是在职称上还是在学历上都存在结构性差距。

表 14 - 2　　2011 年新疆大学教师队伍的职称和学历

民族	合计	职称结构						学历结构			
		正高级		副高级		中级		硕士学位		博士学位	
	人	人	%	人	%	人	%	人	%	人	%
汉族	1 661	199	12	613	37	755	45	817	52	313	19
少数民族	641	69	11	253	39	253	40	222	35	101	16

教师作为教书育人者，除了传授专业知识外，更要教育学生们做人的道理。作为主要给少数民族学生授课的少数民族教师，其整体职称和学历水平低于汉族教师，其主要原因是学历低，用汉语写论文发核心期刊难、科研成果少。有的民族教师任讲师长达 15 ~20 年，由于这些少数民族教师的职称问题长期得不到解决，影响了他们育人的态度和观念，可能在课堂上带给学生更多负面的信息，如对当前少数民族在社会中的地位，对国家认同等方面将造成不良的影响。

（二）深化高校体制改革，提高少数民族教学质量

毋庸置疑的是，高考优惠政策使得少数民族教育整体水平获得了极大的提高，但是，随着西部大开发，计划经济向市场经济转型，劳动力市场不仅规模增大，劳动力内部结构方面也面临着巨大的变化。在此背景下，各民族之间的交往会进一步加大，但也不可避免地存在发展机会和利益分配方面的相互竞争。大学毕业后，少数民族学生和汉族学生将进入同一个劳动力市场，没有政策支持，少数民族毕业生的竞争能力将受到考验，如果就业和向上流动遇到挫折，其国家认同及与汉族的族际关系将面临挑战。

从当前新疆大学对于少数民族学生培养的效果来看，在高等教育阶段，少数民族学生与汉族学生之间的整体教育差距并未缩小，这种差距隐藏在学校采取的对少数民族教育的各项政策中，当在少数民族学生进入劳动力市场时，其较低的专业技术能力和专业素养将使他们面临就业的困境，如果找不到工作，他们往往会归咎于政府、劳动力市场中的民族歧视等。新疆高等教育要实现两个社会目标，一是缩小少数民族和汉族教育水平差；二是培养少数民族的国家认同，增强各民族的团结。然而少数民族高等教育的内在逻辑与上述目标产生了矛盾，在很大程度上将影响教育目标的实现。为提高少数民族教学质量，我们提出一下改革

措施：

(1) 取消以民族身份为界限的少数民族高考优惠政策，逐步以区域性优惠代替族别优惠，特别是对民考汉学生的加分政策应大幅度缩小，从而促进个体间的公平，增强少数民族学生学习积极性，以及与汉族学生公平竞争的竞争意识。

(2) 在少数民族教育发展历史中，分班分堂授课曾经发挥了积极的作用，但是随着少数民族基础教育水平的提高，计划经济向市场经济转型，分班授课将不再适应新疆社会经济发展对人才需求的现实。此外，分班授课使得少数民族学生和汉族学生在教育领域中形成制度性空间区隔，而教育领域中的区隔往往会延伸出至其他领域，形成社会中的群体区隔。因此，应逐步实现民、汉学生合堂教学和混合编班。

(3) 实行不同民族的考核标准，虽然能够保证一定比例的少数民族学生顺利完成大学学业，但会减弱少数民族学生的竞争意识，影响其学习积极性，从而使少数民族学生在劳动力市场处于不利位置。因此，应逐步实现统一考核标准，在高等教育阶段，使少数民族学生和汉族学生处于同一个竞争平台，为其进入劳动力市场做好准备。

(4) 汉语授课不应采取“一刀切”模式，应根据专业特点、少数民族学生实际汉语水平和劳动力市场对人才的需求，采取不同专业、不同年级不同语言授课的方式。

(5) 少数民族教师作为直接面对少数民族学生的群体，其专业学术能力、价值观会直接影响学生，因此要高度重视培养少数民族教师培养，利用对口支援的政策送他们到内地进修，提高他们的汉语水平、学历层次，解决职称问题。让他们觉得自己并没有在教育领域中被边缘化，从而给少数民族学生更多正面和积极的引导。

三、新疆职业教育的现状与发展对策

自2002年以来，新疆300所职业技术院校和民办职业培训机构已向社会输送了200万名实用技能型人才。新疆的职业教育从培养学生能力、促进学生就业入手，设置了稀缺的生态环保、计算机软件开发、旅游管理等课程，开发了园艺、水利、保安等多个培训项目，使学生所学与市场需求有效地结合了起来。但是随着新一轮援疆高潮的到来，新型工业化、新型城镇化、农业现代化需要大批的有文化、懂技术的劳动者。职业教育远远满足不了经济社会发展的需要，尤其是新疆少数民族农民文化程度低，更不懂现代技术，因此大力发展职业技术，是新疆跨越式发展的迫切需要。

（一）新疆职业教育的现状

（1）师资队伍滞后于人才培养需求。由于历史的原因，从事职业教育的教师几乎都是从普通教育岗位上转移过来的，绝大多数教师都是有理论知识基础，却缺少专业技术知识，不懂实用技术。由于职业教育学校吸引优秀专业人才到学校任教的能力有限，结果导致职业教育教师队伍出现了年龄老化、素质偏低、数量不足的状况。近年来，随着经济结构和产业结构的不断调整，第二、三产业的专业门类不断增加和现代新技术的不断涌现，仅有的少数“双师型”教师的专业技术知识已经很难适应新的教育教学需要。

（2）职校生的技能训练得不到有效的落实。职业学校培养的目标是既有文化素质又有较强职业能力的技术人才，而这个目标在多数职校难以落实。原因是：学校缺少与专业相配套的技能培训基地，缺少相应的训练经费，没有与技能训练相配套的指导教师队伍。许多职校学生的技能训练往往停留在口头上，难以落实到行动上。

（3）与新疆经济发展需要相脱节。当前，职业教育的经济功能和社会功能比较弱，产业及行业、企业与职业教育之间缺乏良性互动、互利共生的运行机制，存在严重的脱节现象。尤其是新疆提出新型工业化、新型城镇化、农业现代化的战略目标以后，需要大量的懂现代工业的工人，懂现代农业的农民，懂城市规划管理的人才，但新疆的职业教育与企业、农村相脱节，远远落后于经济社会的发展。

（二）新疆职业教育发展对策

（1）加大政府对职业教育工作的统筹力度。把职业教育纳入当地经济建设和社会发展规划中，统筹制定推动职业教育发展的政策措施，统筹配置各类教育资源，统筹安排招生就业工作，使实施同层次教育的各种教育之间公平竞争，促进和提高教育教学质量和办学效益。要调动行业、企业及社会各方面兴办和支持教育的积极性。鼓励和支持事业单位、社会团体和公民个人依法兴办和支持赞助职业教育，积极发展多种形式的联合办学。要重视和支持学校发展校办产业，在税收政策上给予优惠。各级政府和有关部门要制定具体措施，推进实施学业证书和职业资格证书两种证书制度，落实劳动者就业、上岗前必须接受必要的职业教育的制度，从而推动职业教育的发展。

（2）加强教师队伍建设。要大力加强师资培训基地建设，建立完善教师继续教育制度、人才流动和与企业的人才沟通交流制度等，解决好“双师型”教师队伍建设问题。一是在师资调配上予以适当倾斜，以弥补师资力量的不足和水平不高。二是要制定优惠政策，吸引内地高校的毕业生到新疆执教，并注重名师的培养，通过名师带动创建名校，培养优秀学生。通过多种渠道，培养一支立志于新疆教育事业的高素质教师队伍，并选聘部分科技人员、能工巧匠等兼任学校教师，建立专兼结合的教师队伍。三是要鼓励教师下企业、到农村，把知识用在基层，把文章写在大地上。

（3）高度重视新疆农村职业技术教育。解决新疆“三农”问题，关键还在于大力提高少数民族农村干部和农民的科技文化素质。为此，要把单纯的扫盲学习与科学技术学习结合起来，调动农民学习的积极性，民族地区的职业院校要主动承担农民教育的任务，加快培养农村急需的各种专业技术人才。开展农村先进实用技术培训、良种培育和种养、加工、仓储、运输、销售和技术创新等方面的服务，组织农民到职业技术学院学习。如新疆呼图壁县从 2003 年起，“投资 100 万元，每年选派 50 名村组干部到新疆农业大学学习”①；“昌吉市科委根据奇台县的要求，在新疆农业技术学院为奇台县农民开办 3 个中专班，分别以畜牧兽医、园艺和农副产品加工保鲜等专业为内容，为奇台县培训 150 名农民，学习期限为 3 年，学习期间的一切费用都由昌吉市科委承担”②；这些措施有力地促进了地区的经济发展。

第三节　以社会主义核心价值体系引领民族价值观

爱因斯坦说过，“改善世界的根本并不在于科学知识，而在于人类的传统和理想。”③“科技的进步、经济的发展，只是为人类创造了必要的物质基础，而社会的进步、人的全面发展，还需要有精神文化相伴随。人的精神问题的解决，则主要靠文化。因此，文化、经济、社会协调发展的战略应该成为我们一个长远的战略，这并不是从我们文化部门自身的角度来争文化的地位和作用，而是因为文化在人类社会发展当中的作用确实是太重要了。”④ 这里的精神问题本质上就是人的价值观念问题。价值观念是文化的核心内容。可以说，“价

① 张郁、阎静：《昌吉州“民主日”活动促使干部转观念学本领》［EB/OL］. http：//www. tianshan-net. com. cn。

② 孙忠玉：《奇台 50 名农民进大学》，载《新疆日报》，2004 年 3 月 4 日第 8 版。

③ ［美］O. 内森、H. 诺登编，李醒民、刘新民译：《巨人箴言录：爱因斯坦论和平》（下），湖南人民出版社 1992 年版，第 254 ~ 255 页。

④ 孙家正：《2000 年 8 月在西部文化工作座谈会上的讲话》，转引自李胜光：《铺设经济文化协调发展的平稳轨道——文化部“西部文化工作座谈会”见闻》，载《中外文化交流》，2000 年第 6 期。

值是全部文化的内在特征。……只有在系统地确立了价值观的情况下，文化概念才能现实地成为系统。[①]”正因为诸如“价值观、态度、信念、取向以及人们普遍持有的见解”的不同，文化的这些核心内容成为我们划分和衡量不同民族、国家人的内在标识。“文化的教化功能的发挥在于它为人们设定了一套价值观念体系。这些价值观念赋予个体性以意义，引导主体力量的发展，规约主体行为的偏差。[②]”

世界历史的发展证明，凡是落后的地区，必定有落后的价值观念，而价值观念支配人们的行为方式，则社会一定缺乏现代化建设所需求的现代的意识和现代的思维。因为惯性的落后思维使人们不习惯用科学的态度去观察和对待生活实践，现代科学技术的接受程度不高，整个社会缺乏现代化发展应有的知识储备和基础，同时也缺乏对现代科学技术知识的接受欲望；现代的、理性化的组织管理又与血缘、地缘关系上形成沿袭久远的小农亲情社会相悖，缺乏竞争、安于现状的心理机制和封闭狭隘的视野等都成为强大的惯性力量，制约着社会的进步与发展，这些都成为现代化过程中强大的阻滞因素。

一、新疆民族传统价值观

衣俊卿在回顾20世纪90年代的文化保守主义思潮时总结了传统文化模式的突出表现：第一是以经验对抗理性。有着几千年农业文明传统的中国民众往往习惯于消极、被动的、无主体的文化模式，习惯于不思进取、知足常乐、小富即安的经验式的文化模式，习惯于凭借着经验、传统和常识自在、自发地生存与活动。而这种前现代的经验式的文化模式至今还强有力地影响着许多民众，并渗透到我们的行政管理、经济决策、文化创造等各个层面的社会活动中；第二是以人情对抗法治和契约。几千年传统农业文明中调节人际关系的主要因素是天然情感和宗法血缘关系，即人情式的交往模式。而市场经济要剔除不平等的情感因素和人情关系对社会政治、经济等活动的干扰，现实情况却是人情因素往往更加强有力地出现于社会生活的各个方面。[③] 这种传统农耕文化的惯性力量在新疆社会的表现尤为突出。丝绸之路沉寂以来的新疆长期处于中国社会发展的边缘地区，封闭的自然地理和人文环境都导致了传统的农耕文化模式在新疆社会的支配地位。特别是在伊斯兰教基础上形成的习惯法对少数民族的影响很大，甚至于在有些地

① ［苏联］E. A. 瓦维林、B. 弗法诺夫著，雷永生、邱守娟译：《历史唯物主义与文化范畴》，河北人民出版社1987年版，第105页。

② 邓永芳：《哲学视域中的文化现代性》，江西人民出版社2009年版，第96页。

③ 衣俊卿：《社会发展与文化转型》，载《哲学动态》，2000年第3期。

方宗教法规比宪法的认可度还高。因此新疆少数民族价值观具有地域特色和特殊的价值评价和选择系统。

（一）以宗教价值观为根基

所谓宗教价值观是指主体对于自己和宗教这一客观现象之间特定关系的认识。它所反映的是宗教对主体的意义。由于宗教是建立在唯心主义和有神论的基础上，所以，从一定程度上说，宗教价值观天生带有某种消极作用。首先，宗教价值观具有一定的落后性和保守性。宗教千百年来所传颂和信仰的是创始人所悟到的“真谛”，那些教义、教规和价值观念容易使教徒固守落后于时代的价值理念，不符合时代发展的步伐，会阻碍社会的进步发展。新疆少数民族大多数信仰伊斯兰教，信教群众对“真主”的崇拜和信仰十分强烈，这种心理上对“真主”的敬畏感和依赖感，使真主在信教者内心具有了神圣性和超越性。由于对具有超越性和永恒性的“真主”力量的内心归服，这种在内心信仰的神圣性就外化为思想上的保守性。其次，宗教信仰的唯一性导致宗教价值观的排他性。伊斯兰教宣扬每一个信仰者的心中只有一个“真正”的神，即“真主”这个唯一的“真正”的神的存在决定了伊斯兰宗教信仰的排他性。这种排他性对于各种宗教的信仰者之间，以及信教与不信教的群众之间的团结与合作产生一定程度上的消极影响。最后，宗教价值观中的人生态度具有一定的消极悲观成分。诸如命运神定、灵魂永生、死后奖罚等观念，都是建立在对神的恩典的期盼基础上的，试图用来世的幸福来缓解现实的痛苦。信众对现实则选择一种逃避和虚幻的态度。长此以往，必定让青年人失去抗争的勇气；老年人更会沉迷于精神世界的安宁，对现实的公平与否、痛苦与否漠不关心。

（二）以家族血缘伦理价值为核心

在长期封闭的农业经济中，少数民族是以家族血缘为纽带，以血缘、族缘和地缘三位一体为社会基础，造成了三种后果：一是养成人们对土地和农业的依赖，形成了封闭保守、安土重迁的心理习惯；二是养成人们对于家庭家族的依赖以及相应的崇老心理；三是养成人们对于男性家长的依赖，形成仆从心理。在此基础上的价值观一方面强调孝敬老人、长者，另一方面，呈现了鲜明的等级关系，强调个人服从家族、族群、年轻人服从长者。地理上的封闭的自然单元和自然经济的延续，使得少数民族获得了比较完备的隔绝机制，使其在丝绸之路陨落以来越来越走向封闭与落后。当一个人把自己封闭在本民族狭小的生活空间中，他的价值观完全受本民族家族意识的支配。

（三）以传统生活艺术为载体

少数民族艺术是少数民族的生活方式的一部分，从音乐到舞蹈，从民居到寺庙，从饮食到服饰渗透着了少数民族的审美价值标准。艺术是他们的生活本真，衣、食、住、行是艺术价值的直接载体，少数民族的生活充满了审美情趣，而这种审美价值是他们生活经验的凝结，在生活经验基础上生成的艺术是原生态的，一方面体现本民族的文化特征，另一方面它与现代化又有一定的冲突，突出表现在新疆原生态艺术的断裂和消失。

当前国家西部大开发和举全国之力援助新疆，尤其是在少数民族地区大规模的开发援建过程中，少数民族被前现代的、现代的和后现代的多种文化精神和价值观念包围、挤压，必然引起文化价值观念的冲突、困惑、裂变与重建。为此，新疆少数民族价值观需要科学价值观引领。

二、社会主义核心价值体系对民族价值观的引领作用

当一个封闭性社会中的人们用内敛、封闭的心灵看待各种文化时，文化间的差异会成为社会发展的障碍，反之，一元文化则会成为社会追求共同价值的动力。“文化的实质在于它是人类主体价值理想及历史现实性的体现方式。文化并不是独立于主体之外的和凝固不变的东西，而是随着人类主体的价值判断，随着主体的选择能力和主观能动性、适应性而不断的发展、改变的精神现象和行为过程。这里，主体的价值判断是首要的和最为重要的因素。文化上的变迁（例如文化素质的提高），首先意味着文化载体价值判断上的变化，意味着主体在观念和认识上的变化和提高。”[①] 这就要求少数民族群众以社会主义核心价值体系引领本民族的价值观转变。

党的十七届六中全会通过的《中共中央关于深化文化体制改革推动社会主义文化大发展大繁荣若干重大问题的决定》提出“社会主义核心价值体系是兴国之魂，是社会主义先进文化的精髓，决定着中国特色社会主义发展方向。必须强化教育引导，增进社会共识，创新方式方法，健全制度保障，把社会主义核心价值体系融入国民教育、精神文明建设和党的建设全过程，在全党全社会形成统一指导思想、共同理想信念、强大精神力量、基本道德规范”。因为，社会主义核心价值体系着眼于坚定马克思主义信仰，追求共产主义理想；着眼于树立中国特色社会主义的共同理想，追求构建和谐社会；着眼于弘扬爱国主义的民族精神

---

① 夏里甫罕·阿布达里：《论当代新疆各民族文化转型及表现》，载《新疆社会科学》，2000年第3期。

和改革开放的时代精神，追求世界和谐的发展；着眼于推进社会主义荣辱观建设，追求人的自我实现和自我完善。它既充分反映中国特色社会主义的本质要求，又体现中国人民对未来和谐社会的追求。它确立当代中国的社会价值尺度和价值目标，是人们判断自身价值及其价值大小的标准，从而它对人的思想和人格塑造具有决定意义，并以强大的精神动力引导人们的行为。因此用社会主义核心价值体系教育新疆各民族群众，提高思想道德水平，是人的现代化必然要求。

（一）以社会主义核心价值体系引导民族价值取向

个人的价值目标，并不是从自己的直接经验中获得，而是从社会的价值观中获得的。新疆少数民族的价值观主要是以宗教价值观和家族价值观为依据，构建自己的价值体系，因此与社会主义不太相适应。甚至会在多元价值观中迷失方向，社会主义核心价值体系具有引领和统摄社会的价值取向作用。它可以影响和引导人们的价值观适应社会主义发展的需要。在社会主义核心价值体系的引领下，新疆各族人以马克思主义为指导，以中国特色社会主义为共同理想，弘扬以爱国主义为核心的民族精神和改革创新为时代精神，倡导“八荣八耻”为主要内容的社会主义荣辱观，使人们思想行为有了基本标准，懂得了什么是有利、什么是有害，什么是好、什么是坏，什么是善、什么是恶，什么是美、什么是丑。把这些标准具体应用到自己遇到的各种事务、各种场合中，形成自己的价值判断，做出正确的思想选择和行为选择，以引领自己的价值取向。

（二）以社会主义核心价值体系调节价值观矛盾

价值观不仅规范人们的行为，而且调节人们的行为。一般说来，价值观中的各种规范，各有自己的分属和用场，单独使用时都没有问题，但在有些复杂情况下，在需要几个规范同时使用时，就会发生一定的冲突。自古就有忠孝不能两全之说，尽忠难以尽孝，尽孝又难以尽忠。这就需要有一定的原则来进行调节。孟子说过这样的一段话，他说，“生，我所欲也，义，我所欲也，不可得兼，舍生取义也。”这里的义，就是核心价值体系的要求，在两种价值出现冲突时，要排出一个顺序，如何排这个顺序，就得有一定的原则。这个原则就是要符合社会的核心价值体系要求。新疆民族传统价值观中，本民族的利益和家族利益是放在首位的，但是有时候本民族的利益或家族利益与国家利益发生矛盾时，这就需要在社会主义核心价值体系的引导下，把国家利益放到首位，民族、家族利益要服从国家利益。

社会主义核心价值体系的调节和协调不只限于同一主体对自己的不同价值判断的调节，在不同主体的价值评价、价值选择发生矛盾和冲突时，更需要社会主义核心价值体系的协调和调解。新疆已进入社会转型时期，民族利益矛盾、各种社会矛盾必然引起不同价值观点对立和冲突，如果处理不好，就可能激化矛盾，甚至破坏整个社会的稳定团结。邓小平说“我们这么大的一个国家，怎样才能团结起来，组织起来，一要靠理想，二要靠纪律。①”面对新的形势，新疆的民族关系和民族矛盾极其复杂，不同民族的价值观不尽相同，因此，必须在社会主义核心价值体系引领下，保持各民族价值取向之间合理的张力，借以统一人们的思想行为。引领人们正确处理民族之间的关系。理性合法地表达各民族的利益诉求和解决民族之间的利益矛盾，维护改革发展的大局，创造安定团结的外部环境。

（三）以社会主义核心价值体系塑造现代人格

人格的核心是价值观，不同人格的差别主要是价值观的差别。每个民族的成员从小开始学习，就是接受、掌握一定本民族的价值观，使他从一个自然人到社会人，这也是他的人格形成的过程。可以说，人格是一个人各种心理特征、素质的一种稳定的组合，是一个人的人品，是人对自己所欲达到的境界的一种自觉意识和追求。而这一切都是在一定的社会价值观的教育中形成，是接受、认同、同化一定的价值观的结果。每一个社会都要宣扬自己的核心价值观，在相当程度上是为了培养它所需要所期望的人格类型的。社会主义核心价值体系就是要弘扬爱国主义的民族精神和改革创新的时代精神。爱国主义精神是中华民族生生不息、薪火相传的精神血脉，是维护祖国统一、民族团结的精神旗帜，是中国人民在未来的岁月里继往开来、走向和谐社会的精神支柱。每个中国人只有具有这种精神和品格，才是一个真正的中国人。改革创新的时代精神代表人们精神世界的主流，反映历史进步的方向，中国人民在改革开放的历程中，锐意进取、敢为人先的大无畏精神以融入中华民族的血液中，成为当代中国人的优秀品格。正如江泽民所说：“创新是一个民族进步的灵魂，是一个国家兴旺发达的不竭动力，也是一个政党永葆生机的源泉。”② 因此社会主义核心价值体系就是要用爱国主义和改革创新的精神教育人、激励人、鼓舞人，塑造现代化需要的人格品质。

（四）以社会主义核心价值体系整合社会力量

新疆是多民族多宗教聚集区，每个民族、每一种宗教都非常注意用自己的价值观教化人，注意把一定的价值观灌输到每个人的头脑中，使之成为人们评价的

① 《邓小平文选》第3卷，人民出版社1994年版，第111页。
② 《江泽民文选》第3卷，人民出版社2006年版，第64页。

标准和行动的指南。因而，便形成了无数的方向不同、大小不同的“力”，这些“力”相互抵消、相互冲突，不仅造成了社会资源的巨大浪费，而且会引起社会的动荡不安。所以必须对各种“力”进行一定的整合，使它们能够大致地朝着同一方向进行运动。为了这种目的，除了利用组织和强制的手段，规定一定的不可逾越的界限而外，更主要也更为有效的办法就是通过教化使人们接受社会核心价值体系。社会主义核心价值体系就是为实现社会定向和整合而服务的。社会主义核心价值体系对于社会和国家来说，是社会制度和社会秩序合法性的主要依据，是国家意识形态和精神文化建设的核心内容，是主导社会理想、信念、精神、风气的内在灵魂。事实上，社会秩序首先应该是一种价值规范秩序和伦理道德秩序。这不但因为社会秩序是人们价值观念上达成某种共识的结果，更主要的还在于，任何社会秩序本身就是由外化的操作规则和内化的价值规则两部分组成的。操作规则是价值规则的对象化。价值规则是操作规则合理性之内在根据，以及对这种合理性的论证和说明，从而为现实制度确立起合法的和道义的基础。这种论证和说明，通常是由国家意识形态来实现的。国家意识形态的主要功能，就是通过创造必要的精神文化条件和道德、舆论环境，把社会制度中的价值规则和价值目标加以系统化、具体化和日常化，进而转化成为社会公众的基本共识和追求的理想，促使社会的集体目标和集体行动成为可能，以此动员和整合社会力量，维持社会秩序稳定，促进社会发展。社会主义核心价值体系正是国家意志的体现，是引领各种社会思潮的先进文化。在新疆社会发展中它具有独特的重要地位和作用。它可以把不同民族、不同宗教的人们团结起来，形成巨大的凝聚力，当前，新疆正处在社会转型的过程中，社会主义核心价值体系的建立，是凝聚党心，赢得民心的旗帜，它将引领新疆各族人民战胜一切困难，为构建和谐新疆而共同奋斗。

第四节　引导民族的文化自觉和增强民族的自我发展能力

一、民族文化自觉的必然性

按照费孝通老先生对文化自觉的界定，“文化自觉只是生活在一定文化中的人对其文化有‘自知之明’，明白它的来历，形成的过程，在生活各方面起的作用，也就是它们的意义和所受其他文化的影响汲取发展的方向，不带有任何

‘文化回归’的意思，不是要‘复归’，但同时也不主张‘全盘西化’或‘全面他化’。自知之明是为了加强对文化发展的自主能力，取得决定适应新环境时文化选择的自主地位。”① 费孝通先生提出文化自觉，并引申为“文化自觉论”，是针对国内少数民族在跨入信息社会时代变化极快的情况下如何实现自己的文化转型这一命题而提出，正如他自己所说，“我在提出‘文化自觉’时，并非从东西文化的比较中，看到了中国文化有什么危机，而是在少数民族的实地研究中首先接触到了这个问题。……中国10万人口以下的‘人口较少民族’就有22个，在社会的大变动中他们如何长期生存下去？特别是跨入信息社会后，文化变得那么快，他们就发生了自身文化如何保存下去的问题。我认为他们只有从文化转型上求生路，要善于发挥原有文化的特长，求得民族的生存与发展。可以说文化转型是当前人类共同的问题。所以我说‘文化自觉’这个概念可以从小见大，从人口较少的民族看到中华民族以至全人类的共同问题。其意义在于生活在一定文化中的人对其文化有‘自知之明’，明白它的来历、形成的过程，所具有的特色和它的发展的趋向，自知之明是为了加强对文化转型的自主能力，取得决定适应新环境、新时代文化选择的自主地位。”② 由此可以看出，费孝通是在实地调研过程，在考虑少数民族文化转型问题时提出的文化自觉。其本身就是指少数民族文化转型过程中的文化自觉，而少数民族文化转型与发展，也必须要求少数民族本身的文化自觉。

文化自觉是当今世界共同要求，更是全球化时代发展中国家的少数民族文化转型和发展的必然需要。应该说，改革开放以来中国内地主体汉族文化的转型与发展对我国边疆的少数民族文化的转型与发展具有重要的范式意义。其文化精英层对汉文化的自觉反思、批判以及文化重建，以适合全球化时代文化发展的规律和要求具有重要的借鉴意义。全球发展的通信、教育以及文化，日益扩大的族际交流，每个民族的自我认同或迟或早的发生，民族文化自觉已经成为一个普遍的过程。而现代的通讯媒介和跨越时空的交流，促使传统社会的文化区隔以及隔离状态被迅速驱散。少数民族以文化为重要内容的自觉正日益变成少数民族自我认同和自觉意识的核心内容。在全球化过程和中国整体文化转型的宏大叙事背景和理论框架下，如何实现少数民族文化的转型与发展？如何在定位自身文化并对世界文化有所贡献？在全球文化的交流与互动中如何对来自世界的和本民族的传统的文化进行合理辩证的取舍与创新等等，都成为摆在后发少数民族地区文化转型过程中首先要回答和解决的重大理论问题。

---

① 费宗惠、张荣华：《费孝通论文化自觉》，内蒙古人民出版社2009年版，第5页。
② 费孝通：《关于“文化自觉”的自白》，载《群言》，2003年第3期。

社会科学院研究员耿云志在对近代中国文化转型研究中指出，“文化转型最基本的含义，是文化改变了自己的前进和发展的方向，从而也改变自己的性质和表现形式。这种改变，都是在自身基础上发生改变，绝不是完全被动地被他种文化所替换。我们没有必要否认西方侵略所造成的巨大刺激作用，也没有必要抹杀西方文化带来对我们古老的中国文化所发生的某种激活的作用，但文化的转型必须以我们的文化固有某些东西可成为新的文化生命为基础。否则，再大的外部刺激，也无法凭空造出新文化来。所以，必须明确文化的转型需要有内在的基础。我们认为，传统文化中的某些非主流因素和传统文化内部的变动，都可以为近代文化转型积累内在的条件。”① 也就是说，外来的文化刺激固然重要，但是一个民族文化转型的深层动力仍存在于文化的内部。文化内在基础是促使文化转型、发展的根本动力。其中，最关键的是文化主体的文化自觉。

二、新疆少数民族的文化自觉

任何一种文化，任何一个民族的进步与发展从来都不缺乏来自文化内部的文化自我反省与自觉，尤其是来自文化内部的文化精英的文化反省。文化自觉是文化主体的自觉。少数民族文化的建构与重建是在少数民族文化主体的主体性文化自觉基础上的重构。按照文化自觉发展的一般过程，必然是少数民族文化精英由于接触到广阔的外部世界的异质文化，相形之下而产生了对自己本民族文化的反思与自觉。从而开始文化的启蒙与文化批判，不断地唤起更多文化主体的文化自觉，通过自觉地文化反思、文化批判，最终实现文化的重建过程，使传统、滞后的本民族文化增强时代感与民族性，走向世界。少数民族精英分子往往有着深厚的文化忧虑和文化忧思，对本民族及其文化的生存境遇有着前瞻性，并对整个民族主体文化自觉的唤醒和激励有着引导的作用。

如20世纪初期产生的维吾尔族的新思想的启蒙者和杰出诗人阿不都哈力克(1901~1933)。他从六七岁开始在家里学习，13岁进经文学校，学习阿拉伯、波斯语文。后其父为他请了个俄国家教，他从老师那里学习了维吾尔古典文学，并开始进行诗歌创作，18岁学汉语。苏联十月革命后曾两次去莫斯科和圣彼得堡，在塔什干留居一年，学习俄语，阅读了大量国外文学作品。他跳出南疆看世界，发现南疆大大落后于世界，他在焦虑、自责中于1921年创作了《我的维吾尔民族》，向自己所爱的民族发出了振聋发聩的吼声：②

① 耿云志：《近代中国的文化转型：问题与趋向》，载《广东社会科学》，2008年第3期。

② 唐立久、崔保新：《掀起你的盖头来——发现新疆》，新疆人民出版社2009年版，第27~28页。

昏昧的恶果给我们造成多少弊端，
你瞧，我们目前的生存有何价值可言？
我们对今日的世界一无所知，
只知道选一个乡约，随之一哄而散。
读书不知道寻求知识，
只知死背经文，像咬嚼泥丸。
掌握科学技术的人已在蓝天遨游，
我们却连驴都没有。只凭两只脚板。
见到汽车狂呼：主啊，这是何物！
不知动脑筋，只知道傻眼惊叹。
我们满足于自己的“精巧”手艺，
喝玉米粥有瓦窑里烧出的漂亮土碗。
没有人来把山河装点得像天国般美丽，
只知高枕无忧，昏昏然酣眠。
我们这儿见不到工程师和学者的影子，
有的是贫鄙的毛拉做我们的苏舟。
我们只知贪婪、嫉妒，而一事无成，
想干点事，当即会招致蜚语流言。
我们未能为民众解除分毫的忧愁，
总有一天，悔恨的苦药难以下咽。

这振聋发馈的呼声，充满了焦虑、自责，激荡着对人民强烈爱情。诗人的《不愿……》、《麻木不仁》、《羞耻》、《不灭的希望》等诗，都贯穿着与《我的维吾尔民族》同样的主题。

20 世纪 80 年代中国内地学术界对中华文化进行反思与讨论，给予新疆少数民族文化精英以极大的启发与震动。哈萨克族著名学者夏里甫罕·阿布达里说“在这场讨论中，我国内地一大批中青年学者和文化人表现出的深刻、敏锐和视野的开阔，他们对民族和祖国命运的深刻关怀和‘天下兴亡，匹夫有责’的高度责任感和使命感，给人以深刻的印象。他们对传统文化义无反顾的激烈而深刻的反思和批评，对我们新疆文化界和学术界产生了积极的影响和启示作用：既然具有悠久历史、辉煌的传统文明的汉族能够有如此的胸襟和勇气，对其文化进行如此深刻的反思与批判，新疆各民族尤其是新疆各少数民族文化界和学术界为什么不能用当代的眼光和意识，站在时代的高度，以新的参照系审视和检验我们传统文化和现实文化状况，对传统文化和当代文化进行理性反思呢?"①

维吾尔族著名学者、新疆大学中文系教授阿布都许库尔·穆罕默德伊明认为，"每一个民族的文化在空间结构上是多元的，在时间结构上是多层次的。文化混合有利于民族进步。""维吾尔族原先也是马背民族，自从进入新疆绿洲，成了农业民族，历史上有过光辉的绿洲文化遗产，但也和汉族一样，传统有其强大的惯性，束缚住人的进取精神和开拓精神。"②

维吾尔族学者、新疆艺术学院的安尼瓦尔·托乎提一针见血地指出："至今，我们民族还有人忌讳或者反对危机、落后、愚昧、反省等字眼，认为这是触犯了民族传统文化的自尊地位，习惯于从本民族文化出发来解释一切。""产生这种心态的根源不外是我们一直没有一个对自己民族传统文化进行全面深刻反省的机会。"③

新疆人民出版社维吾尔文政教编辑室的阿不都·外力指出，"对一个民族来说，要是没有忧患意识，必然会延缓前进的步伐。只有具备了开放眼光的人，才会发现自己的不足。要开放，就得不断抛弃种种偏见。偏见心理是小农经济的一种表现，我们维吾尔族长期生活在孤岛似的绿洲中，所以带有很浓厚的小农意识，别人什么都不行，只有自己什么都行；大事做不来，小事又不愿做；不虚心向别人学习，而把早已抛弃的、过了时的东西拈来视为宝。这种沾沾自喜的心理状态是目前我们开放、进步的绊脚石……这个形式是严峻的，我们要和时代同步，就必须有理性的自觉。这种自觉就是忧患意识。"④

乌孜别克族资深学者卡德尔·艾克拜尔震耳发聩地指出，"现在许多人都有这样的担心：吸收别的民族的文化会丧失自己这种失落的文化，畏惧就形成一种封闭。世界各民族发展的历史证实，这种担心是不必要的。恰恰相反，拒绝吸收别的民族的文化，才有可能衰退，直至消亡……在多民族地区，每个民族文化传统中的精华是不会消失的，失去的是经不起历史检验的糟粕，有什么遗憾的！一个民族能兼容并蓄，把别的民族的优点吸收过来，消化成自己的东西，它才能发展壮大，在今天这个时代，才能增强竞争优势，不至于被历史淘汰。"⑤

"对民族文化的自省与反思，实际上是一个通过在多种参照系中广泛比较，在当代高度上深化对本民族文化的认识，激发文化创造活力的过程。每一个民族，都应当将世界文化同自身文化进行比较，将我国主体文化同自身进行比较，将其他兄弟民族文化同本民族文化进行比较，将自身的传统文化同本民族日益增长和加强的现代文化需求和发展趋势进行比较，从而科学地确认自身在文化发展

① 夏里甫罕·阿布达里：《论当代新疆各民族文化转型及表现》，载《新疆社会科学》，2000年第3期。

②③④⑤ "文化与民族进步·研讨会"发言摘要，载《新疆日报》，1988年11月18日，第四版。

上的差距，以便有效地改造旧文化，促进民族文化的进步与繁荣，促进民族文化的转型。[①]”

文化自觉的典型表现就是在异质文化的冲击下，对本民族自己的文化进行深刻的文化反思，既能正确理解自己民族文化的优势与劣根性，也能清楚正确地认识其他民族、其他国家的文化。从根本上说，文化自觉“乃是指这样一种心态：它通过反省的途径来认识旧文化的没落和新文化产生的必然趋势从而清醒地意识到自身的历史使命，并付诸实施。”[②] 应该说，以上学者关于民族文化反思的文化自觉具有一定的代表性。

三、增强民族文化自觉，弘扬“新疆精神”

“文化自觉本质上是一个现代性的问题，只有在现代性的理论视阈中，文化自觉的内涵才能得以真正显示。”[③] 全球化背景下，民族文化发展、演进的规律和一般图式就是民族文化会经历一个文化冲击——文化自觉——文化反思——文化批判——文化重构的过程，中国的文化现代化过程是这样。新疆民族文化的发展也必然经历一个这样的过程。“站在世界现代文化发展的高度，通过文化反思对本民族传统文化进行自觉引导是必要的，因为这会加速文化转型的进程，并提升其科学性。”[④] “所以，全球化与世界历史时代的文化创造活动应凸显三个方面的价值指向：培育文化活动的宽容性和互补性意识，融合兼容的文化发展方式是当今时代文化发展的重要方式；培育自主创新及与时俱进的开放精神与变革精神；培育人类文化活动的和谐意识与共享意识。和谐共享是共产主义的价值品质和生成方式。全球化与世界历史时代的文化活动的根本价值指向是个性化与人类性的双重生产与自觉。”[⑤]

任何民族文化的发展都是通过民族精英对本民族文化传统反思和文化重构，其目的是使本民族文化蕴涵更丰富的文化信息和内涵，更符合历史时代精神；同时，通过对本民族文化重构，创造出新的文化内涵和因子，实现民族文化时代化的同时实现民族文化的本土化。因此，文化的自觉具有高度的实践性。在新的历史时期，新疆走出来越来越多具有民族自觉、反思意识的精英分子，他们的文化

---

① “文化与民族进步·研讨会”发言摘要，载《新疆日报》，1988 年 11 月 18 日，第四版。

② 邓永芳：《哲学视域中的文化现代性》，江西人民出版社 2009 年版，第 274 页。

③ 邓永芳：《哲学视域中的文化现代性》，江西人民出版社 2009 年版，第 279 页。

④ 陈柏中：《传统文化向现代文化转型之我见》，见《以现代文化引领各民族文化转型——〈新疆哈萨克族文化转型〉座谈会发言摘要》，载《新疆经济报》，2010 年 11 月 9 日第 7 版。

⑤ 陈文殿：《全球化与文化个性》，人民出版社 2009 年版，第 36～37 页。

自觉意识和文化批判意识，对于整个民族的文化自觉意识与批判意识、对于新疆民族文化的重建具有重要的意义。当前，要提升民族的文化自觉，需要从三个方面努力。

首先，引导各民族正确认识自身的文化。传统文化是一个民族文化的表征，也是区别不同民族的重要标志。它体现在民族的生产生活方式之中，负载着一个民族的价值取向，同时也是一个民族自我认同的凝聚力所在。由于文化的历史性，文化中总有一部分会随着社会历史的发展消亡，而有一部分被继承下来，表现出强劲的活力和生命力。正如马克思在《路易·波拿巴的雾月十八日》一文中指出的那样："人们创造自己的历史，但他们并不是随心所欲地创造，并不是在他们自己选定的条件下创造，而是在直接碰到的、既定的、从过去继承下来的条件下创造。[①]"新疆现代文化的建构与重建需要传统的文化资源为基础和根基，因为"文化的转型，不是一夜之间一种文化突然变成另一种文化，不是骤然以一种文化取代另一种文化，而是在文化内部变动逐渐积累的基础上，又受到外来文化的刺激，并吸收其若干有益成分之后产生出新的文化。这种变化不论有多么巨大，多么深刻，它终究是在旧有文化积累的基础上发生的，旧有文化中一切有用的东西是决不会丧失掉的"[②]。但是缺乏反思性的建构和重建是危险的，我们需要的是"现代意义上的传统"，而不是不假思索的"传统意义上的传统"，而传统本身就是一个动态的、流动的过程。文化自觉对本民族文化的超越，自我更新构成文化演进的应然取向。自觉的文化是自我反思的文化，"文化反思的目的就是为了科学地认识和研究本民族的现实文化状况、历史和传统等，也就是要深刻地认识和研究本民族的昨天、今天，并在此基础上力图对未来加以引导和把握。真正意义上的文化反思不能不涉及民族及其文化传统中的劣根性，不能不触及灵魂和'痛处'。"[③] 深层的文化反思一定是触及灵魂的，甚至是痛彻心扉的哲学反思。这恰恰需要新疆各族文化精英进行理性冷静、客观、辩证看待的。

其次，推进民族文化转型。全球化时代的文化自觉是以现代化为背景、目的和内容的。文化现代化是世界各国发展的必然道路选择，而文化现代化问题一定涉及传统文化与现代文化、世界文化与民族文化之间的辩证关系。因为"民族文化具有时间特性，是一种持续的建构，取决于民族间性，民族文化的发展离不开吸收异质文化的营养。"[④] 世界文化与民族文化之间的碰撞、交流与融合是文化发展的动力源泉，因为"本土文化的内在的传承如果不同时伴以外来先进文

---

① 《马克思恩格斯选集》第1卷，人民出版社1995年版，第585页。

② 耿云志：《近代中国的文化转型：问题与趋向》，载《广东社会科学》，2008年第3期。

③ 夏力甫汉·阿卜达里：《新疆哈萨克族文化转型》，新疆人民出版社2010年版，第130页。

④ 陈文殿：《全球化与文化个性》，人民出版社2009年版，第213页。

化成果的交流，就可能走向封闭和保守，失去创新能力；同时，从长远的角度看，要真正抵御各种强权文化的霸权，也要依赖人类文化的进一步传播和交流。"[①] 而民族传统文化走向现代也不是一个简单的置换过程，而是一个不断地兼收并蓄、融合、综合创新的过程。"是在保护、挖掘、传承、发扬传统文化中优秀的最本质的东西的基础上不断创新，使之与现代的发展进程相适应，与人的物质生活和精神生活的需求相适应，从而达到和现代文化的接轨和交融。只有这样，每个民族文化才能为全球性的现代文化的形成做出自己的贡献，在经济一体化的同时依然保持民族文化的多样性和独特魅力。"[②]

最后，弘扬"新疆精神"。现代社会语境中的文化不仅仅是一个实质性的或可实体化的概念，更是一个精神心理和价值信念的超越性概念，它的根本的指向是人类心性和人类生活的意义世界。任何一个人、一个民族、一个国家都有其文化品质，它被视之为——也被人类历史证明为——人的灵魂，民族和国家的精神脊梁或精神支柱，因而也是支撑人与社会发展的精神之力和价值之源。也正因为如此，任何一种健全人格和健全社会的发展都不可能不高度重视文化建设和精神塑造。新疆要实现跨越式发展和长治久安两大历史任务，需要有物质文明的大跨越，更需要精神文明的大跨越，需要各族人民精神和思想的大跨越。自治区第八次党代会报告中指出"新疆精神"就是"爱国爱疆、团结奉献、勤劳互助、开放进取"。它是新疆各族人民的精神精华。"新疆精神"源自对中华民族精神的继承和弘扬、源自于新疆各族人民在历史长河中的文化积淀、源自于新疆改革开放的伟大实践。"新疆精神"是以现代文化为引领的集中体现，是爱国主义和时代精神在新疆的地域体现，是新疆人积极向上、奋发有为的精神坐标。在新疆发展的现阶段，我们要站在新起点，抓住机遇，大力弘扬"新疆精神"，把"新疆精神"渗透到经济社会发展的各方面，渗透到人们的日常生活工作中，使之内化为各民族群体意识、外化为人们的自觉行动，成为新疆各族人民建设美好家园、描绘共同幸福愿景的强大精神动力。要以敢于担当、务求实效的态度，不断增强变化变革理念，创造新疆效率，激发各族干部群众投身大建设、大开放、大发展的热情和活力，开辟新疆发展的新篇章。

---

① 衣俊卿：《文化哲学——理论理性和实践理性交汇处的文化批判》，云南人民出版社 2005 年版，第 91 页。

② 铁力瓦尔迪·阿不都热西提：《在以现代文化引领各民族文化转型座谈会上的讲话》，载《新疆经济报》，2010 年 11 月 9 日第 7 版。

参考文献

一、经典文献

1. 《马克思恩格斯选集》，第1~4卷，人民出版社1995年版。
2. 《马克思恩格斯全集》，人民出版社1972年版、1979年版。
3. 《列宁选集》，第1~4卷，人民出版社1995年版。
4. 《列宁全集》，人民出版社1985年版、1987年版。
5. 《斯大林文选》（上、下卷），人民出版社1962年版。
6. 《邓小平文选》第1~4卷，人民出版社1994年版。
7. 《毛泽东选集》，人民出版社1991年版。
8. 《江泽民文选》，人民出版社2006年版。

二、学术著作

1. 邓永芳著：《哲学视域中的文化现代性》，江西人民出版社2009年版。
2. 黄力之、张春美主编：《马克思主义文化哲学与现代性》，上海三联书店2006年版。
3. 李江涛等著：《当代文化发展的新趋势研究》，中央编译出版社2009年版。
4. 王希恩著：《全球化的民族过程》，社会科学文献出版社2009年版。
5. 孙立平著：《现代化与社会转型》，北京大学出版社2005年版。
6. 方克立著：《现代新儒学与中国现代化》，天津人民出版社1997年版。
7. 罗荣渠：《现代化新论》，北京大学出版社1993年版。
8. 胡长栓：《走向文化哲学》，黑龙江教育出版社2008年版。
9. 高静文、李刚：《经济哲学论纲》，中共中央党校出版社1999年版。
10. 舒杨：《当代文化的生成机制》，中央编译出版社2007年版。
11. 陈胜云：《文化哲学的当代发展》，江西人民出版社2007年版。
12. 贾英健著：《全球化背景下的民族国家研究》，中国社会科学出版社

2005 年版。

13. 赵长林、林娅编著：《马克思主义文化学》，中华文化书院。

14. 黄淑娉、龚佩华著：《文化人类学理论与方法》，广东高等教育出版社 2004 年版。

15. 马坚：《古兰经》，中国社会科学出版社 1981 年版。

16. 盛新娣著：《哲学视域中的文化产业》，新疆生产建设兵团出版社 2010 年版。

17. 李泽厚：《实用理性与乐感文化》，生活·读书·新知三联书店 2005 年版。

18. 钱云、郝毓灵主编：《新疆绿洲》，新疆人民出版社 2000 年版。

19. 衣俊卿：《文化哲学——理论理性和实践理性交汇处的文化批判》，云南人民出版社 2005 年版。

20. 金宜久：《当代伊斯兰教》，东方出版社 1995 年版。

21. 蔡灿津：《福乐智慧：哲学思想初探》，东方出版社 1991 年版。

22. 王栓乾主编：《走向 21 世纪的新疆（文化卷）》，新疆人民出版社 1999 年版。

23. 尹筑光、茆永福主编：《新疆民族关系研究》，新疆人民出版社 1996 年版。

24. 刘志霄：《维吾尔族历史》（上编），民族出版社 1985 年版。

25. 易小明、罗康隆、田茂军：《民族文化差异与经济发展》，湖南师范大学出版社 1998 年版。

26. 费宗惠、张荣华主编：《费孝通论文化自觉》，内蒙古人民出版社 2009 年版。

27. 仲高著：《西域艺术通论》，新疆人民出版社 2004 年版。

28. 马戎、周星主编：《中华民族凝聚力形成与发展》，北京大学出版社 1999 年版。

29. 李静：《民族心理学教程》，民族出版社 2006 年版。

30. 周泓著：《民国新疆社会研究》，新疆大学出版社 2005 年版。

31. 贾合甫·米尔扎汗、魏萼：《新疆民族经济文化发展研究》，新疆人民出版社 1997 年版。

32. 阿布都热扎克·铁木尔：《新疆少数民族传统经济生产方式研究》，新疆人民出版社 2005 年版。

33. 李厚廷著：《问题与出路：后发地区农村生产力发展研究》，中国经济出版社 2008 年版。

34. 衣俊卿：《现代性焦虑与文化批判》，黑龙江大学出版社 2007 年版。

35. 张国玉：《国家利益与文化政策》，广东人民出版社 2005 年版。

36. 胡惠林著：《文化产业发展与中国文化新变革（1998～2008）》，上海人民出版社2009年版。

37. 张彩凤、苏红燕主编：《全球化与当代中国文化产业发展》，山东大学出版社2009年版。

38. 唐立久、崔保新著：《揿起你的盖头来——发现新疆》，新疆人民出版社2009年版。

39. 曾庆元、张荣翼主编：《全球化时代的文化对话》，黑龙江人民出版社2008年版。

40. 李慎之：《全球化的发展趋势及其价值认同》，俞可平、黄卫平编：《全球化的悖论》，中央编译出版社1998年版。

41. 俞吾金：《意识形态论》，上海人民出版社1993年版。

42. 彭伟步：《新马文报文化、族群和国家认同比较研究》，暨南大学出版社2009年版。

43. 李友梅、肖瑛、黄晓春著：《社会认同：一种结构视野的分析——以美德日三国为例》，上海人民出版社、格致出版社2007年版。

44. 吴福环、郭泰山：《新疆改革开放30年通览》，新疆人民出版社2008年版。

45. 马启成、丁宏著：《中国伊斯兰文化类型与民族特色》，中央民族大学出版社1998年版。

46. 陈文殿：《全球化与文化个性》，人民出版社2009年版。

47. 戴康生、彭耀：《宗教社会学》，社会科学文献出版社2000年版。

48. Jams D. Whitehead and Evelyn Eaton Whitehead、范丽珠著：《当代世界宗教学》，时事出版社2006年版。

49. 朱培民：《新疆与祖国关系史论》，新疆人民出版社2008年版。

50. 新疆社会科学院历史研究所：《新疆简史》（1～4），新疆人民出版社1979年版。

51. 马大正：《国家利益高于一切——新疆稳定问题的观察与思考》，新疆人民出版社2002年版。

52. 吾买尔江·斯迪克所著：《一言为定》（维文版），新疆美术摄影出版社、新疆电子音像出版社2010年版。

53. 余骏升：《新疆文史资料精选》（1～4），新疆人民出版社1998年版。

54. 周显主编：《文学与认同：跨学科的反思》，中华书局2008年版。

55. 《2008中国（昆明）民族文化产业发展国际高峰论坛文集》，云南大学出版社2009年版。

56. 于沛主编：《全球化和全球史》，社会科学文献出版社 2007 年版。

57. 乐黛云、钱林森、金红燕主编：《迎接新的文化转型时期Ⅱ》，上海文化出版社 2006 年版。

58. 郝时远、王希恩主编：《中国民族发展报告》（2001～2006），社会科学文献出版社 2006 年版。

59. 余英时：《文史传统与文化重建》，生活·读书·新知三联书店 2004 年版。

60. 夏力甫汉·阿卜达里：《新疆哈萨克族文化转型》，新疆人民出版社 2010 年版。

61. 新疆维吾尔自治区对外文化交流协会主编：《汉族民俗文化》，新疆美术摄影出版社 2007 年版。

62. 《中国歌谣集成新疆卷·农八师石河子市分卷》，新疆人民出版社 1993 年版。

63. 李新明等：《文化戍边与国家利益》，新疆人民出版社 2009 年版。

64. 李福生：《新疆兵团屯垦戍边史》，新疆科技卫生出版社 1997 年版。

65. 李静：《交往与流动话语中的村落社会变迁》，中国社会科学出版社 2008 年版。

66. 许黎丽：《走西口——汉族移民西北边疆及文化变迁》，民族出版社 2010 年版。

67. 王崇久：《兵团精神》，人民出版社 2008 年版。

68. 姚维：《新疆少数民族社会形态与民族地区发展研究》，新疆人民出版社 2005 年版。

69. 娜拉：《新疆游牧民族社会分析》，民族出版社 2004 年版。

70. 赵柳成：《新疆长治久安论》，新疆人民出版社 2003 年版。

三、学术论文

1. 刘彦武：《马克思主义文化理论的继承、创新与发展》，载《成都行政教育学院学报》，2004 年第 1 期。

2. 颜晓峰：《马克思主义文化理论述要》，载《大连大学学报》，2005 年第 10 期。

3. 张华：《历史系统地把握马克思主义文化理论》，载《马克思主义研究》，2007 年第 10 期。

4. 王仲士：《马克思的文化概念》，载《人大复印资料·文化研究》，1997 年第 6 期。

5. 林坚：《文化观：马克思的丰富遗产》，载《人大复印资料·马克思主义、列宁主义研究》，2008 年第 7 期。

6. 黄力之：《文化研究视野中的马克思主义意识形态理论》，载《人大复印资料·马克思主义、列宁主义研究》，2008 年第 6 期。

7. 龙余：《略论文化交流》，载《文化研究》，1988 年第 1 期。

8. 彭岚嘉：《西部文化生态保护与文化资源开发的关系》，载《社会科学研究》，2001 年第 5 期。

9. 魏义霞：《世界性与民族性：文化转型与重建的双重价值坐标》，载《学术交流》，1998 年第 2 期。

10. 程建平：《中国文化转型的路径分析》，载《河南师范大学学报》，2007 年第 7 期。

11. 卓新平：《全球化与当代宗教》，载《世界宗教研究》，2002 年第 3 期。

12. 崔晓天：《宗教世俗化及其未来》，载《学术交流》，2002 年第 7 期。

13. 张谨：《论文化转型》，载《学术论坛》，2010 年第 6 期。

14. 李翔海：《中国文化现代化历程中的哲学审思》，载《中国社会科学》，2002 年第 6 期。

15. 龙先琼：《关于近代社会变迁与文化转型的历史关联性的思考》，载《教学与研究》，2010 年第 4 期。

16. 李鹏程：《论文化转型与人的自我意识》，载《哲学研究》，1994 年第 6 期。

17. 衣俊卿：《社会发展与文化转型——关于发展哲学的核心问题的思考》，载《哲学动态》，2000 年第 3 期。

18. 耿云志：《近代中国的文化转型：问题与趋向》，载《广东社会科学》，2008 年第 3 期。

19. 饶旭鹏：《文化·文化转型·价值转型——兼论西部走向市场经济过程中的文化转型》，载《甘肃理论学刊》，2003 年第 1 期。

20. 赵玲：《对少数民族文化转型的哲学思考》，载《学术探索》，2004 年第 6 期。

21. 马曼丽、张树青：《论西域文化的重大变异及其对建设中华文化的启迪》，载《民族研究》，2000 年第 1 期。

22. 刘景慧：《现代背景下少数民族传统文化的转型分析》，载《怀化学院学报》，2006 年第 4 期。

23. 周伟洲、王署明：《西部大开发与现代西北少数民族多元文化的建构》，载《陕西师范大学学报》，2009 年第 7 期。

24. 高静文：《西部文化转型与西部和谐文化建设》，载《社科论坛》，2008

年第4期。

25. 贺萍：《新疆少数民族文化变迁现状的实证分析》，载《实事求是》，2006年第6期。

26. 马合木提·阿不都外力：《现代化进程中维吾尔族文化转型刍议》，载《新疆社会科学》，2006年第6期。

27. 贾海菊、胡丽霞：《文化转型：现代化的深层内涵》，载《唐山高等专科学校学报》，2002年第1期。

28. 张友谊：《文化转型与价值重构》，载《理论学刊》，2009年第7期。

29. 章建刚：《科学发展的文化向度和文化研究的新路径——文化发展研究的回顾与反思》，载《哲学动态》，2009年第5期。

30. 张春霞、蒲小刚：《境外宗教渗透与新疆意识形态安全》，载《新疆社会科学》，2010年第1期。

31. 马秀梅：《伊斯兰文化的心理学内涵》，载《青海民族研究》，2001年第4期。

32. 殷卫滨：《民族间社会心理差异与中国社会稳定结构：影响与对策》，载《中央社会主义学院学报》，2010年第1期。

33. 祈庆富：《少数民族传统文化转型与文化遗产保护的思考》，载《云南民族大学学报》，2004年第6期。

34. 马平：《群体意识与回族凝聚力》，载《中南民族大学学报》，2000年第2期。

35. 吴贻玉：《文化发展的目的——人的全面自由发展和社会的可持续进步》，载《北京理工大学学报》（社会科学版），2000年第4期。

36. 姚春军：《重视维吾尔族信教群众的宗教心理，促进新疆社会稳定和谐》，载《新疆大学学报》，2010年第2期。

37. 马秀梅：《伊斯兰文化的心理学内涵》，载《青海民族研究》，2001年第4期。

38. 王炳华：《"小河"考察断想》，载《西域研究》，2001年第2期。

39. 阿尔斯朗·马木提：《新疆维吾尔文化地理特征研究》，载《干旱区资源与环境》，2009年第12期。

40. 刘康：《寻找新的文化认同：今日中国软实力和传媒文化》，载《文艺研究》，2010年第7期。

41. 高静文、赵璇：《民族心理与边疆社会稳定》，载《中南民族大学学报》，2010年第1期。

42. 闫平：《试论公共文化服务体系建设》，载《理论学刊》，2007年第

12 期。

43. 孔德华：《新疆少数民族繁荣发展必须重视文化环境的优化》，载《实事求是》，2005 年第 2 期。

44. 李友梅：《重塑社会认同与探索社会自我调试系统》，载《探索与争鸣》，2007 年第 2 期。

45. 宋效峰：《文化全球化与我国的意识形态安全》，载《中共天津市委党校学报》，2006 年第 3 期。

46. 陈忱：《中外文化产业比较研究》，载《中国经贸导刊》，2004 年第 12 期。

47. 牛鲁江、冯鹤鸣、依努·尼扎木东：《浅析南疆三地州林果业发展》，载《新疆农村工作》，2008 年第 2 期。

48. 卓新平：《全球化与当代宗教》，载《世界宗教研究》，2002 年第 3 期。

49. 崔晓天：《宗教世俗化及其未来》，载《学术交流》，2002 年第 7 期。

50. 习五一：《当代世界宗教的发展趋势是日益强劲吗?》，载《科学与无神论》，2010 年第 6 期。

51. 郡健：《全面提高新疆各族群众的科学文化素质》，载《实事求是》，2004 年第 4 期。

52. 许苏民：《先验批判、经验反思与不受人惑的方法——重提“中华民族的文化自觉”》，载《福建论坛》（人文社会科学版），2003 年第 5 期。

53. 夏里甫罕·阿布达里（哈）：《论当代新疆各民族文化转型及表现》，载《新疆社会科学》，2000 年第 3 期。

54. 费孝通：《关于“文化自觉”的自白》，载《群言》，2003 年第 3 期。

55. 耿云志：《近代中国的文化转型：问题与趋向》，载《广东社会科学》，2008 年第 3 期。

56. ［德］阿多诺：《文化产业的再思考》，载《文化研究（第一辑）》，2000 年第 2 期。

57. 宋建华：《新疆南疆三地州农业产业结构及特色农业发展问题研究》，载《新疆财经》，2010 年第 2 期。

58. 唐立久：《新疆经济跨越式发展的战略选择》，载《新疆师范大学学报》，2010 年第 2 期。

59. ［美］博希尔著，宫琪译：《贫困的文化》，载《现代外国之学社会科学文摘》，1995 年第 4 期。

60. 阿班·毛力提汗（哈萨克族）：《新疆贫困地区的文化脱贫问题》，载《新疆社会科学》，2004 年第 3 期。

61. 李静：《民族交往心理结构要素的跨文化分析》，载《中国民族学集刊》，2008年第1期。

62. 沟口三雄：《二十一世纪文化》，载《中华文化论坛》，1999年第1期。

63. 乐黛云：《文化转型与文化冲突》，载《民间艺术》，1998年第2期。

64. 加润国：《正确认识和对待马克思主义宗教观》，载《科学与无神论》，2010年第4期。

65. 记者山旭、刘宏鹏，新疆乌鲁木齐、喀什、和田报道：《如何再造南疆》，载《瞭望东方周刊》，2010年第26期。

66. 吴团英：《草原文化与游牧文化的建构特征》，载《文明》，2007年第8期。

67. 杨富有、特力更、陶德巴雅尔：《游牧文化在生存挑战下的保护与发展》，载《实践（思想理论版）》，2010年第2期。

68. 齐秀华：《游牧经济的生产力构成及其基本内涵》，载《理论研究》，2009年第6期。

69. 马骏骐：《对游牧文化的再认识》，载《贵州社会科学》，1999年第3期。

70. 刘永强：《汉通西域时西域各国经济构成研究》，载《甘肃社会科学》，2007年第5期。

71. 熊坤新、马静、代晓旭：《塔吉克族伦理思想管窥》，载《新疆师范大学学报》，2006年第3期。

72. 王建新：《宗教文化类型——中国民族学·人类学理论新探》，载《青海民族研究》，2007年第4期。

73. 杨建新：《论丝绸之路的产生、发展和运行机制》，载《西北史地》，1995年第2期。

74. 潘志平：《归属于中华文化圈的新疆》，载《新疆大学学报》（哲学社会科学版），2009年第1期。

75. 潘志平、王智娟：《鸟瞰中亚宗教、民族之历史与现状》，载《西北民族研究》，1994年第2期。

76. 万雪玉：《中亚地区的伊斯兰化进程及其特点》，载《贵州师范大学学报》，2005年第3期。

77. 黄达远：《伊斯兰教在城市化进程中的若干趋势》，载《中国宗教》，2008年第3期。

78. 杜红：《伊斯兰教与伊斯兰国家的现代化》，http：//www. islambook. net/xueshu/list. asp？id =995。

79. 李晓霞：《新疆族际婚姻的调查与分析》，载《新疆大学学报》，2008年第5期。

四、发展报告

1. 《新时期宗教工作文献选编》，宗教文化出版社 1995 年版。

2. 胡锦涛：《高举中国特色社会主义伟大旗帜，为夺取全面建设小康社会新胜利而奋斗》，人民出版社 2007 年版。

3. 江泽民：《在中国共产党第十六次代表大会上的报告》。

4. 中国现代化战略研究课题组：《中国现代化报告 2009——文化现代化研究》，北京大学出版社 2009 年版。

5. 崔保国主编：《中国传媒产业发展报告》(2007～2008)，社会科学文献出版社 2008 年版。

6. 喻国明主编：《中国传媒发展指数报告（2008)》，社会科学文献出版社 2008 年版。

7. 张京成主编：《中国文化创意产业发展报告（2009)》，中国经济出版社 2009 年版。

8. 国务院新闻办：《新疆的发展与进步》白皮书，载《新疆日报》，2009 年 9 月 22 日。

9. 新疆维吾尔自治区文化厅编印资料：《新疆维吾尔自治区文化文物产业统计资料（2008 年度)》(内部资料)，2009 年 10 月。

10. 李道亮主编：《中国农村信息化发展报告（2009)》，电子工业出版社 2009 年版。

11. 中国农业年鉴编辑委员会编：《中国农业统计年鉴》，中国农业出版社 2008 年版。

12. 崔保国主编：《中国传媒产业发展报告（2006～2007)》，社会科学文献出版社 2008 年版。

13. 杨尚琴、石英、王长寿主编：《山西文化发展报告（2009)》，社会科学文献出版社 2009 年版。

14. 孙家正：《在西部文化工作座谈会上的讲话》，2000 年 8 月。

15. 《2008～2009 南疆三地州农业产业结构调整及特色农业发展调查》，新疆哲学社会科学网，2010 年 11 月 1 日，http://www.xjass.com/zt/lps/2010-11/01/content_172842.htm。

五、新闻报纸

1. 张庆熊：《宗教何以进入公共领域——哈贝马斯论现代社会中的理性与宗教的关系》，载《中国社会科学报》，2010 年 9 月 28 日，第 6 版。

2. 铁力瓦尔迪·阿不都热西提：《在以现代文化引领各民族文化转型座谈会

上的讲话》，载《新疆经济报》，2010 年 11 月 9 日，第 7 版。

3. 刘宾：《民族文化的反思与变革》，载《新疆日报》，1988 年 11 月 18 日，第四版。

4. 陈柏中：《传统文化向现代文化转型之我见》，《以现代文化引领各民族文化转型——〈新疆哈萨克族文化转型〉座谈会发言摘要》，载《新疆经济报》，2010 年 11 月 9 日，第 7 版。

5. 《保证少数民族的文化权益，让人民共享文化发展的成果》，《人民日报》，2009 年 9 月 11 日，第 20 版。

6. 谭浩：《李长春在参加四川代表团审议时强调：大力发展文化事业和文化产业为加快经济发展方式转变做出贡献》，载《人民日报》，2010 年 3 月 6 日，第 004 版。

7. 陈东辉：《推动文化产业成为国民经济支柱性产业》，载《中国社会科学报》，2010 年 11 月 2 日，第 15 版。

8. 金振蓉：《〈中国现代化报告〉提出实施文化发展的三大战略》，载《人民日报》，2009 年 1 月 8 日，第 001 版。

9. 张迎春：《文化转型是新疆各民族的共同任务》，载《新疆经济报》，2010 年 11 月 8 日。

六、学术译著

1. ［美］戴维·赫尔德著，杨雪东等译：《全球文化大变革》，社会科学文献出版社 2001 年版。

2. ［加拿大］马修·佛雷泽著：《软实力：美国电影、流行乐、电视和快餐的全球统治》，新华出版社 2006 年版。

3. ［美］爱德华·W·萨义德著，李琨译：《文化与帝国主义》，生活·读书·新知三联书店 2003 年版。

4. ［美］理查德·刘易斯著，李家真译：《文化驱动世界——21 世纪全球趋势》，外语教学与研究出版社 2008 年版。

5. ［美］欧文·拉兹洛：《多种文化的星球——联合国教科文组织国际专家小组报告》，社会科学文献出版社 2001 年版。

6. ［英］爱德华·莫迪默、罗伯特·法恩著，刘泓、黄海慧译：《人民·民族·国家——族性与民族主义的含义》，中央民族大学出版社 2009 年版。

7. ［美］英格尔斯著，殷陆君译：《人的现代化》，四川人民出版社 1985 年版。

8. ［美］克拉克·威斯勒著，钱岗南、傅志强译：《人与文化》，商务印书馆 2004 年版。

9. 向达译：《斯坦因西域考古记》，上海书店出版社、中华书局，1987 年版。

10. ［法］阿芒·马特拉，陈卫星译：《世界传播与文化霸权——思想与战略的历史》，中央编译出版社 2001 年版。

11. ［美］迈克尔·罗斯金，林震等译：《政治科学》，华夏出版社 2001 年版。

12. ［英］约翰·布克主编：《剑桥插图宗教史》，山东画报出版社 2005 年版。

13. ［美］阿玛蒂亚·森著：《以自由看待发展》，中国人民大学出版社，2002 年版。

14. ［英］斯图亚特·霍尔，罗刚刘象愚主编：《文化身份与族裔散居》，《文化研究读本》，中国社会科学出版社 2000 年版。

15. C. 伯恩、M. 伯恩：《文化的变异》，辽宁人民出版社 1988 年版。

16. Fernand Braudel, A History of Civilization, Allen Lane, The Penguin Press, 1994.

17. ［苏联］E. A. 瓦维林、B. 弗法诺夫著，雷永生、邱守娟译：《历史唯物主义与文化范畴》，河北人民出版社 1987 年版。

18. ［美］O. 内森、H. 诺登编，李醒民、刘新民译：《巨人箴言录：爱因斯坦论和平》（下），湖南人民出版社 1992 年版。

19. ［美］詹姆斯·罗尔著，董洪川译：《媒介、传播、文化——一个全球性的途径》，商务印书馆 2005 年版。

20. ［英］齐格蒙特·鲍曼著，郑莉译：《作为实践的文化》，北京大学出版社 2009 年版。

21. ［日］羽田亨著，耿世民译：《西域文化史》，人民出版社 1981 年版。

22. 约瑟夫·S. 奈著，门洪华译：《硬权力与软权力》，北京大学出版社 2005 年版。

23. ［美］彼得·贝格尔著，高师宁译：《宗教社会学之理论要素》，上海人民出版社 1991 年版。

24. ［日］松田寿男：《古代天山历史地理学研究》，中央民族学院出版社 1987 年版。

25. 威廉·冯特著，陆丽青、刘瑶译：《民族宗教心理学纲要——人类心理发展简史》，宗教文化出版社 2008 年版。

后　记

2008 年 12 月我们课题组获批了教育部哲学社会科学研究重大课题攻关项目《边疆民族心理、文化特征与社会稳定研究——新疆分课题》，我们一时欣喜若狂，但冷静下来，才感到任务的艰巨和责任的重大。课题组一点也不敢懈怠，立刻利用寒假研究制定实施方案。研究计划分三个阶段：第一阶段：调查研究阶段；第二阶段：撰写调研报告和论文阶段；第三阶段：撰写专著阶段。

2009 年 5 月课题组开始了调研工作，不料乌鲁木齐发生“7・5”事件。有人劝说我们停止调研，但是如果停止暑期的调查，我们的调研只能推迟到寒假，课题研究也将推迟半年。特别是课题研究的内容是边疆民族心理、文化特征与社会稳定，“7・5”事件对于新疆各民族的民族心理和社会稳定的影响极大。我们必须尽快掌握第一手资料，准确把握新疆民族心理状态和社会稳定的状况。为此，课题组决定，不管有多大的困难，社会调查继续进行。8 月，课题组奔赴南疆、北疆、东疆，深入农村、城市，走家串户，走进了工地、农田、农家、社区、文化场所、宗教寺庙……与各民族的农民、市民、干部、职工……促膝谈心，了解他们的所思所想，体察他们的生活和情感。访谈 240 人次，发放问卷 2 820 份，有效问卷 2 688 份，召开座谈会 10 场，心理测验 200 人次。通过调查我们得到的不仅仅是课题研究的真实的第一手资料，更大的收获是课题组成员经受了一次实践的洗礼。

2009 年 10 月课题组的调研工作基本结束后，我们召开了调研工作座谈会。我们邀请北京大学民族学专家马戎教授亲临指导。在深入研讨调查材料的基础上，由课题组的子课题负责人撰写调研报告。调研报告由四部分构成：《新疆维吾尔族民族心理、文化特征与社会稳定调研报告》、《新疆汉族民族心理、文化特征与社会稳定调研报告》、《新疆哈萨克族民族心理、文化特征与社会稳定调研报告》和《新疆回族民族心理、文化特征与社会稳定调研报告》（共计 80 万字）。调研报告分别送达教育部、自治区人民政府副主席、自治区党委宣传部、自治区党委政策研究室、人民政府政策研究室、自治区民宗委等单位。使用单位认为这是一份真实反映新疆民族文化和民族心理的有价值的调研报告，对新疆的民族问题研究和民族政策的制定有一定的参考价值。

在调查研究基础上，课题组进一步提升研究成果，撰写了《新疆民族文化、民族心理与社会长治久安》一书，将其作为课题研究的最终成果。该书以全球化、现代化为背景，以大量的实证材料为依据，研究新疆民族文化特征及其现代化进程，分析在现代化背景下的新疆民族心理，提出以现代文化引领新疆民族文化转型，培育和谐民族心理，推进新疆长治久安。该书的执笔人是：高静文（前言、第三章、第五章第二节、第七章、第十章、第十四章第一、三节、）、祖力亚提·司马义（第一章第三节、第五章第一节、第六章、第十四章第二节）、张春霞（第一章第一、二节、第十一章、第十四章第四节）、周亚成（第二章、第五章第三节、第八章）、黄达远（第四章、第五章第四节、第九章）、吴琼（第十二章、第十三章第二、四节）姚春军（第十三章第三节）、管金玲（第十三章第一节），郭玉云（心理测验）。全书由高静文修改、统稿、定稿，魏莉博士对全书文字进行了校对和修改，新疆大学政治与公共管理学院马应征博士、赵璇博士参与了本项目的子课题调研及撰稿工作。

在社会调查期间，课题组得到乌鲁木齐市天山区、沙依巴克区、米东新区、喀什地区、阿克苏市、哈密地区、伊犁州、伊宁市、焉耆县、新疆生产建设兵团党校、农六师101团、军户农场、农一师、农四师等有关部门干部和群众的积极配合和大力支持，没有他们的配合，调查工作是不可能顺利完成的。在课题调查研究的过程中，我们一直得到北京大学马戎教授的亲自指导和热情关怀，他每次来新疆都会与课题组座谈，带课题组成员进行社会调研，并定期发来《民族社会研究通讯》，使我们受益匪浅。同时，中国社科院文化研究中心也给了我们大力支持。

在课题研究的整个过程中，教育部社科司不仅进行检查和督促，并给予资金上的大力支持。新疆大学“211工程”办公室、政治与公共管理学院和马克思主义学院高度重视课题研究，为课题研究提供了资金资助和人力支援。新疆大学科研处为课题研究提供了有利条件，保证了调研的顺利完成，课题成果最终鉴定获优秀。为此，对所有给予我们帮助和支持的部门及个人致以诚挚敬意，表示衷心的感谢。

特别要感谢经济科学出版社的张庆杰编辑，他为此书的编辑和出版倾注了大量的时间和心血，付出了辛勤的劳动，在此致以诚挚的谢意。

教育部哲学社會科学研究重大課題攻關項目
成果出版列表

书　名	首席专家
《马克思主义基础理论若干重大问题研究》	陈先达
《马克思主义理论学科体系建构与建设研究》	张雷声
《马克思主义整体性研究》	逄锦聚
《改革开放以来马克思主义在中国的发展》	顾钰民
《新时期　新探索　新征程 ——当代资本主义国家共产党的理论与实践研究》	聂运麟
《当代中国人精神生活研究》	童世骏
《弘扬与培育民族精神研究》	杨叔子
《当代科学哲学的发展趋势》	郭贵春
《服务型政府建设规律研究》	朱光磊
《地方政府改革与深化行政管理体制改革研究》	沈荣华
《面向知识表示与推理的自然语言逻辑》	鞠实儿
《当代宗教冲突与对话研究》	张志刚
《马克思主义文艺理论中国化研究》	朱立元
《历史题材文学创作重大问题研究》	童庆炳
《现代中西高校公共艺术教育比较研究》	曾繁仁
《西方文论中国化与中国文论建设》	王一川
《楚地出土戰國簡册［十四種］》	陳　偉
《近代中国的知识与制度转型》	桑　兵
《中国抗战在世界反法西斯战争中的历史地位》	胡德坤
《京津冀都市圈的崛起与中国经济发展》	周立群
《金融市场全球化下的中国监管体系研究》	曹凤岐
《中国市场经济发展研究》	刘　伟
《全球经济调整中的中国经济增长与宏观调控体系研究》	黄　达
《中国特大都市圈与世界制造业中心研究》	李廉水
《中国产业竞争力研究》	赵彦云
《东北老工业基地资源型城市发展可持续产业问题研究》	宋冬林
《转型时期消费需求升级与产业发展研究》	臧旭恒
《中国金融国际化中的风险防范与金融安全研究》	刘锡良
《中国民营经济制度创新与发展》	李维安
《中国现代服务经济理论与发展战略研究》	陈　宪

书　名	首席专家
《中国转型期的社会风险及公共危机管理研究》	丁烈云
《人文社会科学研究成果评价体系研究》	刘大椿
《中国工业化、城镇化进程中的农村土地问题研究》	曲福田
《东北老工业基地改造与振兴研究》	程　伟
《全面建设小康社会进程中的我国就业发展战略研究》	曾湘泉
《自主创新战略与国际竞争力研究》	吴贵生
《转轨经济中的反行政性垄断与促进竞争政策研究》	于良春
《面向公共服务的电子政务管理体系研究》	孙宝文
《产权理论比较与中国产权制度变革》	黄少安
《中国企业集团成长与重组研究》	蓝海林
《我国资源、环境、人口与经济承载能力研究》	邱　东
《“病有所医”——目标、路径与战略选择》	高建民
《税收对国民收入分配调控作用研究》	郭庆旺
《多党合作与中国共产党执政能力建设研究》	周淑真
《规范收入分配秩序研究》	杨灿明
《中国加入区域经济一体化研究》	黄卫平
《金融体制改革和货币问题研究》	王广谦
《人民币均衡汇率问题研究》	姜波克
《我国土地制度与社会经济协调发展研究》	黄祖辉
《南水北调工程与中部地区经济社会可持续发展研究》	杨云彦
《产业集聚与区域经济协调发展研究》	王　珺
《我国民法典体系问题研究》	王利明
《中国司法制度的基础理论问题研究》	陈光中
《多元化纠纷解决机制与和谐社会的构建》	范　愉
《中国和平发展的重大前沿国际法律问题研究》	曾令良
《中国法制现代化的理论与实践》	徐显明
《农村土地问题立法研究》	陈小君
《知识产权制度变革与发展研究》	吴汉东
《中国能源安全若干法律与政策问题研究》	黄　进
《城乡统筹视角下我国城乡双向商贸流通体系研究》	任保平
《产权强度、土地流转与农民权益保护》	罗必良
《矿产资源有偿使用制度与生态补偿机制》	李国平
《巨灾风险管理制度创新研究》	卓　志
《生活质量的指标构建与现状评价》	周长城
《中国公民人文素质研究》	石亚军
《城市化进程中的重大社会问题及其对策研究》	李　强
《中国农村与农民问题前沿研究》	徐　勇

书　名	首席专家
《西部开发中的人口流动与族际交往研究》	马　戎
《现代农业发展战略研究》	周应恒
《综合交通运输体系研究——认知与建构》	荣朝和
《中国独生子女问题研究》	风笑天
《我国粮食安全保障体系研究》	胡小平
《城市新移民问题及其对策研究》	周大鸣
《新农村建设与城镇化推进中农村教育布局调整研究》	史宁中
《农村公共产品供给与农村和谐社会建设》	王国华
《中国边疆治理研究》	周　平
《边疆多民族地区构建社会主义和谐社会研究》	张先亮
《新疆民族文化、民族心理与社会长治久安》	高静文
《中国大众媒介的传播效果与公信力研究》	喻国明
《媒介素养：理念、认知、参与》	陆　晔
《创新型国家的知识信息服务体系研究》	胡昌平
《数字信息资源规划、管理与利用研究》	马费成
《新闻传媒发展与建构和谐社会关系研究》	罗以澄
《数字传播技术与媒体产业发展研究》	黄升民
《互联网等新媒体对社会舆论影响与利用研究》	谢新洲
《网络舆论监测与安全研究》	黄永林
《中国文化产业发展战略论》	胡惠林
《教育投入、资源配置与人力资本收益》	闵维方
《创新人才与教育创新研究》	林崇德
《中国农村教育发展指标体系研究》	袁桂林
《高校思想政治理论课程建设研究》	顾海良
《网络思想政治教育研究》	张再兴
《高校招生考试制度改革研究》	刘海峰
《基础教育改革与中国教育学理论重建研究》	叶　澜
《公共财政框架下公共教育财政制度研究》	王善迈
《农民工子女问题研究》	袁振国
《当代大学生诚信制度建设及加强大学生思想政治工作研究》	黄蓉生
《从失衡走向平衡：素质教育课程评价体系研究》	钟启泉　崔允漷
《高校思想政治理论课教育教学质量监测体系研究》	张耀灿
《处境不利儿童的心理发展现状与教育对策研究》	申继亮
《学习过程与机制研究》	莫　雷
《青少年心理健康素质调查研究》	沈德立
《WTO主要成员贸易政策体系与对策研究》	张汉林
《中国和平发展的国际环境分析》	叶自成
《冷战时期美国重大外交政策案例研究》	沈志华
*《中国政治文明与宪法建设》	谢庆奎
*《非传统安全合作与中俄关系》	冯绍雷
*《中国的中亚区域经济与能源合作战略研究》	安尼瓦尔·阿木提
……	

*为即将出版图书